Eberhard Straub

Drei letzte Kaiser

W0090468

Eberhard Straub

Drei letzte Kaiser

Der Untergang
der großen
europäischen
Dynastien

Siedler

Für Roland Haag

Inhalt

»Das menschliche Antlitz
wieder zu Ehren gebracht«

Das monarchische Prinzip und die Ordnung Europas
nach 1815

»Das altbekannte Lokal und neues Personal«, in diese ironisch di-
stanzierten Worte drängte Goethe seine Eindrücke vom Erfurter
Fürstentag im Herbst 1808 zusammen. Mitten im Paradies des
deutschen Kleinlebens, in Thüringen, wollte Napoleon den Zar
Alexander für einen gemeinsamen Feldzug ins Innere Asiens gewinnen. »Dieser Schlag würde in ganz Indien zu spüren sein und
England in die Knie zwingen. Wir müssen handeln, wie uns das
Schicksal zwingt, und mit dem überwältigenden Gang der Ereignisse Schritt halten«, hatte er ihm im Februar geschrieben. Das
Tempo des überwältigenden Gangs der Ereignisse war allerdings
nicht zuletzt von diesem Beschleuniger erheblich verschärft worden. Das altertümliche Erfurt, verwinkelt und verwunschen wie
das ehemalige Römische Reich, in dessen Schutz es behaglich,
meist fern vom Lärm der aufgeregten Zeit, Jahrhunderte verschlief,
war eine gut gewählte Kulisse für den Auftritt des Wandlers der
Welt, vor allem der deutschen Welt.

Der neue Caesar und Karl der Große, der Gründer eines neuen
fränkisch-römischen Reiches, hatte die Inszenierung seines Auf-
tritts gründlich geplant. Wochenlang waren Wagenkolonnen mit
Möbeln, Bronzen, Teppichen, Bildern und Geschirr nach Erfurt
unterwegs, um neues Leben und neuen Glanz in die vermotteten
Überbleibsel eines Reiches zu bringen, über das Frosch einst in
Auerbachs Keller spottete: »Das liebe, heil'ge Röm'sche Reich, wie
hält's nur noch zusammen.« Der Soldatenkaiser mit dem wohl-
genährten Prälatenantlitz scharte um sich vier Könige von seinen
Gnaden, vierunddreißig Herzöge und Fürsten. Es wimmelte von
gold- und silberverzierten Uniformen, und vor allem die Damen
ließen sich die Sinne verwirren, weil sie noch nie auf verhältnis-
mäßig kleinem Raum so viele schöne Männergestalten gesehen. Es
schien, als wäre bei der Auswahl für die Aufnahme in die militärischen Corps nach den ästhetischen Vorschriften eines Winckel-
mann verfahren worden.

Der hohe Reichsadel, ehedem so stolz auf seine Unabhängigkeit, umstand, »wie der Sterne Chor um die Sonne sich stellt«, geschäftig den neuen Herrscher der Welt, der sie als seine tributpflichtigen Kreaturen behandelte. Taisez-vous! Ce n'est qu'un roi! befahl ein Offizier der kaiserlichen Leibwache, als versehentlich die Trommler das Spiel rühren wollten bei Ankunft eines der gekrönten Leiter der rheinbündischen Reichsgaue. Charles Maurice de Talleyrand beobachtete mit der spöttischen Gelassenheit eines sehr vornehmen Herrn, wie die großen Aristokraten des untergegangenen Reiches nur einen Ehrgeiz kannten: dem Usurpator gefällig zu sein, um sich seiner launischen Gunst zu vergewissern. »Es gibt Geheimnisse der Schmeichelei, die ausschließlich Fürstlichkeiten offenbar sein müssen.« Die übrigen Formen der Schmeichelei waren ohnehin geheimnislos. »Gäb's jetzt noch einen Gottessohn / so wär's gewiß Napoleon«, dichteten biedere Erfurter. Goethe, verstört von den Metamorphosen des gesellschaftlichen Lebens seit 1789, erkannte, nachdem er mit dem Soldatenkaiser gesprochen hatte, in Napoleon den »größten Verstand, den je die Welt gesehen«.

Dieser hatte mit Goethe keine unmittelbar politischen Fragen erörtert. Der Kaiser, den französische Intellektuelle wie Chateaubriand oder Madame de Staël dauernd »mißverstanden«, wollte verstanden werden. Darum lud er Goethe ein, und der Dichter war hingerissen, in dem Allmächtigen einen genauen Leser seines *Werther* zu finden. Auch Napoleon war indessen mit den Geheimnissen fürstlicher Schmeichelei gegenüber Dichterfürsten vertraut. Er sprach ausführlich mit Goethe über die Tragödie, die tragische Bühne, eindringlich wie ein Kriminalrichter, und beendete das Gespräch mit dem souveränen Urteil: »Was will man jetzt mit dem Schicksal? Die Politik ist das Schicksal.« Sie übernimmt die Funktion, die Gott, sittliche Mächte im tragischen Schauspiel einst erfüllten. »Wir müssen handeln, wie uns das Schicksal zwingt«, heißt dann, die eigene Politik und sich selbst als Welt-Macht begreifend, die Eigenwilligkeit des je politisch Wünschbaren allein als notwendigen Vollzug des Gesetzes zu verstehen, »wonach Du angetreten, / so mußt Du sein, Dir kannst Du nicht entfliehen«, wie Goethe später das dämonische, weil unerschöfliche Individuum feierte, das sich ihm am eindrucksvollsten in »seinem« Kaiser offenbarte.

Solch entschiedener Subjektivismus war Napoleon, dem raumgreifenden Ordner und Organisator, gleichwohl verdächtig. Deshalb versuchte er, sich als Instrument der Vorsehung auszugeben, höherer historischer Zwänge, obschon sie nur Ausdruck seines Willens waren. Eines Willens, der danach trachtete, das Pluriversum der Staaten, der »großen Individuen«, zu einem Universum vereinheitlichender Staats- und Reichszwecke zusammenzufassen. Der Demiurg, der sich eine Welt nach seinem Willen und seiner Vorstellung entwarf, hüllte sich in den weiten Prunkmantel »der Geschichte«, die jetzt von allen Individualisten als die schöpferische Kraft entdeckt wurde, deren unausweichlichen Forderungen gehorcht werden müsse, besser freiwillig als gezwungenermaßen.

Am 6. Oktober ließ Napoleon Voltaires *La mort de César* in Weimar aufführen. Der neue Caesar spiegelte sich im alten, dessen Werk er erneuert, im Einklang mit der Geschichte, dem neuen Himmel, weshalb ihn nichts bedrohen kann. Als ob ein elektrischer Funke mächtig alle Zuschauer durchzuckte, vermochte niemand unerschüttert zu bleiben, während Caesar am Schluß des ersten Aktes dem Antonius bedeutete, daß er zu kämpfen, zu siegen, aber nicht zu strafen verstehe. Keine schlimmen Verdächtigungen oder Einflüsterungen, Rache zu nehmen, könnten ihn davon abhalten, versöhnend über das ihm ergebene Universum zu herrschen. Alle waren tief bewegt, feierten in dem Unbesiegbaren den großen Friedenshelden. Napoleon forderte anschließend Goethe auf, nach Paris zu kommen. »Sie sollten den Tod Caesars schreiben, großartiger als Voltaire. Man müßte der Welt zeigen, wie Caesar sie beglückt haben würde, wenn man ihm Zeit gelassen hätte, seine hochsinnigen Ideen zu verwirklichen.«

In Weimar galt Napoleon fortan als Heiliger, eben als der große Mann, der dem Daimonion historischer Bestimmung gehorchte, sich ganz seiner Bestimmung unterordnete und nebenbei in der Souveränität des Herzogs von Weimar eine wichtige Voraussetzung für den anbrechenden neuen Weltentag erkannte. Der alte Wieland war entzückt. »Ich habe nie einen einfacheren, ruhigeren, sanfteren und anspruchsloseren Menschen gesehen.«

Kaiser Alexander war weit davon entfernt, das Urteil Wielands zu teilen. In Stunden der Melancholie, bevor er sich damit abfinden mußte, auf einem Thron allein zu sein, gab er Stimmungen menschenfreundlicher Empfindsamkeit nach und träumte sich in ländliche Idyllen hinein, sei es am Rhein oder in Amerika, um frei von allen Verpflichtungen ganz seinen inneren Menschen, seine schöne Seele zu kultivieren. Aber das blieben flüchtige Launen, Tribute an die Zeit, der auch ein Monarch angehört, der entschlossen ist, die Zeit zu meistern, sie zu bändigen oder sich nutzbar zu machen. Er hatte gegen Napoleon zusammen mit Kaiser Franz und dann mit König Friedrich Wilhelm III. erfolglos gekämpft. Nun erschien es ihm vorteilhafter, sich vorerst mit ihm zu verbünden.

Zar Alexander I. brauchte den Kaiser der Franzosen, um nicht ausgeschlossen zu bleiben von allen Entwürfen, die der künftigen Ordnung Europas galten. Napoleon warb stürmisch um ihn. Doch trotz aller Schmeicheleien, für die er sehr empfänglich war, hörte Alexander schlau auf seinen gesunden Menschenverstand, mit dem er zuweilen in Fehde lag. Mit allem Charme, der ihn auszeichnete, ging er auf Napoleons Überredungskünste ein. Dessen Genialität berauschte ihn manchmal. Napoleon wiederum konnte sich dem Zauber dieses jungen und schönen Kaisers nicht entziehen, den er, wenn er eine Frau gewesen, zu seiner Geliebten gemacht hätte. Denn Alexander habe mehr Geist, als man im allgemeinen erwarte, wie er der Kaiserin Josephine schrieb.

Vor allem aber war er ein legitimer Herrscher, der zwar gelegentlich schwärmte, aber doch wußte, daß das Recht allem Wünschbaren unübertretbare Grenzen setzt. Freundlich hörte Alexander seinem Gastgeber in Erfurt zu, als der ihn für eine gemeinsame Weltherrschaft der beiden Kaiserreiche zu gewinnen suchte, Europa und Asien nach ihren aufeinander abgestimmten Interessen aufteilend und sich unterordnend. Der Zar war viel zu ritterlich und zu rechtlich, obschon nicht immer redlich gesinnt, um solche Gedankenspiele eines durchaus klaren Kopfes zu teilen, der sich nur nach einem sehnte – nach Einverständnis und Zusammenarbeit mit wenigstens einem der »drei Adler«, der Mächte des beharrenden Prinzips.

Alexander hingegen wollte den Korsen wieder dahin schicken, von woher er kam, nur konnte er es seinem geistreichen Gastgeber, der zu allem Überdruß auch noch sehr mächtig war, so deutlich nicht sagen. Denn wie er seiner Mutter schrieb, brauche Rußland eine gewisse Zeit, um frei atmen zu können, damit es in dieser Atempause seine Mittel und Kräfte sammle. »Wir sind gezwungen, in tiefster Stille zu arbeiten, und keiner darf von unseren Rüstungen und Vorbereitungen wissen. Auch derjenige, den wir herauszufordern gedenken, darf öffentlich und laut nicht angegriffen werden. Wenn es Gottes Wille sein wird, können wir in aller Ruhe seinen Sturz abwarten. Die Weisheit aller Politik liegt im Abwarten, um dann im geeigneten Augenblick zu handeln.«

Und er konnte abwarten. Der Kaiser von Österreich rüstete zum nächsten Krieg, Friedrich Wilhelm, vorsichtig geworden, war nicht bereit, schon wieder die Macht des Schicksals, die sich jetzt in der Politik äußerte, zu erproben. England blieb Herr im Mittelmeer, und im französisch besetzten Spanien begann der fürchterliche Kleinkrieg, die *guerilla*, gegen die *garbachos*, gegen die Franzosen, der erhebliche Teile der Armeen Napoleons im Wortsinn fesselte. Der große Beweger, dem die deutschen Kleinfürsten bis zur Aufgabe auch nur der geringsten Selbstachtung opferten, fürchtete die Bewegungslosigkeit. Alexander aber ließ sich auf nichts ein, zum Verdruß des großen Beschleunigers, der nur mit Rußland zusammen noch etwas hätte bewegen können. Was eine feierliche Demonstration französischer Macht sein sollte, geriet zur Dokumentation französischer Ratlosigkeit. Das deprimierte Napoleon, ohne daß er es eingestehen konnte. Rußland war der letzte Trumpf in seinem Spiel. Doch es war Alexander, der das Spiel von nun an umsichtig bestimmte.

Von Erfurt aus hatte Napoleon Kaiser Franz gemahnt, sich nicht zu unterstehen, Widersetzlichkeiten gegen Frankreich zu zeigen: »Was Euere Majestät sind, das sind Sie durch meinen Willen.« Solche Drohungen vermochten allerdings bei diesem einfachen, aber zähen Charakter gar nichts. Jedenfalls war er nicht bereit, sich einschüchtern zu lassen. Einer warnte allerdings energisch vor dem Krieg: Erzherzog Karl, der Bruder des Kaisers, seit 1805 damit beschäftigt, die reguläre Armee zu reorganisieren und sie um eine Landwehr zu ergänzen. »Schlaue Nachgiebigkeit im Äußeren, solange sie mit der Ehre des Thrones verträglich ist, und volle Tatkraft im Inneren können allein die Monarchie vom Untergang retten. Erstere muß der Vorhang sein, hinter welchem alle erdenklichen Triebfedern die verstimmte, zerfallene, erschlaffte Staatsverwaltung wieder emporheben und ihr jene Festigkeit geben, französischen Usurpationen die Stirne zu bieten.« Bei solchen Bedingungen verbiete sich jede heroische Anwandlung zu raschem Krieg. »Der erste Schritt auf diesem Weg ist das Grab der Monarchie.«

Kaiser Franz, der nicht besonders Redselige, neigte jedoch dazu, die Waffen sprechen zu lassen und der göttlichen Weisheit vorauszueilen im Eifer gegen die politische Häresie, gegen die Thron und Altar erschütternde Revolution. Wenn dem Lärm der kaiserlichen Waffen erfolgreich lärmend widersprochen wurde, erschütterte ihn das nicht. Irgendwann würden sich deren handfeste Argumente schon siegreich behaupten. Wenn Napoleon der Verursacher sämtlicher Zeitkrankheiten war, von denen auch »die Gesunden« befallen wurden, dann mußte eben der Herd der Ansteckung chirurgisch beseitigt werden, um die öffentliche Ruhe wiederherzustellen. Der Kaiser wollte sich nicht weiter hinter einem Vorhang verborgen halten, der höchstens die noch nicht abgeschlossene Heeresreform verdeckte. Sein Feldmarschall, der Erzherzog, hielt den Moment, sich militärisch zu rühren, erst für gekommen, wenn ein neuer Geist die Monarchie belebte. Graf Philipp Stadion, der Staatskanzler, stimmte darin zwar mit ihm überein, ließ sich jedoch zugleich von den Hoffnungen begeistern, die alle deutschen Patrioten, gerade solche aus dem nördlicheren Deutschland, 1809 auf den ehemaligen Römischen Kaiser setzten. Ein Sieg konnte die wünschenswerten Energien wecken, die dann eine gründliche Umgestaltung des Systems erlaubten.

Daß alle Ungeduldigen, trotz Österreichs Gebrechen, mit denen sie vertraut waren, ausgerechnet ihre leidenschaftlichsten Erwartungen mit Kaiser Franz verbanden, der 1804 ein partikulares Kaisertum Österreich ausgerufen und 1806 auf die Reichskrone verzichtet hatte, liegt zuerst einmal daran, daß Friedrich Wilhelm von Preußen eben die Politik betrieb, die Erzherzog Karl seinem Bruder empfahl: hinter einem Vorhang des Wohlverhaltens den Staat und die Armee zu erneuern, bis der Augenblick günstig erschien, den Vorhang beiseite zu schieben und gegen den Tyrannen aufzutreten. Die übrigen Fürsten, weil von Napoleon abhängig, kamen als Retter nicht in Frage. Im Gegenteil: Sie waren es ja, wie alsbald Arndt erläuterte, die den Kaiser verraten hatten, als sie sich unter das Joch Napoleons gebeugt, um ihren geringen Vorteil in Sicherheit zu bringen. Deshalb konnte nur das Volk selbst seine Freiheit und Ehre wiederherstellen und mit ihr die des Kaisers, des deutschen Volkskaisers.

Unter der Erfahrung der französischen Besatzung entwickelten die Norddeutschen, die sich 1795 in den Kriegen gegen die Revolution neutralisiert hatten und dann 1806 nach der Niederlage bei Jena aus ihrem geistreichen Dämmerzustand aufgeschreckt worden waren, den staufischen Kaisermythos von der Einheit von Kaiser und Volk, die der Eigensinn fürstlicher Verräter am Reich sprengte. Das aufsprudelnde Nationalgefühl der protestantischen Norddeutschen mußte sich an der Katholizität des Kaisers im konfessionellen Sinne nicht stören, hatte doch Joseph II. bewiesen, daß auch Katholiken den Zwang der Vorurteile brechen und mit dem hellen

Licht der Vernunft alle Mächte der Finsternis blenden konnten. Schließlich wollte er alle lästigen Reste eines anachronistischen Feudalismus beseitigen, um vom Thron aus das gleiche Recht für alle gleichen Rechts zu schützen, dem er als Rechtshüter genauso unterworfen war wie die übrigen. Der »Josephinismus« beschränkte sich nicht auf den innerösterreichischen Raum; er war zu einem Phänomen im ganzen ehemaligen Reich geworden, zumal dieser Kaiser die allgemeine Staatsbürgerlichkeit auch noch als demonstrativ schlichter Menschenfreund verkörperte. Zahllose Anekdoten, die zum Schatz der versammelten deutschen Gemütswerte gehörten, berichteten davon, wie er sich unerkannt unters Volk mischte, überall wohltätig schlichtend, Recht und Gesetz Geltung verschaffend. Dank begehrte er nicht. Während die Erinnerung an Friedrich den Großen, den schroffen und scharfzüngigen, rasch verblaßte und später erst wieder aufgefrischt werden mußte, erhielt sich im vaterländischen Gedächtnis eine freundliche Vorstellung des liebenswürdig-unbestechlichen Volkskaisers, der eine Übereinstimmung der Gemüter erreichen wollte hinsichtlich eines jeden umfangenden und verpflichtenden allgemeinen Nutzens, der allen Staatszwecken übergeordnet war.

Als es offenkundig war, daß Österreich ohne Rücksicht, ob es Verbündete fände, den Krieg wagen werde, eilte auch Heinrich von Kleist, der ehemalige preußische Leutnant, mit seinem Freund Friedrich Christoph Dahlmann nach Böhmen, dann nach Niederösterreich, dem Beispiel vieler anderer folgend, um von hier und heute den Anbruch einer anderen Epoche zu erleben und sagen zu können, dabeigewesen zu sein. Dieses leidenschaftliche Temperament wandte nun all seine Talente für politische Agitation auf. In Nachahmung spanisch-nationaler Katechismen hämmerte er mit furioser Prägnanz im Frage-Antwort-Verfahren den Deutschen ein, daß Napoleon und, solange er herrsche, jeder Franzose ihr Feind sei. »Wozu haben die Deutschen, die erwachsen sind, jetzt alleine Zeit?« – »Das Reich, das zertrümmert ward, wiederherzustellen.« – »Wer nun ist es in Deutschland, der die Macht und den guten Willen und mithin auch das Recht hat, das Vaterland wiederherzustellen?« – »Franz der Zweite, der alte Kaiser der Deutschen.« Den Korsen, den berühmten Kaiser der Franzosen, solle jeder Deutsche für verabscheuungswürdig halten, für den Anfang alles Bösen, »für einen Sünder, den anzuklagen die Sprache der Menschen nicht hinreicht und den Engeln einst, am Jüngsten Tage der Odem vergehen wird«. Da kann es nicht ausbleiben, daß Germania ihren Kindern rät: »Schlagt ihn tot! das Weltgericht / Fragt Euch nach den Gründen nicht.«

Zum »Überwinder des Unüberwindlichen«, wie Kleist ihn feierte, wurde 1809 bei Aspern der Erzherzog Karl. Doch den Sieg nutzen konnte er nicht. Bei Wagram unterlag er, von epileptischen Anfällen geplagt, dem weiterhin Unüberwindlichen. Kaiser Franz, den nichts aus der Ruhe zu bringen vermochte, beobachtete gelassen die Niederlage. Als sie offenkundig war, wandte er sich zu seinem Gefolge: »Nun wollen wir nach Hause gehen.«

Heinrich von Kleist war zerschmettert. Er verzweifelte, gab alle Hoffnung auf. Deutsche Freiheit schien ihm endgültig verwirkt, wie einst die griechische durch den triumphierenden Philipp von Mazedonien erstickt wurde. Denn »wie ein Strom, geschwellt von Regengüssen, / aus seines Ufers Betten heulend stürmt, / kommt das Verderben, mit entbundenen Wogen, / auf alles, was besteht, herangezogen. / Der alten Staaten graues Prachtgerüst / sinkt donnernd ein, von ihm hinweggespült.« Kleist singt sein letztes Lied, »er wünscht mit ihm zu enden, / und legt die Leier tränend aus den Händen«.

Das, woran Kleist, der revolutionäre enttäuschte Nationalist, nicht zu glauben wagte, »der alten Staaten graues Prachtgerüst«, hielt stand. Er hatte sich einer Idee ganz anheimgegeben, einer Idee der deutschen Nation, die er mit der alten Staaten Prachtgerüst verwechselte. Zerging das Heilge Reich, das freilich nie eine Nation war, in Dunst, dann mußte ihm alles untergehen. Doch nach 23 Jahren Krieg gaben die Monarchen auf dem Wiener Kongreß 1814/15 Europa den Frieden zurück, den die Revolution gestört hatte. Das überraschendste Ergebnis des zähen Ringens mit der Revolution war, daß die monarchischen Mächte »das menschliche Antlitz wieder zu Ehren gebracht«, wie Benjamin Constant es begeistert vom König von Preußen behauptete, jenem Preußen, »das mit Waffen so gut wie mit Gedanken gerüstet«. Der König und die beiden Kaiser galten nun als Befreier, Befreier von denen, die angetreten waren, mit dem Despotismus der Freiheit, wenn es sein mußte, die gekrönte Tyrannei der alten Ordnung zu vernichten. Aber Befreier wollten sie nur ungern genannt werden, weil sie »die Freiheit« als eine revolutionäre Abstraktion erachteten. Sie sprachen lieber von Ordnung, der Beseitigung von Unordnung, die alle Verhältnisse lange genug verwirrt hatte. Die Gegner der Revolution, immerhin siegreich, verstanden sich nicht als Gegenrevolutionäre. Das hätte sie zu sehr von der Revolution abhängig gemacht. Sie beabsichtigten auch keine allgemeine Restauration vorrevolutionärer Zustände. Die war ohnehin unmöglich. Ihre Absicht galt allein dem Zweck, behutsam einzugreifen, die schlimmsten Schäden zu beheben, Unabänderliches hinzunehmen, damit Europa zu seiner öffentlichen Beruhigung und Ruhe fände.

Das war ein bescheidenes Ziel, gemessen an manchen Erwartungen. Hatten die Monarchen es doch zeitweise zugelassen, mit ihrer Verteidigung die des Vaterlandes zu verknüpfen. Nicht ihre Armeen allein, ihre Völker wurden daran beteiligt, Krone und Thron zu sichern. Das demokratische Ansehen, das jede große Gefahr für Augenblicke dem Staat gibt, ließ sich nicht mehr als unvermeidliche Improvisation aufgrund der Umstände beiseite schieben. Wenn Massen aufgerufen werden, den Thron zu schützen, dann ist es unausweichlich, ihnen auch Mitsprache zu gewähren in dem, was alle angeht, quod omnes tangit, wie es im altständischen Europa hieß. Alexander I. und Friedrich Wilhelm III., dieser mehr gedrängt als freiwillig, hatten 1813 den Deutschen eine Verfassung in Aussicht gestellt, die ihrem ureigensten Geist entspreche. Die Monarchen vertrauten also auf die Kraft revolutionärer Parolen, um sich der Revolution erwehren zu können.

Dem ureigensten Geist der Deutschen oder, unromantischer, langer Gewohnheit entsprach die altständische Verfassung. Doch dieses altständische Europa der vielen Freiheiten, der Genossenschaften und Selbstverwaltung, in dem jeder das Seine als gutes, altes Recht zugesichert erhielt, hatten sämtliche Monarchen im Laufe der Jahrhunderte gründlich verändert, indem sie den modernen Staat vorbereiteten, den Gesetzgebungs- und Verwaltungsstaat, um alle Unterschiede vor dem Gesetz zu beseitigen, dem jeder unterworfen ist. Die Revolution zog nur die letzten Konsequenzen aus einer Entwicklung, die den König im Grunde überflüssig machte, weil der koordinierende und zentralisierende Staat mit seinem Apparat zum Ausdruck des gemeinen Nutzens geworden war, den der ihm ebenfalls untergeordnete erste Diener des Staates als dessen Organ höchstens anschaulich symbolisierte.

Die allmähliche Entpersönlichung königlicher Herrschaft hatte paradoxerweise das persönliche Regiment absolutistischer Monarchen vorangetrieben, deren Ruhm allein darin bestand, sich dem Staatszweck unterzuordnen, um ihm gegen alle Sonderinteressen, Egoismen und unvernünftigen Bestrebungen Geltung zu verschaffen. Dafür gewannen sie die Unterstützung aufgeklärter Bürger, die sich von den Einrichtungen der alten Societas civilis, die dem Adel bedeutenden Einfluß ermöglichten, zusehends gehemmt sahen in ihrem Bedürfnis, gleichberechtigt in den öffentlichen Angelegenheiten mitzureden, sie planmäßig-rational mitzugestalten. Je mehr sich die Staatstätigkeiten entsprechend der Staatsraison erweiterten, desto unumgänglicher wurde es, Spezialisten heranzuziehen. Neben den Besitz trat die Bildung als Kriterium für den »öffentlichen Dienst«. Der Bildungsbürger fürchtete vorerst den bürokratischen Absolutismus überhaupt nicht. Vielmehr sah er im absolutistischen Regiment das ideale Instrument, mit dem sich die wirre Erbmasse mittelalterlicher oder feudaler Überreste sachlich-zweckorientiert rationalisieren ließe. Seiner praktischen Vernunft widersprachen nicht unbedingt Stände, sondern nur Vorrechte durch die Geburt. »Es wäre töricht, die Stände gleichmachen zu wollen: Es genügt, daß die Menschen vor dem Gesetz gleich sind und daß die Geburt keine Vorrechte verleiht; hierin allein besteht die Gleichheit«, wie d'Alembert 1770 gegenüber Friedrich dem Großen bemerkte, der diese Anschauung teilte. Darauf beruhte der Gegensatz der Bürger zum Adel, solange dieser nicht bereit war, sich den neutralen Leistungsnachweisen anzupassen, die von nun an zu einer Laufbahn berechtigen sollten. Und hier trafen sich die Bürger mit den Monarchen, die ihren Adel in eine neutrale Funktionselite einfügen wollten. Beide, aufgeklärte Herrscher und Beamte, begriffen ihren regulierenden Einsatz durchaus als liberales, befreiendes Programm. »Frei ist der Mensch, wenn er nicht mehr einer Person, sondern nur noch Gesetzen gehorchen muß«, wie Kant es forderte. Der adelige Protest gegen fürsorgliche Staatsomnipotenz und wohlmeinende Verwaltungspädagogik war daher zu einem erheblichen Teil auch soziale Opposition gegen die heraufkommende bürgerliche Leistungsgesellschaft. Wollte der Adel weiterhin eine führende Rolle spielen, mußte er sich auf die neuen Herausforderungen einlassen, durch Leistung in den Wettbewerb mit seinen bürgerlichen Konkurrenten zu treten, also Staatsbürger zu werden in einem Staat, der beabsichtigte, durch freien Wettbewerb zu gleichen Bedingungen einen trägen Sozialmechanismus zu dynamisieren. Insofern blieb dem Adel trotz seines Mißtrauens gegen den seelenlosen modernen Verwaltungsstaat nichts anderes übrig, als bürgerliche Bildung zu erwerben, sich in einen Dienstadel zu verwandeln, zumal sehr viele Aristokraten nicht über genug Grundbesitz verfügten, um allein von dessen Erträgen ein unabhängiges Leben zu führen. Außerdem konnten die Monarchen über ihr Recht, nach eigenem Belieben verdienstvolle Beamte zu nobilitieren, die Zusammensetzung des Adels verändernd beeinflussen. Gegen den königlichen Staat vermochte ein opponierender Adel auf die Dauer nichts zu erreichen.

Zögernd fügte sich der Adel den neuen Anforderungen, gliederte sich in den Staat ein, erkannte die hinzutretenden Standesgenossen an, die über den Staatsdienst, ob in der Verwaltung oder im Heer, sich aristokratische Lebensvorstellungen aneigneten, soweit sie mit dem Beamtenethos zu vereinbaren waren. In ihm verdichteten sich jetzt auf bildungsaristokratische Art Verpflichtungen und Erwartungen, die adeliger Libertas oboedientiae nicht gänzlich widersprachen. Insofern konnte der Adel sogar neue Vorteile für sich entdecken, indem er sich zum Staatsbürger verwandelte, nämlich »alles Gute und Ehrenvolle, was sich in den adeligen Häusern erhalten, allgemein zu machen, die Welt zu adeln«, wie Achim von Arnim vorschlug. Sein besonderer Zweck konnte sich dann darin erfüllen, Bildung und Gesinnung zu pflegen auf der Grundlage bürgerlicher Tugenden und Wissenschaftlichkeit, sie mit hergebrachter Anmut, ästhetischen Sitten zu versöhnen, um, sich so häutend, wie der Phönix aus der Asche verjüngt aufzuerstehen. Auf diese Art könne der Adel seinem alten Beruf noch einmal nachkommen, der wahre Mittler zwischen König und Volk zu sein, eine Stütze der Freiheit und Unabhängigkeit und, wenn Bildung befreie, mit schönem Beispiel die Unteren emporzuziehen, den Demos eben zu aristokratisieren, der nichts gewinne, sobald alles Adelige hinuntergedrückt werde.

»Der alten Staaten graues Prachtgerüst« war schon vor der Revolution, von oben herab, umgebaut worden. Deshalb stürzte es nicht ein. Die Zertrümmerung des alten Reiches zwischen 1802 bis 1806 schuf zwar gleichsam eine Tabula rasa, auf der neue königliche Staaten gegründet wurden, aber sie waren meist Erweiterungen früher schon bestehender Landesherrschaften. Die Monarchie blieb unangefochten die normale Staatsform − nicht zuletzt, weil die tumultuösen Regime der Revolution die unmittelbare Volksherrschaft als demokratischen Absolutismus, als schlimmste Despotie diskreditierten. Schließlich sah sich selbst Napoleon gezwungen, ein von der Armee gestütztes Soldatenkaisertum zu errichten, die Monarchie caesarisch zu kopieren, um die Volkssouveränität zu bändigen. Und dennoch war fast sämtlichen Völkern Europas der historische Boden unter den Füßen längst hinweggezogen worden. Verkündete Talleyrand den Grundsatz der Legitimität als neues

Ordnungsprinzip der historisch beglaubigten Rechtsstellung erblicher Monarchien, so hatten doch zuvor die legitimen Herrscher eine erstaunliche Gleichgültigkeit gegenüber den Rechtstiteln der Körperschaften in der alten Gesellschaft, letztlich gegenüber den anderen legitimen Herren bewiesen. Eifrig beteiligten sie sich an dem Länderschacher, zu dem Napoleon sie aufforderte.

Es handelte sich um die umfangreichste Enteignung in der Geschichte Europas, ausgerechnet zu einer Zeit, die vehement die Heiligkeit des Eigentums als Grundlage jeder öffentlichen Ordnung verteidigte. Mochten die Herrschaftsverhältnisse im Reich vielleicht auch unhaltbar geworden sein, so war der Umsturz der alten Ordnung dennoch ein eklatanter Rechtsbruch. Und es sollte sich danach als um so schwieriger erweisen, ausgerechnet historische Rechte zu bemühen, wollte man den verbliebenen Thronen festen Halt geben. Statt die Rechte des Reiches auch nur theoretisch zu wahren, setzte sich Franz II. souverän über das immer noch gültige Reichsrecht hinweg, als er 1804 ein Kaisertum Österreich ausrief, um beim drohenden Verlust der Römischen Krone zumindest gleichrangig neben dem erblichen Soldatenkaiser zu stehen. Übrigens verletzte er damit auch das ungarische Staatsrecht, denn das Königreich Ungarn durfte nicht eigenmächtig einem ihm übergeordneten Reich eingegliedert werden. Wo die Grenzen dieses Kaisertums lagen, welchen Umfang es besaß, blieb unbestimmt, und Kaiser Franz hütete sich wohlweislich, das je genauer zu präzisieren.

Wie er verhielten sich auch die übrigen Fürsten, die als mögliche Beati possidentes aus den Trümmern mit Zuspruch Napoleons das zu raffen versuchten, was er ihnen gönnte. Ihr politisch wohl unvermeidliches Betragen erschütterte die Überzeugungskraft von der Unantastbarkeit, der Heiligkeit der Krone, die sie allerdings sofort beschworen, als die Ruhe wieder einkehrte, um die frisch gewonnene Unabhängigkeit ihrer Kronen vor jeder Anfechtung zu schützen. Nicht ungeschickt bemühten die Monarchen alsbald die Geschichte, um ihre Rechtsbrüche in einem höheren Sinn zu legitimieren, eben als historische Notwendigkeit, der gehorcht werden mußte.

Sehr skrupulöse Konservative, die den Einklang mit der Geschichte suchten, das historisch Gewachsene dem Gemachten vorzogen, grübelten noch lange darüber, wann offenkundiges Unrecht zu Recht werde. Es war ihr und der Monarchen Dilemma, daß beide im Sinne der Legitimität das historisch-organische Wachstum gegenüber rechenhafter Systematisierung hervorhoben, ihre Staaten aber Gebilde der Gewalt waren. Sie trösteten sich dann halbherzig mit dem Hinweis auf die alles versöhnende Macht der Zeit, die zu neuen Gewohnheiten führt, die, durch sie geheiligt, Respekt erheischen dürfen, weil sie nachträglich doch als ein historisch Gewordenes anerkannt werden müssen. Immerhin hatte die energische Flurbereinigung, die nur von benachteiligten Aristokraten ernsthaft betrauert wurde, den Monarchen den Vorteil gebracht, unter ungewöhnlichen Umständen den königlichen Vernunftstaat seinem Ideal weiter anzunähern, die organisierende Regierungstätigkeit noch weiter auszudehnen. Sie nutzten diesen Vorteil sofort, und das Königtum erwies sich als eine anpassungsfähige Einrichtung, die heilsames Fortschreiten nicht hemmte, aber auch nichts überstürzte auf dem Weg, sich in das Reich der Vernunft zu erweitern, in Übereinstimmung mit »der Geschichte«.

Und dennoch war es »Gewitterschwüle«, die ein feinnerviger Dichter wie Eichendorff bald wieder als »bedeutungsvolles Bild der Gegenwart« entwarf; »alles liegt in banger Erwartung, daß man fast den leisen Schritt der Zeit hört, Gedankenblitze spielen auf dem dunklen Grunde«. Wie vor 1789 brütete eine unheimliche Gewitterluft über dem ganzen Land, jeder fühlte, daß irgend etwas Großes im Anzuge sei, »ein unausgesprochenes banges Erwarten, man wußte nicht von was, hatte mehr oder minder alle Gemüter beschlichen«. Aber einem weiteren Gewittersturm mochten sich die Monarchien und die sie rechtfertigenden Konservativen nicht aussetzen. Sie fürchteten, ihm nicht noch einmal gewachsen zu sein. Kein anderer als Metternich gestand sich schon 1820 ein: »Mein Leben ist in eine abscheuliche Periode gefallen. Ich bin entweder zu früh oder zu spät auf die Welt gekommen, jetzt fühle ich mich zu nichts gut. Früher hätte ich die Zeit genossen, spater hatte ich dazu gedient, wieder aufzubauen. Heute bringe ich mein Leben zu, die morschen Gebäude zu stützen. Ich hätte um 1900 geboren werden und das zwanzigste Jahrhundert vor mir haben sollen.« Sein geheimster Gedanke war, »daß das alte Europa am Anfang seines Endes ist. Ich werde – entschlossen, mit ihm unterzugehen – meine Pflicht zu tun wissen. Das neue Europa ist andererseits noch im Werden; zwischen Ende und Anfang wird es ein Chaos geben«.

Seine Aufgabe erblickte er darin, all das aufzuhalten, was gleichwohl sich doch durchsetzen werde. Für den, der nicht schnell genug in der allerneuesten Neuzeit anlangen kann, war es ein rein negatives Vorhaben, sich der Zeit entgegenzustemmen, zu temporisieren, zu lavieren, sich »durchzuwursteln«, wie es später in Wien hieß. Anderenteils erachtete Clausewitz die Verteidigung als die stärkste Form des Krieges. Ihr Hauptmerkmal ist das Abwarten, die Erhaltung des Besitzes. Ihr Zweck ist nur bedingt, den Feind zu besiegen, eben um Angriffe abzuwehren. Die Monarchien nach 1815 sahen ihre vornehmste Verpflichtung eben in der hinhaltenden Verteidigung des Bestehenden oder seiner vorsichtigen Modifizierung, um den Ausbruch eines weiteren Gewittersturms hinauszuzögern. Wenn das soziale Element das bewegtere ist, muß das politische zur Ruhe verwiesen werden, riet Metternich. Die soziale Beweglichkeit der nach Autonomie strebenden Individuen konnte auf Bildung, Wissenschaft, auf Selbsttätigkeit in Handel und Gewerbe vorläufig und eine Zeitlang recht erfolgreich abgelenkt werden. Aber die individuelle Autonomie, der mancher Spielraum zugestanden wurde, da dem Staat nicht abträglich, war doch nichts anderes als Volkssouveränität im kleinen. Wie jeder für sich bestimmen wollte, so wollten auch alle souveränen Einzelnen zusammen ihr gemeinsames Schicksal in die Hand nehmen und Schmied des kollektiven Glückes sein im engeren Vaterland oder der Nation, in der sich die vielen Einzelwillen zu einem nationalen Willen vereinigen. Konstitution war das Zauberwort, vor dem die Könige erschraken. Als sein Leibarzt Kaiser Franz nach einer überstandenen Grippe versicherte: »Es geht halt nichts über eine gute Konstitution«, rief sein erhabener Patient ungnädig: »Ich will nichts davon hören!«

Das Erschrecken vor diesem Wort bedeutete nicht nur starre Bewegungslosigkeit und Unfähigkeit, das Angemessene, das Gebotene zu tun. Darin bekundete sich vor allem Ratlosigkeit. Friedrich Wilhelm III. hatte ziemlich verdrossen 1813 sein Volk zu den Waffen gerufen und mit unbestimmten Ausdrücken eine Verfassung versprochen. Er war stets vorsichtig, umständlich, aber immer ein Ehrenmann. Er fühlte sich an sein Versprechen gebunden. Ihm war nicht wohl dabei gewesen, im Volk einen Bundesgenossen gegen Napoleon zu suchen, an Gefühle zu appellieren, Leidenschaften überhaupt erst aufzuregen. Den Ansichten Hardenbergs, demokratische Grundsätze in einer monarchischen Regierung zu berücksichtigen, verschloß er sich keineswegs, aber seinen Thron wollte er doch nicht einem Volk in Waffen verdanken. Denn anschließend, unberechenbar, wie das Volk nun einmal nach herkömmlichen Anschauungen war, durfte es Ansprüche stellen, die weder abgeschlagen noch bewilligt werden könnten. Die Unabhängigkeit des Throns schien im einen wie im anderen Fall gefährdet, das sagte ihm damals wie später sein gesunder Menschenverstand, auf den seine Offiziere, die den absoluten Krieg, den Volkskrieg wünschten, nicht achteten. Freiheit, Volksheer, Volksvertretung und Nation bildeten ein Knäuel ineinander verschlungener Forderungen, die losgelöst voneinander nicht befriedigt werden konnten. Eines bedingte das andere, und alle zusammen sollten es ermöglichen, daß Deutschland nicht wieder zum Interventionsraum einer fremden Macht werde, die dort nach ihrem Willen ihre Interessen verfolgte, sondern daß es, unter sich einig, selbständig aufzutreten vermochte und sich gegebenenfalls zur Wehr setzen konnte, sollten Unzumutbarkeiten von ihm verlangt werden. Der politische Friede der Könige und Kaiser berücksichtigte aber keine Nationen oder solche Völker, die leidenschaftlich, was ihrer Ansicht nach ohnehin verdächtig, danach trachteten, sich zu solchen zusammenzuschließen. Sie zogen den Staaten Grenzen, die ihnen in Hinblick auf die Ordnung Europas für alle bekömmlich erschienen, ungeachtet von Volkszugehörigkeit oder Sprachgruppen.

Als Volk galt ihnen nach alteuropäischer Überlieferung die in einem Staat lebende Bevölkerung. Darin waren sie sich zumindest mit den deutschen Konservativen einig. Friedrich von Gentz, den Preußen, der als Österreicher Metternichs Politik gewandt erläuterte, war es ein gänzlich unbekannter Satz im bisherigen Staatsrecht, daß Herkunft, Sprache, Religion ein unveräußerliches Recht verliehen, »ein und dasselbe politische Ganze zu bilden«. Noch Jahrzehnte später begriff Friedrich Julius Stahl, der Staatsphilosoph oder Staatstheologe Friedrich Wilhelms IV., die Nation als bloßes Naturtum, nebelhaft verschwimmend, »was dem heutigen pantheistischen Zeitgeist gemüthlich ist«. Heinrich Leo, der Historiker aus Halle, erklärte entgegen dem pantheistischen Zeitgeist pluraler Nationalkonkretisationen: »Die Nationalität der Sprache und des Blutes ist nicht die konstituierende Grundlage der Volksbildung, sondern das ist die gesamte sittliche Bewegung, wie sie der Staat darstellt. Die Nationalität macht also nicht den Staat, aber der Staat allemal das Volk.« Es ist der Staat, der König, der ein Volk schafft, erst Abraham, Romulus, Chlodwig, Wilhelm der Eroberer, dann das Volk Israel, römische, französische und englische Nationalität, wie gerade preußische Konservative zu wiederholen nicht müde wurden, da doch Preußen das beste Beispiel sei, auch mit allen nachteiligen Zügen, wie Könige sich einen Staat und das dazu gehörende Staatsvolk schaffen.

So war es gerade der Adel, der stets gegen den werdenden königlichen Staat opponierte, der in ihm ein Bollwerk gegen Nation und Nationalität sah, die zum Rückfall in die Barbarei führten, weil sie Rechtsgemeinschaften zu Blut- und Rassegemeinschaften umwandeln wollten gemäß den Karikaturgebilden demokratisierender Professoren. Das Volk, den populus, faßten sie als Rechtsverband auf, und nur deshalb konnte es beteiligt werden bei der Erörterung öffentlicher Angelegenheiten, wie auch immer diese Beteiligung geregelt sei oder werde. Das hielt sie aber nicht ab, gegebenenfalls das Volkstümlich-Nationelle gegenüber abstrakter Menschlichkeit hervorzuheben, um den Vorrang des Besonderen gegenüber dem Allgemeinen zu betonen. Wie jeder Einzelne eine unerschöpfliche Welt für sich sei, in der sich gleichwohl die Menschheit konkretisiere, so bedürfe die Fülle regionaler Variationen des Schutzes vor systematischer Vereinheitlichung, die den lebendigen Geist, der sich in den mannigfachsten Erscheinungen zu erkennen gibt, schließlich ersticke.

Für die Deutschen, und an die wandten sich ja konservative Publizisten, hieß das aber, die Vielfalt zu achten und sich vor nationaler Einfalt zu hüten, da sie immer in Zusammenhängen eines Reiches gelebt hatten, das nie ein deutsches war, sondern bis zu seinem Ende ein Staatenverein unter einem verbindenden Kaiser. In Österreich erblickten und schätzten sie einen Nachhall dieses Reiches, ein Abbild Europas im kleinen. Daher rührte die Anhänglichkeit der Konservativen, gerade auch der preußischen, an die österreichische Monarchie. Denn dort war verwirklicht, was sie sich als Ordnung für »Deutschland« erhofften, ein Bund von Staaten, die Einigkeit unter sich bewahrten und deshalb der Einheit und Vereinheitlichung nicht bedurften. Solange diese Einigkeit hielt, brauchten sie nichts zu befürchten. Der nationale Gedanke hingegen konnte sich nur als Sprengstoff erweisen, sobald die Völker in der österreichischen Monarchie von ihm ergriffen würden, sobald also die Deutschen sich zu einer Nation zusammenschließen wollten. Der Zusammenbruch Österreichs, das war die konservative Angst, konnte nur ein Vakuum hinterlassen, das mit nichts zu füllen war.

Die österreichische Monarchie war aber eine der wichtigsten Voraussetzungen für die Ruhe Europas, die deutsche Frage demgemäß eine europäische. Weil die Mitte Europas sich nicht nach nationalen Sonderbestrebungen organisieren ließ, sollte das über-nationale Österreich dafür sorgen, die Situation zu entschärfen und unter Kontrolle zu halten. Deshalb wurde ihm 1815 eine gewichtige Stellung unter den deutschen und italienischen Staaten eingeräumt. Es war Präsidialmacht des Deutschen Bundes und Vormacht in Italien durch den Besitz der Lombardei und Venetiens wie der habsburgischen Sekundogenituren in Parma, Modena und Florenz. Ähnlich dem Deutschen Bund einen italienischen zu schaffen mißlang Metternich. Allerdings konnte er mit den verschiedensten Mitteln indirekt auf die übrigen italienischen Staaten Einfluß nehmen, wie er ja auch im Deutschen Bund darauf verzichtete, allzu spürbar eine österreichische Dominanz fühlen zu lassen. Sein Programm war, in engster Fühlung mit Preußen die Geschäfte des Bundes abzusprechen. Der lockere Verband genügte ihm, weil die beiden deutschen Großmächte, solange sie übereinstimmend auftraten, jeden davon abhalten konnten, Deutschland als Arena zu betrachten, auf der es vor allem französischen Luftspringern freistehe, ihre Kunst zu zeigen. Der enge Anschluß an Preußen erlaubte es wiederum, Italien vor französischen Übergriffen zu schützen, weil Frankreich damit zu rechnen hatte, daß der Po am Rhein verteidigt werde und umgekehrt.

Um Österreich herum war der alte Raum des Reiches neu organisiert, sogar effizienter als früher, ließ sich eine dauernde Übereinstimmung des nun österreichischen Kaisers mit Preußen herstellen, der sich die kleinen deutschen oder italienischen Staaten nicht zu widersetzen vermochten. Dieses so geordnete Mitteleuropa war eingebunden in ein Allianzsystem, das dazu bestimmt war, nicht nur die deutsche und italienische Staatenwelt im Gleichgewicht zu halten, sondern den Krieg in Europa überhaupt zu vermeiden. Österreich war saturiert, wie Metternich beharrlich erklärte. Der Deutsche Bund stellte keine Ansprüche. Die Staaten in Europa, die meinten, ihren Umfang erweitern zu müssen, sollten, wenn es sein mußte, nachdrücklich zu der Überzeugung gebracht werden, sich auf ihre Grenzen zu beschränken. Dafür genügten ihm die Übereinkünfte der Alliierten, vor denen der Störenfried zurückweichen mußte, was zuweilen hieß, innerhalb der Pentarchie, der fünf Großmächte, die über Europa wachten, Einzelne so zu isolieren, bis sie aufgrund des Drucks der Mehrheit nachgaben und eine friedliche Verständigung suchten.

Die wechselnden Verabredungen galten vor allem dem Zweck, Frankreich in seinen Grenzen zu halten, den Verfechter des nationalen Prinzips, der sich überall bemühte, nationale Regungen mit seinen Interessen zu verknüpfen. Das Zentrum mit Preußen und Österreich war, auch ohne sein Schwert in die Waagschale zu werfen, stark genug, durch seine schiere Masse hemmend auf den zu wirken, der den bestehenden Zustand verändern wollte. Hinter den beiden stand Rußland, der Zar, der monarchische Bruder, der zugleich durch das enge Bündnis zumindest in Europa daran gehindert wurde, seine Grenzen weiter vorzuschieben. Das geteilte Polen bildete die Grundlage des wechselseitigen Einverständnisses und damit der Ruhe Europas. Eben deshalb fand die Teilung Polens internationale Anerkennung auf dem Wiener Kongreß. Dieser Zustand schien den Monarchen, schien Metternich ausgewogen genug, um den Vorstellungen nationalbewegter Kräfte von deutscher Selbständigkeit zu genügen. Diesen jedoch genügte es keineswegs, denn die Einigkeit der Monarchen, des österreichischen und des preußischen, eine persönliche Konstellation, ersetzte ihnen nicht das, was sie erhofften: einen Bundesstaat, ein straffes aufeinander verpflichtetes Deutschland, dessen Form eine verbindliche, ins einzelne gehende Verfassung festlegte.

Mit dem Verfassungsbegehren, und sei es nur für die einzelnen Mitgliedsstaaten des Bundes, verknüpften sich unmittelbar enttäuschte nationale Hoffnungen. Denn Verfassungen strahlen, sobald zugestanden, in einem vielstaatlichen Raum mit dennoch gleicher Sprache und Nationalität auf die anderen Staaten aus – besonders auf die, denen bislang eine Konstitution verwehrt wurde. Und haben erst einmal alle Staaten eine Konstitution, dann ist es konsequent, dem Bund eine ähnliche zu geben oder aufzudrängen. Eine Volksvertretung will nicht nur Teile repräsentieren, sondern endlich ein Ganzes, die einige und unteilbare Nation. Diese Entwicklung fürchtete Metternich. Sie führe, wie er beharrlich mahnte, zur Revolution, zum Umsturz der gesamten wiedergewonnenen Ordnung Europas. Mit den Verfassungen in Süddeutschland hatte er sich nur widerwillig abgefunden. Sie waren entworfen worden, um eine von Napoleon oktroyierte Konstitution zu vermeiden, und verkündigt worden, um einem anderen Oktroi des Deutschen Bundes auszuweichen. Sie brauchten ihn nicht sonderlich aufzuregen, da die regionalen Parlamente sich alsbald voll den Wonnen hingaben, die das deutsche Kleinleben bereithielt.

Im übrigen erfüllten die Parlamente in Bayern, Baden und Württemberg genau den Zweck, den sich die Herrscher erwarteten; sie ermöglichten es den Staatsangehörigen, die früher in ganz anderen Zusammenhängen gelebt, miteinander bekannt zu werden, Gemeinsamkeiten zu entwickeln, in dem zuerst fremden Staat ein Vaterland zu entdecken. Das ging überraschend schnell, und da die Kammern genauso mißtrauisch wie die Landesfürsten Preußen und Österreich beobachteten, von denen sie Majorisierung befürchteten, zogen sie sich schnell auf einen partikulären Stolz zurück, der wenig Anziehungskraft ausübte, weil er auf die übrigen Deutschen nicht liebenswürdig genug wirkte.

Bedenklicher war für Metternich die Entwicklung in Preußen. Hier handelte es sich um einen großen Staat, in dessen Sog die Nachbarn rasch geraten konnten. Und es ging um einen keineswegs saturierten Staat, da Rheinland-Westfalen nicht unmittelbar mit dem Königreich, zu dem es ab 1815 gehörte, verknüpft war. Eine preußische Verfassung konnte unter Umständen die bestehenden Verhältnisse in Norddeutschland und damit im Deutschen Bund grundlegend verändern. Deshalb stellte Metternich dem preußischen König beständig vor Augen, daß sein Staat ein Konglomerat unterschiedlichster Provinzen des ehemaligen Reiches sei, die untereinander wenig gemein hätten und darum auch gar keiner Nationalrepräsentation bedürften. Bei der Gewohnheit der Deutschen, in übersichtlichen Zusammenhängen am liebsten tätig zu werden, müßte ein Parlament als Vertretung aller Staatsangehörigen den lokalen Bedürfnissen unbedingt abträglich sein. Es sei vollständig ausreichend, den Landschaften eine gehörige aufgeklärte Berücksichtigung zuzugestehen, am besten durch landständische Zusammenkünfte.

Sah Metternich bei einer Nationalrepräsentation Preußens staatliche Auflösung kommen, weil die Provinzen sich dann vernachlässigt fühlen würden, so übertrug er damit Befürchtungen, die für Österreich allerdings nicht auszuschließen waren. Denn dort ließ sich immerhin vermuten, daß eine Volksvertretung nur eine Vertretung von Völkern widerspiegeln werde, die, untereinander uneins, allein die Unvereinbarkeit des Zusammenlebens veranschaulichten. Die Auflösung Preußens war hingegen nur zu erwarten, sollte ein preußischer Landtag sich tatsächlich zu einer Nationalrepräsentation auswachsen, also Preußen in Deutschland auf- oder untergehen. »Die Zeit rückt unter Stürmen vorwärts; ihr Ungestüm aufhalten zu wollen, würde vergebliches Bemühen sein. Festigkeit, Mäßigung und endlich Vereinigung in wohlberechneten Kräften, dies allein bleibt die Macht der Beschützer, und den

Freunden der Ordnung… in unseren Zeiten ist es nichts mehr und nichts weniger als die Aufrechterhaltung dessen, was vorhanden ist.«

Das Vorhandene beengte freilich die unternehmungslustigen Bürger und Industriellen, die hinaus aus den Lokalverhältnissen strebten, in weiteren Zusammenhängen und Räumen dachten. Die Rheinländer wollten sich ebenso wie die liberalen Ostpreußen nicht länger auf sich selbst beschränken. Mochten Konservative wie die Brüder Gerlach ständig daran erinnern, daß Preußen eine ganz junge Bezeichnung für ein Gemenge von Staaten sei, das erst zu einem Staat zusammenwachsen müsse, so nannten sie eben das Ziel, nach dem die Verfassungsfreunde trachteten: Zusammenfassung, Vereinheitlichung, Angleichung, Befreiung von regionaler Begrenzung. Dafür standen die Verfassung und parlamentarische Mitbestimmung als Symbol. Allerdings gab es unter den Verfassungsfreunden keine genauen Vorstellungen, wie die für Deutsche zweckmäßigste Verfassung denn aussehen solle.

In Deutschland kannte man nur ständische Vertretungen. Die landständischen Verfassungen waren längst zu freundlichen Ruinen verfallen, nicht zuletzt weil die Monarchen sie als unbrauchbare und lästige Antiquitäten behandelten. So war es zumindest ein recht zweifelhaftes Unterfangen, deren Überreste als Ausgangspunkt für einen umfassenden Neubau zu gebrauchen. Dennoch dachte mancher Bürger, vertraut mit seiner konkreten Umwelt und deren Herkommen, in Anlehnung an Machiavelli, daß es zuweilen guttäte, sich wieder auf die Ursprünge zu besinnen. In deren genossenschaftlich-körperschaftlichem Geist ließe sich das Gemeinwesen mit neuer Kraft erfüllen, statt von allgemeinen Theorien aus das Vorhandene verändern zu wollen, da sich das Allgemeine auf unterschiedlichste Art umsetzen lasse. Der Rechtsstaat könne sich auch ohne Parlamentarismus verwirklichen.

Die liberalen Modelle aus Frankreich stießen auf erhebliche Skepsis. Die Geschichte der revolutionären Verfassungen veranschaulichte ja deutlich genug, daß es auch parlamentarischen Absolutismus gab, daß Volksherrschaft unmittelbar in blutige Tyrannei, in Schreckensherrschaft umschlagen konnte. Das englische System hingegen erschien vielen Liberalen als vorbildlich. Nur verwechselten sie, wie alsbald die Engländer selbst, dieses mit dem kontinentalen Konstitutionalismus und Parlamentarismus. Das Parlament und Oberhaus waren reine Ständeversammlungen, in denen der Adel das Volk, die Landschaften vertrat und die Regierung stellte. Deshalb vermochten sich Konservative damit anzufreunden. Nur sehr allmählich änderte man ab 1830 in England Wahlrecht und Wahlkreiseinteilung, um wenigstens die vermögenden Bürger nicht vollends auszuschließen, was jedoch nichts daran änderte, daß während des gesamten Jahrhunderts das Unterhaus ein adeliger Club blieb, in dem sich Vettern und Onkel über das verständigten, was alle angeht. In England regierte unangefochten die Aristokratie. Das war unnachahmlich. Überlegungen, mit einem Oberhaus ein Gegengewicht zu einer Volkskammer zu schaffen, entbehrten für Deutschland jeder Grundlage. Die Pairs, die hohen Aristokraten, waren in Deutschland Landesfürsten gewesen, und soweit sie den Zusammenbruch überstanden hatten, waren sie es auch weiterhin. Die anderen waren mediatisiert, ihrer Selbständigkeit enthoben worden. Eine Adelskammer, vielleicht ergänzt um einige verdienstvolle Männer »des öffentlichen Lebens«, hatte daher keine Überzeugungskraft. Eine Verfassung zu ersinnen, die dem ureigensten Geist des deutschen Volkes entsprang und auch noch zweckmäßig war, schien nahezu ein Ding der Unmöglichkeit.

Nur Professoren verzweifelten nicht daran, dieser Aufgabe dennoch gewachsen zu sein, was dem deutschen Liberalismus schon ein verwelktes Ansehen gab, bevor er überhaupt in Blüte stand. Manchen hohen Verwaltungsbeamten in der staatsliberalen Bürokratie schien es deshalb am geeignetsten, dem König einen erweiterten Staatsrat zur Seite zu stellen, in dem erfahrene Praktiker, vertraut mit den Gegebenheiten in den Provinzen und mit genauem Blick auf die Erfordernisse des Ganzen, die Belange des Volkes vertreten und entsprechende königliche Entschlüsse vorbereiten sollten. Das sicherte nicht nur den aufgeklärten Beamten ihre fürsorglich lenkende Macht, über die sie ohnehin verfügten, gewährleistete unparteiische, nur am Staatsinteresse ausgerichtete Neutralität, sondern beschränkte wohlweislich auch die Mitsprache auf die Besitzenden und Gebildeten, die sich allein berechtigt wähnten, wohlmeinend das zu regeln, was dem gemeinen Nutzen von Vorteil.

Allerdings war auch noch kein Liberaler, der eine parlamentarische Volksvertretung erhoffte, vorerst auf den Gedanken verfallen, etwa das Wahlrecht so auszudehnen, daß in der Kammer die Besitzenden und Gebildeten nicht unter sich geblieben wären. Diese recht diffusen Strömungen, die sich gegenseitig im Wege standen, erlaubten den Monarchen die von Metternich geforderte Festigkeit. Doch das beruhigte weder ihn noch sie. Denn den Konstitutionalismus hielten sie für die Vorstufe zur nationalen Demokratie. »Monarchie und Republik sind mir zugängliche Begriffe. Monarchien auf republikanische und Republiken auf monarchische Grundlagen gestellt, sind Gestaltungen, mit sich selbst im Widerspruch stehend«, die der Systematiker Metternich nicht begriff, die seinem Bedürfnis nach Klarheit widersprachen. Doch gerade in dieser Widersprüchlichkeit erkannten Liberale das Geheimnis verfassunggebender Kunst, nicht zuletzt um die Demokratie, vor der sie sich fast noch mehr als die Könige ängstigten, unschädlich zu machen. Ein Gift in kleiner Dosierung heilt bekanntlich. Die Volkssouveränität war ihnen unheimlich, sie strebten allein nach der Kontrolle des Souveräns. Aber der Souverän, auch der Volkssouverän, will kontrollieren, ob die ihm untergeordneten Einrichtungen sachgemäß funktionieren. Wie die Konservativen befürchteten, wollten die Liberalen ein gekochtes Gefrorenes. Zum Entsetzen Metternichs empfahlen die Engländer seit den zwanziger Jahren diese Speise als rettende Diät überall in Europa und Übersee.

England war nie der Heiligen Allianz beigetreten, die Rußland, Österreich und Preußen 1815 eingegangen waren. Die drei Monarchen hatten dabei auf Anregung Kaiser Alexanders vereinbart, sich künftig bei ihren Entschlüssen in Übereinstimmung mit der christlichen Lehre allein von den Gesetzen der Gerechtigkeit, der Liebe und des Friedens leiten zu lassen. Metternich, der nüchterne Pragmatiker, nannte die Heilige Allianz »ein laut schallendes Nichts«, erkannte aber bald ihren Nutzen, mit ihrer Hilfe nämlich den Prinzipien politischer und sozialer Erhaltung des Bestehenden Achtung zu verschaffen. Es stellte sich bald heraus, daß die Heilige Allianz eine Einrichtung sein wollte, die gleichsam sämtliche Staaten überwachte, ob sie Systemveränderungen vornähmen oder planten, die das monarchische Prinzip verletzten. War das der Fall, dann behielten sich die Monarchen eine Intervention vor, um etwa vollzogene Neuerungen wieder rückgängig zu machen. Einer solchen Interventionspolitik entzog sich England, dessen Außenminister Lord Castlereagh erklärte: »Der Grundsatz, nach dem ein Staat sich in die inneren Angelegenheiten eines anderen mischen darf, um der bestehenden Regierung Gehorsam zu erzwingen, ist stets eine Frage nicht nur des höchsten moralischen, sondern auch des politischen Taktgefühls. Ein solches Prinzip zu verallgemeinern, es

Renov: 1885.

Die Heilige Allianz, die 1814 Alexander I. anregte, war der erste Versuch, ein kollektives Sicherheitssystem zu errichten, das alle auftretenden Schwierigkeiten durch Verhandlungen lösen und so Kriege vermeiden sollte. Dem russischen Kaiser gelang es nicht, sich damit durchzusetzen. Praktisch beschränkte sich die Heilige Allianz auf die Zusammenarbeit der »drei Adler« – Österreich, Rußland, Preußen –, die mit dem Gewicht ihrer Macht, wenn übereinstimmend handelnd, zumindest die Ordnung auf dem europäischen Kontinent, wie sie die Wiener Verträge 1814/15 schufen, vor jedem grundsätzlichen Umsturz sicherten. Das Bündnis der drei Kaiser war als Einrichtung zur Erhaltung des allgemeinen Friedens in Europa gedacht (Allegorie auf einer Stobwasser-Dose, 1814).

zu einem System zu machen oder es als Verpflichtung aufzuerlegen, das wäre ein im höchsten Maße abwegiges und verwerfliches Verfahren.« Daran scheiterte rasch die Idee, auf periodischen Kongressen gemeinsam alle anfallenden Fragen zur Sicherheit Europas zu erörtern und sich gegebenenfalls über deren friedliche Bereinigung zu verständigen. Zwar begrüßte Castlereagh die Kongreßdiplomatie, um durch gründliche Konsultationen im wesentlichen Übereinstimmung zu erreichen und Kriege zu vermeiden. Doch den einzelnen Staaten müsse es weitgehend selbst überlassen bleiben, wie sie ihre inneren Verhältnisse ordneten. Dieser Vorbehalt bezog sich nicht zuletzt unmittelbar auf England, um die Freiheit zu behalten, ohne Einspruch von außen sein Regierungssystem, sofern notwendig, zu modifizieren, was seit 1830 geschah.

Die Revolution war überwunden. Den militärischen Sieg faßten die Engländer aber auch als Bestätigung ihrer überlegenen Verfassung auf. Damals begann der englische Kult mit der eigenen, vorbildlichen Verfassung, die nun im Sinne des französischen Konstitutionalismus umgedeutet und allen Europäern zur Nachahmung empfohlen wurde, um revolutionären Umsturz zu vermeiden. Schon Castlereagh schien es wichtig, gleich nach dem Sieg die Unterschiede des »freien Westens« zum »autokratischen Osten«, den drei nördlichen Mächten, wie sie sonst genannt wurden, als weltanschaulichen Gegensatz hervorzuheben. Unter diesen Voraussetzungen konnte der Verzicht, sich in die inneren Angelegenheiten eines anderen Staates einzumengen, freilich das gleiche bedeuten wie eine Intervention, sobald Nichteinmischung den Erfolg der rebellischen, freiheitlichen Partei begünstigte. Insofern war die Diskussion um Intervention und Nichtintervention ein Streit um des Kaisers Bart.

Daraus machte der Nachfolger Castlereaghs, Lord Canning, gar keinen Hehl. Er wehrte sich von vornherein gegen die Einmischung in fremde Belange, denn er sympathisierte mit den liberal-revolutionären Kräften in Neapel und Spanien, die seit 1820 für bürgerliche Unruhen sorgten, hoffend, daß sie die Oberhand behielten. Als Canning 1822 Außenminister wurde, legte er die Karten offen auf den Tisch: Er verteidigte das Selbstbestimmungsrecht der Völker und anerkannte die revolutionären Regierungen im spanischen Amerika. 1826 erhob er es zur missionarischen Aufgabe Englands, überall Freiheit und Recht zu schützen, unterdrückten Völkern beizustehen, verbunden mit der Drohung, den Schlauch des Äolus für all jene zu öffnen, die sich diesem genuin englischen

Auftrag widersetzten, und die Stürme der Revolution in deren Ländern zu entfesseln.

Metternich war empört und hielt seitdem England für den entschiedenen Gegner der kontinental-konservativen Prinzipien. Erst jetzt schlossen sich die drei Nordmächte, »die drei Adler«, zu einem festen Block zusammen. Lord Canning hatte sie förmlich dazu genötigt, sich als eine untrennbare Dreifaltigkeit zu verstehen, zum Kummer Metternichs, der jahrelang hoffte, in England ein nützliches Gegengewicht zum mächtigen russischen Einfluß zu finden, erblickte er doch im glücklichen Verteilen der Gewichte, im Auffinden »der klugen Vereinbarungen des Zusammen- und des unvermeidlichen Getrenntseins der Teile in einem Ganzen« das Geheimnis der Staatskunst. Er dachte in Übereinstimmung mit den verbündeten Monarchen nicht an eine rein staatlich-egoistische, sondern an eine gemeinsam abgestimmte, ganz Europa zuträgliche Politik. Aber dafür fehlte es fortan an entsprechenden gemeinsamen Grundsätzen, was nicht ausschloß, daß die drei Staaten des monarchischen Prinzips sich in einzelnen Affairen mit England treffen und sie übereinstimmend beheben konnten.

Lord Canning war ein großherziger Moralist, den Goethe als Befreier der Völker achtete. Er war aber auch der Erfinder der Kanonenbootpolitik, hatte er doch 1807 in Kopenhagen, mitten im Frieden mit Dänemark, die dänische Flotte gekapert und entführt, um zu verhindern, daß sie Napoleon in die Hände fiele. Seine moralischen Überzeugungen standen ihm nicht im Wege dabei, eine rein englische Politik zu verfolgen. In England keineswegs auf stürmische Liberalisierung drängend, unterstützte er freiheitliche Bewegungen dort, wo sie für englische Machtinteressen vorteilhaft waren: im Mittelmeer und in Amerika. »Spanisch-Amerika ist frei und – wir müßten denn unsere Angelegenheiten elend führen – englisch.« Das gab er unumwunden zu. In Lateinamerika mit seinen weiten Märkten und ohnmächtigen Staaten fand England einen Ersatz für die ehemaligen Kolonien im Norden. Deshalb förderte es die innerspanischen Unruhen, um zu verhindern, daß Ferdinand VII. wie geplant mit französischer Hilfe eine Flotte nach Amerika sandte, um die überseeischen Königreiche Spaniens für die Krone zu retten.

Aber es ging in Spanien nicht nur um Amerika, sondern auch ums Mittelmeer. Während der Kriege mit Frankreich war es den Engländern gelungen, das Mittelmeer zu einem »britischen Meer« zu machen. Daran sollte sich auch nichts ändern, was bedeutete, daß dort keine nennenswerte Flotte einer anderen Macht auftreten durfte. Spanien war schlecht gerüstet, aber es verstand sich mit Frankreich, das immerhin eine ansehnliche Flotte besaß und sich keineswegs resignierend dareinfügen wollte, in der *mediterranée* einflußlos zu bleiben. Zum Vorsatz britischer Politik gehörte es von nun an, ein Bündnis zwischen Frankreich und Spanien zu vereiteln, und sei es zu dem Preis dauernder Bürgerkriege in Spanien. Zur Sicherung der Seeherrschaft im Mittelmeer gehörte es deswegen, alle liberalen Bewegungen in Italien zu fördern, um die ohnehin schwachen Staaten aus der Abhängigkeit von Österreich und Rußland zu lösen. »Ich bin sehr proösterreichisch nördlich und sehr antiösterreichisch südlich der Alpen. In Italien sind die Österreicher ein öffentliches Ärgernis«, versicherte Lord Palmerston, einer der Nachfolger Cannings.

Auf den freien Zugang zum Mittelmeer blieb vor allem Rußland angewiesen, um über das Schwarze Meer Getreide in die Levante zu exportieren. Aus Handelsinteressen, aber auch zum Schutz der Küsten im Schwarzen Meer vor Angriffen mußte es darauf achten, von der Ägäis nicht abgeschlossen zu werden, ganz abgesehen vom Schutz der Glaubensverwandten im Osmanischen Reich, für die sich der Zar verantwortlich fühlte. Die Bemühungen der Zaren, dort Vorteile zu suchen, erschienen England als Herausforderung seiner Vorherrschaft. Um solchen Gefahren vorzubeugen, mischte es sich von nun an in die »orientalischen« Angelegenheiten, in die Auseinandersetzungen des Osmanischen Reiches mit seinen Völkern, und gewährte den Griechen in ihrem Freiheitskampf die Hilfe, die Alexander den Rebellen schweren Herzens verweigern mußte. Denn was sie taten, war in seinen Augen unmoralisch; sie kündigten ihrem legitimen Herrn den Gehorsam.

Die freiheitlichen Wertebeschwörungen fanden zwar manches offene Ohr, aber es blieb nicht verborgen, daß England sich trotz gelegentlicher ideologischer Angriffe davor hütete, sich in die inneren Angelegenheiten der drei nördlichen Großmächte einzumischen. Das tat es nur in solchen Staaten, die klein und von Hilfe abhängig oder aus Ohnmacht unfähig waren, sich solche Einsprüche zu verbitten. Doch die nationale Freiheitsparole besaß eine eigene, schwer zu kontrollierende Dynamik, die keine Rücksicht auf europäische Notwendigkeiten nahm. »Lord Feuerbrand«, wie der ungestüme Palmerston in Europa hieß, achtete die Wiener Verträge als Grundlage der europäischen Ordnung, versuchte aber zugleich immer wieder experimentell herauszubekommen, wie weit es erlaubt sei, sie zu mißachten. Zur Begeisterung seiner Engländer betrieb er Außenpolitik wie englische Studenten Kampfsport. Dabei kommt es zu blutigen Nasen, besser bei den anderen als bei sich selber. Hatte er sich zu weit vorgewagt, dann holten ihn zu seiner Erleichterung die drei Monarchen mit diplomatischem Druck auf den Boden des Vertragswerkes zurück, ohne ihn davon abhalten zu können, in seinen unberechenbaren Spielen sofort wieder fortzufahren.

Seine Devise lautete: »England ist stark genug, etwas zu riskieren.« Das mußte unweigerlich für Verstimmungen sorgen, weil die Folgen des Risikos, das England einzugehen vorgab, meist andere zu tragen hatten. Vor allem aber minderte dieser unbekümmerte Grundsatz das Vertrauen in die Zuverlässigkeit der englischen Politik. Seine sprunghaften Eskapaden brachten die europäischen Kanzleien zur Verzweiflung, deren höllische Wut ein Wiener Volksspruch resümiert: »Und hat der Teufel einen Sohn / dann ist es der Lord Palmerston.« Der ungestörte Frieden in Europa war keine »Pax Britannica«; er wurde vielmehr durch das Gewicht der drei Mächte des beharrenden Prinzips aufrechterhalten, die England höchstens geringfügige Korrekturen, aber keine grundsätzlichen Veränderungen der vereinbarten Ordnung in Europa erlaubten. Der Friede war ihr ureigenstes gemeinsames Interesse, weil jeder Krieg sie mit dem zu konfrontieren vermochte, was sie Revolution nannten. Denn darüber waren sie sich einig: daß nach einem weiteren allgemeinen Krieg, wie König Louis Philippe, der verschämte Freund der Wiener Rechtsordnung, Metternich einmal schrieb, kein zweiter Wiener Kongreß mehr möglich sei, weil die aufgeputschten Leidenschaften dann eine vernünftige Verständigung verhinderten. »Was kommen würde, wäre die Auflösung der politischen und sozialen Ordnung Europas, der Triumph der Revolution.« Immerhin gelang es der Allianz der drei Monarchen, mit diplomatischen Mitteln Konflikte zu entspannen, die Stoff zu militärischen Auseinandersetzungen boten, oder sie zumindest auf die Levante zu begrenzen. Dort suchten weder Österreich noch Preußen eigene Vorteile, so daß sie mitten in Europa mit ihrer Schwerkraft die Kontrahenten auseinanderhalten konnten.

Die Aufgabe der beiden deutschen Mächte sah Metternich gerade darin, sich nicht als Avantgarde des Ostens gegen den Westen noch als die des Westens gegen den Osten mißbrauchen zu lassen, vielmehr stets den Ausschlag in die Richtung des herzustellenden

Friedens zu geben. In der Devise Palmerstons drückte sich hingegen kaum verhüllt der beginnende liberale Imperialismus des sich selbst genügenden Eigennutzes aus, der wahllos zugreift, wo ein Vorteil lauert. Denn ein Programm lag dem allen nicht zugrunde. Die hilflosen Europäer redeten neidisch vom »perfiden Albion«, regten sich auf, bis sie sich kurze Zeit später daran ein Beispiel nahmen, Lord Palmerstons Vorbild als Realpolitiker nacheiferten und Metternichs Warnung geringschätzten: »Die Pflege des Ich muß im Staatenleben wie im Leben der Privaten Grenzen kennen.«

Liberalismus und Nationalismus waren revolutionäre Zwillinge. Da England sich dem konsequenten, gemeinsamen Kampf gegen diese beiden Prinzipien entzog, bemühten die Vertreter des monarchischen Prinzips den Druck polizeilicher Mittel, um die Propagierung »falscher Grundsätze« einzuschränken und ihrerseits die öffentliche Meinung aktiv zu beeinflussen, also »die Handlungen der Regierung in wahrem Lichte darzustellen und der Verbreitung falscher Gerüchte die siegreiche Macht der Wahrheit« entgegenzustellen. Das hielten sie mit Metternich für die Aufgabe von Polizei und Zensur, ja des Verwaltungsapparates überhaupt. Daß sich die Völker als Menschheit in voller Fahrt befanden, bezweifelten sie nic. Die Frage blieb nur, wohin, zu welchem Ziel? Darüber bestand keine Klarheit, was es zumindest erleichterte, mit nachdrücklichen Eingriffen in die individualistische Meinungsvielfalt für Klarstellungen zu sorgen. Damit begaben sich die Monarchen und die Konservativen, die sich ab 1830 auch so nannten, auf das ureigenste Gebiet ihrer Gegner, auf den Boden öffentlicher Diskussion.

Indem sich die Monarchen auf die Diskussion einließen, die öffentliche Meinung auf ihre Art präparieren wollten, verwickelten sie sich in Widersprüche, was ihre Maßnahmen, eine Übereinstimmung der Gemüter zu erhalten oder zu erzwingen, erheblich schwächte, weil diese selbst unweigerlich als Parteilichkeit wirken mußten, die »gute Sache« eben mit einem individualistischen Parteiinteresse verwechselt werden konnte. Im übrigen verlangte bürgerliche Selbstbestimmung nicht nur nach politischer Mitbestimmung und kontrollierender Beteiligung an den öffentlichen Geschäften. Die Individualisierung äußerte sich in freier Berufswahl, Gewerbefreiheit, allgemeiner Beweglichkeit, nachdem jeder aus seinen alten Korporationen und herkömmlichen Verbindungen freigesetzt, nachdem selbst der Grund und Boden zu einer beweglichen Ware geworden war. Individualisierung lag auch dem höchsten Bildungsziel zugrunde, zu selbständiger Persönlichkeit zu gelangen, mit einem freien Gewissen die eigene Sonne seines Sittentags zu sein. Die Selbstverwirklichung ergriff die Künste und Wissenschaften. Goethe verstand sein Lebenswerk als einzige große Confessio, als Bekenntnis und Ausdruck seiner Werdelust. Künstlerische und wissenschaftliche Freiheit ergänzten einander, die Glaubensfreiheit trat hinzu. All diese Freiheiten verlangten nach einer neuen Moral, nach einer Rehabilitation der Sinne, des Fleisches, der Leidenschaften, der subjektiven Daseinsfreude.

Es war schlechthin unmöglich, alle Erscheinungen zu beobachten, zu kontrollieren und zu begutachten. Das Auskundschaften und die Zensur erwiesen sich als ziemlich hilflos, was beides noch ärgerlicher machte, weil die »Ordnungsstrafen« nicht nur wie Willkürakte wirkten, sondern tatsächlich meist solche waren. Nicht einmal in Österreich, diesem angeblichen »Land des Schweigens« oder dem »China Europas«, konnte jene allgemeine Gemütsruhe erreicht werden, die Kaiser Franz sich erhoffte, um den Dingen Dauer zu verschaffen. Dafür fehlte es an Personal, und die wenigen Polizeikräfte, Zensoren, Dechiffrierer in Wien waren heillos überlastet. Außerdem handelte es sich bei ihnen in der Regel um sehr korrekte Bürokraten, gebildete Männer, die den Kreisen angehörten, die sie beobachten und notfalls korrigieren sollten. Es lag nahe, daß sie »auffälligen Individuen« unter Umständen helfen wollten, was Untersuchungen weiter verschleppte. So blieb viel dem Zufall überlassen, weshalb die Zensur sich vornehmlich als Schikane für den bemerkbar machte, der mit ihr zu tun bekam.

Insgesamt konnte sie, trotz einiger spektakulärer und sehr beachteter Fälle, wenig ausrichten. Der Vormärz, die Zeit zwischen 1815 und 1848, ist trotz aller kleinlichen, launenhaften Bedrückung eine Epoche, in der die wissenschaftliche und literarische Kultur in Deutschland sich aufgrund überraschender Lebhaftigkeit bereicherte, zum Nutzen und Vorteil der Weltliteratur, die von hier aus verkündet wurde. Wissenschaftler ließ man, wenn sie sich nicht unmittelbar in die Politik mengten, ohnehin gewähren. Sie hatten es mit der Wahrheit zu tun, mit der ruhigen Analyse, und verloren sich nicht in Agitation, Unaufrichtigkeit und Unwahrhaftigkeit wie die Publizisten. Zumindest hing Metternich als Freund der Wissenschaften dieser unschuldigen Ansicht an.

Ranke sprach rückblickend von halkyonisch hingebrachten Tagen während jener Zeit, in der radikal denken und behaglich leben miteinander mühelos zu vereinbaren waren. Fremde ließen sich anlocken von diesen musikalischen, tiefsinnigen, liebenswürdigen Systematikern und Theoretikern, die zwar zuweilen anstrengten, aber auf die freundlichste Weise. Der junge Jacob Burckhardt pries dieses Deutschland ergriffen als den »Garten Gottes«. »Ich bin wie Saul, der Sohn Kis, der ausging, verlorne Esel zu suchen, und eine Königskrone fand... Ich danke Deutschland Alles... Durch welches Opfer werde ich auch nur ein wenig von dieser großen Schuld abtragen, mit der ich Deutschland verpflichtet bin?« Er sprach von Deutschland und meinte die deutsche Wissenschaft als eine Einheit. Mochte das Streben nach Wahrheit sich auch unter den verschiedensten regionalen Bedingungen entwickeln, wer eine deutsche Universität kennt, kennt sie alle, bemerkte Viktor Cousin begeistert. Nicht weil sie gleichförmig gewesen wären, sondern weil ein gleicher ernster Geist in mannigfachster Ausprägung an allem herrschte. Der konnte sich in heftigstem Streit der unterschiedlichen Schulen äußern, der aber eines nicht in Frage stellte: daß die Universitäten die Einheit des weiten Vaterlandes repräsentierten. An ihnen schien vorweggenommen, was Professoren und Studenten auch im politischen Sinne erhofften. Sie wechselten häufig den Ort ihres Lehrens und Lernens. Sie lösten sich aus den engen Verhältnissen der kleinen Staaten und machten sich mit allen deutschen Gebieten vertraut. Sie verkörperten die Kulturnation, die sich im Nationalstaat vollenden wollte. Tagungen der Naturforscher, Germanistenkongresse, überhaupt die immer häufigeren Zusammenkünfte im Dienste der Forschung waren zugleich Manifestationen des nationalen Einheitsbegehrens, das den Monarchen so widerwärtig war und das sie doch nicht zu ersticken vermochten. Insofern hatte die interesselose, unpraktische Wissenschaft politische Folgen, die den Zielen der Monarchen widersprachen.

Darüber hinaus erwiesen sich die historischen Methoden, die jetzt verfeinert wurden, gerade für die Legitimation der bestehenden Verhältnisse als fragwürdig. Erinnerten Konservative an das geschichtlich Gewordene gegenüber den künstlichen Abstraktionen, die dem Leben übergestülpt werden sollten, so veranschaulichten die Historisten die Einmaligkeit jedes vergangenen Augenblicks, die ununterbrochenen Metamorphosen in der Welt der Geschichte als dem Reich vorübergehender Konkretisierungen. Die Vergangenheit gewährte keine Sicherheit. Sie belehrte über Wandel und Untergänge, relativierte alle Vorstellungen von dauernder Wahrheit und Beständigkeit. Alles, was alt ist, Tradition verspricht, war einmal ungewohnt und eine herausfordernde Neuerung.

Dies galt vor allem für die Religion. Schließlich nannte sich ein erheblicher Teil der Christen nach Reformatoren, die für strenge Katholiken schlichtweg Revolutionäre waren. Die Monarchen suchten das Bündnis von Thron und Altar, um dem königlichen Amt die legitimierende Weihe zu erhalten, um die Heiligkeit der Majestät zu behaupten. Die Römische Kirche beruhte auf dem Prinzip der Legitimität, auf dem historischen Recht der apostolischen Nachfolge. Die Kirche war eine dem Staat gleichgeordnete Macht, in der nicht die Majorität, sondern die Autorität des göttlichen Wortes galt, über dessen verbindliche Geltung Bischöfe als Stellvertreter Christi wachten. Einem Römischen Christen waren solche Vorstellungen vertraut, aber viele Protestanten, die in der freien Gemeinde die sichtbare Kirche erblickten, befremdete die Absicht preußischer Könige, die Gemeinden in eine episkopale Ordnung einzubinden, die protestantischem Herkommen widersprach. Das Wiedererwachen religiöser Kräfte störte die Pläne Friedrich Wilhelms III., in der Preußischen Union über alle Besonderheiten hinweg deren Energien übereinstimmend zu bündeln und zu koordinieren. Er schuf damit nur Unruhe unter den strengen Lutheranern oder Pietisten.

Während er organisatorisch vereinte, was lange getrennt seine eigenen Wege gegangen war, untergrub die Bibelkritik, die Historisierung und Literarisierung der heiligen Texte, das Fundament des Glaubens. Aus Christus wurde allgemach der historische Jesus und dieser bald zu einer mythischen Figur des mythen- und märchenreichen Orients. Emsig warben Theologen dafür, daß es die Bestimmung der Kirche sei, sich durch Verbesserung der Welt überflüssig zu machen, sich aufzulösen in allgemeiner Mitmenschlichkeit. Wie Erinnerungen aus Plato und dionysischer Kulte zur humanistischen Seelenbildung beitrugen, so konnte ein jeder aus dem christlichen Erbe sich aneignen, was seinem Seelenadel und seiner Seelenschönheit zuträglich. Unversehens geriet Religiosität in die Sphäre der ästhetischen Lebenskultur, der sensiblen Reizbarkeit für Stimmungen und der Fähigkeit, sie subtil auszukosten, um den inneren Schatz beliebig zu mehren.

Der opulente Kulturprotestantismus, der sich in weitgehender Harmonie mit liberaler Humanität befand, ließ sich wiederum nur schwer mit den Strömungen innerhalb der katholischen Kirche vereinen. Diese galt ohnehin den meisten Protestanten als bizarre Ruine vergangener Zeiten, in der Geister spukten, die wenig zur Selbstbefreiung und Selbsterlösung des mündigen Menschen beitrügen. Die neue, schon einmal überwundene Konfessionalisierung war daher kaum geeignet, ein Bündnis von Thron und Altar oder den verschiedenen Altären zu festigen.

Sollten die christlichen Könige der alten Zeit vorzugsweise eher Bilder, Abbilder einer Idee sein, die möglichst vollständig den Einzelnen ergreift, so daß er als individuelle Person in einem Typus verschwindet und ihn damit lebendig erhält, so wurde, seit der Monarch dem abstrakten Staat vorstand, dem individuellen Wert des Menschen im Herrscher große Aufmerksamkeit geschenkt. Die Bilder und Abbilder wurden angehalten, wahre Menschen und wahre Menschenfreunde zu werden, die in freier und anmutiger Pflichterfüllung ihren Beruf ausübten und allen zum Vorbild dienten, diesem Beispiel nachzueifern. Der Staatschef, wie 1817 Oberst Massenbach den König nennt, kann weiterhin »wie die wohltätig belebende Sonne« in ihrer Bahn ruhig fortschreiten, aber »diese Bahn wird vom Gesetz beschränkt«. Das ehemalige Abbild des Sol iustitiae, der Sonne der göttlichen Gerechtigkeit, muß als Gesetzesorgan die Philosophie der Throne hinsichtlich der Regierungspflichten gründlich kennen, mit seiner »Berufswissenschaft« hinlänglich vertraut sein. Voraussetzung dafür ist aber die Bildung zu allgemeiner Menschlichkeit, die erhabene Empfindungen für das Große mit süßen Gefühlen des Mitleids verbindet. »Wie jeder Mensch, so geht der Fürst unter, wenn ihn nicht das Ideal des Großen, Schönen, Herrlichen auf den Schwingen des Adlers« emporträgt. Die Welt der Ideale liegt indes ganz im Inneren. Wahre Mitmenschlichkeit bedarf nicht künstlichen Schmuckes, um zu überzeugen. Sie äußert sich unmittelbar herzbezwingend.

Varnhagen von Ense sprach 1843 in Bad Kissingen mit der russischen Großfürstin Helene, einer früheren Prinzessin von Württemberg. Sie erzählte ihm, daß sie sich daran gewöhnt habe, ihr eigentliches Sein von allem Äußeren unabhängig zu erhalten, »sie mache sich aus dem Äußeren nichts, es sei ihr gleichgültig; an ihre Stellung und Verhältnisse denke sie kaum, sie suche dieselben soviel als möglich zu vergessen und habe mehr das Gefühl, sie sei sie selbst, dies Ich, wie die Natur es in sie gelegt, als all das Äußere, welches die Welt angehe«. Eine edle Bürgerfrau hätte nicht schlichter und behaglicher sein können, bemerkte er begeistert. »Sie wollte so wenig Kaiserliche Hoheit sein, daß es fast lächerlich klang, wenn ich sie so nannte, und sie war es eben hierdurch doppelt und dreifach ... Ein Mensch, ein echter Mensch zu sein, ist das

Höchste, es heißt, ein Herrscher auch über die Herrschaft sein.« Die Überlegenheit des Inneren, Privaten, des unerschöpflichen Individuums über alles Öffentliche entwertet freilich alles Öffentliche unweigerlich zu etwas Äußerlichem, Bedeutungs- und Sinnlosem. Der liberale Individualismus, den die Monarchen bekämpften, war längst in die Höfe vorgedrungen, die im persönlichen Wert eine Stütze der Throne erkennen wollten. Die Zeremonien um die »Staatsperson« der Monarchen wurden zur unvermeidlichen Folie der Repräsentation, zu inhaltslosen und deshalb lästigen Ritualen, die mit dem innersten Menschsein der Fürsten nichts zu schaffen hatten.

Ist erst einmal die Unterscheidung von Innerlich und Äußerlich anerkannt und mit ihr die Überlegenheit des Privaten über das Öffentliche, dann wird jede öffentliche Gewalt, sosehr sie auch aus Klugheit respektiert wird, als nur äußerlich hohl zu einer Formalität ohne zwingende Überzeugungskraft. Wenn Könige die Ansichten, die sie repräsentieren sollen, im Innersten für Vorurteile halten, die sie zwar beschützen müssen, aber nicht teilen können, dann verschwindet auch allmählich die moralische Überlegenheit der Throne. Und zweifeln die Monarchen insgeheim an der Tüchtigkeit der Ideen, die ihre Stellung rechtfertigen, hilft auch bald der Wert der Persönlichkeit nicht mehr viel, weil dessen Achtung von vielen Unwägbarkeiten abhängt, je nachdem wie sich die Anschauungen darüber entwickeln, was den Wert einer Persönlichkeit ausmacht.

Viele Fürsten hatten sich wahrlich bemüht, natürlich, wohlwollend, menschlich zu werden, bieder und schlicht aufzutreten, Bildungsbürgern sogar mit geistreichen Ansichten zu gefallen. Doch längst schon wurden Stimmen laut, die eine ästhetische allgemeine Menschlichkeit und Mitmenschlichkeit als bourgeoises Klassenvorurteil charakterisierten, dessen magere Sentimentalität nur notdürftig verhüllen könne, daß sie nur ein Vorwand sei, um die meisten Mitmenschen denen endgültig zu unterwerfen, die ununterbrochen bekundeten, nur dem Menschen schlechthin zu dienen. Der eigentliche König der Epoche, das Geld, bedecke mit zierlichen Verkleidungen deren nackte Egoismen − nicht aus Scham, sondern aus Geschäftssinn, weil idealistische Verbrämung nur den Beherrschungszwecken förderlich sein könne. Tugenden gebe es nicht mehr, nur noch Werte. Diese muß man leben, jene lassen sich setzen, aufwerten, abwerten, wie es der Augenblick und das Streben nach dem größtmöglichen Gewinn verlangen.

Die Verbindung mit dem neoklassischen Humanismus riß die Monarchen erst recht in die Widersprüche ihrer Zeit hinein. Sie glichen wackeren Ärzten, die selbst der Heilung bedürfen. Enger denn je schlossen sie sich untereinander zusammen, verwuchsen zu einer Familie. Die großen Herrscherhäuser waren seit Jahrhunderten verschwägert. Aber wechselseitige Besuche kamen doch nur ausnahmsweise vor. Lagen keine außergewöhnlichen Umstände vor, pflegten Monarchen ihr Land nicht zu verlassen. Die weitverzweigte Verwandtschaft blieb, weil man sich untereinander vorzugsweise nur aus Erzählungen kannte, eine recht abstrakte Angelegenheit, trotz des sehr konkreten Stoffes – des königlichen Blutes –, der die Verbindungen schuf. Das änderte sich nach der Französischen Revolution.

Sie stürzte, wie so vieles, die Lebensgewohnheiten der allerhöchsten Herrschaften um. Diese begannen zu reisen, sich zu besuchen und gemeinsam Ferien zu machen. Jetzt erst kam es zu herzlichen Freundschaften, zu Intimität mit zeitgemäßen Aufwallungen der schönen Seelen, die sich zärtlich begegneten und mit ihrem Tränentau Liebesschwüre, Brüderschaften, Treuebekundungen aller Art benetzten. Das vertrauliche Du ersetzte die förmlichen Anreden, die ehrwürdigsten Vornamen wurden verkürzt, sofern nicht possierliche Kosenamen gebraucht wurden, deren Bedeutung allein den Angehörigen verständlich war. Indem sich der höchste Adel in menschenfreundlicher Gesinnung öffnete, zog er sich zugleich auf ein sehr geheimnisvolles Abrakadabra exklusivster Übereinkünfte zurück, nicht unähnlich den besonderen Herzlichkeiten, die in anderen empfindsamen Zirkeln reinster Menschlichkeit wie Zaubersprüche weitergereicht wurden. Hochzeiten, Geburtstage, Trauerfälle, Regierungsjubiläen waren Anlaß, die Familienbande zu kräftigen. Pilgerten früher Prinzessinnen, gar Kaiserinnen zu Gnadenbildern, um endlich gesegneten Leibes zum allgemeinen Nutzen niederzukommen, so suchten auch die Frömmsten mittlerweile, wissenschaftlich-medizinischem Rat zweifellos ergeben, die natürlichen Heilquellen auf, deren Gebrauch wunderbare Folgen auch in hartnäckigsten Fällen verhieß. Überhaupt wurde es jetzt Usus, die Wasser zu nehmen, möglichst im engeren und weiteren Familienkreis, statt in der nächsten Umgebung die Sommerfrische auf einem verstaubten Landschloß zu suchen. Wobei der nicht geringste Reiz darin bestand, ganz einfach, eben natürlich in Karlsbad oder Marienbad zu leben, in Doberan oder Ems. Das hatte auch den Vorteil, daß jeder Verwandte seine Rechnungen selber beglich und nicht eingeladen werden mußte.

Geselligkeit, verwandtschaftliche Zuneigung, Entwicklung heiterer Gefühle bei Ankunft auf dem Lande, Pflege der Gesundheit und der allgemeinen Wohlfahrt verschmolzen ineinander. Denn die wohlhabenden Bürger reisten den gekrönten Häuptern nach, nur daß sie auf dem Lande den Komfort der Neuzeit nicht missen mochten, den sie in die Kurorte brachten und in den sich die Fürstlichkeiten gern fügten, als allmählich die natürliche Schlichtheit wieder ihren Reiz einbüßte. Sie wohnten behaglich in den guten Hotels, die Annehmlichkeiten bereithielten, die sie in ihren Schlössern nicht besaßen und aus Pietät gar nicht erst einführen wollten. Ganz Berlin wußte noch im fortgeschrittenen neunzehnten Jahrhundert, wann König Wilhelm badete, mußte doch die hölzerne Badewanne aus dem Hotel de Rôme Unter den Linden in sein Stadtpalais gerollt werden.

Der monarchische Tourismus erweckte gerade in Deutschland saisonweise die unscheinbarsten Orte zu mondänem Leben. Die großen Familien Europas waren deutschen Ursprungs und falls nicht, wie die Bourbonen, mittlerweile durch Einheirat in die Häuser Österreich, Bayern, Sachsen und Mecklenburg vollständig in das nun auch sentimentale Beziehungsgeflecht eingebunden, in die »deutsche Gemütlichkeit«. Die deutschen Kurorte nahmen einen ungemeinen Aufschwung. Sie wurden zu internationalen Treffpunkten. »Alle Welt« traf sich im Kometenschweif der wahren und einzigen, der »großen Welt«, die eine Welt für sich war, sich aber in Kissingen, Baden-Baden, Wiesbaden, Gastein, Teplitz in unbefangener Privatheit veröffentlichte.

In Deutschland standen die Stammburgen der Herrscherhäuser, und in der Nähe jeder Stammburg sprudelte meist nicht nur ein Gesundheit verheißender Quell, sondern beides war alsbald zur Quelle für gesunde, also historisch vertiefte legitimistische Anschauungen geworden. Daß die Abkömmlinge ortsansässiger Ahnen indessen Holländer, Russen, Dänen oder Engländer waren, störte keinen. Die Einheimischen fühlten sich beglückt, von erhabenen Fremden treuherzig als angestammte Erbverbundene gewürdigt zu werden, die nun ihrerseits auch die entferntesten Verwandten, die sich unerschrocken in den absurdesten Winkeln Deutschlands zu Hause fühlten, mit dem Ursprung ihrer Herkunft gemütlich vertraut machten. Noch schämte sich eine nationale Dynastie nicht ihrer deutschen Abstammung.

In »little Germany«, wie Königin Victoria die Heimat ihrer Ahnen nannte, erholten sich die Monarchen von den widrigen Lebensumständen in ihren weiten Herrschaftsräumen. Hier waren sie ganz Mensch, hier konnten sie es sein. Hier sprachen sie sogar deutsch, die Sprache Goethes, Schillers oder E. T. A. Hoffmanns, eine Sprache, die als reine Schriftsprache bislang gelesen, aber nicht »gesprochen« wurde. Sie hatte sich nicht im vornehmen Gespräch entwickelt. Wer deutsch sprach, redete im Dialekt. Schiller und Goethe gelang es nie, den derben Akzent ihrer Heimat abzulegen, was auch keiner von ihnen verlangte. Doch beide, die am Schreibtisch aus dem ungeselligen Deutsch eine ungemein biegsame Konversationssprache schufen – seit Schiller wissen auch Deutsche, wie Könige reden, seit Goethe, wie sich Barone und Bürger anmutig ausdrücken sollen und können –, waren sich bewußt, daß aus dem geschriebenen ein lebendiges, ein gesprochenes Wort werden müsse, damit es angemessen klinge und wirke. Als Theaterdirektoren kümmerten sie sich um diese Aufgabe. Über das Theater lernten die gebildeten Stände und mit ihnen die Aristokraten und Fürsten, frei und rein deutsch zu sprechen, eben hochdeutsch, und fanden allmählich Gefallen daran, die Möglichkeiten dieser Sprache für ihren Umgang zu nutzen.

Selbstverständlich blieb Französisch das bevorzugte Idiom, weil es am bequemsten war, die einzige Sprache zu gebrauchen, die von allen Vettern auch grammatisch korrekt beherrscht wurde. Politische Abneigungen gegen Frankreich, diesen revolutionären Vulkan, der dauernd mit Eruptionen die allgemeine Ruhe störte, spielten dabei keine Rolle. Sprache hatte für Fürsten nichts mit Nationen zu tun. Sie war ein geselliger Gebrauchsgegenstand, was deutschen Sprachphilosophen, damals wie heute, äußerst oberflächlich vorkommt. Ohne sich dessen überhaupt bewußt zu sein, veranschaulichten Monarchen und Aristokraten das zeitgemäße Ideal des »Weltbürgers«, der sich an den individuellen Konkretisierungen der »allgemeinen Menschheit« freute und sie sich über die Sprachen anverwandelte. Vor allem die Geistesaristokraten, die Gelehrten eiferten ihnen nach. Denn Bildung ist national, an die jeweilige Sprache gebunden, aber Wissenschaft, weil der einen Wahrheit verpflichtet, übernational. Keiner verkörperte diese Anschauung eindringlicher als der gelehrte Alexander von Humboldt, der sich wissenschaftlich-elegant auf französisch wie auf englisch oder deutsch ausdrückte und zugleich an den Höfen in Paris, London und Berlin als vornehmer Herr und Kammerherr bewegte.

Königin Victoria von England als Großmutter Europas. Sie war durch ihre Herkunft aus den nord-deutschen Dynastien und über Heiraten ihrer Kinder mit sämtlichen Herrscherhäusern protestanti-cher Konfession, die ihre Ehepartner unter den deutschen fürstlichen Familien suchten, unmittelbar erwandt. Für ihren Enkel Wilhelm II. (links) bewahrte sie sich trotz zuweilen heftiger Mißver-ständnisse, denn auch sie konnte sehr undiplomatisch sein, eine unerschütterliche Sympathie. Das Haus Hannover, die Coburger, Hessen, Preußen, das Haus Oldenburg der dänischen Könige und ie Romanows gleichsam als Oldenburger Nebenlinie machten ihre engere Verwandtschaft aus. Das Photo entstand anläßlich des Geburtstags der Königin am 24. März 1889.

Der Zusammenhang mit der nationalen Bildung, die überall eine sehr historische Färbung annahm, wurde im übrigen bewußt gesucht, bei allen Vorbehalten der Monarchen gegenüber dem nationalen Gedanken. Die Dynastien als weit in die Geschichte zurückreichende Erscheinungen beriefen sich gegenüber den ungewissen Neuerungen auf den angeblich sicheren Grund aller Stabilität, auf die Vergangenheit, die Übereinstimmung mit einem historisch vertieften Herkommen. Sie entdeckten ihre vorstaatliche Herkunft, die bekundete, daß die fürstlichen Familien den Staat schufen und es damit ihr bleibendes Recht sei, den Staat, die staatliche Verfassung nach ihrem wohlwollenden, gnädigen Urteil zu verändern und den gewandelten Gegebenheiten anzupassen. Die Häuser Brandenburg oder Österreich nannten sich auf einmal nach ihren Stiftern Hohenzollern und Habsburger. Damit gaben sie allerdings auch den nationalen Gefühlen nach. Sie waren nicht nur preußische oder österreichische Familien, Repräsentanten begrenzter Staatlichkeit, sondern deutsche Familien und deutsche Fürsten schwäbischer Herkunft wie das herrlichste Kaisergeschlecht der Deutschen und mit ihm verwandt: die Staufer.

Im Berlin der Neuhohenzollern begann der Stauferkult, der bald ganz Deutschland ergriff und dessen schönstes Zeugnis *Die Kronenwächter* Achim von Arnims sind. Den Wiener Habsburgern konnte der Stauferkult nur willkommen sein. Denn das ganz neue, prosaische österreichische Kaisertum hatte keine Einwände dagegen, als selbstverständliche Fortsetzung alter Kaiserherrlichkeit aufgefaßt zu werden. Solche Kombinationen unterstützten den Beruf des Hauses, die deutschen Fürsten wie eh und je um sich zu scharen und deutsche Einigkeit herzustellen. Die Poesie und die von ihr geweckte Herzenserhebung der Gemüter sollten Stütze der Throne sein, wie Gneisenau dem nüchternen Friedrich Wilhelm III. 1809 geraten hatte. In diesem Sinne ließen es alsbald die Monarchen zu, daß ihre Throne historisch poetisiert wurden, eben als sinnfälligster Ausdruck aller wirkender Kräfte, deren Eintracht die Krone symbolisierte, die zusammenhält, was sonst auseinanderstrebt.

Geschichtsbilder ersetzten die mythologischen, mit denen sich früher die »Götter auf Erden« feierlich offenbarten. Der Mode der Zeit entsprechend, versicherten sich in »lebenden Bildern« die Fürsten und Prinzen ihrer Historizität, bei Festen die großen Augenblicke ihrer Geschichte sich vor Augen stellend. Historische Maskenbälle wurden zum vornehmen Zeitvertreib, unter Umständen vor ausgewähltem Stadtpublikum inszeniert, zu dem unbedingt die journalistischen Hofberichterstatter gehörten. Deren Artikel ersetzten die früher von Kavalieren oder kavaliersmäßig gebildeten Hofpoeten verfaßten Fest-Schriften, als ein Staatsfest wirklich noch ein Staatsakt war, mit dem veranschaulicht wurde, welche Ideen die öffentliche Ordnung belebten und in ihrem ruhigen Zusammenhang bewahrten.

Die großen Maskenfeste, wie sie im sparsamen Berlin gelegentlich am prächtigsten gefeiert wurden, hatten keinerlei Bedeutung im hergebrachten Sinne, sondern waren sehr gelungene ästhetische Arrangements, für die ausgezeichnete Künstler wie Schinkel oder Spontini ihre Phantasie verschwendeten. Das »Fest der Weißen Rose« 1829 im Neuen Palais in Potsdam zu Ehren für »unsere Charlotte«, die Kaiserin Alexandra, Gattin Nikolaus' I. von Rußland, in der Familie Blanche genannt, die zur Hochzeitsfeier ihres Bruders »Wimpus« gekommen war, des späteren Wilhelm I., überwältigte als zauberhafter Triumph eines kunstvoll erweiterten guten Geschmacks. Es war ein Spiel mit den höfisch-ritterlichen Traditionen, ein letztes Turnier, das von der Herrin des Festes auf ein harmloses Lanzenstechen begrenzt wurde. Also auf eine sportliche Übung, bei der als Ritter verkleidete Reiter ihre Geschicklichkeit bewiesen, wenn es ihnen gelang, mit ihrer Lanze einen Kranz weißer Rosen in der Mitte zu treffen. An den sportlichen Teil auf dem Schloßhof schlossen sich Umzüge an, in denen etwa die Berolina, der Rübezahl, der Kreml und ein über ihm schwebender Friedensengel erschienen, eine Anspielung auf die preußische Prinzessin und russische Kaiserin und das Frieden spendende Bündnis beider Reiche, vor dem der Waffenlärm im Gefolge der Bellona, der Kriegsgöttin, verstummen muß. Der darauf folgende Ball dauerte bis in den frühen Morgen.

Mit solchen Festen schmückte sich das Königtum, aber mehr als Schmuckformen ganz beliebiger Art waren sie nicht. Rübezahl und das Riesengebirge haben ihren berechtigten Platz in der Erinnerung an familiäre Sommerfrischenidylle; darüber hinaus haben sie keine Bedeutung. Es ist allerdings bezeichnend, daß eine Feier preußisch-russischer Übereinstimmung, eines eminent öffentlichen, ganz Europa betreffenden Bündnisses, von dem der allgemeine Frieden abhing, der 1829 mit dem Frieden von Adrianopel nach dem türkisch-russischen Krieg wieder einmal gesichert erschien, eine Märchenfigur bemüht, die höchstens im Schatzkästlein beseelter Gedächtnisjuwelen ein merkwürdiger Edelstein sein mochte. Den Monarchen und dem Publikum fiel es im übrigen gar nicht auf, daß ein Thron, der Rübezahl statt Mars, Minerva und Jupiter, die Repräsentanten allgemeiner, öffentlicher Tugenden, als Stütze beansprucht, unweigerlich märchenhaft, unwirklich, eben zauberhaft wirkt. Wie aus alten Märchen winkt das Königtum mit zarter Hand in eine schon recht entzauberte Welt.

Ohne zu zögern, begaben sich die Monarchen, seit sie sich selber historisch wurden, auf den ästhetischen Weg. Das Numinose des Königtums suchte im Dekorativen einen letzten Halt. Die alten Paläste boten gegebenenfalls den großen Rahmen für den höfischen Auftritt, bei dem sich die Kostüme mischten: die Livree in leicht modifiziertem achtzehnten Jahrhundert, die Ritter der Orden in wallenden Mänteln, die ans Mittelalter der großen Oper erinnerten, Prunkhelme, Talare aus der Renaissance bei Magnifizenzen oder lutherischen Bischöfen, alle möglichen Hof- und militärischen Uniformen und dazwischen die Schleppkleider, die je nach der gerade vorherrschenden historisierenden Mode entworfen waren. Da es kein »Staatskleid« mehr gab, keine selbstverständliche große Robe im festlich gesteigerten Geschmack der Gegenwart, konnte man sich nur noch auf Erinnerungen aus der Geschichte stützen, um bestimmten Gruppen zu einer repräsentativ-unterschiedlichen Erscheinung zu verhelfen. Denn längst war ja der bürgerliche Frack zum allgemeinen Kleid geworden. Doch der Hof sollte eine gegliederte, sinnfällige Gesellschaftsordnung veranschaulichen. Aus diesem Grund setzte sich die Uniform als bevorzugtes Gewand der Könige durch, nicht weil die Monarchen besonders militaristisch gewesen wären. Die Uniform war kein bürgerlich-individueller Anzug, sondern das einzig verbliebene Staatskleid, das eindeutig auf das souveräne Vorrecht hinwies: Herr über die Armee und damit Herr über Krieg und Frieden zu sein.

Wenn sie konnten, lebten die fürstlichen Familien, vor allem die Preußen, wie vornehme Herren im Stadtpalais oder wie Gutsbesitzer draußen auf dem Lande bei Potsdam. Hier durften sie frei ihrer Lust frönen, adeliges Landleben in römisch klassischen, gotischen oder florentinischen Kulissen zu führen. Die historisch-ästhetisierte Monarchie im Dienst des klassisch Schönen äußerte sich nirgendwo so gefällig wie in der Hauptstadt des deutschen Idealismus und des zu ihm gehörenden Klassizismus: in Berlin. Damals begann Berlin so zu werden, wie sich das frühe neunzehnte Jahrhundert eine schöne Stadt vorstellte. Die Könige taten alles Erdenkliche, um das Bündnis des Guten und Wahren mit dem Schönen zu veranschaulichen. Museen als Tempel traten dem Schloß gegenüber, ein evangelisch-gotischer Dom verwies auf den Altar. Die Palais des Geistes, Universität, Bibliothek und Akademie, befanden sich in der Nähe, Singakademie und Bauakademie kamen hinzu. Die Neue Wache erinnerte an die Grundlage wiedergewonnener Selbständigkeit, an die befreiende Armee. Welche Wohltaten von all diesen Einrichtungen ausgingen, die vom König gestiftet, geschützt und gefördert wurden, ließ sich in freier Geselligkeit Unter den Linden erleben, die baumumstanden vom Kunstschönen, das Wissenschaft, wissenschaftlich fundierte Verwaltung und Königliche Herrschaft umhüllte, in das Naturschöne hinüberleitete, in den Tiergarten. Natürlichkeit in den Proportionen der Kunst, die Natur als geordneter und gepflegter Garten, eine durch Kunst und Wissenschaft veredelte Gesellschaft mochten auch den Zögernden dazu überreden, in königlicher Herrschaft das Symbol für eine sittliche Ordnung zu erkennen, die jeden ergreift und ihm das Seine läßt, um ganz sein Eigen-Tum zu entfalten.

Solche schön gedachten »Anschauungen« im Wortsinne, weil sie geschaut, angeschaut wurden, konnten doch ihre unverbindliche Anmut nicht verleugnen. Die Gefahr lauerte im Hintergrund, daß auch die dergestalt ästhetisierte Monarchie wie alles Kunstschöne zum musealen Gegenstand werde, daß Schlösser, wenn Museen zu Tempeln und Palästen werden, ihrerseits sich in Museen verwandeln können, in denen die sinnentleerten Antiquitäten der Legitimität endlich als unverstandene Kuriositäten herumstehen. Es ist nicht die Autorität, es ist der Glaube, der die Monarchien macht und die Monarchen stützt. Denn an das Prinzip der Legitimität muß man glauben. Der legitime König hört auf, eine Lösung für das Problem der Stabilität zu sein, sobald man über seinen Rechtsanspruch streitet. Der schöne Schein vermochte kaum darüber hinwegzutäuschen, daß vernünftig-ästhetisch ein Rechtsanspruch vertreten und beschrieben wurde, über den gestritten werden konnte, gerade aus nachlassendem Glauben an die Idee des Königtums, dessen Quelle göttliches Recht ist. Stammt das Königtum nur noch aus dem gewöhnlichen Recht, dann finden sich allemal für dessen Auslegung kluge oder wendige Advokaten, die entgegengesetzte Meinungen vertreten.

Vom göttlichen Recht ihres Amtes waren Kaiser Franz von Österreich, Friedrich Wilhelm III. von Preußen und der russische Kaiser – seit 1825 Nikolaus – vollständig durchdrungen. Aber die beiden deutschen Monarchen waren keine glänzenden Gestalten. Nichts an ihnen war bedeutend. Ihnen fehlte gerade das, was der Zeit imponierte: Persönlichkeit, Eigenwilligkeit und die Kraft, sich effektvoll zur Geltung zu bringen. Sie zeigten sich selten als Könige. Sie beschränkten sich darauf, ein Prinzip zu wahren, das sie nicht einmal verkörperten. Der Versuchung ihrer Epoche, als flamboyante Individuen die Umwelt zu überraschen und zu bezaubern, sie vielleicht zu überwältigen wie der inkommensurable Napoleon, der Held des Jahrhunderts, widerstanden sie vollkommen. Anders als der geistreiche Soldatenkaiser, der zuweilen stöhnte: »Wäre ich doch mein Enkel!«, mußten sie nicht brillieren. Darin lag der Vorzug legitimer Erbfolge, der Berechtigung zur Herrschaft ohne Selbstermächtigung. Denn der Usurpator ist immer in Unruhe darüber, wie aus Gewalt Macht und aus Macht endlich legitimierte Herrschaft werden kann. Kaiser Franz und Friedrich Wilhelm III. dienten einer überpersönlichen Idee, der Idee königlicher Herrschaft. Doch weil sie sich damit begnügten, beschleunigten sie die Entpersönlichung des monarchischen Prinzips, bis es nicht mehr als eine juristische Abstraktion war, die mit historisch-ästhetischen Mitteln Anschaulichkeit gewinnen sollte. Aber gerade diese Zurückhaltung stützte den Thron besser als jede Poesie. Das Königtum erschien als Band, das die Garbe der auseinanderstrebenden Ährenhalme zusammenhält, »unfruchtbar selbst, doch nötig, weil es bindet«, wie Grillparzer es seinen Kaiser Rudolf sagen läßt, der viele Züge mit Kaiser Franz teilt, obschon der Dichter ihn geringachtete. »Glaubst: in Voraussicht lauter Herrschergrößen / ward Erbrecht eingeführt in Reich und Staat? / Vielmehr nur: weil ein Mittelpunkt vonnöten, / um den sich alles schart, was gut und recht, / und widerstrebt dem Falschen und Schlimmen.«

Was gut und recht und falsch und schlimm, darüber bestand wenig Übereinstimmung, aber es erneuerte sich nach 1815 die Vermutung, daß der Thron eine Instanz sei, die zur Unterscheidung der Geister verhelfen könne. Gesunde Vernunft ohne Genius erforderte der Augenblick, als die meisten nach zwei Jahrzehnten der Unruhe und Aufregung Sicherheit und Beständigkeit in den öffentlichen Angelegenheiten erwarteten. Weil Kaiser Franz und Friedrich Wilhelm III. diesem Anspruch genügten, wurden sie zu ungemein populären Monarchen. Ihr bescheidenes Tun oder besser Nichttun konnte zwar manche Ungeduld nicht ersticken, die sich seit den dreißiger Jahren zurückhaltend oder auch offener äußerte. Aber die gereizten Stimmungen galten anderen Organen des Staates und der Gesellschaft. Das Königtum blieb unumstritten. Darin liegt die Leistung dieser höchst mittelmäßigen, ziemlich unauffälligen Individuen, die kaum von sich überzeugt waren, keinerlei Eleganz oder Beredsamkeit besaßen und jenseits des Schreibtisches Neigungen kultivierten, die kaum sonderliche Beachtung verdienen.

An Kaiser Franz, 1768 als Sohn des Großherzogs Leopold, des späteren Kaisers Leopold II., in Florenz geboren und aufgewachsen, fiel schon seinem Onkel, dem redseligen und sehr auf Originalität bedachten Kaiser Joseph II., eine leblose Gleichgültigkeit des Charakters auf. Alle Kenntnisse, alles fleißig Erworbene setze er nicht in eigenen Stil um, in eine persönliche Art des Denkens und Sprechens. Das mußte den neben Friedrich dem Großen besten Journalisten auf einem Thron selbstverständlich verwirren. Dennoch, so unsympathisch der junge Erbe des Reiches Joseph II. auch sein mochte, so fand er doch bei ihm in vielen ernsten Angelegenheiten ein einigermaßen richtiges Urteil. Um seine Deutschheit besser zu entwickeln, worunter Joseph II. Aufrichtigkeit, vernünftige Zutraulichkeit, Lebhaftigkeit und nicht nur kaltblütige Unerschrockenheit verstand, holte er den jungen Florentiner 1784 nach Wien. Dieser betrieb übrigens zeit seines Lebens eine Liebhaberei gründlich und systematisch, ja bis zur Leidenschaftlichkeit, soweit bei einem Leidenschaftslosen davon die Rede sein kann: die Beschäftigung mit der italienischen Literatur. Italienisch sprach er deshalb vollkommen. Deutsch schrieb er korrekt. Mit Wiener Kleinbürgern redete er später am liebsten im Jargon der Hausmeister, was denen gefiel, da sie ihre souveränen Herrschaftsrechte nur als besondere Variation der Gottunmittelbarkeit des kaiserlichen Hausmeisters auffaßten, der für die Ordnung im großen und ganzen zu sorgen hat, über die sie in kleinen Verhältnissen wachten.

Der junge Erzherzog, ab 1792 Kaiser, reizte freilich den Adel wegen seiner höchst ungezwungenen privaten Allüren, da er sehr wenig auf die ihm durch seine Stellung auferlegten Pflichten und seine persönliche Würde achtete. Er fuhr seine Kinder im Wiener Stadtgraben im Schubkarren; diese wiederum tanzten draußen in

Laxenburg mit den Söhnen von Köchen und pflegten beim Blinde-Kuh-Spielen gar mit den Kammermenschen Umgang. Anstößig fanden die Aristokraten auch das gänzlich Unmilitärische an ihm, der nicht richtig reiten konnte, lieber zu Fuß ging oder sich fahren ließ. Seine Sorglosigkeit in Fragen der Garderobe verstimmte sie fast noch mehr als sein fürchterlicher Geiz. Geiz war zwar eine Todsünde, aber schlechte Kleidung ist ein Affront für jene, die sich nur in guter vor der Majestät zeigen dürfen und deshalb einen Anspruch darauf haben, den Respekt gewährt zu bekommen, den sie ihrerseits der Krone erweisen. Allerdings gehörte es immer zu den Geheimnissen kaiserlich-habsburgischer Selbstdarstellung seit Karl V., im abgetragenen Mantel inmitten eines blendenden Gefolges zu stehen. Dem Kaiser als Knecht aller Knechte Gottes mochte Bescheidenheit wohl anstehen, und das Gefühl vollständiger Überlegenheit gegenüber allen erdgebundenen Erscheinungen erlaubte es den Mitgliedern des Allerhöchsten Kaiserhauses, den herzlicheinfachen Charme von Oberförstern im finsteren Wald über jeden Verirrten beruhigend zu verströmen. Das schlichte Auftreten des Kaisers als normaler Spaziergänger behagte den Wienern und genügte vollkommen bürgerlich-gemütlicher Humanität, die keinen Geschmack an Gepränge mit sechs Pferden und Röcken mit Ordenssternen fand. »Das ist«, wie Exzellenz Goethe, der freilich gern seine Ordenssterne anlegte, »jetzt bei Fürsten überhaupt kaum mehr an der Zeit. Es kommt jetzt darauf an, was einer auf der Waage der Menschheit wiegt; alles übrige ist eitel.«

Aristokraten indes hielten die Waage der Menschheit für ein unerhebliches Meßgerät, da sie formale Tugenden, den Schmuck der Vornehmheit nicht zu gewichten weiß. Und unter den meisten Intellektuellen bestand Einmütigkeit darüber, daß Kaiser Franz auf der Waage der Menschheit gar nichts wog. Sie warfen ihm vor, borniert, kaltherzig, pedantisch, phantasielos und starrsinnig zu sein. Sie hatten keinen Grund, ihn zu feiern. Schließlich mißtraute er freien Geistesregungen und schikanierte über Zensur und Polizei selbst gutwillige Dichter wie Grillparzer. Er war stolz darauf, Grundsätze erfolgreich bekämpft zu haben, welche die Welt verwüsteten. Die ungeduldigen Wünsche der Völker, die vernahm er wohl, aber das veranlaßte ihn erst recht, klug, das heißt langsam vorzugehen, um in Ordnung zu tun, was andere in Unordnung erstrebten.

Ohne Selbstüberschätzung vertraute er allein auf seine Dienstpflicht, alles aufzuhalten oder niederzudrücken, was den Frieden stören konnte, den allein das monarchische Prinzip vorerst garantierte, das sich im Einklang mit dem göttlichen Weltregiment befinde, dessen Ziel nun einmal der Friede sei. Die Freiheitsparole hatte nur Unfreiheit, Krieg und Verwirrung heraufbeschworen. Freiheitliche Regungen im Innern kehrten sich stets nach außen und verwirrten das schwere Geschäft, Europa in Ruhe zu halten. Doch erst wenn dauerhaft Frieden herrsche unter den Staaten, dann ließe sich vielleicht, vorsichtig, wie er war, daran denken, Neuerungen im Innern zu erlauben, die ihn während der weiterhin aufgeregten Zeit ansonsten abschreckten. Im Zusammenhang mit allgemeinen, zwischenstaatlichen Verhältnissen in Europa beobachtete er den möglichen Ausbau der innerstaatlichen Strukturen. Streng und gerecht zu herrschen, das war sein Ziel. Es genüge, die Gesetze voll und ganz anzuwenden, um Zufriedenheit zu erreichen. Nicht geeignet zum Selbstherrscher, denn er mißtraute seinen schwachen Kräften, kümmerte er sich zunehmend um alles und jedes, da er dem Adel und den Bürokraten in gleicher Weise mißtraute. Die Aristokraten hielt er für eigennützig, die Bürokraten für eigensinnig, wenig geneigt, die bürgerliche Gleichheit unter dem Gesetz mit aller Schroffheit durchzusetzen.

Mit diesem Mißtrauen, das ihn verleitete, alles zu kontrollieren und von seiner Entscheidung abhängig zu machen, sorgte er für einen schleppenden Geschäftsgang, den er dann den Beamten vorwarf oder den Aristokraten, die nur danach trachteten, auf diese Weise ihren Bedürfnissen »Gerechtigkeit« zu verschaffen. Aber zugleich wurde er darüber zum Beschleuniger wider Willen, zum selbstherrlichen Demokratisator, der jedes Privileg, jede Freiheit zwang, sich vor dem Thron des gekrönten Gesetzes zu rechtfertigen. Alle Untertanen wurden gleich vor dem Prinzip monarchischer Autorität, das die Heiligkeit des Gesetzes veranschaulichte. Die Gerechtigkeit, die er laut seinem Wahlspruch als Grundlage königlicher Herrschaft erkannt wissen wollte, erschöpfte sich in der Gesetzmäßigkeit und dem geregelten Verfahren, ein jeweiliges Verhalten nach seiner Gesetzmäßigkeit überprüfen zu dürfen. Die Härte des Gesetzes traf wie eine Präzisionsmaschine jeden.

Wie eine Präzisionsmaschine stellte er sich auch den Staat als Herrschaft des Gesetzes vor, in Gott den weltklugen Ingenieur vermutend, den er vertrete, um darauf zu achten, daß diese Maschine auch reibungslos funktioniert. Sie funktionierte nicht immer, aber, wie er sich tröstete und sich trösten ließ, »nichts in dieser Welt ist vollkommen«. Doch alles läßt sich mit Hilfe von Beamten perfektionieren, vor allem von solchen, die über die Verwaltungslaufbahn ihren sozialen Aufstieg über neutrale Gesetzeswahrung nehmen. Ein Monarch, der groß im kleinen und klein im großen war, bedurfte der Kleinen und Kleinlichen, damit das große Ganze funktionierte. Er fand sie und bereitete einer sozialen Revolution den bequemen Weg, obschon er die Revolution verabscheute. »Kronenwächter« kamen aus allen möglichen Milieus, aber nicht mehr vornehmlich aus solchen, die der Krone ganz selbstverständlich nahestanden: aus dem alten Adel. Der begann, als Stand der Freiheit sich aus dem öffentlichen Leben allmählich zurückzuziehen.

Kaiser Franz irritierte das nicht sonderlich. Er suchte ohnehin die unmittelbare Verbindung zum Volk, um über eine »direkte Monarchie« den Eindruck zu vermitteln, daß der Thron Grundlage von Gerechtigkeit und Billigkeit sei. Als Volkskaiser empfing er unermüdlich Bittsteller und Klagende, versicherte über geduldiges Zuhören jedem, daß er das lebende Gesetz sei, ohne je den Hinweis zu unterlassen, daß er nicht ganz sicher sei, was er auszurichten vermöge. Er ließ sich viel vortragen, überließ dann vieles oder alles denen, die ihm zutrugen oder vortrugen, um dann oftmals endlich resigniert zu bekennen, nicht Herr des Verfahrens zu sein: »Haben Sie den gesehen, der jetzt hier herausgegangen ist? Der ist schon zweimal von mir abgewiesen worden, aber Sie werden sehen, er setzt's doch noch durch.« Eine solche Auskunft störte keinen im Volk, im Gegenteil, jeder vermutete nun erst recht, daß der Kaiser Franz schon guten Willens wäre, wenn man ihn nur ließe, und lenkte seinen Unmut auf die Beamten, die den Kaiser daran hinderten, dem Recht in seiner vollen Verbindlichkeit Geltung zu verschaffen. Das war ein liebenswürdiger Irrtum. Denn Kaiser Franz, der sich zuweilen als »Hofrat« charakterisierte, verstand sich als Beamter, der höchstens ausgleichend zwischen den Behörden vermittelte, traten Hemmungen im Geschäftsgang ein.

Im übrigen ließ er die Sektionschefs nach Art der griechischen Götter walten, ganz ausschließlich über ihrem jeweiligen Element, was unvermeidlicherweise zu Reibereien führte, wie im mythischen Götterhimmel. Allen möglichen Bedenken ausgeliefert, im Grunde handlungsscheu, weil ein Schritt nach vorn ebenso wie einer zurück verderblich sein kann, ließ er viele Dinge treiben. Seine Untätigkeit rechtfertigte er freilich als Klugheit: »Ich will keine Neuerungen. Man wende die Gesetze gerecht an; unsere Gesetze sind gut und zureichend. Jetzt ist keine Zeit zu Reformen. Die Völker sind wie schwer verwundet. Man vermeide, durch eine

Berührung und Belastung ihrer Wunden sie zu reizen.« So wurde in seinem Österreich nur verwaltet, nicht regiert.

1835 erlag der Kaiser den Folgen einer Lungenentzündung. Die Erzherzogin Sophie, seine Schwiegertochter, schrieb verzweifelt: »Wir sind verwaist. Er war unsere einzige Stütze, unser einziges Heil, es schien mir, als müßte die Welt zusammenstürzen, daß mit ihm wir alle zugrunde gehen müßten.« Dieser erste Schock war alles andere als unverständlich. Denn Ferdinand, der Nachfolger, war kaum in der Lage, die Geschäfte ganz zu überblicken, geschweige denn sie zu leiten. Er war als Kaiser lediglich ein Symbol. Das monarchische Prinzip stand nur noch als Prinzip aufrecht, ohne überzeugende Repräsentation. Die Krone erschöpfte sich darin, eine Abstraktion mit Gemütswert zu sein. Erzherzog Franz Karl, der Mann der Erzherzogin Sophie, brachte nach Berlin die Trauerkunde. In König Friedrich Wilhelm III. lernte er einen neuen Vater kennen, der ihn wie einen Sohn behandelte. »Wie wohl ist es mir, diesen Patriarchen und wahren Vater seines Volkes zu sehen.« Nun lag es an dem preußischen König, der mit Kaiser Franz eng befreundet, die Stelle des ersten aller deutscher Fürsten einzunehmen.

»Der alte gute Herr«, wie ihn die Berliner nannten, hatte Popularität nie gesucht. Als sehr höflichem und deshalb schüchternem Charakter war es ihm immer peinlich, im Mittelpunkt der Öffentlichkeit zu stehen. Seine kurze Redeweise, bis zur Undeutlichkeit verknappt, ergab sich aus der Scheu, zu viel sagen zu müssen vor Leuten, die seinen Bemerkungen viel zuviel Gewicht beimaßen. Da er wußte, daß er sich aus Befangenheit unklar ausdrückte, machte ihn das noch verlegener und einsilbiger. Dabei waren ihm Menschen fatal, die ihm gegenüber unsicher wurden und etwa verstummten. Er schätzte in kleiner Runde eine fließende Unterhaltung, die aber der andere in Gang halten mußte, ungeachtet der Vorschrift, daß an den König keine Fragen gestellt werden durften. Dann konnte er selber ungehemmt plaudern, am liebsten auf französisch, was er besser beherrschte als Deutsch, weshalb er wiederum wortkarg blieb, wenn er bei öffentlichen Gelegenheiten sprechen mußte, bei denen Deutsch mittlerweile unumgänglich geworden war.

So wirkte er, obschon in jungen Jahren eine hübsche, später immer eine gefällige Erscheinung, zuerst einmal griesgrämig und mißmutig, eben als ein ungnädiger Herr. Das tat aber der Zuneigung, bald der Liebe seiner Preußen zu ihm keinen Abbruch. Der tiefe Fall des Königs nach der Niederlage 1806, das Leid der königlichen Familie wurde allgemein wie ein persönliches empfunden. Mehr als der Ruhm des großen Friedrich verbanden die Tränen des Vaterlandes das königliche Haus und dessen Völker. Im Elend gewannen sie eine Vorstellung von ihrer Zusammengehörigkeit, gerade als der Thron wankte und das Reich vor dem Untergang stand. Friedrich Wilhelm III., unsicher, ungewandt, niedergedrückt, gewann eben wegen seiner offenkundigen Hilfosigkeit die Gemüter, um die er gar nicht warb. Dabei war er jetzt sehr wichtig, weil von seinen Entschlüssen, mehr noch von seiner Haltung alles abhing. Und Haltung bewies er. Schlicht, bieder, anständig, wie sich ein preußischer Bürger einen Ehrenmann vorstellte. Herausgefordert nach der Niederlage, entdeckte indes die Königin Luise ihre politische Welt- und Geschäftsklugheit, um den Zaudernden, Bedächtigen mit ihrer Leidenschaft, nun der Leidenschaft für die öffentlichen Dinge, Mut zu machen, dem Schwunglosen zum Vertrauen, wenn nicht in seine Kraft, dann in die anderer zu verhelfen. Er mißtraute all den Neuern, ob Stein, Hardenberg, Gneisenau, Scharnhorst, weil er Leidenschaften als störend empfand, als Aufwallungen der Gefühle, die am Schluß wie in Frankreich zu ungeahnten Weiterungen führen konnten. Daß die Ausnahme außergewöhnliche Entscheidungen verlangt, um von ihr zur Norm, zur Ordnung wieder zu gelangen, war ihm ein fremdes Evangelium. Da witterte der Freund der Ordnung Laune und Willkür. Dennoch ließ er sie gewähren, immer hemmend, immer beschränkend, immer neue Skrupel überwindend. Seine Temperamentlosigkeit, sein Unwillen, sich gleichsam mitreißen zu lassen und die Avantgarde anzuführen gegen die Bastionen des Alten und Veralteten, um schlichtweg alles in einer Attacke zu vernichten, was einer schöneren Zukunft noch den Weg versperrt – diese Unzulänglichkeiten, wenn es welche waren, erlaubten gleichwohl, die Grundlagen für Preußens Aufstieg zu legen.

Gneisenau sah im Primat von Armee, Wissenschaft und Konstitution das Unterpfand für Preußens Wiedergeburt. Er brachte auch den widerstrebenden König 1813 fast so weit, die Notwendigkeit einer Verfassung anzuerkennen, um Preußen damit eine Anziehungskraft zu verleihen, die unwiderstehlich auf alle Deutschen ausstrahlen sollte. Friedrich Wilhelm versprach in etwas unbestimmten Worten parlamentarische Mitbestimmung, bedauerte dies aber schon bald. Zwar hatte er nichts gegen eine würdige Stellung eines wiederbelebten Preußen in Deutschland, aber ein deutsches Preußen, wie es sich seine Poeten mit der Feder oder dem Schwert oder gar mit beidem vorstellten, widersprach seiner Ehre und seiner Zurückhaltung. Er war Preuße und wollte nicht in Deutschland untergehen. Genau das aber fürchtete er als Folge des Konstitutionalismus. So schob er nach dem Wiener Frieden die Einlösung seines Versprechens immer wieder auf, an das er sich als Ehrenmann durchaus erinnerte. Es bedurfte dazu kaum der Warnungen des kaiserlichen Vetters aus Wien und Metternichs, daß die Zeit nicht danach sei, solch gefährliche Experimente einzuleiten.

Denn in Übereinstimmung mit Kaiser Franz ging es ihm nur darum, die wiederhergestellte Ruhe Europas zu erhalten und es späteren Umständen zu überlassen, ob sie modifiziert werden könne. Ganz in dessem Sinne genügte ihm die Armee als Instrument, den Frieden mit ihrem frischen Ansehen zu sichern. Daran, mit ihr weitere Lorbeeren zu sammeln, war ihm nicht gelegen. Sein höchstes Bedürfnis war, Konflikte zu vermeiden.

Friedrich Wilhelm verzichtete auf eine selbständige Politik, wie ihm seine Tadler vorwarfen. Er fügte sich im Inneren wie im Äußeren den Ratschlägen aus Wien und Petersburg. Aber lag in seiner Selbstbeschränkung nicht eben seine Selbständigkeit, seine Weisheit? Er hielt die Drängenden zurück, die für Preußen einen »deutschen Beruf« suchten und den Zweck dieses Berufes in mächtigen Bekundungen deutscher Macht erblickten. Er betrachtete die europäischen Verhältnisse wie seine Vettern in Wien und Petersburg unter dem Gesichtspunkt einer vertraglich vereinbarten Ordnung, die ihm wie ihnen heilsam erschien, um alle nervösen Begehrlichkeiten ungestillten Egoismus einzuhegen. Das wirkte allerdings nicht sonderlich heroisch. Friedrich Wilhelm verschaffte damit den Preußen endgültig den Ruf, daß sie nicht so schnell schießen werden. Gerade Engländer, wie die Franzosen die »unruhigen Hunde« Europas, spotteten, wenn die Preußen sich nicht aus der Ruhe bringen ließen, daß diese zwar eine starke Armee besäßen, die aber bekanntermaßen nicht in der Lage sei zu fechten. »Wie Preußen zu einer Macht wurde, erzählt uns die Geschichte; wie es eine bleiben will, kann niemand sagen«, hieß es noch 1854 gereizt in der *Times*.

Dergleichen bekümmerte auch früher schon manches Talent in Preußen, dem durch des Königs Willen die Zeit nahezu stillzustehen schien. Doch die meisten genossen, trotz gelegentlichen heftigen Wetterleuchtens, diese Ruhe vor dem Sturm, auf den sie warteten und den sie dennoch fürchteten. Sie fanden trotz spürbarer

Hemmungen ihren Vorteil darin. Nach all den Aufregungen und Entbehrungen konnten sie wieder zu Kräften kommen. Auch die Unzufriedenen pflegten das Abwartende, das Wirkenlassen des Seins und wollten dem König den Lebensabend nicht verbittern. Er war trotz allem nicht nur das Symbol für Preußens Niederlage und fast drohenden Untergang. Mit ihm verbanden sich auch Aufstieg und neuer Glanz. Wie der Phönix aus seiner eigenen Asche flog der Adler noch einmal auf. Daß er noch höher stieg, blieb ja nicht ausgeschlossen.

Also bedrängte man den alten, guten Herrn nicht allzu sehr mit Murren und Ungezogenheit und mochte ihn nicht betrüben. Täglich konnten die Berliner ihn im Theater sehen. Dort brauchte er nicht zu reden, durfte zuhören, war allein, aber nicht einsam, weil mitten unter seinem Volk, dem er sich so schwer verständlich machen konnte. Er schätzte auch die Musik, soweit sie, wie die seines Hofkapellmeisters und Hofkompositeurs, Spontini, die Seele mit erhabenen Empfindungen für das Große und süßen Gefühlen des Mitleides erfüllte. Wenn seine Berliner lieber den »Freischütz« hörten, der ihm ungemein zuwider, ließ er ihnen das Vergnügen. Er wollte den öffentlichen Neigungen nicht im Wege stehen, solange sie nicht für Unruhe sorgten. Goethe war ihm nicht weniger fatal, doch tat er nichts, um den Kult, der von Berlin aus ansteckend wurde, irgendwie aufzuhalten. Überhaupt wandte er keine sonderliche Kraft auf, eigene Ansichten zur Geltung zu bringen, sobald das Schöne damit verquickt war. Er ließ die Bildhauer und Architekten gewähren, die Berlin verschönten, die Literaten, Musiker und Wissenschaftler, die Berlin zum Salon Deutschlands machten. Er förderte nicht unbedingt, hinderte jedoch auch kein Temperament. Als sehr strenger Christ überließ er es Christi Ratschluß, wie dieser beim Jüngsten Gericht mit dem Professor Fichte zu verfahren gedenke, von dem ihm zugetragen wurde, es handele sich um einen Atheisten.

Innerhalb seiner Familie war er in diesem Punkte weniger weitherzig. Dieser Spröde hatte eine Herzlichkeit im Umgang untereinander zur Regel gemacht, die einer Weimarer Humanistin wie der späteren Kaiserin Augusta, der Frau des Prinzen Wilhelm, erst einmal jede Unbefangenheit raubte, als sie damit Bekanntschaft schloß. Daran war sie als Prinzessin eines kleinen Hofes nicht gewöhnt. Voraussetzung für das innige Einverständnis untereinander war ein frommer Gleichklang in der religiösen Lebenspraxis. Katholiken wollte er nicht in der Familie haben. Paradoxerweise widerfuhr es dem Witwer, des Alleinseins überdrüssig, zweimal, daß ausgerechnet die Damen, zu denen er eine Neigung faßte, katholisch waren, die erste, die Comtesse Georgine Dillon, darüber hinaus auch noch Französin. Der letztere Umstand war noch fürchterlicher. Der »Franzosenfresser« Gneisenau als Vertreter der Armee und Theodor von Schoen »in Beziehung aufs Volk«, zwei Personen, die ihm nicht sonderlich nahestanden und deren Rat er eben deshalb einholte, warnten eindringlich, unmittelbar nach dem Kriege den Preußen eine solche Ehe zuzumuten. Der König begab sich seiner Freiheit und folgte schweren Herzens ihrer Empfehlung, überzeugt, die damit Verlorene nie wiederzufinden. Streng mit sich selbst, versagte er sich ein Glück, dessen verheißungsvolles Bild zeitweise jeden anderen Eindruck in seinem Gemüt verscheuchte.

Deshalb glaubte er, berechtigterweise von seinen Söhnen Friedrich Wilhelm und Wilhelm, die sich beide in katholische Prinzessinnen verliebten, eine ähnliche Resignation in das Notwendige verlangen zu dürfen. Friedrich Wilhelm konnte endlich Elisabeth von Bayern heiraten, nachdem diese sich dazu durchgerungen hatte, wenn vertraut mit der protestantischen Lehre, sich zu ihr zu bekennen. Elisa Radziwill, die Leidenschaft des Prinzen Wilhelm, war nicht nur katholisch, sie war auch Polin und nicht standesgemäß, da aus keinem regierenden Hause stammend. Ihr Vater, Fürst Anton Radziwill, der in Berlin ein großes Haus führte, gehörte zu den Polen, die nichts dabei fanden, zumindest vorerst auch loyale Preußen zu sein. Eng vertraut mit dem literarischen und wissenschaftlichen Berlin – er schrieb Szenenmusiken zu Goethes »Faust« –, vertrat er als Statthalter in Posen den König. Es gab keine Bedenken gegen ihn, aber eine Polin im Königshaus blieb mit Rücksicht auf Rußland und Österreich allemal bedenklich. Prinz Wilhelm mußte verzichten. Der Vater bedauerte es aus tiefstem Herzen zu sehen, wie ein ruhiger, besonnener Mensch darüber mit sich selbst uneins wurde und sich verwirrte. Er hielt es für seine Pflicht, dem Sohne »nicht romanesque Ideen einzuflößen«, sondern ihm zu bedenken zu geben, daß es wenig junge Leute gebe, die in den Besitz des Gegenstandes gekommen sind, nach dem sie mit heißestem Herzen begehrten. Wilhelm gehorchte, bezwang unter heftigen Konvulsionen sein passioniertes Herz. Elisas Bild blieb immer auf seinem Schreibtisch, und im Alter bekannte er: »Das Verlangen, ihrer würdig zu sein, legte den Grund zu meiner ganzen nachmaligen religiösen und Lebensrichtung. Der Kampf und der Schmerz der Entsagung stählten diesen Grund, drückten aber meinem ganzen Leben den tiefen Ernst auf, der mich nie wieder verlassen hat. Und so lernte ich Gottes Fügungen in Schmerz preisen.«

Friedrich Wilhelm fand 1824, während der Sohn sich darin üben mußte, seine persönlichsten Wünsche aufzugeben, in der katholischen Gräfin Auguste Harrach eine zweite Frau, die ihm jene liebenswürdige amitié schenkte, die er so lange vermißt hatte. Sie erfüllte 1826 dem König seinen innigsten Wunsch, in die evangelische Kirche überzutreten. Die Kinder gönnten ihm dies späte Glück, das ihn sanfter, umgänglicher stimmte. Seine Berliner freuten sich, wenn beide wie Herr und Frau Biedermeier durch den Tiergarten fuhren, sich bei der Hand hielten und freundlich grüßten. Seine zweite Frau, zur Gräfin von Hohenzollern und Fürstin von Liegnitz erhoben, gehörte dem Rang nach nicht zur Familie und mußte daher bei offiziellen Anlässen die starre Macht der Zeremonien erdulden. Denn mochte Friedrich Wilhelm sich deren Zwang auch nur selten unterwerfen, hielt er doch nicht minder zäh als Kaiser Franz an der höfischen Regelmäßigkeit fest, sobald es unvermeidlich war, sie zu beachten. Eine einmal vorgegebene Ordnung zu ändern hätte den Verdacht erregen können, ihr lägen willkürliche Gesetze zugrunde. Auch den Pflichten festlich-höfischer Repräsentation unterzog er sich nach den großen Siegen häufiger, um dem Berliner Hof den Rang zu erhalten oder wieder zu verschaffen, mit dem sich die Macht und Ehre des erneuerten Preußens anschaulich zu erkennen gab. Das war er seinem Staate schuldig.

Am 7. Juni 1840 starb er, zweihundert Jahre nach dem Regierungsantritt des Großen Kurfürsten, hundert Jahre nach dem Regierungsantritt des großen Königs. Seine letzte Freude war, den russischen Kaiser noch bei Bewußtsein zu sehen. Er konnte nicht mehr reden, ergriff aber die Hand seines Schwiegersohnes, drückte sie gegen sein Herz und blickte dann auf Charlotte, als wolle er danken, daß Nikolaus diese seine liebste Tochter so sehr achte und werthalte.

Nikolaus hatte in seinem Schwiegervater einen Vater verehrt, und nun fühlte er sich dazu aufgerufen, als mächtigster aller Monarchen, ohne zu schwanken, das monarchische Prinzip zu verteidigen. Er wurde zum Fels, den die Wogen der Zeit vergeblich bedrängen. Wie er Kaiser Franz vor dessen Tod versichert hatte, gleichsam als Vormund seines geistesschwachen Sohnes Ferdinand diesen vor Torheiten und Nachgiebigkeiten zu bewahren, so sah er es auch als seine Aufgabe an, das immer bewegliche Gemüt seines Schwagers Friedrich Wilhelm IV. davor zu schützen, zum Raube des Augenblicks und unbesonnener Einfälle zu werden. Sein Amt faßte er als Verpflichtung zum unermüdlichen Dienst auf. Da Gott ihm nun einmal so außerordentliche Machtvollkommenheiten verliehen hatte, hoffte er, daß Gott ihn davor schütze, diese Macht zu mißbrauchen. Soweit es an ihm lag, versuchte er solcher Gefahr vorzubeugen, indem er sich gründlich unterrichten ließ, alle Vorlagen sorgfältig prüfte, ohne sich in Kleinigkeiten zu verlieren. Er wünschte Offenheit und konnte Widerspruch vertragen, erwartete begründeten Rat, die Entscheidung aber behielt er sich selber vor. Die Autokratie faßte er als demokratische Regierungsform auf, da vor dem Selbstherrscher alle gleich wurden, der nur insofern selbst herrschte, als er sich dem Wohl des Staates unterwarf und sich damit in die Reihe der Diener des Allgemeinen Wohls eingliederte und sie anführte.

Wie so viele Streiter für die monarchische Idee erfüllte ihn ein tiefes Mißtrauen in Ideen. Die Monarchie war ihm eine vertraute Erscheinung im Reich konkreter Ordnung, beglaubigt durch Vergangenes und die dabei gesammelten Erfahrungen, wohingegen sogenannte Ideen auf eine unbekannte Zukunft verwiesen und sich mit der Hoffnung rechtfertigten, die eben auch trügerisch sein konnte. Kaiser Nikolaus begriff sich nicht als Gendarm Europas, wie ihn Alexander Herzen abschätzig nannte. Er wollte seine Macht dazu gebrauchen, den einmal vereinbarten Status quo unter den europäischen Staaten in kluger Selbstbeschränkung von jeder Störung freizuhalten. Es erschien ihm notwendig, daß die innere Verfassung der Staaten einander entspreche, doch verzichtete er zugunsten der allgemeinen Ruhe darauf, diesem Grundsatz unumstrittene Geltung zu verschaffen, weil das nur mit Kriegen zu erreichen war. Er sah es als seine selbstverständliche Pflicht an, an »unsere Sicherheit zu denken«. Aber wenn er »unsere« sagte, »dann meine ich damit die Ruhe in Europa«.

Nikolaus fügte sich in den Umsturz 1830 in Frankreich, als die Bourbonen durch das Haus Orléans ersetzt wurden, er fügte sich in den Abfall Belgiens von den Niederlanden im gleichen Jahr, war aber entschlossen, sofort die Revolution zu bekämpfen, sobald auch nur ein französischer Soldat versuchen sollte, sie über die Grenze zu tragen. Mit pragmatischer Umsicht wog er bei aller Treue zu den Prinzipien der Legitimität den Nutzen und Schaden militärischen Drucks ab. Obschon kein Freund von Verfassungen, sah er den Sturz Karls X. in Frankreich voraus. Denn ein Monarch, der den Eid auf die Verfassung leistete, war seiner Meinung nach als Ehrenmann dazu angehalten, seinen Schwur nicht zu brechen. Er bedauerte die Verletzung eines Prinzips, aber nicht den französischen König, der sich wie ein betrügerischer Tor benahm und damit seinen Untergang verursachte. Aus Anstand, nicht aus Überzeugung regierte er deshalb in Polen als konstitutioneller König. Der polnische Aufstand 1830, ein revolutionärer Akt, gab ihm dann das Recht, sich dieser Verfassung zu entledigen.

Auch im Orient vermied er jede Aggression. Er wünschte nicht, Rußland auf Kosten des Osmanischen Reiches zu vergrößern, da es groß genug war. Aber er war nicht bereit zuzusehen, wenn andere sich türkischer Provinzen bemächtigten oder im Osmanischen Reich Unruhen unterstützten. Nikolaus war nicht davon überzeugt, daß das Osmanische Reich noch lange bestehen könne, aber eine Lösung der türkischen Frage sollte doch durch gesamteuropäische Übereinkünfte gefunden werden. Diesem offenherzigen Diplomaten, dem jede Lüge zuwider, jedes diplomatische Finassieren als unedles Täuschungsmanöver erschien, glaubten vor allem die englischen Regierungen nicht. Sie hielten seine aufrichtigen Beteuerungen, nur den Frieden zu wollen, für Nebelwerfer, um im Schutz undurchsichtigen Dunstes Eroberungen machen zu können. Spätestens nach der Niederwerfung des polnischen Aufstands und der Aufhebung der polnischen Verfassung dämonisierten englische und französische Liberale diesen klaren und einfachen Edelmann zum Repräsentanten eines tartarischen Russentums, das darauf laure, die Freiheit überall zu unterdrücken, sich Europa und den Orient gefügig zu machen, um überall die Ruhe eines Friedhofs zu stiften. Die Engländer sahen sich in solchen Befürchtungen vor allem durch den energischen Ausbau der russischen Flotte bestätigt. Zivilisation oder Barbarei, Freiheit oder Despotie, Individualismus oder Kollektivismus, das waren die Schlagworte in einer ideologisierten Auseinandersetzung der Mächte des Lichtes mit der Macht der Finsternis.

Auf jeden Fall blendeten die ideologischen Einbildungen die »Westmächte« so sehr, daß sie die Realität und ihre ängstlichen Fiktionen nicht mehr voneinander zu unterscheiden vermochten und durch eine offensive Politik im östlichen Mittelmeer und auf dem Balkan für dauernde Unruhe sorgten, von der sie dann behaupteten, daß Nikolaus sie ausgelöst habe und ununterbrochen schüre, nur um Konstantinopel zu seiner dritten Residenz zu erheben. Er hätte 1829 von den europäischen Mächten ungehindert die ehemalige Hauptstadt des Byzantinischen Reiches erobern können. Er unterließ es. Ihm genügte es, wenn das Osmanische Reich seinen Schiffen die Dardanellen nicht verschloß. Sein Verdienst war es immerhin, daß alle orientalischen Krisen friedlich bereinigt werden konnten und das Osmanische Reich 1840 unter den Schutz sämtlicher Großmächte gestellt wurde.

Verteidigte er das monarchische Prinzip – und es ist wichtig, daß er es verteidigte, aber nicht versuchte, Widerstrebende mit Zwangsmitteln zu nötigen, sich nach ihm zu richten –, so setzte er sich für eine genuin europäische Vorstellung ein, der sich Rußland entsprechend seinen Möglichkeiten im Zuge seiner Europäisierung angeglichen hatte. Der monarchische Gedanke war über- und international. Hielt Rußland an ihm fest, befand es sich immer in einer Gemeinschaft und nicht in der Isolation. Gerade deshalb suchte er die Gemeinsamkeit, die dieser Gedanke erlaubte, und sorgte sich darum, daß zumindest in seinen Nachbarstaaten die königliche Autorität unangefochten anerkannt blieb. Denn änderten sich die politischen Verhältnisse etwa in Preußen und Österreich grundsätzlich, dann mußte Rußland wieder an den Rand der Welt geraten oder eben revolutioniert werden. Vollständige Änderungen konnten nur das Ergebnis einer Revolution sein, die den Frieden in Europa umstürzte. Daß revolutionäre Regierungen expansiv tätig werden, lehrte die Erfahrung, lehrte die französische Geschichte seit 1791.

Unterstellten Liberale in Frankreich und England dem russischen Kaiser die Absicht, gleichsam einen neuen Mongolensturm gegen die Freiheit entfesseln zu wollen, so fürchtete Nikolaus die Sprengkraft der liberalen Ideologie, die keine Grenzen kannte und sich in ihrer Entfaltung nicht hindern lassen mochte, zerbräche darüber auch die Ordnung Europas. Aus der Defensive handelnd, bemühte er sich daher wenigstens die beiden anderen nördlichen Mächte mit seinem Schutz davon abzuhalten, Neuerungen zuzulassen, die unmittelbar das monarchische Prinzip schwächten, das das sicherte, was bestand. Im Liberalismus sah er nur das Zerstörerische ungehemmten Egoismus und Selbstermächtigung zur Gewalt. Das Bündnis der drei Höfe des Nordens betrachtete er wie eine legale Heirat, die Ordnung und Glück im Gefolge hat, wohingegen die »entente cordiale« der beiden Seemächte einer Liaison zwischen zwei Wüstlingen gleiche, die nur Korruption und Unordnung verursache.

Doch bei aller Übereinstimmung – die russische Autokratie unterschied sich erheblich von der unumschränkten oder wenig beschränkten Herrschaft europäischer Monarchen. Der russische Kaiser thronte allein über allen Untertanen, die ihm in gleicher Weise zu dienen hatten. Es gab keinen Stand der Freiheit, eigener Berechtigung und Unabhängigkeit, weil es kein Eigentum gab, das allein Freiheit und damit Eigen-Tum ermöglicht. Der russische Adel, obschon ihm 1762 die Erblichkeit seiner Besitzungen und die Freiheit vom Staatsdienst gewährt wurden, war lange genug fast ein Leibeigener des Zaren gewesen, der als Herr über allen Grund und Boden Land schenkte, Land wieder nahm, treue Dienste belohnte, Untreue bestrafte. Die Aristokraten verfügten deshalb über keine politischen Rechte, weil sie in keiner Provinz verwurzelt und damit nicht selbstbewußte Sprecher des »Landes« waren.

Ihre Güter lagen zusammenhanglos verstreut in allen Teilen des Reiches. Russische Aristokraten vermochten daher nie Majorate zu bilden, Gebietskomplexe zusammenzuhalten, was der Brauch der Erbteilung ohnehin erschwerte. Nirgendwo trennte man sich so leicht von Besitz wie dort, weil an ihm keine erworbenen Rechtstitel hafteten. Auf Gedeih und Verderb auf die Gnade des Zaren angewiesen, konnten sie sich nicht auf ihre Güter zurückziehen, wenn der Dienst für den Zaren Unehre brachte oder mit der Freiheit eines christlichen Adels nicht vereinbar war. Die Freiheit des Adels ist aber das Fundament des Freiheitsgedanken, wie er sich in Europa entwickelte. Es wurden ja nur die Freiheiten, die wenigen zustanden, auf alle – zumindest theoretisch – übertragen.

Der russische Adel kam nie auf den Gedanken, politische Rechte für sich zu beanspruchen, selbst als ihm die Erblichkeit seiner Güter zugesichert war. Es fehlte ihm an Korporationsgeist, der alle Freiheiten im alten Europa sicherte, weil es gemeinschaftliche und nicht nur individuelle Freiheitsrechte waren, die Ritterschaften, Stände, Zünfte, Körperschaften aller Art besaßen und als berechtigte Rechtsgemeinschaften geltend machten. Die Zaren duldeten Korporationen nur insoweit, als sie diese selber kontrollieren und für ihre Zwecke dienstbar machen konnten. So war jeder unmittelbar, wie Tocqueville es im vollendeten demokratischen Absolutismus fürchtete, dem Zugriff des Staates unterworfen, ohne daß Zwischeninstanzen vermittelnd und ablenkend dazwischentraten. Die Vereinzelung vor dem allmächtigen Staat, der jeden als Funktionselement einsetzen und verwerten konnte, wie der Moment es befahl, bewirkte eine für Europäer unvorstellbare Demokratisierung des Adels. Es war nicht sonderlich schwer, in den Adel aufzusteigen beziehungsweise vom Zaren in den Adel verwiesen zu werden. Man mußte nicht einmal gebürtiger Russe sein. Nahezu ein Viertel des russischen Adels war deutscher und anderweitiger Herkunft. Auch die Religionszugehörigkeit spielte keine besondere Rolle. Wer gute Dienste leistete, konnte darüber nobilitiert werden. Das widersprach gewiß nicht europäischem Herkommen. Doch der Dienst war – im Gegensatz zu Europa – an eine Laufbahn, an einen »Dienstweg« gebunden, der durch vierzehn Stufen aufwärts führte. Theoretisch galt die Leistung, nicht die Geburt als Voraussetzung für den Aufstieg oder weiteren Aufstieg.

Viele Adelige störten sich an den starren Laufbahnverordnungen, die es schwermachten, selbst bei gründlicher Ausbildung den Dienst mit der Bewältigung zufriedenstellender Aufgaben zu beginnen, also vor der »Ochsentour« geschützt zu sein. Seit 1762 dem Adel Freiheit von der Dienstpflicht gewährt wurde, zogen sich viele deshalb auf ein müßiges Leben zurück, in die Unzufriedenheit weltfremder Seelenkultur, die sich mit der Verfeinerung des theoretischen Bewußtseins begnügte, was, wie deutsche Lehrmeister verkündeten, den wahren Adel des authentischen Menschen ausmache.

Da treuer und keineswegs immer leichtsinniger Dienst mit Nobilitierung anständig belohnt wurde, konnte sich kein selbständiges Bürgertum entwickeln. Das akademisch gebildete Bürgertum war meist deutschen Ursprungs, eine nützliche, aber wegen Pedanterie lächerliche oder ärgerliche soziale Erscheinung. Das gleiche galt oft für die großen Händler oder Unternehmer, die allerdings längst mit Aristokraten durchmischt waren, die sich neue Gewinnquellen erschließen mußten, weil die Landwirtschaft zu geringe Erträge brachte, und durch wendige Leibeigene, die sich als erfolgreiche Fabrikanten freikauften. Den Leibeigenen, immerhin fast ein Drittel der Bevölkerung, war es nie verwehrt, sich einen Nebenerwerb zu verschaffen in den durch Klima und Bodenverhältnisse bedingten langen Zeiträumen landwirtschaftlicher Untätigkeit. Fast zwei Drittel leisteten in Geld und nicht mit Arbeitsdiensten ihre Verpflichtungen gegenüber dem jeweiligen Herrn. Heimische Industrie und Handel füllten die »leeren« Monate und boten manche Aussicht zum Erwerb und Aufstieg mitten in der Unfreiheit, die wie im frühen europäischen Mittelalter auch eine unfreie Freiheit kannte. Leibeigene waren keine Sklaven, keine amerikanischen Plantagenarbeiter, sie besaßen Spielraum genug für eigene Tätigkeit, gewiß in Übereinstimmung mit der Herrschaft, aber vor allem in Übereinstimmung mit dem Dorfältesten, mit den Patriarchen ihrer unmittelbaren Umgebung, denen sie Gehorsam schuldeten.

Die väterliche Gewalt, von Gott über den Zaren hinab zum adeligen Herrn und noch tiefer bis zum Vater im ursprünglichsten Sinne, prägte die ganze Gesellschaft. Das war nicht uneuropäisch, erlaubte aber eine viel größere Beweglichkeit, weil der an die Scholle Gebundene sich sehr weit von ihr entfernen konnte, ohne ihr dennoch verlorenzugehen. Da kaum Städte vorhanden, wie man sie aus dem europäischen Mittelalter kennt, bestand kein Anreiz, sich von dort aus zu befreien, entsprechend der Devise »Stadtluft macht frei«. Handel und Industrie blieben bis weit ins neunzehnte Jahrhundert ländlich verortet, und die Freiheit in den Städten unterschied sich nur unerheblich von der auf dem Lande. Im Gegensatz zum verrechtlichten Europa bedeutete Freiheit Beweglichkeit, Witterung für Chancen, Ausnutzung von Umständen und Möglichkeiten. Es erforderte Schlauheit, den Augenblick zu nutzen, und festes Zutrauen in die Zuverlässigkeit der Angehörigen im weitesten Begriff, um das Wagnis einzugehen, die Angebote der Stunde aufzugreifen. Insoweit gab es mannigfache Möglichkeiten, seines Glückes Schmied zu sein, aber keine war an Rechte gebunden, entsprang Rechtsmöglichkeiten, die erst eine gesicherte Unabhängigkeit erlauben.

Da eine bürgerliche Gesellschaft fehlte, die sich auf ehemalige oder noch bestehende Rechte und Freiheiten zu berufen vermochte, blieb nur der Autokrator als Motor zur Veränderung übrig, konnte nur von oben die Gesellschaft so verändert werden, daß sie den Anforderungen eines großen Reiches und einer europäischen Macht genügen konnte. Insofern war es ganz realistisch, wenn Kaiser Nikolaus mit der Devise Autokratie – Rechtgläubigkeit – Volkstümlichkeit Kräfte um sich scharen wollte, die willens und fähig waren, Rußland in ruhigen Bahnen zu reformieren. Der Selbstherrscher regte an, weckte Temperamente und wies ihnen das Ziel; die gemeinsame Religion schärfte das sittliche Verantwortungsbewußtsein und verband alle mit dem historischen Vaterland, seinen Gebräuchen, Einrichtungen, Vorstellungen, die, ohne ihren Geist zu verraten, modifiziert einer sich wandelnden Zeit angepaßt wurden.

Auch die ungeduldigsten Gemüter, die unverzüglich entscheidende Neuerungen begehrten, setzten doch alle Hoffnungen vorerst auf das Kaisertum, auf die einzige Institution, die etwas bewegen konnte. Die Opposition mußte gleichsam regieren, um etwas zu erreichen, sie mußte selbst Autokratie werden oder eben den Autokrator für sich gewinnen, um ihre Ideen durchzusetzen.

Als Nikolaus die Regierung antrat, wurde eine Verschwörung entdeckt, die es sich zum Ziel gesetzt hatte, den Kaiser zu Verfassungsreformen zu nötigen. Zu den Kreisen der Verschwörer, die sich während der späten Regierungsjahre Alexanders gebildet hatten, gehörten die begabtesten Aristokraten, die den Krieg gegen Napoleon mitgemacht hatten, geistig regsam waren und sich in allen Erwartungen getäuscht sahen, die sie mit dem kaiserlichen »Befreier« für Rußland verbunden hatten. Sie wünschten eine durchgreifende Reform des gesamten öffentlichen Lebens, dessen Unzulänglichkeiten sie erbitterten. Aber die »Dekabristen«, wie man sie wegen des Dezemberaufstandes 1825 nannte, waren unter sich uneinig. Die Gruppe um Nikita Murawjow in St. Petersburg hielt sich im Rahmen liberalisierender Forderungen nach einer gemäßigten Monarchie, wohingegen der südliche Bund um den Oberst Paul Pestel schon radikal demokratisch nicht nur eine panslawische Republik erstrebte, sondern eine allem Liberalismus widersprechende Volksherrschaft der Gleichen, die ein Wille zu einer einzigen Energie vereinheitlichend zusammenschweißt. Pestel schien die vorübergehende Diktatur unausweichlich, um die Volksherrschaft zu sichern. Die alte Despotie sollte durch eine andere, die demokratische Despotie ersetzt werden.

Ihr Putsch war schlecht vorbereitet und ihr Beziehungsnetz der geheimen Polizei schon vorher bekannt. Sie wußten um die Vergeblichkeit ihres Tuns, wollten aber ein Zeichen setzen. Nur wenige Regimenter in Petersburg folgten ihren Anweisungen am 14. Dezember, als die Truppen auf den neuen Kaiser Nikolaus vereidigt werden sollten. Unerschrocken, umsichtig und präzise schlug der Kaiser bei einsetzender Dämmerung den Aufstand nieder. Er gab Europa und Rußland ein Beispiel, dennoch erschütterte es ihn, nicht ohne Blutvergießen den Thron besteigen zu können und damit unbeabsichtigt die Vorstellung von russischer Tyrannei zu bestätigen. Den rund sechshundert Verschwörern wurde ein strenger, aber korrekter Prozeß gemacht, korrekt nach russischen Vorstellungen, denn der Ankläger war zugleich der Richter. Die schrecklichsten Strafen, wie Vierteilung der Hauptschuldigen, milderte Nikolaus in Tod durch Erhängen. Weitere 35 zum Tode Verurteilte »begnadigte« er zu lebenslänglicher Strafarbeit.

Der Kaiser war bei den Verhören anwesend. Die Elite seines Volkes unterrichtete ihn ohne Umschweife über die Beweggründe ihres Handelns, über die Mißstände, die Korruption, das Elend in seinem Reich. Er hörte ihnen ausdauernd zu, und die Verhafteten sprachen ausgiebig, nicht aus Geschwätzigkeit, sondern um die ungewöhnliche Gelegenheit zu nutzen, dem Selbstherrscher die Augen zu öffnen, durchaus geprägt von der Vorstellung, daß nur er über die Macht verfüge, zu ändern, was geändert werden müsse. Im Grunde waren diese seltsamen Unterhaltungen ein Dienst für das Vaterland, so mochten es wenigstens die Rebellen verstehen, die damit dennoch ein paradoxes Vertrauen in den setzten, der sie verfolgen konnte. Der Kaiser bewahrte zeit seines Lebens eine Zusammenfassung dieser Gespräche auf, in denen er immer wieder las. Der Dekabristenaufstand steht am Anfang der revolutionären Bewegungen in Rußland, die Geständnisse der Verhafteten sind in gewisser Weise aber auch der Ausgangspunkt kaiserlicher Reform, um der Revolution Herr zu werden. Insofern war die Lektion, die sie dem Kaiser gaben und die er nie vergaß, nicht vergeblich. Sie verletzte freilich seinen Stolz.

Die Melancholien, die alle Herrscher seit der Revolution überfielen, blieben ihm nicht erspart: daß alles Tun oder Nichttun vergeblich sein könne. Auch Rußland war anfällig für die Epidemien der Zeit. Seine Pflicht sah er darin, als Arzt seiner Völker zu wirken, Vorsorge zu treffen, daß sie nicht von dem tödlichen Virus der Revolution angesteckt würden. Die bald in Europa berüchtigte Dritte Abteilung seiner Kanzlei beobachtete sorgsam das geistiggesellige Leben, um »Krankheitsherde« sofort mit chirurgischen Eingriffen zu entfernen. Der Polizeiapparat war insgesamt höchst unzulänglich und konnte bei den schlechten Verkehrsverbindungen eher willkürlich als systematisch die obere Gesellschaft kontrollieren, der der Kaiser mißtraute. Denn vornehme Abkunft und Geld erlaubten gebildeten Müßiggang, die Voraussetzung also, sich im Reich der Ideen anzusiedeln, wenn die praktische Welt enttäuschte und keine Möglichkeit bot, auf sie Einfluß zu nehmen. Der Druck auf die Gedankenreichen und vorerst noch Tatenarmen, auf die Unzufriedenen, die später »Intelligenzia« genannt wurden, erstickte allerdings nicht die Regsamkeit und den Austausch derer untereinander, die Geist und Gemüt in aller Freiheit kultivieren wollten, um Staat und Gesellschaft für selbstbestimmtes Streben empfänglicher zu machen. Schließlich gilt die Regierungszeit Nikolaus' als das »goldene Zeitalter« russischer Literatur und Kultur. Aber die, wenn auch vorerst noch so amateurhafte, inquisitorische Aufmerksamkeit der Polizei und das mit ihr untrennbar verbundene Spitzelwesen empfanden die philosophischen Köpfe, die deutscher Idealismus umtrieb, als schmählich und unwürdig gegenüber einem Ausland, das allerdings mit diesen Erscheinungen ebenfalls vertraut war. Der Kaiser hielt es für seine Verpflichtung, den berühmten Anfängen zu wehren, und litt zugleich darunter, weil keiner ihm raten konnte und er es selber nicht wußte, wie hoch die Dosis eines Giftes sein müsse, um, obgleich schädlich, dennoch heilsam zu wirken. So tat er seine Pflicht, trotzig und traurig, um alle Regungen nach selbständiger Mitbestimmung möglichst um ihre Wirksamkeit zu bringen.

Das Imperium, das ihm von Gott anvertraut, wollte er erhalten und mehren, mehren auch in seiner inneren Entwicklung, wie er sie sich vorstellte, nach und nach, allmählich, abwartend, wann der günstige Zeitpunkt für Modifizierungen gegeben sei. Das hieß, die Völker zur Geduld zu erziehen oder ihre Geduld zu strapazieren. Dieser Unwägbarkeiten blieb er, der als Mann der Tat mit strengem Gefühl für seine Verantwortung und geradem, offenem Benehmen nicht unbedingt zum Grübeln neigte, sich stets bewußt. In seiner einfachen, ritterlichen Religiosität bekannte er zuweilen, daß die Krone eine Dornenkrone sei, was immer auch eigensinnige Liberale meinen mochten. »Ich leide mehr unter ihr, als ich zu sagen vermag – aber ich wurde geboren, um zu leiden.« In diesem Sinn besaß er keine große Zuversicht in die möglichen Folgen einer Volkssouveränität, die sich nicht mehr vor einem höheren Willen zu verantworten hat, der Rechenschaft verlangen darf über die stellvertretende Ausübung seiner Macht.

Darin war er sich mit seinem Schwager Friedrich Wilhelm IV. von Preußen einig, der ihm ansonsten nur Sorgen bereitete und in der sicheren Vermutung bestärkte, daß allein der russische Kaiser das monarchische Prinzip gegen alle revolutionären Versuchungen noch fest entschlossen absicherte. Friedrich Wilhelm trat 1840 die Regierung an. 1740 hatten Friedrich II., 1640 Kurfürst Friedrich Wilhelm ihre erstaunliche Laufbahn begonnen. Beide wurden schon zu Lebzeiten als »der Große« gerühmt. Politische Astrologen waren deshalb geneigt, in diesem Datum ein gutes Omen zu sehen, und riefen den Anbruch der Tage froher Erwartung aus, sofern neuer Dinge begierig. Darauf mochte auch das seltene Phänomen hindeuten, daß der weichende Mond und die aufgehende Sonne zugleich am Himmel standen, als die Bestattungszeremonien Friedrich Wilhelms III. in Charlottenburg in der Morgendämmerung des 9. Juni beendet waren. Doch alsbald stellte sich heraus, daß kein Gestirn mit energischem Licht den erhofften preußischen Weltentag erhellte, sondern eine flackernde Kerze, die manches scharf hervorhob, anderes in geheimnisvolle Schatten hüllte, aber jedesmal überraschend und interessant. Was anbrach, war eine lange Regierung der Mißverständnisse. Schon bald klagte Friedrich Wilhelm IV.: »Keiner versteht mich, keiner begreift mich!« Darin äußerten sich nicht so sehr Anzeichen geistiger Krankheit, die endlich durch zwei Schlaganfälle sich offen bemerkbar machte. Darin äußerte sich zuerst einmal die Schwierigkeit, als bürgerlicher Mensch zugleich noch König zu sein. Friedrich Wilhelm war ganz und gar das Produkt Berlins, der Stadt der Bildung, der ästhetischen Tees, der romantisch raisonierenden Ironie, die auf Gemütlichkeit dennoch nicht verzichten wollte, und eines kulturgesättigten Protestantismus, der nach geistiger Wiedergeburt und Erleuchtung verlangte. Zugleich war er von der Religion des Königtums völlig durchdrungen, von einer Königsfrömmigkeit, die jedenfalls die meisten Berliner nicht mehr zu teilen vermochten. Aufgrund seiner Bildung, seiner Intellektualität entbehrte die ostentativ bekundete Ergriffenheit vom königlichen Gottesgnadentum der naiven Sicherheit. Er stand gleichsam immer kommentierend neben seiner demütigen Begeisterung für das ihm verliehene Amt. Deshalb mußte Friedrich Wilhelm ununterbrochen reden, erklären und erläutern, um zu überzeugen. Was sich dabei aber vor allem offenbarte, das war seine reiche Seele, seine unverwechselbare Individualität, seine interessante Persönlichkeit, die vom Königtum und dem König als überpersönlichen Erscheinungen ablenkten. So wurde er rasch zum umstrittensten Monarchen, dessen geistreichen Zauber auch die nicht leugneten, die dessen Wirkungen nicht erlagen.

Er wollte ausgeprägte Eigenart entwickeln und zugleich sinnfälliges Abbild des göttlichen Weltregiments sein, den Eindruck eines wohlwollenden, gescheiten und gebildeten Mannes erwecken und den König möglichst nicht fühlen lassen, seine Originalität unbegrenzt entfalten in einem Amt, dessen Würde gerade auf der Selbstbeschränkung beruht, um den Untertanen oder Staatsangehörigen nicht lästig zu fallen mit Ansichten, Launen, Meinungen des Augenblicks, die wahrlich nicht jeder teilen mußte. Seine Umgangsformen konnten, bei wenig gewinnendem Äußeren, sehr liebenswürdig sein, aber durch seinen Hang, immer auf sich aufmerksam machen zu müssen, immer überraschend, ungewöhnlich, eben originell zu sein, neigte er zu spontanen Übertreibungen, die gefälliger Haltung widersprachen. Er aß gern und viel, er trank gern und viel und lachte gern laut und viel, bei seinen Späßen mit dem Berliner Jargon kokettierend, den er nur unzulänglich beherrschte. Frauen behandelte er rücksichtsvoll, mit unaufdringlicher Höflichkeit. Leidenschaftliche Aufwallungen verwehrte ihm nicht so sehr seine strenge Sittlichkeit, vielmehr versagte ihm die Natur die dazu nötigen Voraussetzungen. Das erklärt wohl auch seine Unrast, die ihn dazu antrieb, einen Einfall mit dem nächsten zu ersticken, von Ort zu Ort zu reisen, Begegnungen zu suchen, ausufernde Gespräche, einen Erlebnishunger zu stillen und unentwegt, öffentlich oder privat, zu reden, wobei er die Folgen dem barmherzigen Himmel überließ.

Seine Liebebedürftigkeit umschmeichelte alles und jeden, er wollte gefallen und war dankbar, wenn er gefiel. Er konnte sich fürchterlich in Zorn hineinsteigern, wenn er auf Verrat, Lieblosigkeit, enttäuschtes Vertrauen stieß. Die Königin Elisabeth, die ihn gut zu nehmen verstand und mit der er in herzlicher Freundschaft zusammenlebte, mahnte ihn in solchen peinlichen Momenten: »Ich suche den König«, und er beruhigte sich alsbald. Er liebte bei öffentlichen Auftritten den Glanz und hielt demonstrative Bescheidenheit für unangebracht, galt es doch die Majestät der Krone und des Staates festlich zu feiern.

Aber am wohlsten fühlte er sich in seinem »Siam«, in Charlottenhof im Potsdamer Park, in unbefangener Geselligkeit mit Freunden, um gemeinsam von dem goldenen Überfluß der Welt zu trinken, verstehend zu genießen, was nur dem Genießenden sich liebevoll darbietet. Dort, im kleinen Kreis, in einer Welt, die sich im Herzen bildet, war er ganz bei sich und als angenehmer Begleiter für die anderen da. Fern der hemmenden Schranken der Wirklichkeit verströmte er in heiterer Freiheit seine reichen Gaben und nahm beglückt entgegen, womit die Gefährten ihn beschenkten. Da mochte ihm die schöne Welt Florentiner Akademien aus der Zeit der Medici als wiedergewonnene Gegenwart erscheinen. Sein beweglicher Geist war nicht nur für jeden Eindruck, jede Idee empfänglich, sondern systematisch geschult, und die Unterhaltun-

71

gen mit Gelehrten und Künstlern waren nicht nur Zeitvertreib, sondern weiterer lebendiger Unterricht in anmutiger Form. Liebhabereien setzen Kenntnisse voraus, sollen sie Genuß verschaffen und gar zu Fähigkeiten führen, und sei es nur zu solchen eines begründeten, geschmacklichen Urteils. In der königlichen Kunst, der Architektur, bedeutete sein Urteil Auftrag. Er gab die Anregung, und es fällt nicht immer leicht, die Verdienste eines Schinkel, Stüler oder Persius von denen des Königs bei ihren gemeinsamen Bauten zu scheiden.

Er kannte sich gut in den historischen Wissenschaften aus, seine philologisch-sprachlichen Neigungen verzweigten sich bis zur Aneignung des Sanskrit; Antike und Christentum, Orient und Okzident verschmolzen für ihn, wie Goethe es wünschte, zu einer eigenen Welt der Bildung, mit den Subtilitäten der Theologie war er innigst vertraut, und alle Bestrebungen genießenden Verstehens der Welt als Geschichte, als Natur und Reich der wechselnden Formen des Schönen sollten endlich zu einem von Geist und Liebe erfüllten neuen religiösen Leben anleiten und vom dürftigen Materialismus der Zeit befreien.

Das Gesuchte und Gemachte einer organischen Geschichtlichkeit, das der Epoche gar nicht fremd, mußte allerdings das höchste Mißtrauen verursachen, sobald ästhetische Konstruktionen unmittelbar die Staatsgeschäfte betrafen. Friedrich Wilhelm bekämpfte den Absolutismus, die Dieneranmaßung der Bürokratie, die überall Handlungs- und Regelungsbedarf wittert. Darin stimmte er mit seinen Völkern überein. Doch zugleich wollte er, daß sein königlicher Wille das allgemeine Wollen nicht nur verdeutliche, sondern zusammenfasse. Er sprach von Selbsttätigkeit und Selbständigkeit, von ständischen Freiheiten, die vor dem Staat sich herausbildeten und die der Staat zu schützen habe. Aber die Stände befanden sich in heilloser Auflösung, und die meisten Individuen sehnten sich nicht zurück in Gemeinschaften, Körperschaften, deren Eigenleben die königliche Gewalt drastisch eingeschränkt hatte. Das freie Volk in freien Sozietäten, das zu einem Bewußtsein seiner selbst erwacht im freien Wort des Königs, der die Gefolgschaft seiner Treuen anführt und sie zu einem gesamten Körper zusammenfaßt – das war eine historisch-ästhetische Konstruktion, eine poetische Idee der mystischen Vereinigung von Volk und König.

Er meinte es ernst mit der Freiheit vom Staat, mit der Selbständigkeit von Korporationen, aber die Staatsbürger, die dergleichen gerne vernahmen, wünschten Freiheit im Staat, Selbstverwaltung und Rechtssicherheit, sie wünschten verfassungsmäßige Garantien für diese Freiheiten, die nur gesichert waren, wenn verbrieft und mit ihrer Zustimmung vereinbart. Sie hielten für ein Verfassungsversprechen, wenn der König sie bei der Huldigung aufforderte, mit einem ehrenfesten Ja, dem schönsten Laut der Muttersprache, zu antworten, wenn sie willens seien, ihm dabei zu helfen, vorwärts zu schreiten in Altersweisheit und heldenmütiger Jugendkraft beim Bestreben, Licht, Recht und Wahrheit durchzusetzen. Wie berauscht bekräftigten sie diese königlich-großherzige Bitte, und er erwiderte ähnlich entzückt: »Dies Ja war für mich, das ist mein eigen, das lass' ich nicht, das verbindet uns unauflöslich in gegenseitiger Liebe und Treue.« Ernüchtert bemerkten die meisten alsbald, daß sie einem Irrtum erlegen, und der König begriff nie, daß ein Volk, das er um Zustimmung anruft, diese auch verweigern kann. Wer ja sagen soll, darf auch unter Umständen nein sagen. Immerhin hatte er sein Volk gefragt, die Huldigung fast in ein Plebiszit verwandelt, hingerissen vom Augenblick.

Eine Verfassung wollte er nicht gewähren, und dennoch öffnete er die Büchse der Pandora, aus der nun ungestüm all die Geister drangen, die nach Konstitution riefen, nach Mitbestimmung, nicht nur nach Mitsprache. Ergriffen von der Idee, daß der König in Einklang mit den ständischen Vertretungen der Provinzen den gesamten Willen der preußischen Nation verkörpere, die es gar nicht gab, schürte er ungeduldige Forderungen, endlich alle Provinzialversammlungen als eine Nationalversammlung einzuberufen, die sich als solche ihre Meinungen vortrug und sich die Rechte verschuf, die ihr gebührten. Der russische Kaiser und Metternich warnten den redseligen König immer wieder, nicht Erwartungen zu wecken, die seinen Ansichten gar nicht entsprachen und das monarchische Prinzip umstürzten. Die Liberalen konnte Friedrich Wilhelm nicht für sich gewinnen, und die Kräfte des Erhaltens stieß er vor den Kopf.

So zweideutig wie sein Verhalten in der Verfassungsfrage war auch seine Einstellung zum nationalen Einheitsverlangen. Er beteuerte stets, am preußischen Sinn festzuhalten, und beschwor zugleich, wie etwa 1842 enthusiasmierend beim Kölner Domfest, den Traum von deutscher Einigkeit und Kraft, von einem großen, mächtigen, ja den Frieden der Welt erzwingenden Deutschland. Die Grundlage deutscher Einigkeit bildete für ihn das freundlichste Einverständnis mit Österreich. Dennoch ließ er es zu, daß immer dringlicher an Preußen die Aufforderung gerichtet wurde, seinen deutschen Beruf wahrzunehmen, von Preußen aus, ungeachtet aller Bedenken Metternichs, das Werk der nationalen Einigung energisch voranzutreiben, und das war unmittelbar mit einer Verfassung verbunden. Robert Prutz rief ihm in einem Gedicht zum Domfest zu: »Sprich aus das Wort: Constitution.« Der Wunsch nach einer deutschen Verfassung wurde seit 1840 immer ungeduldiger vorgebracht, weil in der großen Orientkrise, als ein Krieg mit Frankreich drohte, sich zwar nicht die Ohnmacht Preußens und Österreichs manifestierte, die sich beide mit Rußland und England über deren Lösung verständigt hatten, dafür aber die Bedeutungslosigkeit des Deutschen Bundes, der »Deutschland« in gefährlichen Momenten nicht zu schützen vermochte. Die nationalen Leidenschaften entzündeten sich am Rhein: Sie sollen ihn nicht haben, den freien deutschen Rhein, sangen die Deutschen, und die Franzosen erwiderten: Wir hatten ihn schon, Euren deutschen Fluß, / er fühlte im Nacken des Siegers Fuß. Dazu sollte es nicht wieder kommen, so sehr dies auch der feinsinnige Franzose Alfred de Musset hoffte.

Nur Preußen schien in der Lage, mit seinen Armeen deutsche Interessen zu verteidigen, und wer militärisch Schutz und Sicherheit gewährt, von dem kann verlangt werden, die Interessen abzustimmen, zusammenzufassen, im großen Sinne eine deutsche Interessengemeinschaft für alle Belange des öffentlichen Lebens herzustellen. Obwohl ein solches Ansinnen den politischen Absichten des Königs vollständig widersprach, wehrte er sich nicht entschieden dagegen, daß solche Erwartungen mit ihm und Preußen verknüpft wurden. Mit halben Mitteln und auf halben Wegen begann er über eine Reform des Bundes nachzudenken, um dessen Kräfte militärisch, wirtschaftlich und verwaltungsmäßig besser zu koordinieren. Da Österreichs moralische Kräfte schlummerten, wie es immer wieder hieß, lag es nahe, diejenigen Preußens zu bündeln und Berlin zur geistigen Hauptstadt der Deutschen zu erheben. Schon sprach man davon, die Nation den Liberalen zu entwenden und konservativen Zwecken nutzbar zu machen, um schließlich ein preußisches Reich deutscher Nation zu erreichen. Friedrich Wilhelm stand unschlüssig zwischen den Lagern, geschmeichelt von dem, was viele von ihm erwarteten, und abgestoßen von den Folgen, mit denen zu rechnen war: einer Nationalvertretung. Gern gestand er Österreich den ersten Rang zu, die Kaiserkrone, doch Preußen sollte gleichsam das Reichsschwert tragen und mit Wissenschaft und Kunst die Deutschen durchdringen und auf einen

Gemeinsinn verpflichten. Das ließ sich kaum miteinander vereinbaren.

Friedrich Wilhelm meinte es in allem aufrichtig und galt doch
bei allen als unaufrichtig, obgleich er höchstens unzuverlässig war,
gerade aus dem Bedürfnis heraus, Frieden mit seiner Zeit zu wahren. Mit halbem Herzen konnte er allen Richtungen anhängen,
und mit halben Maßnahmen verstimmte er sie alle. Sein Verhalten
verstärkte die Unruhe, die sich immer dann zeigt, wenn alles in der
Schwebe ist, in der es doch nicht bleiben kann, weil Entscheidungen getroffen werden müssen. Denen wollten Metternich und
seine Anhänger ohnehin ausweichen, um den Zustand so lange wie
möglich zu erhalten. Aber der Rheinländer kokettierte nicht geistreich mit den Tendenzen, die den allgemeinen Zustand für unhaltbar hielten. Der Maler Wilhelm von Kügelgen, zwischen der alten
und einer noch unbestimmten neuen Welt stehend, bekannte kurz
vor der Revolution: »Ich sehe ein, daß es die humanste Zeit ist,
welche Deutschland geschichtlich gehabt hat, und bin auch geneigt, sie für die bei weitem sittlichste zu halten. Dennoch glaube
ich, daß wir am Vorabend irgend eines großen Endes stehen, weil
alle früheren Zustände und alle früheren leitenden Ideen entweder
schon aufgelöst sind oder sich in der Auflösung befinden. Was
danach kommen wird, weiß ich nicht und habe nicht einmal eine
Ahnung davon, glaube aber, daß die Katastrophe eine sehr üble
sein wird.« Nichts fürchteten die deutschen Bürger, das Juste-
milieu so sehr wie eine Katastrophe und die mit ihr verbundene
Unordnung, selbst wenn sie Änderungen wünschten. Damit rechnete Metternich, und deshalb versuchte er, alle revolutionären
Funken, wo immer sie im Ausland sprühten, zu ersticken, damit sie
nicht nach Deutschland übersprängen. Er war fest davon überzeugt, daß Deutsche nicht von sich aus, sondern nur unter frem-
dem Einfluß tumultuös werden würden.

Der Aufstand in Paris im Februar 1848 war dieser Funke, der
hinübersprang, nicht gerade in ein Pulverfaß, aber doch in die Herzen, die nun leidenschaftlich erglühten und mit ihrer Glut andere
entzündeten. Die Verdrossenheit über die kleinliche Bürokratie,
über den Verwaltungsstaat, der nur administrierte und nicht regierte, über die Maschinenwelt geistloser Staatlichkeit, die der Einbildungskraft keine Entfaltung ermöglichte und einen Lebensbe-
griff pflegte, als ob Leben nur aus dem Atmen bestünde und nicht
darin, es für große Ziele einzusetzen, durchbrach nun alle Hemmungen und vereinigte den Unmut vieler zu einer mächtigen

Gemütsbewegung. Der alten Staaten erneuertes graues Prachtgerüst schien donnernd einzusinken, ohne daß es dafür mehr als eines kleinen herzhaften Anstoßes bedurfte. Die Könige waren vorerst wie betäubt und ihre Gegner fassungslos, daß sie alles gewannen, ohne auch nur kämpfen zu müssen. Die Oppositionellen rieben sich erstaunt die Augen und bekamen nun Angst vor der eigenen Courage: Denn die Throne wollten sie ja gar nicht umstürzen, sie fürchteten die Unordnung so sehr wie die Monarchen, drohte sie doch Geister zu befreien, die eine soziale Revolution auslösten. Am Ende würden dann mit Thron und Altar auch sie in Abgründe gerissen, die sie gerade überbrückt wissen wollten. Es zeigte sich alsbald, daß die Monarchen, sobald sie den ersten Schreck überwunden hatten, erstaunlich viel Kräfte zu ihrer Verteidigung zu wecken vermochten, die ihnen Zuversicht und Tatkraft verliehen, um der Situation wieder Herr zu werden.

Unpersönlich wie ein Schatten

Kaiser Franz Joseph von Österreich

Auf acht Uhr in der Frühe wurden für den 2. Dezember 1848 die Mitglieder der kaiserlichen Familie, die Minister, die Feldmarschälle Alfred Fürst Windischgraetz und Franz Freiherr von Jellačič sowie die Hofchargen in festlicher Gala zu den Majestäten in das Schloß des Erzbischofs von Olmütz bestellt. Die Stunde war so ungewöhnlich wie der Anlaß, von dem die meisten der Geladenen vorerst nichts wußten. Als sie sich im Halbkreis um Kaiser Ferdinand und die Kaiserin Maria Anna versammelt hatten, las der Monarch von einem Blatt, um ruhigen Vortrag so heftig bemüht, daß er sich mehrmals unterbrechen mußte, die Erklärung ab, daß er sich dazu entschlossen habe, die Kaiserkrone niederzulegen, und sein Bruder, Erzherzog Franz Karl, auf das ihm zustehende Recht der Thronfolge zugunsten seines Sohnes verzichte. Fürst Felix Schwarzenberg, der Ministerpräsident, gab anschließend das von ihm formulierte Abschiedsmanifest des Kaisers bekannt, in dem nur andeutungsweise der Ereignisse des fast abgelaufenen Jahres gedacht wurde. Die letzten Worte des Kaisers, nicht umsonst der Gütige genannt, sollten mild, versöhnlich, wohlwollend sein. Sein besonderer Dank galt der Armee, die tapfer den Thron und den Staat verteidigt. Die Verhältnisse seien aber so, daß eine jüngere Kraft als er gebraucht werde, um das große Werk einer notwendigen Umgestaltung zu fördern und einer gedeihlichen Vollendung zuzuführen. Der Name des Kaisers sollte das versprechen. Denn dem familiären Franz, in Anlehnung an seinen Großvater, wurde Joseph hinzugefügt, der Name des großen Umgestalters der Monarchie und eines »deutschen Kaisers«, der allen Deutschen im Gedächtnis geblieben war, woran in national-revolutionären Momenten wie diesen zu erinnern nicht unangebracht erschien. Der Name war ein Programm.

Zum Erzherzog Franz, jetzt Kaiser Franz Joseph, dem erregten Jüngling, der nun stumm das Knie zum Handkuß vor seinem Vorgänger beugte, neigte sich der alte Kaiser: »Gott segne Dich, bleib nur brav, Gott wird Dich schützen.« Die Kaiserin, die klug und umsichtig die Nachfolge vorbereitet hatte, wehrte den Kniefall ab und küßte ihn herzlich auf die Wangen. In den Armen seiner Mutter, der Erzherzogin Sophie, überwältigten auch den neuen Herrscher mitten in der allgemeinen Rührung seine Gefühle: Er weinte hemmungslos, denn in einer tränenfrohen Zeit wurde auch dem Zurückhaltendsten die Lizenz eingeräumt, seiner Bewegung in erhabenen Augenblicken freien Lauf zu lassen. Wieder gefaßt, nahm er mit seiner gewohnten Liebenswürdigkeit die Glückwünsche entgegen, den Fürsten Windisch-Graetz zeichnete er mit einer Umarmung aus: »Ihnen verdanken wir alles, was noch ist und existiert.« Anschließend ritt er hinaus, um die Parade abzunehmen. In strahlendem Sonnenschein erklang die Volkshymne, das »Gott erhalte«, bei gesenkter Standarte des ruhmvollen Hauses Österreich, das, dem Phönix gleich, vielleicht abermals aus der eigenen Asche zu frischem Leben und Glanz würde aufsteigen können, vorausgesetzt, alle trugen dazu bei, mit vereinten Kräften, »Viribus Unitis«, wie der Wahlspruch des neuen Kaisers lautete.

Währenddessen packten »ich und meine liebe Frau unsere Effekten zusammen«, wie der glücklose Kaiser Ferdinand in seinem Tagebuch bemerkte, denn sie wollten gegen ein Uhr nach Prag aufbrechen, wo sie fern vom Lärm der aufgeregten Zeit, der sie ein großes Opfer gebracht, ein harmloses Dasein fern der Öffentlichkeit fortsetzten. Kaiser Ferdinand wußte, worauf er verzichtete, und seine Frau schrieb der Erzherzogin Sophie einen Tag später, daß er sich den Umständen entsprechend einigermaßen wohl befinde. »Ich trage die Monarchie im Herzen und liebe sie unendlich«, was nicht nur ihr schlichtes Bekenntnis war. »Küssen Sie mir, liebe Sophie, diesen Engel von einem Kaiser, den ich wie einen Sohn liebe.« Für sie hatte es nie eine Aussicht gegeben, Mutter eines Kaisers zu werden. Sie wurde 1830 aus äußerlichen Erwägungen mit dem damaligen Erzherzog Ferdinand, dem Thronerben, verheiratet. Dieser gutmütige, bedeutungslose Prinz, von dem keiner erwartete, je den Regierungsgeschäften wirklich gewachsen zu sein, mußte, da er unter keinen Umständen auf die Nachfolge verzichten wollte, als reines Symbol mit den dazugehörigen Accessoires versehen werden, um Normalität vorzutäuschen. Schließlich hatte er viel Freude an Zeremonien, die erst in Gesellschaft einer Kaiserin ihren vollen Sinn veranschaulichen, daß am Hof nicht nur die Tugenden des Mars und der ernsten Staatsklugheit vorherrschen, sondern auch den Göttinnen der Liebe, der Künste und des schönen Betragens angemessen gehuldigt wird. Die savoyardische Maria Anna, nicht eben eine Galatea, die Inkarnation weiblicher Anmut, besaß ein freundliches Wesen und schickte sich mit äußerster Diskretion und Liebenswürdigkeit in ihre Rolle. Dazu gehörte neben gutem Willen auch Mut. Auf Aristokraten wirkte der arme Ferdinand tatsächlich wie ein Ritter von der traurigsten Gestalt. Er hatte einen übergroßen Kopf, eine viel zu lange Nase, und die Habsburger Unterlippe war nahezu grotesk ausgeprägt. Sein Gesichtsausdruck offenbarte eine angestrengte Geistesabwesenheit, angestrengt, weil um Konzentration bemüht. Seine Arme waren zu kurz, seine Hände zu klein, seine Haltung entbehrte jeglicher Eleganz. Obschon geübt, in mehreren Sprachen korrekt zu reden, meist auf französisch, weil Maria Anna nie Deutsch lernte, hatte man ihm beigebracht, sich meist in Schweigen zu hüllen, das den Eindruck tiefer Nachdenklichkeit vermittelt. Fällt es schon schwer, einen scharfen Verstand lange zu verbergen, so ist es nahezu unmöglich, dessen Mangel als Besitz darzustellen. Es ist den Erziehern des überforderten Epileptikers, dessen Leiden erst spät richtig diagnostiziert wurde, allerdings gelungen, ihn so weit zu formen, daß dieser Mangel nicht allzu eklatant auffiel. Die Wiener, die ihm wegen seiner Biederkeit herzlich zugetan waren, nahmen seine kunstlose Geistlosigkeit als Variation des gesunden Menschenverstands hin, den sein schlichter Humor ganz offensichtlich bestätigen mochte.

Immerhin, man hatte das Gedächtnis des Prinzen gut trainiert. Er besaß überraschend viele Kenntnisse in den verschiedensten Gebieten, ohne sie systematisch zu verknüpfen. Dennoch weisen seine verschiedenen Sammlungen, von Mineralien über technische Geräte bis hin zu Fabrikproduktionen, auf die Neigung hin, sich in einzelnen Bereichen zusammenhängend zu informieren. Im übrigen war er ein gründlicher Botaniker und umsichtiger Gärtner. Täglich schrieb er auf, was ihm passiert war, in sehr einfacher, aber klarer Prosa. Insofern wäre es unangemessen, ihn für schwachsinnig zu halten. Die Würde seiner Stellung hatten ihm seine Erzieher tief ins Gemüt geprägt und ihn dazu gebracht, bei aller Schwäche sich so weit anzustrengen, daß er sie nicht mit unbedachten Gesten oder Reden verletzte. So konnte man es wagen, sich auf ihn als »Fideikommissukzessor« des Reiches einzulassen, wie Metternich ihn einmal charakterisierte. Für ihn bedeutete das, bloß als Bild dazusein, gleichsam eine Fahne zu verkörpern, die eben andere tragen. Überlegungen, die Regeln der Thronfolge nicht genau zu beachten und mit Hilfe einer Regentschaft die Zeit bis zur Großjährigkeit Franz Josephs zu überbrücken, wurden immer wieder zurückgestellt. Das hätte das Prinzip der legitimen Erbfolge beschädigt und zu dem gleichen Ergebnis geführt, nur einen symbolischen Monarchen zu haben. Alle Hoffnungen waren von vornherein mit dem Sohn des Erzherzogs Franz Karl verbunden.

Am 18. August 1830 um Viertel vor zehn Uhr morgens kündigten 21 Kanonenschläge den Wienern die Geburt eines Knaben an. Er wurde Franz Joseph Karl getauft. Zur Beruhigung aller wirkte er kerngesund, und eine Tante sah in ihm schon einen künftigen pfälzischen Riesen. Denn seine Mutter, die Erzherzogin Sophie, stammte von einer pfälzischen Nebenlinie der Wittelsbacher ab, die mit Max I. Joseph 1806 den ersten König von Bayern gestellt hatte. Sie, die, solange sie lebte, einen erheblichen Einfluß auf ihren Sohn ausübte, besaß ein strenges Bewußtsein von Pflicht, überhaupt viele vortreffliche und liebenswürdige Eigenschaften, aber es fehlte ihr die Gabe, sich eine gefällige Großartigkeit anzueignen, äußerste Einfachheit mit gesuchtester Eleganz zu verbinden. Sie verfügte über genug Disziplin, die dürftigen Gaben ihres nicht einmal eleganten Ehemannes einfach zu übersehen. Er ging auf die Jagd, und sie las die *Augsburger Zeitung*, oft genug bekümmert, da diese nicht immer »im guten Sinne« sich vernehmen ließ. Sie las überhaupt viel, auch die Traktate, die unverhohlen eine Unzufriedenheit mit den inneren Verhältnissen bekundeten.

Schon in den frühesten Jahren konnte sie stolz beobachten, daß der kleine Prinz sich so entwickelte, wie sie es sich vorstellte, daß die Lehren in Fleisch und Blut übergingen, die ein künftiger Kaiser unbedingt beherzigen soll. Das Kind zeigte bereits einen peinlichen Ordnungssinn, hatte gelernt, Gemütsregungen nicht nachzugeben, auf Pünktlichkeit zu achten und jeden mit höflicher Rücksichtnahme zu behandeln. Ihm wurde tiefste Ergebenheit vor dem Kaiser beigebracht, dem er nur kniend die Hände küßte, und damit eine Achtung vor der Würde, die er selber einmal pflichtbewußt veranschaulichen sollte. Seine kindlichen Aussprüche hielt sie alle fest oder stilisierte sie so, wie sie sie auffassen wollte. Wenn er zu heulen anfing, ermahnte er sich selbst: Franzi, brav, still sein, und er wurde wieder ruhig. Als er einmal einen für sein Alter viel zu gewichtigen Blumenstrauß seinem Onkel Ludwig brachte, von dessen Last man ihn bereitwilligst befreien wollte, wehrte er ab: »Ich trage gerne, was schwer ist.«

Ob solche frühkaiserlichen Worte je gefallen sind, ist unerheblich. So sollte er denken, so sollte er reden, und an die darin bekundete Gesinnung hat er sich im späteren Leben gehalten, würdig, ohne zu überlegen, sich selbst zurücknehmend, dem überpersönlichen Bilde gehorchend, das er vorzustellen hatte. Insofern durfte die Mutter mit ihren Bemühungen und denen der von ihr ausgewählten Erzieher zufrieden sein. Früh fiel an ihm das Talent auf, sich mühelos Sprachen anzueignen. Französisch, Italienisch und die wichtigsten Sprachen der Monarchie beherrschte er schon als Kind. Latein und Griechisch wurden ihm so weit beigebracht, wie ein großer Herr, der nicht für die Wissenschaften bestimmt ist, damit vertraut sein muß. Der Lehrplan berücksichtigte in enzyklopädischer Fülle alle nur denkbaren Wissensgebiete, selbst das Klavierspiel, für das er keine Neigung verspürte, und das Zeichnen, wofür er talentiert war. Seine literarische Bildung hinterließ jedoch keine Spuren.

Er lernte geduldig, erwarb sich erstaunliche Kenntnisse, die eher sein Gedächtnis schulten, als den Verstand zur Selbsttätigkeit anregten. Ist der Charakter gefestigt, handelt und denkt der anständige Ehrenmann ohnehin verständig. Das war eine durch Erfahrung bestätigte Überzeugung der Aristokratie. Alle weiteren Kenntnisse sind ein hübscher Zierat, verschaffen aber dem, der über sie verfügt, einen schätzenswerten Vorrat für die Konversation mit allen möglichen Menschen, die erwarten dürfen, mit ihren Tätigkeiten und Denkgewohnheiten dem ohnehin fremden Monarchen, der aus dienstlichen Gründen mit ihnen in Berührung kommt, nicht vollends fremd zu sein. Franz Joseph, zur Zurückhaltung erzogen, befreite sich nie von einer gewissen Schüchternheit, die vielen vornehmen Naturen eigentümlich ist, weil sie nicht mit Urteilen, denen zumal aus kaiserlichem Munde besonderes Gewicht zukommt, Mißverständnisse verursachen möchten. Er war reservierter als notwendig und lernte deshalb nie die freundliche Kunst, für jeden das passende, leichte Wort zu finden. Für den Salon mangelte es ihm an hübscher Geistesgegenwart, nicht zuletzt im Umgang mit Damen, was ihn bei aller ritterlichen Courtoisie ein wenig befangen machte. Versuche, ihm über das Theaterspiel mehr Grazie beizubringen, fruchteten wenig. Doch tanzte er gern und machte dabei eine gute Figur, was damals gesellschaftlich unerläßlich war.

Er war ein Kavalier, aber im alten Sinne, ein Chevalier, ein Ritter und das heißt ein Soldat. Kaum den Windeln entwöhnt, galt seine Begeisterung allem Militärischen, den Uniformen, der Musik, dem Exerzieren. Dabei blieb es. Er genoß im Wortsinne seine militärische Ausbildung, die neben der übrigen herlief. Unter Soldaten fand er mühelos zu jener leichten Freundlichkeit, die ihm im Salon schwerfiel. Seinen Vetter, Erzherzog Albrecht, entzückte es förmlich, wie der vierzehnjährige Franz beim Dragonerregiment in Proßnitz jedem etwas zu sagen hatte, mit einer Natürlichkeit, einem Anstand und einer Würde, die man in seinem Alter nicht erwartet hätte. Franz Joseph war auch der erste Erzherzog, der sich in der Öffentlichkeit nur in Uniform zeigte. Und wann immer er in Zivil auftrat, wirkte er wie ein verkleideter Offizier. Nur auf der Jagd nicht, und er war seit früher Jugend ein emsiger Jäger, weil das Nationalkostüm mit Lederhose, Wollsocken, Lodenjanker und Filzhut auf seine Art einer Jagduniform glich, die der Adel ihres Trägers vor jeder Lächerlichkeit schützte. Er bewegte sich in diesem Gewand mit größter Selbstverständlichkeit als erster Jäger unter seinesgleichen, das königliche Jagdrecht mit jedem teilend, der wie der Soldat die Regeln achtet, um zu freier Meisterschaft zu gelangen. Ein gleicher Geist schafft eine Gleichheit in der Hierarchie, ohne diese aufzuheben, sie erleichtert, ob bei der Jagd oder ihrem ernsten Pendant, dem Krieg, das geordnete Aufeinander-angewiesen-Sein, die wechselseitige Abhängigkeit.

Heinrich Graf Bombelles festigte als Ajo, als leitender Erzieher des Erzherzogs, dessen politische Ansichten. Metternich hatte ihn dafür ausgewählt. So wurde Franz Joseph ganz im Geist der Grundsätze des Staatskanzlers unterwiesen, der ihn ab dem Herbst 1847 jeden Sonntag auch selber durch Vorträge über die Staatskunst in das politische Denken einwies. Metternich erwartete sich viel von dem Jüngling. Es war seine Idee, ihn am achtzehnten Geburtstag für großjährig zu erklären und Kaiser Ferdinand zum Rücktritt zu bewegen, damit 1849 ein junger Kaiser, natürlich unter seiner Leitung, endlich wirklich regiere und die Lethargie reiner Verwaltung aufhöre. Wo immer auch der Erzherzog hinkam, und er begann jetzt mit den vielen offiziellen Reisen durch seine Länder, schlug ihm unverhohlene Sympathie entgegen, selbst unter den Ungarn. Er wurde zum ersten Kaiser, der sein weites Reich nicht nur von der Landkarte oder über Lithographien kannte.

Er trat seine Regierung unter Bedingungen an, die Metternich stets vermeiden wollte, als das Reich von revolutionären Fiebern geschüttelt wurde. Doch gerade seine Jugend, seine unverbrauchte

Energie schien das Unterpfand zu sein, der Unruhen Herr zu werden. »Die Gutgesinnten«, und davon gab es mittlerweile wieder sehr viele, atmeten erleichtert auf. Der Ministerpräsident Felix Schwarzenberg sah bald mit Wohlwollen, daß kein unreifer Knabe, sondern ein fertiger Mann die Zügel übernahm, die er ihm reichte. »Der Kaiser«, wie er im Sommer 1850 Metternich berichtete, »erkennt die Größe und Schwierigkeit seiner Aufgabe und hat den festen Willen, sie zu lösen. Sein Verstand ist scharf, sein Fleiß in den Geschäften, besonders in seinem Alter, bewunderungswürdig. Er arbeitet ernstlich wenigstens zehn Stunden am Tage, und wie viele Vorträge der Minister, von ihm selbst bemängelt, unerledigt zurückkommen, weiß niemand besser als ich. Sein Anstand ist würdevoll, sein Benehmen gegen alle Leute überaus höflich, aber etwas trocken. Die Gefühlsmenschen – und in Wien machen viele Leute Anspruch auf Gemütlichkeit – sagen, er habe wenig Herz. Von der gewissen warmen und flachen Gutherzigkeit mancher Erzherzöge findet man in ihm keine Spur. Er ist allgemein zugänglich, geduldig und hat den guten Willen, allen gerecht zu sein.«

Die Größe und Schwierigkeit der Aufgabe bestand darin, aus den Improvisationen der vergangenen zehn Monate herauszufinden und wieder festen Boden unter den Füßen zu gewinnen. Daß es so nicht mehr weitergehen könne, war ein verbreitetes Gefühl, das selbst Erzherzöge beunruhigte. Dem Palatin in Ungarn, Erzherzog Stephan, wurde es zum Jahresende 1847 »manchmal an einsamen Abenden recht, recht bang um mein liebes Österreich, und ich habe seit Jahren nicht so schwarz gesehen wie jetzt! Österreich steht nicht mehr auf den Füßen, auf denen es vor zwanzig Jahren, nicht auf jenen, bei weitem nicht auf jenen, auf welchen es noch vor zehn Jahren gestanden.« Auf die Dauer konnte ein monarchischer Staat sich eben nicht damit begnügen, nur eine symbolische Monarchie zu sein. Eine Regierung gab es nicht. Im Staatsrat mangelte es am »animo«, an der Entschlossenheit, zu steuern und nicht nur den Gang der Dinge ihren unwägbaren Lauf nehmen zu lassen. Die Erzherzöge Ludwig und Franz Karl hatten kaum einen Überblick über die Geschäfte. Graf Kolowrat sorgte sich nur um die gebotene Sanierung des Staatshaushaltes, was ihm freilich auch nicht gelang, weil er nicht geneigt war, sich vor allem mit Metternich zu verständigen, der mißmutig den allgemeinen Stillstand beobachtete, der das alte Haus immer baufälliger machte, so daß gar nicht daran zu denken sei, Fenster und Türen in die Wände zu brechen, weil diese das gar nicht mehr aushielten. Aber er war zu sehr damit beschäftigt, Österreichs Stellung in Europa zu behaupten, eine Stellung, der keine innere Substanz entsprach, als daß er sich auf endlose Auseinandersetzungen mit seinen Gegnern und den Behörden einließ. Österreich hat Metternich tatsächlich nie regiert.

Es geschah nichts, und das führte dazu, daß auf den Provinziallandtagen sich allmählich der Unmut immer lauter äußerte, mit der Absicht, in Finanz- und Steuerfragen mitbestimmen, gegen das Geschäftsgebaren der Regierung Einspruch erheben zu dürfen. Darüber hinaus verärgerte in wachsendem Maße eine umständliche, sich in alles mischende Bürokratie, die fürsorglich und entmündigend jeden ihren Regelungen unterwarf und ununterbrochen neuen Regelungsbedarf entdeckte. Die Zensur mit ihren willkürlichen Eingriffen verbitterte auch den Besonnensten. Das Verlangen nach Selbständigkeit, Selbstverwaltung, ungehemmter Selbstentfaltung der geistigen und wirtschaftlichen Kräfte, nach einer geordneten Regierung, die Selbsttätigkeit nicht behindert, sondern weckt oder zu ihr aufmuntert, die sich nicht in Kleinlichkeiten ratlos verwirrt, vielmehr mit Rücksicht auf das allgemeine Wohl Talenten den angemessenen Spielraum öffnet, nahm immer weniger Rücksicht auf die behördlich empfohlene Geduld. Die Loyalität zur Krone blieb ungebrochen.

Metternich hielt 1847 für das wirrste Jahr, das er je erlebt. »Der Tag folgt stets der Dunkelheit, Nebel und Dunst verschwinden, und die Dinge erscheinen in ihrer Nacktheit. Das Jahr 1848 wird die Stellungen klären.« Damit hatte er recht, wie so oft, wenngleich nicht er es war, der für Klarheit sorgte. In Paris entlud sich der Verdruß über das Bürgerkönigtum am 20. Februar. Frankreich war weder eine Aristokratie noch eine Demokratie. Es war eine Bourgeoisie ohne Verbindung mit dem Volk. Die neue Republik sollte es ermöglichen, den Bürger gleichsam ins Volk zu setzen. In Frankreich ging es nicht mehr um eine politische Frage, sondern um eine soziale. Womit sich Metternich bestätigt sehen konnte, der die Verfassungsdebatten stets als einen Vorwand ansah, um davon abzulenken, daß es eigentlich um den Umsturz der gesellschaftlichen Verhältnisse gehe. Obschon keiner in Deutschland, in Österreich oder Italien solches im Sinne hatte, wirkte diesmal eine französische Revolution unmittelbar auf die dumpf-gärenden Verstimmungen, die sich Luft verschaffen wollten. In Wien richteten sich seit Anfang März die niederösterreichischen Landstände, die in der Herrengasse tagten, und Vereinigungen aufgebrachter Bürger mit Petitionen an die kaiserliche Regierung, die Zensur aufzuheben, Pressefreiheit zu gewähren, Einblick in die Lage der Finanzen zu geben, Geschworenengerichte zuzulassen und die rechtliche Sicherheit des Staatsbürgers vor Willkür zu schützen. Studenten forderten Lehr- und Lernfreiheit und die Gleichberechtigung der Konfessionen. Die Regierung ging nicht weiter darauf ein, wohl um die Stände Niederösterreichs von den spontanen Aufwallungen bürgerlichen Unmuts zu trennen. Am 13. März kam es zu bescheidenen Zusammenrottungen erregter Menschen, zwei- bis dreihundert vielleicht, meist anständig gekleidet, die sich wechselseitig in heftige Leidenschaft steigerten und mit Begeisterung die jüngste Rede Kossuths im ungarischen Reichstag vernahmen, in der er eine allgemeine Konstitution forderte. Froh-gereizten Mutes drang die Menge in das Ständehaus, richtete einigen Schaden an und fühlte sich vollkommen vom Landmarschall Graf Montecuccoli verstanden, der sofort eine Deputation in die Hofburg geleitete, beeindruckt von der etwas formlosen, doch für ihn nicht unbegreiflichen Empörung, teilte er doch die meisten Wünsche nach Zugeständnissen der Regierung. Arbeiter legten spontan ihre Arbeit nieder und zogen in die innere Stadt, um den Ereignissen nicht fern zu sein. Denn daß etwas passieren werde, und zwar der Sturz des Fürsten Metternich, hatte sich schon tags zuvor bis in die kaiserliche Familie herumgesprochen.

Als der Staatskanzler am Mittag des 13. März von den Vorkommnissen hörte, sagte er nur: »Vor allem muß dafür gesorgt werden, daß solcher Straßenunfug sich nicht wiederholt.« Es spricht aber viel dafür, daß bewußt keine Vorsorge getroffen wurde, um diesen Straßenunfug zu unterbinden, der an einem beziehungsreichen Tag stattfand, am Geburtstag Josephs II., des Kaisers der Reformen. Man ließ wahrscheinlich zu, daß sich ereignete, was geschah, um gleichsam aus Not zur Wiederherstellung der öffentlichen Ruhe ein Opfer zu bringen, Metternich zu entlassen, wie das »gute«, verständlicherweise gereizte Volk verlangte, das in ihm den Verursacher aller Gebrechen vermutete. Nach zähen Verhandlungen, in denen Metternich zu Festigkeit geraten und gemahnt hatte, keine Konzessionen zu machen, willigte er endlich ein, sich vom Kaiser seines Eides entbinden zu lassen.

Die Preisgabe Metternichs wurde laut und ausdauernd als Sieg über sein »System« gefeiert. Jetzt brach die Revolution aus, das erste Zugeständnis erforderte weitere, bis hin zu dem vagen Verspre-

Ein »Straßenunfug« in der Wiener Herrengasse am 13. März 1848 schüchterte das Kaiserhaus so ein
daß Metternich seinen Rücktritt einreichen mußte. Die Bürger aller deutschen Länder rieben si
erstaunt die Augen, wie wenig Mühe es kostete, sich durchzusetzen. In Wien und Berlin kam
kurzfristig zu heftigen Auseinandersetzungen. Insgesamt blieb die sogenannte Revolution ein büre
liches Konversationsstück, begleitet von einigen Turnübungen auf der Barrikade. Die Monarche
willigten in sämtliche Forderungen ein, um ihre Throne zu retten, was ihnen alsbald gelang. Der
die aufbegehrenden Bürger dachten nicht an einen politischen Umsturz, nur an eine durch Verfassu
modifizierte Monarchie. Die Ungarn kämpften allerdings um Verfassung und nationale Unabhär
gigkeit. Mit Hilfe russischer Truppen wurden sie unterworfen und verloren beides (Barrikade a
Stephansplatz in Wien, Lithographie von Carl Goebel; Neuruppiner Bilderbogen von Gust
Kühn: Beisetzung der Märzgefallenen in Berlin und Sieg der Ungarn bei Klausenburg).

Das merkwürdige Jahr 1848. — Eine neue Bilderzeitung.

Europäische Freiheitskämpfe.   viertes Bild.

Bestattung der für die Freiheit gefallenen Kämpfer, den 22. März 1848.

Das sind die gefallenen Freiheitshelden.

Da liegen sie kalt in bekränzten Särgen   Ihr Todten, Todten, wie liegt ihr so still?
Wir wollen sie heut in die Erde bergen.   Ist keiner der sich erheben will?

Original u. Eigenthum M B W   Neu Ruppin zu haben bei Gustav Kühn

Das merkwürdige Jahr 1849. — Eine neue Bilderzeitung. 73stes Bild.

Siegreicher Kampf der Ungarn mit den Russischen Vorposten.

Der russische General Lüders war mit einer bedeutenden Heeresmacht in Siebenbürgen eingerückt, um die Ungarn, die sich fast des ganzen Landes bemächtigt und die kaiserlich östreichischen Truppen überall geschlagen hatten, daraus zu vertreiben. Vorsichtig rückte er mit seinem Heere vor und russische eine bedeutende Truppenmasse als Vorposten, um die Stellung des Feindes zu recognosciren. Diese Truppen marschirten auf dem Wege nach Klausenburg und drangen immer mehr auf der Landstraße vor, unbesorgt um den Feind, von dem sie nichts erblickten. Da brach dieser plötzlich in großen Kavallerieschwärmen aus den Thoren der Stadt und aus allen Umgebungen derselben hervor und machte einen so kühnen Angriff, kämpfte so muthig und gewandt, daß die russischen Dragoner, so tapfer sie auch einhieben, dem Anfall weichen und ihren Rückzug antreten mußten. Die ungarischen Husaren betrauerten den Tod ihres Anführers, welcher, von einer feindlichen Kugel durchbohrt, lebloß vom Pferde sank. Aber dieser Unglücksfall paarte ihren Muth nur noch mehr entflammt und sie zu dem so unwiderstehlichen Angriff verwoch, der die russischen Vorposten zwang, sich so eilig auf das Hauptheer zurückzuziehen.

chen einer Verfassungsreform. Als das Kaiserliche Haus, ohne zu zögern, sich Metternichs wie eines räudigen Hundes entledigte, spürten die Rebellen, die nun zu solchen wurden, daß gar kein Wille zur Verteidigung vorhanden war. Da begriffen sie die Möglichkeit, die Macht an sich zu reißen und die Krone ihren Vorstellungen zu unterwerfen. Dafür benötigten sie nur einige Stunden. »Verschwinden Monarchien, so geschieht es, weil sie sich selbst aufgeben«, erläuterte Metternich am Abend seines Rücktritts. Das war jetzt der Fall, hier wie in den übrigen deutschen Residenzen oder an den Höfen in Florenz und Neapel. Kein Monarch versuchte, mit klaren Befehlen sein Ansehen zu behaupten und Minister zu berufen, die ihre Sache, die der Krone, fest und offen vertraten. Alle wichen sofort der Gewalt, anfänglich harmlosen Straßenaufläufen, mit denen bei kluger Einschätzung der Lage und deutlichen Anordnungen Polizeikräfte geringen Umfangs fertig werden konnten, wie Grillparzer bemerkte, ganz gewiß kein Freund des zusammenbrechenden Systems.

Da die Fürsten, und vor allem fähigere als der arme Ferdinand, sich der öffentlichen Meinung oder dem, was sie dafür hielten, fügten, achteten sie in der unübersichtlich gewordenen Lage darauf, Minister zu bestellen, die nicht schroff den Gegensatz zum aufgeregten Publikum suchten, sondern sich vermittelnd, ausweichend und vor allem diskutierend um Einverständnis bemühten. Bei einer zu großen Mannigfaltigkeit sich kreuzender Bestrebungen und Kräfte, wie in unklaren Situationen unvermeidlich, fällt es allerdings auch der wohlwollendsten Regierung schwer, darin eine Richtschnur für angemessenes Handeln zu erkennen. Deshalb schwankten die rasch wechselnden Ministerien unentschieden zwischen allen Richtungen. Sie schwankten, weil die hohen Beamten, die Behördenleiter, so sehr gerade sie als Verkörperung einer sterilen Verwaltung angegriffen wurden, die Opposition gegen einen erstarrten Staat verstanden, sie mehr oder weniger billigten. Als Bürokraten, die einen geordneten Geschäftsgang, aber keine Tumulte schätzen, teilten sie doch die liberale Gesinnung.

Dem Staat dienten sie, der Krone nur insoweit, als sie Symbol des Staates war. Ein unumschränktes Königtum mißfiel auch ihnen, weil selbstherrliche Eingriffe eines Monarchen ihre neutrale Funktionstüchtigkeit zu verwirren vermochten. Es ging ihnen vor allem darum, was ihre Aufgabe: der Majestät des Rechts und damit des Gesetzes Geltung zu verschaffen. Sie glaubten an die Legalität, an das gesetzmäßige Verfahren bei allen Gelegenheiten und unter allen Umständen. Sie glaubten nicht mehr, daß Gesetze sich nach der vorgegebenen Gesellschaft zu richten haben, sondern daß die Gesellschaften sich im Sinne der Gesetze entwickeln müssen, die ihr zu ihrem Vorteil auferlegt werden. Darum erschien es notwendig, die Unumschränktheit des Gesetzes zu sichern und jeden dahin zu bringen, auf dieser Grundlage sich frei und korrekt in einer staatsbürgerlichen Ordnung zu bewähren. Der konstitutionelle Staat als der vollkommene Apparat, der den unberechenbaren Menschen vor unnötiger Verwirrung schützt, mußte Bürokraten zusagen, die mechanisch dachten und den Staat als subtile Maschine verstanden.

Die Monarchen, vor allem Kaiser Ferdinand, überließen die Verteidigung der Kronrechte treuen Dienern des Staates, die in der Krone einen unentbehrlichen Schmuck des Gemeinwesens sahen und in der Opposition, welche den Wert dieses Schmuckstücks als unverbindlichen Zierat zu achten wußte, aufrichtige Bekenner leicht modifizierter Staatsgläubigkeit respektierten. Insofern konnten sich Geistesverwandte auf Kosten der Krone leicht verständigen, während der wirkliche Staat, und nicht der Staat der Theorie, auseinanderbrach. Die italienischen Provinzen der Monarchie suchten den Anschluß an Savoyen-Sardinien und waren vorerst verloren. Ungarn erreichte mit den Aprilgesetzen eine Unabhängigkeit, die jedenfalls die immer prekäre Einheit des Reiches sprengte. Die Böhmen ergriffen die Gelegenheit beim Schopfe, um ihre historische Staatlichkeit wieder zurückzugewinnen, nach der in Ungarn auch die Kroaten trachteten. Die Deutschen in Österreich wollten sich dem Streben nach Einheit aller Nationalverwandter nicht verweigern und zugleich das Reich nicht entbehren, zu dem sie gehörten und das sich ihrer Vorherrschaft entziehen wollte. Die nationalen Fragen führten nicht zur Revolution, aber im Zusammenhang mit ihr drängten sie an die Oberfläche und beanspruchten eine befriedigende Antwort.

Jede Minderheit forderte ihr Recht auf Selbstbestimmung und trat der anderen entgegen, die mit und neben ihr wohnte. Österreich bestand nur aus Minderheiten, und keiner der historischen Staaten der Monarchie war in sich homogen. Alle Minderheiten, Ungarn und Deutsche voran, riefen nach einer Verfassung, um ihr Eigenleben vor verfremdender Übermacht anderer zu sichern. Gleichzeitig fürchteten sie eine Verfassung, die ihren verschiedenen nationellen Bedürfnissen, wie sie sie verstanden, nicht genügte. Den Gesamtstaat verloren die einander widerstrebenden Richtungen keineswegs aus dem Auge, aber er sollte ihren Begehrlichkeiten dienen, ohne diese durch übergeordnete Zwecke zu vernachlässigen. Die Verfassung als Ausdruck der Übereinstimmung aller wurde von allen mißtrauisch als mögliches Instrument eingeschätzt, den jeweils anderen nun erst recht majorisieren zu können.

Die nationalen und konstitutionellen Fragen, unlösbar miteinander verquickt, absorbierten sämtliche Kräfte in den Behörden und in den Ausschüssen der einberufenen Landtage und des Reichstags, alsbald noch bereichert um das Problem, wie ein gesamtösterreichisches Parlament mit einer deutschen Nationalversammlung zu vereinbaren sei, in der Deutsche aus Österreich das gesamte Österreich vertraten, obschon die Mehrheit der Österreicher, weil nicht deutsch, es ablehnten, dort repräsentiert zu sein. Kurzum, die theoretische Energie, die Liberalen, ob im Staatsdienst oder noch nicht, eigen ist, konnte sich verschwenderisch der Fülle des Daseins zuwenden und genoß innerste Vollbeschäftigung. Von Regieren konnte dabei natürlich vorläufig keine Rede sein. Es wurde diskutiert, ausgiebig, gebildet, geduldig, sehr verständnisvoll.

Die philosophischen Köpfe, die ihre Freude am Dialog auskosteten, rechneten allerdings nicht mit dem menschlichen Faktor, der oftmals schnöde das Gespräch unterbricht und Tatsachen schafft, mit der Armee. Radetzky unterwarf trotz aller Bedenken die italienischen Provinzen, Windischgraetz befriedete mühelos das kaum erregte Böhmen und brachte im Oktober Wien zur Raison, während Jellačič sich tatkräftig um die Ruhe in Ungarn kümmerte. Die Armee, als die Kraft der Krone nicht mehr spürbar, war die Verkörperung des gesamten Staates, die den einzelnen Trümmern nicht ihren Willen aufzwang, die sie aber wieder zu einer Einheit zusammenschloß. Sie bewahrte Staat und Reich vor dem Zusammenbruch, und sämtliche Bürokraten, Theoretiker und unruhige Projekteschmiede dankten es ihr. Denn die bekamen es mit der Angst zu tun. Immerhin sahen sie mit Entsetzen, wie in Paris die Proletarier vor die Türen traten, ohne Scheu sich auch als Henker zu betätigen, um endlich ebenfalls zur einen Nation gehören zu dürfen, mit der sich die Bourgeoisie verwechselte. Das stimmte selbst weinfrohe Wiener Barrikadenkämpfer bedenklich. Der General Cavaignac warf die Arbeiteraufstände in Paris nieder und stellte als Diktator die Ordnung wieder her, so wie sie sich der Bürger vorstellte. Deren Schutz widmete sich ab Dezember Louis

Napoleon, der vom Volk auserwählte Führer. Autoritäre Herrschaft ersetzte die Herrschaft der Autorität. Ihre mangelnde Legalität oder notdürftig hergestellte Legitimität empörte keinen der strengen Konstitutionalisten. Erleichtert nahmen sie ihre Zuflucht zu dem Säbel, der »die Zivilisation« rettete, und konnten sich damit trösten, daß es zur Natur der Demokratie gehöre, sich in einem Mann zu personifizieren, wie Louis Napoleon behauptete. Aber auch die Legitimisten kannten keinen Schrecken vor der Diktatur, offenbarte doch Autorität sich in ihr.

Die Verführung, wie im bürgerlich-demokratischen Frankreich, das verzweifelt nach einer Legitimierung suchte, zu solchen Auskünften zu greifen, war in den Staaten des Prinzips monarchischer Legitimität durchaus vorhanden, aber zumindest das Militär erlag ihr nicht, weil es sich nur als Sachwalter der Krone und des Staates verstand. Die Generale, die Österreich retteten, übten keine diktatoriale Macht aus, sondern handelten im Auftrag der Krone, so schwach und unentschlossen diese auch sein mochte. Sie verhalfen ihr mit ihren Erfolgen wieder zu einem gewissen »animo«, zu Selbstvertrauen, und ermöglichten es, den Thron und das Recht des Kaisers zu sichern, in allen Angelegenheiten seines Reiches das letzte, entscheidende Wort zu haben. Franz Joseph machte davon sofort Gebrauch, sehr zur Erleichterung des russischen Kaisers.

Bei Ausbruch der Revolution packte Nikolaus ein Abscheu vor dem »ganz toll gewordenen Europa«, zu dem er fürchtete, nun auch Preußen und Österreich rechnen zu müssen. In einem Anfall von Zorn und Trauer über die Feigheit der Monarchen wünschte er, eine chinesische Mauer gegen das übrige Europa zu ziehen und jede Verbindung mit ihm zu unterbrechen. Er stand allein, bereit, die Grundsätze der Ordnung und Gerechtigkeit zu verteidigen, auf die sich die Monarchen der drei nördlichen Mächte einst verständigt hatten, um Europa zu beruhigen. Geriet die Eintracht der drei Adler ins Wanken, dann drohte erneut der Krieg zwischen den europäischen Mächten, den zu verhindern die Aufgabe der drei Monarchien war. In diesem Sinne ermahnte er sogleich Franz Joseph, die deutschen Angelegenheiten nicht weiter zu vernachlässigen und dem Frankfurter »Narrentreiben« ein Ende zu setzen. Daran brauchte der junge Kaiser nicht eindringlich erinnert werden. Man mochte den Fürsten Metternich aufgegeben haben, doch nicht dessen wichtigste Maxime: »Ohne Österreich ist Deutschland nicht in der Lage, einer Gefahr von außen zu begegnen, ohne die Mitarbeit von ganz Deutschland fehlen Österreich die Mittel, seine Macht zu entwickeln.« Beide waren unmittelbar aufeinander angewiesen. Doch zuerst mußte in Österreich der Frieden wiederhergestellt werden. Dann konnte man sich mit gesammelten Kräften der deutschen Frage und ihrer Lösung zuwenden.

Ungarn hatte Kaiser Franz Joseph vorerst nicht anerkannt, der sich in keiner Weise an die weitgehenden Zugeständnisse Ferdinands, des gekrönten Königs der Ungarn, vom April 1848 gebunden fühlte. Die wichtigste Überlegung beim Herrscherwechsel galt der Absicht, mit dem neuen Kaiser einen Monarchen zu haben, der unbefangen alles widerrufen könne, was sein Vorgänger zugestand, weil durch keinen Eid oder durch ein gegebenes Wort verpflichtet. Mit dieser für erbliche Monarchien recht sonderbaren Übereinkunft – sollte deren Überlegenheit doch gerade darin liegen, daß kontinuierlich durch die wechselnden Zeiten das Recht, soweit rechtmäßig zustande gekommen, vom Thron geschützt wurde – wurde Franz Joseph gleichsam ermächtigt, sich von Bindungen zu befreien, in die er nicht selber eingewilligt hatte. Was unter Zwang geschah, unter dem Druck der Umstände, verdiente dann bei günstiger Gelegenheit keine weitere Achtung. Franz Joseph duldete, unterstützte endlich den Widerstand des Kroaten Jellačič gegen eine gesamtstaatliche ungarische Verfassung, der auch Kroatien als Teil des Königreiches unterworfen wurde. Dieser dachte nicht dualistisch, sondern an das gesamte Reich Österreich, an »die Monarchie«, nicht zuletzt um in ihrem Rahmen für die historischen Rechte Kroatiens eine wohlwollendere Anerkennung zu finden als im Zusammenhang mit der Stephanskrone. Was als ein innerungarischer Bürgerkrieg begonnen hatte, entwickelte sich zu einem Krieg über die Gestalt der Monarchie, endlich über deren Existenz überhaupt, als im März 1849 nach der Verkündigung einer Verfassung für das gesamte Reich, die die ungarische aufhob, der ungarische Reichstag die Habsburger für abgesetzt erklärte und Ungarn aus dem Reichsverband löste.

Es ging nicht mehr nur um die Befriedung, sondern um die Rückeroberung Ungarns. Eine großmagyarische Idee des einen ungarischen Reiches, das viele Völker umfaßte, stellte sich der großösterreichischen entgegen, die zugleich das Übergewicht des deutschen Prinzips als Bürge der Einheit bedeutete. Die großösterreichische Idee, Freiheit, Kultur und Wohlstand bis zu den untersten Gegenden an der Donau zu tragen, setzte, wie auch die liberale Opposition annahm, ein einiges Reich voraus, das alle nationellen Eigentümlichkeiten schonte. Die Völker Österreichs müßten sich deshalb nicht auf den begrenzten und verwirrenden Standpunkt der Sprache stellen, sondern auf den einer dauernden Großmacht, in der sie am ehesten ihren jeweiligen Vorteil fänden. Der Zerfall in kleine Staaten würde sie nur zur Beute der Russen oder Türken machen. Auch Ungarn könne nicht für sich bestehen, das müßten die Ungarn einsehen, wiederholten gerade jene, die eine ähnliche Verfassung für die gesamte Monarchie anstrebten wie diejenige, die den Ungarn durch die Aprilgesetze gewährt worden war, und sollte man sie mit den Waffen zu dieser Einsicht zwingen müssen. Der Bestand als Großmacht erschien den Deutschen unmittelbar mit dem deutschen Prinzip verknüpft, an dem, wie Grillparzer vermutete, all diese slawischen und magyarischen Bestrebungen wie Seifenblasen zerplatzen müßten. »Ist Wien einmal der geistige Mittelpunkt der Monarchie, so wird es der politische sein und bleiben.« Die Gefährdung der Monarchie als Großmacht weckte jedoch alsbald auch in jenen, die sich schwarzrotgolden dekorierten, wieder ein schwarz-gelbes Bewußtsein, einen großösterreichischen Patriotismus, der nur schwer mit den gesamtdeutschen Stimmungen zu vereinbaren war.

Die ohnehin nie umstrittene Loyalität zur Dynastie, dem Symbol der Einigkeit, festigte sich unter dem Eindruck der möglichen Folgen eines Zusammenbruchs der Monarchie. Insofern war die Rückeroberung Ungarns ein durchaus populäres Unterfangen, die kurzfristigen Sympathien Wiener Radikaler für die rebellischen Ungarn im Oktober 1848 blieben ein vorübergehendes Phänomen. Sie wurden den Freunden einer Konstitution und Mitstreitern in einem gemeinsamen Kampf gewährt, aber nicht »Separatisten«. Auch die tschechischen Böhmen pflegten mit lebhafter Energie die Anhänglichkeit ans angestammte Herrscherhaus, weil sie vermuteten, daß sämtliche slawischen Fragen eher im großen Reich einvernehmlich gelöst werden könnten als in Verbindung mit dessen Trümmern. Gerade ihnen, an fast allen Grenzen Deutschen benachbart und mit einer starken deutschen Minderheit in den Ländern der Wenzelskrone, konnte der Gedanke, unabhängig von der Monarchie zu leben, nur Unbehagen einflößen. Der deutsche Druck ließ sich im Reich vielleicht entschärfen, abmildern, während bei politischer Selbständigkeit, womöglich noch mit einem geeinten Deutschland im Rücken, sich Böhmen ihm nahezu wehrlos ausgeliefert sehen mußte.

Die Ungarn wußten paradoxerweise ihrerseits, daß sie, umgeben von Slawen und im eigenen Land eine Minderheit, nur im engsten Anschluß an Deutschland, sich als Staat und Machtstaat behaupten konnten. Sie suchten sofort Unterstützung bei der Frankfurter Nationalversammlung, die sie ihr nicht verweigern wollte. Die deutschen Liberalen, die vielleicht beim Zerbrechen der Monarchie die deutschen Teile Österreichs ihrer Nation einverleiben wollten, kultivierten jedoch auf ihre Art eine deutsche Mission im Südosten, auf einen großen gemeinsamen Markt bis zum Schwarzen Meer hoffend, wie ihn Friedrich List entworfen hatte. Der sah aber selbstverständlich eine kulturelle, allseits zivilisierende Dominanz des Deutschen vor, das nun einmal eine regional bestimmte Variation der überlegenen Zivilisation veranschaulichte. Sie mochten vielleicht mit den Ungarn zusammen sich gegen slawische Bestrebungen wehren, betrachteten sie indes höchstens als Kandidaten für eine zu erreichende höhere Kultur, doch nicht als deren gleichberechtigte Repräsentanten. So gab es auch gute Gründe für Ungarn, am Zusammenhalt innerhalb der Monarchie festzuhalten, statt eine unter Umständen recht zweifelhafte Zukunft an der Seite eines starken deutschen Nationalstaates zu suchen. Auf jeden Fall bestätigte sich umgehend, welche Unbequemlichkeiten der nationale Gedanke in Mitteleuropa zeitigte, wie er Zwietracht oder Zwiespalt mitten in jedem Einzelnen erzeugte, so daß keiner noch nicht einmal einig in sich selbst zu bleiben vermochte. Das verschuf der übernationalen Dynastie eine nicht unangefochtene, aber doch resigniert anerkannte Überlegenheit, auch wenn Kossuth die Ungarn förmlich in Trotz hineingesteigert hatte, den sie nicht ohne weiteres abzulegen vermochten, es sei denn zum Preis unehrenhafter Selbstaufgabe. Sie führten einen zähen, aber aussichtslosen Kampf, den keiner unterstützte und über dem von vornherein der Schatten Rußlands lag. Zar Nikolaus hatte nie verhehlt, daß er ein freies Ungarn nie und nimmer dulden werde, weil das den Untergang Österreichs und den Umsturz der europäischen Ordnung bedeutete. Den Bestand der österreichischen Monarchie betrachtete er als eine Notwendigkeit, »da das Vakuum, das ihr Verschwinden hervorrufen würde«, wie sein Kanzler Graf Karl Robert von Nesselrode 1848 bemerkte, so groß wäre »und die Schwierigkeit, es zu füllen, so riesig, daß sie noch lange Zeit fortbestehen sollte, da wir nicht wissen, was wir an ihre Stelle setzen können«.

Für den ungeduldigen jungen Herrn zog sich der Krieg mit wechselndem Glück zu lange hin. Denn in der Zwischenzeit gewannen in der Frankfurter Nationalversammlung die Gruppen die Mehrheit, die dem König von Preußen die Kaiserkrone des künftigen Reiches anbieten wollten. Mochte Friedrich Wilhelm IV. auch eine Krone, die mit dem Ludergeruch der Revolution behaftet, diesen imaginären Reif aus Dreck und Lettern entschieden von sich weisen, so drückte er sich nur im privaten Kreis so unmißverständlich aus. In der Öffentlichkeit gebrauchte er sehr vieldeutige Umschreibungen, daß er sich natürlich nicht dem Ruf der Deutschen versagen werde, sollten die freien Fürsten ihn bitten, und daß Preußen zu jeder Zeit mit Schwert und Schild bereit sei, in jeder denkbaren gemeinsamen Gefahr das weite Vaterland schirmend zu schützen. Franz Joseph war mit der Devise Metternichs vertraut: »Deutschland ist der Punkt, auf dem am Ende die Geschicke des gesamten Kontinents ruhen. Gut oder schlecht wird es den Ausschlag geben.« Er fürchtete, kostbare Zeit zu verlieren, wenn der Krieg in Ungarn nicht rasch zu einem Ende käme. So bat er Ende April 1849 den russischen Kaiser um militärische Hilfe, die Nikolaus, ohne zu zögern, gewährte. Ihm fiel die Rolle zu, auf die er umsichtig gewartet hatte und die er energisch auszufüllen gedachte: Schiedsrichter auf dem Kontinent zu sein und vor allem in dessen Mitte, in Deutschland. Österreich hatte mit seinem Gesuch um Hilfe den russischen Kaiser dazu ermächtigt, das entscheidende Wort in den kommenden Auseinandersetzungen mit Preußen abzugeben.

Das demütigende Eingeständnis der Schwäche, sich selber im eigenen Reich nicht durchsetzen zu können, war unüberlegt und, wie sich bald nach abermaligem Austausch im Oberbefehl herausstellte, gar nicht notwendig. Denn die russischen Truppen, die erst allmählich anrückten und dann mehr mit der Cholera als mit den Ungarn zu kämpfen hatten, trugen zum Sieg über die Rebellen im August wenig bei.

Da Nikolaus meist darauf verzichtete, in despotischer Laune Rache zu üben, glaubte er sich nach dem Sieg berechtigt, von seinem jungen Freund und Vetter verlangen zu dürfen, den Schleier des allgemeinen Vergessens über strafbare Handlungen der Rebellen auszubreiten. Franz Joseph entzog sich solchen väterlichen Ermahnungen. Er entschloß sich zur Härte, mit undeutlichen Worten dem Strafgericht des Generals Julius von Haynau, des eigentlichen Siegers, nicht den Weg versperrend, ohne ihn jedoch dazu zu ermuntern, seinen bekannt-berüchtigten Energien keine Hemmungen aufzuerlegen. Haynau war ein fähiger General, in Italien erprobt als unerbittlicher Spezialist für Bürgerkriege und Rebellionen. Radetzky hielt ihn für ein fürchterliches Rasiermesser, das nur umständehalber verwandt und möglichst schnell wieder ins Futteral gesteckt werden sollte. Seinen schon nicht mehr guten Namen – er galt als »die Hyäne von Brescia«, seit er dort rücksichtslos die kaiserliche Autorität gegen jeden Widerspruch erneuert hatte – ruinierte er vollends, als er in Ungarn keine kavaliersmäßigen Rücksichten nahm und jeden hängen oder erschießen ließ, der sich des Ungehorsams gegenüber dem König und Kaiser schuldig gemacht hatte. Das waren gar nicht so viele, insgesamt 114 Personen, die übrigen entzogen sich durch Flucht seinem Zugriff, aber für eine Zeit, die mit Einzelnen rechnete, im Individuum eine unerschöpfliche Welt für sich achteten, allzu viele, schon »Massen«. Als treuer Diener nahm er die Schmach auf sich, von der sein Herr die Krone frei wissen wollte. Das waren die Opfer, die der Kaiser verlangte, ohne richtig einzuschätzen, daß eine überpersönliche Idee von keiner Person fordern darf, die Achtung vor sich selbst aufzugeben. Damit wird auch die Krone beschädigt. Baron von Haynau wurde im übrigen bald wieder im Futteral versteckt. Seinen verlorenen guten »Namen« konnte er nie wieder zurückgewinnen.

Ende August 1849 war die Revolution in der gesamten Monarchie besiegt. Sie hatte sich dank der Armee, der russischen Freundschaft und der Uneinigkeit der verschiedenen Oppositionsgruppen behauptet. Am jungen Kaiser, der im Mai sein »Exil« in Olmütz wieder verließ und nach Wien zurückkehrte, das die kaiserliche Familie im September 1848 verlassen hatte, damit Ferdinand beziehungsweise Franz Joseph Herr ihrer Entschlüsse oder der ihrer Regierung bleiben konnten, überraschte, wie schnell er trotz wachen Mißtrauens in seine Kräfte zu befehlen lernte. Der Aufmunterung Metternichs, nicht zu fürchten, Regieren sei in solch aufgeregten Zeiten schwerer als in gewöhnlichen, bedurfte er kaum, und von dem anderen Rat war er ohnehin vollständig durchdrungen: »Weiß der Thron die ihm nach göttlichem und menschlichem Recht gebührende Stelle einzunehmen, so wird das Volk sich um ihn scharen.« Diese Idee, nicht Kaiser des Adels oder »Bürgerkönig«, sondern Fürst des Volkes zu sein, mit dem Thron als Mittelpunkt, der allen Kräften die wünschenswerte Bewegung und Verständigung zu gemeinsamen Zielen weist, erfüllte ihn ganz und gar. Deswegen befolgte er peinlich genau die Tradition, unermüdlich Audienzen zu gewähren, um unter Umgehung der Bürokratie Nöte abstellen, berechtigte Bitten erfüllen zu können. Das Feuer der Jugend wirkte ansteckend und zugleich beruhigend, da gepaart mit der Würde und Bestimmtheit reifen Alters, wie überhaupt sein Ernst allgemein auffiel.

Eine feste Regierung, das meinte für Franz Joseph eine Regierung ohne Verfassung. Beim Regierungsantritt hatte er allerdings dem nach Kremsier in der mährischen Provinz verlegten Reichstag, der seit August 1848 an einem Verfassungsentwurf arbeitete, über seinen Ministerpräsidenten versichern lassen, aufrichtig die konstitutionelle Monarchie anzustreben, sich an die Spitze der Bewegung zu stellen, die nach liberalen und populären Einrichtungen verlangte. Das war ein Versprechen. Aber Franz Joseph hatte nicht versprochen, es auch zu halten. Der Reichstag einigte sich zwar endlich auf eine Verfassung, allein aus der begründeten Furcht, ohnehin aufgelöst zu werden, weshalb er doch wenigstens eine Erinnerung an seine Tätigkeit hinterlassen wollte. Aber er konnte kaum annehmen, daß der Kaiser sie billigen würde. Das wäre einem Verzicht auf das monarchische Prinzip gleichgekommen. Denn sie verkündete kurz und bündig: »Alle Souveränität geht vom Volke aus und wird auf der in der Verfassung vorgeschriebenen Weise ausgeübt.«

Gerade gegen diesen Grundsatz wehrten sich die herausgeforderten Monarchen, und zwar sehr erfolgreich. Die Revolution hatte gezeigt, daß in einem Reich mit vielen Völkern die Volkssouveränität nicht zur Einigkeit führt, vielmehr als Sprengsatz wirkt, weil geklärt werden muß, wer ein Volk ist, wer zu ihm gehört, wie der Zusammenhang der einzelnen Völker in mehreren oder in einem Staat gewahrt werden kann, wie das Verhältnis zu »Nationalangehörigen« bestimmter Völker außerhalb der Grenzen der Monarchie sein soll. Da die Verfassung Ungarn und Lombardo-Venetien nicht berücksichtigte, mußte sie von vornherein diese Fragen verschärfen. Infolgedessen wurde der Reichstag am 4. März 1849 aufgelöst und eine von der Regierung entworfene Verfassung für das gesamte Reich verkündigt, die die Außenpolitik, die Entscheidung über Krieg und Frieden und den Oberbefehl über die Armee dem Kaiser vorbehielt, ansonsten jedoch die Mitwirkung des Parlaments bei der Gesetzgebung und die Ministerverantwortlichkeit festhielt.

Franz Joseph zögerte, diese Verfassung seiner Regierung zugrunde zu legen. Sein Ministerpräsident Felix Schwarzenberg hatte wohl kaum Schwierigkeiten, sich mit einer verfassungsmäßigen Beschränkung der monarchischen Gewalt abzufinden. Er hielt es für unumgänglich, »den Massen«, die sich nun hervordrängten, Zugeständnisse zu machen, um deren Gewalt zu lenken und zu kanalisieren. Immerhin übte Schwarzenberg keinen spürbaren Druck auf den Kaiser aus, diese Verfassung tatsächlich einzuführen. Abgesehen von der Abneigung Franz Josephs, solche seiner Ansicht nach nur vorübergehenden Übereinkünfte, die der noch unübersichtliche Augenblick nahelegte, für verbindlich zu halten, gab es gute Gründe, deren Umsetzung in die Praxis hinauszuschieben. Die Verfassung sollte für das gesamte Reich gelten. Das setzte voraus, Ungarn erst einmal zu unterwerfen und dann dessen Verfassung, die durch Rebellion verwirkt war, der neuen anzupassen, sofern die Selbständigkeit Ungarns je wiederhergestellt werden sollte. Überhaupt mußte, da in den großen Städten weiterhin der Ausnahmezustand herrschte, eine gewisse Beruhigung erreicht werden, um Änderungen in der staatlichen Organisation erfolgverheißend vornehmen zu können.

Daß aus der Not geborene Verfassungen nicht unbedingt zur Übereinstimmung der Gemüter beitragen, bewies das konvulsive Frankreich, das sich seit 1789 ununterbrochen neue Verfassungen gegeben hatte, die wegen ihres Makels, das Ergebnis öffentlicher Unruhe zu sein, nicht befriedigten und nicht befriedeten. Den zynischen Satz Droysens, Macht sei die beste Legitimität, bestätigte hinlänglich die Entwicklung in Paris vom 20. Februar über den Juni bis zum 4. November beziehungsweise 10. Dezember 1848. In rascher Folge, je nach den momentanen Machtkonstellationen, wandelte sich die bürgerlich-liberale Republik über die sozialistische Volksherrschaft und die Militärdiktatur zur plebiszitären Präsidialmonarchie, die der Präsident Louis Napoleon mittels eines Staatsstreiches fortentwickelte, um sie im Januar 1852 durch das cäsaristische Führerprinzip des erneuerten Kaisertums zu ersetzen. Dieser lebendige Unterricht konnte kaum das vorhandene Mißtrauen entschärfen, daß Verfassungen nur unzulänglich innere Ruhe ermöglichen und nur selten zu einem neuen, festen Gleichgewicht im Staat führen. Ganz abgesehen davon, daß der rasche Wechsel die Heiligkeit und Unantastbarkeit der Verfassungen dementierte und den Eindruck erwecken mußte, Konstitutionen seien nur beliebige Auskünfte, die hinfällig werden, sobald der flüchtige Tag eines anderen Rates bedarf. Insofern ist es nicht sonderlich skandalös, wenn sich Franz Joseph an Napoleon III. ein Beispiel nahm und mit dem Sylvesterpatent 1851 die angekündigte Verfassung zurückzog und offiziell, wie vorher inoffiziell, als absoluter Monarch regierte.

»Er hat vollkommen recht«, bemerkte er mit Blick auf den französischen Kaiser. »Der, der die Zügel der Regierung in Händen hat, muß auch die Verantwortlichkeit auf sich nehmen können. Ein ›unverantwortlicher Monarch‹ sind für mich Worte ohne Sinn; ein ähnliches Wesen sollte man eher eine Druckmaschine für Unterschriften nennen.« Mit der Berufung auf das revolutionäre Kaisertum Napoleons löste er sich allerdings von der herkömmlichen Rechtfertigung herkömmlicher legitimer Herrschaft, die gerade in Ungarn den König auf parlamentarische Mitbestimmung verpflichtete. Seine Unverantwortlichkeit verdankte sich weitgehend der Revolution. Sein autoritärer Absolutismus war durchaus revolutionär. Er setzte die Revolution dort fort, wo deren Ergebnisse ihm willkommen waren. Die Befreiung der Bauern von den Feudallasten wurde nicht rückgängig gemacht. Das bedeutete, daß der Adel seine politische und soziale Funktion mehr oder minder einbüßte. An seine Stelle traten die Gemeinden in Koordination mit den Kreisen, Bezirken und den gesamtstaatlichen Behörden, die freilich vorerst jeden Hauch von selbständiger Regsamkeit erstickten. Der Adel, soweit reich, bewahrte sich geschmackliche Vorrechte, spielte jedoch im öffentlichen Leben keine entscheidende Rolle mehr. Franz Joseph, der zuweilen die Aristokraten als »die verwerflichste und unheilvollste Partei« charakterisierte, vollendete deren Entmachtung, das Ziel all seiner Vorgänger seit Maria Theresia. Er konnte es mit Hilfe der Revolution und vollendete damit zugleich die schleichende Verbürgerlichung Österreichs.

Jetzt rückte die »zweite Gesellschaft« der nobilitierten Bürger, des Amtsadels, in die entscheidenden Positionen. Sie wuchs, befördert durch die Kapitalisierung des Bodens, in die Landschaften hinein, indem sie dem verarmenden Adel die Güter abkaufte und als Vertreter des egalisierenden Geldes gesamtstaatliche Absichten verfocht, die sich mit ihren Wirtschaftsinteressen vertrugen, also für die Vereinheitlichung der Staatszwecke sorgte. Der hohe Adel, der nur ungern Ehen mit den Rittern des Glücks und der Karriere einging, ließ sich auf Geschäfte gern mit ihnen ein und lernte von ihnen, daß industrieller Ehrgeiz und vor allem Erfolg den alten Wappen neuen Glanz verschaffen können.

Beamte und Offiziere, die Stützen des Thrones, kamen schon seit dem ausgehenden achtzehnten Jahrhundert immer häufiger aus bürgerlichen Kreisen. Die Monarchen, nicht nur in Österreich, bevorzugten systematisch Bürgerliche, weil sie weniger unabhängig waren als Adelige, die ihre vorstaatlichen Freiheitsrechte kannten. Weil nur dem Kaiser zugeordnet, ließen sich Beamte und Offiziere außerdem überall verwenden und konnten oder sollten auf diese Weise ein Reichs- und Staatsbewußtsein bilden, das sich in den aristokratischen Epochen doch nur mangelhaft zu entwickeln vermochte. Sie waren das notwendige Element, wollte man eine »Imperialisierung« wagen, also eine gemeinsame Staatsgesinnung im gesamten Reich durchsetzen. Nur mit ihrer Hilfe konnte Franz Joseph den revolutionären Schritt wagen, den gesamten Staat als Einheit zu behandeln und zentralistisch durchzustrukturieren. Jeder, der in der imperialen Gesinnung stand, gleichgültig welch nationeller Herkunft, durfte als »staatstragend« in diese »Nation« der Hofräte und Offiziere aufsteigen, die als übernationale Kraft alles Besondere in tätige Übereinstimmung brachte. Das lag in der Konsequenz des Absolutismus. Parlamentarismus und Nationalismus bedingten einander. Da Österreich unmittelbar vor seinem Zerfall gestanden hatte, war es wohl unvermeidlich, im klaren Zentralismus den sichersten Weg zu sehen, die Einheit der »Monarchie« zu erneuern und deren Bestand durch administrative Penetration der Regionen zu gewährleisten. Franz Joseph schuf sich in dieser Zeit die einzige Nation, die er anerkannte und die er schätzte, eben die Nation der Hofräte.

Ein Hofrat mußte man gar nicht sein, um dazuzugehören. Auch der subalterne Beamte gewann über seine Staatsverbundenheit seine besondere Würde. Die dauerhafteste Folge des Absolutismus war, daß die Monarchie auch den Kleinbürger für sich gewann, jedem die Aussicht vermittelnd, dem Staat dienen zu dürfen. Franz Joseph, der nie populär sein wollte, kein »Händeschüttler« war, sicherte, indem er die Mitarbeit für das Reich jedem zugänglich machte, das Fundament, auf dem es weitere Jahrzehnte ruhen konnte.

Die Bürokratie wurde nicht eingegrenzt, vielmehr wucherte sie jetzt erst vollständig aus, gerade in den unteren Rängen. Das war gewiß ein Übel. Zugleich aber war es das wichtigste Mittel, die Reichssprache, das Deutsche, die Sprache der führenden Minderheit, zur allgemeinen zu machen. Die Imperialisierung geriet deshalb rasch in den Verdacht, eine Germanisierung bewirken zu wollen. Der deutsche Bildungsbürger hielt ganz selbstverständlich seine Kultur für den gelungenen Ausdruck aller edlen Bestrebungen des Jahrhunderts. Es lag nahe, sie allen Völkern des Reiches mitzuteilen und diese ihr anzugleichen. Die deutsche Kultur galt ihnen als eine neutrale Kraft, die versöhnend und vermittelnd alle schützenswerten sprachlichen oder volkstümlichen Besonderheiten in Übereinstimmung bringen sollte. Die Berufung auf deutsche Kultur, auf eine deutsche Mission, bildend zu wirken, bedeutete nicht unbedingt nationale Engherzigkeit, sondern galt der Bemühung, die vielen erwachenden nationalen Begehrlichkeiten zu entschärfen und auf übergreifende Ordnungen hin zu koordinieren. Wie das Lateinische im Römischen Reich mit vielen Idiomen als allgemeine Verständigungssprache der Staatsbediensteten einen gleichgesinnten Geist der Dienstbereitschaft wachhalten und fördern sollte, so schien die deutsche Sprache als Sprache einer Minderheit geeignet für die Aufgabe, Übereinstimmung der Gesinnung und der Gewohnheiten zu erreichen. Deutsch sollte auf diese Art zu einer regionalen Weltsprache werden, die sich über die weiteren sprachlichen Variationen versöhnend erhebt, so daß zum einen Kaiser im einen Reich die eine Amtssprache hinzutritt.

Die deutsche Kultur verhalf zur erfolgreichen Assimilation, und der von ihr Geformte unterschied sich dann in nichts von den anderen Beamten und Offizieren. Sozialer Aufstieg war damit allemal verbunden. Denn die übrigen Völker besaßen kein originäres Bürgertum und wenn, dann erst in Ansätzen. Aber darüber gingen diese »neuen« Bürger ihrer vaterländischen Kultur verloren, was nun wieder bei der zunehmenden nationalen Eifersucht als Verlust, gar als Verrat empfunden wurde. Anderenteils sahen sich alle gezwungen, wenn sie ein besonderes Selbstbewußtsein entwickeln wollten, sich mit der deutschen Kultur auseinanderzusetzen, so daß sie selbst im Protest für deren Verbreitung sorgten und sich »germanisieren« mußten, gerade um dieser Gefahr zu entgehen.

Da die Kirche, trotz des liturgischen Lateins, eine volkssprachliche Macht war, bot es sich an, abweichend vom josephinischen Geist der Staatsomnipotenz ihr wieder mehr Selbständigkeit einzuräumen und die staatliche Kontrolle zu lockern, um in ihr eine weitere Stütze des Thrones zu gewinnen. Denn in Italien hatte es sich gezeigt, daß der niedere Klerus den Widerstand gegen Österreich förderte. Die wieder privilegierte, ohnehin übernationale Kirche sollte sich darum kümmern, die örtlich verwurzelten »nationalen« Priester eng auf die übernationalen Ziele der Monarchie zu verpflichten, um so die Loyalität des Volkes zu erhalten oder zu vertiefen. Die Beamtenschaft und die Offiziere witterten in liberaler Tradition Klerikalisierung, wo Franz Joseph nur nüchtern und ganz in ihrem Sinne den Vorteil für den Staat suchte. Denn bei aller persönlichen Frömmigkeit betrachtete er die Kirche vorwiegend als eine möglichst nutzbringende Anstalt. Immerhin: Ungeachtet mancher Spannungen funktionierten die drei Stützen des Thrones - Beamtentum, Heer und Priesterschaft – wie erwartet und sicherten ihn bis zum Ende.

Das ist eine Leistung, die auf den erneuerten Absolutismus und entschiedenen Zentralismus zurückgeht, und sie konnte nur gelingen, weil im Absolutismus das Unterrichtswesen, die Universitäten von allen Hemmnissen befreit wurden, die höherer Bildung im preußischen Sinne im Wege standen. Die Volksschulen hatten nicht anders als in Preußen unter dem Einfluß der staatstreuen Kirche gestanden. Gymnasien und Universitäten glichen sich unter dem sehr katholischen, böhmisch-aristokratischen Grafen Thun als Unterrichtsminister den Anforderungen an wissenschaftliche Ausbildung an, wie sie sich selbst in Bayern längst erfolgreich durchgesetzt hatten. Die jetzt beginnende sprunghafte Industrialisierung rief einen erhöhten Bedarf an »realistischen Humanisten« hervor, die wissenschaftliche Erkenntnisse dem allgemeinen Nutzen zuzuführen vermochten. Dafür sollten die Technischen Hochschulen und Fachschulen sorgen, die umsichtige Förderung erfuhren. Schließlich hatte sich in Österreich, wenig berührt vom norddeutschen Idealismus, ein Utilitätsdenken kräftig erhalten, gerade im wissenschaftlichen Umfeld. Da die gesamte Monarchie zum ersten Mal nicht nur als Verwaltungseinheit, sondern als wirtschaftlicher Großraum, als einheitliches Zollgebiet zusammengefaßt wurde, konnten die bürgerlich-ökonomischen Absichten sich in weiten Zusammenhängen entfalten. Der Unternehmungsgeist der Bürgerlichen, energisch abgelenkt auf wirtschaftliche Betätigung, vermochte sich deshalb vorerst damit abzufinden, von unmittelbar politischer Mitsprache ausgeschlossen zu sein. Als Realisten konnten sie darauf vertrauen, daß Veränderungen durch Technik, Produktion und Kommunikation auf praktischem Wege das erwirken würden, was die theoretischen Diskussionen bislang nicht erreichten.

Zu den fast bis heute nachwirkenden Folgen des Absolutismus und Zentralismus gehört die damals eingeleitete Vereinheitlichung im Geschmack und in den Manieren. Die Wiener Ringstraße ist dafür das mächtige Symbol. Ihr Bau wurde 1857 mit der Schleifung der Stadtmauern eingeleitet, um einem großräumigen Reich eine weiträumige Kapitale zu verleihen, die darüber hinaus auch von allen Deutschen als ihr kulturell-geschmacklicher Mittelpunkt anerkannt werden sollte – in eindeutiger Konkurrenz zu Berlin. Wien sollte sich endlich als Reichshauptstadt selbstbewußt neben Paris, das damals ebenfalls gründlich umgebaut wurde, behaupten und den Vergleich mit London oder Petersburg nicht scheuen. Wie Rom in der Antike wurde Wien zum Modell für die nun aufstrebenden, sich verschönernden Städte in der Monarchie, die über ihre Grenzen hinaus bis nach Dresden oder Leipzig ausstrahlte. Die Wiener versorgten von nun an wie die alten Römer die Städte des Reiches mit dem, was sie ihres Erachtens dringend benötigten, um überhaupt eine Stadt zu sein: mit Oper, Theater, Rathaus, Museum, Bahnhof, einem Corso, dem Stadtpark und den Speisesowie den Kaffeehäusern. Da mag es zuweilen sehr schematisch zugegangen sein. Aber das störte überhaupt nicht. Denn worauf es ankam, das war der Effekt der Wiedererkennung, nicht in der Fremde zu sein, Wien *en miniature* vor sich und um sich zu haben. Von Wien aus setzte sich ein »Reichsstil« durch, der nationale Begrenzungen mit praktischer Schönheit und sich selbst genügender Anmut überwand. Weil der Absolutismus sich ins Große dachte, entband er die entsprechenden Talente und bot ihnen großzügig bemessenen Spielraum.

Das erneuerte und bewußt zur Schau gestellte Selbstvertrauen sollte allerdings auch das übrige Deutschland so weit beeindrucken, daß es wieder vergaß, seine Hoffnungen auf Preußen gesetzt zu haben. Die deutschen Staaten sollten sich nicht ohne Beteiligung Österreichs über ihre Angelegenheiten verständigen, denn die Stellung Österreichs als Großmacht hing von seiner doppelten Vormachtstellung in Italien und Deutschland ab. Waren bei Ausbruch der Revolution das Erzhaus und seine betäubten Regierungen auch dazu bereit gewesen, unter Umständen die italienischen Provinzen aufzugeben, so wollten sie doch auf den bestimmenden Einfluß in Deutschland nicht verzichten. Als Kaiser Franz Joseph die Regierung antrat, war der dichte Nebel, der für geraume Zeit die deutschen Verhältnisse umhüllte, nahezu gewichen. Die Dynastien waren überall damit beschäftigt, vorsichtig ihre Vorrechte zu sichern. Was in der Frankfurter Nationalversammlung erörtert wurde, befriedigte akademisch-theoretische Bedürfnisse auf ansprechendem Niveau, konnte aber mit Gelassenheit hingenommen werden, weil keine Macht bereit war, deren Interessen sich zu eigen zu machen, wollte sie nicht einen Krieg riskieren, der unweigerlich den russischen Kaiser zum arbiter Germaniae gemacht hätte. Friedrich Wilhelm IV. erkannte wohl die Aussichten, die sich ihm eröffneten, und war keineswegs so weltfern, um nicht in Versuchung zu geraten, Preußens Macht in Deutschland zu mehren. Aber das wollte er doch nur zusammen mit den anderen Fürsten und ohne Österreich endgültig vom übrigen Deutschland zu trennen. »Franzi«, wie er familiär den Kaiser nannte, glaubte seinem angeheirateten Onkel, daß er sich nicht auf Anträge der Nationalversammlung einlassen werde. Mit relativer Ruhe konnte er daher die Auswirkungen des nationalen Fieberanfalls vorerst abwarten, zumal er sich im Einverständnis mit dem russischen Kaiser befand, der keine preußische Hegemonie in Deutschland wünschte bei dem unberechenbaren Charakter seines Schwagers, der keine Sicherheit vor konstitutionellen Eskapaden bot.

Nikolaus fürchtete nichts so sehr wie heftige Mißverständnisse unter den drei Nordmächten. Seine Hoffnung war, daß Preußen, nachdem Österreich sich gut erholt hatte, zur Eintracht mit den beiden anderen Monarchen zurückfände. In diesem Sinne versuchte er die preußische Politik zu beeinflussen und in ihrer unübersichtlichen Beweglichkeit einzuschränken. Damit rannte er bei den streng konservativen Beamten und Offizieren in Berlin nur offene Türen ein, hielten jene doch daran fest, daß die Adler Österreich und Preußen wie die Cherubime über der Bundeslade ihre schirmenden Fittiche über Deutschland ausbreiten müßten, in engster Übereinstimmung mit dem russischen Adler. Franz Joseph benötigte wahrlich nicht die in »väterlicher Liebe« vorgetragenen Ratschläge, die deutschen Angelegenheiten nicht zu vernachlässigen. Er hatte sie scharf im Auge. Aber erst nachdem Venedig und Ungarn zurückerobert waren, konnte er sich ihnen energisch zuwenden. Da war es allerdings auch höchste Zeit, wie Nikolaus und Franz Joseph meinten.

In Berlin versuchten die Kreise um Außenminister Joseph Maria von Radowitz seit dem Herbst 1849, Friedrich Wilhelm IV. dazu zu überreden, eine Entscheidung über die Vorherrschaft in Deutschland zu suchen, und sei es mit Waffengewalt. Radowitz hoffte auf die reinigende Kraft des Krieges, da der Gegensatz zwischen Preußen und Österreich doch ein für allemal behoben werden müsse. Er dachte an eine Union des engeren Deutschland unter preußischer Führung in einem dauernden Bündnis mit

Österreich, die eine gemeinsame Außenpolitik und innigste wirtschaftliche Verflechtung ermögliche. Der Donauraum als Markt sollte mit dem neuen Deutschland durchaus verbunden sein, in dem immer mehr Projekteschmiede, die verkündeten, daß das Kapital keine Mainlinie kenne, ungeahnte Möglichkeiten für den wirtschaftlichen Aufschwung des kommenden Reiches vermuteten. Derartige Spekulationen waren den Österreichern nicht fremd, nur gedachten sie, einen solchen Handelsraum von Wien aus zu schaffen. Bei der Uneinigkeit der deutschen Fürsten, die ein österreichisches Übergewicht ebenso fürchteten wie ein preußisches, konnten Schwarzenberg und Franz Joseph unaufgeregt die Bemühungen beobachten, diese Fürsten um den preußischen König zu scharen. Die wichtigsten unter ihnen versagten sich bald dem preußischen Werben. Endlich traten Schwarzenberg und Franz Joseph mit einem Gegenkonzept hervor und setzten damit Preußen unter Druck: Die gesamte Monarchie sollte in den Deutschen Bund aufgenommen werden, um dem Gerede von einem engeren und einem weiteren Bund ein Ende zu setzen. Ein Bund der siebzig Millionen, wie auch immer organisiert, konnte die gleichen Vorteile bringen, allerdings bei eindeutiger Überlegenheit Österreichs aufgrund seiner schieren Masse.

Das war ein durchaus revolutionärer Vorschlag, der die Ordnung Mitteleuropas, wie sie auf dem Wiener Kongreß festgelegt worden war, umzustürzen drohte. Schwarzenberg war ein Sohn der Revolution, der die von ihr ausgelöste Bewegung in seinem Sinne gebrauchen wollte, nicht um zum Status quo, wie er vor 1848 geherrscht hatte, zurückzukehren, sondern um zu anderen politischen Organisationen zu gelangen. Deshalb brach er mit den Traditionen Metternichs, vorsichtig das Abwartende zu pflegen und sich gerade in den deutschen Belangen möglichst eng mit Preußen abzustimmen. Schwarzenberg suchte die Entscheidung. Darin glich er Radowitz, und so, wie jener unter dem Eindruck der Möglichkeiten, die durch die Revolution freigesetzt wurden, aggressive Unruhe in die preußische Politik brachte, wies er Franz Joseph Ziele, die mit den herkömmlichen Mitteln nicht zu erreichen waren und das überlieferte Gleichgewicht in Deutschland und Europa außer Kraft setzen mußten.

Ob Schwarzenberg und Franz Joseph je dachten, dieses Projekt verwirklichen zu können, steht dahin. Die zu überwindenden Schwierigkeiten standen ihnen sehr genau vor Augen. Deshalb betrieben sie mit gleicher Energie die Reform des brachliegenden

Deutschen Bundes, um ihn unter Österreichs Führung zu einem wirkungsvollen Instrument kaiserlicher Politik zu machen. Das gleiche galt für den Abschluß eines Handelsvertrages mit dem Zollverein. Damit ließen sich ähnliche Vorteile erringen, auch ohne den Eintritt des gesamten Österreich in den so erneuerten Bund. Beide Ziele richteten sich gegen Preußen, das gezwungen werden sollte, sich der österreichischen Vorherrschaft endgültig unterzuordnen. Irgendwelche Zugeständnisse an die zweite deutsche Macht, und seien sie auch nur dekorativer Natur, waren nicht vorgesehen.

Der im Mai 1850 von Österreich juristisch fragwürdig restaurierte Deutsche Bund bot immerhin die Aussicht, die preußischen Unionsbestrebungen als einen Sonderbund zu behandeln, den das Bundesrecht untersagte, und also darin einen Kriegsgrund zu sehen, sofern Preußen die Erfurter Union nicht auflöste, der nur die kleinen Staaten in Thüringen und Norddeutschland angehörten. Bei dem heftigen Konfrontationskurs Schwarzenbergs und des Kaisers, der sowohl Preußen wie die Mittelstaaten – »das Dritte Deutschland« – verstimmte und schließlich verärgerte, blieb Krieg, den gerade die deutschen »Zaunkönige« so fürchteten wie der Teufel das Weihwasser, die Ultima ratio, um ein österreichisches Dominat durchzusetzen. Zur Politik der Imperialisierung in der Monarchie trat ergänzend die Imperialisierung der deutschen Frage.

Radowitz und die Prinzessin Augusta, die Gattin des Prinzen Wilhelm, des späteren Kaisers, wollten es darauf ankommen lassen, dem Glück der Waffen die letzte Entscheidung anzuvertrauen. Doch der König verabscheute jeden Krieg und vor allem jeden Krieg mit Österreich, war er doch gewöhnt, in dem Kaiser so etwas wie seinen Lehnsherrn zu sehen, das ehrwürdige Symbol deutscher Einigkeit. Zar Nikolaus griff endlich ein und vermittelte. Im Olmützer Abkommen vom November 1850 erreichte er sein Ziel, friedlich die deutschen Ärgerlichkeiten als Schiedsrichter beilegen zu können. Preußen kehrte in einen nicht reformierten Deutschen Bund zurück, und Österreich mußte auf alle eigenwilligen Vorstellungen vorerst verzichten. Der Friede war gewahrt, die Eintracht der drei Adler, die Bedingung für die Ruhe Europas, wiederhergestellt, um diese vor den unberechenbaren Absichten der französischen Sphinx zu schützen. Doch die konservativen deutschen Großmächte waren seither ebenfalls nur schwer zu berechnen.

Der Kompromiß, den alten Deutschen Bund zu revitalisieren, den der Kaiser anführte, genügte erst einmal allen. Man war erleichtert, einen Krieg vermieden zu haben. Aber schon bald bedauerte Schwarzenberg, sich auf den Olmützer Kompromiß eingelassen zu haben. »Wir hätten uns doch schlagen sollen.« Er hielt es für eine »immense Lächerlichkeit der Geschichte«, daß der Deutsche Bund aus reiner Verlegenheit sein trübes Dasein weiter fristen durfte, und verhehlte nicht, »daß die gründlich erschütterte, sehr wackelnde Boutique beim nächsten Anstoß von innen oder außen schmählich zusammenrumpeln wird«. Prinz Wilhelm von Preußen oder Bismarck, die anfänglich mit dem Olmützer Kompromiß sehr einverstanden waren, sprachen wenig später von »Schmach«, die wiedergutgemacht werden müsse. Im alten Bund hatten sie Parität mit einem rücksichtsvollen Österreich genossen. Im erneuerten alten Bund mußten sie erfahren, daß in der »wackelnden Boutique« Österreich seinen mehr zeremoniösen Vorrang dazu benutzte, Preußen mit Hilfe der übrigen deutschen Staaten zu majorisieren, um auf anderen Wegen die Konfrontation fortzusetzen.

Österreichs junger Kaiser mochte sich als »deutscher Fürst« nicht damit begnügen, als Primus inter pares die Schar seiner Standesgenossen anzuführen. Er wollte in einem ganz ungewöhnlichen Sinn der erste sein, als Kaiser von Österreich auch gleichsam deutscher Kaiser. Obwohl unberührt von aller Romantik, vergaß er dennoch nie, daß jahrhundertelang aus seinem Haus die Kaiser des Reiches stammten. Er verstand es als sein Recht, der Praeceptor Germaniae zu sein, gewisse Ergebenheit in seine Entschlüsse erwarten zu dürfen.

Franz Joseph verfolgte daher auch nach Schwarzenbergs plötzlichem Tod 1852 die von jenem eingeleitete Politik der dauernden Provokation Preußens. Das brachte Bismarck zu der Überzeugung, »daß wir in nicht zu langer Zeit gegen Österreich werden fechten müssen und daß es nicht in unserer Macht liegt, dem vorzubeugen, weil der Gang der Dinge in Deutschland keinen anderen Ausweg läßt«. Von Wien aus wurde die Wiener Ordnung als beengende systematisch untergraben, nicht nur im Hinblick auf Deutschland, sondern auf die gesamten europäischen Zusammenhänge. Hier traf sich Franz Josephs Ungeduld mit der eines Palmerston oder Napoleon, die nur auf den Augenblick warteten, das Gleichgewicht auf dem Kontinent in neue Verhältnisse zu versetzen und als Voraussetzung dafür die Allianz der drei Nordmächte zu sprengen.

Metternich hatte stets die Ansicht vertreten, daß auf keinem Feld im Orient für Österreich genießbare Früchte wüchsen. Er mißtraute gründlich freundlichen Anregungen, Österreich solle sich mehr dem Balkan zuwenden. In solchen Empfehlungen vermutete er nur »ein Mittel, welches mit dem Wegweisen Österreichs aus dem Okzident zusammenläuft«. Er begnügte sich damit, dafür zu sorgen, daß die Türkei, die sicherste Grenze Österreichs, sicherer als jedes Meer, in ihrem Siechtum so lange wie möglich erhalten bliebe. Seine Bemühung galt allein dem Zweck, die übrigen Großmächte zu einer ähnlichen Einstellung zu überreden, damit aus orientalischen Ursachen kein europäischer Krieg sich entwickele. Kaiser Franz Joseph, ganz im Banne der Ideen Schwarzenbergs und ökonomischer Futuristen, träumte hingegen in Anlehnung an Friedrich List von einem kompakten, von Österreich geführten Mitteleuropa als Großraum, der sich von der Ostsee bis zur Adria und den Donaumündungen am Schwarzen Meer erstrecken sollte, und verkündete: Im Orient liegt unsere Zukunft.

Er dachte damit den Deutschen ein weites Feld für ihre Energien zu erschließen, und nur mit ihrer Hilfe ließ sich ein solches Programm verwirklichen. Das setzte freilich voraus, Preußen eine eindeutige Funktion in diesem Großraum zuzuweisen, die es zu freiwilliger Mitarbeit verlocken konnte. Ein Angebot unterbreitete er nicht. Preußen sollte dazu genötigt werden, sich durch die normative Kraft des Faktischen einzufügen. Die orientalischen Fragen, die 1854 zum Krimkrieg führen sollten, wollte er dazu als Druckmittel gebrauchen. Bismarck freilich beurteilte diese Politik, als Franz Joseph sich schon in erhebliche Schwierigkeiten verwickelt hatte, mit gelassenem Humor: »Die guten Österreicher sind wie der Weber Zettel im Sommernachtstraum. Sie haben im Orient ihr Kreuz zu tragen, wollen in Italien die große Rolle spielen und in Deutschland auch den Löwen machen und für die europäische Politik über uns disponieren, ohne uns in der deutschen auch nur ein Gott vergelt's zu sagen.«

Kaiser Nikolaus teilte zwar mit Metternich die Überzeugung, daß die Türkei über medizinische Betreuung zu erhalten sei. Aber er wollte doch nicht von ihrem plötzlichen Tod überrascht werden und hielt es daher für angebracht zu überlegen, was zu geschehen habe, wenn der Tod eintritt. Aus diesem Grunde suchte er das Einverständnis mit Österreich und England und beschäftigte sich und die anderen mit Plänen zur Aufteilung des osmanischen Erbes. Im Januar 1853 erläuterte er unbefangen dem britischen Botschafter seine Überlegungen für den Fall, daß das Osmanische Reich erwartungsgemäß zusammenbräche. Österreich könne Bosnien und die Herzegowina erhalten, Serbien und Bulgarien dachte er sich in angemessenen Grenzen als selbständige Staaten, die Donaufürstentümer – der Kern des heutigen Rumänien – beanspruchte er für Rußland. Konstantinopel sah er als Freihafen, geschützt von österreichischen und russischen Truppen an den Dardanellen und am Bosporus. England bot er Ägypten und Zypern an, Frankreich könne mit Kreta abgefunden werden. Seine Vorschläge erachtete er als eine Grundlage für Gespräche. Sie waren insgesamt vernünftig. Doch Sir George Seymour war längst zu der Auffassung gelangt, daß dem russischen Kaiser nicht zu trauen sei. Er hielt die russische Politik für aggressiv, bestimmt von unersättlicher Gier danach, die Grenzen des Reiches auszuweiten und England in der Ostsee, im Mittelmeer und in Asien entgegenzutreten.

Rußland, diesem Reich der Finsternis, unbekannt mit Humanität und Freiheit, trauten manche Engländer alles mögliche zu, nur nichts Gutes. Die britische Öffentlichkeit sah im illiberalen, unaufgeklärten Rußland, das Europa dominierte, ein Ärgernis, jeden Fortschritt hemmend, Preußen und Österreich mißbrauchend für seinen ausgreifenden Imperialismus, der Gesittung und Zivilisation bedrohe. Es schien an der Zeit, das russische Reich wieder auf das Großfürstentum Moskau zu begrenzen. Österreich sollte Italien aufgeben, dafür sich zum Schwarzen Meer ausdehnen. Preußen könne die baltischen Provinzen erhalten, Finnland dürften die Schweden übernehmen, Polen – in verschiedensten Grenzen – müsse wieder in seiner staatlichen Unabhängigkeit hergestellt werden, die Krim, die kaukasischen Territorien ließen sich dem Osmanischen Reich unterordnen. Das waren erstaunliche Spekulationen. Die Abdrängung einer klassischen Großmacht aus Europa, ein immerhin bislang beispielloser Fall, kalkulierte selbstverständlich mit dem völligen Umsturz der Verträge von 1815, auf denen die Ordnung Europas beruhte.

Napoleon III. forderte ohnehin ein neues Europa der Nationen. Als dessen Schutzherr hoffte er, Frankreich wieder die Rolle zu verschaffen, die ihm seit 1815 verwehrt wurde. Unermüdlich entwarf er originale Landkarten, Geschichte als Geographie in Bewegung auffassend. Bedingung für alle möglichen Veränderungen war, Österreich und Preußen von Rußland zu trennen, ohne darüber die Aussicht zu verlieren, sich auch mit Rußland zu arrangieren. Metternich beobachtete nicht ohne Grund zu Beginn des Jahres 1853 Konfusion an allen Ecken, eine Konfusion im Anschluß an vergleichsweise unerhebliche Querelen im Orient, die Napoleon III. ausgelöst hatte. Dieser brauchte die Unterstützung der Katholiken und bemühte sich, vom Sultan Vorrechte für katholische Christen gleich welcher Nationalität bei den heiligen Stätten in Palästina zu erlangen. Katholische Christen brachten allerdings gewohntermaßen wenig Anteilnahme für die Stätten von Christi Erdenwalten auf. Pilgerfahrten ins Gelobte Land unternahmen höchstens religiöse Exzentriker. Ganz anders verhielt es sich mit den Russen, für die eine Wallfahrt nach Jerusalem geschätzter religiöser Brauch war. Sie stellten die meisten Pilger, und es war unvermeidlich, daß Nikolaus wieder seine Schutzrechte für die Orthodoxen im Osmanischen Reich geltend machte, die von den Türken nicht genug beachtet wurden.

Das bot Napoleon die gewünschte Gelegenheit, eine Auseinandersetzung anzufachen und damit einen Anknüpfungspunkt zu finden, weitere europäische Mächte als Interessenten darin zu verwickeln. Die russischen Interventionen in Konstantinopel zum Schutz der Orthodoxen bestätigten den englischen Botschafter an der Pforte in seiner vorgefaßten Meinung, Rußland wolle sich über kurz oder lang Konstantinopels bemächtigen. Es fiel ihm nicht schwer, Palmerston, der ähnlichen Vorurteilen anhing, davon zu überzeugen, daß dem russischen Verlangen nicht nachgegeben werden dürfe. Er duldete erhebliche Eigenmächtigkeiten Stratfords, der dem Sultan riet, hartnäckig zu bleiben und russischen Forderungen nicht stattzugeben. Englischer Schutz sei ihm diesmal gewiß. Unversehens wuchs sich eine beiläufige, leicht zu behebende Frage zu einer Staatsaffaire aus. Alsbald brachen französische und englische Schiffe in Richtung Dardanellen auf, und der gereizte russische Kaiser besetzte die Donaufürstentümer, die offiziell noch der Türkei unterstanden, um ein Pfand in der Hand zu haben, mit dem er den Sultan auf seine Vorstellungen verpflichten könne. Im Oktober 1853 erklärte der Sultan Rußland den Krieg, der zu einem allgemeinen auswuchern konnte, sollte es gelingen, Österreich und Preußen daran zu beteiligen.

Jetzt bot sich die Möglichkeit, umfassende Veränderungen auf dem Kontinent vorzunehmen. Kaiser Franz Joseph dachte, das

Glück bei der Locke packen zu können, wenn er sich an den Auseinandersetzungen beteiligte. Ihm schien die Gelegenheit günstig, vom Orient aus die deutschen Fragen in seinem Sinne zu lösen. Er ging von vornherein auf Distanz zum russischen Kaiser, verhandelte mit Frankreich und England, wahrte zwar vorläufig Neutralität, näherte sich aber immer mehr den Westmächten, sich von ihnen als Vermittler gebrauchen lassend, der ihre stetig unangenehmeren Forderungen Nikolaus wie seine eigenen zu unterbreiten hatte. Er verweigerte Rußland die erbetene Hilfe, er schloß aber auch vorläufig kein Bündnis mit den westlichen Alliierten, die im März 1854 an der Seite des Osmanischen Reiches Rußland den Krieg erklärten. Franz Joseph und sein Außenminister Buol-Schauenstein lavierten zwischen beiden Lagern, konnten sich für keines entscheiden, weil sie nur in den Krieg einzutreten vermochten, wenn Preußen und das übrige Deutschland sich ihnen anschlossen. Ihr Ziel war es, sämtliche deutschen Fürsten auf die österreichische Politik einzuschwören und unter Österreichs Führung auf die Westallianz zu verpflichten, in deren Zusammenhang es im Bund, auf dem Balkan und in Italien nach einem siegreichen Krieg die Verhältnisse nach seinem Gutdünken umzugestalten gedachte.

Friedrich Wilhelm IV., dem diese Politik abenteuerlich vorkam, hielt an der alten Devise Metternichs fest, möglichst lange auf einem freien Standpunkt zu beharren, die Entwicklung zu beobachten, um dann Europa den Beweis zu liefern, daß im Deutschen Bund die Kraft liege, das europäische Gleichgewicht nach allen Seiten zu wahren. Österreich hatte bei bewaffneter Neutralität freilich schon früh Partei ergriffen. Spätestens mit dem Ultimatum an Rußland im Juni 1854, die Donaufürstentümer zu räumen, gab es klar zu erkennen, auf welcher Seite es stand. Nach der Räumung besetzten österreichische Truppen die Fürstentümer. Damit zerschlugen sich sämtliche Bemühungen Friedrich Wilhelms, zusammen mit Österreich und dem Bund eine unabhängige Haltung zu wahren. Er versuchte, soweit es ging, ohne seine Neutralität aufgeben, Fühlung mit der österreichischen Politik zu wahren, doch stets in der Absicht, Deutschland nicht in einen Krieg zu verwickeln.

Immerhin war Friedrich Wilhelm darin erfolgreich, Preußen und den Bund in strikter Neutralität zu halten und jeder Überrumpelung durch die wenig rücksichtsvolle Politik Österreichs auszuweichen. Franz Joseph und Buol-Schauenstein waren in dem Wahn befangen, alle Deutschen würden sich wie ein Mann erheben, sobald der Feind das erste österreichische Dorf besetze. Das war ein Irrtum. Denn Rußland galt nicht als Feind. Ganz abgesehen davon, daß der Zugang zum Schwarzen Meer oder die Kontrolle über die Donaumündungen deutsche Gemüter nicht in derartig hitzige Aufwallungen versetzte, wie Franz Joseph erwartet hatte. Ohne seine deutschen Verbündeten konnte er keinen Krieg mit Rußland wagen, so daß er, obschon zuletzt mit den Westalliierten verbündet, den Kriegseintritt immer wieder hinauszögern mußte. Damit enttäuschte er seine Verbündeten, die dringend einen angemessenen Kriegsschauplatz suchten, den ihnen nur Österreich oder Deutschland auf dem Kontinent verschaffen konnten. Denn von der Krim aus ließ sich kaum ein weites, erfolgverheißendes Operationsfeld gewinnen. Den verwegenen Mut, mit Frankreich zusammen Preußen herauszufordern und die deutsche Landkarte neu zu entwerfen, besaß Franz Joseph nicht. Es gab solche Überlegungen, Schlesien zu erobern, Sachsen in alter Größe wiederherzustellen, also Preußen den Rang einer Großmacht zu nehmen, aber das hätte Österreich als deutsche Führungsmacht diskreditiert, da solche Veränderungen nur auf Kosten der süddeutschen Fürsten vorgenommen werden konnten, mit Abtretung von Gebieten in der Interessensphäre Frankreichs am Rhein.

Österreich verstimmte seine westlichen Alliierten, weil es ihnen keine Basis für einen großen Krieg erschloß. Aber Palmerston und Napoleon waren sich andererseits auch gar nicht einig, zu welchem Zweck ein großer und langer Krieg geführt werden solle, an dem Napoleon ohnehin allmählich das Interesse verlor, weil er erreicht hatte, was ihm das wichtigste war: die Sprengung der Heiligen Allianz. Er verhandelte mit allen Mächten, auch mit Rußland; für alle konnte es vorteilhaft sein, mit ihm in guter Freundschaft zu stehen. Schon stieg in seinem kombinationsfreudigen Kopf die Idee einer russisch-französischen Allianz auf. Er brauchte keinen vollständigen Sieg. Verschiedenste Bündnissysteme gewährten ihm die Aussicht, auch auf anderen Wegen und mit anderen Mitteln Europa umzugestalten. Im Frieden von Paris im März 1856 zeigte es sich, daß in seinen Händen die Lose des Kontinents lagen. Österreich war vollständig isoliert. Mit Rußland hatte es sich überworfen. Kaiser Nikolaus hatte Bild und Statuette des jungen Kaisers, erschüttert von dessen Betrug, aus seinem Arbeitszimmer entfernt. Als untadeliger Ehrenmann fühlte er sich tief verletzt und starb noch während des Krieges am 18. Februar 1855. Die Nachricht von seinem Tode löste in Londoner Theatern Beifallsstürme aus. Mit der Nationalhymne wurde stehend das Ende »dieses Feindes des Menschengeschlechtes« gefeiert. Feldmarschall Radetzky hingegen beweinte den Tod dieses »lieben Herrn«. »Ich verstehe das Jahrhundert, in dem wir leben, nicht mehr und weniger als jemals die Politik meines jungen Kaisers. Er verliert sich vollkommen in Illousionen über das wahre Ziel, dem Österreich seit einem Jahr blindlings zustrebt.« Radetzky war immer ein Verfechter der engen Zusammenarbeit mit Rußland. Sein junger Herr ging in Illousionen befangen den geraden Weg zum Abgrund, wie der russische Botschafter bemerkte, der, als er 1854 Wien verließ, sagte: »Mich dauert nur der junge Kaiser, denn seine Politik hat uns so tief verletzt, daß er darauf zählen kann, keine ruhige Stunde mehr zu haben, solange er lebt.«

Metternichs Empfehlung folgte Franz Joseph nicht: »In dem unseligen Kampf des Tages ... kann sich der Staat der Mitte weder in der östlichen noch in der westlichen Richtung ins Schlepptau nehmen lassen. Wir sind berufen, den Ausschlag in der Richtung des herzustellenden Friedens, d. h. des definitiven Endes der heillosen Lage zu geben, aber keineswegs uns als die Avantgarde des Ostens gegen den Westen noch des Westens gegen den Osten mißbrauchen zu lassen.« So kam er selber in eine heillose Lage: Die Deutschen scharten sich zum ersten Mal einmütig um Preußen als ihren Sachwalter, das Bündnis mit Rußland war zerbrochen, ohne daß er die Freundschaft Frankreichs oder Englands gewonnen hätte. Auf dem Balkan hatte er außer der offenen Gegnerschaft Rußlands nichts erworben. Vor allem aber war die Ordnung von 1815 gründlich zerstört. Er hatte leichtsinnig dazu beigetragen, das Concert der Mächte zu verwirren, indem er Interessenpolitik und nicht Gefühlspolitik betrieb, wie er das nannte. Doch seine nur am noch nicht einmal wohlverstandenen Staatsegoismus orientierte Politik ähnelte in ihrer improvisierenden Unruhe der reinen Machtpolitik, wie sie Napoleon oder Palmerston verfolgten, den momentanen Vorteil im Auge ohne Rücksicht auf eine gesamte Ordnung der europäischen Beziehungen. Auch er ließ seinen Ratgebern freien Lauf, ununterbrochen neue Landkarten zu entwerfen, selbst vom Balkan, wo manche die Türken vertrieben wissen wollten, obschon der Kaiser sich offiziell für den Bestand des Osmanischen Reiches einsetzte.

Franz Joseph half dabei, die Büchse der Pandora zu öffnen, die Hinwendung zum unverhohlenen Staatsegoismus. Eine klare Vorstellung eines Ordnungssystems zerbrach. Das war die dauerhafte

Folge dieses Krieges. Da kein Konzept einer europäischen Ordnung die Phantasie lenkte, blieb die orientalische Frage ungelöst. Die Furcht Kaiser Nikolaus', daß ein Ausweichen vor ihrer Bereinigung nur äußerste Nachteile schüfe, erwies sich als berechtigt. Er hatte seine vernünftigen Vorschläge noch im Zusammenhang der Pentarchie entwickelt, der gemeinsamen Bedürfnisse der fünf führenden Mächte. Alle späteren Improvisationen, die zu erheblichen Teilen mit aufeinanderfolgenden Operationen die Eingriffe vornahmen, die er mit einer Operation vorsah, verschärften nur die Spannungen im Orient, statt sie zu mildern oder zu beseitigen.

Nach dem Urteil Metternichs glich Europa nach dem Krimkrieg einem Gefäß, in dem sich die verschiedensten Substanzen in einer auflösenden Gärung befinden, so daß die Kristallisation homogener Substanzen verhindert wird. Napoleon III. verkündete 1856, die Verträge von 1815 hätten aufgehört zu existieren. Die Nationen oder die Völker, die sich nun endlich auch zur Nation zusammenfassen wollten, drängten sich nun, durch nichts gehindert, mächtig vor. Napoleon kannte nur Völker und keinen Rechtszustand, der eben auf der Kristallisation homogener Substanzen beruht. Wie sich ein solcher wieder bilden könne, blieb der Zukunft überlassen, wenn erst einmal die Nationen frei und gleich nebeneinander stünden und sich tätig entfalteten. Nachdem Liberale und alle weiteren Oppositionellen so lange auf das Wort vertraut hatten, um die Zustände zu ändern, in der Überzeugung, daß ohne richtige Theorie die Verhältnisse nicht zurechtgerückt werden könnten, folgten sie nun dem Beispiel Napoleons, das ihnen bewies, daß am Anfang die Tat stehe, deren Folgen dann wie immer auch legalisiert, verrechtlicht werden könnten.

Napoleon III., der Tatsachen schaffende und mit ihnen Bewegung verursachende Spieler, überredete erfolgreich zu dem Kult um die bloße Faktizität, die wie ein Wunder in die Wirklichkeit eingreife und ihr eine neue Gestalt verleihe. A. L. von Rochow konnte in seinen *Grundsätzen der Realpolitik* 1853 lapidar resümieren: »Die Politik der Tatsachen stürzt Gewalten; die constitutionelle Verfassungspolitik hingegen hat im wesentlichen nichts anders zu tun, als die vorhandenen Gewalten anzuerkennen und ihnen die Würde des geschriebenen Rechtes zu geben.« Nicht die konstitutionelle Maschine, der Formalismus des Kammerwesens ist der treibende Motor, sondern der Wille zur Nation, der Hingebung und Tatkraft weckt, den nationalen Raum zusammenzuschließen. Nach den Jahrzehnten tiefsinnigen Schwelgens in Ideen und Phantasien schien nun das Gebot der Stunde, die Einheit des nationalen Wollens zu schaffen, das Wirkliche nicht nur zu denken, sondern es zu wollen. Julius Froebel, ein großdeutscher Liberaler, der Österreichs deutschen Beruf unermüdlich erläuterte, faßte 1859 zusammen, wonach es die Deutschen verlangte: »Die deutsche Nation ist der Prinzipien und Doktrinen, der literarischen Größe und der theoretischen Existenz satt. Was sie verlangt, ist Macht – Macht – Macht! Und wer ihr Macht gibt, dem wird sie Ehre geben, mehr Ehre, als er sich ausdenken kann.«

Die Heilige Allianz bekämpfte das Nationalitätsprinzip. Mit ihrem Erlöschen verlor Österreich jeden wirksamen Schutz vor diesem Prinzip. Es blieb die große Frage, wie seine bloße Existenz, immerhin als übernationales Reich eine Anormalität im sich nationalisierenden Europa, mit den Forderungen der Deutschen, der Italiener, Ungarn oder Polen, die jetzt immer vernehmlicher wurden, überhaupt zu vereinbaren sei. Napoleon III. verhieß allen nationalen Forderungen seine Unterstützung, mit zweideutigen Worten, da die konsequente Beachtung des Nationalitätsprinzips gar nicht im Interesse Frankreichs lag. Ein in sich einiges Deutschland in bestem Einvernehmen mit Österreich, ein von Deutschen geführtes Mitteleuropa machte von vornherein jede französische Hegemonie zunichte. Das Nationalitätsprinzip war ihm allerdings das sicherste Mittel, Österreichs europäische Stellung auszuhebeln, ihm überall Schwierigkeiten zu bereiten, damit unter keinen Umständen ein kräftiges Mitteleuropa entstünde, das Ziel der deutschen und europäischen Politik Franz Josephs. Der Kaiser hatte sich freilich zu viel zugemutet. Er spielte gleichsam mit drei Würfeln in der Absicht, neunzehn Augen zu treffen, wie Gustav Freytag spottete: Die Vorherrschaft in Deutschland auszubauen, sie in Italien zu erhalten und auf dem Balkan möglichst zu errichten, das wären drei Wünsche zuviel. Wo immer Napoleon auch seine Minen legte, in Italien, Deutschland, Ungarn oder Polen, von einer regionalen Verwicklung aus wurde das gesamte System der Monarchie in Mitleidenschaft gezogen. Jede auch noch so lokale Auseinandersetzung konnte deshalb für Österreich sofort zu einer europäischen werden, und das bei dem mißlichen Umstand, auf keinen Verbündeten mehr fest rechnen zu können. Hilflos in jeder Beziehung des Wortes, mußte Franz Joseph auf die Umtriebe Napoleons reagieren, die sich seit 1858 auf Italien konzentrierten.

Kaiser Alexander II., ein Feind des Nationalitätsprinzips und aller Ideen von 1789, war tödlich beleidigt. Er hatte von Franz Joseph im Krimkrieg gelernt, daß die Zeit der »Gefühlspolitik«, der Solidarität monarchischer Interessen vorbei sei. Aber die Zeit war reif für eine *politique de ressentiment*, die er nun gegen Österreich anwandte. Mit Napoleon war er sich rasch darüber einig, bei einem italienischen Krieg keine Veranlassung zu sehen, für den Verbleib Lombardo-Venetiens bei Österreich zu kämpfen. Alles in seinem Vermögen Stehende werde er bereitwillig tun, um Preußen und Deutschland bei einer solchen Auseinandersetzung ebenfalls zu neutralisieren. Die Verträge von 1815 galten ihm nicht mehr als sakrosankt. Die Einigung Italiens, koste es auch die Bourbonen in Neapel ihren Thron, nahm er in Kauf, wenn Franz Joseph nur ein begrenzter Schaden zugefügt werden konnte. Er versicherte unumwunden, daß er sich genau so verhalten werde, wie der perfide Freund an der Donau es unlängst im Krimkrieg getan hatte. Preußen durfte russischen Beifalls gewiß sein, sobald es jede internationale Verlegenheit Österreichs zu seinem Vorteil in Deutschland ausnutzen wollte. Auch Napoleon deutete dafür sein Einverständnis an, England sympathisierte ohnehin mit einer Verstärkung des preußischen Gewichts im Bund, um die Liberalisierung Deutschlands zu beschleunigen, die Österreich dort wie in Italien nicht nur nach Palmerstons Ansicht hemmte. Freilich, weiterreichenden Plänen Napoleons verweigerte Alexander sich: Ungarn selbständig zu machen. Ihm genügte es, Franz Joseph zu reizen, die Monarchie hielt er jedoch für eine europäische Notwendigkeit.

Die deutschen Fürsten hatte sich Franz Joseph im Krimkrieg entfremdet. Auf sich gestellt, ohne Verbündete mußte er um sie werben, um sie für seine Interessen einzunehmen und ihnen zu verdeutlichen, daß die Verteidigung seiner Rechte ihnen und dem Bund zugute käme. Sie allein konnten ihm dazu verhelfen, in der europäischen Politik nicht einfach übergangen zu werden. Dem Nationalitätsprinzip abhold, sah er sich deshalb veranlaßt, vaterländischen Gefühlen zu schmeicheln, das Gesamtvaterland aufzufordern, nicht teilnahmslos beiseite zu stehen, wenn einem deutschen Staat Gefahren drohten, die alsbald alle betreffen konnten. »Ich bin vor allem Österreicher, aber entschieden deutsch, und wünsche den innigsten Anschluß an Deutschland.« Doch im Gesamtvaterland hatte nun einmal Preußen ein kräftiges Wort mitzureden, und es verfügte über genug Mittel, dies auch die kleineren Staaten fühlen zu lassen. Während des Krimkriegs, der die gesamtdeutsche

Große Seeschlacht bei Sinope. (2tes Bild.)

Am 18. November 1853 kam es zwischen der türkischen u. russischen Flotte auf dem schwarzen Meere, angesichts der Stadt Sinope, zu einer Seeschlacht. Die türkische Flotte, 13 Segel stark, befand sich ganz in der Nähe dieser Stadt, u. eröffnete sobald sie die russischen Schiffe erblickte, ein starkes Feuer aus allen Geschützen, wodurch sie dem Feinde großen Schaden zufügten. Plötzlich fingen die Russen an mit Bombenschanden auf die türkische Flotte zu feuern, u. sprengten zwei Fregatten in die Luft. Nach einem Zeitraum von 2 Stunden wurde das Bombardement der Türken schon schwächer u. hörte bald auf. Außer den angeführten zwei Fregatten, welche in die Luft flogen, standen noch 3 Schiffe in hellen Flammen u. wurden später, da das Feuer auch die Pulverkammern ergriff, ebenfalls in die Luft gesprengt. Die Stadt Sinope selbst stand an mehreren Punkten in Flammen, die die Russen hatten auch die Stadt beschossen. Sie von übrigen türkischen Schiffe verbrannten theils, theils sanken sie, von Kugeln durchbohrt unter; nur ein einziges Dampfschiff der Türkei, dessen Capitain Osman Pey den Muth hatte, mitten durch die russische Flotte zu segeln, entkam glücklich u. wenig beschädigt. Der Schaden der Türken war natürlich ein sehr großer, u. wird auf nahe an 40 Millionen Piaster veranschlagt.

Im Krimkrieg (1853–1856) gegen Rußland löste sich Franz Joseph aus der Allianz der »drei Adler«, in der Hoffnung, verbunden mit England und Frankreich den Deutschen Bund der Führung Österreichs unterzuordnen. Er wollte eine internationale Krise zur Lösung innerdeutscher Spannungen nutzen. Das ist ihm mißlungen, da Preußen und mit ihm das übrige Deutschland sich seiner Politik entzogen. Das zögernde Verhalten Preußens bewahrte damals Europa vor einem alle umfassenden Krieg. Der »Verrat« Franz Josephs an der Heiligen Allianz schuf die Schwierigkeiten zwischen Österreich und Rußland, die endlich 1914 zu dem großen Krieg führten, der 1853 durch die preußisch-russische Zusammenarbeit vermieden werden konnte. Aus dem Krimkrieg und dem ihn beendenden Pariser Frieden resultierten die Balkanfragen, die Europa seitdem beunruhigten (Neuruppiner Bilderbogen: Russisch-Türkische Seeschlacht bei Sinope am 18. November 1853).

Ohnmacht und damit »nationale« Handlungsunfähigkeit so eindringlich offenbart hatte, war die auswärtige Politik und mit ihr das Problem der Macht oder eben Machtlosigkeit der Deutschen in den Mittelpunkt der öffentlichen Debatten gerückt. Es wurde als beschämend empfunden, daß Deutschland gleichsam die Universität der Welt sei, souverän im Reich des Geistes schalte und walte, aber unfähig, den Zauberbann zu lösen, der seit Jahrhunderten auf Deutschland laste, in der politischen Welt »schweigend in der Ferne stehn / und die Erde teilen sehn«. Die öffentliche Meinung wurde jetzt auch in Fragen der großen Politik, der Domäne der königlichen Kabinette, zu einer Macht. Es kam nur darauf an, wer sie zum Verbündeten gewann.

Alle Rücksichtslosigkeiten der kaiserlichen Regierung gegenüber den deutschen Mittelstaaten in den vergangenen Jahren waren sofort vergessen, als offensichtlich wurde, wie Napoleon Piemont-Sardinien dazu aufmunterte, Österreich in einen Krieg zu treiben, bei dem ihm französische Unterstützung nicht verwehrt würde. In der möglichen Minderung österreichischer Macht durch direkte oder indirekte französische Hilfe sahen, ungeachtet sonstiger Parteiungen und Meinungsunterschiede, sämtliche Patrioten eine unmittelbare Verletzung »deutscher« Interessen. Es gehörte zu den klassischen Grundsätzen »deutscher« Politik, Franzosen fernzuhalten von dem nördlichen Italien, dem ehemaligen »Reichsitalien«. Sie sollten nicht die Chance haben, vom Rhein und vom Po aus Deutschland in die Zange zu nehmen. Die Lombardei galt als ein Glacis, auf das Deutschland, was immer das auch politisch bedeuten mochte, nicht verzichten konnte. Österreich nahm dort unmittelbar deutsche Sicherheitsaufgaben wahr. Die Streitigkeiten um kleindeutsch oder großdeutsch verstummten. Daß am Po der Rhein verteidigt werde, darüber bestand von Marx und Engels über die Liberalen bis zu den energischsten Konservativen eine ganz selbstverständliche Einmütigkeit. Sie wurde von den Fürsten und Militärs geteilt. Deutsches nationales Mißtrauen richtete sich gegen das in seinen Grenzen unruhige Frankreich. Die leidenschaftlich Aufgeregten scharten sich um den Kaiser, der ganz in deren Sinne dafür warb, den nahenden Krieg als eine Auseinandersetzung aller Deutschen mit einem Feind zu betrachten, der nach alter Gewohnheit danach strebte, deutsche Uneinigkeit für seine Vorherrschaft auszubeuten. Auch entschiedene Preußen zeigten sich für solche Stimmungen nicht unempfänglich. Alles hing von der preußischen Regierung ab.

Im Gegensatz zu Österreich unterhielt sie freundschaftliche Beziehungen zu allen Mächten, konnte in aller Freiheit als europäische Großmacht Allianzen schließen. Franz Josephs Glück oder Unglück lag in der Hand des Prinzregenten Wilhelm, der seit Oktober 1858 den erkrankten Friedrich Wilhelm IV. vertrat. Der Prinzregent sah durchaus, daß es unter Umständen unausweichlich sein könne, Österreich als Mitglied des Bundes Hilfe zu gewähren, spätestens sobald feindliche Truppen im südlichen Tirol einmarschierten, also Bundesgebiet betraten. Aber so weit war es noch nicht. Ein Krieg gegen Frankreich, zum gegebenen Augenblick vielleicht empfehlenswert, weil Frankreich schlecht gerüstet war, verlangte seinen Lohn. Kaiser Franz Joseph lockte mit dem Elsaß, mit Lothringen, dem Stammland seiner Vorfahren. Doch was sollte Preußen mit solchen von seinen Kernlanden abgelegenen Gebieten, die nur den ohnehin mißlichen »Streubesitz« Preußens vermehrten. Wilhelm verlangte Gleichberechtigung im Bund, den Wechsel mit Österreich im Präsidium, den Oberbefehl über die deutschen Truppen am Rhein und freie Hand in Norddeutschland. Das hieß: ein preußisch-österreichisches Kondominat in Deutschland, dem sich die kleinen Staaten einordnen mußten.

Um die Leitung Deutschlands ging es. Jeder Konflikt bot die Gelegenheit, ihn zu »germanisieren«, ihn für diese Frage zu instrumentalisieren. Doch dabei verfügte Preußen über die besseren Möglichkeiten, da stets in der Lage, wenigstens mit drei der fünf Mächten ein Einverständnis zu erzielen. Es war als europäische Macht auf Deutschland nicht so angewiesen wie Österreich, das Deutschland brauchte, um überhaupt als europäische Macht wieder handlungsfähig zu sein. Damit es reiten konnte, mußte es von Preußen in den Sattel gesetzt werden. Dieser Dienst erforderte allerdings handfeste Zugeständnisse. Dazu vermochte sich Franz Joseph nicht durchzuringen. Ihn verbitterten die Berliner Erbärmlichkeiten. Dabei stellte sich Preußen nur auf den Rechtsstandpunkt, erst zur Hilfe verpflichtet zu sein, wenn Bundesgebiete Österreichs angegriffen würden. Preußen tat alles, um eine Provokation Frankreichs durch Deutschland, die Franz Joseph erhoffte, aufzuhalten. Den Krieg kalkulierte Wilhelm ein, wenn die Verluste für Österreich unerträglich würden. Aber als eine selbständige europäische Großmacht, nicht als deutsche, dachte er daran, den Krieg zu lokalisieren, den Franz Joseph 1859 mit seinem Ultimatum an Piemont-Sardinien vom Zaune brach.

Schon im Krimkrieg und davor benutzte Franz Joseph dieses allerletzte Auskunftsmittel, bevor andere überhaupt hinreichend ausprobiert waren, in der Erwartung, Preußen und Deutschland würden dann mit ihrem Ehrenschild Österreich decken. Doch der Deutsche Bund war ein reines Verteidigungsbündnis einer »saturierten Gemeinschaft«. Österreich brauchte einen allgemeinen Krieg, um selbst regionale Belange verteidigen zu können. Insofern war es zu einem europäischen Unruheherd geworden. Preußen scheute vor einem allgemeinen Krieg zwar nicht zurück, der »sacro egoismo« aber, auf den der Kaiser sich gelegentlich berief, legte es dem Prinzregenten nahe, nicht für Österreich die Kastanien aus dem Feuer zu holen.

Die überraschenden Niederlagen bei Magenta und Solferino im Sommer 1859 lehrten den ruhmgeizigen, jugendlichen Kriegsherrn, wie Prinz Wilhelm Kaiser Franz Joseph charakterisierte, das traurige Gefühl eines geschlagenen Generals, nachdem er zuletzt selber, ganz ungewöhnlich im Kaiserhause, den Oberfehl übernommen hatte. Siege gehören bekanntlich dem Kaiser, Niederlagen dem General. Diesmal war es ein kaiserlicher General, dem die Niederlage zuzuschreiben war. Nie wieder wollte Franz Joseph, verständlicherweise, diese Gemütserfahrung wiederholen. Die Niederlagen überredeten ihn sofort dazu, einen Waffenstillstand und raschen Frieden abzuschließen. Napoleon III., dem jede Ausweitung des Krieges ohnehin unangenehm war, kam es nur gelegen, die italienischen Kalamitäten umgehend applanieren zu können, und Franz Joseph wollte es unter keinen Umständen Preußen verdanken, von diesem Konkurrenten um die Führung Deutschlands militärisch oder über friedliche Vermittlung aus einer unerquicklichen Situation gerettet worden zu sein. Er hätte, wie die *Prager Zeitung* kommentierte, drei Lombardeien geopfert, wenn er damit nur verhindern konnte, daß Preußen zu Ansehen und Einfluß in Deutschland gelange. Ohne lange zu zögern, räumte er den italienischen Schauplatz seines Ehrgeizes. Napoleon, »der Erzschuft«, ließ es zu, daß entgegen den Abmachungen die Einigung Italiens in den folgenden fünfzehn Monaten vollzogen wurde. Die habsburgischen Fürsten in der Toscana, in Parma und Modena, die dem Kaiserhause eng verwandten Könige von Neapel-Sizilien verloren ihren Thron. Verbittert, da ohne Rückhalt bei den beiden anderen Verfechtern des monarchischen Prinzips, mußte Franz Joseph es hinnehmen, daß das Prinzip der Legitimität außer Kraft gesetzt wurde. Es hatte am Mincio, mit den Niederlagen in Norditalien und deren Folgen, einen gefährlichen Stoß erhalten.

Die revolutionäre, überstürzend eilige Einigung Italiens sahen allerdings die meisten Liberalen, vor allem in Deutschland, die sich vor der Demokratie nicht weniger fürchteten als die Monarchen, bald als Modell an, wie nationales Verlangen, monarchische Autorität und Freiheit in harmonischem Bündnis sich einander ergänzen könnten. Denn zur allgemeinen Beruhigung verlor König Victor Emmanuel in keinem Moment die Kontrolle über die demokratisch-republikanischen Bewegungen um Garibaldi und Mazzini, selbst wenn diese eigenmächtig handelten. Das Königtum von Gottes und des Volkes Gnaden erwies sich als das ausgleichende Element. Der Parlamentarismus wirkte nicht mehr so schrecklich, wenn monarchische Reste in der Gesinnung ihm mächtig zu Hilfe kamen. Daran mochte Franz Joseph sich ein Beispiel nehmen, um moralische Eroberungen in Deutschland zu machen. Dort sah er den Kraftquell seiner Macht. Von diesem Brunnen wollte er keinen anderen trinken lassen.

Nicht ganz freiwillig fügte er sich in eine Liberalisierung der Monarchie. Die Niederlage erschütterte das Vertrauen in ihn, den Kaiser. Fälle von Korruption und Unterschleif bis in die Generalität hinein wurden bekannt. Den größten Unmut erregte, daß seit zehn Jahren ungeheure Summen für den Militärhaushalt ausgegeben worden waren, um das »kostbare Militärwesen zu erhalten und auf den höchsten Grad der Perfection zu bringen«, Summen, die, wie man jetzt sah, gleichsam zum Fenster hinausgeworfen worden waren. Die Isolierung Österreichs, der katastrophale Zustand der Staatsfinanzen, die im Absolutismus ungelösten Fragen parlamentarischer Mitbestimmung, die schwelende Unruhe in Ungarn, das wie ein besetztes Land streng, aber gerecht behandelt wurde, bündelten sich zu einer allgemeinen Unzufriedenheit mit dem System.

Immerhin versicherte Franz Joseph unmittelbar nach dem Waffenstillstand 1859 seinen Untertanen, »Österreichs innere Wohlfahrt und äußere Macht durch zweckmäßige Entwicklung seiner reichen geistigen und materiellen Kraft wie durch zeitgemäße Verbesserung in Gesetzgebung und Verwaltung dauernd zu begründen«. Napoleon III. mit seinem plebiszitären Volkskaisertum bestätigte, daß monarchische Autorität sich durchaus mit demokratischen Elementen vereinbaren ließ. Wilhelm I. suchte mit seiner

»neuen Ära« den Anschluß an die liberalen Strömungen. Alexander II. wollte über die Aufhebung der Leibeigenschaft und über Einrichtungen der Selbstverwaltung Rußland vom Odium der Rückständigkeit im Vergleich zum übrigen Europa befreien. Und Italien bewies, wie das Königtum sich unentbehrlich machen konnte, indem es die Kräfte der Bewegung domestizierte. Insofern erschien es unausweichlich, mit den Mitteln der Zeit die Bedürfnisse der Zeit zu regeln.

Nur war ein solches Vorhaben in Österreich schwieriger umzusetzen als anderswo. Der zentralistische Absolutismus verletzte am meisten die Ungarn, die nur gezwungenermaßen die Lasten des Reiches mittrugen, das ihnen ihre verfassungsmäßigen Freiheiten vorenthielt. Solange Ungarn nicht zufriedengestellt war, blieb es immer ein Gefahrenherd für die Beweglichkeit der Monarchie nach außen, weil stets damit gerechnet werden mußte, daß die Ungarn in den Feinden des Kaisers ihre Freunde fanden, die sie darin unterstützten, ihre Selbständigkeit zurückzugewinnen. Insofern vermochte Franz Joseph, der keine unbedingte Scheu vor dem Krieg hatte, sich auf längere militärische Auseinandersetzungen gar nicht einzulassen, denn der Ungarn konnte er sich nicht sicher sein. Diese Verletzlichkeit hatte einer konsequenten offensiven Politik schon im Krimkrieg im Wege gestanden. Gewährte er den Ungarn eine Verfassung, und ohne Verfassung waren sie für die aufrichtige Mitarbeit im Reich nicht zu gewinnen, dann stellte sich die Verfassungsfrage für alle Kronländer, denen nicht verweigert werden konnte, was Ungarn zugestanden wurde. Doch damit war wiederum die nächste Frage verknüpft, ob die übrigen Kronländer eine ähnliche Autonomie erhalten oder ob sie als eine verfassungsmäßige Einheit betrachtet werden sollten. Föderation oder Einheit, das waren die umstrittenen Möglichkeiten der Monarchie. Sobald Ungarns konstitutionelle Ansprüche befriedigt wurden, war »Österreich« wieder ein Staatenbund wie früher, nur mit dem Unterschied, daß bei dem aufgeregten nationalen Bewußtsein der Völker die hartnäckige Forderung berücksichtigt werden mußte, das gesamte Österreich-Ungarn zu föderalisieren. Dagegen aber wehrten sich die Ungarn, die keinesfalls ihr Königreich in einen Bundesstaat verwandeln wollten und deshalb jeder Bemühung, die übrigen Teile der Monarchie bundesstaatlich zusammenzufassen, widersprachen.

Eine solche Umorganisation konnte nur Begehrlichkeiten unter Kroaten oder in Siebenbürgen stärken, den Föderalismus auch auf

Ungarn zu übertragen. Die Deutschen in der Monarchie, eine Minderheit wie die Ungarn in ihrem Königreich, betrachteten das Reich insgesamt als ein »deutsches«, das sie als »Reichsvolk« einigten, leiteten und zusammenhielten. Jede Föderalisierung entkräftete ihre bevorzugten Rechte. So verstanden sie sich mit den Ungarn wenigstens darin, den Reichsverband nicht insgesamt föderalisieren zu wollen. Aber im Gegensatz zu den Ungarn mochten sie die Verantwortung für das Reich nicht mit jenen über einen inneren Dualismus teilen. Sie kannten nur Österreich und kein Österreich-Ungarn, obschon bis hin zu Joseph II. Österreich-Ungarn eine anerkannte Selbstverständlichkeit gewesen war. Jede »Aufspaltung« Österreichs in eine Zwillingsexistenz gefährdete im übrigen die Vorherrschaft in Deutschland, die nur ein Staat ausüben konnte, der als deutscher unmittelbar zu erkennen war. Die Ungarn wie die anderen Völker der Monarchie schätzten allerdings die deutschen Verpflichtungen nur als eine Last ein, die möglichst abgeworfen werden sollte, damit ein gründlich reformierter Staatenbund oder Bundesstaat sich aus eigener Kraft bei besten Beziehungen zu einem wie auch immer verfaßten Deutschland unter den europäischen Mächten zu behaupten vermöge. Sie bedauerten den Zusammenbruch der Vorherrschaft in Italien überhaupt nicht. Vielmehr faßten sie ihn nur als Vorspiel auf, dem der Rückzug aus Deutschland folgen müsse. Der Kaiser und die Deutschen erachteten hingegen den beherrschenden Einfluß auf die deutschen Staaten als Bedingung, um im Kreis der fünf Großmächte gleichberechtigt auftreten zu können.

»Österreich ist weit entfernt, an eine Trennung von Deutschland zu denken, und die Enkel der Habsburger werden ihres Stammlandes nie vergessen, aber Deutschlands eigenes Interesse gebietet, daß Österreich zu einem starken Ganzen vereinigt bleibe, denn nur dann vermag es Deutschland im Süden wider einen eroberungssüchtigen Nachbarn zum Schilde zu dienen und den hoffnungsreichen Osten der deutschen Bildung, der deutschen Auswanderung zu eröffnen.« An diesen 1848 von Franz Joseph formulierten Grundsätzen hielt der Kaiser unbeirrt und kompromißlos fest. Nach einigem Schwanken gab er mit dem Februarpatent 1861, eben um ein starkes ganzes Österreich zu sichern, dem gesamten Reich eine parlamentarische Vertretung. Dieser Reichsrat setzte sich aus Abgesandten der erneuerten Landtage in den Kronländern zusammen. Die Länder erhielten eine gewisse Selbstverwaltung zurück, doch alle partikulären Bestrebungen sollte der Reichsrat als

Organ übergeordneter gemeinsamer Interessen in Übereinstimmung bringen. Kaiser und Reichsrat wurden als Institutionen des Gesamtstaates aufgefaßt, die das, was alle bindet und verpflichtet, repräsentierten.

Für die Entwicklung der inneren Verhältnisse gestand Franz Joseph in Übereinstimmung mit seinem Ministerpräsidenten Anton von Schmerling, einem Nationalliberalen von 1848, alles zu, was die Zeit für notwendig hielt: Linderung der Zensur, Geschworenengerichte, kommunale Selbstverwaltung, Gleichstellung der religiösen Bekenntnisse. Kurzum, er, der vom Individuum nicht viel hielt, weil er nur Aufgaben und Pflichten sah, die unabhängig von persönlicher Neigung jedem Einzelnen auferlegt werden, verweigerte dem liberalen Prinzip der Selbstentfaltung nicht mehr seine Anerkennung.

Im übrigen sah die neue Verfassung schon einen engeren, nur für die außerungarischen Kronländer zuständigen Reichsrat vor, um eben den übrigen Deutschen zu veranschaulichen, daß es ein »deutsches« Österreich als selbstverständlichen Teil Deutschlands gebe. Damit geriet er allerdings in Widerspruch zur Gesamtstaatsidee. Das gesamte Reich war zwar nie Teil des Deutschen Bundes, aber es hatte früher auch nie eine allgemeine, nur eine ungarische, Verfassung gegeben. Den Dualismus, den Österreich in Deutschland ablehnte, führte Franz Joseph in seinem Gesamtstaat indirekt ein in der Absicht, die dominierende Position unter den deutschen Staaten zu behaupten.

Die Unfähigkeit der Deutschen, sich auf gemeinsames Handeln zu verständigen, wie sie im Krimkrieg und während der italienischen Krise zutage trat, wurde allgemein als demütigend empfunden. Eine Reform des Bundes, vielleicht dessen vollständige Umgestaltung, schien geboten. Weder Preußen noch Österreich versuchten, die lebhaften Diskussionen zu dämpfen. Denn beiden kamen sie gelegen, da sie sich zumindest darin einig waren, daß der Bund, so wie er verfaßt war, nur den Zustand allgemeiner Zerklüftung und Zerfahrenheit veranschaulichte. Der Boden der Bundesverträge wirkte wie ein Morast, in dem jeder Fuß unweigerlich versinkt, der ihn betritt. Wieder, wie um 1848, wurden alle möglichen Variationen einer denkbaren deutschen Einheit erörtert. Die Monarchen ließen den leidenschaftlichen Überlegungen ihren Lauf, griffen mittelbar über beauftragte Projekteschmiede in die Diskussion ein. Schützen, Turner, Gesangsvereine, Massenbewegungen, die mit ihrer Eintracht die des Vaterlandes vorwegnahmen, fanden nun Billigung, ja Anerkennung.

Die Monarchen konnten sich mit den Gemütsbewegungen verbinden, sich ihrer bedienen, sich auf Gefühle nationaler Gleichheit einlassen, die demokratische Brüderlichkeit in nationaler Gesinnung voraussetzten, denn deren Sinnen und Trachten richtete sich nicht gegen ihre Throne. Die standen zehn Jahre nach der Revolution fest und sicher in einer Umwelt, die von den Kronen erwartete, ihre Bedürfnisse endlich zu stillen. Es hatte sich herumgesprochen, daß nur mit den Fürsten und nicht gegen sie der starke Verband deutscher Einmütigkeit geschlossen werden könne. Es galt, jetzt das Bündnis von Thron und Volk, die Verschmelzung von Autorität des Gesetzes und geschützter Freiheit zu schmieden, um dem nationalen Willen zum Ausdruck zu verhelfen, gleichberechtigt unter den anderen Völkern in Europa aufzutreten. Die Monarchen gaben der nationalen Begehrlichkeit nach, gerade in Preußen und Österreich, weil nur im Einverständnis mit der Nation, die von sich selbst nur dunkle Ahnungen hatte, deren stürmische Aufwallungen domestiziert werden konnten. Mit einigen Tropfen demokratischen Öls salbten sich von nun an die Könige und Fürsten, um die ihnen willkommenen Erwartungen nicht zu enttäuschen. Vor Freiheiten, die sie schenkten, vor einer Übereinstimmung der Herzen, die sie ermöglichten, brauchten sie sich nicht zu fürchten. Zehn Jahre nach der Revolution galten die Kronen, die Dynastien als das Unterpfand historisch beglaubigter Einheit in Freiheit.

Die historischen Mächte zogen in einer Zeit, die auf nichts so sehr ihr Vertrauen richtete wie auf die Gesetzmäßigkeit geschichtlicher Entwicklung, fast magnetisch alle Hoffnungen auf sich. Die zehn Jahre der Reaktion, der Stabilisierung geschichtlich begründeter rechtsstaatlicher Vorstellungen, erlaubten jetzt ein großzügiges, wohlüberlegtes Eingehen auf populäre Wünsche. Der Kaiser von Österreich stand alsbald sogar als der wahre Repräsentant der großen Versöhnung von nationaler Einigkeit und rechtsstaatlicher Freiheit da. Er trug keinen Verfassungskonflikt mit seinem Parlament wegen der Heeresverstärkung aus wie Wilhelm I. seit 1861.

Für Franz Joseph, den Sproß aus dem erlauchten Stamme Rudolf von Habsburgs, sprach die Vergangenheit. Wie König Rudolf 1273 die kaiserlose, die schreckliche Zeit beendete, so mochte er dazu befähigt sein, einen neuen Bund, ein neues Reich zu stiften und die Raben, die um den Kyffhäuser kreisen, zur wohlverdienten Ruhe zu schicken. Er nannte 1859 seinen Sohn programmatisch Rudolf und ließ das Grab seines Vorfahren im Speyrer Kaiserdom restaurieren. Nüchtern, wie er sonst war, ließ er es doch zu, ja förderte es, die Erinnerungen an die Kaiserherrlichkeit mit seinem Hause zu verbinden. Denn die sogenannte Kaiserherrlichkeit war ja der romantisierte Anknüpfungspunkt für Stimmungen und Gefühle, nicht so sehr das Reich, das erst viel später in den Mittelpunkt historisch begründeter Spekulationen rückte, als nach 1918 in der Republik das monarchische Prinzip sich erübrigt hatte. Für die überraschende Vitalität des monarchischen Gedankens sprach, daß ein Fürst, ein Kaiser die Deutschen einigen und kraftvoll wie Otto der Große oder Barbarossa auch die widerstrebenden Herzöge seinem Willen unterordnen soll. Das Reich als mächtige Tatsache galt nur als das Ergebnis ihrer herrlichen Entschlossenheit. Waren es doch immer die Kaiser, wie es unverdrossen hieß, die danach trachteten, die mannigfachen Energien im Reich auf allgemeine Zwecke hin zu lenken. Der historisierte Traum von der Kaiserherrlichkeit mußte liberalen Vorstellungen in keiner Weise widersprechen, da doch kein Kaiser jemals »absolut« regiert hatte, sondern immer den Reichstag fragen mußte, von Rat und Empfehlung abhängig war, Diskussion nicht verschmähen durfte. In diesem Sinne ließ sich ein durchaus liberales Bild von der Kaiserherrlichkeit als begrenzter Machtvollkommenheit gewinnen, bei der Kaiser und Reich einander ergänzen.

Franz Joseph verweigerte sich solchen Assoziationen nicht, die den Überlegungen eines zeitgemäßen Föderalismus zugrunde lagen. Im Gegenteil, er warb über den 1862 gegründeten Deutschen Reformverein entschieden dafür, den Deutschen Bund, eine Föderation unter dem vorwaltenden Einfluß seiner Präsidialmacht, also Österreichs, des österreichischen Kaisers, in diesem Sinne zu erneuern. Einem Direktorium von drei, fünf oder sechs Mitgliedern sollte ein Abgeordnetenhaus zur Seite stehen, zusammengesetzt aus Vertretern der deutschen Landesparlamente. Beide gemeinsam mochten dann eine effizientere Bundesgewalt mit Weisungsbefugnis für die Mitglieder ausüben. Eine straffere bundesstaatliche Ordnung galt im übrigen als Voraussetzung, um zu einer militärischen Verfassung zu gelangen, selbstverständlich unter Führung des Kaisers, der auf diese Art als Kaiser eines Deutschen Bundes auftrat, eines Reiches untereinander verbundener deutscher Fürsten, die er auf übergreifende Zwecke verpflichtete. Mit solchen Plänen sollte ein für allemal Preußen majorisiert und in von Österreich festgelegte Gemeinsamkeiten eingebunden werden.

Kaiser Franz Joseph als Anführer aller Fürsten erwartete, daß sich der König von Preußen dem gemeinsamen Entschluß der übrigen Landesherren beugte, falls er sich nicht isolieren wollte. Wenn er sich nicht fügte, dann freilich blieb immer noch das Mittel, einen Sonderbund aller deutschen Fürsten gegen Preußen zu bilden, den Bund zu sprengen, um Preußen gegebenenfalls zu zwingen, sich der Mehrheit zu fügen.

Er hatte, trotz der Unzuverlässigkeit der deutschen »Zaunkönige«, die sich weder von Österreich noch von Preußen in ihrer Bewegungsfreiheit allzu sehr beengen lassen wollten, wenig aus den letzten zehn Jahren gelernt. Preußen verlangte nach Gleichberechtigung im Bund. Nur Übereinkünfte, die ihm die Aussicht gewährten, im Norden freie Hand zu haben, den Oberbefehl über deutsche Truppen, sofern nicht unmittelbar österreichisch, zu erlangen, der Wechsel im Präsidium des Bundes und das Recht auf ein Veto gegen Bundesbeschlüsse, die seine Unabhängigkeit außer Kraft setzten, vermochten König Wilhelm bei allem Respekt vor dem Kaiser, in dem doch auch er das Oberhaupt deutscher Fürsten anerkannte, zu freudiger Bundestreue veranlassen. Gleichberechtigung in Deutschland wollte Franz Joseph dem Preußen nicht zugestehen. In Fortsetzung der Anschauungen Felix Schwarzenbergs verlangte er Unterordnung, möglichst im Einverständnis mit den unsicheren Bundesfürsten. Den Metternichschen Überlegungen, über Absprachen mit Preußen den Bund zu lenken, hatte er sich vollends entfremdet, wie überhaupt dem Bund in seiner 1815 gedachten Form. Denn wenn er nun seinerseits mit einem Sonderbund drohte, um preußische Sonderbündelei ein für allemal zu unterbinden, dann begab er sich auf einen ähnlich abschüssigen Pfad, der nur dahin führen konnte, ein weiteres Stück der Wiener Ordnung aufzugeben.

Preußen griff wieder zurück auf frühere Überlegungen einer engeren Union unter seiner Führung in Verbindung mit einer weiteren Union und einem engen Bündnis mit Österreich, womöglich in der Verfassung verankert, um vor allem eine gemeinsame Außenpolitik zu ermöglichen. Der Deutsche Nationalverein, 1859 gegründet, warb für diese Konstruktion des engeren und weiteren Bundes.

Preußen, in freundlichen Beziehungen zu allen Großmächten, konnte sich allerdings in den deutschen Angelegenheiten viel freier bewegen als Österreich. Es verfügte über verschiedenste Optionen. Welcher der Vorzug gegeben wurde, hing nicht zuletzt von Österreich ab. Preußen mochte Sonderbündelei betreiben, aber es war sehr biegsam, wenn es darum ging, den Umfang seines Sonderbundes zu bestimmen und dessen Organisation. Die Grundlage aller Bestrebungen war, die Gleichberechtigung mit Österreich zu erlangen, den Dualismus in eine positive Kraft zu verwandeln. Das ließ sich in Fortführung der Metternichschen Tradition durch eine offen und in rechtlich verbindlicher Form praktizierte Zusammenarbeit mit Österreich erreichen. Dafür mochte eine Hegemonie in Norddeutschland genügen. Der deutsche Dualismus konnte auch zu einer Aufgabenteilung führen: Koordination des gesamten außerösterreichischen Deutschland unter Preußens Leitung in engster Fühlung mit dem Kaiserreich als Verbündeten. Es war ebenfalls nicht ausgeschlossen, daß Österreich der süddeutsche Raum als Einflußsphäre zugestanden blieb, solange jenseits des Mains Preußen seine Vorherrschaft ausbaute und in aufrichtiger Übereinstimmung mit den von Österreich angeführten süddeutschen Staaten alle Energien, wenn es erforderlich war, zum Nutzen des gemeinsamen Vaterlandes, verstanden als sittlich-geographischer Begriff, vereinigte.

Preußen gab nicht so leichtsinnig die Traditionen Metternichs auf. Es bemühte sich, bei allen Reformabsichten dennoch den Zusammenhang mit der Vergangenheit zu wahren. Es konnte verständlicherweise diesen Zusammenhang genauer im Auge behalten, weil es vorerst nur nach Gleichberechtigung und nicht nach Vorherrschaft strebte. Für Franz Joseph war allerdings die Anerkennung einer Gleichrangigkeit Preußens ein Verlust, ein Rückschritt, eine Niederlage. Denn seit gut sechshundert Jahren war die bevorzugte Stellung des Hauses Österreich in Deutschland eine Selbstverständlichkeit. Sie war noch nicht einmal von Friedrich dem Großen grundsätzlich in Frage gestellt worden, der gern bereit war, sie anzuerkennen, wenn er dafür Schlesien behalten durfte. Maria Theresia hingegen hatte nie die Vorteile eines österreichisch-preußischen Dualismus begriffen, dessen Unterpfand ihr Verzicht auf Schlesien bildete. Um es zurückzugewinnen, hatte sie einen ersten Weltkrieg entfesselt, den Siebenjährigen Krieg, erfolglos, wie sich herausstellte. Sie hatte gehofft, eine europäische Macht zerschmettern zu können, Preußen, wie es sich jetzt allmählich nannte, möglichst wieder auf Brandenburg zu beschränken. Sie war damit gescheitert. Metternich war klug genug, das Reich nicht mehr zu erneuern und den Vorrang Österreichs höchstens als Ehrenvorrang geltend zu machen, von Fall zu Fall alle deutschen Geschäfte umsichtig mit der preußischen Regierung besprechend, de facto einen unvermeidlich gewordenen Dualismus sorgsam in seine Obhut nehmend. Der Rheinländer erwies sich so als ein weiser Reichspatriot.

Die antipreußischen Traditionen der Politik Maria Theresias versuchte er, insgesamt erfolgreich, zum allgemeinen Nutzen des Bundes vergessen zu machen. Doch mit Schwarzenberg traten sie wieder in den Vordergrund und bestimmten das Verhalten Franz Josephs und seiner Ratgeber. Die Konfrontation mit Preußen konnte vielleicht die Aussicht eröffnen, Schlesien zurückzugewinnen. Das war allerdings nur über einen allgemeinen Krieg in Europa möglich, mit Unterstützung Frankreichs und gegebenenfalls Rußlands. Napoleon III. lockte mit den abenteuerlichsten Plänen, im Bündnis mit Österreich die deutsche Landkarte neu zu entwerfen. Da mochte sich Österreich in Deutschland nach Laune bedienen, ohne Rücksicht auf die Bundesfürsten, um deren Wohlwollen es doch warb, ohne den Vorteil Frankreichs zu vergessen, rheinbündische Staaten zu erlauben. Ein freies Polen als österreichische Sekundogenitur, der Anschluß der Donaufürstentümer und Schlesiens, beides gegen Verzicht auf Venetien, das noch im österreichischen Besitz, die Reduzierung Preußens auf eine regionale Größe beschäftigte zuweilen österreichische Diplomaten. Sie wußten, daß derartige Überlegungen sie um alles Prestige in Deutschland brachten. Das hielt sie vor schlimmsten Torheiten zurück, um nicht in den Geruch zu geraten, Deutschland und Mitteleuropa überhaupt für eine beliebige Konkursmasse zu halten, über die, ohne sich deren Besitzes überhaupt gewiß zu sein, im Stile unbefangener Kabinettspolitik verfügt werden könne.

Franz Joseph kokettierte mit Napoleon, er suchte Alliierte. Er suchte sie im »Westen«. Als 1863 der Aufstand der Polen im russischen Teilgebiet des ehemaligen Königreiches ausbrach, solidarisierte er sich sofort als »Neoliberaler« mit England und Frankreich, deren Forderungen nach polnischer Selbständigkeit, nach rechtlich verfaßter Unabhängigkeit unterstützend, in der Hoffnung, damit auch im außerpreußischen, gar im preußischen Deutschland Popularität zu gewinnen. Bismarck war so klug, sich sofort auf die russische Seite zu schlagen, ohne Rücksicht auf irgendwelche polenfreundliche Sentimentalitäten. Er dachte keine Sekunde daran, ein freies, gar österreichisches Polen zu erlauben. Er machte keinen Hehl daraus, lieber auch noch die Last des russischen Polen mit dem preußischen zu bündeln, sollten die Russen unfähig sein, ihren Teil zu erhalten. Sie blieben Herren im eigenen, polnischen Haus. Aber Franz Josph hatte ein weiteres Mal den russischen Kaiser sehr verletzt, ohne das Bündnis mit den uneinigen Westmächten zu gewinnen, und hatte Preußen verärgert, das ungeachtet möglicher liberaler Polensympathien in Deutschland gern bereit war, wie auch Rußland, eine feste Übereinkunft der polnischen Teilungsmächte zu erreichen. Einmal mehr entzog sich Österreich der Heiligen Allianz, der wechselseitigen Verpflichtung der drei Adler.

Österreich erwarb sich darüber keine Freunde. Denn Preußen stand in bestem Einvernehmen mit Rußland, in sehr freundlichem mit England und immer bereitwilligem mit Frankreich und Italien. Die europäische Welt stand ihm offen. Napoleon III. konnte auch seine Geschäfte mit Preußen machen. Das wußte er recht genau. König Wilhelm nicht minder. Zwar konnte er diesen schlauen Parvenu nicht leiden, ließ sich aber 1861 zu einem Gespräch mit ihm herab, allerdings nur in Gemeinsamkeit mit deutschen Bundesfürsten. Um den preußischen König geschart, trat dem französischen Caesar das übrige, außerösterreichische Deutschland gegenüber. Das war ein Fürstentag, der Franz Joseph hätte zu denken geben können. Doch der immer noch junge Kaiser, der deutsche Fürst, dachte seine Mitfürsten hineinzwingen zu können in Koalitionen, die Fürsten, wenn sie noch welche sind, lediglich freiwillig eingehen. Napoleon III. war kein Partner, darüber waren sich die Fürsten einig. Er war, wie Bismarck meinte, der ihn für eine schwer überschätzte Inkapazität hielt, eben eine Spielkarte mehr, von der man je nach Gelegenheit Gebrauch machte. Und der preußische Ministerpräsident war weit davon entfernt, diesen Joker nicht ins Spiel zu bringen, wenn es denn sein mußte.

Franz Joseph konnte 1863 noch einmal alle deutschen Fürsten für sein Reformprogramm gewinnen. Noch einmal litt König Wilhelm darunter, nicht beim Frankfurter Fürstentag dabeizusein und Preußens Ehre mit der Österreichs zu verbinden. Alle Fürsten eilten beflissen in die alte Krönungsstadt der Kaiser. Ein Vaterland und ein deutscher Staat unter einem Kaiser erschienen noch einmal in der populären Verheißung als Möglichkeit. Zumal Süddeutsche wurden aufgefordert, »jetzt wird das Tagesgebet jedes Vaterlandsfreundes: Gott schütze Franz den Kaiser«; noch einmal zog ein Kaiser in das ehrwürdige Frankfurt, begleitet von Segenssprüchen und nationalen Heilserwartungen. Hebbel, der Norddeutsche aus Wien, versprach, in Erwartung des deutschen Kaisertums seines

Herrn eine neue Hymne zu dichten: »Gott vernichte, Gott zerspalte Grenzenpfähle, Länderschranken.« Er sah nur noch den einen Kaiser. Aber Preußen hielt sich abseits, und damit war alles erledigt. Es war ein letzter Feiertag des alten Reiches, und ein großer Kavalier wie König Wilhelm, immer festlich gestimmt, hätte ihn gern erlebt. Bismarck untersagte es ihm. Vernünftigerweise, denn die ganze Kaiserromantik hielt er für Unsinn. Und sie war auch nicht mehr als ein letzter Gefühlsausbruch, wie sich alsbald herausstellte, weil die souveränen Könige und Fürsten auf ihre jeweils begrenzte Weltherrschaft nicht verzichten wollten und im Kaiser keinen Kaiser schlechthin erkennen mochten. In zähen Verhandlungen veränderten sie die Reformvorschläge so sehr, daß wenig Konkretes übrigblieb. So glich die geplante Bundesreform endlich einem Schiff, das nach einem Plan gebaut wurde, welcher vorläufig davon absieht, daß ein Schiff schwimmen können muß.

Franz Joseph war ungehalten. Er suchte jetzt den Anschluß an Preußen, den ihm nie ein Preuße verwehrt hatte. Aber er hatte Preußen wenig zu bieten, das seinerseits die österreichischen Vorschläge überbieten konnte mit der Forderung nach einem Bundesparlament auf der Grundlage des freien und gleichen Wahlrechts. Im Wettbewerb um liberale Sympathien war das konsequent. Bismarck rechnete damit, ein solches Parlament als Repräsentanz des nationalen Willens und der nationalen Einigkeit als Gegengewicht zum Partikularismus der Fürsten gebrauchen zu können. Österreich mußte eine solche nationale Vertretung fürchten, denn weder Böhmen, Polen, Slowenen noch Italiener würden sich an Wahlen zu einem nationalen Parlament beteiligen, das ihre jeweilige Nationalität gar nicht zu repräsentieren vermochte. Österreich war eben nicht nur ein deutscher Staat. Dieses Dilemma nutzte Bismarck aus. Denn die Forderung nach einer nationalen Repräsentanz, der Österreich als Staat vieler Völker nicht genügen konnte, legte doch wieder die Idee nahe, einen engeren, rein deutschen Bund unter preußischer Führung durch einen weiteren zu ergänzen. Ein halbherziges Eingehen auf liberale Wünsche nach Parlamentarisierung des Bundes brachte Franz Joseph nur in weitere Schwierigkeiten. Seine Herausforderung Preußens hatte ihn endgültig in die Defensive gedrängt.

Die Bundesfürsten erwiesen sich als ungewisse Verbündete, weil sie den Dualismus ungern entbehrten, der ihnen das ständige Lavieren zwischen Preußen und Österreich ermöglichte, in dem sich ihre Selbständigkeit vorwiegend bekundete. Die Freundschaft

Preußens ließ sich allein über Zugeständnisse erwerben, die Österreichs Stellung im Bund minderten. Eine Allianz Österreichs mit Frankreich mußte unweigerlich die Fürsten auf die Seite Preußens treiben, weil ihre Länder den Dispositionsfond für eine Neuregelung der deutschen Angelegenheiten unter französischer Mitsprache bildeten. Ganz abgesehen davon, daß eine Allianz mit Frankreich Österreich um sein nationales Prestige gebracht hätte, weshalb es vor ihr zurückschreckte, ohne doch ganz den Gedanken daran zu verwerfen. Eine große europäische Koalition gegen Preußen war nur eine Gedankenübung, ohne Aussicht, sie herstellen zu können. Mit halben Mitteln und auf halben Wegen verwirrte sich Franz Joseph im Irrgarten seiner Begehrlichkeiten und verlor darüber die Chance, die ihm immer von Preußen offengehalten wurde, sich zu verständigen, Kompromisse in der deutschen Frage zu suchen. Vielleicht war es zuviel verlangt, freiwillig die Vorherrschaft in Deutschland zu teilen oder aufzugeben. Sein Stolz als deutscher Fürst riet ihm, um seinen Vorrang zu kämpfen. Das war ehrenhaft, wenn auch unklug. Er verlor 1866, als es zum Krieg mit Preußen kam.

Er mußte sich aus Deutschland zurückziehen. Wien hatte aufgehört, der maßgebende Mittelpunkt deutscher Politik zu sein. Das wirkte niederschmetternd. Der Austritt Österreichs aus Deutschland schien den meisten als Vorspiel zu dessen unaufhaltsamem Zerfall. Ohne Deutschland schien Österreich nicht lebensfähig zu sein. Einmütigkeit bestand darüber, daß der Prager Frieden der erste Vertrag sei, den Österreich nicht halten würde, nicht halten könne, wollte es seine Existenz behaupten. »Es ist ein Kampf auf Leben und Tod, der noch lange nicht aus ist, und es ist mit Berechnung auf unsere vollkommene Zerstörung abgesehen. Wenn man alle Welt gegen sich und gar keinen Freund hat, so ist wenig Aussicht auf Erfolg, aber man muß sich so lange wehren, als es geht, seine Pflicht bis zuletzt tun und endlich mit Ehren zugrunde gehen«, bemerkte heroisch-resignativ Franz Joseph zu seiner Mutter.

Er hatte aus der Niederlage nichts gelernt. Das Bedürfnis, sich an Preußen zu rächen, war ein schlechter Ratgeber. Denn alle Welt hatte Österreich ja gar nicht gegen sich. Bismarck wollte Österreich nicht verbittern, um es sich als einen guten Stein auf dem europäischen Schachbrett zu erhalten. Ihm schien es angebracht, die alten Vorstellungen eines engeren und weiteren Bundes wachzuhalten, an die Fürst Hohenlohe als bayerischer Ministerpräsident anknüpfte, um Österreich doch mit dem Norddeutschen Bund und den süddeutschen Staaten in einem, wenn auch neuen Zusammenhang zu halten. Franz Joseph erkannte nicht die Möglichkeiten, die sich damit anboten. Allerdings sah er auch, daß ein Bündnis mit Frankreich zu dem Zweck, Preußen auf den Status einer Mittelmacht zu reduzieren, jetzt noch unrealistischer war als vor dem Krieg, denn die süddeutschen Staaten hatten indessen militärische Bündnisse mit Preußen vereinbart. In einem weiteren Krieg mußte er es mit ganz Deutschland aufnehmen. Dennoch gab er es nicht auf, ununterbrochen alle Kombinationen zu erwägen, wie Preußen zu vernichten, Schlesien zurückzugewinnen und der Landkarte Mitteleuropas ein neues Gesicht zu verleihen sei. Kurz vor Ausbruch des Krieges zwischen Deutschland und Frankreich, am 14. Juli 1870, verwandte sich Franz Josephs Kriegsminister Franz von Kuhn energisch für ein Eingreifen auf seiten Frankreichs. Ein deutscher Sieg bedeute den endgültigen Untergang der Monarchie, weil die neue deutsche Macht sich erst Böhmen und die deutschen Kronländer, anschließend Ungarn unterwerfen würde. Österreich könne deshalb nicht neutral abseits stehen. »Selbst auf die Gefahr hin, ganz Europa in Feuer und Flammen zu setzen«, müsse es in den Kampf eingreifen. »Ob jetzt oder später, einmal muß der Kampf ausgefochten werden, je früher, desto besser.« Er sah Dänemark, dem Schleswig gegeben werden könne, ebenso als Verbündeten wie Italien, das mit dem Erwerb Südtirols und dem Kirchenstaat zu gewinnen sei, Polen müsse revolutioniert und als freier Staat wieder errichtet werden, auch unter der Bedingung, das österreichische Galizien opfern zu müssen. Der Balkan, Ägypten, Algier ließen sich in Unruhe versetzen und in eine französisch-österreichische Allianz einbinden.

Das Ziel müsse sein, Rußland auf Asien zurückzuwerfen und seinen Verbündeten, Preußen, auf Norddeutschland zu beschränken. Nach einem Sieg Österreichs und seiner Koalition sah er als Lohn Bayern, Baden und Württemberg, Bosnien und die Moldau-Walachei, ein starkes Österreich in Mitteleuropa, das vom Main bis zum Schwarzen Meer reiche. »Ist Preußen auch in diesem Fall Sieger, nun, dann vollzieht sich Österreichs Geschick genauso, wie wenn es jetzt neutral bleibt, nur vielleicht etwas schneller.« Die raschen Erfolge der preußisch-deutschen Truppen ernüchterten die aufgeregten Stimmungen in Wien und bewahrten Franz Joseph davor, sich vollständig in die Arme von Abenteurern zu werfen. Er hatte feste Abmachungen mit Frankreich auch diesmal hinausgezögert, weil er sich durchaus bewußt blieb, daß ein offener Gegensatz zu Deutschland und den nationalen Aufwallungen eine dauernde Verbitterung auslösen mußte, eine Verbitterung, die unweigerlich auch die nationalliberalen Deutschen in Österreich geteilt hätten, die von den Revanchebedürfnissen in der Armee, im Erzhause und unter Ministerialbeamten meist »reichsdeutscher« Herkunft ziemlich unberührt blieben.

Franz Joseph hatte seinen glücklosen Kampf um Deutschland verloren. Aber Österreich war deshalb Deutschland nicht völlig entfremdet. Bismarck verknüpfte später den engeren Bund, das neue Reich, mit einem weiteren Bund durch das Bündnis mit Österreich. Es gelang ihm nicht, dieses Bündnis in der Verfassung beider Staaten zu verankern, aber sie blieben doch so weit aufeinander angewiesen, daß eine Auflösung dieser Interessengemeinschaft nicht mehr ernsthaft erwogen werden konnte. Die Metternichsche Idee, daß Preußen und Österreich, wenn unter sich einig, das übrige Deutschland schon mit sich ziehen würden, fand eine der Zeit angemessene neue Verwirklichung. Das Bündnis der drei Kaiser des Nordens ersetzte 1873 die Heilige Allianz, die Franz Joseph leichtsinnig zwanzig Jahre zuvor zerbrochen hatte. Fünfundzwanzig Jahre bewußter Konfrontation mit Preußen nötigten ihn, zum Metternichschen System zurückzukehren, nur daß jetzt Berlin dessen Dreh- und Angelpunkt war. Von dort aus wurde versucht, die Wiener Ordnung, die von Wien aus umgestürzt worden war, so weit zu restaurieren, wie die veränderten Zeitumstände es erlaubten. Franz Joseph nahm es dankbar hin, ohne rechte Einsicht, daß ähnliche Verhältnisse leichter und für sämtliche drei Adler bekömmlicher bei überlegter Kompromißbereitschaft auch früher zu erreichen gewesen wären, vielleicht ohne die kleindeutsche Einigung und bei gemeinsamer, österreichisch-preußischer Führung des »dritten Deutschland«.

Das überraschendste blieb allerdings, daß Kaiser Franz Joseph die Mißgriffe seiner Politik mühelos zu überstehen, zu überleben vermochte. Er hatte seine Vorherrschaft in Italien und die in Deutschland aufgeben müssen oder verspielt. Er hatte als Folge davon in den österreichisch-ungarischen Dualismus einwilligen müssen, der den Deutschen die Vorherrschaft in der gesamten Monarchie entzog. Seit 1867 gab es kein Kaisertum Österreich mehr, sondern Österreich-Ungarn. Der imperiale Zentralismus wich einem Bund, in dem die Ungarn erhebliche Selbständigkeit gewannen, aber doch Heer, Außenpolitik und Finanzen gemeinsamen Übereinkünften unterordneten. Die Deutschen waren nicht einmal mehr in »Österreich« Herr im Hause. Die Niederlagen und Erfolglosigkeiten sorgten für Murren und zeitweilige Unzufriedenheit. Aber sie erschütterten nicht die Loyalität zum Erzhaus. Der Rückgang an Ansehen, die Schwächung einer Großmacht, die Österreich doch war und bleiben wollte, machte paradoxerweise Franz Joseph von nun an populär. Die Krone, der Kaiser und König, war das Unterpfand komplizierter Einheit oder Einigkeit. Er garantierte den Zusammenhalt des Reiches, aus dem vorerst keiner ausbrechen wollte.

Die vernünftigen Ungarn wußten ja, daß Ungarn nur in Österreich bestehen konnte, weshalb es töricht war, den Kaiser zu demütigen, den man als König von Ungarn groß haben wollte. Die Deutschen in Österreich tadelten den Ausgleich mit Ungarn, aber Franz Joseph behielt als König von Ungarn trotz allem Parlamentarismus weitgehende Vorrechte. Die Regierung konnte nur Gesetzesvorlagen im Parlament einbringen, die zuvor vom König genehmigt worden waren. Franz Joseph besaß ein Vetorecht und konnte das Gesetzgebungsverfahren in seinem Sinne, der stets ein gesamtstaatlicher war, beeinflussen. Mochte der Ausgleich mit Ungarn die Deutschen auch verärgern, so war er doch zugleich die Garantie dafür, daß es zu keiner weiteren Föderalisierung kam. Die Ungarn verlangten, daß die 1867 modifizierte Verfassung Österreichs auch Bestandteil ihres Abkommens mit ihrem König sei, daß jede Verfassungsänderung ihrer Zustimmung bedürfe oder eben die geschlossenen Verträge verletzte, was sie berechtigte, den Ausgleich aufzukündigen oder neu zu verhandeln. Versuche Franz Josephs, auch Böhmen in seine historischen Rechte wieder einzusetzen, scheiterten von vornherein an solchen ungarischen Einsprüchen. Das gewährte den Deutschen ihre bevorzugte Rolle in ihrem Reichsteil, auf die sie nicht verzichten wollten. Der König von Ungarn schützte ihre Privilegien. Das veranlaßte sie, sich zähneknirschend in den Dualismus zu fügen und die Herrschaft mit den Ungarn zu teilen. Der Kaiser und König rückte ganz selbstverständlich in den Mittelpunkt. Das monarchische Prinzip gewann eine Überzeugungskraft, eine staatserhaltende Funktion, je offenkundiger im österreichischen Parlament die nationellen Gegensätze schwer versöhnbar gegeneinander auftraten. Nicht das Parlament erwies sich als Repräsentant der Einheit. Die Einheit veranschaulichte die Krone, der Kaiser, der mit Notverordnungen am Parlament vorbei regierte, wann immer es ihm geboten erschien.

Franz Joseph hatte mit gewohnter Ruhe sich in die von ihm mitverursachten Niederlagen und Veränderungen gefügt. »Ich bin oft selbst darüber erstaunt, wie ich solche Ereignisse und eine solche Reihe namenlosen Unglücks und Schmerzes so ruhig und ohne Erschütterung meiner Gesundheit ertragen kann«, wunderte sich gelegentlich der Kaiser, der wenig geübt war in der traurigen Zergliederung des Schicksals und der eigenen Seele. Um so mächtiger rückte die unbedingte Pflichterfüllung in den Vordergrund. Nur seiner Frau gestand er zuweilen seit 1866: »ich bin so traurig und einsam«, und er unterschrieb seine Briefe, seine Bittbriefe, ihn nicht allein zu lassen, mit »dein armer Kleiner« oder »dein einsames Männeken«. »Sei gut für mich, denn ich brauche Deine Erheiterung.« Aber Elisabeth hatte meist anderes im Sinn als die Gemütsverfassung ihres Mannes. »So muß ich mich eben trösten und mein langgewöhntes Alleinsein wieder mit Geduld tragen. In dieser Beziehung habe ich schon viel auszuhalten gelernt und man gewöhnts endlich. Ich werde über diesen Punkt nicht ein Wort mehr verlieren, denn sonst wird unsere Correspondenz zu langweilig, wie Du sehr richtig bemerkst.« Das zwang ihn endlich in die papierne Schreibtischexistenz, wie er es nannte. Er war nicht nur ein »Pechvogel« in der Politik. Er war überhaupt ein Pechvogel.

Der Gewissenhafte und die Launen einer Unverliebten

In der Umgebung des Kaisers bestand weitgehende Einmütigkeit darüber, daß sein allergrößtes Unglück, ohne das vielleicht manches vermieden worden wäre, in das Jahr 1854 fiel: seine Hochzeit mit der Prinzessin Elisabeth in Bayern. Bei der Wahl seiner Lebensgefährtin wollte er, ganz Kind einer Zeit, die die Liebesheirat entdeckte, sein »innigstes Gefühl zu Rathe ziehen«. Sein überwältigtes Herz sagte ihm, daß er in Sisi sein Lebensglück gefunden habe, nachdem er bei dem »göttlichen Sejour in Ischl« im August 1853 ihre nähere Bekanntschaft gemacht hatte und sofort ihrem Zauber erlegen war. Ihn entzückte Sisis Einfachheit, Natürlichkeit, ihr ungekünsteltes Betragen. Er sollte bald feststellen, daß sie weder einfach noch natürlich oder ungekünstelt war. Doch das änderte nichts an seinen Gefühlen. Als er 1898 von ihrer Ermordung erfuhr, sprach er fast unhörbar, mehr zu sich als zu dem Boten der Nachricht: »Niemand weiß, wie sehr wir uns geliebt haben.« Für ihn stimmte das. Sie zu lieben blieb sein höchstes Glück, ihren Verlust zu beweinen der einzige Gewinn seines Lebens.

Elisabeth war keine »gute Partie«. Sie entstammte einer obskuren Nebenlinie der pfälzischen Wittelsbacher, die 1777 Bayern erbten. Wilhelm von Birkenfeld-Gelnhausen, ein Vetter Max I. Josephs, des Königs von Bayern seit 1805, ein mittelloser Prinz, wurde 1799 zum Herzog in Bayern ernannt. Den Titel Königliche Hoheit erhielten die Mitglieder der herzoglichen Familie erst 1845. Sie waren nach den strengen Dogmen der Ceremonialwissenschaft zumindest für ein Kaiserlich-Königliches Haus nicht ebenbürtig. Im Schatten der großen Welt lebend, verheirateten sich diese machtlosen Birkenfelder mit der umliegenden Aristokratie. Sie gehörten nicht zu den herrschenden Familien, die gleichsam eine Familie für sich bildeten. Mit diesem Kreis waren sie nur über die königlich-bayerische Prinzessin Ludovica, Sisis Mutter, verbunden, deren Schwestern und Halbschwestern mit den Königen von Sachsen, Preußen, mit Kaiser Franz und dessen Sohn Karl, dem Vater Franz Josephs, verheiratet waren. Sisis Tante, Sophie, die Mutter des Kaisers, wurde zu ihrer Schwiegermutter und war ihrerseits die Schwiegertochter ihrer Schwester, der Kaiserin Karoline. Franz Josephs Tante war zugleich seine Stiefgroßmutter. Also verzwickte Verwandtschaftsverhältnisse, die manchen Makel der Herkunft bei der Cousine und Frau des Kaisers überglänzen konnten, bei dem ausgezeichneten Gedächtnis der Aristokraten wohl auch vergessen worden wären, wenn Elisabeth sich die Aufgaben einer Kaiserin ganz zu eigen gemacht hätte. Das lag ihr nicht, das wollte sie nicht, das gefiel ihr nicht. Sie, am 24. Dezember 1837 geboren, hatte wenig herausragende Eigenschaften, aber einen unbeugsamen Willen, sich solchen Forderungen, in denen sie nur Zwang erkannte, nicht zu unterwerfen.

Sie wuchs zwanglos auf als Tochter eines Herzogs, der einen großen, obschon neuen Titel führte, aber keine öffentlichen Aufgaben wahrzunehmen hatte, die einem solchen Rang entsprachen. Er privatisierte. Was heißt, er kultivierte seine Launen. An öffentlichen Schulen erzogen, auf der Universität vertraut gemacht mit dem neuen Geist der Wissenschaftlichkeit und ästhetischer Bildung, sah er in freier Selbstbestimmung den schönsten Zweck bürgerlich-individueller Selbstverwirklichung. Herzog Max veranschaulichte das zeitgemäße Dilemma vieler Aristokraten, aufgrund ihrer Stellung in der Welt zum Dienst aufgerufen zu sein im Staat oder in der Kirche, aber gar nicht benötigt zu werden, weil andere dafür ohnehin zur Verfügung standen. Ein großer Name stand einer Laufbahn im Wege, denn ein Prinz konnte selbst bei besten Voraussetzungen doch nicht ein normaler Karrierebeamter werden. Wohin mit ihm? In kleinen Staaten bot die Armee wenig Aussichten. Militärische Posten erschöpften sich dort vorzugsweise in ruhmlos dekorativer Tätigkeit. So blieb nichts anderes übrig, als den eigenen Seelenraum zu möblieren, sich auf sich selbst zurückzuziehen, vor allem wenn nicht einmal Neigung vorhanden, sich mit der Landwirtschaft näher zu befassen.

Herzog Max beschäftigte sich mit vielem, um sich die Zeit zu vertreiben, das Gespenst der Langeweile zu bannen. Er reiste gern, bemühte sich als Philhellene um vertiefte Kenntnisse des griechischen Altertums, der Orient bot ihm farbige Reize, als Neubayer sammelte er bayerische Volkslieder, trieb Landeskunde, spielte die Zither oder schrieb Verse, schön empfunden und schlecht ausgedrückt, auf hochdeutsch oder im Dialekt. Er sammelte um sich meist bürgerliche Schwarmgeister, die phantasierten, pokulierten, sich aneinander berauschten. Ernüchtert von seinen kolossal bourgeoisen Ausschweifungen trieb er Sport, das heißt, er professionalisierte sich als Kunstreiter zum Zirkusartisten. Er brachte es sehr weit damit. Zuweilen zog er sich in vorübergehende Depressionen zurück, wie so viele seiner Standesgenossen, denen eine ähnlich liebenswürdige wie zerfahrene Existenz auferlegt wurde. Die Melancholien oder Absonderlichkeiten mancher großer Herren und erst recht großer Damen – des Herzogs Vater starb als weltentrückter Eremit, ganz in sich selbst versunken – waren ja nicht Krankheiten im klinischen Sinn. Sie ergaben sich aus der Notwendigkeit, weil überhaupt nicht von sich abgelenkt, in den Verliesen des eigenen Herzens ungeahnte Sensationen zu suchen. Eine solche Verfeinerung, der Abstieg ins innerste Reich, zu den sehr eigentümlichen Festen im Abgrund der Seele entzog sich vor allem dem bürgerlichen, leistungsfrohen Selbstverständnis. Darin äußerte sich nicht unbedingt Wahnsinn, sondern die Schwermut Privilegierter, denen verwehrt ist zu bestätigen, berechtigterweise bevorzugt zu sein. Ihnen blieb nur der geheimnisvolle Weg, der nach innen führt, ins Dunkel, daß dem Vereinzelten Licht genug ist.

Liebe erhellte wohl einmal mit ihrem romantischen Feuer das unruhige Herz des Herzogs. Die Bürgerliche durfte er nicht heiraten. So fügte er sich darein, die Prinzessin Ludovica von Bayern zur Mutter seiner neun Kinder zu machen, wann immer seinem Temperament keine anderen Anregungen einen leidenschaftlichen

Ausweg wiesen, was allerdings oft genug der Fall war. Sofern es ihn unterhielt, gefiel er sich als zutraulicher Vater, nur meist langweilte es ihn. Seine einst bildschöne Frau sparte bei der Gleichgültigkeit, die sie erfahren mußte, die Reste von Liebenswürdigkeit, die ihr verblieben, für ihre Hunde auf, die sie immer um sich hatte. Sie »knackste« unbefangen deren Flöhe auf den Eßteller. »Die Teller wurden aber gleich ausgewechselt«, wie völlig konsternierte Wiener Hofdamen beruhigend versicherten. Daß es sich in Possenhofen, wo die Familie die besseren Jahreszeiten verbrachte, um eine »Bettelwirtschaft« handelte, war gleichwohl unübersehbar. Einen Hofstaat auch nur im anspruchslosesten Sinne gab es dort nicht, auch wenn das diensthabende Personal vor allem weiblicher Provenienz nicht nur Köchinnen und Kaufmannstöchtern ihr Dasein verdankte. Ludovica wollte sich in ihrer Privatheit nicht genieren lassen, ihr Mann ohnehin nicht, der, wenn der Lärm an der Familientafel allzu heftig wurde, es vorzog, mit seinen Kindern der Liebe familiäre Zutraulichkeit zu pflegen, die er den dafür berechtigten selten zukommen ließ. Sie beklagten sich übrigens darüber nicht. Die Nene, die Sisi, der Spatz, der Gackerl und das Mapperl, und wie sie weiter hießen, kümmerte das nicht weiter. Sie konnten, wie Papa und Mama, machen, was sie wollten, ob nun in München im väterlichen Palais auf der Ludwigstraße oder draußen in »Possi«, in Possenhofen.

Sie lebten freizügig demokratisch sich selbst. Herzog Max, überflüssig, wie er war, adorierte die Demokratie. Er mochte es allerdings überhaupt nicht, wenn Unbefugte demokratisch mit ihm umgingen. Dann legte er auf zeremoniöse Distanz Wert, verständlicherweise, weil nur sehr Hochwohlgeborene sich die Freiheit herausnehmen konnten, die gegebenen Unterschiede aus ihrer Souveränität heraus zu ignorieren, nicht immer aus Eleganz den anderen gegenüber, die sich nicht wehren durften, wenn sie allzu gleich behandelt wurden. In der Volkstümlichkeit der großen Leute, die nicht mehr groß sein konnten oder wollten, drückte sich nicht Leutseligkeit als Einfachheit aus – denn alles Große ist einfach –, sondern hochmütige Ignoranz der gesellschaftlichen Riten, der jeweiligen Ehrberechtigungen, die damals auch der geringste Diener erwarten durfte. Die Arroganz lag ziemlich knapp unter der Umgänglichkeit. Zumindest die Töchter des Herzogs Max, alle sehr demokratisch gestimmt, standen nie in dem Ruf, vornehme, also große Damen zu sein. Nicht nur Aristokraten hielten die fatalen vier Schwestern für Demimonde. Nur wer die

Form beherrscht, darf sie durchbrechen. Die Form zu wahren hatten sie nie gelernt, aber es von vornherein verlernt, ihre Ansprüche zurückzunehmen, weil sie die anderer nicht anerkennen mochten.

Sisi wuchs nicht als Naturkind auf, sondern als eigensinniger Fratz, dessen Erziehung Vater wie Mutter, mit innerer Vollbeschäftigung ausgelastet, ziemlich gleichgültig war. Daß sie, wenn überhaupt, nur eine höfische Zukunft besaß, war klar. Daß dies vorbereitende Mühen kostete, gerade bei einem Mädchen, das vorerst nicht versprach, eine Schönheit zu werden, blieb Max wie Ludovica eine lästige Zumutung. Sisi lernte ein bißchen Französisch, ein bißchen Englisch, das sie später über ihre englischen Sportfreunde verbesserte. Ihr Italienisch kam nie über die harmlosesten Verständigungsbemühungen hinaus. Hochdeutsch hatte sie im Laufe ihres Lebens gelernt. Die Kunst des Tanzens blieb ihr ein unerfreuliches Mysterium.

Geschmacklich war sie bei dem Elternhaus ohnehin nicht überfordert worden. Eine Konversation zu führen, das hatte sie nie gelernt. Auf Menschen zuzugehen war von ihr nie im höflichen Sinne verlangt worden, weil selbst in Possis heiterem Landleben jeder, außer den Eltern, verpflichtet war, dem eigensinnigen Kind die Laune nicht zu verderben. Sie tändelte mit Stimmungen, mit Reizen, mit Tieren und Eindrücken, mit poetischen Allüren, ohne überhaupt viel zu lesen, und gab sich unbefangen den Forderungen des Augenblicks hin. Dem entsprach auch ihre religiöse Erziehung. Ludovica, Tochter einer hessischen Mutter, war »angeprotestantelt« in ihrer Jugend und bewahrte sich stets eine Nonchalance gegenüber religiöser Dogmatik, eine der wenigen Eigenschaften, in denen sie mit ihrem Mann übereinstimmte. Es gab also genug zu tun, um in den Monaten zwischen Verlobung und Hochzeit den etwas rohen Diamanten zu schleifen. Ludovica hatte einen ungeheuren Respekt vor der Erzherzogin Sophie, die in allem so perfekt war. Das machte sie ängstlich, und die Angst übertrug sich auf die Tochter, der die Aussicht, Kaiserin zu werden, die gute Laune verdarb. Doch einem Kaiser von Österreich gibt man keinen Korb, und Ehen werden nun einmal nicht im Himmel geschlossen, was Ludovica zu genau wußte.

Die Erwartungen, die in Wien mit dieser Ehe verknüpft wurden, galten nicht so sehr dem persönlichen Glück der beiden. Sie richteten sich vielmehr auf die offizielle Funktion, auf höfische Repräsentation, die unter Ferdinand wegen seiner physischen Unzulänglichkeiten hatte eingeschränkt werden müssen. Eine junge Kaiserin konnte dazu verhelfen, den Hof wieder in den Mittelpunkt der eleganten Welt zu rücken, ihn überhaupt wieder zum Leben zu erwecken. Franz Joseph sah im repräsentativen Aufwand, in der Prachtentfaltung vor allem in der Öffentlichkeit ein unmittelbar politisch wirksames Mittel, den monarchischen Gedanken mit seiner die Sinne überwältigenden Herrlichkeit in den schwankenden Gemütern wieder zu befestigen. Das setzte allerdings die Bereitschaft voraus, die ihm ganz selbstverständlich war, alle Energien darauf zu verwenden, einen Typus zu veranschaulichen, allzu individuelle Arabesken zu vermeiden, um einem Bild zur Erscheinung in der Realität zu verhelfen, dem Bild der Majestät in fürstlicher Anmut und Verbindlichkeit. Darauf war Sisi nicht vorbereitet. Das schüchterte sie ein, ängstigte sie, machte sie schließlich störrisch. Ohnehin unsicher und sich ihrer Mängel bewußt, fühlte sie sich rasch unverstanden und verzichtete trotzig darauf, andere verstehen zu wollen. Sie spürte nur Tadel, wo sich die Bemühung äußerte, sie mit der Förmlichkeit des Hofes vertraut zu machen. In ihrer Schwiegermutter, die, vielleicht nicht immer geduldig genug, ihr mit lebensklugen Ratschlägen das Eingewöhnen zu erleichtern suchte, sah sie bald nur eine bösartige Frau, die ihr das Leben verbitterte.

Erzherzogin Sophie strebte danach, in ihr die Fähigkeit zu wecken, den Gefühlen der Pflicht zu gehorchen, sie also in Stand zu setzen, souverän ihrer Bestimmung genügen zu können. Doch Elisabeth wollte sich nicht zur Staatsperson dressieren lassen. »Ich bin erwacht in einem Kerker, / und Fesseln sind an meiner Hand«, klagte sie in ihren lyrischen Herzensergüssen. Sie beharrte auf ihren individuellen Rechten, ohne sie selber genauer bestimmen zu können. Eifersüchtig beobachtete sie, daß Franz Joseph nur mit seiner Mutter ernsthafte Dinge besprach. Allerdings hatte sie bislang auch keinerlei Interesse an politischen Fragen bekundet. Das, was sie nun wieder begeisterte, etwa Shakespeares »Sommernachtstraum«, munterte ihn nicht auf. Er fand das Stück »ungeheuer dumm«. Ein harsches Urteil, aber gar nicht so abwegig für einen Menschen, der von Beruf Kaiser war und von Amts wegen sich an die praktische Vernunft halten mußte.

Für ihn blieb Elisabeth vorerst ein herziges Geschöpf, sein geliebter Engel, dem es an mancher Gewandtheit noch gebrach, was ihn nicht störte, aber die Hofdamen, die ihr, vertraut mit der Regelmäßigkeit höflich festlichen Betragens, starr wie die Antike entgegentraten. Zumindest faßte sie es so auf und kultivierte von vornherein eine unerschütterliche Abneigung gegen die Aristokratie, zu allem österreichischen Unwesen. Wien mißfiel ihr, die erzherzoglichen Familien blieben ihr fremd. Herzlichen Umgang hat sie nur mit ihren Geschwistern im »Familiengewurschtel« gepflegt, das sie zum Entsetzen der Wiener auch hier so oft wie möglich um sich versammeln wollte. Kurzum, sie verstand es nicht, sich beliebt zu machen, und forderte förmlich die Kritik heraus. Die drei Schwangerschaften in den ersten Ehejahren vermehrten ihren Verdruß. Es spricht viel für die Vermutung, daß sie die Liebe mehr in literarisierter Stilisierung als geistreiches Spiel genoß denn als realistisches Ereignis. Anderenteils boten ihr die Schwangerschaften einen willkommenen Anlaß, ihre repräsentativen Pflichten erst recht einzuschränken und sich mit sich selbst zu beschäftigen. Da ohne Aufgaben – die offiziellen bereiteten ihr Unlust, und ihr vergrübeltes Innenleben nötigte ihr keine ureigensten Ziele auf –, litt sie an Langeweile, an der leeren Zeit. Papageien und Hunde, sehr große Hunde, die Franz Joseph überhaupt nicht mochte, belebten die Monotonie eines ungenutzten Daseins.

Wenn gerade nicht schwanger, betäubte sie sich im Rausch der Bewegung durch exzessives Springreiten, stundenlanges Wandern oder Gymnastik. Sie behauptete zwar später, darunter gelitten zu haben, sich nicht um ihre rasch hintereinander geborenen Kinder Sophie, Gisela und Rudolf angemessen kümmern zu können, weil in deren Erziehung Erzherzogin Sophie und andere dazu befugte Höflinge allzu viel hineinredeten. Am Hofe wurde ihr freilich zum Vorwurf gemacht, ihnen nur sehr flüchtig ihre Aufmerksamkeit zuzuwenden, also ihre familiären Aufgaben zu vernachlässigen. Mag sein, daß sie der Auseinandersetzungen überdrüssig wurde oder aus gekränkter Eigenliebe es anderen resigniert überließ, sich angemessen der Kinder anzunehmen. Doch in fortgeschrittenerem Alter setzte sie als bekannt voraus, mit kleinen Kindern nichts anfangen zu können. Zu Gisela und Rudolf, Sophie starb schon mit zwei Jahren, fand sie nie ein höfliche Gleichgültigkeit überschreitendes Verhältnis. Der Überschwang an mütterlicher Zuwendung, mit der die 1868 geborene Erzherzogin Valerie nahezu erdrückt wurde, bestätigt freilich, daß sie tatsächlich mit Kindern wenig anzufangen wußte, die Tochter wie eine Puppe behandelnd, die dazu da war, ihr ungewohnte Genüsse zu verschaffen.

Sie isolierte sich am Hof, aß wenig oder nichts, schon jetzt sich absurden Abmagerungskuren unterziehend, die den Körper schwächten, den sie mit ihrem heftigen Reiten strapazierte, schlief wenig, mit Tagträumen, Verseschmieden und ungeordneter Lektüre die Nacht zum Tage machend. Es ist nicht verwunderlich, daß Franz Joseph ein derartiger Lebenswandel ganz desperat machte. Statt zu einer Kaiserin und Mutter entwickelte sie sich zu einer klassischen Nervösen. Ihre öffentlichen Pflichten vollzog sie mit der Miene einer indischen Witwe kurz vor der Verbrennung, und in der familiären Privatheit verstand sie es nicht, für Behaglichkeit zu sorgen. Es scheint so, daß Franz Joseph bei seinem Bedürfnis nach gutmütiger Zerstreuung wieder den Umgang mit den sogenannten hygienischen Komtessen suchte, um sich von den häuslichen Schwierigkeiten zu erholen. Obgleich selber sehr eifersüchtig, rechnete der so skrupulöse, nie ganz unbefangene Freund schöner Damen nicht mit der Eifersucht seiner Frau. Sie flüchtete in Krankheitssymptome, die sich jeder genauen Analyse entzogen, es aber geraten sein ließen, sie ab 1860 zu wechselnden Kuren nach Madeira, nach Korfu, nach Venedig, Kissingen zu schicken. Es begann das unstete Wanderleben, das die Kaiserin bis April 1862 von Wien fernhielt und das sie von nun an nicht mehr aufgeben sollte. Das Glück seines Lebens wurde zu einer Geduldsprobe, an der er nicht verzweifelte. Wien machte sie krank, die Abwesenheit ließ sie rasch genesen, vor allem Possenhofen war immer die letzte Aussicht, ihre Gesundheit oder besser ihr Gemüt zu stabilisieren.

Aber Possenhofen war für die Wiener Aristokratie der Inbegriff der Unordnung. Der älteste Bruder, Ludwig, hatte 1859 eine Schauspielerin geheiratet, Henriette Mendel, die zur Freiin von Wallersee erhoben wurde, damit die unehelich geborene Tochter einen halbwegs anständigen Namen führen konnte. Dieser Bruch mit den herkömmlichen Vorstellungen schockierte die große Welt. Elisabeth betrachtete ihn als Weg ins Freie, in Selbständigkeit und Selbstverwirklichung. Sie befreundete sich ostentativ mit der Schwägerin und hielt ihr dauernd die Treue. »Mir ist einerlei, wer sie ist, sie ist ihm recht, und so geniert mich das ›Bürgermädchen von Augsburg‹ gar nicht, ich schätze sie um ihrer Güte willen.« Es wurde als Dreistigkeit empfunden, dem Kaiser, der keine morganatischen Ehen schätzte, den familiären Umgang mit ihr zuzumuten. Doch Franz Joseph war, wie sehr ihm auch Disziplinlosigkeit mißfiel, ein viel zu feiner Kavalier, um seine »liebe Schwägerin

Henriette« unhöflich zu behandeln. Später zeichnete er mit gleicher Selbstverständlichkeit deren Tochter, Marie Wallersee, verheiratete Gräfin Larisch, mit seiner ritterlichen Zuvorkommenheit aus.

Die älteste Schwester Elisabeths, Helene, hatte zwar einen der reichsten Männer Deutschlands geheiratet, den Erbprinzen Maximilian von Thurn und Taxis, doch auch diese Ehe entsprach nicht den Standesvorschriften. Marie in Bayern wurde 1859 mit dem Thronfolger von Neapel-Sizilien verbunden, der 1860 seinem Vater als König nachfolgte. Dagegen ließ sich nichts einwenden. Nur büßte er im Zuge der italienischen Einigung seine Krone schon im nächsten Jahr ein. Seine Frau bewährte sich bei der erfolglosen Verteidigung Golettas tapfer, gleichsam als der einzige Mann in der Festung. Das verschaffte ihr ruhmvolle Anerkennung. Seit 1861 im römischen Exil, verwandte sie ihre Energien auf die Eroberung eines belgischen Grafen in päpstlichen Diensten. Deren Folgen mußten freilich vor der Welt möglichst verborgen bleiben. Sie gebar 1862 in Possenhofen, fürsorglich von Mutter und Schwestern betreut, eine Tochter.

Die Schwester Sophie, seit 1868 Herzogin von Alençon, konzentrierte zwanzig Jahre später ihre Phantasien auf einen verheirateten Münchner Arzt. Diese Affaire ließ sich nicht verheimlichen. Es blieb nichts anderes übrig, als die Herzogin zeitweilig in eine Irrenanstalt einzuweisen. Sie beruhigte sich wieder und führte anschließend, versöhnt mit ihrem Mann, ein gottergebenes Leben, das sie während eines Brandes auf einem Wohltätigkeitsbasar 1897 in Paris einbüßte. Mathilde, die Schwägerin ihrer Schwester Marie, weil mit dem Bruder Ludwig des ehemaligen Königs von Neapel verheiratet, machte sich höchstens, wie ihre übrigen Schwestern, durch Melancholien bemerkbar, die bei Helene, früh verwitwet, zu leidenschaftlicher Verdüsterung führen konnten. Alle vier Prinzessinnen entwickelten sich zu auffälligen Schönheiten, die mit ihren Capricen wenig Rücksicht auf die Urteile und Vorurteile der vornehmen Welt nahmen. Sie lebten ganz sich selbst. An die aristokratischen Verpflichtungen fühlten sie sich nicht mehr gebunden: also durch schöpferische Ausdrucksfähigkeit in Bewegung und Geste, mit Anmut und Würde eine unmittelbare und zugleich schöne Geistesgegenwart zu bestätigen, eine formale Eleganz ästhetischer Sitten herzbezwingend zu veranschaulichen und damit eine gefällige Geselligkeit zu entfalten, die als Lebenskultur eine Hauptbedingung aller höheren Kultur ist. Darin erblickten sie nur

Zwang und Einengung. Den Anstrengungen bürgerlicher Individualität, durch Tätigkeit oder Bildung sich eine innere Freiheit zu erwerben, wichen sie aus.

Ihr Bruder Carl-Theodor stellte sich ihnen: Er praktizierte später als Augenarzt, schuf sich eine bürgerliche Existenz, ohne auf die höfisch-formale zu verzichten. Ihm gelang es, die Herausforderungen beider Welten zu versöhnen. Seine Schwestern wollten keine Prinzessinnen mehr sein, aber auch keine Bürgerinnen werden. Sie entzogen sich jeder Verantwortung. Marie Neapel-Sizilien unterrichtete Elisabeth darin, wie schön es ist, eine Königin ohne Dienst zu sein. Das war nicht der Unterricht, den man in Wien als angemessen für eine Kaiserin erachtete. Deshalb der Unwille über Possenhofen und den vertrauten Verkehr der müßigen Schwestern.

Als Marie den Thron verlor, klagte Elisabeth, daß der letzte Glanz des monarchischen Prinzips verschwinde. Nach 1866 fürchtete sie, vielleicht »doch noch ein paar Jahre [zu] vegetieren, bis die Reihe an uns kommt. Was meinst Du?« Aber solche momentanen Einfälle veranlaßten sie nie dazu, ihrem Mann dabei zu helfen, die Lebenskraft des monarchischen Prinzips zu erhalten oder zu kräftigen. Ganz im Gegenteil. Sie sah in solchen Zukunftserwartungen einen berechtigten Grund, die Lasten der Würde abzuschütteln, ohne auf den Vorteil, Kaiserin zu sein, zu verzichten. Ihr unstetes Leben fern vom Hof nach selbstbestimmten Regeln und in formloser Geselligkeit gewährte ihr das, was sie als Unabhängigkeit verstand: ununterbrochen Sport zu treiben oder ihre Schönheit zu pflegen. Erst in den frühen sechziger Jahren, frei von den Fesseln der Ehe, entwickelte sie sich zu einer strahlenden Schönheit. Sonne, Licht, Schönheit und Jugend, das waren nun ihre Ideale, und ihre Schönheit gebrauchte sie als zweckmäßige Waffe, um beim Kaiser ihren Willen durchzusetzen. Eine dauernde Trennung oder Scheidung, das wußte sie, war unmöglich. Als große *beauté* brauchte sie den entsprechenden Rahmen, den konnte ihr jedoch nur der lästige Hof gewähren. So bot sich keine andere Lösung an, als die Ehe wieder aufzunehmen, allerdings zu ihren Bedingungen.

Franz Joseph war verliebt wie am ersten Tag und warb um ihr Entgegenkommen. 1865 überrumpelte sie ihn mit der Aufforderung, daß alles, was ihre persönlichen Angelegenheiten betreffe, »wie unter anderem die Wahl meiner Umgebung, der Ort meines Aufenthaltes, alle Anordnungen im Haus p. p. mir allein zu bestimmen vorbehalten bleibt«. Sie nutzte die gute Erziehung des Kaisers aus. Denn sobald ihm jemand eine Bitte höflich vortrug, die zu erfüllen er sich außerstande sah, dann lehnte er sie in aller Liebenswürdigkeit ab. Trat ihm aber einer heftig und anspruchsvoll entgegen, war der Schüchterne so überrascht, daß er sich gewissermaßen einschüchtern ließ und zustimmte. So fügte er sich ihrem Willen, womit er erreichte, daß sie von nun an wieder längere Zeit in Wien weilte und er ihre Gesellschaft zumindest vorübergehend teilen durfte. Sie unterwarf sich ihren »Kleinen«, wie sie ihn, gewiß nicht nur weil sie drei Zentimeter größer war, gern nannte, vollständig. Damit sie nicht böse und sekkant wurde, fügte er sich ihren Launen. Und sie genoß es, den ergebenen Gatten und Liebhaber zu dressieren. »Die letzten Tage hatte ich Dich wieder so nett gezogen. Nun muß ich wieder von vorne mit der Erziehung beginnen, wenn Du zurückkehrst.«

Zum ersten Mal nahm sie jetzt unmittelbaren Einfluß auf die Politik. Sie setzte sich seit 1865 nachdrücklich für die notwendige Versöhnung mit Ungarn ein. Vielleicht in romantischer Erinnerung an ihre Namenspatronin, die heilige Elisabeth, die Tochter König Andreas' II. von Ungarn. Vor allem aber aus Opposition zu dem am Wiener Hof seit der Revolution vorherrschenden Mißtrauen gegen die Ungarn hatte sie sich von vornherein dazu entschlossen, deren Wünsche nach Wiederherstellung ihrer Verfassung und Unabhängigkeit zu unterstützen. Das wirkte aufreizend, und sie geriet in den Verdacht liberaler Gesinnung. Das war natürlich übertrieben. Sie verfügte kaum über gründliche Kenntnisse der ungarischen Angelegenheiten oder gar über Verfassungstheorien. Es handelte sich nur um trotzigen Protest, und als das kaiserliche Paar 1857 Ungarn besuchte, zeigte sie, auch wieder um die Wiener zu ärgern, was ihr sofort gelang, wie wohl sie sich dort fühlte. Mit ungewohnter Ausdauer und freundlichster Aufgeschlossenheit erfüllte sie alle Pflichten und war dem Kaiser eine große Hilfe bei der Bemühung, in dem verbitterten Königreich um Sympathie zu werben. Das gelang ihr mühelos. Seit 1863 lernte sie Ungarisch und begann sich mit ungarischer Literatur und Geschichte zu beschäftigen. Die zum Erlernen von Fremdsprachen so wenig Begabte sammelte alle Kräfte ihres unbändigen Willens. Sie beherrschte das Ungarische bald perfekt und ließ sich ab 1865 auch in die heikelsten politischen Beschwerden der Ungarn einführen.

Sie übernahm vollständig deren Sicht der zu bereinigenden Schwierigkeiten, so daß Franz Joseph zuweilen über ihre hartnäckige Einseitigkeit beunruhigt wurde. Immerhin, sie überredete ihn dazu, mit kompromißbereiten Ungarn wie Eötvös, Deak und Andrassy Gespräche aufzunehmen, die dann zum Ausgleich führten und 1867 die Krönung in Budapest ermöglichten. Mit fast barbarischer Pracht herkömmlich feudalen Aufwands feierten die Ungarn ihre wiedergewonnene Unabhängigkeit und ihren König mit seiner liebenswürdigen Königin. Es war der Höhepunkt ihres höfisch-offiziellen Lebens. Kurz danach erwartete sie »das Kind der Versöhnung«, der Versöhnung mit ihrem Mann, aber auch der Versöhnung Österreichs mit Ungarn. Es war ihre erklärte Absicht, es in Budapest auf die Welt zu bringen. Eine Absicht, die wiederum für erhebliche Aufregung sorgte, weil manche fürchteten, daß, wenn es ein Knabe werde, dieser trotz aller Verträge von den Ungarn, weil ein Landeskind, dermaleinst zum König erhoben würde. Es wurde ein Mädchen. Erzherzogin Valerie, die sich ihre Mutter ganz zu ihrem ureigensten Geschöpf bilden wollte, hatte später wenig mit Ungarn im Sinn. Sie gerierte sich als feurige Deutsch-Nationale. Es blieb bei diesem einzigen insgesamt doch erfolgreichen Versuch, sich in die Politik einzumischen. Vermutlich, weil sie ihn wirklich nur als eine Probe der Selbstbestätigung auffaßte, als eine Caprice, die voll ausgekostet ihren Reiz verlor. Sie wechselte ja dauernd und sehr abrupt die Themen, denen sie sich dann mit fast ausschließlicher Konzentration widmete. Sie konnte sich immer nur auf eine Sache konzentrieren. Denn der Schönheit weihte sie ihr Leben, und die Pflege ihres Haares verlangte unbedingt die bevorzugte Anspannung aller Seelenkräfte.

Ihr bis zu den Fersen reichendes kastanienbraunes Haar zu frisieren erforderte meist den ganzen Vormittag. Wie Franz Joseph war sie sehr »matinös«, sie stand sehr früh auf, im Sommer um fünf, im Winter um sechs Uhr. Stundenlang kämmte und flocht die Haarkünstlerin Fanny Angerer die Strähnen. Dabei erwarb sie sich nicht nur die professionelle Wertschätzung ihrer Herrin, sondern gewann auch deren Vertrauen. Sie wurde ihr unentbehrlich und alsbald auch deren Ehemann Hugo Feifalik, den sie als Privatsekretär anstellte, vornehmlich beauftragt, ihre Reisen zu organisieren. Aufgrund der Verdienste Fannys um ihre Haarpracht und wegen seiner ruhig-geschäftigen Umsicht wurden Herr und Frau Feifalik nach treuen Diensten in den Ritterstand erhoben. Dergleichen erinnert an das kaiserliche Rom am Ende mählichen Verfalls. Das Hochamt in den liturgischen Feiern des göttlichen Haares fand alle drei Wochen statt, wenn, mit Cognac und Eidotter gewaschen, dessen einzigartiger weicher Glanz erneuert wurde. Gleichwohl hatte sie mit ihrem Haar eine Last zu tragen, die sie freilich willig auf sich nahm: denn das Gewicht drückte und verursachte Kopfschmerzen. Dann mußte das Haar kunstvoll ausgebreitet werden, damit der Kopf sich erholen konnte. Neben dem Haar beanspruchten tägliche Gymnastik, strenge Diät und der zeitverschlingende Wechsel der Garderoben äußerste Aufmerksamkeit und Disziplin. An beidem ließ sie es nicht mangeln. Den Lohn der Mühen sammelte sie in der Bewunderung, die ihre Erscheinung auch denen abzwang, die nie verschwiegen, daß sie als Kaiserin ihre Bestimmung verfehle. Sie nötigte dazu, wie eine Statue betrachtet zu werden, und zugleich quälte es sie, daß sie alle Blicke auf sich zog. Insofern ging sie weiterhin sehr haushälterisch mit den Gelegenheiten um, sich in vollem Glanz zu zeigen.

Sie konnte sich indessen mit bezaubernder Anmut bewegen, wenn ihr daran lag. Aber Gespräche mit ihr waren weiterhin sehr mühselig. Die vornehmen Herren in Wien sprachen mit fester, lauter Stimme, das Gekreisch der Wiener Damen war in Norddeutschland berüchtigt. Elisabeth hingegen flüsterte, öffnete kaum die Lippen und hielt oft auch noch den Fächer vor den Mund, so daß es erhebliche Anstrengung erforderte, sie überhaupt zu verstehen, was meist Glückssache war. Sie hatte nämlich, wie ihr schöner Vetter Ludwig von Bayern, häßliche Zähne, und diesen Makel wünschte sie ebenso zu verbergen wie den anderen, ein recht unvollkommenes Französisch zu sprechen. Das fiel, wenn sie nur hauchte und ihre karge Rede kaum vernommen werden konnte, weniger deutlich auf. Außerdem gebrach es ihr, darin Franz Joseph gleich, vollständig an der umgänglichen Freiheit der Rede. Sie verstand es nie, eine Konversation in Gang zu halten, was insofern ziemlich hinderlich war, da an die Majestät keine Fragen gestellt werden durften. Ihre erhabene Schönheit erlitt dann mehr, als daß sie ihn bezauberte, wer an ihrer Seite speisen mußte. Ihre begrenzte Redegabe bewirkte die Befangenheit, die ihrem Gesicht den Ausdruck gleichmütiger Selbstverlorenheit verlieh, den manche schlicht Arroganz nannten.

Doch dergleichen stimmte höchstens die aristokratische Gesellschaft ärgerlich. Das Volk kannte sie nur aus der Ferne. Ihre Schönheit, ihre Absonderlichkeiten, ihre möglichen Leiden, kurzum, ihr Geheimnis boten genau den Stoff, aus dem sich populäre Legenden entwickeln lassen. Zumal diese hehre, in mystischen Schimmer entrückte Gestalt herzlich mit jedem zu plaudern verstand, wenn sie sich in die Niederungen menschlicher Notdurft begab. Sie nahm Cholerakranke in den Arm, setzte sich zu Verwundeten an das Bett, tröstete Sterbende in Spitälern; sie tat das nicht oft, doch wenn sie es tat, weckte sie allgemeine Rührung. Das Volk sah sich geliebt und schloß sie seinerseits in sein mitfühlendes Herz. Ohne es zu beabsichtigen, verlieh sie der Monarchie Gemütswert und erfüllte damit eine überraschende Funktion. Das Paradoxe war, daß die eklatante Lustlosigkeit, ihren Verpflichtungen nachzukommen, ihr allmählich den Zauber einer leidgeprüften und doch guten Märchenfee verlieh, die sich die volkstümliche Einbildungskraft mit ihren Mitteln zu poetisieren vermochte. Auf diese Art bestätigte sie, ähnlich wie der »Märchenkönig« Ludwig, die Vermutung, daß Poesie die Stütze der Throne sei, obschon nicht erhofft wurde, daß Poesie so trivial sein müsse. Aber es war die Trivialmythe, die dem Thron diente. Nur ein zwecklos verschwendetes, geahntes Leben ließ sich mit ungeahnten sentimentalen Inhalten füllen. Ludwig II. schuf sich mit seinen Schlössern seine eigene Ausdruckswelt, Sisi begnügte sich mit der Leere, in die jeder die Bedürfnisse, Schmerzen oder Behaglichkeiten seines gezeichneten Ichs verströmen konnte.

Die Leere verursachte Unruhe, die wiederum nach Ablenkung verlangte, um sie nicht zu spüren. Auch nach den heftigsten Anstrengungen fiel die Leere sie abermals an. Ein Circulus vitiosus, dem sie nicht zu entrinnen vermochte. In Wien hielt sie es weiterhin nur gelegentlich aus, und sehr rasch nahm sie wieder die Flucht vor sich selbst auf, durch den Kontinent hetzend, sich abhetzend, Erfüllung allein darin findend, sich zur verwegensten Reiterin auszubilden, die an Kühnheit und Sicherheit ihren meisten männlichen Gefährten gleichkam oder sie übertraf.

Sie bewegte sich in den siebziger Jahren meist in den sehr gemischten Kreisen der internationalen Sportfreunde, die von einem Schloß zum anderen wechselten, um bei Parforcejagden ihr Können zu erproben, vor allem in England. Ein zweifelhafter gesellschaftlicher Ruf spielte keine Rolle, sofern nur die sportliche Leistung größten Respekt verdiente. In dieser Männergesellschaft verschaffte sie sich Anerkennung und deren freundlichsten Beweis, als Kamerad von gleich zu gleich geachtet zu werden. Der engste Freund unter ihnen war der englische Offizier Bay Middleton, der sie wegen ihrer Schönheit und ihrer Kühnheit zugleich bewunderte. Sie fand in ihm den Inbegriff männlicher Freiheit, ganz in sich ruhend, ganz sich angehörend, wie sie es von sich ebenfalls er-

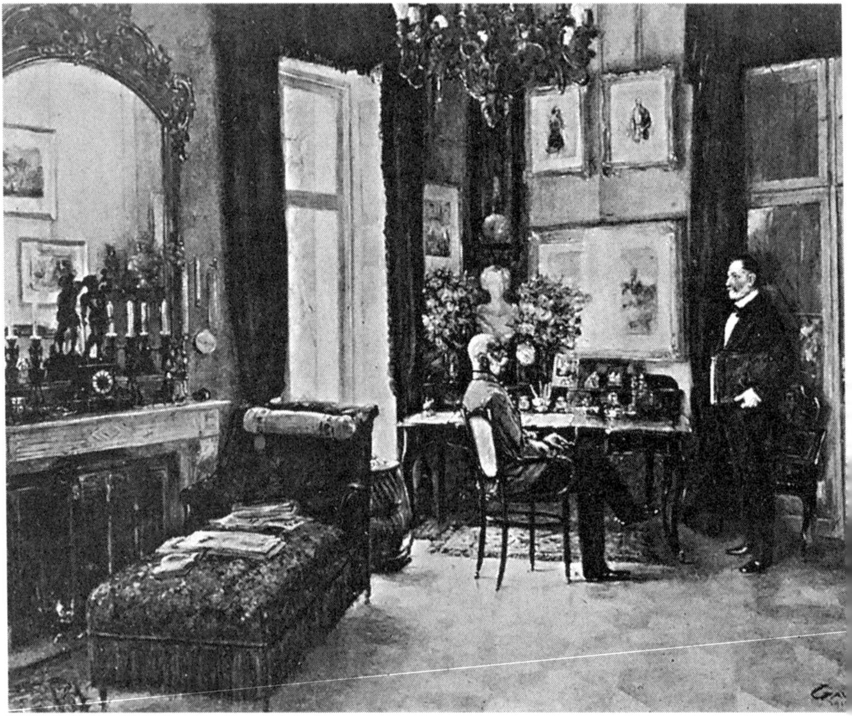

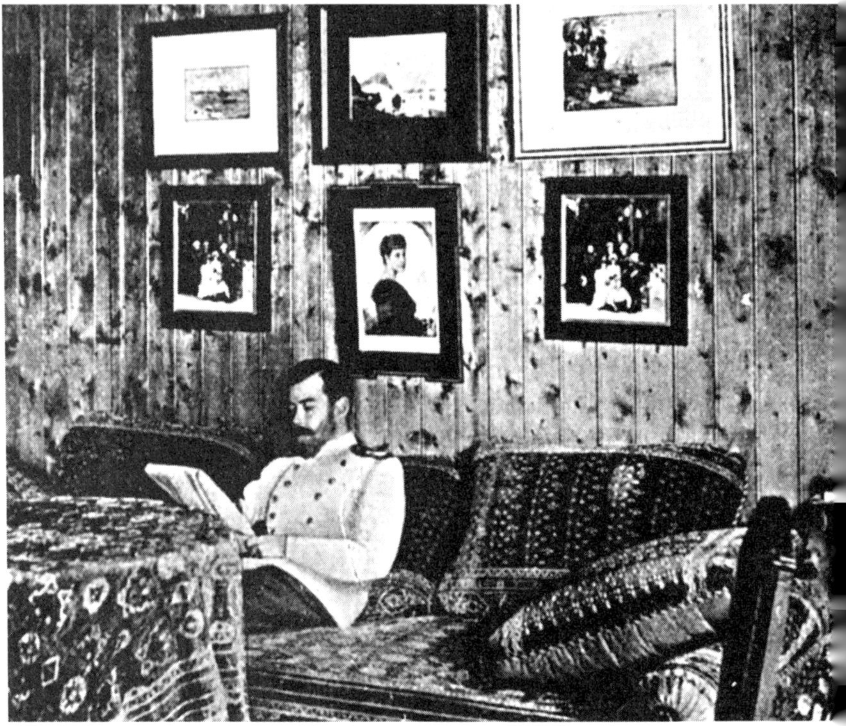

ranz Joseph, den Sisi einen Hofrat nannte, war ein nimmermüder Bürokrat, der auch den gering-
zigsten Vorgängen seine pedantische Aufmerksamkeit zuwandte. Nikolaus II. zog die mündlich
ümierende Information über Sachverhalte dem Aktenstudium vor. Wilhelm I. dagegen, mit Leib
d Seele wie Franz Joseph Soldat, wollte sehr genau wissen, was er zu unterschreiben habe, und un-
richtete sich gründlich aus den Akten. Die prosaischen Arbeitszimmer der Monarchen waren voll-
fropft mit Erinnerungen ihres Gemütshaushaltes, auf die sie als Repräsentanten einer überpersön-
hen Idee bei der unpersönlichen Arbeit nicht verzichten wollten, hierin ganz in Übereinstimmung
t bürgerlicher Innerlichkeit und dem gemütlichen Seelenadel eines empfindsamen Herzens, der der
ivatheit ihr Recht zugesteht (Kaiser Franz Joseph in der Ischler Kaiservilla, Gemälde
n Wilhelm Gause, 1910; Nikolaus II. bei der Zeitungslektüre in einer Jagdhütte, Photo um 1894;
ilhelm I. im Palais Unter den Linden, Photo von F. Jamrath, 1885).

hoffte. Er befreite sie in seiner Nähe aus ihrer Selbstbezogenheit und verhalf ihr zum Glück übereinstimmender Gemüter in verwandter sportlicher Gesinnung. Mit ihm erlebte sie, was wohl immer ihr einzig zärtliches Verlangen war: *amitié*, Freundschaft, die sie mit dem Kaiser nicht zu erlangen vermochte.

Franz Joseph durfte ihn kennenlernen, mußte sich zuweilen in ihrem Schloß Gödöllö auf ihre Clique geduldig einlassen, zu der so mancher gehörte, mit dem er nie im Leben bereit gewesen wäre, Bekanntschaft zu schließen. Er ertrug mit außerordentlicher Geduld selbst die Gesellschaft von Zirkusprinzessinnen, obschon es ihn zuweilen hart ankam, wenn die Kaiserin als Kunstreiterin auftrat, ein ehemaliger Zirkusdirektor die Hohe Schule vorführte und er für beide den Stallmeister abgab. Er wunderte sich über nichts mehr. Seine unverwüstliche Neugier erlaubte es ihm, sich mit den Wunderlichkeiten des Daseins abzufinden. So plötzlich, wie diese heftige Konzentration auf Pferde und sportliche Bestätigung ausbrach, wurde sie wieder abgebrochen. 1882 heiratete Bay Middleton. Damit war der Reiz, sich als Amazone zu bewähren, erloschen. Sie verlegte sich mit manischem Eifer auf das Fechten. Das konnte sie auch in Wien betreiben. Doch dort hielt sie nichts fest, am wenigsten ihr Mann, der Hofrat, wie sie ihn gelegentlich hieß. Der gewissenhafte Aktenmensch suchte nun erst recht Ablenkung in der Arbeit.

Ihm war von vornherein beigebracht worden, leben und regieren streng auseinanderzuhalten. Die Feier des Individuums, der ureigensten Besonderheit, stimmte ihn immer mißtrauisch. Individualität kannte er nicht. Er hielt jeden Einzelnen für ersetzbar, für unersetzlich aber Institutionen. Als Kaiser war er unpersönlich wie ein Schatten. Gerade weil Franz Joseph erkannte, daß »wir eben in den Flegeljahren der Entwicklung« sind, während deren man über manches hinwegsehen und vor allem Kleinlichkeit vermeiden muß, gerade weil man sich nicht mit einer chinesischen Mauer dem veränderlichen Geist der Zeiten zu verschließen vermag, änderte er nichts am öffentlichen Zeremoniell, dem sichtbaren Zeichen der Beständigkeit in der fliehenden Zeit, dem bildlichen Ausdruck harmonisch gesetzlicher Ordnung jenseits von Willkür und Eitelkeit. Für seine Person – er war sehr einfach – benötigte er keine Zeremonien, aber die Staatsperson, die er verkörpern sollte, konnte sie nicht entbehren: weniger ein Mensch als eine Bild gewordene Idee.

Die ungemeine Höflichkeit des Kaisers, seine protokollarische Phantasie bekundete sich auf liebenswürdigste Weise, sobald in einem gegebenen Augenblick nicht vorhersehbare zeremonielle Konflikte entstanden. Er fand sofort eine improvisierte Lösung, die jeden zufriedenstellte. Manches auf den ersten Blick befremdliche Verhalten erklärt sich aus seinem Taktgefühl. Das Ende einer Audienz deutete er mit einem kurzen Kopfnicken an und wandte sich zum Fenster, dem Besucher den Rücken zukehrend. Mit dieser scheinbar schroffen Geste wollte er es dem Gast ersparen, vorschriftsmäßig mit dem Rücken, den er der Majestät nicht zuwenden durfte, zur Tür zurückzufinden, was zu peinlichen Szenen führen konnte, wenn der Verabschiedete die Richtung zum Ausgang verfehlte. Die Regel mochte er nicht aufheben, aber indem er sich abwandte, konnte jeder so bequem den Raum verlassen, wie es wünschenswert war.

Er kannte alle Kleiderordnungen bis ins Detail. Die Anekdote, daß er kurz vor dem Sterben den herbeigerufenen Arzt, der nicht vorschriftsmäßig angezogen war, abwehrend die Hände entgegenstreckte: Bitte im Frack, ist sicherlich gut erfunden. Doch ein richtig gehandhabtes Adjustierungswesen gehört zu den Stützen der Monarchie wie eine weise bestimmte Tischordnung, ein fein dosiertes Titelwesen. Insofern war es nicht nur Pedanterie, wenn Franz Joseph darauf achtete, sich an das nun einmal Gebotene zu halten.

Seine gleichsam berufliche Lebensweise unterwarf er selbstbestimmter Regelmäßigkeit, die, einmal festgelegt, unabänderlich blieb, ein Bild der Wiederkehr des immer gleichen. Um halb vier Uhr morgens wurde er geweckt und sprang sofort mit einem Morgengruß aus seinem Feldbett. Dann kam der »Badewaschel«, um ihn in seiner Gummibadewanne einzuseifen und abzuwaschen. Anschließend half ihm der Leibkammerdiener beim Ankleiden. Um fünf Uhr gab es ein kleines Frühstück, anschließend begannen Aktenstudium und Berichterstattung. Um 12.30 Uhr hielt er eine Mittagspause mit einfachem Essen, Suppe, Naturschnitzel und Nachspeise, oft am Schreibtisch. Dann folgten wieder Audienzen oder Erledigung der schriftlichen Vorlagen. Das Diner hielt er um 17 Uhr, danach pflegte er nichts mehr zu essen, da es ohnehin sein Grundsatz war: Man muß nicht so viel essen. Mit dem Trinken hielt er es ebenso. Am Abend hatte er Zeit für die weitläufige Familie, für das Theater, meist harmlose Komödien, oder anfallende höfische Verpflichtungen. Spätestens um 23.00 Uhr ging er zu Bett.

Da er wenig und schnell aß, machte es kein besonderes Vergnügen, in seiner Gesellschaft zu speisen, denn er konnte elf Gänge in
fünfzig Minuten bewältigen. War der Kaiser mit einem Gericht
fertig, wurde sofort abgetragen und das nächste serviert. Die Erzherzöge verließen meist hungrig die Familiendiners und wichen
nach der Zigarre ins Sacher oder andere Restaurants aus, um ihren
Hunger zu stillen, was Franz Joseph dann zu der Frage veranlaßte,
ob ihnen seine Küche zu schlecht sei. Das war natürlich nicht der
Fall, nur seine Gewohnheiten entsprachen nicht denen der anderen. Darauf nahm er allerdings keine Rücksicht, was ihm nicht einmal als Unhöflichkeit ausgelegt werden konnte: Denn er war der
absolute Herr in seiner Familie, dessen Anordnungen sich jeder zu
fügen hatte. Für sie galten die staatsbürgerlichen Rechte und Freiheiten nicht. Erzherzöge waren keine Staatsbürger – sie besaßen
keinen Paß –, sie waren Mitglieder des Allerhöchsten Kaiserhauses
und damit vollständig dem Willen des familiären Oberhaupts und
den Hausgesetzen unterworfen.

Für sich selber war Franz Joseph anspruchslos. Nur Wäsche und
Socken wurden sofort erneuert, wenn sie einen kleinen Schaden
aufwiesen. Sehr großzügig erwies er sich stets anderen gegenüber.
Er vergaß keinen Geburts- oder Namenstag in der engeren und
weiteren Verwandtschaft. Von Geld hatte er überhaupt keine Vorstellung. Ohne es zu ahnen, verschwendete er nicht nur für seine
Frau große Summen. Seine Großherzigkeit brachte ihm seine Angehörigen menschlich allerdings nicht viel näher. Sie wurden alle-
samt erzogen, in ihm den Kaiser zu sehen und sich demgemäß zu
verhalten. Da er kaum aus sich herausgehen konnte, sie wiederum
nichts fragen durften, blieben die Beziehungen recht kühl. Sehr
akzentuierte Ansichten, eigenwillige Meinungen mochte er bei
Tisch oder bei familiären Zusammenkünften nicht gern hören.
Darin erblickte er unschickliche Effekthascherei oder Wolkenkra-
xelei, eben bildungsbürgerliche Allüren, die den hergebrachten
Rahmen sprengten.

Er liebte zwangloses Plaudern, aber da er selber dazu nicht recht
imstande, trauten sich die anderen auch nicht. Dabei konnte er in
Briefen, weil er gut beobachtete und zuzuhören verstand, die Unbefangenheit entwickeln, die ihm ein Bedürfnis in der Unterhaltung war. Im Gegensatz zu seiner Frau besichtigte er auf seinen
Reisen die Sehenswürdigkeiten mit der Neugierde eines Touristen
und berichtete von seinen Eindrücken, gelegentlich mit Witz und
Charme. Er nahm viel auf, weil er schon aus Disziplin sich dazu an-

STRAUSS

OP. 437

KAISER-WALZER

Valse impériale   Imperial Waltz

Piano solo

EDITION SIMROCK
No. 30

um vierzigsten Regierungsjubiläum Franz Josephs komponierte Johann Strauß den »Kaiserwal-
r«. Als der Kaiser jedoch erkennen ließ, daß er nicht vorhabe, bei der Uraufführung am 2. Dezem-
r 1888 im Musikvereinssaal zu erscheinen, erwog Johann Strauß, den Walzer Kaiser Wilhelm I.
 widmen, verzichtete aber schließlich auf jede Widmung, womit deutlich wurde, daß er zumindest
cht den österreichischen Kaiser zu ehren gedachte. Franz Joseph, einem Freund der Ordnung,
nnte es kaum gefallen haben, daß sein Hofballdirektor zwei Jahre zuvor die österreichische Staats-
rgerschaft aufgegeben hatte, um sich von seiner zweiten Frau scheiden lassen zu können, unver-
iglich die von Sachsen-Coburg annahm und gleichzeitig die Konfession wechselte, also zum Prote-
ntismus übertrat, um eine dritte Ehe eingehen zu können (Titelseite des Notendrucks, 1928).

hielt, sich unterrichten zu lassen. Aber da er es sich zur Pflicht gemacht hatte, seine Person ganz im Hintergrund zu halten, gab er
kein Urteil ab, schon aus Bescheidenheit, dazu nicht berechtigt
oder dafür nicht zuständig zu sein. So blieb er auch in der Familie
unpersönlich bis zur Selbstverleugnung, erwartend, daß die Erzherzöge sich ebenfalls an dieser Haltung als Stil ausrichteten.

Sie ergab sich aus Pflichtgefühl, nicht aus dem Streben nach persönlichem Glück. Doch auf das persönliche Glück, auf das eigene
Schicksal wollte nicht jeder verzichten. Sein jüngerer Bruder Ferdinand Maximilian ist das schlagendste Beispiel dafür. Er litt unter
der Erstarrung zur Majestät, wie er Franz Josephs Pflichtgefühl charakterisierte, und wollte nur eines, »das unerträgliche Schatten-
dasein in Wien« beenden.

Mit der ihm eigenen Impulsivität begründete Maximilian,
warum er sich endlich 1863 darauf einließ, das Angebot der mexi-
kanischen Kaiserkrone anzunehmen: »Meine Individualität, wie sie
mir Gott und die Natur gegeben, wie sie die Erziehung meiner
Eltern und die Wechselfälle des Lebens ausgebildet haben, kann ich
nicht ändern ... Diese meine Individualität, dieses selbsteigene
Etwas, entspricht nun nicht den Ansichten meines älteren Bruders...
Mein Freimut, mein burschikoses offenes Wesen genieren, meine
liberalen Ansichten schockieren ihn; meine ungebundene Zunge
fürchtet er, mein aufbrausendes Temperament erschreckt ihn,
meine auf Reisen gesammelten Weltanschauungen erregen seine
Eifersucht.« Ferdinand Max fürchtete, »im alten Europa im Nichts-
tun zu verfaulen«, im ständigen Reisen, rastlosen Sammeln von
Eindrücken und Erlebnissen und ihrem Nacherleben im schriftlichen Erinnern, ziellos Schlösser zu bauen und künstliche Gärten
zu ersinnen, die nur der Laune entspringen und auch sie nur so
lange unterhalten, bis sie vollendet sind. So ließ er sich auf das
abenteuerliche Kaisertum in Mexiko ein. Das kostete ihn sein Leben. Am 19. Juni 1867 wurde er in Querétaro erschossen.

Kann von jedem, der nicht herrscht und nicht einmal geringen
Anteil an der Herrschaft hat, eine Selbstverleugnung verlangt wer-
den, wie sie der Kaiser mit selbstverständlicher Gelassenheit übte?
Franz Joseph faßte es so auf. Erzherzog zu sein galt ihm als ein
Dienst, dem sich alles übrige unterzuordnen hatte. Er sah in den
Erzherzögen Diener, sehr erhöhte und gerade deshalb besonders
verpflichtete, des königlichen Staates. Als solche betrachtete er
ebenfalls seine Minister, jeden, der irgendwie ein Staatsorgan war.
Ihm wird oft vorgeworfen, sie kühl gebraucht und verbraucht, wie

eine Zitrone ausgepreßt zu haben, die, wenn sie keinen Saft mehr gab, weggeworfen wurde. Er unterhielt zu keinem von ihnen, mit Ausnahme zu Graf Taaffe, persönliche Beziehungen, und sein Dank für ihre Wirksamkeit fiel meist sehr knapp und trocken aus. Aber dahinter stand auch wieder nur sein nüchternes Pflichtpathos. Wen er als Minister berief, den hielt er für würdig, mit ihm zusammen dem Staat zu dienen. In der Berufung lag die Auszeichnung.

Hatte er geleistet, was von ihm erhofft wurde, dann lag der Dank in den Auswirkungen der ministeriellen Tätigkeit. Ganz abgesehen davon, daß jeder Staatsdiener unaufgefordert mit besten Kräften sich für den Staat einsetzen sollte. Das wurde vorausgesetzt. Waren seine Mittel erschöpft, erwies es sich mit Rücksicht auf das Wohl des Staates, den einzig maßgeblichen Gesichtspunkt, als unausweichlich, einen anderen damit zu beauftragen, das Werk fortzuführen. Im übrigen waren Nobilitierung, Standeserhöhung oder Orden Zeichen der Anerkennung. In solchen sehr prosaischen Überlegungen äußert sich keine Undankbarkeit, sondern sie sind die Konsequenz des königlichen Staatsgedankens, der, obschon im Monarchen personalisiert, sich in überpersönlicher Neutralität funktionstüchtig erhält.

Franz Joseph war ein sehr moderner, technisch-zweckmäßiger Autokrat, der die perfekte Maschine, das staatliche Uhrwerk, nach 1848 wieder in Gang setzen und in seiner Funktionstüchtigkeit erhalten wollte. Der Einzelne hat zum Vorteil des subtilen Apparates Funktionen auszuführen, nutzt er sich dabei ab, springt eine Feder, dann muß sie sofort ersetzt werden, damit der Zeiger der Staatsuhr, der Kaiser, die jeweils richtige Stunde weisen kann. Er ist der Zeiger, ein technisches Element unter anderen, aber das wichtigste, weil er angibt, was die Stunde geschlagen hat. Das kann er jedoch nur, wenn alle Einzelteile in wohldurchdachter Koordination ineinandergreifen und das Laufwerk in Gang halten. Störungen im Mechanismus verursachen sofort Verwirrung. Dann greift der Kaiser ein, der die Regelmäßigkeit der einzelnen Funktionen wiederherstellt und den Mechanismus abermals sich selbst überläßt.

Die kühle Natur des Kaisers, in Zweckmäßigkeiten denkend, weckte nicht unbedingt heißen Enthusiasmus, schwerlich überhaupt Gefühle. Aber ihm, mittelmäßig begabt, allerdings fleißig, ohne darin eine Tugend zu erkennen, gelang es nicht zuletzt aufgrund seiner Höflichkeit, als staatsneutraler Techniker und Feinmechaniker schwierigste Momente zu meistern, widerstrebende Interessen auszugleichen, und zwar so, wie es seinen Vorstellungen entsprach. Weil er in menschlicher Nähe, die er zugleich entbehrte, den Quell vieler Mißverständnisse vermutete und sich deshalb nur auf die Sachlichkeit beschränkte, so schwer es ihm zuweilen auch fiel, denn Ungeduld mußte er immer wieder beherrschen, gewann er die Herzen. Schließlich fühlt sich jeder bestätigt, wenn seine Sache halbwegs erfolgreich sachlich behandelt wurde.

Darin liegt wahrscheinlich das Geheimnis, weshalb er seine fürchterlichen Niederlagen zwischen 1856 und 1870 unbeschadet überleben konnte. Er war unentbehrlich wie das Reich, das er repräsentierte. »Vor allem wollen wir, daß das Reich weiterbesteht, denn in seiner Existenz sehen wir und alle anderen hier versammelten Völker die Garantie für unsere nationale Existenz«, wie Franz Rieger, der Alt-Tscheche, 1866 auf einer Versammlung der slawischen Österreicher unumwunden erklärte.

Den Verlust Italiens nahm Franz Joseph hin, die Vormacht in Deutschland eingebüßt zu haben, das blieb sein dauernder, sehr persönlicher Schmerz. Deutsche in der Monarchie, eine Minderheit, stürzten vorübergehend in Verzweiflung. Die übrigen witterten Morgenluft. Eine heilsame Reform ließ sich nur zusammen mit dem Monarchen erreichen, in dem sich die Einheit manifestierte. Er war tatsächlich zum Band geworden, das alles zusammenhielt, »unfruchtbar selbst, doch nötig, weil es bindet«. Das Mysterium der Dreieinigkeit wiederholte sich im vollen Lichte des modernen staatlichen Lebens als praktische Herrschaftsorganisation einer der größten Mächte Europas. Der Kaiser von Österreich war zugleich König von Ungarn und Herr einer dritten, gemeinsamen Regierung, der österreichisch-ungarischen, mit dem Außenminister, dem Kriegsminister und dem Reichsfinanzminister, die von Delegationen aus den beiden Parlamenten kontrolliert wurden.

Solch subtile Konstruktionen waren ohne den Monarchen undenkbar, ohne einen Monarchen, der sich trotz seines Charakters als deutscher Fürst, gleichwohl als Herr aller seiner Völker verstand. Er hatte sich zwar auf den Dualismus eingelassen, auf die Doppelherrschaft der Deutschen und Ungarn, und insofern die behauptete Gleichberechtigung aller verletzt. Doch zugleich wirkte der Dualismus als Anreiz, zu einem umfassenden föderalistischen Umbau der Monarchie zu gelangen, soweit die Ungarn und die Deutschen das gestatteten. Mit vielen Kompromissen oder Improvisationen wurde versucht, von Fall zu Fall die jeweiligen nationalen Begehrlichkeiten zu beruhigen. Das schuf erhebliche Mißverständnisse, aber insgesamt dachten doch vorerst selbst die radikalsten Nationalisten nicht daran, das Reich, das sich so gar nicht nennen durfte, zu verlassen. Die Devise Franz Josephs: »Ich muß meine Völker vor ihrer Regierung schützen«, bewährte sich überraschend gut. Denn Krone und Monarch gerieten nicht in die Diskussion, sie galten als Versprechen, verträgliche Übereinkünfte unter ihrer Leitung zu finden.

Schlechte Schüler Metternichs

Daß Franz Joseph unangefochten Kaiser bleiben konnte, Österreich-Ungarn auch weiterhin als eine europäische Großmacht aufzutreten vermochte, verdankte sich nicht zuletzt Bismarck. Er verwies die Deutschen in Österreich auf ihre Loyalität zum Erzhaus und enttäuschte von vornherein Absichten, einer nationalen Irredenta Aussichten zu machen, als unerlöste Minderheit dermaleinst heim ins Reich geholt zu werden. Das Deutsche Reich faßte er als saturiert auf, ohne Ehrgeiz, sich weitere Provinzen anzueignen. Von der Wiener Ordnung, die umgestürzt war, wollte er retten oder restaurieren, was sich als lebens- und überlebensfähig erweisen mochte.

Der gelehrige Schüler Metternichs wußte wohl, daß die Tage der Heiligen Allianz endgültig vorbei waren. Aber der Kampf zwischen den beiden europäischen Richtungen war noch nicht entschieden: zwischen dem System der Ordnung auf monarchischer Grundlage und dem der sozialen Republik, »auf deren Niveau die antimonarchische Entwicklung langsam oder sprungweise hinabzusinken pflegt, bis die Unerträglichkeit der dadurch geschaffenen Zustände die enttäuschte Bevölkerung für gewaltsame Rückkehr zu monarchischen Institutionen in cäsarischer Form empfänglich macht. Diesem circulus vitiosus zu entgehen oder das Eintreten in ihn der gegenwärtigen Generation oder ihren Kindern möglichst zu ersparen, halte ich für eine Aufgabe, die den noch lebenskräftigen Monarchien näher liegen sollte als die Rivalität um den Einfluß auf die nationalen Fragmente, welche die Balkanhalbinsel bevölkern.«

Bismarck hielt es für unbedingt erforderlich, daß die Monarchie temperiert werde, daß die gesetzgebende Gewalt geteilt sei und

Vertreter des Volkes in aller Freiheit den Monarchen und seine Regierung auf jeden irrtümlichen Weg, den sie einschlagen mochten, aufmerksam machten. Doch die vollziehende Gewalt ruhe bei dem Monarchen allein. Die Herrschaft der Majorität erschien ihm als der gröbste Absolutismus: »Ein Einzelner hat immer Rücksicht zu nehmen auf die Meinungen, eine Majorität hat gar keine Rücksicht zu nehmen: stat numerus pro ratione.«

In gütlichem Einvernehmen untereinander sollten die drei Kaiser daher gemeinsam mit dem König von Italien dafür sorgen, daß die Stabilität der friedlichen Ordnung nicht durch unruhige Parlamentsherrschaften gestört werde, die stets abhängig von den öffentlichen Aufregungsbedürftigkeiten seien und deshalb schwer berechenbar blieben. Für Frankreich sah er freilich keine Rückkehr zur Monarchie vor, ob in königlich-bourbonischer oder cäsarisch-napoleonischer Form. Ein monarchisches Frankreich fürchtete er als Großmacht. Denn dann könnte Österreich ein Bündnis mit diesem ebenfalls katholischen Staat suchen, mit ihm zusammen Revanche für die Niederlagen nehmen, vielleicht auch in Übereinstimmung mit Rußland, indem es sich mit ihm über alle strittigen Fragen einigte. Die »Kaunitzallianz« aus dem Siebenjährigen Krieg wollte er nicht erneuert wissen.

Sie gehörte zu seinen Alpträumen. Sie war in Österreich unvergessen, und in Frankreich besannen sich klerikale Monarchisten, aber auch liberale Republikaner gelegentlich auf deren verheißungsvolle Möglichkeiten. Damit sie ein Trugbild bleibe, fand er seinen Vorteil darin, Frankreich so lange wie möglich mit sich selbst beschäftigt zu wissen, welche Verfassung es sich geben möge. Denn die Republik, die er begünstigte, erachteten viele Franzosen als die ungünstigste Staatsform. Bismarck bemühte sich gleich nach 1870/71 darum, Österreich wieder Rußland anzunähern und es darüber in freundschaftliche Beziehung zum Reich zu bringen und gar nicht erst der Versuchung auszusetzen, auf französische Unterstützung bei noch schlummernden Revanchegelüsten zu hoffen. Eine laizistische, antiklerikale Republik konnte selbst für den staatsklugen Kaiser von Österreich kein Verbündeter sein. Bismarck verlangte nach Konsolidierung der nun bestehenden Verhältnisse, um die übrigen Staaten an das neue Reich als beruhigenden Faktor zu gewöhnen. Untereinander einig, vermochten die drei Kaiser des Nordens jeden daran zu hindern, nach den Jahren der Bewegung und Unsicherheit seit dem Krimkrieg die allgemeine Ordnung wieder zu verändern. Auf deren Stabilität waren die Monarchen angewiesen, um sich gegen den Druck der nationalen Demokratisierung behaupten zu können. Umfassende Kriege, weil jetzt Volkskriege erbitterter nationaler Leidenschaften, zwangen, selbst wenn sie gewonnen wurden, zu Zugeständnissen an das Volk in Waffen, die den Kronen höchstens Glanz beließen, sie aber aller Macht beraubten.

Das wußten die drei Kaiser. Bismarck gelang es, 1873 das Einverständnis unter ihnen zu erneuern, das im privaten Umgang trotz aller politischen Differenzen nie heftigen Turbulenzen ausgesetzt gewesen war. Diese Konstellation beunruhigte allerdings Disraeli, seit 1874 Lord Beaconsfield, weil er vermutete, daß diese monarchische Eintracht nur die Absicht verfolge, England daran zu hindern, sich auf dem Kontinent unbeschwert einmischen zu dürfen. Europa könne aber, wie er meinte, nur dann in gesichertem Frieden leben, wenn England in allen kontinentalen Fragen gehört werde und entscheidend mitbestimme. Das Bündnis der drei Kaiser mußte er deshalb für eine »unnatürliche Allianz« halten, weil sie auf jeden Fall ihre Entschlüsse durchzusetzen vermochten, ob gegen England oder mit England in ihrem Schlepptau. Letzteres erschien ihm nahezu demütigend bei der »natürlichen« Bestimmung Englands, seinen Einfluß »in the government of the world« geltend zu machen.

Gerade das war der Zweck dieser Verbindung: die Ruhe Europas vor englischen Einsprüchen, möglichst in Übereinstimmung mit französischen, zu sichern. England konnte sich daran beteiligen, indem es sich mit den drei Kaisern wie zu Metternichs Zeiten arrangierte. Ansonsten sollte es sich, isoliert, wie es war, in deren Abmachungen fügen.

Lord Beaconsfield sah in der Isolation einen erheblichen Nachteil. Seine Idee, das Bündnis des Krimkriegs zu erneuern, entbehrte freilich jeder realistischen Grundlage. Frankreich dachte nicht daran, sich in deutlichen Gegensatz zu Rußland zu bringen, da es sich immer die Möglichkeit offenhalten mußte, sich mit ihm gegen Deutschland verbünden zu können. Österreich konnte England wenig bieten. Ein freies Polen als habsburgische Sekundogenitur mochte einst eine Verlockung gewesen sein, doch das stieß auf den Widerspruch Deutschlands und Rußlands. Die Freundschaft zu Rußland konnte Österreich vielleicht entbehren, die zum Reich auf keinen Fall, das wiederum gute Nachbarschaft im Osten nicht entbehren wollte. Die traditionelle Abneigung gegen Rußland bestand in England weiterhin, und das liberal-protestantisch-germanische Deutsche Reich mochte als der ideale Partner erscheinen. Doch dort fürchtete man, nicht ohne Grund, im englischen Interesse in Kriege verwickelt zu werden, für die von deutscher Seite überhaupt kein Anlaß bestand. Ein Bündnis mit England machte es im übrigen Bismarck unmöglich, vielleicht auch Frankreich in einen großen Kontinentalblock miteinzubeziehen, sollte es unter dem Eindruck freundlicher Duldung, ja Förderung seiner kolonialen Absichten doch einmal die blaue Linie der Vogesen nicht mehr als Irritation empfinden und sich mit dem Verlust Elsaß-Lothringens abfinden. Und eine deutsch-französische Aussöhnung erschien Bismarck allemal wichtiger als eine Verbindung mit England.

Nichts schreckte England mehr als ein unter sich einiges Europa, selbst wenn es nicht ein Caesar wie Napoleon zusammenzwang, weil eine kontinentale Flottenvereinigung Unabhängigkeit von England versprach und ihm jede Aussicht versperrte, als Schiedsrichter auf dem Kontinent benötigt zu werden. Es bedurfte eines uneinigen Kontinents, dessen Flotten nicht miteinander verbunden waren. Lord Beaconsfields Ziel war es, jede Gelegenheit zu nutzen, die europäischen Mächte so weit gegeneinander aufzureizen, daß sie der englischen Vermittlung bedurften. Er griff auf das negative Konzept der Politik Lord Palmerstons zurück, Konfrontation zu suchen, Gegensätze herzustellen, um sie anschließend durch Kooperation mit zwei der kontinentalen Mächte wieder zu beruhigen.

Die Orientkrise ab 1875 war ihm eine willkommene Gelegenheit, England überhaupt wieder in das Spiel der Mächte einzufügen. In diesem Sinne setzte er alles daran, eine solche Krise überhaupt zu erreichen. Seit 1875 empörten sich die Christen auf dem Balkan gegen den Sultan, der nicht willens war, mit Reformen, die 1856 beim Pariser Frieden versprochen worden waren, den Wünschen nach religiöser Freiheit und politischer Autonomie innerhalb des Osmanischen Reiches zu entsprechen. Die drei Kaiser versuchten, gerade weil sie keinen Krieg wünschten, gemeinsam den Sultan zu den erforderlichen Zugeständnissen unter Umständen zu zwingen. Frankreich und Italien schlossen sich ihren vermittelnden Vorschlägen an, aber nicht die englische Regierung.

Lord Beaconsfield gab der Hohen Pforte zu verstehen, daß sie auf jeden Fall mit britischer Unterstützung rechnen dürfe, was diese nicht eben dazu veranlaßte, dem Druck der Europäer nachzugeben. Seine Politik war insofern erfolgreich, als die mangelnde Bereitschaft des Sultans, sich auf substantielle Zugeständnisse einzulassen, die Situation verschärfte. Serbien, Montenegro, schließlich die Bulgaren erklärten 1876 der Türkei den Krieg. Das konnte die Eintracht der Kaiser vorerst nicht stören. Sie bemühten sich weiter, in Übereinstimmung mit Frankreich und Italien zu vermitteln, erfolglos, da England jeden Kompromiß unerträglich fand, der den Ausbruch eines großen Konflikts etwa unmöglich machte.

Die Russen verloren im April 1877 die Nerven und dachten mit einem Krieg gegen das Osmanische Reich, wohlgemerkt im Namen aller europäischen Mächte, die den Pariser Vertrag unterzeichnet hatten, allerdings ohne deren Einverständnis vorher einzuholen, eine Entscheidung herbeizuführen. Damit hatte Lord Beaconsfield die Krise, die er brauchte. Nach manchen Schwierigkeiten im Feldzug standen russische Truppen im Frühjahr 1878 unmittelbar vor Konstantinopel. Sie unterließen es, die Stadt zu besetzen und damit das Unterpfand in die Hand zu bekommen, mit dem wuchernd sie es vermocht hätten, ein für allemal die Balkanfragen zu bereinigen.

Wie sie sich eine Lösung vorstellten, veranschaulichte der Frieden von San Stefano, den sie mit den Türken, ohne jemanden zu fragen, vereinbarten, einen Frieden, der alsbald genau das bewirkte, worauf Lord Beaconsfield wartete: die Zwietracht unter den drei Kaisern. In dem Vertrag wurde festgelegt, daß Rumänien Bessarabien an Rußland abtrete, wofür es die Dobrutscha erhielt, und Bulgarien mit Ostrumelien und Makedonien bis zur Ägäis als selbständiges, dem Sultan tributpflichtiges Fürstentum eingerichtet werde. Außerdem erwarb Rußland Teile Armeniens. Rumänien, Serbien und Montenegro, jeweils vergrößert, sollten aus der Oberhoheit des Sultans gelöst, souveräne Staaten sein. Gemäß früheren Absprachen stand es Österreich frei, Bosnien und die Herzegowina zu annektieren. Das Osmanische Reich war damit keine Macht in Europa mehr. Der russische Kaiser setzte die Zustimmung Österreichs voraus, der deutschen war er ohnehin sicher.

Dessen eigenmächtige Entscheidungen störten Bismarck überhaupt nicht, er hielt die in San Stefano verabredeten Tatsachen allerdings für diplomatisch ungeschickt vorbereitet. Das ermöglichte es Lord Beaconsfield, sich endlich entschlossen einzumischen. Kaiser Franz Joseph erlag der Versuchung, wie im Krimkrieg, sich mit England und über dessen Vermittlung vielleicht mit Frankreich zu verständigen, um die Abhängigkeit von Rußland und Deutschland oder Preußen, wie er das Reich nannte, zu lockern. Er vertrug es nicht, daß ein neues Metternichsches System sich um Berlin und nicht um Wien gruppierte. Doch weder er noch sein Außenminister Gyula Andrassy wußten, was sie eigentlich wollten: das Osmanische Reich erhalten und Rußland vom Balkan abdrängen oder sich mit Rußland die Beute nach Interessensphären unter Beteiligung anderer Mächte aufteilen. Immerhin bot sich einmal mehr die Gelegenheit, zu welchen Bedingungen auch immer, eine Lösung der lästigen Orientfragen zu finden, die Rußland vernünftigerweise anstrebte.

Bismarck, der für das Reich bedürfnislos war, interessierte nur der Friede. »Die Frage, ob wir über die orientalischen Wirren mit England, mehr noch mit Österreich, am meisten aber mit Rußland in dauernde Verstimmung geraten, ist für Deutschlands Zukunft unendlich wichtiger als alle Verhältnisse der Türkei zu ihren Untertanen. Es muß versucht werden, ob der so wertvolle Friede zwischen den europäischen Mächten nicht dadurch erhalten werden kann, daß die ohnehin unhaltbare Einrichtung der heutigen Türkei die Kosten dafür hergibt.« Das hieß, das Osmanische Reich aufzuteilen. England könne sich Ägypten, Frankreich Tunis nehmen, Italien Tripolis, und Rußland wie Österreich könnten sich die östliche beziehungsweise westliche Balkanhalbinsel unterwerfen. Ähnliche Teilungsvorschläge hatte einst schon Kaiser Nikolaus erwogen. Sie scheiterten damals wie jetzt an England und Österreich. Kurzerhand erklärte Lord Beaconsfield Konstantinopel und damit die Kontrolle über die Dardanellen zum Schlüssel zur Weltherrschaft, was Bismarck zu der spöttischen Bemerkung veranlaßte, daß offenbar der Sultan bisher die Welt beherrscht habe. Ihm war es ziemlich gleichgültig, wer die Zufahrt und Ausfahrt von Schiffen am Schwarzen Meer kontrollierte. Diese Frage war ihm die Knochen eines pommerschen Grenadiers nicht wert und noch weniger, darüber ganz Europa in Brand zu setzen.

Für Lord Beaconsfield war es natürlich auch keine Frage um Sein oder Nichtsein des britischen Reiches. Bei der pathetischen Beschwörung, daß Rußland, sofern es die Dardanellen kontrolliere, die Existenz des Reiches gefährde, handelte es sich nur um einen Vorwand; denn mittlerweile gab es den Suezkanal, und England, indessen Hauptaktionär der Kanalgesellschaft, begann damit, Ägypten seinem Einfluß zu unterwerfen. Wer auch immer Konstantinopel besaß, von dort drohte keine unmittelbare Gefahr. Kaiser Alexander II. hatte im übrigen stets versichert, die Stadt nicht besetzen, nicht annektieren zu wollen. Doch Lord Beaconsfield brauchte eine dramatische Krise. Dafür mußte er die antirussischen Stimmungen kräftig beleben, die Furcht vor finsteren panslawischen Anschlägen auf die Freiheit der Völker und vor allem auf die britische Herrschaft im Mittelmeer und Indien. Nur über diesen Umweg konnte er die öffentliche Meinung dafür gewinnen, den Fortbestand des Osmanischen Reiches als Voraussetzung für die Sicherheit Europas und einer britischen Weltordnung zu erachten. Denn der Moment war denkbar ungünstig, um in England Sympathien für die Verteidigung unmittelbar osmanischer Interessen zu wecken.

Die Brutalität, mit der türkische Truppen den Aufstand der Bulgaren im Sommer 1876 unterdrückten, empörte die politische Moral der Engländer, die deswegen überhaupt nicht geneigt waren, in der Unverletzlichkeit des Osmanischen Reiches ein dringendes Gebot für die Ruhe Europas zu erkennen. Lord Beaconsfield, der mit aufreizender Gleichgültigkeit die Proteste einer politisch-moralischen Gewissenhaftigkeit mißachtete, wußte aber sehr genau, daß in Gesellschaften, die sich demokratisieren – und er tat das Seine, um diesen Prozeß nicht aufzuhalten –, politische Ziele nur erreicht werden können, wenn leidenschaftliche Erregung im Namen humanitärer Tugend und freiheitlicher Moral sie als erstrebenswert erachtet. Es gelang ihm, nachdem Rußland den Türken im April 1877 den Krieg erklärt hatte, die moralische Reizbarkeit seiner Briten von den Türken abzulenken und sie gegen Rußland zu richten, den Feind des Menschengeschlechts und Englands. Der nationale *jingo*, das Wort kam in diesen Tagen auf, erkannte plötzlich in der Integrität des Osmanischen Reiches ein Bollwerk der Zivilisation, das gegen russische Übergriffe verteidigt werden müsse, nicht zuletzt um England Gelegenheit zu verschaffen, sich als energischer Wächter universaler Tugenden zu bestätigen.

Den Umschlag der öffentlichen Leidenschaften, den Lord Beaconsfield nutzte, ohne daß er deren Motive teilte, ermöglichte nicht zuletzt die schwankende Haltung Kaiser Franz Josephs und seines Außenministers Gyula Andrassy, die spätestens nach dem Abkommen von San Stefano sich England annäherten und vom Bündnis der drei Kaiser entfernten. Österreich hatte 1877 bei den anfänglichen Schwierigkeiten des russischen Feldzugs gegen die Türken Gelegenheit, die Russen zu unterstützen und gleichsam die Schulden für 1849 zu begleichen. Es konnte zusammen mit

Rußland, bei freundlicher Duldung des Deutschen Reiches, den Balkan nach beiderseitigen Vorstellungen ordnen. Andererseits bot sich die Möglichkeit, ohne Rücksicht auf Deutschland die russischen Verlegenheiten auszunutzen und gemeinsam mit den Türken die Russen aus dem Balkan abzudrängen und gleichzeitig als Befreier der christlichen Völker dort aufzutreten. Das erwartete Lord Beaconsfield. Schließlich konnte Österreich sich auch zum Anwalt des Osmanischen Reiches machen, um dessen ungeschmälerten Bestand zu sichern. Es schlug keinen dieser denkbaren Wege ein.

Franz Joseph und Andrassy wollten im Orient als Macht auftreten, und zugleich fürchteten sie die Konsequenzen. Der russische Kaiser war bereit, ihnen vorwaltenden Einfluß im Westen des Balkans einzuräumen, ihnen Bosnien und die Herzegowina zu überlassen. Andernteils fanden es die Deutschen in der Monarchie und die Ungarn höchst unbehaglich, die Zahl der Slawen sorglos zu erhöhen. Annexionen auf dem Balkan waren sehr unpopulär. Gleichzeitig wollten Franz Joseph und Andrassy den Russen, mit denen sie doch verbündet, in diesem Raum keine bedeutenden Zugeständnisse machen. Denn zumindest die Deutschen in der Monarchie pflegten zäh eine Idee deutscher Kulturmission entlang der Donau, die wiederum die Ungarn nicht unbedingt teilten.

Die Politik Metternichs, das Osmanische Reich auf jeden Fall zu stützen, solange es aussichtsreich war, dessen Aufteilung hinauszuschieben, hatte man allmählich aufgegeben. Österreichische Skrupel, sich an einer beliebigen Zerstückelung der europäischen Türkei zu beteiligen, schwanden nach und nach. Franz Joseph und seine Minister dachten an möglichst kleine autonome Staaten, die nicht klein genug sein konnten, damit man sie gegeneinander aufbringen und russischer Betreuung entziehen konnte, ohne aber entschieden danach zu streben, ihnen Österreich als unentbehrlichen Schutzherrn ihrer Selbständigkeit zu empfehlen. Sie fürchteten dort gleichsam saturierte, lebensfähige Staaten, wie sie Rußland und Deutschland für empfehlenswert hielten, und eine klare Trennung der jeweiligen Interessensphären, weil sie gar nicht genau bestimmen konnten, was denn nun in ihrem oder dem europäischen Interesse auf dem Balkan wünschenswert sei. Das erschwerte jede Verständigung mit Rußland und ermöglichte die Unruhe unter den zufälligen staatlichen Gebilden, die, weil unzulänglich entworfen, in wechselnden Kombinationen suchten, sich angemessen zu »arrondieren«. So wollte Österreich eine Rolle auf dem Balkan spielen, ohne zu wissen, in welchem Stück.

Zusammen mit England verlangte es eine Revision des Abkommens von San Stefano, das mögliche Bedürfnisse Österreichs gar nicht mißachtete. Auf dem Berliner Kongreß 1878, zur Enttäuschung Franz Josephs nicht auf einem Wiener Kongreß, wurde Rußland um den Lohn seines Sieges gebracht. Bulgarien erhielt nur unbefriedigend enge Grenzen, verblieb formell unter der Oberhoheit des Sultans. Serbien und Rumänien, nun endgültig souverän, waren nicht zufrieden mit ihrem staatlichen »Lebensraum«, und Österreich durfte Bosnien und die Herzegowina besetzen, seinem Reich Provinzen eingliedern, die theoretisch weiterhin zum Osmanischen Reich gehörten, eine Absurdität für eine Großmacht, eine unentschlossene allerdings, die zur gleichen Zeit für die Integrität des Osmanischen Reiches und seine bekömmliche Aufteilung plädierte. Vor einer Annexion, die Alexander II. in Aussicht gestellt hatte, wich Franz Joseph zurück. Ganz verzichten, das wollte er auch nicht, obschon außer einigen Militärs keiner den Erwerb dieser Gebiete wünschte, die weder Österreich noch Ungarn, vielmehr dem gemeinsamen Finanzminister unterstellt wurden. Um nicht mit leeren Händen dazustehen, denn Lord Beaconsfield fuhr als Lohn für die Verteidigung des Osmanischen Reiches die Abtretung Zyperns an England ein, ließ sich Franz Joseph auf ein Geschäft ein, das gar keines war. Es kostete erhebliche Anstrengungen, diese Provinzen anschließend zu unterwerfen und halbwegs zu befrieden; ihre Annexion, die ihm die Russen ohnehin zubilligten, sollte später für einen heftigen europäischen Konflikt sorgen, bei dem England jedenfalls nicht mehr die österreichischen Interessen vertrat, die es damals förderte.

Die Freundschaft zu England hatte Franz Joseph nicht gewonnen, weil er nicht bereit war, gegen Rußland zu kämpfen. Rußland war erheblich gereizt, weil Österreich wieder einmal sich als unzuverlässig erwies, und Deutschland sah sich gezwungen, schlimmste Mißverständnisse zwischen beiden zu verhindern, um das Drei-Kaiser-Bündnis aufrechterhalten zu können. Doch Lord Beaconsfield konnte seiner Königin melden: »Tatsächlich ist die Nordische Allianz zu Ende.« Das war sein Ziel und nicht eine endgültige Ordnung des Balkans, die mit österreichischer Hilfe abermals durch fragwürdige Improvisationen hinausgeschoben wurde.

Das Flickwerk der Berliner Verträge, auf das Bismarck, der ehrliche Makler, nie sonderlich stolz war, es später bereuend, sich überhaupt auf diese Vermittlung eingelassen zu haben, bestätigt ex negativo, wie heilsam eine aufrichtige Zusammenarbeit der drei Reiche des Nordens für Europa sein konnte, wenn sie sich in ungetrübter Übereinstimmung bemühten, unhaltbare Verhältnisse zu entspannen und zu beruhigen. Die Unzuverlässigkeit Kaiser Franz Josephs verwirkte die Chance, Europa davon zu überzeugen. Als gekränkter deutscher Fürst verstand er es immer noch nicht, daß Bismarck keine preußisch-deutsche Hegemonie über Europa errichten wollte, sondern die Hegemonie der Staaten des bewahrenden Prinzips, die ihm, daran beteiligt, genug Möglichkeiten bot, seinen Willen spürbar in Gemeinsamkeit mit dem der beiden anderen zu bekunden.

Für Bismarck war es eine Notwendigkeit, die unübersehbare Überlegenheit des Reiches hinter Bündnissen und Übereinkünften zu verbergen und damit das Reich vor sich selbst zu schützen, es nur als Organ umfassender Einverständnisse wirksam werden zu lassen. So hatte Metternich gehandelt, um manche Schwäche Österreichs zu verhüllen, so wollte er handeln, um die einschüchternde Stärke abzumildern. Bismarck lud Österreich zur Teilhabe an der Macht ein, doch dort begriff man das freundliche Angebot als Bevormundung mit dem Ergebnis, da Deutschland wegen Österreich nicht in äußerste Schwierigkeiten mit Rußland geraten wollte, daß von Berlin aus dem schwächsten Teilhaber der Allianz bedeutet werden mußte, nur dann Unterstützung zu finden, wenn es Unzumutbarem ausgesetzt war. Was unzumutbar war, das wollte man seitdem in Berlin bestimmen, wo überhaupt keine Bedenken bestanden, russische Einflüsse auf dem Balkan als korrigierende aufzufassen.

Gleichwohl schloß Bismarck 1879 eine feste Allianz mit Österreich, den engeren deutschen Bund gleichsam um einen weiteren ergänzend. Das erschien ihm nicht sonderlich verwirrend, wurde damit doch nur erneuert, was ohnehin Brauch unter deutschen Mächten seit eh und je war, im alten Reich wie im Deutschen Bund nach 1815, nur daß jetzt das mit Preußen vereinte Reich Österreich zur Zusammenarbeit aufforderte und nicht Preußen sich von Wien aus lenken ließ. Der Sinn des Bündnisses lag eben darin, Österreich daran zu erinnern, seine südosteuropäische Politik mit Rußland abzustimmen, damit es erst gar nicht wieder zu Mißhelligkeiten wie vor dem Berliner Kongreß kam, also das gute Einvernehmen unter den drei Kaisern zu erhalten. Da Rußland und das Reich nicht den geringsten Grund hatten, sich wegen eines Dritten in einen Krieg verwickeln zu lassen, sollten beide nicht in fatale Abhängigkeit von diesem Dritten geraten.

Die Berliner Ordnung des Balkans erwies sich alsbald als brüchig. Alexander von Battenberg, ein Cousin des russischen Kaisers, der Fürst von Bulgarien, wurde rasch des mächtigen russischen Einflusses überdrüssig. Seinen Thron hatte er nur erhalten, weil selbstverständlich vorausgesetzt worden war, er werde seine Politik stets in engster Übereinstimmung mit den Russen verfolgen. Er bestätigte nachdrücklich, daß befreite Staaten undankbar sind, sein müssen, um sich der Mitbestimmung durch den Befreier zu entziehen. 1885 brach in Ostrumelien ein Aufstand aus, um die verhinderte Vereinigung mit Bulgarien dennoch zu erreichen. Rußland, längst erbittert über die Eigenwilligkeiten des Battenbergers, wehrte sich nun gegen ein Großbulgarien, das es 1878 noch gewünscht hatte, England hingegen, dem ein antirussisches Bulgarien jetzt gar nicht groß genug sein konnte, unterstützte sofort die Bestrebungen nach bulgarischer Wiedervereinigung. Franz Joseph, unentschlossen wie eh und je, mochte nicht offen den Battenberger unterstützen, aber auch nicht für die Einhaltung der Berliner Verträge eintreten wie der russische Kaiser. Er überließ es mit freundlicher Duldung Serbien, das sich bei einem erweiterten Bulgarien Kompensationen erhoffte, einen Krieg vom Zaun zu brechen, den der »schöne Sandro«, wie er in der Familie genannt wurde, wider Erwarten ungemein erfolgreich führte. Beides verbitterte Alexander III. Bismarck beunruhigte die neue balkanesische Verwirrung nicht nur wegen der Abmachungen des Berliner Kongresses, sondern vor allem, weil sie ein preußisches Familiendrama auslöste, das seine ganze Friedenspolitik umstürzen konnte.

Denn Fürst Alexander hatte zu allem Überdruß das Herz der Prinzessin Victoria entflammt, der Schwester des späteren Wilhelm II. Von der Verwirrung der Gefühle ließen sich Kronprinz Friedrich, der als bürgerlich-sentimentaler äußersten Respekt vor allen Stimmen des Herzens wahrte, und seine Frau Victoria, die Liebesheiraten für die Voraussetzung irdischer Glückseligkeit hielt, sofort anstecken. Es entzog sich deshalb vollkommen ihrem Verständnis, daß Bismarck Gemütsregungen nicht die schuldige, rührende Aufmerksamkeit schenkte und roh die zarten Fäden, die zwei Neigungen verflochten, zu durchschneiden bestrebt war. Eine bulgarische Ehe, für die die englische Königin schwärmte, die sich so gern einen Kuppelpelz verdiente, hätte den Zusammenbruch des Bündnisses mit Rußland bedeutet und unweigerlich Deutschland in die Auseinandersetzungen auf dem Balkan hineingezogen. Den Rückhalt Rußlands konnte das Deutsche Reich gerade zu dieser Zeit überhaupt nicht entbehren, da in Frankreich die revanchistischen und monarchischen Kräfte sich kräftig bemerkbar machten. Alexander III. zögerte nicht anzudeuten, daß er, so schmerzlich es ihm auch sei, gegebenenfalls sich gezwungen sehen könnte, in Frankreich Freundschaft und Unterstützung zu suchen, worauf zu diesem Augenblick französische Politiker sehnlichst warteten.

Darauf wollten es Bismarck und der greise Kaiser Wilhelm gar nicht erst ankommen lassen. Die Aussicht, dafür ein Bündnis mit England zu erreichen, für das der Kronprinz und seine Frau warben, besaß nichts Verlockendes. Worin sollte dessen Vorteil liegen, käme es zu einem großen, allumfassenden kontinentalen Krieg, den nicht Flotten, sondern Fußtruppen entschieden? Gegen Frankreich und Rußland bot England keine Hilfe und Schutz, ganz abgesehen von Österreich, das beim besten Willen nicht zur Aufbietung sämtlicher Unterstützungskräfte sich veranlaßt fühlen mußte, wenn »Preußen« in für es gar nicht so unangenehme höchste Schwierigkeiten geriet. Ihm bot sich, sollte ein solcher Krieg unerwünschte Folgen verheißen, allemal die Umkehr der Bündnisse, die Zuflucht in die »Kaunitzallianz«. Dann stünde Preußen-Deutschland mit England allein, und was das hieß, nur auf England angewiesen zu sein, das hatten deutsche Staaten, auch Österreich, in der Geschichte schon mehrmals gründlich erfahren dürfen.

Es gehört zu den ganz großen Leistungen Bismarcks, wie er deutsche Interessen wahrte und damit den Frieden in Europa rettete. Er ließ sich auf die »hochpolitische englische Intrige« nicht ein, die friedliche deutsche Politik durch eine den englischen Interessen dienende antirussische, »das heißt durch eine Politik zu ersetzen, die zum europäischen Krieg führt, bei dem England natürlich zusehen wird«. Franz Joseph mußte allerdings dabei bekümmert feststellen, daß ihm nur soviel Beweglichkeit zugestanden wurde, wie man es in Berlin als bekömmlich erachtete. Er war einsichtig genug, ein zögernder, aber doch loyaler Verbündeter zu bleiben, sich dareinzufügen, daß die Allianz ihm keinerlei Freiheit auf dem Balkan erlaubte. Er schluckte diese letzte bittere Pille und begrub jede Hoffnung, »Rache für Sadowa« nehmen zu können, in den Abgründen seines Herzens.

Alexander Battenberg konnte sich, trotz englischer Bemühungen und familiärer Szenen mit politischen Erwartungen in Berlin, in Bulgarien nicht halten. Er bedauerte es nicht sonderlich, und sein Roman mit der Prinzessin Victoria fand ein plötzliches Ende, als er der Schauspielerin Johanna Loisinger in Wien begegnete, die seinen Leidenschaften ein umstandslos erreichbares Ziel verhieß. Zu seiner Nachfolge ließ sich Ferdinand von Coburg überreden, ein in österreichischen Diensten stehender Offizier, der seinen Ehrgeiz hinter Tändeleien mit hübschen Burschen verbarg. Keiner nahm den Enkel Louis Philippes ernst, der ab 1887 in zäher Ausdauer seine Anerkennung als Fürst von Bulgarien durchsetzte, und, wenn er schon Ostrumelien nicht mit seinem Fürstentum verbinden durfte, über jenes doch in Personalunion endlich herrschen durfte. Franz Joseph hatte sich, unter deutschem Druck, denn Bismarck hielt es für völlig unnütz, einem deutschen Prinzen in Bulgarien Beschäftigung zu verschaffen, sehr zurückgehalten, diesen Bruder Leichtfuß zu unterstützen, für den er später eine gewisse Hochachtung nicht verhehlte. Aber er tat auch nichts dagegen, daß dieser sich in Sofia einrichtete.

Alexander III. hielt das für den letzten Affront von seiten Österreichs und weigerte sich, das Drei-Kaiser-Bündnis zu verlängern. »L' Autriche triche«, Österreich betrügt, hieß es in Petersburg, und Wilhelm I. erhielt das Angebot, sich mit Rußland allein auf Kosten Österreichs zu arrangieren. Der russische Botschafter in Berlin, Graf Paul Schuwalow, schlug, allerdings schwer beschwipst, vor, Österreich von der Karte Europas verschwinden zu lassen. »Das Deutsche Reich soll die deutschen Provinzen Österreich-Ungarns annektieren, und nichts wird dann die beiden verbleibenden Kaiserreiche mehr trennen können.«

Solche dem Geiste des Champagners sich schuldenden Vorschläge widersprachen völlig Bismarcks Ordnungspolitik. Er schloß mit Rußland, dessen Freundschaft ihm für die Ruhe Europas und des Reiches unentbehrlich war, 1887 den Rückversicherungsvertrag, ohne große Rücksicht auf Österreich, dessen Existenz ihm dennoch unersetzlich erschien. Ihm ging es darum, Österreich vor weiteren wenig überlegten Eskapaden zu bewahren, und das vermochte er nur mit Rußlands Rückversicherung. Ein deutsch-russisches Einvernehmen war, nachdem das Drei-Kaiser-Bündnis zerbrochen, der beste Schutz Österreichs vor sich selbst und die beste Garantie seines Bestehens. Franz Joseph begriff das spät und zähneknirschend. Doch Kreise, die enttäuscht waren über die Lauheit Preußens, sich österreichische Interessen zu eigen zu machen, erkannten darin nur Perfidie, die kaum verhüllte Absicht, die Monarchie zu zerschlagen, wie es der angetrunkene Graf Schuwalow verärgert vorschlug. Die heimliche Sehnsucht nach der Kaunitzallianz war um 1888 gar kein Geheimnis mehr. Sie wurde offen von denen vertreten, die Rußland mißtrauten und zugleich mit der deutschen Einigung unter preußischer Führung nicht fertig wurden. Dazu gehörte der Kronprinz Rudolf. Das wußte Fürst Bismarck.

»Österreichs aufgehendes Morgenroth« mochten manche verheißungsvoll mit der Geburt des Thronfolgers am 21. August 1858 verbinden. Seine Namen Rudolf Franz Carl Joseph durften in diesem Sinne verstanden werden oder sollten solch feierliche Hoffnung nahelegen: Rudolf erinnerte an den ersten deutschen König aus dem Hause Habsburg, der die Grundlage zu Österreichs deutschem Beruf gelegt hatte. Carl verwies auf Karl VI., den letzten Kaiser in männlicher Linie, den Vater der Maria Theresia, die als aufgehendes Morgenrot gegen alle dunklen Mächte Österreich ins helle Licht eines neuen Weltentages gerückt hatte. Sie schuf die Fundamente, auf denen das erneuerte Österreich ruhte. Franz, der Herzog von Lothringen und Kaiser als Gemahl der Königin von Ungarn, war der Stammvater des Hauses Habsburg-Lothringen, das durch ihn, wie der Phönix aus seiner eigenen Asche, zu neuem Leben erwachte. Franz hieß der Kaiser, der als erster Kaiser von Österreich die von Napoleon gedemütigte Monarchie zu ungeahnter Macht wieder emporgeführt hatte. Joseph lenkte das Gedächtnis zurück auf Kaiser Joseph II., den Menschenfreund, der Vernunft und Allgemeinwohl in wohltätige Übereinstimmung hatte bringen wollen. Mit Franz und Joseph war zuletzt auch beziehungsreich des Vaters gedacht, der in alten Traditionen stehend das erschütterte Reich festigte und befähigte, wie 1858 noch vermutet werden durfte oder sollte, seine Stellung in der Welt, sich selbst reformierend, gegen alle Widerstände zu behaupten.

Gleich mit der Geburt wurde Rudolf von seinem Vater zum Oberst eines Infanterieregiments ernannt. Diese völlig ungewöhnliche Verleihung eines militärischen Rangs schon in der Wiege bestätigt nicht so sehr des Kaisers soldatische Gesinnung. Die Armee – neben der Beamtenschaft – galt vielmehr als anschaulicher Ausdruck des Vaterlandes, der Einheit und Einigkeit vieler Völker, als Klammer, die zusammenhielt, was sich ansonsten zu vereinzeln drohte. Diese Auffassung teilte Erzherzog Rudolf in späteren Jahren, eine der wenigen Erwartungen, die er nicht enttäuschte.

Das nervöse, leicht ängstliche, zuweilen verschwärmt liebebedürftige Kind wurde, um derartige Eigenschaften möglichst sofort wie die zu ihnen gehörende labile Gesundheit zu kurieren, scharf herangenommen, um abgehärtet zu werden, Entbehrungen zu lernen, Unerschrockenheit zu beweisen. In einem plötzlichen Anfall mütterlicher Sorge empörte sich 1865 Elisabeth über den Wahnsinn radikaler Härte und forderte vom Kaiser die absolute Vollmacht über die Erziehung des Thronfolgers, damit er nicht endgültig zum Trottel verbogen werde. Der erschrockene Franz Joseph gehorchte. Sie setzte die Ernennung eines ehemaligen Beamten, seit 1848 Offizier, Joseph Latour von Thurmburg, als Leiter der Erziehung durch. Dieser zum Beamtenadel gehörende Oberhofmeister berief Vertreter der josephinisch-großösterreichischen Richtung als Lehrer in den mannigfachen Einzeldisziplinen des Unterrichtsplans. Diese kenntnisreichen Professoren, gemäßigt liberal, die Kirche als staatliche Einrichtung zur Festigung sittlicher Grundsätze betrachtend, vom wissenschaftlichen Geist der Epoche durchdrungen, die sich vom in Österreich nie sonderlich verbreiteten idealistischen Humanismus zum realistischen bekehrte, der Nutz- und Vernutzbarkeit aller Erkenntnis zum Vorteil des Staates und des sich nützlich machenden Staatsbürgers, formten ihn nach ihrem Bilde. Es ging nicht mehr darum, den ganzen Menschen zu bilden und ihm zur harmonischen Entfaltung der Persönlichkeit zu verhelfen, sondern – ganz bürgerlich – Fähigkeiten zu schulen, um systematisch eine Welt der Tatsachen sich anzueignen, die dementsprechend in viele Welten zerfiel.

Es gab kaum ein Wissensgebiet, auf das die Aufmerksamkeit des Jünglings nicht hingewiesen wurde. Er begriff rasch, ließ sich von der Überfüllung mit Stoff nicht einschüchtern, konnte das Beigebrachte alsbald selbständig in rascher Assoziationslust verwerten. Manche, meist bürgerliche Beobachter mochten zuweilen die Gründlichkeit vermissen. Daß er dennoch imstande war, auf Fachgebieten sich wie ein Spezialist auszuzeichnen, bewies er seit seiner reiferen Jugend mit seinen ornithologischen Untersuchungen, die Kenner wie Alfred Brehm kollegial zu würdigen wußten.

Seine naturwissenschaftlichen Neigungen, seine Neugier auf technische Anwendung des Erkannten entzogen sich jeder ästhetischen Begeisterungsfähigkeit. Schöne Literatur beschäftigte ihn nie. Seine wache Intelligenz erlaubte es ihm, sich gleichwohl gewandt auszudrücken. Er redete gern und schrieb noch mehr, in der Regel gefällig. Sein musikalischer Geschmack blieb vulgär. Ihm genügten die Wiener Heurigenlieder. Sie weckten jene weichen, tränenseligen Stimmungen, denen er sich gern überließ und die er mit erhabenen Gefühlen verwechselte. Zur Strebsamkeit angehalten, nicht zum großen Streben, zum unermüdlichen Fleiß, zur Tüchtigkeit, die Lohn in sich selbst findet, mangelte ihm der Schwung, sich ins Große zu versetzen, der belebt und erfrischt. Sein Herz überwand nie eine gewisse Ängstlichkeit, über die manche Keckheit hinwegtäuschen sollte, die überhaupt erst durch Anfälle von Zaghaftigkeit hervorgerufen wurde. Das waren die Nachteile einer sehr bürgerlichen Erziehung, kombiniert mit militärischem Drill, dem er sich willig unterwarf. Die Ängstlichkeit des Prinzen ergab sich nicht allein aus offenkundiger Charakterschwäche, die nie gefestigt wurde. In ihr äußerte sich ganz unverhohlen eine Angst um Österreich und seine Zukunft, die dadurch zuweilen beklemmend wurde, weil er sich nicht in die Gegebenheiten fügen wollte. Schon der stets nervöse Schüler Rudolf schwankte zwischen Niedergeschlagenheit und verwegenen Bildern künftiger Größe. Erst recht tat dies der erwachsene Erzherzog und General. Seine liberale Erziehung verstärkte seine Unsicherheit und Ratlosigkeit. Sie machte ihm alles fragwürdig, bis hin zur eigenen Existenz.

Schließlich war er der Erbe. Schon im Alter von fünfzehn Jahren sah er im Königtum »eine mächtige Ruine, die von heute auf morgen bleibt, doch endlich sinken wird. Jahrhunderte hat es gehalten, und solange das Volk sich leiten ließ, war es gut, doch jetzt ist seine Aufgabe zu Ende, frei sind alle Menschen, und beim nächsten Sturm sinkt diese Ruine«. Was aber konnte dann seine Aufgabe sein? Denn von sich selbst mochte er nicht absehen, da zu Höchstem durch Geburt berufen. Sich selbst nahm er ungemein wichtig, wie es jedes bürgerliche Individuum tut. Bei guter Laune wünschte er sich »als schönste Stellung, Präsident einer Republik zu sein«.

Doch warum sollten die »Vereinigten Staaten von Österreich« ausgerechnet einen Habsburger, einen Hocharistokraten zum Präsidenten küren, der unablässig einen nichtsnutzigen Adel kritisierte, der gräulich gehaust? Während anderer Stunden fürchtete er gerade die Demokratie und den Parlamentarismus, der »zu einer läppischen Spielerei abgesunken«, während aus dem Volk »der Sozialismus mit seinen utopischen Zerstörungsgedanken immer grauenvoller« grinst, wie er 1886 schrieb. Was ihn nicht hinderte, bei anderer Gelegenheit in eine neue, bessere Zeit zu blicken: »die Macht wird fallen, die Wißenschaft wird bleiben, und die Schlechtigkeit, die durch die ungleiche Macht und Armuth entstanden, wird schwinden«. Es ist die Wissenschaft und mit ihr verbunden die Wirtschaft, die deren Ergebnisse verwertet, die Machtfragen löst und politische Irrationalität vernünftig entschärft. Das ist der Optimismus der Wissenschaftler, seiner Lehrer, der Propheten des sittlichen wie praktischen Fortschritts, eines Meeres von Licht.

All diese Widersprüche vermehrten sich um weitere, wenn er seine allgemeinen Überlegungen mit der konkreten Situation Österreichs verknüpfte. Rudolf war nur liberal, soweit der Liberalismus sich als Antiklerikalismus verstand. Da seit 1879 Franz Joseph den konservativen Grafen Taaffe zum Ministerpräsidenten ernannte, der bis 1893 im Amt blieb und der Kirche wohlwollend entgegenkam, fürchtete Rudolf die »klerikale Reaktion«. Das war sein Liberalismus. Bei allen weiteren liberalen Forderungen blieb er unentschlossen, weil unsicher, ob sie für Österreich überhaupt bekömmlich. Seine Lehrer, Vertreter des großösterreichischen Staatsgedankens, fürchteten sich nicht vor einem aufgeklärten, zentralistischen Absolutismus in der Überlieferung des Josephinismus. Mit der Armee und dem Beamtentum stand der königliche Staat über den Einzelinteressen, die er koordinierte und auf größere Zusammenhänge hinwies. Rudolf war im übernationalen Sinne erzogen worden, wie ihn die österreichische Reichsidee voraussetzte, und er verwarf zeit seines Lebens nationale Bestrebungen. Eine nationale Repräsentation durch das Parlament erschien ihm ein Ding der Unmöglichkeit in Österreich mit seinen vielen Völkern, die auf einmal alle sich als Nation verstehen und verfassen wollten.

Der Reichsrat repräsentierte nur die Zerrissenheit Österreichs und vertiefte den Spalt zwischen den Völkern. In solcher Hinsicht war er unfruchtbar. Rudolfs zumindest literarische Bemühung galt der Absicht, Parteien zu ermöglichen, die nationale Gegensätze aufhoben, indem sie diese politischen Zwecken unterordneten, sich von einem politischen, nicht nationalen Standpunkt aus bekämpften, um liberale oder konservative Gedanken praktisch zur Geltung zu bringen. Gerade deshalb äußerte er sich so gereizt über den Adel. Dem Kaiser jeweils aus Treue ergeben, blieb dem Adel der umfassende Reichs- und Staatsgedanke eine Abstraktion, die in der Realität sich höchstens störend bemerkbar machte, weil er lokale Zusammenhänge schematischen Ordnungszwecken unterwarf. Der Adel pflegte stets einen kräftigen Partikularismus. Deswegen wählten sich die Kaiser vorzugsweise unter den Bürgern ihre Beamten und Offiziere, um ein Reservoir an Kräften zu gewinnen, die sich dem gesamten Staat verantwortlich wußten.

Die Bürger unter den einzelnen Völkern waren vorwiegend Deutsche, so daß unweigerlich solche, die zu bürgerlichem Wohlstand zu gelangen und in die bürgerliche Kultur einzudringen gedachten, zuerst einmal auf deutsche Konkurrenz stießen, bei ihren soziokulturellen Bestrebungen also auf soziokulturelle Beati possidentes stießen, die ihren Besitzstand ungeschmälert wissen wollten. Das erlebten am bittersten die Tschechen, die ohnehin, von den Italienern abgesehen, die einzige Nation waren, in der sich mittlerweile neben dem deutschen ein tschechisches Bürgertum entwickelt hatte, das immer noch um seine Gleichberechtigung rang. Für eine allgemeine liberale Partei fehlten wie für eine konservative nahezu alle Grundlagen. Massenbewegungen, wie sie sich mit der Christlich Sozialen Volkspartei und der Sozialdemokratie seit den späten achtziger Jahren entwickelten, vermochten nur Massen in Bewegung zu versetzen, weil sie gerade weder konservativ noch liberal waren, nicht feudal oder großbürgerlich, sondern entschlossen den »kleinen Mann« oder »den Arbeiter« in den Mittelpunkt rückten. Sie waren soziale Bewegungen und nahmen ihren Ausgangspunkt eben von sozialen Fragen, aber nicht von staatspolitischen im bildungsbürgerlichen Verständnis.

So widerwärtig Erzherzog Rudolf nationalistische Erwartungen immer auffielen, ganz konnte er sich ihnen nie entziehen bei seinen Überlegungen zur österreichischen Zukunft. Lange Zeit hielt er fest an der Idee einer deutschen Mission auf dem Balkan. Bis nach Saloniki hinunter müsse sich Österreich ausdehnen, um Rußland, dem Feind jeder höheren Zivilisation, dort jedes Recht auf Einfluß zu beschneiden und mit der deutschen Kultur die höhere europäische überhaupt zu verbreiten. Aber um die Deutschen in Österreich für solche Absichten zu begeistern, hieß das doch, sie in ihrem nationalen Besitzstand nicht zu kränken. Damit geriet er aber wieder in Gegensatz zu den Slawen, deren Mitarbeit er doch benötigte bei seinem Traum von einem befreienden Österreich, einem slawischen Reich längs der Donau, den die Ungarn und die Deutschen als einen Alptraum erachteten. Dieses slawische Reich sah er gruppiert um ein einiges Österreich, um die Monarchie, der Ungarn wieder eingegliedert werden müsse unter Verzicht auf die Selbständigkeit, die der Dualismus garantierte. An dem Dualismus zu rütteln, dem Staatsgrundgesetz beider Monarchien, bedeutete, deren Zusammenhang zu revolutionieren und zu zerreißen. So strichen durch seinen Kopf Gedanken aller Art, Einfälle und Hoffnungen, die insgesamt miteinander unvereinbar waren.

Von der hohen Politik ausgeschlossen, glaubte er zur Untätigkeit verdammt zu sein, obschon seine militärischen Dienste ihn durchaus zu beschäftigen vermochten. Doch da redete ihm unter Umständen sein Onkel, Erzherzog Albrecht, hinein, und Vorgesetzte mochte er nicht leiden. Zumal wenn sie sich um Dinge kümmerten, die sie vermeintlich nichts angingen, wie seine journalistische Tätigkeit. Schon den jungen Rudolf warnte Albrecht, den Nimbus, den ihm seine dynastische Herkunft verlieh, nicht zu verdunkeln, indem er zu viel veröffentliche, zu originelle Meinungen verfechte. Für kaiserliche Prinzen gehöre es sich nicht, mit prätentiösen Eloquenz-Gymnastik-Übungen aufzufallen und damit nach Popularität zu haschen. Doch populär um jeden Preis wollte Rudolf sein. Er betrachtete seine Veröffentlichungen als Leistung, als Arbeit, um seinen bevorzugten Stand zu rechtfertigen. Zugleich schmeichelte es ihm, wenn er von Journalisten als Schriftsteller geschätzt wurde. Das gewährte ihm für Augenblicke das Selbstbewußtsein, doch nicht unnütz zu sein. Seine ornithologischen Aufsätze und Reiseberichte waren unverfänglich, obschon Aristokraten der strengsten Observanz auch Effekthascherei darin erkennen mochten, sie der Öffentlichkeit zu übergeben. Die Herausgabe des großen Sammelwerkes *Die Monarchie in Wort und Bild* ließ sich als patriotisches Unternehmen rechtfertigen, denn alle Völker und Landschaften sollten darüber miteinander vertraut gemacht werden und einen berechtigten Stolz daraus gewinnen, einem solchen großen, vielgestaltigen und dennoch einigem Ganzen anzugehören.

Die meisten seiner politischen Schriften blieben unpubliziert oder erschienen, wie auch seine Zeitungsartikel, anonym. Aber da sein Umgang mit Journalisten kein Geheimnis war, seine Schwatzhaftigkeit notorisch und gefürchtet – Graf Taaffe erlaubte wegen der fürchterlichen Indiskretion Rudolfs diesem keine Einblicke in die Staatsgeschäfte, von denen er sich aufgrund seiner Veranlagung selber ausschloß –, sprach es sich rasch herum, wer zumindest Artikel mit recht pikanten Nachrichten oder Ansichten lanciert habe. Im übrigen sprach er für einen Erzherzog mit ungewohnter Häufigkeit und Lust am Auftritt vor einem großen, sehr gemischten Publikum. Das alles schuf ihm wahrlich keine Freunde unter den Aristokraten, die den alten Stil verteidigten. Als Intellektueller sprach er sarkastisch über den müßigen und ungebildeten Adel, wie er ihn beurteilte. Seine Überlegenheit ließ er die Aristokraten spüren. Seine Taktlosigkeiten, Schroffheiten und Rücksichtslosigkeiten ihnen gegenüber – hier ganz Sohn seiner Mutter – konnte er sich nur wegen des Privilegs erlauben, Kronprinz zu sein. Dabei hatte er ein sehr feines Gespür für vornehmen Anstand, den er in Wien vermißte. Er liebte den guten Ton der Vergangenheit und ärgerte sich über die sogenannte Fiakersprache und die Sporting-Character-Manieren, an denen der Adel Gefallen fand, weil beides auf der Nichtachtung jeder höheren geselligen Form beruhe.

Ausgerechnet in Wilhelm I., den er als Knabe noch im Jenseits gepeinigt hätte, verehrte, ja liebte er den letzten typischen Grand-seigneur des Ancien régime: »Seine Umgangsformen waren bezaubernd leicht und elegant, besonders mit Damen von ausgesuchter Galanterie, ganz im Genre der alten Herren vom Ende des vorigen und Anfang des jetzigen Jahrhunderts. Er sprach ausgezeichnet gut französisch. Er hatte das Talent, sich mit allen zu unterhalten: die kleinste Jagd, jedes Diner, jedes Hoffest, das Theater, Alles unterhielt ihn. Der Umgang mit Menschen, das Sprechen mit denselben bereitete ihm Freude, und darin lag ein großer Reiz für seine Gäste.«

So hätte er sich seinen Vater gewünscht. Um selber so zu werden, dazu unternahm er keine Anstrengungen. Er suchte Erholung in der Formlosigkeit, im Fiakerton, in Kaschemmen mit »Künstlerinnen« eindeutigster Provenienz, die in einer mit Zoten gewürzten alkoholisierten Gemütlichkeit ihm ihre Zaubereien nicht vorenthielten. Er kultivierte auf seinen nächtlichen Streifzügen einen Plebejismus, den seine Frau, Stephanie von Belgien, zutiefst verabscheute. Frauen verachtete er. Sie waren ihm, neben Champagner, mit Cognac gemischt, ein Stimulans, das dessen Wirkungen steigerte, um sein leeres Herz von sich abzulenken. Er wußte und genoß es, daß alle Frauen seine Gleichgültigkeit betörte und sie sich ihm ergaben, ohne daß er überhaupt gereizt war, sie zu erobern. Seine Liebenswürdigkeit verströmte er in den Kreisen, die über bürgerliche Bildung, Geld und Leistungsbewußtsein verfügten, unter Professoren und Unternehmern, ob unlängst getauft, nobilitiert oder nicht, unter Journalisten und Schriftstellern. Sie waren entzückt von ihm und bastelten lebhaft an der liberalen Legende, mit deren goldenem Schein sie ihn glänzend verklärten. Daß er mit ihnen, die ausschließlich hochdeutsch redeten, leicht in den Wiener Dialekt verfiel, tadelten sie nicht als hochmütige Impertinenz, was es war, sondern hielten diese Nonchalance für eine weitere aparte Nuance köstlicher Unbefangenheit.

Unausgefüllt, unzufrieden, unbeschäftigt, obschon rastlos tätig, zweifelnd an sich, seiner Rolle, seinen Möglichkeiten, zugleich voll

Ehrgeiz und dem Verlangen, wichtig genommen zu werden, Anerkennung als Bürger Rudolf zu finden, ohne zu vergessen, daß er Erzherzog war, überwältigte die Melancholie der Zerrissenen immer weitere Provinzen seiner Seele bis hin zu hysterischen Anfällen. Alkohol, Morphium, Quecksilberkuren, um die Gonorrhöe zu heilen, mit der er seine Frau ansteckte, indiskutable erotische Eskapaden ohne Geschmack und Leidenschaft erhöhten nur seine wachsende Reizbarkeit, seine dienstliche Disziplinlosigkeit, die sich in seinen letzten Lebensjahren weder übersehen noch entschuldigen ließ. Er alterte schnell. Mißmutig, neidisch, endlich haßerfüllt beobachtete er den preußischen Altersgenossen Wilhelm, der seit 1888 Kaiser war und die Chance erhielt, sein eigener Herr zu sein, seine Pläne zu verwirklichen, was ihm verwehrt war. Sein jugendlicher Preußenhaß, der lange eingeschlummert war – er schätzte in Kronprinz Friedrich und seiner Frau Victoria gute Freunde, wahlverwandte Gemüter –, erwachte zu neuem Leben, wurde förmlich zur Passion seiner beiden letzten Lebensjahre.

Er hatte lange am Bündnis mit Deutschland festgehalten, immer in der Hoffnung, es werde einen stabilen Halt gewähren für eine offensive Politik Österreichs, auf dem Balkan sich eine neue Zukunft zu schaffen. Zu seiner Enttäuschung mußte er feststellen, daß man in Berlin das Bündnis als Mittel verstand, möglichst nicht mit Rußland in Schwierigkeiten zu geraten und Österreich gerade nicht für eine aggressive Balkanpolitik leichtsinnige Garantien zu geben. Mit einer seiner plötzlichen Wendungen warb er seit 1888 leidenschaftlich für einen Verzicht auf alle balkanesischen Abenteuer, für eine freundliche Verständigung mit Rußland und ein Bündnis mit Frankreich. Im Interesse Europas müsse Österreich sein Schwergewicht nach Westen zurückschieben und seine frühere Stellung in Deutschland wieder einnehmen, was hieß, Deutschland zu zertrümmern. Dieses Programm erläuterte Rudolf unter dem Pseudonym Justus Felix in einem offenen Brief an den Kaiser, der in Paris veröffentlicht wurde.

Die kleine Schrift war eine leidenschaftliche Abrechnung mit der Politik seines Vaters, der von Preußen angeblich auf den Weg nach Saloniki gelockt wurde, um auf dem Balkan Seifenblasen nachzujagen. Das Ziel müsse sein, Österreichs verlorene Größe wiederherzustellen. Die Devise müsse lauten: Fort mit Preußen. Mit Trauer und Bitterkeit im Herzen, mit geballten Fäusten und zähneknirschend in ohnmächtiger Wut – was weder der Argumentation noch dem Stil bekam – erinnerte »Justus Felix« Franz Joseph an die jahrhundertelange Herrschaft seines Hauses in Deutschland, das jetzt, durch Bajonette zusammengehalten, unter dem preußischen Joch stöhne, das Dionysos-Bismarck, der Tyrann von Berlin, den deutschen Staaten aufzwinge. Österreichs Mission sei es, Deutschland zu befreien, die den deutschen Kleinstaaten aufgenötigte Einigung wieder zu sprengen. Sie warteten doch nur darauf, daß endlich das unheilige Reich preußischer Nation verschwände. Statt Österreich zu einer preußischen Provinz zu erniedrigen, sollte der Kaiser sich darauf besinnen, daß Deutschlands Krone Seines oder Niemandes Eigentum sei. Das habe er vergessen. Zusammen mit Frankreich und Rußland könne er sie, sein rechtmäßiges Erbe, wieder gewinnen. »Entschließen Sie sich, Majestät, kehren Sie auf der Bahn um, die zu einem Abgrund führt…Wenn nicht, rauben Sie uns doch mit einem Schlag eine letzte Hoffnung, eine letzte Illousion, indem Sie offen zu Gunsten Preußens zurücktreten.« Er verkündete eine deutsche Mission, an der Österreich gescheitert war und die noch nicht einmal die Deutschen in Österreich für einen besonderen Auftrag hielten, wenn die Zertrümmerung Deutschlands deren Ziel war.

Der Selbstmord des Erzherzogs am frühen Morgen des 30. Januar 1889 hing nicht zuletzt mit seinen, Österreich und den Kaiser kompromittierenden, politischen Intrigen ab, die längst öffentlicher Gesprächsstoff in ganz Europa geworden waren. Er hatte sich in eine ausweglose Situation hineinmanövriert, die kaum noch einen ehrenhaften Ausweg bereithielt. Der damalige Sektionschef im Außenministerium, Ladislaus Graf Szögyenyi-Marich, der Bismarck immer auf dem laufenden hielt, was Rudolf in seinem gar nicht so undurchdringlichen Zwielicht tat und trieb, meinte zu dem russischen Gesandten Lamsdorf, daß des Kronprinzen Einstellung zu Deutschland und zu Kaiser Wilhelm II. sich derartig verschlechtert habe, »daß er erkennen mußte, daß er für sein Vaterland zu einer Quelle ernsthafter Schwierigkeiten und sogar zu einer Gefährdung geworden war, falls er diesen Weg weiter verfolgen wollte«.

Die Nachricht vom Tode seines Sohnes erfuhr Franz Joseph von der Kaiserin, diesmal ganz und gar Kaiserin in für sie ungewöhnlicher Majestät und Gefaßtheit. Der bis dahin noch jugendlich wirkende Kaiser war von da ab ein alter Mann. Erst nach und nach erfuhr er die volle Wahrheit, daß sein Sohn erst die Mary Vetsara und dann sich selbst erschossen habe. Für einen Augenblick brach er völlig zusammen und weinte hemmungslos. Die Trauer um den

Sohn, den er kaum gekannt, vermischte sich mit dem Gefühl der tiefen Demütigung, die der Skandal der Krone zufügte. Trost und Beruhigung gewährte ihm das ärztliche Gutachten, das im Gehirn des Kronprinzen pathologische Befunde feststellte, die mit abnormen Geisteszuständen einherzugehen pflegen. Geistige Verwirrung, beginnende Geistesstörung konnte die Verantwortung des Kronprinzen mildern. Sie rechtfertigte immerhin ein kirchliches Begräbnis, um das Franz Joseph erniedrigenderweise bitten mußte. »Gottes Wege sind unerforschlich. Vielleicht wollte Er mir mit dieser Prüfung eine noch bitterere ersparen«, meinte er zu einem der Ärzte – eben den allmählichen Wahnsinn seines Sohnes.

Seine Trauer war nicht minder unerforschlich. Nach außen beteuerte er, daß er mit dem Verlust seines Sohnes alle Freude verloren habe und nicht wisse, wie er das Leben nunmehr ertragen solle. »Ich werde nun aber für die Monarchie arbeiten und meine Pflicht tun, ohne Freude, solange meine alten Knochen halten wollen.« In seinem Organismus war für immer eine Feder zerbrochen. Es gab keinen mehr, für den zu arbeiten sich lohnte, dem er das Reich übergeben konnte. Er hatte so viele Hoffnungen mit der Geburt seines Sohnes verbunden, der die Spur seiner Lebenstage fortzusetzen versprach.

Aber das erschütterndste mochte wohl für ihn sein, in dem Schmerz Rudolfs über den Rückgang österreichischer Macht und habsburgischen Ansehens in verzerrter Gestalt seinem eigenen Schmerz begegnet zu sein. In den verworrenen Bestrebungen seines Sohnes, die er erst nach dessen Tod gründlicher kennenlernte aus Papieren, die anschließend vernichtet wurden, traten ihm Versuchungen entgegen, die ihm vertraut waren und denen er nicht immer leicht sich zu entziehen vermochte. Er hatte sich in das Unvermeidliche geschickt und war doch zufrieden, Österreich zu einer dennoch glücklichen Gegenwart verholfen zu haben. Die verwarf sein Sohn als insgesamt verderblich und unzulänglich, das Werk, die Verdienste des Kaisers mißachtend. Schärfer als von jedem anderen fühlte er sich durch Rudolf in Frage gestellt, der seinerseits in fragwürdige »Wolkenkraxeleien« geflüchtet war und endlich mit Fahnenflucht sich jeder Verantwortung entzogen hatte, den Tod gesucht hatte, statt der schmalen Mittelbahn des Möglichen zu folgen und geduldig dem Reich und seinen Völkern zu dienen. Ihm fehlte eine richtige Dienstauffassung, die schickliche Unterordnung unter das Gebotene. Er hatte versagt. Sein Name durfte nie mehr in der Gegenwart des Kaisers erwähnt werden.

Die Monarchie, das Reich wurde davon nicht erschüttert. Die mannigfachen nationalen Zwiste schufen eine latente Unruhe, die aber durch kluges »Temporisieren«, vorübergehende Kompromisse eine wohltemperierte Unzufriedenheit erhielt, die einer gedämpften Zufriedenheit glich. Schließlich empfingen die Begehrlichkeiten jeder Nation je nach dem Moment einige Dämpfer, so daß jede schadenfroh die Benachteiligung der anderen bemerken konnte, denen es nicht besserging als ihnen. Auflösungserscheinungen zeigten sich hingegen unübersehbar im Herrscherhaus. Der Selbstmord des Kronprinzen war nur das vorerst krasseste Symptom.

Im Hause Habsburg wich der Glaube an die eigene Bestimmung der resignierten Vermutung, das Ende erreicht zu haben, beim nächstbesten Unwetter hinweggefegt zu werden. Kronprinz Rudolfs österreichischer Patriotismus war doch nur Ausdruck der Verzweiflung, daß die Dynastie ihre Rolle ausgespielt habe. Er versicherte seiner Schwester, daß es nach Papas Tod sehr ungemütlich werde. »Ich kenne, was dann folgt, nur zu genau und gebe Euch den Rat, dann auszuwandern.« Die Erzherzogin Valerie, der er das empfahl, hing zwar am Kaiser in großer Liebe, sah aber keine Zukunft für sich, die Familie und das Vaterland. Sie hielt die Republik für die kommende und vernünftigste Staatsform. Sie kultivierte einen deutschen Nationalismus: »Vor allem sind wir Deutsche, dann Österreicher und erst in 3. Linie Habsburger. Das Wohl des deutschen Vaterlandes muß uns vor allem am Herzen liegen«, gleichgültig, ob darin noch Platz für ein Haus Habsburg sei. »Das Vaterland geht vor die Familie.« Valerie übertrieb ein Bewußtsein der »Deutschheit«, das Elisabeth in ihrer Abneigung gegen alles Österreichische unablässig betonte. Der Untüchtigen mangelte es nie an Worten, die Tüchtigkeit der Westfalen, Rheinländer oder Hessen zu preisen.

Elisabeth machte im Kreis der Familie und ihrer Vertrauten keinen Hehl daraus, für wie verfault sie das Reich und vor allem »diese verkommene Brut«, das Erzhaus, hielt: »unsere Sippe, die verachte ich mit all dem Firlefanz um uns herum«. »Bedenk ich die Sache ganz genau / so brauchen wir keinen Kaiser.« Erhebliche Teile ihres Vermögens hatte sie längst in der Schweiz in Sicherheit gebracht. Franz Joseph selber, pflichtbewußt, wie er war, erlag freilich immer wieder dunklen Ahnungen, den unvermeidlichen Untergang nur hinauszuzögern. Wer sich selbst als Anachronismus in trüben Stunden versteht, die Anomalie seines Reiches im Zeitalter des Nationalismus nicht verkennt, Erbschaften für seine Töchter schon bei Lebzeiten in Deutschland anlegt, der vermag nachlassendes Selbstbewußtsein unter den Verwandten kaum noch zu kräftigen.

Die Öffentlichkeit wußte wenig oder nichts von solchem Zweifel an der Krone. Sie bemerkte allerdings gereizt, wie die Kaiserin ihre bevorzugte Stellung nur zum Anlaß nahm, ihrer unruhigen Seele stets neue Sensationen zu verschaffen, ein Leben nach eigener Façon zu führen, daß manche Erzherzöge sich nicht einmal mehr bemühten, eine Verrohung und Verwilderung ihrer Sitten, die sogar den Reichsrat gelegentlich beschäftigten, zu verheimlichen. Das Publikum war allemal sehr großzügig mit seinen Fürsten, wohl wissend, daß die Maßstäbe bürgerlicher oder gar kleinbürgerlicher Moral in anderen, großartigeren Verhältnissen nicht taugten. Wenn es aber bei Trinkgelagen schon einmal Tote gab, wenn ein Erzherzog in bester Laune mit seinem Pferd über den Sarg eines Begräbniszuges setzte oder angetrunkene Kameraden in das Schlafzimmer seiner Frau führte, damit sie einmal eine Nonne sähen, dann war damit der gute Geschmack verletzt, den nicht zu verletzen die Voraussetzung für die zugestandene Großzügigkeit war. Wurde der Abgeordnete Engelbert Pernersdorfer, der solche Entgleisungen im Parlament andeutete, daraufhin im Auftrag der Erzherzöge Otto und Rudolf in seiner Wohnung von Vermummten überfallen und verprügelt, war eindeutig die Grenze überschritten, die sich bürgerliche Geduld selber setzte.

Unmittelbar nach dem Selbstmord des Kronprinzen, im Winter 1889, trat Erzherzog Johann, der toskanischen Nebenlinie angehörend, aus dem Erzhaus aus und nahm den bürgerlichen Namen Johann Orth an. Ein solcher Schritt war bislang unerhört und nie gesehen. Der kunstsinnige, sehr gebildete Erzherzog, hochbegabt und extrem eitel, fand es bedrückend für einen Leichnam, für die verwesende Monarchie, zu kämpfen und zu wirken. Er fühlte sich nicht unbedingt als Republikaner, hielt aber die Entwicklung hin zur Republik für unaufhaltsam. Ein fürstlicher Müßiggänger mochte er nicht sein oder bleiben. Als General, mit freilich zuweilen sehr eigensinnigen Vorstellungen, die nicht gefielen, besaß er durchaus eine Aufgabe, aber sie verlangte, den Staat, dem er diente, zumindest für lebenskräftig zu halten. »Gianni«, wie von allen genannt, empfand sich als unbeschäftigt, weil er diesen Glauben nicht aufbrachte. Seltsamerweise wäre er aber gern Fürst von Bulgarien geworden, eine Torheit, die Franz Joseph sofort vereitelte. Ihn verlangte nach Selbständigkeit, Selbstherrschaft, nach Selbstbestimmung. Überall stieß er an Grenzen, mußte gehorchen.

So beschloß er zuletzt, ein bürgerliches Leben als Kapitän eines Handelsschiffes zu beginnen. Zum Entsetzen aller heiratete er auch noch jene Milli Strubel, die ihm, einem erotischen Phlegmatiker, seit Jahren mit ihren bequemen Diensten zur Verfügung stand. Immerhin, auch ein Erzherzog, der Sehnsucht nach bürgerlicher Einfachheit verspürte, blieb doch ein Aristokrat insofern, als ihm Millis Unbildung und Stillosigkeiten fürchterlich auf die Nerven gingen. Das schlichte Mädchen aus den Randgebieten, in denen sich kleinbürgerliche Solidität und unterste Halbwelt mischen, mußte Rechtschreibung, Hochdeutsch, Französisch und Italienisch lernen, Klavier spielen, singen und gar komponieren, also gleichsam ein adeliges Frauenzimmer werden. Beide kamen 1890 bei einem ungeklärten Schiffsunglück ums Leben, durchaus zur Erleichterung des Kaisers.

Giannis Bruder, Erzherzog Ludwig Salvator, schied zwar nicht aus dem Erzhaus aus, aber zog sich gleichsam in die »innere Emigration« zurück. Er schlug sein Domizil auf Mallorca auf, ehelichte eine Bäuerin und segelte kreuz und quer durch sämtliche Ozeane. Auf seinem Schiff ging es gänzlich formlos zu, was manche zu wilden Spekulationen anregte über Orgien wie in Sodom und Gomorrha. Davon konnte keine Rede sein. Der tiefreligiöse Erzherzog hatte nur eine Leidenschaft, seine Geliebte und Frau. Im übrigen lebte er nur für seine botanischen Interessen, in denen er es zu einer anerkannten Autorität brachte. Er war der erste, der den gesamten Mittelmeerraum wissenschaftlich-statistisch, Flora, Fauna, klimatische Bedingungen und Lebensgewohnheiten, in zahllosen Abhandlungen erfaßte und systematisch darstellte. Sprachen zu lernen bereitete ihm überhaupt kein Mühe. Er blieb ein Anhängsel des Hauses, verzichtete aber auf alle aristokratischen Allüren, ohne vom Dämon des Wandertriebes gepeitscht, etwa ein Bürger zu werden. Bürgerlichkeit, die ja ihrerseits ein geformter Zustand ist, kannten die unruhigen Erzherzöge nicht. Sie verwechselten sie mit der Neugierde, sich selbst kennenzulernen und der eigenen Individualität uneingeschränkt nachzugehen.

Der Neffe Erzherzog Johanns und Ludwig Salvators, der 1902 das Erzhaus verließ und sich fortan Leopold Wölfling nannte, Leopold Ferdinand, war für den deutsch im österreichischen Sinne fühlenden Erzherzog Albrecht der trefflichste Beweis für »wällische Verschlagenheit« und »bourbonische Miserabilität«, wie sie in der toskanischen Linie der Familie fortwucherten. Der, sofern er wollte, nicht unfähige Offizier mußte zwischenzeitlich in eine Heilanstalt überwiesen werden, um vielleicht auf die strenge Art zu lernen, daß der ununterbrochene Umgang in aller Öffentlichkeit mit einer Person, der 1895 das »Gesundheitsbuch« ausgefolgt wurde, für einen Erzherzog unangemessen sei. Er gelobte Besserung, aber der bei vielen Erzherzögen so ausgeprägte Hang zum geschmacklich unanstrengendsten Milieu behielt die Übermacht. Er heiratete seine Wilhelmine, die bei ihrem Drang nach naturhaftem Leben in jeder Beziehung für ihn denn doch allzu natürlich wurde. Seine zweite Frau war mit der Münchner Sittenpolizei beruflich vertraut. Da gut abgefunden vom Kaiser, konnte Leopold sich für teures Geld ein Leben billigster Genüsse bereiten. Das verstand er unter Selbstverwirklichung. Einen Beruf, den er nie gelernt, brauchte er nicht zu ergreifen. Nach dem Krieg, aber das mußte Franz Joseph nicht mehr erleben, versuchte er, durch die Inflation vollständig verarmt, mit den verschiedensten Beschäftigungen Geld zu verdienen, am Schluß als Gehilfe in einem Gemischtwarenladen, was ihm nach eigenen Beteuerungen besser behagte als die Langeweile bei Hofe. Er wurde noch alt genug, um »mit wahrer Herzensfreude … den beispiellosen Aufstieg und die zielbewußte Gesundung des deutschen Volkes« seit 1933 mitzuerleben.

Als er das Haus Habsburg 1902 verließ, sorgte gleichzeitig seine Schwester, die sächsische Kronprinzessin, für einen weiteren Skandal. Die frühere Erzherzogin brannte Hals über Kopf mit dem Lehrer durch, der ihren Kindern Französisch beibrachte. Sie erwartete ein Kind von ihm. »Es ist geradezu entsetzlich!« schrieb fassungslos die Baronin Spitzemberg. »Wenn die fürstlichen Frauen also sich vergessen, so allem Anstand Hohn sprechen, was sonst auch im Unglück für anständig, vornehm, christlich galt, dann nehmen sie sich selbst das Recht des Bestehens.« Diese altadelige Ansicht wurde keineswegs von allen geteilt. Prinzessin Pauline zu Wied, die Tochter des württembergischen Königs, respektierte sogar den Mut, daß Marie Louise, so nahe dem Throne, alle weltlichen Vorurteile nicht achtend, ihrem Gefühl gefolgt sei.

Louise von Coburg, die Schwester der ehemaligen Kronprinzessin Stephanie, packte 1898 die Leidenschaft zu dem prächtigen Leutnant Geza von Mattachich, der keine Stunde mehr ohne sie leben konnte. Ihr Mann duellierte sich, um seine und ihre Ehre zu retten. Er beglich ihre horrenden Schulden von 3,5 Millionen Kronen. Der verliebte Offizier kam auf die Festung, die Prinzessin, nachdem sie auch noch Wechsel gefälscht hatte, wurde in Heil- und Pflegeanstalten überwiesen. Der Liebe beider tat das keinen Abbruch. Als Geza 1902 begnadigt wurde, begab er sich sogleich mit allem Scharfsinn und erfolgreich auf die Suche nach seiner unsterblichen Geliebten. Er wurde fündig in einer Anstalt bei Dresden. Es glückte ihm, sie zu entführen und mit ihr nach Paris zu fliehen. Von dort aus begann Louise höchst unerquickliche Prozesse mit dem Vater, dem König der Belgier, um an das mütterliche Erbe heranzukommen und sich die Pflichtteile des väterlichen zu sichern. Denn eine eingeschränkte bürgerliche Existenz erschien der passionierten Verschwenderin doch allzu beengend. Sie verlor alle Prozesse. Zum Ärger des Kaisers ließ sich aber Stephanie dazu hinreißen, sich ebenfalls an den Prozessen zu beteiligen, wodurch das Erzhaus, das aus den Sensationsberichten kaum noch herauskam, auch mit diesen Affairen verquickt blieb.

Stephanie, die ihr Glück 1900 nicht vergebens mit dem erst 1896 zum Grafen erhobenen Elemer Lonyay versuchte, war immerhin die Mutter der Erzherzogin Elisabeth, der »Erzi«, wie man sie in der Familie nannte, und insoweit doch weiterhin aufgefordert, auf das Haus Rücksicht zu nehmen. Aber Erzi, eine kapriziöse Dame, hatte es sich mittlerweile ungeachtet der Regeln im Hause in den Kopf gesetzt, den Prinzen Otto Windischgraetz zu heiraten, den Abkömmling einer seit 1822 fürstlichen Familie. Das war natürlich unpassend und gab zu manchem unfreundlichen Gerede wiederum Anlaß, doch im Vergleich zu den anderen Eskapaden wirkte dieser Wunsch fast beruhigend auf Franz Joseph. Er fügte sich drein und verlieh dem Bräutigam den Titel eines Fürsten, damit die Ehe, 1902 geschlossen, etwas schicklicher aussehe, die im übrigen, was der Kaiser noch erlebte, alsbald nur noch der Form halber aufrechterhalten wurde.

Das erotische Temperament Erzis bedurfte steter Abwechslung, um nicht zu verkümmern. Das wollte sie sich unter keinen Umständen zumuten. Als Kaiserlich-königliche Hoheit mutete sie in voller Souveränität ihrem Mann, dem kleinen Prinzen, einiges zu. Ruhe fand sie erst nach dem Krieg bei einem Sozialisten, Leopold Petznek, und in der Arbeit für die Partei. Das war exotisch genug, um kein Bedürfnis nach weiteren Extravaganzen zu verspüren. Wer allerdings vergaß, in der Genossin die kaiserliche Prinzessin

respektvoll zu würdigen, der erwirkte sich harsch bekundete Ungnade. Ausgerechnet sie, die sich keine Vorschriften machen ließ,
hatte zusammen mit ihrem sanften Vetter Ferdinand Karl, der sich
1904 als Ferdinand Burg von der Sippe trennte und eine Professo-
rentochter, Bertha Czuber, heiratete, es schärfstens verurteilt, daß
Franz Ferdinand hartnäckig daran festhielt, sich mit der Gräfin
Chotek ehelich zu verbinden, was am 1. Juli 1900 geschah.

Franz Ferdinand war in jeder Hinsicht eine Ausnahme unter den
Habsburgern. Nicht nur, weil er als Erbe des Herzogs von Modena,
worüber er steinreich wurde, dessen Familiennamen Este annehmen mußte, also einen Doppelnamen führte. Sein Starrsinn, sein
cholerisches Temperament, bar aller Liebenswürdigkeit, die Unabhängigkeit seines Herzens, Freunde ganz plötzlich wie Feinde zu
behandeln, unterschieden ihn von den übrigen Erzherzögen, die,
wenn sie gefallen wollten, regelmäßig gefielen. Er war mißtrauisch,
unnachsichtig, unnachgiebig, geizig, in jedem Menschen erst einmal einen gemeinen Kerl vermutend. Die wenigen, die er aufrichtig schätzte und denen es gelang, sein Vertrauen nicht zu verlieren,
hielten zu ihm in unerschütterlicher Treue. Franz Joseph, mit
menschlichen Gemeinheiten nicht vertraut, bereit, sofern einer
sich der Majestät gegenüber korrekt verhielt, in ihm einen anständigen Menschen, einen Herrn anzuerkennen, rechnete lange damit,
daß die schwache Lunge des Erzherzogs ihn doch einmal nötige,
sich ganz mit seiner Krankheit und ihren wechselnden Herausforderungen zu beschäftigen, also auf die Thronfolge zu verzichten.
    Er schickte ihn auf Reisen durch alle Ozeane und Kontinente,
jeder Antrag auf einen Kuraufenthalt fand seine herzliche Zustimmung, je länger er dauerte, desto angenehmer. Denn auf diese
Weise ließ es sich vermeiden, ihn in der Öffentlichkeit bekannt zu
machen. Schon aus Wut, daß mit seiner Schwäche gerechnet
wurde, genas der sicherlich gequälte Franz Ferdinand. Seit 1898,
endlich gesund, erbat, forderte der Thronfolger die Erlaubnis, die
Gräfin Chotek zu heiraten, die er liebte und die vor allem ihm,
dem Arglistigen, dem Widerwärtigen, voll vertraute. Er fühlte sich,
übrigens berechtigterweise, zum ersten Mal, seine Stiefmutter ausgenommen, verstanden, geschätzt, verehrt, aufgehoben in gren-
zenloser Geborgenheit. Er war glücklich. Dieses Glück wollte er
keinem opfern.
    Seinen Herzensroman erweiterte Franz Ferdinand starrsinnig zu
einem österreichischen Staatsroman, um ihn auf Biegen und Bre-

chen zu einem glücklichen Ende zu bringen. Die Hausgesetze, die auch Staatsgesetze waren, beschränkten den Kreis der zulässigen Familien für Ehebündnisse. Er war weit genug gefaßt, um eine nicht allzu unglückliche Wahl treffen zu müssen, da alle ehemals oder noch regierenden Familien darin eingeschlossen waren. Wer eine Ehe einging, die in diesem Sinne als unstatthaft galt, verwirkte sein Recht, in der Erbfolge berücksichtigt zu werden. Die Ungarn kannten allerdings kein Verbot morganatischer Ehen für ihre Prinzen und Könige. Es konnte also der Fall eintreten, daß ein Erzherzog in Österreich keine Ansprüche auf den Thron mehr geltend machen konnte, die er in Ungarn jedoch weiterhin vortragen durfte. Franz Ferdinand konnte also jederzeit mit seiner Frau König von Ungarn werden. Deren Kinder würden anstandslos als königliche Prinzen des Hauses Habsburg anerkannt werden. Darin lag die besondere Schwierigkeit und das Ärgernis seines Liebestraumes. Den dauernden Schwierigkeiten im stets prekären Ausgleich österreichischer und ungarischer Interessen fügte er eine weitere, staatsrechtlich beunruhigende hinzu, die den Dualismus, die innere Organisation der gesamten Monarchie unmittelbar berührte. In Wien fürchtete man stets, die Ungarn könnten einmal versucht sein, die personale Einheit von Kaiser und König aufzugeben, neben dem Kaiser einen Erzherzog zu ihrem König zu erheben und eine selbständige königliche Linie einzurichten. Die Einheit der Dynastie stand auf dem Spiel und mit ihr der Bestand der gesamtstaatlichen Ordnung.

In mühseligen Verhandlungen gelang es, mit den Ungarn einen Kompromiß auszuhandeln: Franz Ferdinand blieb Thronfolger, seine Frau wurde durch die Heirat kein Mitglied des Erzhauses, weshalb ihr künftig Titel und Ehren einer Kaiserin und Königin versagt waren. Zur Fürstin, später Herzogin von Hohenberg erhoben, folgte sie im Rang erst nach der jüngsten Erzherzogin, ihre Kinder führten den Namen der Mutter und waren von der Erbfolge in Österreich wie in Ungarn ausgeschlossen. Der nächste Anwärter auf den Thron war Franz Ferdinands Neffe, Erzherzog Karl.

Franz Ferdinand erreichte die denkbar günstigste Lösung zu einem freilich hohen Preis: Er hatte die Autorität des Kaisers in der Familie erschüttert, der zum ersten Mal seinen berechtigten Willen nicht durchzusetzen vermochte. Damit hatte er aber auch die Autorität der Krone und der Dynastie erschüttert. Im übrigen besaß dieser Kompromiß nur so lange Gültigkeit, wie Franz Ferdinand bereit war, ihn einzuhalten. Franz Joseph – und nicht er allein traute ihm einen Umsturz der Vereinbarungen zu. Er beschränkte seinen Verkehr mit ihm auf das unumgänglich Notwendige und bemühte sich beharrlich darum, Franz Ferdinand von den Geschäften möglichst fern zu halten. Zuweilen empfand er die Überlast der Arbeit, die er sich auflud. Seine Müdigkeiten und Abspannungen, mochten sie gelegentlich allzu mächtig werden, überwand er sofort bei der Vorstellung, was sein Erbe anrichten würde. Diese Angst kräftigte seine Energie und Ausdauer im langen Herbst seines Lebens.

»Es beginnt herbstlich zu werden«, schrieb er zu Beginn der Auseinandersetzungen 1898 mit dem Thronfolger seiner Kaiserin. An das Alleinsein hatte er sich gewöhnt, immer hoffend, Elisabeth könne einmal ihres Lebensstils überdrüssig werden. Um sie an Wien zu fesseln, schenkte er ihr die ganz nach ihrem Geschmack gebaute und dekorierte Villa im Lainzer Tierpark. Für Augenblicke begeisterte sie sich an »Titanias Zauberschloß«, das überfüllt war mit Erinnerungen an den »Sommernachtstraum«, den Franz Joseph im Laufe der Jahrzehnte ihres Zusammenlebens nicht besser schätzengelernt hatte. Doch er ließ sie gewähren. Der fragwürdige Pomp dieses »Zauberschlosses« schüchterte den Kaiser förmlich ein. »Ich werde mich immer fürchten, alles zu verderben.« Er paßte nicht in diese Interieurs, und oft brauchte er sich nicht zu fürchten, denn wie alles langweilte auch dieses Spielzeug bald der Kaiserin flatterhaftes Gemüt, stets neuer Dinge begierig. Sie hielt sich darin kaum auf.

Die Entmündigung und der Tod ihres Vetters Ludwig von Bayern 1888 im Starnberger See, der Selbstmord Rudolfs lösten bei ihr Nervenkrisen aus, hysterische Anfälle, die bis an die Grenzen führten, von denen aus sich die Übergänge in den Wahnsinn öffnen. Der Kaiser wollte das nicht wahrhaben, so lästig ihm, als Feind aller Übertreibungen, ihre hemmungslose Trauer fiel. Doch er respektierte ihre sogenannten Gefühle. Sie suchte Kontakt im Jenseits mit dem Sohn, mit dem Cousin, verklagte sich, ausgestreckt am Boden liegend, bei Jehova, ihrem großen und schrecklichen Gott, das Unheil über den Sohn gebracht zu haben, der ihr zeit seines Lebens gleichgültig gewesen war. Sie verwünschte den Tag, an dem sie den Kaiser kennengelernt hatte.

Nach Rudolfs Tod trug sie nur noch Schwarz, stilisierte sich zur »Mater dolorosa« der Monarchie, in der sie sich aber kaum aufhielt. Ihre letzte Leidenschaft galt Griechenland, der Sprache Homers, dem Kult des vergöttlichten Sohnes der Thetis, dem Achilles, in dem sie gleichsam das Urbild des entrückten Sohnes feierte. Kaiser Franz Joseph duldete auch diese neue und sehr kostspielige Laune. Sie benötigte dafür einen angemessenen Erfahrungsraum, das »Achilleion«, das sie sich in Korfu errichtete. Elisabeth sprach von nun an fast ausschließlich griechisch, und besuchte sie den Kaiser, dann meist in Begleitung ihrer »Griechen«, die ihm gründlich mißfielen. Eine wechselseitige Verständigung war kaum noch möglich. Beide reizten und verletzten einander ununterbrochen. Zuletzt trafen sie sich vorzugsweise in Mentone bei Monte Carlo. Die neutrale Hotelatmosphäre besänftigte vorübergehend manche Spannungen. Franz Joseph genoß den ungewohnten Luxus, vor allem der Restaurants, in denen der bescheidene Esser einen ungeahnten Appetit entwickelte, gelegentlich sogar die Kaiserin. Neugierig besuchte er auch einmal das Spielcasino, war aber sehr überrascht von der Vulgarität der reichen Leute. Das hatte er nicht erwartet.

Die Ermordung seiner Frau, 1898 in Genf, durch einen italienischen Anarchisten traf ihn fürchterlich. »Mir bleibt doch gar nichts erspart auf dieser Welt«, murmelte er unter Tränen. Seine Völker litten und trauerten mit ihm, aber der Kaiserin weinten sie keine Tränen nach. Franz Joseph flüchtete sich, wie gewohnt, in die Arbeit und gewann rasch die äußere Fassung zurück. Er verklärte seine Liebe zu ihr, die sich doch schon zu Lebzeiten in einer vagen Erinnerung erschöpfte, wenn sie nicht ohnehin immer nur die Sehnsucht eines liebenden und also undurchdringlichen Herzens war, gehört, erhört zu werden. Ihr Tod änderte wenig in seinem Leben. An ihre Abwesenheit war er gewöhnt und damit an das Abgeschnittensein vom übrigen Leben, an das ihn fast nur noch die Eskapaden seiner Angehörigen störend erinnerten.

Der Tod der Kaiserin veränderte allerdings, für ihn sehr schmerzend, das bislang friedliche Verhältnis zur »gnädigen Frau«, zur Schauspielerin Katharina Schratt. Es kam zu heftigen Turbulenzen in dieser Freundschaft, von der aus die einzigen Lichtblicke in sein sonst so trübseliges Leben fielen, wie er ihr einmal bekannte. Katharina Schratt war Franz Joseph seit 1884 bekannt, als sie sich dem Kaiser, wie jedes neue Mitglied des k.k. Burgtheaters, vorstellen mußte. Die Audienz dauerte unüblich lange, zuweilen soll Gelächter durch die Tür gedrungen sein. Er sah sie von da ab regelmäßig im Theater, keine Aufführung versäumend, in der sie auftrat. Schüchtern, wie er war, traute er sich nicht, um kein Aufsehen zu erregen, sie in seine Loge zu bitten, um mit ihr zu reden. Die Kaiserin arrangierte 1886 eine zufällig wirkende Begegnung im Atelier des Malers Heinrich von Angeli, ließ die beiden zeitweise allein, so daß Franz Joseph Gelegenheit fand, sich mit ihr in Ischl zu verabreden, wo Katharina jedes Jahr den August verbrachte.

So begann eine Beziehung, die nach außen hin von Elisabeth systematisch als eine innige Freundschaft von ihr mit der jungen Schauspielerin aufgebaut wurde, an der Franz Joseph ihr zuliebe einen höflich-herzlichen Anteil nehme. Die Konstruktion einer *ménage a trois* sollte wie eine spanische Wand den Kaiser vor der unvermeidlichen Sensationslust der Höflinge abschirmen und dem Vorsichtigen Gelegenheiten verschaffen, die Schauspielerin als Freundin der Familie auch ohne Begleitung der Kaiserin zu besuchen, bei ihr in Ischl täglich zu frühstücken und sich von ihrem unbefangenen Geplauder erheitern zu lassen. Ihr Ansehen und ihren guten Ruf wollte er keinen Verdächtigungen aussetzen. Schließlich war sie verheiratet, eine Baronin Kiss de Itebbe. Sie lebte zwar mittlerweile getrennt von ihrem Mann, einem leidenschaftlichen Spieler, ließ sich jedoch nicht scheiden, sondern beglich auch noch dessen Spielschulden. Sie sorgte sich sehr, nicht zuletzt wegen ihres abgöttisch geliebten Sohnes, Anton oder Toni gerufen, um den äußeren Anstand.

In Wien durften sie sich wegen der Abwesenheit der Kaiserin kaum sehen. Seine Zurückhaltung ging so weit, daß er sie auf dem Concordia Presseball, den neuerdings als bürgerliche Veranstaltung auch der Kaiser besuchte, nicht zu begrüßen wagte. Er ärgerte sich über seine Scheu, obschon aufmerksame Beobachter längst vermuteten, er habe eine Neigung zur Katharina Schratt gefaßt. »Allein ich hätte müssen, die Sie umringenden Leute durchbrechen, während man von allen Seiten mit und ohne Operngucker beobachtet wird und überall Pressehyänen stehen, die jedes Wort aufschnappen, das man spricht. Ich habe mich halt nicht getraut, so sehr es mich auch zu Ihnen hinzog … Ich fürchtete, Sie könnten mir zürnen, daß ich mich Ihnen nicht genähert habe«, schrieb er ihr anschließend. Nach und nach spielte es sich ein, daß sie sich regelmäßig in Schönbrunn zum Spaziergang trafen oder in der nahe zum Park gelegenen Villa, die er für sie erwarb. Dorthin konnte er unbemerkt kommen. War die Kaiserin in Wien, frühstückten sie mit ihr gemeinsam in der Hofburg.

Franz Joseph, der von sich gern als einem »phantasielosen Burschen« sprach, begegnete in ihr dem Ideal des Durchschnittsmanns, einer Melusine mit Kochlöffel, wie Hermann Bahr einmal spottete.

Sie verfügte über eine unerschöpfliche Portion gesunden Menschenverstands, veredelt durch eine Prise freundlich irritierender Poesie. Ihr natürliches Temperament bezauberte viele. Klug nutzte sie ihren ausgedehnten Bekanntenkreis, um zuhörend ihren Geschmack zu schulen, sich »zu bilden«, ohne je, wie die Kaiserin, in angestrengte Anempfindsamkeit literarischer Allüren zu verfallen. Sie ließ sich ihr klares Urteil nie verderben. Sie war also keineswegs die Inkarnation des süßen Mädels aus der Vorstadt mit dem berühmt-berüchtigten goldenen Herzen.

So anspruchslos war im übrigen auch der Kaiser nicht, selbst wenn er sie immer *à la lieutnant* liebte und jedes Wiedersehen mit seliger Ungeduld des Herzens erwartete. Ohne sich je darüber klarzuwerden, gar Rechenschaft abzulegen, hatte er die große Liebe, einen Halt, einen Schutz gefunden. Mit feinfühliger Eleganz ging Katharina Schratt auf den Kaiser ein, bot ihm die Erholung in der Familiarität mit ihr und gewöhnte sich an ihn, den guten Herrn, den sorgsamen Kavalier, der mit seinem zarten Wohlwollen nur eines fürchtete, etwa einmal unliebenswürdig gewesen zu sein. Dann quälte er sich meist grundlos mit Gewissensbissen und bat sie, ihm zu verzeihen und ihn wenigstens wieder »ein bisl lieb zu haben«.

Ihre Freundschaft blieb eine gemütliche Herzensfreundschaft. Im Sommer 1887 bedankte er sich freilich »ganz verwirrt von den wunderbaren Dingen, die mir widerfahren sind«. Aber er verzichtete darauf, den Einbruch weiterer Wunder in den Alltag zu erwarten. In einem »Gedankenbrief«, in dem er immer wieder las, bot die Freundin ihm wohl an, die Freundschaft in jede Richtung auszudehnen, die dem Einverständnis angemessen. Franz Joseph war »unendlich glücklich, und wenn ich nicht wüßte, daß Sie mir gegenüber immer wahr sind, könnte ich an den Inhalt desselben kaum glauben, besonders wenn ich in den Spiegel sehe und mein altes runzeliges Gesicht mich aus demselben anblickt... Daß ich Sie anbete, wissen Sie gewiß oder fühlen es wenigstens, und dies Gefühl ist auch bei mir in steter Zunahme, seit ich so glücklich bin, Sie zu kennen... Dabei muß es aber bleiben, und unser Verhältnis muß auch künftig das gleiche sein wie bisher, wenn es dauern soll, und das soll es, denn es macht mich ja so glücklich. Sie sagen, daß Sie sich beherrschen werden, auch ich werde es thun, wenn es mir auch nicht immer leicht wird, denn ich will nichts Unrechtes thun.« Er wollte seine Frau nicht kompromittieren und Katharina

Schratt als Gattin und Mutter ebenfalls nicht, indem er ihr Vertrauen zur Kaiserin mißbrauchte.

So verstand er sich als ihr väterlicher Freund, der sich sorgfältig und taktvoll vor allem um ihre nie endenden finanziellen Schwierigkeiten kümmerte, da sie nicht nur äußerst verschwendungssüchtig war, sondern auch eine leidenschaftliche Spielerin, die einmal, als sie schon lange befreundet, die horrende Summe von 200 000 Francs in Monte Carlo verlor. Franz Joseph beglich sofort die Schulden. Er gefiel sich in der Rolle ihres »Finanzministers«. Als er ihr zum ersten Mal eine große Summe schenkte, machte er die Annahme des Betrages mit höflichster Diskretion möglich: »Ich halte Sie für eine ausgezeichnete und talentvolle Frau, aber von ihren finanziellen Talenten bin ich nicht ganz überzeugt, und das mag mir zur Entschuldigung dienen. Auch kann ich Ihnen zur Beruhigung sagen, daß ich meinen Kindern zu ihren Geburts- und Namenstagen Geschenke in Geld gebe. Sie finden das praktischer.« Im Lauf der Jahre überschüttete Franz Joseph sie mit Juwelen. Sie besaß bald eine der erlesensten Schmucksammlungen der Welt, die ihr nach dem Krieg ein bürgerliches Auskommen sicherte. Sie erhielt ein Palais auf der Ringstraße, die Villa in Schönbrunn, und 1889 übertrug ihr Franz Joseph zwei Millionen Kronen, die 1911 sicherheitshalber ihrem Vermögensverwalter ausgehändigt wurden. Seitdem, wirklich reich, lernte sie rechnen und spielte nicht mehr.

Der Kaiser verwöhnte sie zum Dank für ihre Geduld, ihre Zuneigung, die ihm in den düstersten Momenten dazu verhalf, sich nicht im schmerzlichen Grübeln zu verlieren. Ohne es zu ahnen, verlangte er freilich von ihr sehr viel, die, in ganz anderen Lebenszusammenhängen daheim, nicht immer leicht seine Erwartungen mit ihren Wünschen zu vereinbaren wußte. Als Mensch, der Gewohnheiten schätzte, und er hatte sich an sie gewöhnt, störte ihn jede Veränderung seines Tagesablaufs, Gastspiele an anderen Bühnen, die sie dem Umgang mit ihm entzogen und die er deshalb für gesundheitsschädlich und aufregend hielt. Außerdem war er, wie er wußte, schrecklich eifersüchtig und sah es gar nicht gern, wenn sie ihrem alten Freund Hans Graf Wilczek zuviel Zeit widmete oder dem »petit Ferdinand«, dem Fürsten von Bulgarien, ihrem »brüderlichen Freund«, der seiner Neigungen wegen selbst einem platonischen Liebhaber nicht unbedingt als Konkurrent lästig fallen konnte. Ihm behagte es nicht, wenn sie in volkstümlichen Stücken auftrat, da sie nur als Dame sehen wollte; ganz peinlich berührt fühlte er sich, als sie Maria Theresia spielte, auch noch mit allem

Schmuck, den er ihr geschenkt. Das war nun auch wieder eine Übertreibung. Ihn irritierten Ballonfahrten, das Bergsteigen, Radfahren, endlich die Hungerkuren, die sie der Kaiserin nachmachte.

Es konnte nicht ausbleiben, daß sie sich gelegentlich eingeengt fühlte, ungeduldig wurde, worauf sich der Kaiser sogleich ängstlich entschuldigte, der nichts so fürchtete wie Szenen, die kannte er von seiner Frau zu genau. Komplikationen, endlich ein Zerwürfnis traten nach dem Tod Elisabeths ein. Franz Joseph verdeutlichte ihr, daß die Freundschaft, über die doch jeder unterrichtet war, nur mit noch größerer Diskretion weitergepflegt werden könne, daß vieles, was nun einmal selbstverständlich geworden, sich nicht mehr von selbst verstehe. Sie war enttäuscht. Sie verstand den Freund und Kaiser nicht mehr. Außerdem hatte sie die Familie gegen sich, die schon immer diese Freundschaft mißbilligte. Die bigotte Erzherzogin Valerie mahnte gar den Vater, sich nach all den Katastrophen mehr Gott zuzuwenden. »All dies Gerede von Gebeten und Bußfertigkeit geht ihm auf die Nerven«, zürnte die Freundin zu Recht. Was soll ein so einfacher und redlicher Herr schon Schweres zu beichten und zu bereuen haben? Doch mit einem lautstarken Auftritt, mit dem sie ihrem Zorn Luft machte, überschritt sie das erste Mal die Grenzen des auch ihr Erlaubten. Schroff wies der Kaiser sie zurecht. Sie brach die Beziehung zu ihm ab. Sein Leiden machte sie nun erst recht trotzig.

Seit dem Sommer 1900 sahen sie sich drei lange Jahre nicht mehr. Der Kaiser ertrug es mit trauriger Geduld. Sie ruinierte ihre Nerven, verstand weder sich noch die Welt, litt an Migräne und Magenkrämpfen, kündigte im Theater und begann nun ein Nomadenleben, wie es früher die Kaiserin geführt hatte. Seine taktvollen Briefe mit Andeutungen seines Kummers beantwortete sie mit raschen Telegrammen unverhohlener Teilnahmslosigkeit. Alles, was dem Kaiser nur zu bekannt war, mußte er abermals erleben. Sie versöhnten sich wieder, doch sie sahen sich nicht mehr so häufig, weil sie auf ihre monatelangen Reisen nicht verzichten mochte. Hatten sie eine Verabredung miteinander, dann wurde in der Vorfreude der nun wirklich alte Kaiser verschämt unruhig, lief immer wieder zum Spiegel, um den Bart zurechtzustreichen, und spürte die Minuten, die er noch warten mußte, bis er sie sah, wie eh und je mit der zärtlichen Ungeduld eines Leutnants, der zum ersten Mal verliebt.

Bei ihr und mit ihrem Sohn, dessen Studienfreunden vom Theresianum, beim Kartenspiel mit ihrem jüdischen Bankier oder

Schauspielern sehr neuer Christlichkeit vergaß er seine Sorgen und versicherte sich, wie jeder seiner Untertanen, nicht in der besten, aber auch nicht in der schlechtesten alle möglichen Welten zu leben. Eine Welt der Sicherheit, an deren Untergang trotz alltäglicher Zwiste keiner am Feierabend dachte, wenn er sich der Gemütlichkeit ebenso satt hingab wie zur morgendlichen Stunde der Kaiser, der in vierzig Jahren Frieden zum Symbol dafür wurde, daß sich auch die schlimmsten Ärgernisse beheben ließen.

Unruhen gab es überall, eine Erwartung auf eine neue Welt. Auch in Republiken wie in Frankreich fürchteten die Bürger, daß ihnen der Kopf vom Hut gerissen werde. Österreich-Ungarn nahm dennoch einen großen Aufschwung. Der fleißige Kaiser regte wenig an, ließ viele gewähren, und in der nach ihm benannten Epoche wurde »Kakanien«, ungeachtet seines wirtschaftlichen Rangs, zu einem der überraschendsten Mitglieder eines gemeinsamen Europas, für das die Gemeinsamkeit kein mögliches Ziel, sondern eine Voraussetzung seiner erstaunlichen Regsamkeit war. Als Franz Joseph die Regierung antrat, galt Österreich als das China Europas. Während er bei der Frau Schratt seine Zigarre rauchte, war Österreich-Ungarn zu einem der verheißungsvollsten Gebiete nicht nur in der alten Welt geworden. Die apokalyptischen Stimmungen, die manche Ästheten pflegten, nach neuen Ausdrucksformen verlangend, der bürgerlichen Kultur und ihrer politischen Kompromisse überdrüssig, beunruhigten zuweilen die entschiedenen Wandler der Welt, die Unternehmer, die Bankiers, die phantasievollen Gefährten des Geldes, des Königs der neuen Epoche. Doch sie setzten unbefangen ihr Vertrauen weiterhin auf die Krone, die ja indessen zugleich Währung wie Institution war. Beides versprach, den Dingen Dauer zu verschaffen, selbst den äußerst veränderlichen. Bei der Frau Schratt konnte Franz Joseph für Augenblicke sich so sicher fühlen, wie seine Untertanen im Vertrauen auf ihn sich sicher fühlten.

Das flamboyante Individuum

Wilhelm II. als Kaiser der Belle Époque

Wilhelm I., der letzte Überlebende aus den hohen Tagen der Heiligen Allianz, war das lebendige Symbol preußischer oder deutschrussischer Freundschaft, die er für unaufkündbar hielt. Er starb am 9. März 1888. Sein Sohn, Friedrich III., suchte zum Kummer des Vaters möglichste Distanz zu den Russen. Das beunruhigte noch dessen letzte Stunden; seine sich verwirrenden Gedanken beschäftigten sich mit dem Verhältnis zu den russischen Verwandten. Friedrich III. kam todkrank zur Regierung und starb am 15. Juni 1888. Wer am russischen Bündnis hing, der begrenzte seine Trauer auf das durch den Takt Gebotene. Der neue König und deutsche Kaiser, Wilhelm II., bot die Gewähr, so durfte angenommen werden, daß er, wie sein Name es versprach, ein anderer Wilhelm werde, eben ein zweiter, der in den Spuren seines Großvaters wandele. Der alte Herr erkannte in ihm seinen wahren Erben. Darin mochte er sich, was die Freundschaft zum russischen Kaiser, sein wichtigstes politisches Vermächtnis, anbelangte, nicht einmal sehr getäuscht haben. Aber als Monarch, als Typus war der junge Herr grundverschieden.

Das lag nicht unbedingt am andersgearteten Temperament. Die Zeiten hatten sich geändert und mit ihnen die Könige oder solche, die dazu bestimmt waren, es zu werden. Mit Kaiser Wilhelm I. starb der letzte Monarch des Ancien régime, der als Prinz – 1797 geboren – noch ganz unmittelbar in die überlieferte ritterliche Haltung hineingewachsen war, die Unerschrockenheit, Galanterie und eine Höflichkeit des Herzens miteinander verband. An ihm war alles königlich vornehm, gemildert durch jenes unaussprechliche gewisse Etwas, das Anmut gewährt und selbst dem Ernst sein strenges Wesen nimmt. Alles Übertriebene, Gesuchte war ihm fremd, auch in seiner einfachen, soldatischen Frömmigkeit. So beherrschte er die äußerste Kunst: einfach und natürlich zu wirken. Er war die Inkarnation des gesunden Menschenverstands. Sein Urteil war klar und aufgrund gewissenhafter Arbeit selbständig. Zuweilen konnte er eigensinnig sein und heftig werden. Doch er ließ sich von guten Gründen überzeugen. Schmeichelei duldete er nicht. Offener Tadel verletzte seine königliche Würde. Berechtigte Kritik fürchtete er. Durch Fleiß wollte er ihr vorbeugen.

Von der gelehrten Bildung seiner Zeit eignete er sich so viel an, wie für einen Welt- und Ehrenmann unumgänglich. Romane las er nie, Opern und Schauspiele besuchte er häufig und beurteilte sie allein danach, ob sie ihn gut unterhielten. Wenn seine Tätigkeit es erforderte, verschaffte er sich die praktischen oder wissenschaftlichen Kenntnisse, um einen Begriff von dem zu erwerben, was er unterzeichnete. Er hörte gern Gelehrten zu, bat gelegentlich: »Wiederholen Sie es noch einmal, ich möchte es gerne behalten« und bedankte sich dann: »Ich habe wieder etwas gelernt.« Wie ein alter Aristokrat erweiterte er gesprächsweise sein Wissen. Er war ein Meister der höflichen Konversation, allerdings kein großer öffentlicher Redner. Auf dem »Schlachtfeld der Zungen«, etwa im Herrenhaus, fühlte sich der Prinz von Preußen recht unbehaglich. Doch die Sicherheit seines Auftretens und die Geradlinigkeit seiner Anschauungen konnten selbst der Phraseologie des Konstitutionalismus noch etwas Gewinnendes, sogar Begeisterndes vermitteln.

Für sich selbst anspruchslos, scheute er keinen Aufwand, sobald die Pflicht zur Repräsentation ihn erforderte. Die Krone als überpersönliche Macht erfüllte ihn mit Ehrfurcht. Dem vernachlässigten Stadtschloß, in dem er nur ungern lebte, gab er seinen alten Glanz zurück, Wert darauf legend, daß Berlin kein unordentlicher Hof sei. Zeremonielle Auftritte feierte er mit der ungezwungenen Freude an formaler Schönheit und verlangte die gleiche gesellige Disziplin, der er sich unterwarf, von allen anderen, die geladen waren, die Rituale höfischer Liturgie im Dienst der Krone zu zelebrieren. Den altertümlichen Formenreichtum beachtete er genau. Statt ihn zu beschränken, erneuerte er ihn, wo Vorschriften und Gebräuche vergessen oder als antiquiert betrachtet wurden. Im übrigen wohnte er meist in seinem Palais Unter den Linden und erholte sich nach den Geschäften im Salon seiner Frau. Dort verkehrten nicht nur die Hofchargen. Sie lud Künstler, Gelehrte oder Unternehmer ein, die auf diese Weise mit der ihnen fremden Welt des Hofes vertraut gemacht wurden, wohingegen er mit der ihm ungewohnten Sphäre bürgerlicher Lebensführung Bekanntschaft schloß. Denn seine schlichten Lebensgewohnheiten waren keineswegs bürgerlich. Sie entsprachen vielmehr der Einfachheit, zuweilen Bedürfnislosigkeit hoher Aristokraten.

Eine gewisse Weichheit des Herzens, die zur alten Vornehmheit gehört, bewahrte er sich sein Leben lang. Er war leicht gerührt und verströmte gern sein bewegtes Gemüt in Tränen. Aber beherrschen ließ er sich nie. Auch Bismarck mußte jeweils sehen, wie es ihm gelang, den König dahin zu bringen, etwas zu tun, was ihm zuerst einmal widerwärtig war oder unanständig zu sein schien. Eine herzliche Freundschaft entwickelte sich erst spät zwischen beiden.

Von seinem Haus hatte Wilhelm eine hohe Meinung. Mußte er seinen konservativen Prinzipien zuwiderhandeln, legitime Fürsten absetzen, sich deren Staaten aneignen, so tat er das gleichsam unter dem Zwang des göttlichen Willens, der ein mächtiges Preußen zum Schutz alles Guten und Alten in Europa brauche, wie Erzherzog Rudolf mit gelindem Spott bemerkte. »Er war nie stolz auf seine großen Taten, sondern hielt dieselben für die selbstverständliche, von Gott gewollte historische Entwicklung der Hohenzollernmacht.«

Als großer Herr und König verstand er es aber, wenn seine neuen Untertanen in Nassau oder Hannover ihm gegenüber eine gewisse Kühle wahrten und nicht zu rasch ihr angestammtes Herrscherhaus vergessen wollten. Die Enteignung der Welfen nach 1866 war ihm peinlich, weil er darin ein Unrecht sah. Bar jeder Romantik, mißfiel ihm der Kaisertitel. Es bedurfte zäher Auseinandersetzungen, seine »morose Emotion« zu überwinden, in die ihn der Schmerz versetzte, »den preußischen Titel verdrängt zu sehen«. Weil er sich zuletzt doch in alles zu schicken wußte, was nicht zu vermeiden war, zumal Gott ihm im inbrünstigen Gebet zu Klarheit, Kraft und Fassung verhalf, nahm er den Titel an und bekannte sogleich: »Mein Sohn ist mit ganzer Seele bei dem neuen Stand der Dinge, während ich mir nicht ein Haar breit daraus mache und nur zu Preußen halte. Ich sage, er wie seine Nachkommen seien berufen, das gegenwärtig hergestellte Reich zur Wahrheit zu machen.« Immerhin, er selbst tat schon alles, um den leeren Titel mit Inhalt zu versehen, und fand bald Freude daran, als deutscher Kaiser geschätzt zu werden.

Nachdem er sich einmal dazu durchgerungen hatte, den unausweichlichen Bedürfnissen der Zeit zu genügen, die Verfassung anzuerkennen und den Parlamentarismus als Notwendigkeit hinzunehmen, hielt er sich auch korrekt an deren Verpflichtungen und Regeln. Er ließ es 1862 bei der umstrittenen neuen Heeresorganisation zu einem Verfassungskonflikt über das Budgetrecht kommen, dachte aber nicht daran, die Verfassung selbst zu suspendieren. Bismarck und sein Standpunkt, daß, wenn sich Parlament und Regierung unter keinen Umständen über die Verabschiedung des Haushalts einigen können, die Regierung den Konflikt in ihrem Sinne entscheiden dürfe, ist heute, obschon er damals für anstößig galt, gültiges Verfassungsrecht. Wenn Wilhelm I. sich auch auf den Boden der Konstitution Preußens stellte, so dachte er allerdings nicht daran, die Verfassungsrechte zum Nachteil der Krone weiter auszudehnen. Deren Vormacht wollte er bewahren, schon um die Armee, die Beschlüsse über Krieg und Frieden frei zu halten von den unberechenbaren Mehrheiten und Entschlüssen der im Parlament vertretenen Meinungen, die sich allmählich in Parteien repräsentierten. Über Parteien und Meinungen, dem Potential der Unbeständigkeit, der Laune, des Glücks, sollte die Krone stehen als neutrale Macht.

Deshalb feierte er mit erheblichem Aufwand 1861 im Königsberger Dom als erster preußischer König seit Friedrich I. wieder eine Krönung, nahm vom Altar die Krone, um sie sich selbst aufzusetzen und an deren Unverfügbarkeit nachdrücklich zu erinnern. Die »sichtliche« Krone, das ersichtliche Zeichen sollte auf den Christus-König verweisen, den König aller Könige. »Darum nehme ich sie von seinem Tische, denn nur so kann das irdische Zeichen derselben entschuldigt werden.« Mit der Berufung auf das Gottesgnadentum betonte er die Heiligkeit der Krone und seines Amtes, was weltlich gesprochen die Souveränität der Krone meinte, im Gegensatz zur behaupteten oder erstrebten Souveränität des Volkes. Ein kaiserliches Gottesgnadentum hingegen hat Wilhelm I. nie formuliert oder verlangt. Er wußte, daß er die Kaiserkrone von den im Reich verbündeten Fürsten empfangen hatte und der Souverän dieses Reiches nicht der Kaiser, sondern der Bundesrat der Fürsten war, als dessen Präsidium er in deren Auftrag bestimmte kaiserliche Aufgaben und Rechte wahrnahm.

Die dauerhaftesten Auseinandersetzungen hatte Wilhelm mit seiner Frau Augusta zu bestehen, dem »Feuerkopf«, wie er sie halb resigniert, halb respektvoll apostrophierte. Sie stand grundsätzlich in Opposition zur jeweiligen Politik der Regierung, um Wilhelm vor Einseitigkeiten zu bewahren. Gab er zu sehr den Liberalen nach, sorgte sie dafür, daß er nicht allzu liberal wurde. Folgte er seinen konservativen Neigungen, dann erinnerte sie ihn daran, nicht den Anschluß an das lebendige Bewußtsein der Zeit zu verlieren. Obschon Tochter einer russischen Großfürstin, erschien ihr Rußland

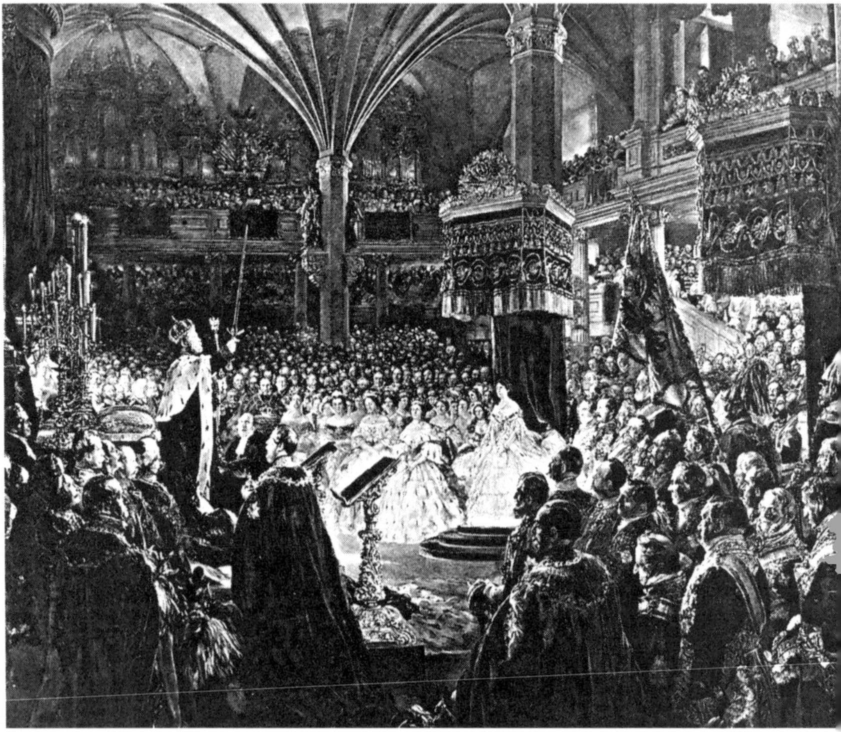

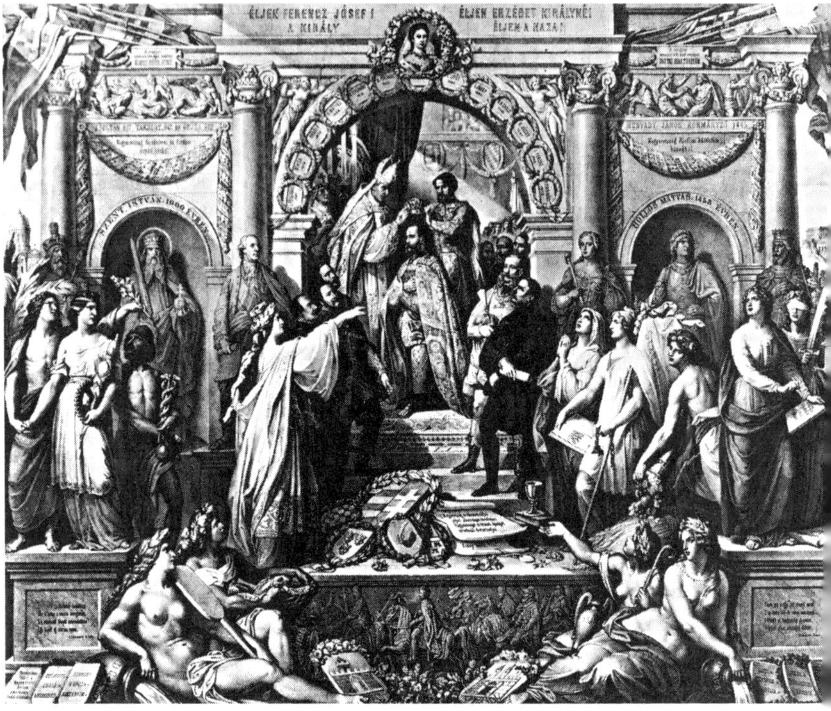

ÉLJEN FERENCZ JÓSEF I A KIRÁLY   ÉLJEN ERZSÉBET KIRÁLYNÉ! ÉLJEN A HAZA!

e Krönung zum König war in Preußen unüblich. Wenn Wilhelm I. sie 1861 demonstrativ in
[Kön]igsberg vornahm, dann um mit dem Gottesgnadentum an die Souveränität der Krone zu erin-
[nern], die über der Verfassung und den Parlamenten steht. Eine Krönung zum Kaiser von Österreich
[fand] nie statt. Die Krönung zum König von Ungarn hingegen war notwendig, weil der jeweilige
[Herr]scher dabei mit seinem Eid beschwören mußte, die Rechte und Freiheiten des ungarischen Volkes
[zu be]wahren. Die russische Kaiserkrönung in Moskau veranschaulichte mit ausschweifender Feierlich-
[keit] die Unmittelbarkeit des Selbstherrschers zu Gott. Das Gottesgnadentum war die sichtbare
[Schr]anke, die der Autokratie gezogen ist (Krönung Wilhelms I. in Königsberg, 18. Oktober 1861,
[Gem]älde von Adolph von Menzel; Krönung Franz Josephs zum König von Ungarn am 8. Juni
[186..], Lithographie von Franz Schams nach einer Zeichnung von Karl Joseph Geiger, und Krö-
[nun]gsfeier Nikolaus' II. im Mai 1896, Holzstich nach einer Zeichnung von E. Limmer).

immer unheimlich. Die Heilige Allianz und das Bündnis der drei Kaiser hat sie nie begriffen. Sie warb für enge Übereinstimmung mit England und erhob die Nachahmung britischer Lebensart und Geisteshaltung zu einer zeitweilig sehr heftigen Mode in Berlin. Im Weimar des alternden Goethe aufgewachsen, erzogen im Sinne des idealistisch-humanitären Klassizismus, war sie eine Whig ins Deutsche übertragen. Sie wünschte Mitsprache von Besitz und Bildung in politischen Angelegenheiten, um der Stimme der Vernunft zur Herrschaft zu verhelfen. Sie fürchtete wie jeder aufrichtige Liberale das Proletariat, den sozialen Umsturz. Demokratie und Revolution waren ihr ein und dasselbe. Louis Philippe als der große Balancekünstler zwischen allen parteilichen Bestrebungen diente ihr als Vorbild.

Seinem Beispiel folgend, hütete sie sich vor Antiklerikalismus, der typischsten Regung aller Liberaler. Es ging das Gerücht, sie sei heimlich katholisch geworden. Bismarck bemerkte durchaus anerkennend, daß die Hindernisse, die sie ihm in den Weg legte, zuweilen schwerer zu überwinden seien als die von fremden Mächten. Sie besaß eine außerordentliche Leidenschaft für Politik und verfügte über einen Vorteil, den kein Parlamentarier oder Ministerpräsident je zu erringen vermochte: in aller Offenheit den Monarchen kritisieren zu dürfen, ohne damit dessen Autorität zu untergraben. Ihre Möglichkeiten als Frau und Königin bedachte sie stets sehr genau.

Augusta hielt Wilhelm förmlich beim ersten Frühstück »Vortrag« und verdeutlichte ihm, was er zu tun habe. Als Kavalier seiner Frau und im Respekt vor der Königin duldete er auch sehr freie Worte. Schon um den häuslichen Frieden ungestört genießen zu können, räumte er ihr manchen Einfluß auf seine Überlegungen ein, aber keinen bestimmenden. Geheiratet hatte er sie nicht unbedingt aus Neigung. Sie war weder eine *beauté* noch ausgesprochen liebenswürdig. Doch trat sie mit großer Allüre auf, eine vollendete Dame, kaiserlich schon als Prinzessin in Weimar. Ihr »Mangel an Weiblichkeit« schmerzte ihn oft, und liebreizende Weiblichkeit war gerade ihm Bedürfnis. »Wenn nur erst das Herz immer mehr Übergewicht über den Kopf bekommt, dann wird alles gut werden«, hoffte er anfänglich. Er bemühte sich, sie zu erziehen, seinem Ideal anzunähern, verlor dabei aber häufig die Geduld, nie die Achtung vor ihr.

Als Tochter Weimars sah sie in der selbständigen Persönlichkeit das Höchste. Augusta, Kaiserin mit einer Selbstverständlichkeit, als sei ihr erhabene Hoheit schon in den Windeln ganz natürlich gewesen, diese Liebhaberin der Etikette und der schönen Formen, wenn sie je geliebt, durchbrach doch immer wieder diese zweite Natur, indem sie ihrer Individualität mit allerdings kaiserlicher Souveränität einzigartige Sonderrechte einräumte. Zur Verzweiflung Wilhelms schlug diese große Künstlerin des Gesprächs nicht Hypothesen vor; sie äußerte Meinungen, sehr dezidierte, auch wenn sie nur den intellektuellen Moden oder Torheiten folgte. Der Kopf behielt immer das Übergewicht. Eine bewußte Gesuchtheit, Künstlichkeit in ihrer allzu viele Worte gebrauchenden Intellektualität trübte gelegentlich die Freude an ihrem durchgreifenden, rasch ordnend ergreifenden Geist. Sie sprühte vor Energie. Doch als Kaiserin, die versöhnend und ausgleichend wirken sollte, reizte ihre Individualität nahezu zu Parteibildung. Sie wurde gehaßt oder geliebt, die Mitte dazwischen, freundliches Wohlwollen, blieb ihr versagt. Nur ihr Mann, dem so vieles an ihr ein Rätsel blieb, schenkte es ihr, manchmal seufzend, immer dankbar, denn mit energischer Gleichgültigkeit beobachtete sie dessen geringe Widerstandskraft gegenüber holdseliger Weiblichkeit.

Ihr so ganz auf tätiges Bemühen ausgerichtetes Temperament lebte sie unermüdlich, denn Erschöpfung war ihr ein Fremdwort, in unzähligen fürsorglichen Einrichtungen aus. Die heilige Elisabeth gehört zu ihren Vorfahren; eine ähnliche Helferin aller Mühseligen und Beladenen zu sein, erachtete sie als ihre königlich-kaiserliche Pflicht. Sie setzte sich von vornherein für Henri Dunants Rotes Kreuz ein und half dabei, es in Deutschland organisatorisch einzuführen. Es gab kaum eine Aufgabe freiwilliger oder staatlicher Wohlfahrt, der sie sich nicht aufmerksam widmete, zuweilen allzu entschlossen, weil sie am liebsten auf sich selber vertraute und sich deshalb mit Arbeit überlud, statt sie sachgemäß zu verteilen. Trotz ihrer unbestreitbaren Verdienste gewann sie nie die Herzen des Volkes. Ihre Hoheit, die imponierte, schuf Mauern der Unnahbarkeit, die doch gerade diese Menschenfreundin durchbrechen wollte. Der Kaiserin, die sich herabließ, verargte man ihr herablassendes Betragen, denn es gelang ihr nie, die Majestät mit so viel Liebenswürdigkeit zu veranschaulichen, daß deren Erhabenheit nicht einschüchterte. So erkannte man nur als Pflichterfüllung an, was sie tatsächlich als ihre Pflicht betrachtete, und sah nicht die christlich-humanitäre Haltung, die sich darin äußerte. Sie dachte mit dem Herzen und fühlte mit dem Verstand. Das schuf ununterbrochen Mißverständnisse. Sie war eine unglückliche Frau.

»Die Aufgabe jeder Erziehung ist und bleibt, den Menschen dem Menschen entgegen zu bilden, und der Mensch in dieser höchsten Auffassung des Ausdrucks thut in jetziger Zeit in den fürstlichen Häusern Noth, da der persönliche Werth eine Hauptstütze ihrer Macht geworden ist.« So umriß sie das Erziehungsprogramm für ihren Sohn Friedrich Wilhelm, sich gänzlich unbewußt, daß ihr persönlicher Wert gerade nicht die allgemeine Hochschätzung fand, die man ihrer formalen Existenz, der beeindruckenden Repräsentation der Majestät, überhaupt nicht verwehrte. Ihr pädagogischer Grundsatz resümiert nur das Dilemma, das sie als solches nie erkennen wollte: Eine überpersönliche Einrichtung verliert ihre Überzeugungskraft, sobald sie dem sehr persönlichen, dem Eigen-Tum, zu viel Bedeutung zumißt.

Friedrich Wilhelm, der Vater Wilhelms II., sollte wahrer Mensch werden und zugleich seine preußische Prinzlichkeit in deutsche Fürstlichkeit verwandeln. Dem preußischen Kronprinzen wurden die Ideale bürgerlicher Lebenskultur in sein empfindsames Gemüt eingeprägt: die Bildung zu allgemeiner Menschlichkeit, was hieß, nach allen Seiten hin Wissensbestände zu sammeln, um mit ihnen zur Verfeinerung seiner Seele wuchern zu können. Der bürgerliche Humanismus verstand sich als deutsch. Die Sehnsucht nach nationaler Einheit, nach einem größeren, mächtigeren und deshalb schöneren Vaterland beschäftigte schon den verträumten Jüngling. Er schwärmte von der alten Reichs- und Kaiserherrlichkeit und zugleich für vernünftigen Fortschritt. Anlehnungsbedürftig, wie er war, lehnte er sich an die vorwaltenden Ideen an, ein »zeitgemäßes Nachgeben« schien ihm immer die beste Auskunft bei allen auftretenden Schwierigkeiten. Das Erlebnis der Revolution von 1848 vergaß er nie. Sein Vater hatte das Land verlassen müssen. Das Schicksal der Bourbonen und Stuarts, deren Ende am Schafott, stand ihm immer vor Augen.

Er wurde zum nachdenklichen Bürger erzogen, trat aber auch in die soldatischen Traditionen seines Hauses, die dem Bildungsideal selbständiger Tätigkeit nicht widersprechen mußten, mit dem klassizistische Offiziere dem militärischen Geist lebendigen Schwung verleihen wollten. Doch Bürgerlichkeit und Soldatentum ließen sich nicht ganz verschmelzen, da sie verschiedener Natur waren. Alles Soldatische höherer Art entsprang der Ritterlichkeit, beruhte auf aristokratischen Tugenden und Lebensanschauungen. Dazu gehörte eine selbstverständliche Ordnung von

Befehl und Gehorsam. Der Bürger mochte weder gehorchen noch befehlen. Er wollte räsonieren und vertraute als diskutierende Klasse nicht so sehr der Entscheidung, vielmehr der Diskussion und der ihr gemäßen Kompromisse, die zu vernünftigen, verständlichen Lösungen führen. Bürgerlichkeit und Soldatentum unterhielten ein spannungsvolles Verhältnis zueinander.

Diese Spannungen mußte der Kronprinz in sich ausgleichen. Zu der Auseinandersetzung, die zwischen der Wichtigkeit, die dem persönlichen Wert zugesprochen wurde, und der soldatischen, durchaus typisierenden Haltung unvermeidlich blieb, trat als drittes der königliche Stil, dem er ebenfalls zu genügen hatte. Er sollte also drei Lebensformen in sich harmonisch verbinden: bildungsbürgerliche Individualität, heroische Tugend und monarchische Selbstüberwindung. Damit wären auch robustere Temperamente fast überfordert gewesen. Es ist nicht verwunderlich, daß der Prinz bald zu Depressionen neigte, zu Jähzorn und seinem Zwilling, zu resignativer Apathie.

Er konnte sehr leutselig auftreten, erwartete aber, hatte er den Purpur gleichsam beiseite gelegt, wie ein Fürst behandelt zu werden. Nachlässigkeiten ihm gegenüber vergaß er nicht. Seine Wirkung in der Öffentlichkeit war ihm überhaupt nicht gleichgültig. Den *bourgeois gentilhomme* verstimmte es sehr, wenn der Applaus nicht dröhnend ausfiel. Dann war er persönlich verletzt, das ertrug seine Individualität nicht, und der potentielle König erst recht nicht. Immer schwankend zwischen dem Nachgeben persönlicher Stimmungen und amtlicher Stilisierung, gelang ihm selten Natürlichkeit im Umgang und Auftreten. Verließ er die häusliche Idylle, verbarg er sein weiches Gemüt hinter kraftvollen Posen, die jeder Schauspieler überzeugender einzunehmen vermochte. Pomp und Prunk gefielen ihm, die strenge Schönheit der Zeremonien überwältigte ihn zuweilen bis zu Tränen. Der Fürst als liberaler Menschenfreund verachtete den Pöbel, vor dem er zugleich Angst hatte. Der Aristokrat, der ununterbrochen zu unternehmerischem Mut, forschendem Wagnis, persönlichem Einsatz aufforderte, konnte ganz viereckig gestimmt sein, wenn König Wilhelm bürgerliche Offiziere wegen bravouröser Taten in den Adelsstand erhob. Das ging ihm entschieden zu weit.

Er fühlte deutsch, solange die Deutschen bereit waren, sich Preußen unterzuordnen. Sein Schwiegervater, Prinzgemahl Albert, schilderte ihm in London inständig die schönen Folgen der Entwicklung, wenn Preußen in Deutschland aufgehe. »Mir aber nicht klar geworden, wie jenes ›Aufgehen‹ vor sich gehen soll, wenn wir gleichzeitig obere Leitung und Führung zu übernehmen haben«, hielt er in seinem Tagebuch 1861 fest. »Die kleinen deutschen Raubstaaten« ärgerten ihn ständig. »Verschanzt euch nur hinter eurer so genannten Halb- und Scheinsouveränität. Euer Tag wird kommen.« Und an anderer Stelle warnte er: »Immerzu, ihr werdets einmal mit mir zu tun kriegen.« »Lächerliche Sympathien für die Polen« in Preußen teilte er nicht, und bei einer Reise 1861 durch das Elsaß notierte er sich: »Skandal, daß dieses nicht mehr deutsch ist.« Deutsch war ihm ein Synonym für preußisch. Deutschland konnte er sich nur als borussisch vereinheitlichtes Reich vorstellen.

Als preußischer Prinz verdrängte er den preußischen Titel sofort und ließ sich nur noch als Kaiserliche Hoheit anreden. Bismarck mußte ihn kurz vor seinem Tode daran erinnern, daß er als Kaiser nur sehr beschränkte Vollmachten besitze und gar kein Faktor der Gesetzgebung sei. Friedrich wollte sich immer als Kaiser sehen, ergriffen von der alten Kaiserherrlichkeit, die sich nun in des preußischen Reiches Kraft und Herrlichkeit äußern sollte, die in der Verfassung freilich nicht vorgesehen war.

Seinem widerspruchsvollen Nationalismus entsprach sein unklarer Konstitutionalismus. Das fremde Wort Parlament gefiel ihm nicht. Reichs- und Landtag sagten ihm mehr zu. Damit ließen sich Gefühle verbinden, Gefühle, die allerdings in ferne Zeiten zurückwiesen, als Kaiser oder Fürsten ihre Getreuen zu sich riefen, um mit ihnen zu beraten, was zu tun sei. Solch idyllische Assoziationen verknüpfte er gern mit dem Nachgeben an die Forderungen der Zeit. Eine ausgedehntere politische Mitbestimmung der gesellschaftlichen Gruppen erschien ihm unausweichlich. Aber er beobachtete, nicht einmal unzutreffend, die »Unfertigkeit« der Parteien, die noch immer »im Ringen miteinander begriffenen Ständen« glichen und keine höhere Einsicht in das Staatsganze besäßen. Ein vorsichtiges persönliches Regiment erachtete er vorerst als unvermeidlich, damit die Vertreter des Volkes unter dessen Einfluß sich zum Begriff ihrer Aufgaben heranbildeten. Sein Liberalismus war dementsprechend vage und doktrinär: von Deutschland aus die Welt zu humanisieren, die Sitten zu veredeln und die Menschen von der frivolen französischen Richtung abzuwenden. Darunter ließ sich viel fassen.

Friedrich dachte stets ins Wünschbare hinein. Das Erreichbare faßte er einfach unter zeitgemäßes Nachgeben, ohne näher zu prä-

ie Sozialistische Internationale ist gleichsam das proletarische Gegenstück zur Internationale der
hen Aristokratie, wie sie sich in den Dynastien ausdrückte. Unter dem Einfluß von Karl Marx
urde sie im September 1864 in London gegründet. Sie sollte eine Verbindung und ein Zusammen-
irken der verschiedenen Gruppen und Vereine ermöglichen, die sich dem Schutz, dem Fortschritt
d der vollständigen Emanzipation der Arbeiterklasse widmeten. In wechselnden Abständen trafen
h seitdem Delegierte, ohne allerdings eine revolutionäre Aktionsgemeinschaft zu bilden. Obschon
zifistisch, konnte die Internationale 1914 den Ausbruch des Krieges nicht verhindern, da ihre Mit-
eder die jeweilige nationale Sache und die Verteidigung des jeweiligen Vaterlandes als gerecht
chteten. Der bürgerliche Nationalismus erwies sich als die stärkere Kraft (Szene aus der Salle
agram in Paris, wo im September 1900 der internationale Sozialistenkongreß tagte).

zisieren, ob es auch dort eine Grenze gäbe. Außerdem kann jedes Zugeständnis an die Forderungen der Zeit, wenn allein gewährt, um deren Druck auszuweichen, wieder zurückgenommen werden, sobald andere Zeitumstände mit neuen Fragen und Wünschen andrängen. Alles Zeitgemäße kann veralten im Wechsel der Zeiten. Inwieweit sich in liberalen Einrichtungen und Errungenschaften bleibende Gedanken und Formen ausdrückten, die ihrerseits verteidigt werden sollten oder müßten, darüber ließ er sich und die anderen im unklaren. Bei seinem Liberalismus aus Furcht verwies er auf freundliche Allgemeinheiten vorwärtsdrängender Zivilisation und Fortentwicklung freier Sittlichkeit oder sittlicher Freiheit. Sein Sesam-öffne-dich zum Durchbruch auf solche Ziele hin war seine ständige Forderung, sich mit England, Belgien, Holland und Skandinavien zu verbünden, ein Bollwerk gegen Rußland zu bilden und vorerst noch gegen Frankreich, das sich der Sogkraft der germanisch-protestantischen Mächte dauernd nicht entziehen könne. Damit stand er im Gegensatz zu den Vorstellungen seines Vaters und Bismarcks.

In der Regel verzichtete er darauf, seinen Ansichten, die von den alten Liberalen geteilt wurden, vielleicht Geltung zu verschaffen. Wilhelm I. hatte seinem Sohn nie den Einblick in die laufenden Geschäfte verweigert. Friedrich durfte nicht nur, er mußte an den Sitzungen des preußischen Ministerrates teilnehmen. Aber seit dem Verfassungskonflikt zog er sich in die Rolle des »stummen Zuschauers« zurück, um sein Gewissen zu beruhigen. Er saß unter den Ministern wie eine Bildsäule; endlich zog er sich ganz zurück und schmollte, daß er so gar nicht informiert werde. Doch er hatte sich zum Verdruß seiner liberalen Gesinnungsgenossen selber ausgeschaltet. Seine Untätigkeit schadete ihm erheblich. Zweifel an seinen politischen Fähigkeiten wurden früh laut. Seine militärischen vermochte dieser Bürgerkönig paradoxerweise zu bestätigen. Vom Rande des Geschehens aus kommentierte er gereizt die Politik seines Vaters und Bismarcks. Doch sie führte nicht zum Schafott, sondern zu erstaunlichen Erfolgen. Die Liberalen erkannten, daß ihren Bedürfnissen damit kein Abbruch getan wurde. Solange König und Ministerpräsident den Schwerpunkt mehr nach links verlagerten, bis 1878, brauchte man nicht auf ein liberales Regiment des Kronprinzen zu hoffen. Das gab es schon. Als Bismarck anschließend wieder mehr nach rechts rückte, erwiesen sich unter dem Druck der sozialen Frage und wirtschaftlicher Herausforderungen die liberalen Konzepte teilweise als überholt und veraltet.

Kronprinz Friedrich stand ratlos vor dem Erwachen der Arbeiterschaft, vor dem Sozialismus oder der Sozialdemokratie. Die Beschwörung der wahren, vernünftigen und menschenwürdigen Freiheit als sicherer Damm vor den Fluten ungebildeter Gewalten hatte sich verbraucht. Zu viele waren von ihr ausgeschlossen, die Fiktion, daß der Bürger die Freiheit repräsentiere, zerbrach, da nur Besitz und Bildung ihrer Genüsse und Segnungen teilhaftig wurden. Der rohe Anspruch der Ungebildeten der größten Zahl, am wirtschaftlichen und technischen Fortschritt teilzuhaben, entsetzte den feinsinnigen Prinzen. Seine Welt, seine Ideen hatten sich überlebt. Er erkannte nur Staatssozialismus in der Bemühung, von oben den Wirtschaftsliberalismus zu korrigieren und dessen schlimmste Auswüchse zu beschneiden. Die liberalen Formeln reichten nicht mehr aus, um die soziale Frage, die sie verschärften, zu entschärfen. Er fühlte sich als Gescheiterter, der sein Leben im Abwarten auf eine Stunde verbrachte, die ihm nie schlug. Seine Melancholien nahmen zu. Er, der immer den Anschluß an das lebendige Zeitbewußtsein suchte, hatte ihn verloren. Trost fand er bei »Frauchen«, der treuesten Ratgeberin ihres »Engels«.

Es war die Liebesheirat eines vom philosophischen Totalgeist berührten munteren Leutnants und eines altklugen Blaustrumpfes. Prinzeß Victoria fürchtete zu platzen, wenn sie sich des Wortes enthalten mußte. Sie dozierte gern und lang. Sie war die Tochter eines verhinderten Professors, des Prinzen Albert, der auch die harmlosesten Fragen des Alltags methodisch behandelte, wie er es bei seinen gelehrten Bonner Unfehlbarkeiten einst gelernt hatte. Vicky, wie sie in der Familie hieß, ließ sich unter seiner Anleitung für alles interessieren. Ihre Neu- und Wißbegier blieben immer unersättlich. Die Vermutung mancher höflichen Beobachter, ihre intellektuelle Beweglichkeit könne in einen schwer heilbaren Dilettantismus ausarten, teilte der stolze Vater überhaupt nicht. Sie war Geist von seinem Geist. Er führte sie in das politische Denken ein, und nichts ärgerte sie so sehr, wie wenn einer an ihrem politisch-analytischen Urteilsvermögen zweifelte, das sie in der besten aller denkbaren Schulen, bei Papa, gelernt hatte. Widerspruch ärgerte sie ohnehin. Daß Menschen andere Ansichten vertreten konnten als sie, verstand sie nicht. Es mangelte ihr an Phantasie und dem Willen, sich in die Meinung anderer hineinzuversetzen, und sei es nur, um sie widerlegen zu können. Sie war klug, intelligent, mit blitzartigem Auffassungsvermögen begabt, sie sprühte vor

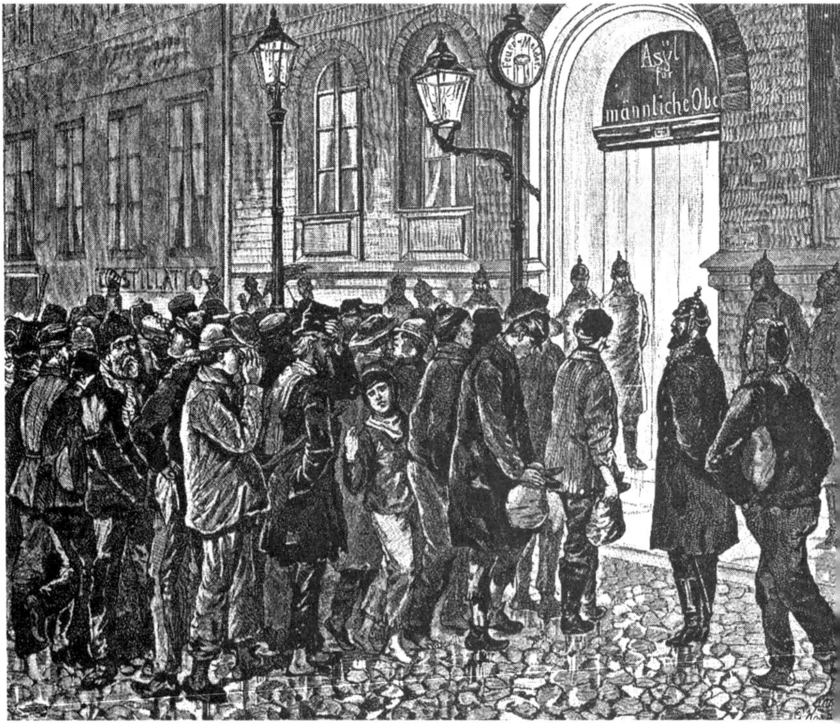
Asyl
für
männliche Ob

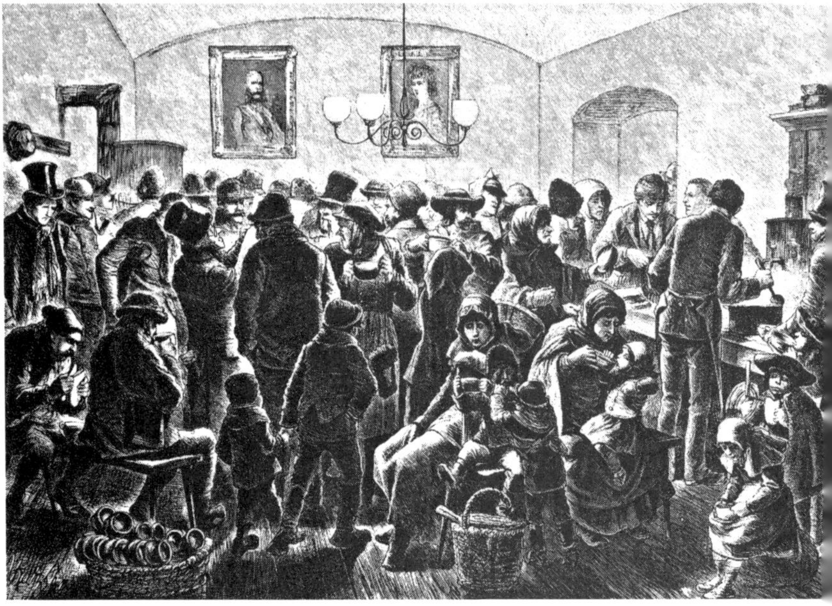

Zu Opfern der sich überstürzenden Modernisierung gehörten die »Massen«, die sich jetzt als Faktor
im gesellschaftlichen Leben bemerkbar machten. Die Wohnungsnot in den sich sprunghaft erweitern-
den Großstädten wie Wien oder Berlin nahm erschreckende Ausmaße an. Die Städte wurden nicht
nur großartiger, sondern auch häßlicher, ärmlicher. Wer in überfüllten Wohnungen keinen Platz
fand, drängte in die Nachtasyle der Obdachlosen. Wem es an Mitteln gebrach, sich durch Heizung
über Kälte und Feuchtigkeit hinwegzubringen, blieb auf die öffentlichen Wärmestuben angewiesen,
wobei es fraglich ist, ob die Bilder des kaiserlichen Paares in Wien das Gemüt hinreichend erwärm-
ten. Gerade Wien entwickelte sich allerdings um die Jahrhundertwende zur vorbildlichen Gemeinde,
die wegweisend war im sozialen Wohnungsbau. Der Schacher mit den »Seelen« war zwar durch
die Bauernbefreiung in Rußland nach 1862 nicht mehr möglich, aber die Unzulänglichkeiten dieser
Reform verschärften die bäuerliche Armut und die Lage der vom Land in die Stadt gewanderten
Arbeitsuchenden (Obdachlosenasyl in Berlin, Holzstich von 1883 nach einer Zeichnung von Ernst
Hosangs; Wärmestube in Wien, Holzschnitt von V. Katzler, 1881; »Das Feilschen« – der Gutsherr
verkauft eine Leibeigene, Gemälde von Nikolai W. Negrew).

Temperament, aber kein Funken gesunden Menschenverstands erhellte die Feuerwerke, die sie zu inszenieren verstand.

Ihr Selbstbewußtsein war unerschütterlich, ihre Taktlosigkeit selbst für britische Prinzessinnen, die dafür berühmt waren, nahezu atemraubend. Die üblichen Höflichkeiten des Lebens blieben ihr ein Buch mit sieben Siegeln. Liebenswürdig wollte sie nicht wirken. Sie wollte erziehen und unterrichten. Ihr Eigensinn war nicht zu brechen und nicht zu berechnen. Denn sie folgte bei völligem Mangel an Menschenkenntnis den Eingebungen des Augenblicks.

Die Ehe, 1857 geschlossen, fand die Zustimmung aller anglophilen Kreise. Das »Englische« an der Heirat störte höchstens Bismarck und die »russische« Fraktion. Aber Victoria gelang es rasch, selbst ihren Freunden ihre Verteidigung schwerzumachen. Sie entbehrte die englische Hygiene, das Tafelsilber war ihr nicht massiv genug, preußische Stiefel verletzten ihr humanes Gemüt, die Zeremonialität bei Hofe empfand sie als lächerlichen Zwang. Den Preußen fehle es an Geschmack und umgänglicher Weltläufigkeit. Nicht einmal einen anständigen Hut könne man in diesem weltverlorenen Berlin kaufen. Da sie die Angewohnheit hatte, spontan das zu sagen, was ihr gerade einfiel, geriet auch der Wohlwollendste in Verlegenheit. Sie fühlte sich bald unverstanden.

Ihre Eigenschaft, bedingungslos aufrichtig zu sein, schuf ihr wenig Freunde. Sie konnte es nicht ertragen, daß ein Wort gegen England gesagt wurde. »Wenn scharfe Worte fallen, gebe ich sie und, wie ich fürchte, nicht immer sehr liebenswürdig zurück.« »Ich kann nichts dafür, wenn ich bei solchen Gelegenheiten heftig werde und unangenehme Bemerkungen, die ich höre, mit Vehemenz zurückgebe, die nicht immer klug ist. Solche Reden rühren einen wilden Trotz in mir auf und bringen mich außer Fassung.« Anderenteils konnte sie in London preußischer sein als ein Potsdamer Gardeleutnant, was die Geduld der Engländer strapazierte. Ging es um die Verdienste ihres Mannes, verbat sie sich hochpathetische, philanthropische und tugendhafte Belehrung aus London, die etwas vollkommen Lächerliches an sich habe. »Die Engländer würden es auch nicht vertragen, wollte man ihnen, wenn sie in einen Krieg verwickelt sind, im pompösen Stil vorschreiben, wie sie sich zu benehmen hätten.« So gefiel sie sich in England als Deutsche und in Berlin meist als Inkarnation des John Bull. Die Animositäten zwischen England und Deutschland betrübten sie. Ihre politische Indiskretion trug freilich nicht dazu bei, Mißverständnisse zu beruhigen. Da ohne Einfluß auf die politischen Geschäfte, trübe Bitternis ihren ohnehin stets aufgeregten Seelenfrieden. Zusammen mit ihrem Mann und den wenigen ganz Getreuen flüchtete sie in das hilflose Räsonieren derer, die selbst das Gute besser gemacht hätten, weil sie einfach besser Bescheid wissen. Beiden gelang es nicht, trotz ihres sehr prononcierten Selbstwertes für den monarchischen Gedanken zu werben. Sie waren als Persönlichkeiten problematische Naturen, die bei dem Vorrang, den sie der unerschöpflichen Persönlichkeit zubilligten, den Ansprüchen ihres künftigen Amtes nur unvollkommen genügten.

Die kaiserliche Witwe, betrogen um das Ziel ihres Ehrgeizes, einmal mitregieren zu können, verwarf von vornherein die Regierung ihres Sohnes, weil er nicht tat, was sie erwartete. »Die gegenwärtige Regierung teilt gegen alles, was liberal, fortschrittlich und unabhängig ist, heftige Schläge aus, sie ... begünstigt den Sozialismus, um der Masse zu schmeicheln und so für ihren Despotismus und Caesarismus eine Unterstützung zu finden. Es ist etwa dasselbe System, das der Kaiser Napoleon gebraucht hat«, schrieb sie 1889 an ihre Mutter. Ihr Sohn, der ganz ihrem Vater gleichen sollte, wie sie vergeblich gehofft, verriet zu ihrer Empörung dessen Grundsätze, die auch Fritz, ihr Mann, zu den seinen gemacht. »Wir waren Whigs der alten Schule; die moderne, ganz unphilosophische Art von Demokratischem Tory ist mir ein Greuel. Er (Wilhelm II.) schmeichelt den Irrtümern der Masse, liebäugelt mit ihren mißverstandenen Ideen nur zu dem Zweck, größere Macht zu erringen.« Der demokratische Tory war immerhin seit Disraeli eine Variante des Konservativen, der populistische Cäsarismus Napoleons ein sehr zeitgemäßer Versuch, den sozialen Herausforderungen gerecht zu werden.

Was die Kaiserin entsetzte, gab anderen Hoffnung: Julius Langbehn, ein versponnener Kritiker seiner Zeit, wollte, gerade weil er die Monarchie im alten Sinne aufgegeben hatte, die Republik der Parteien fürchtete, in Wilhelm den ersehnten demokratischen Caesar erkennen, der die auseinanderstrebenden Kräfte vereint und bündelt zum höheren Ruhm der unteilbaren Nation. Ein national-sozialer Liberaler, Friedrich Naumann, »glaubte« an den Kaiser, an das Kaisertum, auf das er sämtliche Fortschrittserwartungen richtete, damit *Demokratie und Kaisertum*, so der Titel seiner Broschüre aus dem Jahr 1904, zur Symbiose fänden. »Bleibende Erscheinungen sind die Armee und die Masse, der Kaiser und die Demokratie. Im Bunde werden sie das Beste leisten können, was in Deutschland überhaupt möglich ist, und ihr Zusammenschluß bringt neuen Saft in den alten Baum des deutschen Liberalismus.« In Wilhelm II. sah er auch nach fünfzehn Jahren der Regierung keinen reinen Nachfolger der alten konservativen Tradition. Nicht liberal im bürgerlichen Sinne, war die Wucht der legitimistisch-konservativen Eindrücke dennoch nicht stark genug, »das moderne Ich zu dämpfen, das im Purpur geboren wurde«. Das moderne Ich ist dem Subjektivismus ergeben, um sich selbst verwirklichen zu können. »Ich bin nun einmal so«, sagt es mit der entwaffnenden Unbekümmertheit, wie dessen fabelhafteste Verkörperung, Wilhelm II.

Nicht nur im Vergleich zu den übrigen Fürsten galt er als der »Mordskerl in Europa«, den Erzherzog Franz Ferdinand bewundernd anstaunte. Besuchten Franzosen die deutsche Botschaft und sahen dort Koners sehr barockes, »aufgedonnertes« Bild des Kaisers, waren sie hingerissen: »Was für ein Mann, welche Schlagfertigkeit, was für ein Talent in allen Sachen. Welche Ausnahme. Hätten wir nur einen wie ihn!« Des Marquis de Gallifet bekanntes Urteil: »Das ist kein Portrait, das ist eine Kriegserklärung«, widerspricht dem nicht. Der patriotische General war genauso beeindruckt und gerade deshalb beunruhigt, weil Frankreich eben keinen hatte wie Wilhelm. Manche Engländer würdigten ihn als den bedeutendsten Mann der Zeit; bedeutend vielleicht nur in dem Sinn, das für seine Zeit charakteristischste, auffallendste Individuum zu sein.

Prinzessin Victoria war in dem Geist des methodisch-technischen neunzehnten Jahrhunderts erzogen worden, über die Erleuchtung des Verstandes den Enthusiasmus zu erwecken. Die Begeisterung für das Gute, Wahre und Schöne verknüpfte alles Materiell-Realistische mit dem »Idealismus«. Idealistisch ließ sich deshalb jede praktische Frage behandeln, ob die des Wahlrechtes oder des Suppenwürfels, beides diente dem Volkswohl und dem Gemeinnutz. Ohne Idealismus mochte der Bürger nicht leben, der doch Mensch sein wollte, ausschreitend nach allen Seiten, und demgemäß in der Andacht vor dem Kleinen bekundete, höheren Zwecken zu dienen. Fleiß, Ausdauer, Beharrlichkeit, Willenserziehung, das waren die Stufen, die hinleiteten zum schönsten Gewinn: frei zu sein, die Zusammenhänge zu überblicken und im Bewußtsein freudig erfüllter Pflicht ganz sich selbst anzugehören, indem man am sausenden Webstuhl der Zeit als Vorarbeiter allgemeinen Glücks sein Behagen darin findet, anderen zum Behagen verholfen zu haben,

~~riding~~ if one has
an old horse!
To morrow morning
at 5° o'clock we are
going ~~to~~ Schlitz; I shall
~~take~~ give your compliments
to the Countess if you
like ~~it~~. Good bye
dear Mama, I kiss
your dear!! white!! hand,
       Eever
    Your
looking & respectful ~~son~~,
       William

onprinzessin Victoria vergaß über der Mutter nie die Erzieherin. Die Briefe des fünfzehnjährigen
hnes mochten ihr vielleicht gefallen haben, jedoch erhielt der liebend und respektvoll schreibende
illiam« sie korrigiert zurück. Auch der Respekt sollte sich offenbar in korrektem Englisch äußern.
r zukünftige Herrscher lernte früh, nichts zu fragen, nichts zu beklagen, nichts zu erklären (Aus-
g aus einem Brief vom 27. September 1874).

leistungsfroh alles zu verwerten, was Erfolg verheißt und im Kampf ums Dasein die Herzen heroisch-anmutig veredelt. Der vollkommene Mensch war alles auf einmal: ein aufopferungsbereiter Streber, ein Universitätsprofessor mit ausgezeichneten Manieren, ein gefühlvoller Unternehmer, ein verträumter Soldat, ein leidenschaftsloser Parlamentarier, ein uneitler Künstler und tiefsinniger Weltmann auf einem Thron, von wo aus er alle Bewegungen überblickt und souverän lenkt. Ein solch vollkommener Mensch sollte Prinz Wilhelm werden. Das verstand seine Mutter unter moderner Erziehung.

Für die Prinzeß Victoria war es eine Demütigung, unter Schmerzen am 27. Januar 1859 einen Krüppel geboren zu haben. Sie war es nicht gewohnt, Demütigungen hinzunehmen. Der Knabe mit seinem unbrauchbaren linken Arm sollte die Verletzung, die er ihr zugefügt hatte, wiedergutmachen. Wilhelm wurde den schmerzhaftesten Methoden unterworfen, um die Schmerzen seiner Mutter zu lindern. Sein Arm wurde mit Elektroschocks behandelt, in Armstreckmaschinen gepreßt. Jahrelang trug er eine Kopfstreckmaschine, um die schiefe Haltung seines Kopfes zu begradigen, denn die ganze linke Seite war durch die zerstörten Nerven des Armes in Mitleidenschaft gezogen. Es war alles vergeblich. Er lernte aber eines: körperliche Schmerzen geringzuachten. Mit den rücksichtslosesten Methoden wurde er zu einem passablen Reiter dressiert, spielte später gern und gut Tennis, ruderte, schwamm und bildete sich zu einem ordentlichen Pianisten. Er kam der gewünschten Verpflichtung nach, seiner Mutter Freude zu bereiten.

Er fand auch Freude daran, seine körperliche Unzulänglichkeit zu überwinden. Immerhin gelang es ihm, mit Ausnahme des Essens, seine Behinderung so unauffällig wie möglich zu machen. Es genierte ihn nicht, bei Tisch auf Unterstützung angewiesen zu sein. Die nahm er mit äußerster Unbefangenheit entgegen. Doch die Mutter konnte sich über nichts freuen. Sie litt an diesem »unglückseligen lahmen Arm«, als wäre es ihr eigener. Sie sah nur linkische Bewegungen, einen unsicheren Gang, eine unschöne Haltung und allgemeine Schüchternheit. Die meisten waren im Gegenteil über seine Liebenswürdigkeit, seine Beweglichkeit und Geschicklichkeit überrascht.

Sie sah nie den wirklichen Menschen, sondern ein Wunschbild, an dem sie maß, was sie bemerkte. Sie schwankte dauernd zwischen dem Stolz auf ihren hellwachen und intelligenten Sohn, betrieb einen förmlichen »culte« mit ihm, und der Enttäuschung über mangelnde Konzentration und Bequemlichkeit. Sie traute ihm aber zu, auch ohne »glänzende Fähigkeiten, noch sonst irgendwelche Stärke des Charakters oder des Talentes« dermaleinst seinen Aufgaben gewachsen zu sein. Trost gewährte es ihr immer, wenn er sie an Bertie erinnerte, an das freundliche Wesen ihres Bruders Edward, oder überhaupt mit seiner Lebhaftigkeit und seinem gesunden Menschenverstand eine Mischung ihrer Brüder zu verkörpern schien. Ihr größtes Lob war, daß er sich erfreulich von der preußischen Familie unterscheide, die sie als erheblich borniert wenig schätzte. Wilhelm sollte deren Einfluß möglichst entzogen bleiben. Der alte Kaiser und die Kaiserin hatten aber eine besondere Schwäche für ihren Enkel, den sie in Maßen verwöhnten, sich über seine Entwicklung freuend. Er dankte ihnen mit zärtlicher Liebe und bewunderndem Respekt. Den Einfluß des Großvaters fürchtete Victoria als »sehr schlimm«. Sie haßte Bismarck, der ihr Tränen der Wut und des Zorns abnötigte, die Eimer füllten, wie sie einmal bekannte, und vermied deshalb herzliche Nähe zu dessen Herrn.

Ihre politischen Animositäten verquickte sie mit menschlich-persönlichen. Eifersüchtig bemühte sie sich, allein über den Sohn zu herrschen. Meinte sie fremde Einflüsse zu spüren, vor allem solche des Kaisers, dann schien ihr der Sohn zu entgleiten, und sie strafte ihn mit heftiger Kritik. Als selbstsüchtig, töricht, oberflächlich, faul, kindisch-unwissend schilderte sie »William«, sobald er auch nur andeutungsweise eine andere Meinung vertrat als sie. Jedes Urteil, das ihrem nicht entsprach, konnte nur einem Mangel an Einsicht und geistiger Anstrengung entsprungen sein. So blieb er »eine unerschöpfliche Quelle der Sorge«, aus Angst, er könne sich geistig anders entwickeln, als sie es wünschte. Sie suchte ein Phantom in ihm, die Reinkarnation ihres Vaters. Wilhelm sollte eine unverwechselbare Kopie werden. Diesen Gefallen konnte er seiner Mutter nicht erweisen. Das nahm sie ihm übel, um so leidenschaftlicher, je mehr sie erkennen mußte, wie bitter er ihre Träume enttäuschte. Da zur Härte sich selbst gegenüber erzogen, gewöhnte Wilhelm sich früh daran, sein innerstes Fühlen und Denken zu verschleiern. Seine ausgesprochene Begabung, jedem zu gefallen, den er für sich gewinnen wollte, ergab sich aus dieser Fähigkeit, seine Zunge zu gebrauchen, um wortreich Gedanken zu verbergen oder Schweigen zu bewahren über Verletzungen und Kränkungen.

Prinz Wilhelm verlor nie ein respektloses oder liebloses Wort über seine Mutter, über den Vater, der die Erziehung der Kinder ganz seinem vergötterten »Frauchen« überließ. Mit pietätvollem Einverständnis würdigte er in seinen Erinnerungen beide, die in den späten achtziger Jahren keine Gelegenheit ungenutzt ließen, den in ihren Augen unreifen Sohn in aller Öffentlichkeit bloßzustellen oder lächerlich zu machen. Solche widrigen Begebenheiten überspielte er gleichmütig. Früh lernte er es, sein Gesicht virtuos zu kontrollieren. Er konnte, wohl überlegt, den Ausdruck wechseln, wie der Moment es verlangte. Seine berühmte Unbefangenheit und Natürlichkeit, sein Charme, der schon am Jüngling viele entzückte, war zum großen Teil kluges Kalkül. Mit aller Strenge dazu angehalten, sich zu beherrschen, gewöhnte er sich daran, bewußt die Miene aufzusetzen, die erforderlich war. Das konnte so weit führen, daß selbst die Farbe seiner Augen von einem stumpfen Grau zu strahlendem Blau überging, dessen Feuer von hinreißender Wirkung war.

Im Weltkrieg, oft ermattet, verzweifelt, überfiel ihn, wenn er das Automobil bestieg, um Soldaten an der Front einen Besuch abzustatten, gelegentlich ein nervöses Zittern. Aber vor der Truppe, die es zu besichtigen galt, habe er nie versagt, wie sein Flügeladjutant, Prinz Heinrich von Schönburg-Waldenburg, berichtete. Am 1. September 1914 empfing ihn der Kaiser mit Tränen in den Augen, sein Gesicht faltig und so weiß wie seine Weste, die er unter der geöffneten Litewka trug. In tiefer Niedergeschlagenheit sprach er von den letzten Tagen, die ihn um den Schlaf gebracht. Es schien ihm Erleichterung zu verschaffen, sich zu entspannen, indem er sich aussprach. Der Prinz war überrascht, den Kaiser in der alten, von früher bekannten Frische eine Stunde darauf im Schloßhof Soldaten begrüßen zu sehen, die zur Front aufbrachen. Es gelang ihm, schlichte Zuversicht und frohen Mut auszustrahlen, mit angemessenen, einfachen Worten die Sicherheit zu übertragen, die ihm soeben noch gefehlt. Das war seine Aufgabe, seine Pflicht. Zur Selbstbeherrschung wurde er gezwungen. Härte war das Motto seiner Erziehung, hart mit sich selber zu werden, Sentimentalitäten nicht nachzugeben, sie auch bei anderen nicht zu schonen, was seine Mutter, ging es um ihre Gefühle, allerdings als gefühllos, roh und allzu hart empört tadelte.

Wilhelm versteckte sich schon früh hinter vielen offenen Worten und einem sprudelnden Temperament. Beides waren Mittel, zwar auf sich hinzuweisen, aber doch vor allem auf die Sache, die ihn veranlaßte, ihr seine vielleicht unerwartete, plötzliche Aufmerksamkeit zuzuwenden. Sein rein sachliches Interesse wurde überraschenderweise meist nicht bemerkt; denn seine Erziehung sollte doch über Sachwissen zur Sachlichkeit hinführen und dazu, nur Tatsachen zu trauen und sogenannte Ideen nicht zu überschätzen. Deshalb war das Ziel seiner Erziehung, den Willen zu brechen, um ihn willensstark zu machen, sich den »Sachzwängen« ganz unterzuordnen. Aus diesem Grund wollte die Kronprinzessin ihn fern vom Hof und seinem Milieu halten, um ihn gar nicht erst der Versuchung auszusetzen, sich wichtig zu nehmen und sich Flausen hinzugeben über den Rang, den er schon als Kind nicht zu beanspruchen brauchte, weil er ihm einfach zustand.

Es mochte löblich sein, jeden Hang zur Überheblichkeit von vornherein zu unterbinden, in der ländlichen Idylle auf dem Bornstedter Gut bei Potsdam im Prinzen, mit Bauernbuben spielend, das Gefühl für die natürliche Gleichheit aller Menschen zu wecken. Aber solche verspielte Gewissensschärfung brachte den Nachteil mit sich, daß ihm die Welt, für die er bestimmt, weitgehend unvertraut blieb. Hinzu kam, daß dieser Welt aus politischen Gründen die Prinzessin mißtraute; an diese Welt wollte sie ihren Sohn nicht verlieren.

Das Ergebnis waren eine für einen Prinzen erstaunliche Weltfremdheit und mangelnde Bekanntschaft mit dem Leben und den Menschen. Die Prinzessin vermutete, daß Kenntnisse aus der Welt der Erkenntnis von selbst Welt- und Menschenkenntnis verschaffen. Daran zweifelte ein alter Aristokrat wie Kaiser Wilhelm I. Er hielt daran fest, ohne viel an der Erziehung des Enkels ändern zu können, daß die Welt selbst das große Buch ist, das, in ihr sich bewegend, anschaulichen Unterricht erteilt, bildet und erzieht. Zum Leiter der Erziehung bestimmte die Prinzessin 1866 Hans Georg Hinzpeter, auf englische Empfehlung hin. Als Calvinist der strengsten Observanz, der in der radikalen Selbstverleugnung das sicherste Mittel vermutete, um sich selbst zu gewinnen, entrückte er förmlich den Prinzen jeden Zusammenhangs mit der Welt und zwang ihn zu dauernder Selbstbeschäftigung, zur Beobachtung der subtilsten Regungen, nur um sie desto glücklicher unterdrücken zu können. Der junge Prinz lernte, in sich selbst die ganze Welt zu sehen, gerade weil er von sich absehen sollte. Das hieß aber, sich erst einmal sehr wichtig zu nehmen. Der moderne Subjektivismus Wilhelms II. hat hier seinen Ursprung.

Der Besuch eines öffentlichen Gymnasiums in Kassel seit 1874 verknüpfte den Prinzen nicht mit der bürgerlichen Welt. Das lag auch gar nicht in der Absicht Hinzpeters und Victorias. Wilhelm, dem Hofleben entrückt, sollte vielmehr in der freien Konkurrenz mit Bürgersöhnen gedemütigt, das heißt zur Einsicht gezwungen werden, keinerlei Grund zur Überheblichkeit zu haben. Es blieb wiederum bei einem inneren Ziel, statt der Weltaneignung eine Selbstaneignung über Verzicht. Nicht die konkrete Person mit ihren Anlagen und Möglichkeiten in Rücksicht auf die künftigen Aufgaben lagen dem Erziehungsplan zugrunde, sondern eine leere Abstraktion, die sich einen ihr gemäßen Menschen schafft.

Die Umwelt seiner Mitschüler, deren Lebensgewohnheiten blieben Wilhelm sorgsam verschlossen. Nur ganz gelegentlich wurde geselliger Umgang zugelassen. Von morgens um fünf bis nachts um zehn hatte er zu studieren. Es gab kein Wissensgebiet, auf das er nicht hingewiesen wurde. Der Unterricht im Gymnasium machte nur einen Teil des Bildungsprogramms aus, übrigens den, an den sich Wilhelm als Kaiser mit kaum verhohlener Unlust erinnerte. Die Humanisierung durch die alten Sprachen behielt er nur als tödliches Einerlei im Gedächtnis, Sätze zu zergliedern und neu zusammenzufassen. Vom Geist der Antike spürte er nicht einen Hauch, und eine seiner ersten umstrittenen Regierungshandlungen galt der Bemühung, den humanistischen Unterricht an dem auszurichten, was ihm vorenthalten geblieben: »was wahr, was wirklich und was in der Welt möglich ist«. Das Gymnasium stelle sich auf diese Art »in den Dienst der dauernden Wahrheit, der gegenwärtigen Wirklichkeit und der offenen Möglichkeiten der Zukunft«. Mit diesen Worten distanzierte er sich von der Erziehung, der er unterworfen worden war.

Ohne zu klagen, lernte er, wie von ihm erwartet, im Schulzimmer oder seinem Studierzimmer auf Schloß Wilhelmshöhe, dessen Park er kaum kennenlernte, die Welt als Ansammlung von Wissensbeständen auswendig. Die Grundlage zu seinem verblüffenden Faktenwissen ward gelegt. Seine Aufmerksamkeit wurde auf alles gelenkt, schließlich war er neugierig. Er war kein schlechter Schüler, er war ungemein fleißig. Die Klagen Hinzpeters, keines bürgerlichen Gelehrten, sondern eines provinziellen Doktrinärs, Wilhelm arbeite nicht konzentriert genug, müssen nicht weiter verwundern. Bei der Fülle von Stoffmassen, die ihm vorgelegt wurden, verbot sich jede systematische Behandlung und damit Konzentration auf bestimmte Gebiete. Er lernte die Techniken raschen Wissenserwerbs, aber keine wissenschaftliche Methode. Das lag nicht an ihm, sondern an Hinzpeter, der Goethes Warnung für sich selber nicht beherzigte: »Eines recht wissen und ausüben gibt höhere Bildung als Halbheit im Hundertfältigen.«

Wilhelm sollte ganz auf der Höhe der Zeit sein. Die Prinzessin und Hinzpeter vergaßen darüber allerdings den praktischen Zweck seiner Ausbildung, seine künftigen Aufgaben als Regent. Darauf wurde er nicht vorbereitet. Sie waren sich darin einig, alle Einseitigkeiten aristokratischer Erziehung auszuschließen, wollten zu viel und verfielen erst recht in die Fehler der sogenannten Aufklärung, »daß sie Menschen Vielseitigkeit gibt, deren einseitige Lage man nicht ändern kann«, wie Goethe warnte. Denn jede Tätigkeit, jede Stellung in der Welt beschränkt. Oberflächlich erschien es ihnen, den Prinzen zum Weltmann zu formen, was seiner »einseitigen Lage« entsprach, einmal den höchsten gesellschaftlichen Rang einzunehmen.

Beide folgten der für eine sich verwissenschaftlichende Zivilisation zeitgemäßen Überzeugung, daß Wissen Macht und Autorität verleihe. Das war ein sehr bürgerliches, schulmeisterliches Vorurteil. Der schlimmste Vorwurf war dann Oberflächlichkeit. Gerade weil er kein methodischer Kopf war – ein Gelehrter auf einem Thron ist nach alter Anschauung fehl an seinem Platz –, konnte er sein Wissen gesellig verwerten und mühelos jeden in ein Gespräch ziehen. Da er mehr wußte, als ein Monarch zu wissen brauchte, gelang es ihm ohne Anstrengung, einem Fachmann den beglückenden Eindruck zu verschaffen, der Kaiser habe schon lange darauf gewartet, sich mit ihm einmal über die Gewinnung von Kunstseide aus Fichtenholz auszutauschen.

Während seiner Schulzeit vertrat er die national-liberalen Grundsätze seines Elternhauses. Aber Hinzpeter legte unbewußt den Grund zu den später unversöhnlichen Gegensätzen Wilhelms mit seinen Eltern. Er machte ihn in Fabriken auf das Unrecht aufmerksam, das zügellose Wirtschaft freien Wettbewerbs und Gewinnmaximierung den Arbeitern zufügte. In preußischer Tradition hielt Hinzpeter es für ganz selbstverständlich, wollte die Monarchie nicht von einer Staatsform zu einer bloßen Regierungsform degenerieren, daß der Staat sich zum Sozialstaat erweitern müsse. Er darf in das freie gesellschaftliche Leben regelnd eingreifen, um die gesellschaftliche Ordnung vor Gefahren zu schützen. Das Proletariat kann nur besänftigt, die Revolution verhindert werden, wenn die Monarchie sich als soziales Königtum begreift, als reformwilliges. Sie vermag überhaupt nur als soziales Königtum zu überleben, das die Barrieren beseitigt, die die niederen Klassen von Besitz und Bildung ausschließen. Das soziale Königtum sieht in der Demokratie daher nicht seinen Feind, sondern eine Kraft, die sozialen Spannungen zu entschärfen.

Solche Gedanken widersprachen der liberalen Dogmatik. Prinz Wilhelm hat sie während seiner anschließenden Bonner Studentenzeit, 1877 bis 1879, bei dem »Kathedersozialisten« Adolf Held und bei Erwin Nasse, dem Vorsitzenden des Vereins für Sozialpolitik, vertieft. Wilhelm II. dachte nicht zuletzt wegen dieser energischen Hinweise auf Sozialpolitik immer dankbar an seinen Lehrer, den er noch während seiner ersten Regierungsjahre in sozialen Fragen zu Rate zog. Sie mochten ihm als Theorien, als Ideen vorgetragen worden sein. Aber es waren Ideen, die ausnahmsweise unmittelbar in die Welt als Wirklichkeit hineinführten.

Die zwei Bonner Jahre betrachtete Wilhelm als die schönsten seines Lebens. Zum ersten Mal konnte er ziemlich selbständig mit Altersgenossen verkehren, in freiem Umgang die beste Bildung genießen: die Bildung der Jugend durch sich selber, durch Diskussion, wechselseitige Begeisterung, Kameradschaft und gemeinsame Erlebnisse. Als Corpsbruder fand er sich, was er bislang nicht gewöhnt, in einer Gemeinschaft, die nicht den Kampf ums Dasein zum Programm hatte, den Wettbewerb der Talente, sondern die Pflege der Geselligkeit und Freundschaft. Das genoß er. Dem Corps Borussia gehörten fast ausschließlich Aristokraten an. Aber die Väter oder Großväter vieler waren noch biedere Bürger gewesen, die durch Fleiß und Unternehmungslust zu Geld gekommen oder durch Leistung im Staatsdienst nobilitiert worden waren. Geld und Leistung schufen Unterschiede, doch das änderte nichts daran, daß sie einebnend, demokratisierend wirkten, weil sie zugleich den sozialen Aufstieg ermöglichten.

Wilhelm trat also nicht unbedingt in einen »feudalen« Club ein. Er wurde in das Milieu und die Mentalität einer neuen Elite hineingezogen, die sich mit der alten vermischte, doch, bei Eingewöhnung in deren herkömmlichen Stil, diesen nach und nach veränderte. Bürgerliche Vorstellungen verbanden sich mit adeliger Lebensart. Schließlich strebten die jungen Leute vorzugsweise in den Verwaltungsdienst, in die Diplomatie, in die Wirtschaft, manche in die Wissenschaft. Wer neue Methoden kennenlernen wollte, um als Agrarunternehmer die väterlichen Güter ertragreicher zu nutzen, studierte nicht unbedingt in Bonn. Seinen unverhohlenen Respekt vor Geld eignete Wilhelm sich wohl damals an. Nicht als Reaktion auf seine exzessiv bescheidene, asketische Erziehung; luxuriöse Bedürfnisse kultivierte er nie. Was ihm imponierte, war die Macht des Geldes, des neuen Königs der Epoche. Das Geld und das Gewinnstreben setzten Kräfte und Wagemut frei, ein Durchsetzungsvermögen in jeder Beziehung, das einem konstitutionellen Monarchen verwehrt war. Deshalb bewunderte er den Reichtum, trotz aller sozialer Gewissenhaftigkeit, und nicht minder den Luxus, ja die Verschwendung, wozu dessen Besitz befähigte. Beides erinnerte ihn an die Schranken, die ihm gesetzt waren.

Zum Junker und altpreußischen Prinzen konnte er sich wahrhaftig in solchen Kreisen nicht ausbilden, nicht einmal in Potsdam, wo er seit 1879 im militärischen Dienst war. Er genoß die vornehme Kumpelei unter den Kameraden. Sie blieb ihm immer ein Bedürfnis, um entspannt unter Gleichen nur Kamerad zu sein. Aber auch dort traf er auf jene gemischte Gesellschaft, die Bürger für extrem alt-aristokratisch hielten. Das Bedenkliche lag weniger an der sozialen Zusammensetzung seiner Freundschaftskreise, als an dem saloppen Ton, mit dem *à la lieutnant* auch die politischen Fragen behandelt wurden. Seine Eltern hatten nie dafür gesorgt, Wilhelm mit in ihrem Sinne ernsthaften jungen Menschen zusammenzubringen. Sie kümmerten sich nicht um seinen Umgang, beklagten es aber, wenn er mit Menschen verkehrte, die ihrer Ansicht nach nicht zuverlässig national-liberal waren, also ihrer Gesinnung nicht entsprachen. Obschon die Überparteilichkeit des monarchischen Standpunktes stets hervorhebend, wünschten sie sich paradoxerweise einen eindeutigen Parteimann in ihrem Sohn. Wilhelm vermied jedoch jeden Anschein von Parteilichkeit und versuchte, sich allen Intrigen und Bemühungen um ihn aufgrund solcher Erwartungen zu entziehen. Deshalb begnügte er sich mit soldatischer Neutralität und unverfänglicher Kameraderie. Sie war auch ein Schutz.

Zum Kummer der Eltern war der Großvater äußerst zufrieden mit seinem Enkel, der keineswegs gegen dessen politische Überzeugungen aufbegehrte, die er vielmehr teilte. Zu ihrer Erbitterung begann Bismarck, gar nicht erfolglos, den »Leutnant« in die verschiedenen Geschäfte einzuführen. Daß Wilhelm manche bürokratischen Feinheiten des Verwaltungsdienstes erheblich langweilten, verstand der Kanzler zu gut. Deswegen hatte er einst auf eine Laufbahn als Beamter verzichtet. Ihm kam es darauf an, daß der Prinz seine großen politischen Konzepte verstünde und vor allem die russische Freundschaft angemessen würdige, die gerade in Kasinokreisen nur noch wenig galt. Darum mißfiel Bismarck der allzu fröhliche soldatische Umgang des Prinzen, immer befürchtend, dessen Gefährten könnten ihn mit ihrer Abneigung gegen Rußland anstecken. Er mißtraute der Armee als Werkzeug seiner Politik. Er mißtraute den Eltern, fürchtend, sie würden den Prinzen verderben, ihn dafür gewinnen, britische Interessen als deutsche mißzuverstehen und ihn von der russisch-deutschen Allianz abzuziehen. Auch Bismarck, der sich zu seiner Freude mit dem Prinzen im Einverständnis wußte, politisierte alles Menschlich-Persönliche und trug zum wachsenden Unfrieden in der Familie bei. Vater und Mutter, Großvater und Kanzler rangen um die Seele Wilhelms. Es ist verständlich, daß er darauf achtete, Konflikten auszuweichen oder sie nicht aufgeregt zu schüren. Es ist nicht unverständlich, daß er dem Großvater und dem Kanzler, die seit 1862 eine erfolgreiche Politik trieben, mehr vertraute als den Eltern, die sich dauernd in fruchtloser Opposition verzehrten und darüber immer reizbarer wurden.

Das Verhältnis zu den Eltern wurde aus politischen Gründen fast unerträglich. Ausgerechnet im österreichischen Kronprinzen feierten sie kurz vor dessen skandalösem Ende einen Ausbund an Klugheit, politischer Weitsicht und gesundem Menschenverstand, den Wilhelm so entsetzlich vermissen lasse. Auf Bismarck machte der österreichische Kronprinz bei seinem letzten Besuch in Berlin einen »schwächlichen, ängstlichen Eindruck«, »wie ein Mann, der sich überall umsieht, ob ihm nicht ein Stein auf den Kopf von irgendwoher fällt«. Gott meine es offenbar nicht gut mit den Monarchen, welchen er so schwächliche, »chetive« Sprößlinge gebe. Er dachte dabei neben Rudolf an den russischen Thronerben Nikolaus, aber keineswegs an Wilhelm.

Schließlich teilte der ohne Einschränkungen seine und seines Großvaters politische Grundsätze. Vor allem zweifelte er nicht an der Bedeutung des Bündnisses mit Rußland. Der spätere Kaiser Friedrich, der die Beziehungen zu Rußland möglichst abbrechen wollte, fühlte sich verraten und übergangen, als sein Sohn, unreif und unfähig, wie er ihn beurteilte, während der Bulgarienkrise seine ersten diplomatischen Vermittlungen in Petersburg versuchen durfte, sogar erfolgreich. Das verärgerte seine Eltern noch mehr als wegen Jugend vielleicht entschuldbare Mißgriffe.

Den Kronprinzen Friedrich mit seinem schroff-cholerischen Temperament konnte man beim besten Willen nicht zu den russischen Verwandten schicken, um für gemeinsames Einverständnis zu sorgen. Das sah er nicht ein und »Frauchen« am allerwenigsten, die jetzt zumindest in ihrer privaten Korrespondenz mit der völligen Demontierung ihres törichten, eitlen, dummen Sohnes begann. Friedrich und Victoria verhehlten nirgends ihre Kritik. Die trübsten Charakterisierungen des künftigen Kaisers verbreiteten seine Eltern, die dennoch zugaben, daß er ja insgesamt vernünftig sei, wenn er eine Zeitlang nicht mit dem Kaiser oder Bismarck gesprochen habe. Die einzige, die sich unter deren Freunden nicht beirren ließ, war die Königin Victoria von England. Sie liebte einfach ihren Enkel und versuchte, die politische Leidenschaft ihrer Tochter in vernünftigere Bahnen zu lenken, sie zumindest davon abzuhalten, aus Meinungsverschiedenheiten, die die Königin mit Bertie kannte, irreparable Zerwürfnisse zu machen.

Prinz Wilhelm bemühte sich, korrekt zu sein, seine Mutter nicht zu verletzen. Sie wurde vollends unberechenbar, seit ihr Mann 1887 an Kehlkopfkrebs erkrankt war und beide in San Remo, fern vom intriganten Berlin, leben mußten, hoffend, daß das milde Klima seiner Genesung günstig sei. Sie war nur noch aufgeregt, litt am Leiden ihres Mannes, litt daran, kurz vor dem Ziel doch nicht zu Macht und Einfluß zu gelangen, und sah in allem, was Wilhelm als Stellvertreter ihres Mannes tat, frechen Ehrgeiz, Spekulation auf den Tod des Vaters und Mißachtung ihrer gequälten Persönlichkeit. Seit März 1888 Kaiserin Friedrich, verlor sie mit dem bald darauf folgenden Tod ihres Mannes endgültig jede Fassung. Seitdem war der Sohn ein kaltes Ungeheuer, in dem Wilhelm I. und Bismarck jede Ritterlichkeit, Achtung anderer, Kindesliebe und Mitleid beharrlich zerstört hätten.

Kaiserin Friedrich fühlte sich seitdem nur noch verletzt, beleidigt und gedemütigt. Ihr Trotz gewann durchaus ergreifende Ausmaße. Sie hielt ihren Kopf für mindestens so gut und hart wie den ihres Sohnes. Allerseits wurde ihr zugetragen, daß der zu seiner Mutter freundlich und nett sein wolle, viel von ihr halte, doch sie fand es unter ihrer Würde einzulenken, eine Verständigung zu suchen. Da empfindlich, spürte sie nur Heimtücke und übersah Versuche ihres Sohnes, die Beziehungen zu entspannen. Es blieb ihm nicht verborgen, daß sie ihn eitel, töricht, unbescheiden schalt, ihm vorwarf, die alleroberflächlichsten politischen Ansichten zu vertreten, chauvinistischen Unsinn und vorsintflutliche Gedanken, wie im Hause Hohenzollern leider üblich. Willkür, Despotie und Tyrannei sah sie jetzt am Ruder, Wilhelm als willenloses Werkzeug

Bismarcks. Zugleich räumte sie freilich ein, daß Wilhelms Ansichten heutzutage in Deutschland sehr verbreitet seien, was den Schluß nahelegte, daß sich eben die meisten Deutschen ähnlich eitel, roh und kindisch verhielten. Solche Urteile, immerhin über den Sohn, der ihr Staatsoberhaupt war, schrieb sie allen fernen Verwandten. Ihre Berichte weckten in London erste Vermutungen, der Kaiser »sei nicht ganz da«, was guten Beziehungen zwischen Deutschland und England nicht unbedingt zuträglich war. Ihr Zorn, von jeder Politik ausgeschlossen zu sein, steigerte ihre Taktlosigkeiten ins Kolossale. Diplomatische Rücksichten nahm sie überhaupt nicht mehr.

Sie brachte sich mit ihren hilflosen Polemiken gegen den »illiberalen« Sohn allerdings selber um die Möglichkeit, bei einem vernünftig-familiären Zusammenhang Einfluß zu gewinnen, ihm Rat zu geben. Denn gar so weit waren sie nicht auseinander, wenn sie in Hohenlohe, Caprivi, Hatzfeld und Miquel die klugen und erfahrenen Männer erkannte, die Wilhelm helfen könnten. Mit ihnen arbeitete er zusammen, berief zwei davon nacheinander zum Reichskanzler, Miquel wurde preußischer Finanzminister und Graf Hatzfeld Botschafter in London. Die vier Genannten waren gemäßigte Liberale, Miquel sogar ein ehemals Radikaler von 1848. Daß Wilhelm offenbar aus eigener Kraft oder auf Rat anderer wünschenswerte Personalentscheidungen traf, besänftigte sie keineswegs. Hatte er doch sie nicht gefragt, gingen solche Berufungen doch nicht auf ihre weise, rettende Empfehlung zurück. Als Hüterin des wahren, vernünftigen Liberalismus, der vor dem wilden, giftigen Unsinn des Sozialismus schütze, »der eine so täuschende und einschmeichelnde Form annimmt«, konnte Wilhelm sie nie beruhigen, da er nur unklare Vorstellungen über den Wahnsinn des Sozialismus hege, der auch ihn betöre. Ihr ceterum censeo blieb stets, wie sehr die edle, selbstlose, redliche Natur Friedrichs fehle.

Erstaunlicherweise wurde er nicht sonderlich vermißt. Es war Kaiserin Friedrich, die damit begann, an der Legende zu weben, mit dem Tod ihres Mannes sei eine ganze Generation um die Chance gebracht worden, die Liberalisierung Deutschlands zu vollenden. Aber dessen Altersgenossen hatten alle ausschlaggebenden Positionen inne. Wilhelm II. entfernte sie nicht, er übernahm im großen und ganzen das Personal, das er vorfand. Die meisten seiner Beamten, seiner Minister, seiner Offiziere waren keine Liberalen im engen parteilich-doktrinären Verständnis, doch deswegen nicht unbedingt illiberal. Der Liberalismus ist eine diffuse Geisteshaltung. Er äußerte sich in Antiklerikalismus, um die Freiheit der Forschung und Lehre zu sichern, die Selbstbestimmung des Individuums. Er äußerte sich im Konstitutionalismus, um die staatsbürgerlichen Rechte durchzusetzen und eine Kontrolle der Regierung zu ermöglichen, politische Mitsprache durchzusetzen. Er verband sich mit dem Nationalismus, um Volk, Recht und Staat in eine Übereinstimmung zu bringen. Die Nation als erweiterter Wirtschafts- und Handelsraum sollte der unternehmerischen Initiative freiere Bewegung gestatten, darüber hinaus alle Nationalstaaten durch internationalen Verkehr enger aufeinander verpflichten, damit sie gemeinsam, sich zivilisierend und humanisierend, fortschritten zu größtmöglicher Freiheit und größtmöglichem Wohlstand der größtmöglichen Zahl.

Auf irgendeine Weise wurde jeder von liberalen Ideen berührt. Sie färbten alle öffentlichen Erwartungen ein. Sie gehörten indessen zu den Selbstverständlichkeiten des staatsbürgerlichen und individuellen Lebens. Als Lebensluft zwischen den Dingen, als Aroma wirkte der Liberalismus belebend, anregend und erfrischend. Als System zersetzte er sich selber in Freisinn, Liberalkonservativismus, Nationalliberalismus, Wirtschaftsliberalismus oder Kulturkampf. Es gab die verschiedensten Liberalismen, und die vertrugen sich mit ganz illiberalen Grundsätzen. Der Wirtschaftsliberale mußte keineswegs zur Förderung seiner Interessen eine Änderung des Wahlrechts in Preußen verlangen. Ein freisinniger Professor mußte nicht in Schutzzöllen eine Gefahr für sich vermuten, der Antiklerikale nicht für Freihandel plädieren, der sich selbst verantwortliche Bürger Ministerverantwortlichkeit vor dem Parlament verlangen. Jedes bürgerliche Interesse ließ sich über mancherlei Kompromisse erreichen.

Die nächsten Beziehungen und Bedürfnisse rückten in den Vordergrund, nachdem das Hauptgeschäft des Liberalismus getätigt war. Der Individualisierung entsprach die Interessenvertretung der gesellschaftlichen Gruppen. Die aber war das demokratische Element, weil sie die Gleichberechtigung aller Ansprüche zur Voraussetzung hatte, obschon gerade die heftig bestritten wurde im Kampf gegen andere Forderungen. Der Großgrundbesitzer mochte sein spezifisches Klassenbewußtsein zuweilen hervorheben. Aber er verbrämte damit nur seine agrarischen Interessen, wie der Arbeiter unter Beschwörung seines Klassenbewußtseins nach höheren Löhnen verlangte. Der eine sah seine materielle Unabhängigkeit bedroht, der andere wollte sich ihr annähern. Jeder verfocht seine materiellen Forderungen, die selten ständische Forderungen waren. In der Gruppe kam es zur demokratischen Verschmelzung. Die »Junker«, in denen der Arbeiter und Industrielle seinen Gegner erblickte, waren zum großen Teil landbesitzende Bürger. Die Organisation macht stark, vereinheitlicht, flößt »dem Staat« Furcht ein, ob es sich nun um die Gewerkschaften, den Bund der Landwirte, den Volksverein für das katholische Deutschland oder den Bund der Industriellen handelt.

Diese Entwicklung widersprach dem liberalen Prinzip der Selbsthilfe, weil alle organisierten Interessen nach der Hilfe des Staates verlangten. Sie leitete den Übergang zum demokratischen Sozialstaat ein, den Liberale wie Kaiserin Friedrich als sozialistisch verurteilten. Nicht einmal ganz zu Unrecht, weil Sozialdemokraten und Katholiken mit ähnlichen Mitteln ihre Massen mobilisierten. Deren Methoden ahmten alle anderen nach. Es bereitete sich eine neue Zeit vor, die reif für einen »neuen Kurs« war oder zumindest für den alten, nur dynamischer, unter »Volldampf voraus«.

Wilhelms Regierungsantritt wurde insgesamt freundlich, von vielen begeistert aufgenommen. Seine Jugend war ein Versprechen froher Tage. Man wußte wenig über ihn. Bald wußte man alles. Er besaß keinerlei Scheu vor der Presse. Kein Monarch seiner Zeit ist so häufig photographiert worden. Er suchte die Popularität und erwarb sie mühelos. Vornehme Herren erblickten darin von vornherein einen vulgären Zug. Doch die Bürger fanden selbst seine unverhohlene Effekthascherei nicht unangenehm. Glich er sich damit doch ihnen an, die Werbung und Markenpflege mittlerweile als unumgänglich erachteten. Er war ein Markenartikel und prägte sich rasch als solcher ein. Als deutscher Kaiser wollte er allen vertraut und bekannt sein, vermutend, damit der Institution, dem Kaisertum zu dienen. Franz Joseph hielt ihn nie für einen Preußen, sondern für einen Berliner: Preuße ist eine Stilfrage, Berliner eine Geistes- und Gemütsverfassung.

Der Kaiser war schnell, laut und sehr fröhlich. Er war das Sinnbild des Berliner Tempos. Er ließ sich nichts vormachen, hatte über alles eine Meinung, ging von sich aus, von seinen Eindrücken, seinen Vermutungen. Jedes Erlebnis und jede Erkenntnis setzt einen unverwechselbaren Einzelnen voraus, der auf seine Weise die Welt erlebt und versteht, sie zu seinem Eindruck macht. Das gefiel den

Berlinern, weil sie sich selbst so verhielten. Übertreibungen vermieden sie nie. Warum auch? Man muß das Denken aufgeben, will man auf sie verzichten. Der einfachste Gedanke ist eine Verkürzung und dadurch zugleich eine Übertreibung. Deshalb hatten Berliner die geringsten Schwierigkeiten, sich an die merkwürdigsten Äußerungen des Kaisers zu gewöhnen. Sie hielten sie für eine persönliche Arabeske wie seinen Schnurrbart, zu dem ihn der Friseur Harby überredete. Seit Velázquez, dem sehr versnobten Hofmaler Philipps IV. von Spanien, trug kein Mensch mehr einen derartigen Bart. Velázquez wurde damals wieder modern. Sein Bart bestätigte auf aparte Weise die Modernität Wilhelms II. und wurde zur Mode, zu einem Zeitzeichen, zum Hinweis für Aufgeschlossenheit. Auch das befriedigte die Berliner, die nie hinter dem Mond lebten.

Sie wählten zwar grundsätzlich freisinnig oder sozialdemokratisch, erkannten aber in »Willy« einen der ihren. Sie liebten Uniformen, militärische Spektakel, überhaupt öffentliche Spektakel, seichte Komödien, Paul Lincke oder Otto Reutter. Wie der Kaiser. Er lud Lincke und Reutter ins Schloß. Linckes »Glühwürmchen« faßte für ihn wie für jeden Berliner Gemüt und Fortschritt zusammen. Es war ein Hymnus auf die Liebe und die Glühbirne.

Im Gegensatz zu seinen Berlinern blieb der Kaiser immer schlank, was seine Lebhaftigkeit noch hervorhob. Er aß gutbürgerlich, trank wenig, unter Kameraden Bier, sonst leichten Mosel oder roten Sekt. Im Gespräch bewies er Schlagfertigkeit, einen prächtigen Humor, beißende Ironie und herben Spott, wie anerkennend Journalisten bemerkten. Auch das behagte den Berlinern. Er packte die Menschen gern an ihrer schwachen Seite und nahm es seinerseits nicht übel, als »Reisekaiser« oder wegen seines Temperaments »Wilhelm der Plötzliche« genannt zu werden. Im Gegenteil: Er fand es nur komisch, wenn die Berliner sangen: »Heil Dir im Sonderzug.« Schließlich lag in dem schönsten ihrer Spottlieder auf das Militär viel herzliche Anerkennung, die sie sich selbst, dem Kaiser und seinen oder ihren Soldaten nicht verweigerten. »Donnerwetter, Donnerwetter, wir sind Kerle.« So verstanden sie sich nun einmal.

Ein Prinz, gar ein preußischer Prinz sollte er nicht werden, ein Bürger mit gelehrtem Anstrich konnte er nicht werden, da er für ganz unbürgerliche Aufgaben bestimmt war: die Majestät zu repräsentieren. In allen Lebenslagen Mensch zu sein und zu bleiben, ein Mensch mit seinem Widerspruch, ist als mögliche Lebensform von sozialen Bedingungen unabhängig. So wurde er zu Wilhelm oder

München, 9. Juni 1913 · 18. Jahrgang Nr. 11

SIMPLICISSIMUS

Liebhaberausgabe · · · · · · · · · Begründet von Albert Langen und Th. Th. Heine · · · · · · Abonnement halbjährlich 15 Mark
Alle Rechte vorbehalten · Copyright 1913 by Simplicissimus-Verlag G.-m-b-H., München

Im großen Festjahr

„Vor den Ruhm haben die Götter den Schweiß gesetzt! Ich habe heute den hunderttausendsten Meter Film zurückgelegt!"

Der eigene Monarch und möglichst seine engeren Verwandten, zumal wenn es sich um politisc[
Verbündete handelte, blieben lange von karikierenden Kommentaren ausgenommen. Der Spott g[
den Ministern oder Parlamentariern. Wilhelm II., der in ungewohntem Maße seine Person »v[
öffentlichte«, wurde deshalb auch zum Objekt harmloser, nur lustiger bis kritisch-gereizter Bi[
kommentare. Bei keineswegs lebhaft ausgeprägter Selbstironie amüsierte er sich in der Regel ü[
Witzworte und charakteristische Karikaturen, da er selber dazu neigte, andere an ihren schwach[
Stellen zu packen (Simplicissimus, Juni 1913, Zeichnung von Th. Th. Heine. Das große Festj[
war das 25. Regierungsjubiläum. »Vor den Ruhm haben die Götter den Schweiß gesetzt. Ich h[
heute den hundersten Meter Film zurückgelegt«, eine Anspielung auf das Buch: Der Deuts[
Kaiser im Film, das 1913 erschien). Franz Joseph, unpersönlich wie ein Schatten, und Nikolaus, [
Bild unerschütterlicher Höflichkeit, ließen sich noch nicht einmal durch den scharfen Blick des pol[
schen Gegners oder Feindes verzerrend in ihrer Eigenheit individualisieren. Sie blieben als Ty[
physiognomisch nur so weit originell und bestimmt, als sie die Unauffälligkeit verkörperten (»Sonc[
bar, je mehr ich mich bemühe, das Feuer auszublasen, desto stärker brennt es«, Nikolaus II. w[
rend der russischen Revolution, Zeichnung von Th. Th. Heine im Simplicissimus, August 19[
Karikatur von Merger aus Le Ruy Blas, Juli 1915: Franz Joseph hört auf die Stimme seines Her[
Wilhelms II.).

(Zeichnung von Th. Th. Heine)

„Sonderbar, je mehr ich mich bemühe, das Feuer auszublasen, desto stärker brennt es!"

Écoutant la voix de son maître.

zum »Kaiser«. Der Titel ist dabei nur Hinweis auf eine ganz persönliche Eigenschaft. Es gab den österreichischen Kaiser oder den russischen, sehr prägnante Figuren, deren Person durch das Amt geprägt war. Wilhelm machte mit seiner flamboyanten Individualität das Amt zum Ausdruck seiner Persönlichkeit. »The Kaiser«, wie die Engländer sagten, meinte Wilhelm. Der persönliche Wert krönte gleichsam den Monarchen. Das war das paradoxe Ergebnis seiner Erziehung. Sein Ich überstrahlte alles. Als Franz Joseph den Prinzen Wilhelm zum ersten Mal sah, fiel dem Zurückhaltenden die fertige Persönlichkeit mit sehr entschiedenen Ansichten auf. Das war nicht unbedingt ein Kompliment, da er eine zu prononcierte Eigenart als unvornehm erachtete. Dergleichen ließ sich mit »feurig und tatkräftig« höflich umschreiben.

Wilhelm machte einen sportlich-gesunden Eindruck. Wer den Vorzug besaß, sich ohne Handkuß von ihm verabschieden zu dürfen, vergaß den kräftigen Händedruck nie, mit dem er fast die Fingergelenke dessen zerbrach, dem er seine herzliche Verbundenheit bekundete. Mit einem Wirbelsturm von Worten konnte er andere förmlich hinwegfegen, ohne ungute Absichten damit zu verfolgen. Interessierte ihn etwas, dann überschlugen sich seine Einfälle. Er unterhielt sich in der Regel stehend, oft stundenlang. Wilhelm war wie ein Ballon. Man mußte ihn fest an der Leine halten. Wer es gelernt hatte, sich auf ihn einzustellen, dem bereitete das keine Schwierigkeiten. Das allerdings erwartete er. Rücksicht auf andere nahm er in der Regel nicht. Wie ein schreiendes Baby war er von seiner Wichtigkeit überzeugt. Die anderen sorgten sich höchstens darum, ihn zu beruhigen. Er war ein Optimist durch und durch, getragen »von dem Glauben an das Leben und die Aussöhnung mit den Schatten des Daseins, (dem) Vertrauen auf die Zukunft und (dem) Vertrauen auf die Menschen«. Er nahm, wie er Ludwig Ganghofer einmal bekannte, die Menschen nach dem Grundsatz, jeden für gut zu halten, solange er nicht das Gegenteil beweist.

Mit nahezu tödlicher Sicherheit fand er deshalb überall Menschen, die ihn betrogen. Doch man wird nie betrogen, man betrügt sich immer selbst. Ihm fehlte jede Menschenkenntnis, weil er Mißtrauen verabscheute und trotz lästiger Erfahrungen Argwohn für unedel hielt. Pessimismus irritierte ihn sehr. Er hielt sich an Goethe: »Wenn ich die Meinung eines anderen anhören soll, so muß sie positiv ausgesprochen werden; Problematisches hab' ich in mir selbst genug.« Viele gewöhnten sich daran, in diesem Sinne mit ihm zu verkehren. Schmeicheleien erkannte er nicht, selbst wenn sie auf plumpeste Weise vorgetragen wurden. »Das Schustertum«, sich durch Süßholzraspeln die kaiserliche Gewogenheit zu erhalten, nahm deshalb ungeahnte Ausmaße an. Dennoch vertrug er offene und schonungslose Kritik. Sie mußte höflich vorgetragen werden, möglichst allein mit ihm. Da war er für alles zugänglich. Aber wann war er schon einmal allein? Sein Bedürfnis nach Geselligkeit war unerschöpflich, sein Erlebnishunger nicht zu sättigen. Freunde besaß er nicht. Sie sollten ihn unterhalten und anregen oder einfach ablenken. Doch meistens bestand die Unterhaltung in belehrendem Gespräch, bei dem er den anderen Unterricht erteilte. Er schwärmte vom behaglichen englischen Landleben, das er als die beste Art auffaßte, tun zu können, was er wollte, während sich die übrigen seiner Laune anglichen. Bei seinen sommerlichen Seefahrten liebte er geräuschvolle Kameraderie. Selbst Herren im fortgeschrittenen Alter mußten mit ihm Gymnastik treiben und wurden mit mächtigem Hallo gescheucht.

Wilhelm liebte das Zermoniell, förmliche Prachtentfaltung. Aber er durchbrach gern und oft dessen Zwänge. Sobald es ihm notwendig erschien, konnte er der charmanteste und höflichste Kavalier sein, ein Bild gewinnendster Wohlerzogenheit. Überkam ihn eine plötzliche Laune, gab er ihr nach. Seine Taktlosigkeit war enorm. Der neugierige Intellektuelle, der allerdings im Zeitalter des Feuilletonismus aus Zeitungen und Zeitschriften vor allem seine Kenntnisse bezog, amüsierte sich freilich auch über recht bescheidene Darbietungen, die Imitation von Tierstimmen, den Auftritt von Herren, als Paviane, Charleys Tante oder Ballerina verkleidet. Übrigens bereiteten diese willig dem Kaiser das anspruchslose Vergnügen, an dem sie wahrscheinlich selber Spaß fanden. Für den bürgerlichen Geschmack waren das Absonderlichkeiten. Aristo kraten waren weniger verfeinert. Wilhelm I. hatte 1824 bei einem Faschingsfest seinen Hauptspaß an vier großgewachsenen, als elegante Damen kostümierten Herren gefunden. »Das war einzig.« Grafen als Cupido, Balleteusen, Nonnen, in Tiermasken, als Zauberer oder Eremiten, die mit jeweils sehr flattanten Couplets und treffenden Witzen umhergingen, gehörten zum Repertoire harmlosen Amüsements.

Immerhin, sein nicht gewöhnliches Temperament, der spontane Wechsel der Stimmungen, cholerische Anfälle oder sehr krasse Unhöflichkeiten ließen manche fürchten, »Geistesabwesenheiten«

könnten Anzeichen einer ausbrechenden Geistesverwirrung sein. Solche Vermutungen verbreiteten allerdings meist Höflinge, die vorübergehend in Ungnade gefallen waren, politische Gegner, die den Sturz Bismarcks nicht verkrafteten, oder Verwandte, die aus persönlicher Verletzung an seinem Verstand zweifelten. Heftigkeiten sehr extremer Art sind auch von Friedrich III. und Kaiser Wilhelm I. überliefert. Die Ungezogenheiten Edwards VII., seine groben Scherze waren berüchtigt, der wilde Trotz seiner Schwester Victoria weit über die Verwandtschaft hinaus bekannt. Keiner zog den Schluß daraus, daß der Qualm im Dachstübchen bei ihnen auf ernsthafte Störungen hinweise.

Einer sehr saloppen Ausdrucksweise in der Manier der Randbemerkungen Wilhelms II. bedienten sich Prinzen, Könige, Fürsten im kleinen Kreis, unter Vertrauten, unter dem Schutz der Diskretion. Diesen Schutz verlor Wilhelm II. mit der Niederlage im Weltkrieg. Seine ehemals Vertrauten legten sich keinerlei Hemmungen in ihren Erinnerungen auf, um sich selbst zu entlasten. Schrullen, Eigenwilligkeiten, augenblickliche Stimmungen bekamen darüber ein Gewicht, das ihnen unter anderen Voraussetzungen gar nicht zugedacht worden wäre, eben weil nur für den Moment charakteristisch.

Seine stark entwickelte und ihn sehr beschäftigende sexuelle Reizbarkeit behauptete Bismarck, der verbitterte Alte. Der war sehr vertraut mit dem wilden Tier in seiner Brust. Welche Leidenschaften Wilhelm II. unter Umständen kräftig domestizieren mußte, entzieht sich zuverlässiger Kenntnis. Ein paar schlampige Verhältnisse mit Wiener »Künstlerinnen«, Alimenteforderungen, eine uneheliche Tochter aus Bonner Studententagen beweisen nicht gerade einen Hang zu Ausschweifungen. Das passierte jedem jungen Herrn aus gutem Hause. Sollte er sich tatsächlich mit käuflichen Wiener Damen stundenlang über Politik unterhalten haben, wie Kronprinz Rudolph berichtet, dann wäre das allerdings höchstens ein Beleg für erotische Phantasielosigkeit. Sein Hang zu drastischer Wortwahl, der manchen auffiel, ist nicht sonderlich überraschend. Um nicht als bürgerlich zu gelten, bevorzugten Aristokraten ohnehin eine erotisch prägnante Sprache, sofern keine Damen anwesend. Seine Ehefrau, Auguste Viktoria, wirkte auf Fürstlichkeiten langweilig, sehr adelsstolz und intellektuell phlegmatisch. An ihrer Gutherzigkeit wagte keiner zu zweifeln. Sie brachte Ruhe in das ungestüme Dasein Wilhelms. Affairen außerhalb der Ehe suchte er nicht, sosehr er Damen hofierte und es noch mehr genoß, von ihnen umschwärmt zu werden. Beides gehörte zu seinen Pflichten und Rechten als ritterlicher Kavalier. Seine Kinder und Enkel oder Schwiegertöchter haben das Bild eines aufmerksamen, großzügigen, ja gütigen Menschen überliefert. In der Intimität fand er zu einem harmonischen Ausgleich seiner Widersprüche. Wer vorwiegend dienstlich mit ihm umging, bemerkte, wie natürlich und angenehm der schwierige Herr sein konnte, sobald man mit ihm allein war. Dann wurde er zum Privatmann, gelassen, frei von der Verpflichtung, sich präsentieren zu müssen.

Wilhelm besaß einen starken Willen, er war kein schwacher Charakter. Er stand immer unter innerem Druck. Ihm fehlte aber die Möglichkeit, selbständig tätig zu werden. Er beneidete Unternehmer, Bankiers oder Professoren, die den Wissenschaftsbetrieb zum Großbetrieb ausweiteten. Sie konnten nach ihren Vorstellungen etwas bewegen. Ihm war beigebracht worden: »Leben heißt arbeiten, arbeiten heißt schaffen, schaffen bedeutet wirken für andere.« Das war das Motto des neunzehnten Jahrhunderts, keine aristokratische, eine individualistische Maxime. Wilhelms individualistische Energien rieben sich an den Grenzen, die seinen Tätigkeitsdrang behinderten und die zu achten er verpflichtet war. Ein persönliches Regiment sah die Verfassung des Reiches oder Preußens nicht vor. Die einengenden Abhängigkeiten machten ihn unzufrieden und damit unsicher. Sie ergaben sich aus den Komplikationen des monarchischen Prinzips. Das wurde zwar immer wieder beschworen, um eine starke Regierung zu erhalten. Aber die Person des Königs war in der Praxis vornehmlich deshalb in den Vordergrund geschoben, um den vom Monarchen ernannten Ministerpräsidenten und Kanzler abzusichern, statt daß dieser die Majestät des Monarchen deckte. Friedrich III. und Victoria hielten die Identifikation des preußischen Königs mit dem Ministerpräsidenten, die des Kaisers mit dem Kanzler für verhängnisvoll. Gerade um die Autorität des überparteilichen Monarchen zu bewahren, wünschten sie die parlamentarische Verantwortlichkeit der Regierung. Unter Wilhelm II. bestätigte sich ihre Befürchtung: Der Monarch mußte in aller Öffentlichkeit loyal die Fehler seiner Kanzler auf sich nehmen und seine unangreifbare Autorität Angriffen aussetzen. Das brachte das monarchische Prinzip um seine Substanz.

Als König von Preußen verfügte Wilhelm bei der Gesetzgebung über ein Vetorecht. Aber es wurde vorausgesetzt, daß er davon keinen Gebrauch machte. Möglichkeiten, seine Meinung vorzutragen, bestanden. Doch keine Behörde schätzt es, wenn ihre Tätigkeit durch Widerrede oder Eingriffe unterbrochen wird. Behörden waren eingerichtet worden, um einen regelmäßigen Geschäftsgang zu ermöglichen und den Monarchen zu entlasten. Verwaltungsbeamte, im Vollbewußtsein, neutral sachbezogen »Staatlichkeit« durchzusetzen, waren gern geneigt, eine königliche Willensbekundung ganz liberal als willkürliche Anmaßung zu betrachten, die abgewehrt werden müsse. Das monarchische Prinzip schmückte die Staatssouveränität, die sich in der Verwaltung verkörperte.

Die Beamten trachteten danach, ihre Unabhängigkeit zu behaupten oder das, was sie darunter verstanden. Am eklatantesten ist das Beispiel des Geheimen Rates Holstein im Auswärtigen Amt. Wilhelm II. schätzte diese »graue Eminenz« überhaupt nicht, weil er dessen politische Ratschläge für äußerst bedenklich hielt. Seine Kanzler warnte er regelmäßig vor ihm. Es gelang ihm nur einmal, ihn persönlich kennenzulernen. Jahrelang entzog dieser sich jeder Aufforderung zu einem Gespräch. Als er endlich eine Einladung annahm, erschienen die übrigen Gäste im Frack, Holstein im Gehrock. Er besaß keinen Frack und weigerte sich, zu Ehren des Monarchen einen anzuschaffen. Erst 1906 konnte dieser Beamte in den Ruhestand versetzt werden. Nicht weil der Kaiser, sondern weil der Staatssekretär es wünschte.

Die Reichsverfassung räumte dem Kaiser keine besonderen Vorrechte ein. Der Reichskanzler, von ihm ernannt, war ein Organ des Bundesrats. Ohne Übereinstimmung mit dem Kanzler konnte er nichts unternehmen. Reichstag und Bundesrat zusammen regelten die Gesetzgebung. Der Kaiser hatte nur die Funktion, das zu unterschreiben, was beide billigten. Da der Kanzler Mehrheiten im Parlament brauchte, entwickelte sich das Reich, ungeachtet aller Theorie, zu einer parlamentarischen Monarchie; je größer der nationale Regelungsbedarf wurde, desto unaufhaltsamer. Ein Kanzler ohne Mehrheit mußte zurücktreten. Dennoch verlangten, von den Sozialdemokraten abgesehen, die »Reichsboten«, die Abgeordneten, keine offizielle Einführung des praktizierten Prinzips der Ministerverantwortlichkeit. Ihnen behagte das institutionelle Dämmerlicht, in dem sie handeln durften. Es entlastete sie von der Verantwortung. Die wollten sich deutsche Parlamentarier ungern aufbürden. Der Sturz Bismarcks, der parlamentarisch nicht mehr zu halten war, gilt als Tat des Kaisers. Doch der Kaiser entledigte sich nur eines Kanzlers, der im Reichstag gescheitert war. Er vollzog dessen Willen als seinen Willen und zog damit den Zorn der rigorosen Freunde Bismarcks auf sich. Seinen Respekt vor den Gemütsaufwallungen im »Wallot-Bräu«, wie die Berliner den Reichstag nannten, vermochte solches Verhalten nicht unbedingt zu erhöhen.

Die Zusammenarbeit mit den preußischen Ministerien und den Reichsämtern lief über die Chefs seines persönlichen Zivilkabinetts. Erst Hermann Friedrich von Lucanus, dann Rudolf von Valentini – beide aus dem jungen Beamtenadel stammend – unterrichteten den Kaiser über die laufenden Geschäfte. Er wünschte keine umständlichen Referate, forderte knappe Zusammenfassung des Vorgangs. Seine Unlust an bürokratischen Details trug ihm den Vorwurf der Arbeitsscheu ein unter Beamten, deren Freude vornehmlich darin besteht, Vorgänge juristisch möglichst zu komplizieren, und die es nicht begreifen, wenn andere diese Lust nicht teilen. Doch des Kaisers Wunsch war bei der sich immer mehr verzweigenden Verwaltungtätigkeit verständlich, wollte er einen Überblick behalten. Ihm ging es um das Wesentliche. Das genügte, und Lucanus wie Valentini, durch tägliche Erfahrung geschult, bereiteten Wilhelm in diesem Sinn gut vor und erkannten an, wie rasch er zum Kern einer Sache vordrang, konzentriert diskutierte, stets bei der Sache blieb, ohne seinerseits abzuschweifen.

Meist schloß er sich den Vorlagen an, griff nur selten und dann hilfreich, verbessernd in den Geschäftsgang ein. Er achtete durchaus die Selbständigkeit der Behörden. Sie hingegen fanden es keineswegs unangebracht, Wilhelm Informationen vorzuenthalten, um in ihrer »Souveränität« nicht eingeschränkt zu werden. Bei den vielfältigen Interessen des Kaisers konnte jedes Ressort mit Verbesserungsvorschlägen konfrontiert werden. Lucanus und Valentini waren klug genug, handelte es sich dabei nur um Eingebungen des Moments, sie so weiterzugeben, daß sie tatsächlich folgenlos blieben. Waren sie sachlich begründet, begann meist der zähe Kleinkrieg der Bürokraten, die sich ungern korrigieren ließen. Meist endete er damit, daß der Kaiser nachgab. Setzte er gelegentlich in Preußen seinen Willen durch, wie beim Promotionsrecht für Technische Hochschulen oder bei der Berufung Harnacks an die Berliner Universität, zwei sehr vernünftige Entscheidungen, dann vermochte er das nur, weil er so starke bürokratische Unterstützung in einzelnen Behörden fand, daß konkurrierende oder um Mitsprache ringende den Rückzug antreten mußten.

In einem voll entwickelten Verwaltungsstaat gewannen dessen Mechanismen ein selbständiges Leben, das gegen übergeordnete Eingriffe weitgehend immun war. Der Dienstweg, die Rücksprachen, Vermerke, die Sachzwänge entwickelten sich zu einem Mysterienkult, neben dem der von Eleusis nahezu profan und geheimnislos wirkte. Er schloß auf jeden Fall Selbstherrlichkeit aus.

Während der vielen Reisen wurde die Arbeit nicht unterbrochen. Der Kabinettschef oder sein Vertreter begleiteten den Kaiser. Mit seinen Kanzlern traf er sich, wenn er in Berlin oder Potsdam war, täglich, mit den preußischen Ministern oder den Staatssekretären selten. Da im Reich der Kanzler die ausschlaggebende Funktion ausübte, erübrigte sich schon aus Höflichkeit jeder rege Verkehr mit den ihm zugeordneten Staatssekretären des Reiches, um erst gar nicht den Verdacht aufkommen zu lassen, der Kaiser bemühe sich, das straffe Kanzlerprinzip zu unterlaufen. Arbeitsscheu dokumentierte er damit gerade nicht. In wichtigen Personalentscheidungen fügte er sich, selbst bei anderer Auffassung, dem Urteil der Fachleute. Nicht immer sofort, doch Lucanus und Valentini besaßen so viel Menschenkenntnis und Weltläufigkeit, dem Kaiser die Zustimmung möglich zu machen. Hatte er sich einmal für jemanden entschieden, bewahrte er ihm die Loyalität.

Seine »Sprunghaftigkeit« war nicht ein Ergebnis seines Temperaments. Er war vielen Einflüssen der eifersüchtig miteinander rivalisierenden Behörden, Parteien und Interessengruppen ausgesetzt. Sein Schwanken in verschiedene Richtungen ergab sich aus diesem System des Wettbewerbs. Mit sachlichen Gründen ließ sich jede Möglichkeit rechtfertigen, die schließlich von Fachleuten vorgetragen wurden. Seine Zustimmung zu gewinnen war die Absicht aller. Doch erfolgreich blieb zuletzt, wer die wichtigsten Bürokraten überzeugte, deren Urteil sich der Kaiser fügte. Eine Stetigkeit der Verwaltung in Preußen blieb immer gesichert; die des Reiches konnte er, weil dazu nicht befugt, gar nicht erschüttern.

Aus parteilichen Streitigkeiten versuchte er sich herauszuhalten. Überparteilich konnte er sich kaum verhalten, wollte er nicht die Koalitionen seiner Kanzler beunruhigen. Ihm schwebte ein enges Bündnis der Konservativen mit den Nationalliberalen in Preußen wie dem Reich als Ideal vor. Die Nationalliberalen waren unentbehrlich, weil der spezifisch preußische Konservativismus im übrigen Deutschland kaum Anhänger finden konnte. Darüber gab er sich keinen Illusionen hin. Mit den konservativen Herren, die aufgrund des Drei-Klassen-Wahlrechts eine starke Fraktion im Landtag bildeten, hatte er freilich seine Schwierigkeiten. Sie waren ihm zu konservativ, Fortschritte selbst dann bekämpfend, wenn es Fortschritte für sie waren. Die Konservativen merkten rasch, welche Aussichten der Parlamentarismus bot. Sie wurden eifrige Debattierer und Oppositionelle. Gegen sie konnte nicht regiert werden, mit ihnen nur zu dem Preis erheblicher Zugeständnisse.

Obschon Katholiken gegenüber neutral, befreite er sich nie von dem liberal-protestantischen Vorurteil, daß eine katholische Partei gegebenenfalls religiös-kirchliche Interessen stets den staatlich-nationalen vorziehen werde. Das Zentrum tat allerdings nicht sehr viel, um diesen Verdacht zu entkräften, da es für rein politische Zugeständnisse religiös-kirchliche erwartete oder erzwang. Sozialdemokraten, eben weil Demokraten, betrachtete er anfänglich als Feinde des Staates und der Gesellschaft. Darin stimmte er mit der Mehrheit des bürgerlichen Deutschland überein. Allmählich bemühte er sich, die Sozialdemokratie als eine Art Kinderkrankheit zu betrachten. Nicht ein revolutionärer Elan trug sie von Erfolg zu Erfolg, sondern ihr sich abzeichnender Pragmatismus.

Das preußische Wahlrecht zumindest so großzügig zu ändern, daß auch Sozialdemokraten angemessen im Landtag vertreten wären, war nicht Wilhelms Herzenswunsch. Reformabsichten versagte er sich dennoch nicht, allerdings hatten sie bei den bestehenden Mehrheitsverhältnissen keinerlei Chance, weil die meisten Parteien eine Einbuße ihres »Besitzstands« fürchteten und aus Eigeninteresse sich dagegen wehrten. Es ließ sich nur das Erreichbare erlangen, und was erreicht werden konnte, hing vom Ausgleich unterschiedlichster Bedürfnisse ab. Mangelnde Konsequenz oder unterentwickeltes Durchsetzungsvermögen Wilhelms äußerte sich darin nicht.

Weitgehend selbstandig konnte er nur auf einem Gebiet tätig werden: beim Aufbau einer leistungsfähigen Flotte. Hier überwand er zäh und beharrlich jeden Widerstand. Die deutsche Flotte ist tatsächlich sein Werk. Daran verschwendete er seine Energien, begeistert, etwas schaffen zu können. Sie war dem Reich unterstellt und damit dem Einspruch preußischer Behörden und vor allem der preußischen Armee entzogen. Er konnte weitgehend ungehindert schalten und walten, weil er mit dem Flottenprogramm ausführte, was gerade liberale und demokratische Deutsche 1848 gefordert hatten. Ein einheitliches Deutschland sollte ein freies Deutschland sein, aber auch ein mächtiges. Englische Vorbehalte gegenüber deutscher Einheit, dem »nonsense called German nationality«, hingen damit zusammen, keine weitere Seemacht entstehen zu lassen, die von der Nord- wie Ostsee aus ihnen die Kontrolle der »baltischen Dardanellen«, des dänischen Sundes, streitig machen konnte. Deshalb hatten sie 1848/49 Dänemark in den Auseinandersetzungen mit der Nationalversammlung unterstützt.

Das alles war unvergessen, und Reichskanzler Fürst Hohenlohe konnte am 12. Juni 1900 im Reichstag daran erinnern, »daß das Drängen nach einer deutschen Flotte recht eigentlich aus dem deutschen Volk hervorgegangen ist«, 1848 ebenso wie nach 1871, als das Reich endlich gegründet worden war. Die Flotte galt als Unterpfand nationaler Einheit und Unabhängigkeit. Ihre Errichtung war populär. Kaiser Wilhelm fand die Zustimmung der Bürger, der Massen. Der Deutsche Flottenverein zählte 1,1 Millionen Mitglieder im Jahr 1914 und gehörte damit zu den größten und mächtigsten Verbänden. Mächtig, weil er mit breitester Anteilnahme rechnen konnte. Der Matrosenanzug ist ihr anschaulichster Ausdruck, ein demokratisches Gewand, da von Arbeiterkindern ebenso wie von Bürgersöhnen oder jungen Prinzen getragen. Der Matrosenanzug entsprach den Jeans von heute.

Die kaiserliche Marine war jung wie das Deutsche Reich. Sie war von vornherein deutsch, schwarz-weiß-rot und bürgerlich. Adelige machten nur knapp zehn Prozent des Offizierskorps aus. Im Marineoffizier sollte ein neuer, nationaler, dem kaiserlichen Staat dienender Adel Gestalt annehmen, der bürgerliche Herkunft, technische Effizienz, Bildung und Ritterlichkeit miteinander verschmolz. Insofern trug die Marine zur sich beschleunigenden Vermischung der führenden Schichten bei. Außerdem war die Flotte Symbol deutscher Wirtschaftskraft, unternehmerischer Phantasie und erfinderischer Wissenschaftlichkeit, der bürgerlich-individualistischen Potenzen also. Auch der Arbeiter konnte in ihr mühelos seine Leistungen festlich-feierlich zusammengefaßt sehen, da er mit seiner Disziplin und seinem Können dies technische Meisterwerk ermöglichte. Unter solchen Bedingungen wäre es auch einem Kaiser, der sehr viel skeptischer den Nutzen einer großen Flotte beurteilte, schwergefallen, die nationalen Erwartungen zu dämpfen.

Wilhelm verlieh dem Kaisertum einen sehr persönlichen Inhalt, um es als eine nationale Einrichtung von der verfassungsmäßigen Blässe zu befreien, ihm Farbe zu verleihen, es volkstümlich zu machen. Der deutsche Kaiser sollte nach seinem Verständnis kein verkappter preußischer Kaiser sein, sondern tatsächlich ein deutscher, der Kaiser aller Deutschen. Das erwartete vor allem die jüngere Generation von ihm, zu der er gehörte und die ernstlich danach strebte, »das Reich zur Wahrheit zu machen«.

Bismarck hatte nicht im Kaiser, nicht im Bundesrat der vereinigten Fürsten, sondern im Reichstag die unmittelbare Repräsentanz nationaler Einheit erwartet, die den monarchischen Partikularismus dämpfe. Aber bedauernd, zuletzt gereizt mußte er allmählich feststellen, daß der Reichstag zur Tribüne erbitterter Interessenkämpfe wurde, die sich kaum von den früheren dynastischen Eifersuchtsdramen unterschieden. Weil das Parlament als Ausdruck nationaler Zwietracht erschien, und so ging es nicht nur Bismarck, suchten selbst Liberale wie Friedrich Naumann im Kaisertum die Institution, die Einheit stiftet und erhält. Gefordert war ein »modernes Individuum«, das mit seiner unverwechselbaren Persönlichkeit das »große Individuum«, den nationalen Staat, überzeugend verkörperte. Insofern strebte Wilhelm als deutscher Kaiser nach einer Rolle, in der ihn national Gesonnene sehen wollten.

Das führte allerdings zu manchen Verwicklungen. Deutschland war ein Nationalstaat, aber als Staatenbund gegründet, der sich unter dem Druck des nationalen Gedankens zum Bundesstaat entwickelte. Noch bestanden die verschiedenen Dynastien und vornationalen Loyalitäten. Sie verdienten Rücksichtnahme. Wilhelm II. schonte dynastisch-eigenstaatliche Empfindlichkeiten. Er konnte sie gar nicht leichtfertig mißachten, weil er schließlich selber König war und ganz aufrechte Preußen erhebliche Schwierigkeiten damit hatten, sich zu nationalisieren, weil sie auch in Deutschland Preußen bleiben wollten. Sehr rasch erkannte er auch, daß die Fürsten, seine »Kollegen«, wie er sie demokratisch-bürokratisch bezeichnete, treu zum Reich standen, solange in ihre Rechte nicht unfreundlich eingegriffen wurde. Er erblickte in ihnen Stützen der nationalen Einheit, in die sie sich gefügt und die sie nun nicht mehr zu lockern gedachten. Die Dynastien galten ihm als stabilisierende Elemente. Aus reinem Selbsterhaltungstrieb mußten sie sich mit

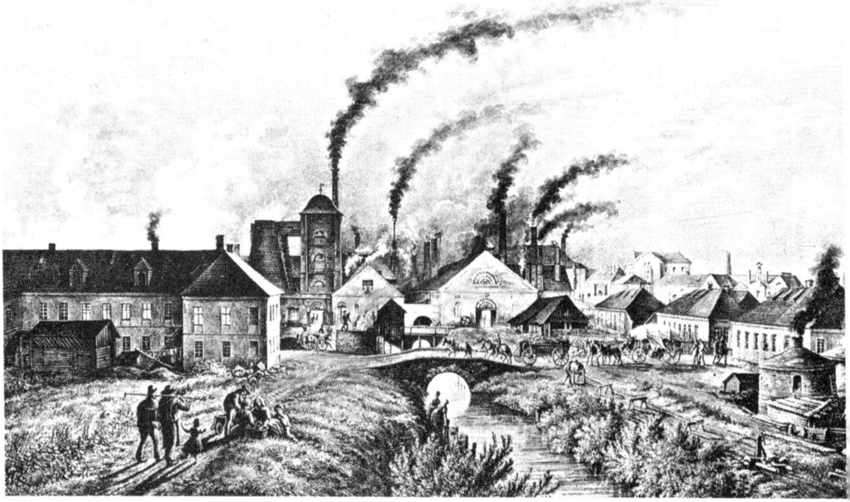

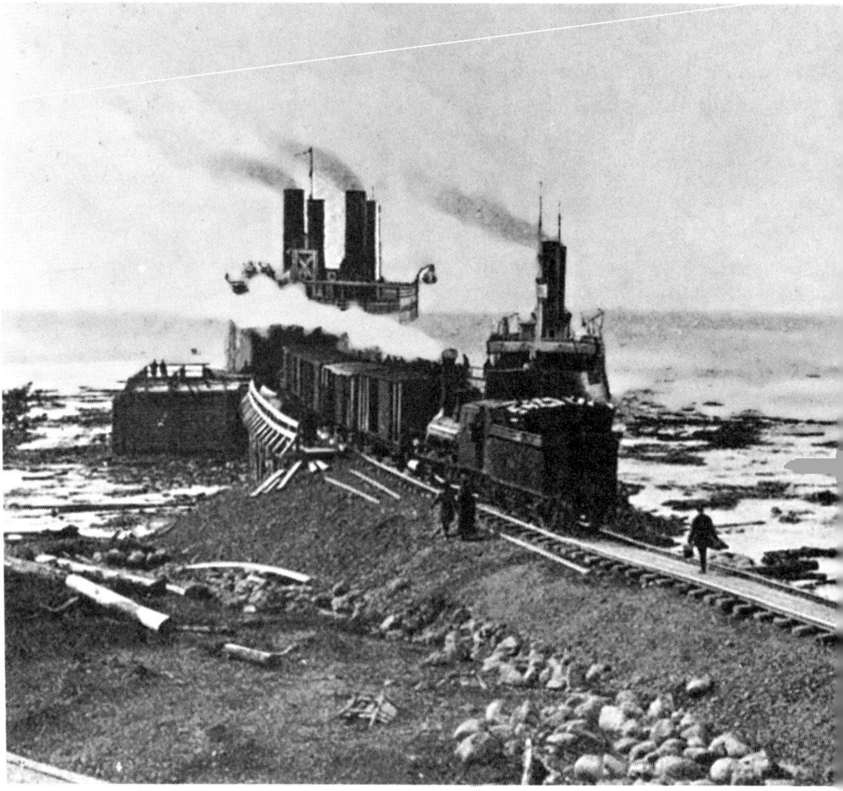

as Deutsche Reich, Österreich-Ungarn und Rußland hatten zwischen 1890 und 1914 die höchsten
rtschaftlichen Zuwachsraten, gehörten zu den dynamischsten Industriestaaten der Welt. Die Elek-
zität und die Elektroindustrie galten gleichsam als das Symbol alles verändernder Wissenschaft-
'ıkeit, die der industriellen Verwertung vorausgeht. Ein Meer von Licht möge von ihr ausgehen, wie
'onprinz Rudolf bei der Eröffnung der Wiener Elektrischen Ausstellung im August 1883 hoffte,
d damit immer weiterer Fortschritt, der Wien und Österreich zur Ehre gereiche. Ein realistischer
ımanismus trat an die Stelle des klassisch-idealistischen (Rudolphs-Hütte bei Mährisch-Ostrau,
ı 1850; Transsibirische Eisenbahn, eines der großen Erschließungsprojekte in Rußland unter
exander III. und Nikolaus II.; Montagehalle der AEG-Turbinenfabrik in Berlin, um 1900).

dem Reich, wie es war, zufriedengeben, da sie ihm ihr Fortbestehen verdankten und nur in ihm eine weitere Zukunft erwarten durften.

Das Kaisertum sollte daher nach Wilhelms Auffassung die übrigen Kronen nicht entwerten. Dennoch blieb es unvermeidlich, daß sie von ihm überschattet wurden. Als reisender Kaiser trat er in Konkurrenz zu den Fürsten, wo immer er außerhalb Preußens auftrat. Das Reisen betrachtete er jedoch als seine Verpflichtung, um über seine Person alle Deutschen mit dem Reich vertraut zu machen, das sie zusammenfaßte, und eine »Reichsfreudigkeit« als Voraussetzung nationaler Einigkeit zu wecken oder zu kräftigen. Er vergegenwärtigte das Reich, das im alltäglichen Leben eine ferne und unbestimmte Tatsache war. Selbst der Militärdienst, der den Einzelnen näher an den Staat heranführen sollte, beließ ihn doch in den hergebrachten Verhältnissen regionaler Staatlichkeit. Den meisten Deutschen war ihr größeres Vaterland damals noch unbekannt. Ein Kaiserbesuch zog sie für Augenblicke unmittelbar in weitere Zusammenhänge. Die Tour de France vermittelte den Franzosen einen Eindruck ihrer nationalen Geographie, erhob Frankreich zu einer sinnlich erfahrbaren Tatsache. Die kaiserlichen Reisen verfolgten einen ähnlichen Zweck: den Begriff Deutschland mit Leben zu erfüllen. Wenn er in der Regel überall begeistert von der Menge begrüßt wurde, äußerte sich in der Zustimmung nicht allein der aufgrund des kaiserlichen Besuches geschmeichelte vaterstädtische Stolz, sondern vor allem das festlich überhöhte Gefühl nationaler Verbundenheit.

Seine Regierungszeit war gleichsam ein dauernder Reichsumritt, wie ihn vorübergehend der deutsche König und erwählte Römische Kaiser nach seiner Krönung unternahm. Er lernte die Spitzen der Behörden, Männer der einflußreichen Kreise kennen, und sie lernten ihn kennen. Vor allem aber wurde er vom Volk gesehen. Wilhelm »veröffentlichte« in einem bislang ungekannten Ausmaß seine Person. Seinem Bedürfnis nach Popularität nachgebend, stillte er zugleich die demokratische Gier der illustrierten Blätter und ihrer Leser nach unverhohlener Anteilnahme an seiner Existenz. Der Kaiser war eine sehr erfolgreiche Nummer im nationalen Unterhaltungsgeschäft, das den schönen Schein voraussetzte.

Der Zauber, der von Maschinen ausging, von Eisen- und Stahlkonstruktionen, sämtliche verheißungsvollen Möglichkeiten des Industrialismus überwältigten den Kaiser. Nicht minder schätzte er die

Feierlichkeit gemessener Zeremonien des preußischen Hofes, gesättigt von Samt, Seide, Purpur und Hermelin. Die alten Stoffe schmückten, und die neuen Rohstoffe versprachen eine völlige Umwälzung durch den die Materie sich seinem Willen und seiner Vorstellung unterwerfenden Menschen. Damals wurde Faust zum Prototypen der Neuzeit erhoben, wurde faustische Energie als Treibstoff der alles verändernden Motorik verstanden.

Die Industrie machte die Welt häßlicher, der schöne Schein sollte ihre Unzulänglichkeiten verkleiden. In einer Zeit rapiden Wandels, die sich am »Stirb und Werde« Goethes frohgemut orientierte, mußten historische Kostüme und Dekorationen Halt und Dauer suggerieren. Das war das Dilemma, das in der Belle Époque nun endgültig aufbrach. Die theatralische Inszenierung, der Kulissenzauber mit Wilhelm, der den Kaiser spielt, im Mittelpunkt, fiel schon Zeitgenossen auf. Wallende Mäntel und Schleppen, klassisch-höfische Tänze, historisierende Kostümbälle, Livreen der alten Zeit in alten Schlössern – mit solchen Requisiten der Vergangenheit wurde ein ganz modernes Stück ausgestattet, der Kaiser in Berlin. Wilhelm bestätigte damit seine Modernität. Die bürgerliche Ästhetisierung aller Lebensformen ließ nichts anderes mehr zu und verlangte nach einer ästhetischen Monarchie. England wies den Weg mit der zeittypischen Erfindung schöner Traditionen. Wilhelm folgte dem Beispiel.

Die trockene Prosa des kollektiven Daseins unterbrach öffentlich zelebriertes Gepränge als Traum, Märchenbild, ein Stück *féerie*. Das monarchische Empfinden war äußerlicher geworden. Dem Kaisertum, bar jeder Idee, lagen technisch-praktische Erwägungen zugrunde. Es beeindruckte als Ausstattungsstück. Die Inszenierung stimmte.

Wilhelm I. hatte damit begonnen, seine Hofhaltung von der sprichwörtlichen preußischen Bescheidenheit zu lösen. Wilhelm II. vollendete dieses Bestreben, durchaus zum Wohlgefallen der bürgerlichen Deutschen. Sie erwarteten, daß der königlich-kaiserliche Hof der Stellung Deutschlands in der Welt alle Ehre mache. Wilhelm richtete sich danach. Seine persönlichen Wünsche stimmten einmal mehr mit den allgemeinen überein. Die Berliner genossen die öffentlichen Darbietungen und strömten in hellen Scharen als applaudierendes und staunendes Publikum auf die Straßen und Plätze.

Das in den ersten Monaten des Jahres regelmäßig üppig wuchernde höfische Leben – für den Rest des Jahres entzog sich Wil-

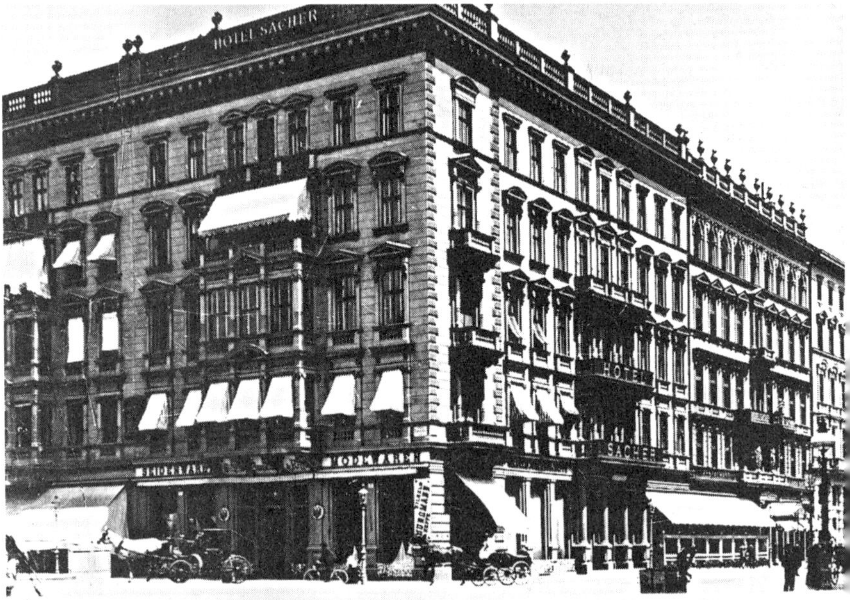
HOTEL SACHER
MODEWAREN
HOTEL
SACHER

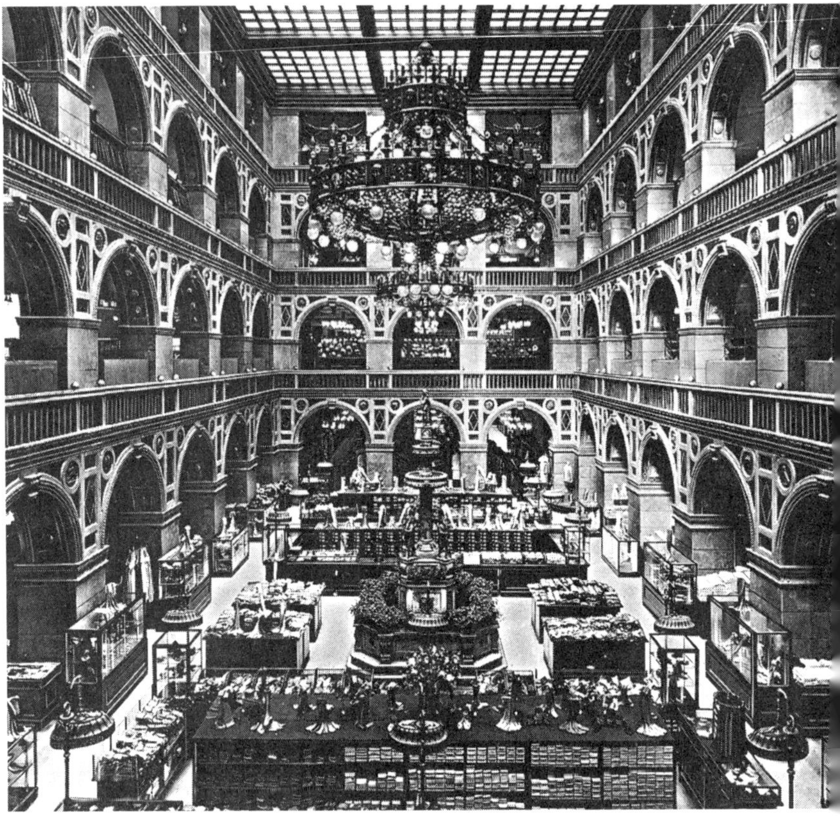

ter den letzten Monarchen vollendete sich die bürgerliche Kultur, getragen von einer Oberschicht,
der Adel und Bürgertum nahezu verschmolzen als dem Stand von Besitz und Bildung. Der
geadelte Bourgeois verkörperte diese Symbiose nicht immer am gefälligsten, aber am auffälligsten.
tel, Café und das Kaufhaus waren die öffentlichen Erlebnisräume dieser Gesellschaft. Das
acher« war die bevorzugte Stätte nicht immer sehr vornehmen Allotrias der jüngeren Erzherzöge,
denen der »schöne Otto« schon einmal, mit nichts als einem Säbel bekleidet, sich dort bemerkbar
hen konnte. Im Kaffeehaus, nicht nur in Wien, traf sich die elegante Welt mit der zu ihr
örenden Halbwelt ästhetischer Sitten oder intellektueller Ausschweifung. Kaiser Wilhelm II.
uchte nicht nur die großen Hotels, die zu seiner Zeit in Berlin errichtet wurden, er fand sich
1 zur Eröffnung des Warenhauses Wertheim ein, dessen Sommergarten mit Kacheln aus seiner
liner Manufaktur geschmückt war. Die Banken, die dem wahren König der Epoche, dem gro-
Geld, dienten, wandelten sich zu würdigen Palästen (Wien, Hotel Sacher, um 1900; Berlin,
theim Leipziger Straße, Brunnenlichthof mit Strumpfabteilung, 1906; Schalterhalle der Don-
v-Bank in St. Petersburg, 1909).

helm weitgehend dessen Verpflichtungen, die ihn bei aller Lust an Zeremonien gleichwohl beengten – war paradoxerweise ein Mittel, um dem demokratischen Zug der Zeit zu genügen. Das preußisch-deutsche Hofrangreglement, von Wilhelm I. festgelegt, galt mit seinen 62 Abteilungen als das weitschweifigste und subtilste in Europa. Es konnte nicht knapper ausfallen, da es das demokratischste war und sehr ausführlich bürgerliche Würdenträger berücksichtigte, denen darüber der Zugang zum Hof ermöglicht wurde. Die Hofgesellschaft zeichnete sich nicht durch Exklusivität, vielmehr durch deren Mangel aus. Sie war ein Spiegelbild von Besitz und Bildung, die als ineinander verschmelzende Gruppen die gesellschaftliche Vorherrschaft der Aristokratie ersetzten. Zwar überwogen die Adelstitel bei den Namen, doch waren sie meist jüngeren und jüngsten Ursprungs. Gerade dieser Umstand verstimmte alte Adelige, weil es nach ihrer Auffassung überhaupt kein auszeichnendes Privileg mehr war, bei Hofe zugelassen zu werden.

Unabhängig von den zeremoniellen Veranstaltungen nahm Wilhelm sich die Freiheit, zu kleineren Diners jeden einzuladen, der ihn interessierte. Da seine Neugier weit reichte, ließ er sich dabei durch keine höfischen Übereinkünfte beeinflussen. Zum Verdruß mancher Aristokraten fand er nichts dabei, in bürgerlichen Salons zu erscheinen, in Hotels zu essen oder im Automobilclub Unterhaltung in der Gesellschaft zu suchen, in der sich Adel und Großbürgertum mischten, was ihm das liebste war. Gerade weil der Kaiser und sein Hof keine Scheu kannten, sich zu öffnen, verfügten beide über eine ungemeine gesellschaftliche Anziehungskraft.

Die meisten fühlten sich geehrt, in ihren Talenten und Verdiensten erkannt, durften sie sich in die Hofkleidung stürzen, um in Gegenwart des Kaisers gesehen und beachtet zu werden. Das Prestige des Hofes war gegen Ende des vergangenen Jahrhunderts höher als zu Beginn. Der selbstgemachte Mann gefiel sich als Weltmann, von Wilhelm an die Stufen des Throns gerufen, und bemühte sich, durch Eleganz das augenfällig zu bekunden. Jetzt erst wurde Berlin zu einer mondänen Großstadt mit Hotels, die den Vergleich zu Paris oder London aushielten, mit exquisiten Geschäften, Restaurants für den verfeinerten Geschmack und ausgedehnten privaten Kunstsammlungen. Die »wilhelminische Gesellschaft« trat in ihre Belle Époque der luxuriösen Dekorierung der äußeren Existenz und kultivierte die preziöse Neigung, jeden noch so bescheidenen Hauch des Lebens aufregend zu parfümieren. Sehr grimmige Altpreußen und sehr verstockte Kleinbürger tadelten als unpreußisch oder undeutsch solche Ästhetisierung der Sitten, deren Stillosigkeit nur noch sehr alten Aristokraten auffiel.

Der schöne Schein triumphierte. Schein ist auch ein Synonym für Geld. Scheine, Geldscheine, manchen damals eine nur scheinbare Währung, ermöglichten den in jeder Beziehung teuren Schein der Surrogate, die Substanz vortäuschten, die sich verflüchtigte, weil nicht mehr ernst, für wahr genommen. Wilhelm verachtete gleichwohl den schnöden Materialismus, der sich mit dem äußeren Glanz begnügt. Am »Idealen« hingen er und die reichen Bürger, das das unsühnbare Reich des Geldes mit noblen Stimmungen aufheitern sollte. Das Ideale sah Wilhelm unmittelbar mit Gott verbunden, mit dem Gottesgnadentum jedes Einzelnen, das in dem des Königs sich stellvertretend manifestierte. Als konventionelle Floskel, als weiteres dekoratives Element störte es nicht weiter. Kirchlich-religiöse Schmuckformen boten einen feierlichen Reiz mehr, wenn der Allerhöchste im Dom unter Posaunen, Hymnen und Orgeln, umstellt von erlesenen Toiletten und bunten Uniformen, dem Höchsten, dem gewaltigsten Verbündeten, dem alten guten Gott im Himmel für die Mühe dankte, die er sich immer mit dem Hause Brandenburg gemacht. Die große Oper vermischte sich in solchen Augenblicken mit dem Bühnenweihfestspiel.

Ausgerechnet der *Illustrierten Zeitung* bekannte Wilhelm: »Von Gottes Gnaden ist der König, daher ist er auch nur dem Herrn verantwortlich. Er darf seinen Weg und sein Wirken nur unter diesem Gesichtspunkt wählen. Diese furchtbar schwere Verantwortung, die der König für sein Volk trägt, gibt ihm auch ein Anrecht auf treue Mitwirkung seiner Untertanen.« Keineswegs ungeschickt faßte er das preußische Gottesgnadentum, die Souveränität des Königs, mit dem Konstitutionalismus zusammen. Als König von Preußen verstand er sich, die Worte Wilhelms I. aufgreifend, als »Instrument des Herrn«. Darum: »Eine feste Burg ist unser Gott.« Am liebsten sprach er in diesem Sinn zu den preußischen Soldaten, da Gehorsam und Gottesfurcht zueinander gehören. Solche Äußerungen wiederholten im übrigen nur die Versprechen seiner Vorgänger: »Ich und mein Haus wollen dem Herrn dienen«, die Devise Friedrich Wilhelms, oder »Ich will, daß meinem Volk die Religion erhalten werde«, wie Wilhelm I. wünschte.

Fragwürdig wurde die Beschwörung des Gottesgnadentums – übrigens nur als preußischer König, nie als deutscher Kaiser – aus theologischen Gründen. Die Kulturprotestanten, zu denen Wilhelm II. sich rechnete, besaßen keine verbindliche Vorstellung mehr von Gott, Gnade, dem Christuskönig, von Sünde und Erlösung. Die Historisierung der Bibel und des Glaubensbekenntnisses löste die Glaubenswahrheiten in zeitverhaftete Konstruktionen auf, von denen das in die Gegenwart herübergerettet werden könne, was die humanistische Aufforderung wohltätig ergänze: »Edel sei der Mensch, hilfreich und gut.« Wilhelms II. privates Glaubensbekenntnis enthielt für orthodoxe Lutheraner manche Wunderlichkeiten. Denn er unterschied zwischen der historischen und der rein religiösen Offenbarung Gottes in Christus. Im Laufe der Geschichte greift Gott über große Weise, Priester oder Könige immer wieder in die Entwicklung des Menschengeschlechtes ein, um es weiterzuführen und zu fördern, also für sittlichen Fortschritt zu sorgen. Das kann dann durch Hammurabi oder Moses, Homer, Karl den Großen, Shakespeare, Goethe oder Kant geschehen und selbstverständlich auch über Wilhelm den Großen, der höchst erstaunt gewesen wäre, in welche Gesellschaft er da gebracht wurde. Entsprechend der Kulturstufe offenbart sich Gott verschieden in der überwältigenden Schönheit der Natur und Kunst und tut es auch weiterhin. In allem »wahrhaft Großen und Herrlichen, was ein Mensch oder ein Volk tut«, kann man bewundernd und dankend die Herrlichkeit Gottes erkennen.

Das Gottesgnadentum der Hochbegabten, der Übermenschen, der Geistesheroen und Sieger, die Göttlichkeit des Einzelnen in seinem Eigentum: Das entsprach der ganz modernen Selbstfeier des Individuums als Sonne seines Sittentages, machte das Gottesgnadentum des Königs allerdings zu einer zufälligen, am großen und herrlichen Einzelnen haftenden Erscheinung. Das preußische wie jedes andere Gottesgnadentum lag im Amt, in der Krone beschlossen, beidem mußte sich das Individuum unterordnen, um deren Anforderungen gerecht zu werden. Wilhelms Beschwörungen des Gottesgnadentums erschöpften sich in einem zwiespältigen und unverbindlichen Spiel mit antiquarischen Schmuckstücken, das ohne politische Folgen blieb. Nicht einmal als Bischof seiner Kirche versuchte Wilhelm, in den lebhaften Streit über die Grundwahrheiten des Glaubens einzugreifen. Die Einigkeit unter den Protestanten lag ihm am Herzen, aber er verzichtete auf jedes Machtwort, um dieses Ziel seines Lebens zu erreichen.

Als eine religiöse wie gesellschaftliche Aufgabe faßte er es allerdings auf, Berlin von dem Makel zu befreien, die unchristlichste

Stadt Europas zu sein. Seit Jahrzehnten bekümmerte dies die preußischen Könige. Um 1880 ließ sich nur noch ein Fünftel aller Eheschließenden kirchlich trauen, knapp die Hälfte aller Kinder hatte keine Taufe empfangen. Die meisten Jugendlichen erhielten nur eine spärliche Einführung in das Christentum. Die soziale Frage warf zugleich eine sittliche auf: Wie den unteren Schichten endlich die bislang verwehrte Möglichkeit eingeräumt werden könne, ihren moralischen Menschen auszubilden. Das galt als Ziel des bürgerlichen Humanismus und des Kulturprotestantismus.

Wilhelm wandte Phantasie und Energie auf, um die reichen Bürger zu Spenden zu bewegen, damit die Kirche über ausreichende Mittel verfüge, überhaupt erst einmal Kirchen für sich dann hoffentlich bildende Gemeinden zu bauen. Während der Regierungszeit Wilhelms II. wurden achtzig Kirchen errichtet, so viele wie früher in sechs Jahrhunderten, meist unter dem Patronat Auguste Viktorias und mit erheblicher materieller Unterstützung Wilhelms. Immerhin gelang es, den sonntäglichen Besuch des Gottesdienstes zu steigern. Waren seit 1840 zwischen zwei bis drei Prozent aller Protestanten zur Kirche gegangen, taten dies nun fast zwanzig Prozent. Berlin machte um 1910 nahezu einen christlich-evangelischen Eindruck. Es durfte ohne Anmaßung beanspruchen, das Rom des Protestantismus zu sein.

Die unübersehbaren Kirchen dienten zugleich der Stadtverschönerung, wiesen Straßen einen abschließenden Blickpunkt oder gaben Plätzen um sie herum genug Spielraum. Berlin wurde nicht nur frommer, auch schöner. Wilhelm als zeitgemäßer Ästhet begrüßte es ausdrücklich, daß sich dem Stil des Bonner Münsters, den die Gedächtniskirche aufgriff, die teuersten Wohnungen und die lange Ausstellungshalle zum Zoo hinüber anglichen. Unter den Rundbogen in der Kirche wurde Gott gedient, im »Romanischen Café« dessen Existenz bestritten, sofern sich einer der Bohemiens darüber überhaupt den Kopf zerbrach. Aber es war ein Ensemble, wie es die Zeit wünschte, sofern es nur äußerlich übereinstimmte. Der Platz um die Gedächtniskirche wurde bald zum eleganten Mittelpunkt des Berliner Westens. Von ihm aus verstreuten sich strahlenförmig die neuen Avenuen mit allem Komfort der allerneuesten Neuzeit.

Die dort wohnenden Kulturprotestanten glaubten viel, vor allem an sich und an die Sendung Preußens, Deutschland und die Welt zu erhellen. Von Stufe zu Stufe geht es aufwärts. Wer eine höher kommt, ist froh, die davor überwunden zu haben, behält

aber den allmählichen Aufstieg fest in Erinnerung. Mit den Feuer-
zungen des sich ausgießenden Heiligen Geistes beim Pfingstwunder
fing es ziemlich dilettantisch an, um endlich die segensreichen
Wirkungen der Berliner Osrambirne hervorzubringen. Das spricht
gar nicht gegen den früheren Versuch. Dafür war Harnack zuständig, der nicht versäumte, genau das zu belegen. Gott ist eine Um-
schreibung für Fortschritt der Erkenntnis. Zur Erkenntnis, und damit zu Gott, gelangt man am besten in Berlin, der Residenz des
Weltgeistes. Des preußischen Reiches Macht und Herrlichkeit verdankten sich den Königen, die den wahren Segnungen der Refor-
mation gegen alle Dunkelmänner zum Durchbruch verhalfen: der
Gedankenfreiheit und wissenschaftlicher Bildung. In diesem Sinne
ließ sich der preußische Staat als lebendiger Ausdruck des wissenschaftlichen Zeitbewußtseins verstehen. Deshalb fanden Berliner
Professoren ihren Stolz darin, gleichsam das geistige Leibregiment
der Hohenzollern zu bilden. Der König konnte sich auf sie verlassen, so wie sie sich auf ihn verlassen konnten. Berlin war die
Hauptstadt des Kulturprotestantismus geworden. Damit es diesen
Rang behalte, schien es geboten, alle Kräfte anzuspannen. Wilhelm II. verfügte über genug Ehrgeiz und Vertrauen in die Wissenschaft, sich solche Absichten zu eigen zu machen.

Dafür besaß er in Friedrich Althoff den erstaunlichsten Ratgeber
und Organisator, seinen Bismarck des Hochschulwesens und der
Wissenschaftspolitik. Amerikanische Zeitgenossen würdigten ihn
als »einen der bedeutendsten Männer der Welt«. Er gehörte
neben Harnack zu den letzten Heroen, die souverän sämtliche
Wissenschaften überblickten. Dieser Ministerialdirektor, von 1882
bis 1907 im preußischen Kultusministerium tätig, verkörperte für
Wilhelm II. den Inbegriff des Staatsmanns: breiteste Sachkenntnis,
daher Gespür für neue Talente und Forschungsrichtungen, gepaart
mit der Zähigkeit, durchzusetzen, was sich als notwendig erweist,
sämtliche diplomatischen Mittel virtuos einsetzend, aber bereit,
wenn es sich nicht vermeiden ließ, vollendete Tatsachen zu schaffen.

Sein Wille bezwang als königlicher Befehl jeden Widerstand
störrischer Professoren. Wilhelm tat immer, was Althoff ihm empfahl, der dadurch im weiten Reich der Forschungspolitik unumschränkt herrschte. Er beging nie den Fehler, hinter Wilhelms
Rücken zu handeln. Ohne zu zögern, gewährte ihm Wilhelm
Schutz und Unterstützung bei Entscheidungen, die Ärger verur-

sachen mußten. Darauf konnte Althoff vertrauen, er nutzte das königliche Wohlwollen aber nicht aus. Beide ergänzten einander auf ideale Weise, weil sie ein gemeinsames Ziel anstrebten: die »Weltgeltung« deutscher Wissenschaft an preußischen Universitäten zu erhalten.

Der interventionistische Großstaat, dem dauernd neue Aufgaben zuwuchsen, weil er sie sich auflud, und eine in alle Lebensbereiche eingreifende Großindustrie bedingten einander und benötigten beide den wissenschaftlichen Großbetrieb, der sie befähigte, jene Bedürfnisse zu stillen, die sie überhaupt erst geweckt hatten. Die wissenschaftliche Vormachtstellung Deutschlands erschien Althoff und Wilhelm als eine Staatsnotwendigkeit, ermöglichte sie doch jene Dynamik, die das Deutsche Reich zu einer der ausschlaggebenden Potenzen machte. Althoffs Vermächtnis waren die Institute der Kaiser-Wilhelm-Gesellschaft, die 1910 zum hundertjährigen Bestehen der Berliner Universität gegründet wurden. In den Instituten, meist für naturwissenschaftliche Disziplinen, von den jeweils originellsten Forschern geleitet, sollte, unbelastet von Lehrverpflichtungen, nur geforscht werden. Der preußische Staat bezahlte die Direktoren, der Kaiser schenkte das Baugelände, ansonsten waren sie auf Spenden angewiesen. Diese flossen so reichlich, daß mühelos die besten Forscher – unter ihnen der junge Einstein – gewonnen und die Institute großzügig für deren Zwecke ausgestattet werden konnten. Die guten Beziehungen des Kaisers zu Industriellen und Bankiers ermöglichten die willige Bereitschaft, sich der Erfüllung eines dringlichen Wunsches nicht zu versagen. Trotz der Mitwirkung der preußischen Regierung und obschon die Geldgeber ausschließlich aus Preußen kamen, handelte es sich bei dieser Gesellschaft um keine spezifisch preußische Einrichtung, vielmehr um eine nationale, im Namen des deutschen Kaisers, nicht des preußischen Königs. Das war ungewöhnlich. Doch mit deren Leistungen sollte die Leistungskraft der Wissenschaft und der sie weitgehend finanzierenden Wirtschaft in Deutschland demonstriert werden und damit die eines unabhängigen Bürgertums, das nationale Aufgaben in seine Hand nimmt. Die Institute als bürgerliche Vereinigung waren Ausdruck eines gemeinsamen Willens von Staat und Bürgern, wie ihn sich der Kaiser in allen nationalen Zusammenhängen wünschte und den er mit der Namensgebung anerkannte. Zugleich wurde ihm damit dafür gedankt, zumindest in der Wissenschaftspolitik diese Bündelung von Energien erfolgreich gesucht zu haben.

In den Wissenschaften war Wilhelm aufgeschlossen für alles Neue. Der technische Fortschritt faszinierte ihn. Die alten Kutschen gebrauchte er nur noch bei dekorativen Anlässen, er benutzte lieber das schnellere und bequemere Automobil. In der Kunst löste er sich schwerer von hergebrachten Gewohnheiten. So ging es allerdings vielen, die in der Fabrik für Innovationen sorgten oder im Labor die überraschendsten Entdeckungen machten. Die »moderne« Kunst entbehrte für sie der Poesie, der höheren Werte, des Ideals, der Schönheit. Eine Welt, die sie gründlich entzauberten, sollten die Künstler wieder bezaubern. Nie zuvor wurden so viele Najaden und Dryaden, Nymphen, trunkene Silene, Fluß- und Meeresgötter gebraucht, um ausgerechnet das Maschinenzeitalter und seine beschleunigte Arbeit an der Entmythologisierung zu umschmeicheln. Technik und Wissenschaft nützen, die Kunst hingegen adelt, sie erhebt auf »schwanker Leiter der Gefühle« den Einzelnen über sich selbst oder lenkt, was das gleiche meinte, mit heiliger Magie still zum Ozean der großen Harmonie. Das wußte der Bürger seit Schiller. Das hatte Wilhelm auch gelernt. Daran hielt er sich. Künstler aber spotteten darüber zu seinem und vieler Bürger Verdruß oder zogen daraus ganz andere Konsequenzen.

Die Freiheit des Künstlers mochte keiner grundsätzlich bestreiten. Sie gehörte unmittelbar zu den Freiheiten des Individuums, die Unternehmer oder Wissenschaftler mit gleicher Hartnäckigkeit beanspruchten wie endlich auch ein Kaiser als Zeitgenosse. Doch der entfesselte Subjektivismus hatte verbindliche Vorstellungen über Kunst und das Schöne aufgeweicht. Auch die in ihre Autonomie entlassenen Künstler standen bald vor der verzweifelten Frage, in welchem Stil sie bauen, malen oder dichten sollten, gerade wenn sie sich mit öffentlichen Aufgaben beschäftigten, die sich nicht mit rein privaten Vorstellungen lösen lassen. Die Kirchen, die Monarchen waren sich selbst historisch geworden und versuchten mit Rückgriffen auf ihre eigene Geschichte ihre dauernde Lebenskraft zu veranschaulichen. Das Bürgertum, das sich stolz dem Adel zur Seite setzte, bemühte sich, aus der Tiefe der Vergangenheit seine Macht zu legitimieren und bürgerliche Kunst als die unverfälscht nationale, den Volksgeist sichtbar machende auszugeben, im Gegensatz zur aristokratisch geprägten, die stets einem internationalen Geschmack folgte, ihn »nachahmte«. Kirchen, Monarchen und Bürger waren die wichtigsten Auftraggeber. Trotz mancher Ver-

...nrik Ibsen war der Tragiker der bürgerlichen Welt, die im Ersten Weltkrieg zerbrach. Mit »Nora«
...ilderte er den Ausbruch einer Frau aus der engen Welt gutsituierter Häuslichkeit, in der der Frau
...d Dame nicht mehr zu tun blieb, als »stellvertretenden Luxus« nach außen zu treiben, also den
...ohlstand«, den der Mann erarbeitete, gefällig in verspieltem Müßiggang zu dokumentieren.
...urasthenien der unzufriedenen oder unbeschäftigten Frauen gehörten deshalb als Flucht in die
...nkheit zu den typischen Symptomen der bürgerlichen Gesellschaft. Jetzt wurde die Sexualität
...tdeckt«, die ihren Namen damals erhielt, und mit ihr die »sexuelle Frage«. Neue Voraussetzun-
...mußten geschaffen werden, die einen »neuen Menschen« ermöglichten, einen unbürgerlichen, der
...Grenzen der bürgerlichen Lebensvorstellungen durchbricht, um »sich selbst« zu finden und sein
...nes »Leben« zu gewinnen (Bühnenbildentwurf Edvard Munchs zu Ibsens »Gespenstern« am
...utschen Theater in Berlin, 1906).

quickungen widersprachen deren Ideen einander. Sie wurden nur partiell geteilt. Wer Aufträge erhalten wollte, mußte sich den historisierenden Moden angleichen oder neue Geschichtsmoden ersinnen. Der Maskenball der Stile begann, der endlich zu einem rasenden Cancan der Beliebigkeit führte. Wer sich dem entzog, ganz eigene, ungewöhnliche Möglichkeiten für sich entdeckte, verlor erst einmal die öffentliche Anerkennung und gewann sein Publikum höchstens unter einzelnen Liebhabern. Gruppen standen einander entgegen, Richtungen kämpften um rasch wechselnde Vorherrschaft, und »was der Mode Schwert geteilt«, fand zu keiner Einheit mehr zusammen.

Während der Regierungszeit Wilhelms II. kulminierte »die Zerrissenheit der Kunstauffassungen«. Es war zumindest schwierig, während der leidenschaftlichen, sehr persönlichen und deshalb unvermeidlich gehässigen Diskussionen einer ästhetisch beunruhigten Zeit nicht auf Kritik zu stoßen. Was immer der Kaiser tun mochte, mußte unweigerlich als Parteinahme erscheinen. Diesen Eindruck konnten Takt und Gelassenheit mindern, doch sein Temperament lag allzu oft mit diesen Tugenden im Streit. Außerdem wußte er sich des Beifalls einer starken Mehrheit sicher, fällte er ein ästhetisches Urteil. Im übrigen verstand er von Architektur und Malerei einiges, was die Sache nicht erleichterte. Er pflegte Malern eine Vorlage der Bilder zu zeichnen, die er von ihnen wünschte. Liebermann lobte ausdrücklich etwa des Kaisers Skizze zu Röchlings Schlacht bei Hohenfriedberg: »Das ist viel talentvoller, als was Röchling daraus gemacht hat.« Als Jüngling hatte Wilhelm bei Anton von Werner Unterricht genommen, den seine Eltern bewunderten. Dort lernte er Zeichnung und Figurenkomposition im Raum mehr zu schätzen als Luft und Licht. Das hinderte ihn nicht, Liebermann an die Akademie zu berufen.

Wenn er Anton von Werner förderte, befand er sich im Einklang mit vielen Berlinern, zumindest den älteren. Er war sich auch klar, wie er offen eingestand, »daß ich wegen meiner Kunstanschauungen zum Teil als rückständig angesehen werde ... Alles, was ich von Kunst weiß, habe ich von meiner Mutter, die eine begeisterte Liebhaberin alles Schönen war und sich nachhaltig mit Kunst beschäftigt hat ... So lebe ich auf diesem Gebiet ganz von dem durch meine Mutter Überkommenen.« Wilhelm von Bode, der Direktor des Kaiser-Friedrich-Museums, unterstützte den Kaiser in seiner Skepsis gegenüber Impressionisten und Sezessionisten, denen es an höheren Werten fehle. Bode war kein Schmeichler, und vor allem war er eine weltweit anerkannte Autorität, allerdings für die alte Kunst, und sein Museum galt damals als ausgesprochen modern, als vollkommene Historisierung des Kunstwerks mit der zu ihm gehörenden Umgebung, Kunst- und Kulturmuseum zusammenfassend. Bode kam mit dem Kaiser ausgezeichnet zurecht. Er gebrauchte den genialen Berliner Straßenjungenton ebenso gern wie Wilhelm. Sie verstanden sich prächtig und ergänzten einander in ihrem Interesse, über Spenden und Schenkungen die Sammlung zu erweitern. Wilhelms Besuche bei den reichen Sammlern galten auch dem Zweck, sie beiläufig darauf aufmerksam zu machen, welche Bilder vorzüglich ins Kaiser-Friedrich-Museum paßten. Bode, seit 1906 Generaldirektor der Staatlichen Sammlungen, kostete es keine Mühe, Alfred Messel als Architekten für die weiteren Bauten auf der Museumsinsel durchzusetzen, obschon der Kaiser zuerst an Ernst von Ihne gedacht hatte.

Ihne war sein bevorzugter Architekt. Dessen an Schlüter geschulter barocker Klassizismus fügte sich mit dem Marstall, der Staatsbibliothek oder dem Kaiser-Friedrich-Museum in gediegener Noblesse seiner Umgebung ein. »Wilhelminisch« im Sinne dekorativer Prahlerei waren sie gerade nicht, wie überhaupt die vom Staat errichteten öffentlichen Gebäude »wilhelminische« Übertreibungen vermieden. Dafür verfügte Wilhelm über zu viele und zu gute Ratgeber. Die Exzesse des Wilhelminismus verursachten Hoteliers, Theater- und Geschäftsgründer, Unternehmer, Bankiers, unsichere reiche Bürger. Er ist ein bürgerlicher Stil, der sich aristokratisch geben möchte, was zuweilen auch gelang. Der Kaiser duldete ihn, einige Scheußlichkeiten billigte er, doch unter Hermann Muthesius' Einfluß, der 1904 zum jüngsten Geheimrat Preußens im Handelsministerium avancierte, wurde er der schwerfällig-überladenen Berliner Architektur überdrüssig. Der »Wilhelminismus« erreichte damals schon sein Ende.

Muthesius machte ihn mit den englischen Gartenstädten vertraut, wies ihn auf die Erfordernisse von Funktion und Konstruktion hin, mahnte zur Entwöhnung von historischer Sentimentalität. Als Gründer des Werkbundes 1907 warb er für Gediegenheit, Wahrhaftigkeit und Einfachheit im industriellen Kunstgewerbe, das mit seinen Fragwürdigkeiten »die Welt des Geschauten verschmutzt«. Wilhelm verschloß sich solchen Anregungen nicht. Gesinnungsgenossen von Muthesius wurden nach Preußen berufen, Peter Behrens an die Düsseldorfer, Hans Poelzig an die Breslauer Kunstakademie und – am erstaunlichsten – Bruno Paul an die Berliner Akademie für angewandte Kunst. Paul hatte lange als Karikaturist für den *Simplicissimus* gearbeitet.

Wilhelm förderte wohlwollend moderne Bestrebungen. Er schwieg, wenn Muthesius öffentlich die gebauten Verirrungen des Geschmacks in Berlin anprangerte, zu denen unbedingt auch die Siegesallee gehörte, mit deren merkwürdigen Herrscherstatuen Wilhelm aller Welt ein Beispiel vorbildlicher Kunst geben wollte. Alle Welt nahm sie höchstens als Kuriosität zur Kenntnis. Er schwieg, nicht aus Verlegenheit. Die Richtung paßte ihm. Sein Sohn baute sich im neuen Stil der Klarheit und Aufrichtigkeit seinen Cecilienhof bei Potsdam.

Beharrte der Kaiser auf bestimmten Meinungen, so richtete das zumindest keinen Schaden an. Er mochte Hans Thoma oder Max Klinger überhaupt nicht. Das konnte ihren wachsenden Ruhm nicht aufhalten. Wilhelm ärgerte sich über Lovis Corinth, Edvard Munch, Max Slevogt, aber er ließ sie gewähren. Das gleiche gilt für Theater, Literatur und Musik. Die »Salome« von Richard Strauss empörte ihn als »perverses« Sujet, »Der Rosenkavalier« verletzte das strenge sittliche Empfinden der Kaiserin, weil ein Bett unübersehbar eine wichtige Funktion in der Handlung übernahm. Aber Richard Strauss, der bis dahin modernste Komponist, blieb weiter der Generalmusikdirektor des Königlichen Opernhauses und unterrichtete Komposition an der Hochschule für Musik, obschon der Kaiser gestöhnt hatte: »Welch eine Schlange habe ich an meinem Busen genährt.« Einen Richard Strauss konnte er wegen derartiger Verstimmungen nicht entlassen. Das wußte er genau.

Wahrscheinlich war es sogar vorteilhaft, daß der Kaiser seine Energien nicht zur Förderung der allerjüngsten Richtungen verschwendete. Sie konnten desto freier sich entwickeln, sie brauchten den »akademischen« Geschmack, den der Kaiser und weite Teile des Großbürgertums pflegten, als Widerpart, um ganz zu sich selber zu finden. Ihr Publikum gewannen sie ohnehin in Berlin. Wilhelms Urteil bekümmerte sie nicht. »Staatskünstler« zu werden widersprach ihrer Selbstauffassung. Irgendwelche Kunstströmungen zu verbieten oder ernstlich in ihrer Entfaltung zu hindern, das verbot der Liberalismus, dem sich Wilhelm nie entziehen mochte. Er erinnerte an die Pflege der Ideale, daran, daß in ihrem Dienst die Kunst erheben, aber nicht in den Rinnstein hinabsteigen solle. Damit sprach er das aus, was viele Bürger dachten, die sich verwundert und empört hätten, würde er anders gesprochen haben. Wilhelm mahnte, rief zur Ordnung: »Ich empfinde es als Landesherr manchmal recht bitter, daß die Kunst in ihren Meistern nicht energisch gegen solche Richtungen Front macht. Ich verkenne keinen Augenblick, daß mancher strebsame Charakter unter den jüngeren Anhängern dieser Richtung ist, den vielleicht die beste Absicht beseelt; er befindet sich dennoch auf einem falschen Wege.« Dabei hatte es aber auch sein Bewenden.

Berlin entwickelte sich zur aufregendsten Kunststadt neben Wien und Petersburg. Die »zwanziger Jahre« beginnen in gewisser Weise schon weit vor dem Ersten Weltkrieg. Alle großen Talente, die Berlins Ruhm und Glanz ausmachten, besaßen schon damals ihre Anhänger und entfalteten sich in hellster Öffentlichkeit. Jene milden, ruhigen Vorkriegszeiten waren die Zeit des Hereinlassens von frischer Luft, wie sich später George Grosz erinnerte, der im Berlin von 1912 sich darauf vorbereitete, acht Jahre später für skandalöse Furore zu sorgen. Grosz fühlte sich durch kaiserliche Kunstanschauungen nicht eingeengt oder eingeschüchtert: »Eigentlich sah man ja doch bis hinunter zum dritten Proletenstand staatserhaltend treu zum Kaiser auf.«

Die Kaiser Franz Joseph und Nikolaus schwiegen in Kunstfragen, wie sie in der Öffentlichkeit strittige Fragen ohnehin nie berührten. Sie folgten damit monarchischer Tradition, persönlich nicht allzu auffällig hervorzutreten. Den Willen der Majestät verkündeten Minister oder vollstreckten Beamte. Kaiser Wilhelm hingegen mochte seine Ansichten nie verhehlen. »Sie schwingen Ihre Feder, ich meine Zunge, schlage auf meinen Pallasch und sage trotz aller Angriffe und Nörgeleien: dennoch«, wie er 1901 Houston Stewart Chamberlain schrieb. »Wilhelm der Redselige« begab sich damit bewußt hinein ins Kreuzfeuer der Meinungen. Als Optimist mochte er keine Nörgler und Schwarzseher, die seine Minister, seine Verwaltungsbeamten, die gesamte Regierungstätigkeit kritisierten oder die inneren Verhältnisse in Preußen oder im Reich. Seine Reden verstand er als ein Mittel, die Politik seiner Regierung oder die Maßnahmen seiner Behörden zu verteidigen. Wenn er dabei vielleicht zu oft von »seinen« Ministern oder Beamten sprach, so war das dennoch verfassungsmäßig korrekt, denn sie waren königliche Minister oder Beamte, also seine. Doch in der Regel vertrat er keine selbständigen Meinungen, so entschieden er sich selbst auch in den Vordergrund rückte, sondern versuchte, ganz konstitutionell die Meinung der parlamentarischen Mehrheit in politischen, die der nationalen Mehrheit in sämtlichen anderen

Fragen mit seiner persönlichen Autorität zu stützen, zu erläutern. Als König und Kaiser repräsentierte er die Mehrheit, der er sich gar nicht zu beugen brauchte. Er dachte meistens wie diese. Das erachtete er als einen Akt seines staatserhaltenden Auftrags.

Als Redner war er begehrt. Die Rede ist das wichtigste Element bürgerlicher Feste oder Feierlichkeit. Sie ersetzte die heroische Oper und das Turnier aus früherer höfischer Zeit und gehört unmittelbar zum bürgerlichen Vereinsleben, das unter Wilhelm II. selbst für Deutschland ausschweifende Formen annahm. Er sprach zwar frei, aber hatte vorher den Text auswendig gelernt. Nach dem Geschmack seiner Zeit trug er »feurig« vor, was oft genug seine Beamte ihm vor-geschrieben haben. Meistens handelte es sich nur um freie Rede, aber nicht um freie, von ihm selbst entworfene Reden. Frisch von der Leber weg äußerte er sich unter Kameraden bei Regimentsfeiern, Intimität und Diskretion voraussetzend, die keineswegs gewahrt wurden, ohne daß ihn das vorsichtiger gemacht hätte. Die Kameraden waren im übrigen hingerissen, die Bürger in der Regel einverstanden, die »Nörgler« in der »Opposition«, die zu den »regierenden Kreisen« und nicht einmal zur SPD gehörten, selbstverständlich ungehalten. Wann Kaiser Wilhelm sich von den Vorlagen entfernte und extemporierte, inwieweit er sie seinem Redestil anglich, läßt sich nicht mit Sicherheit sagen. Einer seiner Redenschreiber, Friedrich Schmidt-Ott, konsultierte bei wichtigen Anlässen zuvor Harnack, Bode oder Althoff, und es darf bei der Loyalität Wilhelms zu seinen Beamten vorausgesetzt werden, daß er sie nicht durch unbesonnene Einfügungen brüskierte. Jeder unter ihnen, von den Entwerfern politischer Reden ganz zu schweigen, verfügte über genug Feinde. Im Unmut über manches kaiserliche Wort entlud sich oft der Ärger über die unangreifbaren Stichwortgeber.

Der Stil seiner Reden ist deshalb je nach Anlaß und Verfasser sehr verschieden. Im »wilhelminischen« Ton sind dennoch alle gehalten, mal prunkender, mal leiser. Denn dieser Ton war durchaus erheblicher Nuancierungen fähig. Als zeittypisches Ausdrucksmittel gehoben-feierlicher Sprache gebrauchten und trivialisierten ihn bei festlichen Gelegenheiten Professoren, Vereinspräsidenten, Unternehmer, Reichstagsabgeordnete bis hinab zum Vorstand einer Laubenkolonie. Weil der Kaiser es verstand, selbst das geringfügigste Ereignis bedeutungsvoll zu überhöhen und mit den erwünschten Assoziationen in außerordentliche Zusammenhänge zu rücken, war er ein gesuchter Redner. Das gesprochene Wort ist flüchtig,

260

seine Wirkung hängt von vielen Umständen des Moments ab. Außerhalb seines »Erlebnisraumes«, in der gedruckten Fassung, verliert sich meist dessen effektvolle Kraft. Fragwürdige Passagen springen dann sofort ins Auge, die unter dem spontanen Eindruck überhört wurden. Im übrigen erlaubt die jeweilige Umgebung manch rasche Wendung, die beim Schreiben auch einem unsicheren Stilisten sofort als unpassend auffallen. Es gibt Unbedachtheiten Wilhelms II. Sie sind bekannt. Erstaunlich ist nicht, daß sie vorkamen, überraschend ist, daß es bei der Menge an Reden, die er hielt, gar nicht so viele sind, sonst würden nicht immer die gleichen, isoliert, aus der Gedankenführung gelöst, als Vorwurf wiederholt.

Die leichtfertigsten Äußerungen fielen im übrigen gar nicht in der Öffentlichkeit, sondern im privaten Gespräch. Ihre Kenntnis beschränkte sich vor allem auf jene, die im Dunstkreis der Krone standen und sie von anderen Redseligen erfuhren. Der Kaiser war schnell fertig mit dem Wort, wie seine Randbemerkungen, die für den Betrieb bestimmt waren, bestätigen. Da konnten sich die Donnerworte häufen und die Einfälle überstürzen, wie in einem Gespräch. Ein übereiltes Wort mag auch dort unerquicklich empfunden werden, aber bei dem umständlichen Geschäftsgang bis hin zur Entscheidung gab es viele Gelegenheiten, es sorgsam zurechtzurücken, wozu Wilhelm stets bereit war. Seine ausführlichen Randbemerkungen, mögen sie gelegentlich auch sehr salopp formuliert sein, dokumentieren häufig einen flink reagierenden analytischen Verstand. Die unkontrollierten Temperamentsausbrüche können manchmal erschreckend sein. Sie können aber auch heftige Resignation verraten, nicht verstanden zu werden oder in den politischen Geschäften mit seinem vernünftigen Rat nichts bewegen zu können, weil er beflissen übergangen wurde. Mit den Reden machte er sich Mut und sprach den anderen Mut zu.

Redend wollte er sich in der Öffentlichkeit davon überzeugen, daß es auf sein Wort ankomme. Doch ihm blieb nicht verborgen, nichts bewirken zu dürfen, sich den Handlungen anderer unterordnen zu müssen, selbst wenn er deren Folgen als fatal erkannte. Wilhelm hatte niemals die Chance, ernsthaft zu erproben, inwieweit das monarchische Prinzip ihm ein unabhängiges Eingreifen in die Politik noch erlaube. Indem er den Beschlüssen seiner Regierungen folgte, täuschte er vor, die Führung der Geschäfte in der Hand zu haben. So spielte er den Kaiser, der er nicht war. Er mußte sich mit dem Schein begnügen, der blendend die Substanzlosigkeit seiner Rolle verhüllte, gegen die das Individuum Wilhelm aufbegehrte, ohne daran etwas ändern zu können. Alfred Walter Heymel, ein Freund Hofmannsthals, Verleger, Unternehmer, Mäzen, sah den Kaiser 1910 am Rande des Tiergartens auf dem Wege zum Garten des Reichskanzlerpalais: »Noch nie hat mich das Äußere eines Menschen so entsetzt und erschüttert. Eine fürchterlich starre Maske, die ganze Fläche seines Gesichtes weißlich blau, grau, Krebskrankenfarbe, der affektierte Bart wie leblos aufgesetzt und angeklebt. Das Auge starr und unruhig, die übertrieben herausquellenden Kaumuskeln in unaufhörlicher Bewegung, der Gang automatenhaft steif, gesucht soldatisch, der linke, verkümmerte Arm wie angebunden in einem Mantelknopf hängend, den rechten Arm ruckweise, unnatürlich, als wäre er von einem Sprunggewicht beschwert, vor- und rückwärts stoßend, nicht natürlich schlenkernd ... Der Mann muß unsagbar leiden. Er soll jetzt viel beten und macht mit der Kaiserin in Frömmigkeit, während unsere ersten Beamten an der Spitze Dummheiten auf Dummheiten anzetteln ... Schlechte, miserabel schlechte Sterne hat dieser, sicher um das Richtige und Gute bemühte Mensch, der mich als Ganzes mehr dauert als irgend ein Lebender, den ich kenne.«

Ein treuer Diener seiner Diener

Wilhelm II. betonte anfänglich sehr entschieden seine Stellung als Oberhaupt der Regierung. Sein Vokabular mochte zuweilen anachronistisch wirken. Doch er erinnerte allein daran, gleichsam Mitglied seiner eigenen Regierung zu sein und als solches betrachtet und behandelt zu werden. Persönliches Regiment meinte dabei nicht unmittelbare Selbstherrschaft, sondern eine effiziente Reichsleitung und eine in sich einige preußische Regierung, deren jeweilige Eintracht sich in der Person des Kaisers und Königs manifestierte. In diesem Sinne erwartete er allerdings, daß ein Minister oder Kanzler »diejenigen Wünsche, die ich für berechtigt halten muß«, prüfte, was nicht heißt, sie in die Tat umzusetzen.

Ein Monarch, der zusammen mit seinem Kabinett Initiative entwickelte, war in der preußischen Verfassung durchaus vorgesehen. Beamte und Minister sprachen jedoch, sobald ihnen Vorschläge des Königs ungelegen kamen, von willkürlichen Eingriffen Wilhelms, die den Staats- und Verwaltungsmechanismus in Un-

ordnung brächten, was sie glücklicherweise zu verhindern wußten oder leidend ertragen mußten. Dabei wurde bei seinem Regierungsantritt anfänglich ein persönliches Regiment als Sinnbild
überzeugender Regierungstätigkeit allgemein gefordert. Gerade
die Gegner Bismarcks erhofften sich eine feste lenkende Hand, die
des Kanzlers lästige Vorherrschaft fühlbar einschränke. Wohingegen Bismarck danach strebte, sich in Wilhelm II. eben jenen starken preußischen König heranzubilden, der mit ihm durch dick
und dünn geht. Beide Richtungen bedurften des jungen Herrn,
dessen Energie, Umsicht und Tüchtigkeit anerkannt wurde. Wilhelm II. stand im Mittelpunkt der verschiedensten Intrigen, denen
er sich zur Verfügung stellen sollte. Seine Selbständigkeit faßten
Beamte und Minister als willfährige Angleichung an ihre jeweiligen Ratschläge auf.

Wilhelm II. wünschte sich eine aufrichtige Zusammenarbeit
gemäßigter Nationalliberaler und besonnener Konservativer im
Reichstag, im preußischen Landtag und unter seinen Ministern, die
es ermöglichen sollte, die extremen Vertreter beider Richtungen in
Schach zu halten. Er suchte eine breite, nationale Mehrheit. Bismarck und seine Gegner suchten je auf ihre Art eine Kollision:
Bismarck die mit dem Reichstag und seine Gegner eine Krise zwischen Kaiser und Kanzler, die es erlaube, letzteren aus dem Amt zu
entfernen und die Gefahr zu bannen, daß die Reichskanzlei förmlich von der Dynastie Bismarck in Erbpacht genommen werde.
Denn der Fürst, der 1887 seinen Sohn Herbert zum Staatssekretär
im Auswärtigen Amt ernannt hatte, ließ keinen Zweifel daran, daß
er ihn für seine Nachfolge vorzubereiten gedachte. Gerüchte, er
wolle Herbert mit einer preußischen Prinzessin verheiraten und
seine Familie mit der königlichen auf Gedeih und Verderb verbinden, waren sicherlich bösartige Erfindungen, aber sie bestätigen
nur, was dem alten Bismarck zugetraut wurde. Eine erbliche Kanz-
lerwürde beunruhigte selbst Wilhelm I. Sie mußte irritieren, nicht
nur aus verfassungsrechtlichen Gründen, sondern auch, weil Herbert der Charme fehlte, mit dem sein Vater selbst seine Brutalitäten
anmutig zu verzieren wußte. Herbert war taktlos, gewalttätig,
plump-arrogant und bis zum Wahnsinn geschwätzig, wenn er zuviel getrunken hatte. Er war die Karikatur eines Bismarck-Deut-
schen. Ein solches Zerrbild des Deutschen charakterisierten die
Anhänger des Hauses Bismarck alsbald als »wilhelminisch«. Wilhelm selbst stimmte mit diesem Zerrbild höchstens dann überein, wenn er es später für angebracht hielt, auf seine Bismarck-

Deutschen sehr bismarckisch-deutsch zu wirken, ohne sie in dieser Attitüde davon zu überzeugen, »ein starker Mann« zu sein.

Stark sollte er sein. Das wünschten alle von ihm, um ihre Vorstellungen durchzusetzen. So lag es nahe, daß er sich bemühte, seine verfassungsmäßigen Rechte auszuschöpfen. Genau das wurde von ihm erwartet. Im Vorhof der Macht herrschte ein erhebliches Gedränge. Der »Zugang zum Machthaber« ermöglicht den Einfluß, der es erlaubt, ihn zu manipulieren, vor allem wenn ein König und Kaiser gern diskutiert. Wer den unmittelbaren Zugang nicht hatte, wollte ihn erreichen oder über Freunde sich eine Schneise für seine Ansichten schlagen. Wilhelm II. seinerseits suchte nach dem unmittelbaren Zugang zu denen, die ihn korrekt über Sachverhalte informieren konnten. Hier begannen seine Schwierigkeiten. Denn der Zugang zu jenen war ihm so erschwert wie anderen der Zugang zu ihm. Bismarck beharrte darauf, daß er als Kanzler und preußischer Ministerpräsident sich, ohne den Kaiser zu fragen, informieren oder informieren lassen dürfe, daß der Kaiser und König aber nicht die Freiheit besitze, unter Umgehung des Dienstwegs mit untergeordneten Behörden Kontakt aufzunehmen, um sich mit Meinungen vertraut zu machen, die unter Umständen nicht den Vorstellungen der Weisungsberechtigten entsprachen, die zum persönlichen Vortrag beim Monarchen zugelassen waren. Bismarck, der seine Kontrollrechte wahren wollte, versteifte sich verständlicherweise auf den Dienstweg. Seine Gegner wollten verständlicherweise dessen Mechanismen vorläufig umgehen. Wilhelm hatte verständlicherweise nur ein Interesse, umfassend unterrichtet zu werden, da er den Verdacht schöpfen mußte, nur unzulänglich von Stimmungen Kenntnis zu bekommen, die unter Umständen auch Rücksicht verdienten.

Er bemerkte schnell, daß alle ihn brauchten, weil er theoretisch das letzte Wort hatte, daß aber keiner ihm sämtliche Schattierungen einer Fragestellung erläuterte, vor allem wenn er das erste Wort an die richtete, die dazu bestellt waren, voreilige Mutmaßungen zu verbessern oder mit guten Gründen zu widerlegen. Mehr noch: Er sollte möglichst gar nicht erst vermuten, über die Vollmacht zu verfügen, ein erstes Wort fallenzulassen, eine Anregung zu geben. Anregungen werden ihm vorgetragen und auf den Dienstweg gebracht. Er billigt, was dienstlich zustande kam. So stellte sich der bürokratische Absolutismus das Verfahren vor. Dieser war in der Verfassung allerdings nicht vorgesehen, und Wilhelm rieb sich daran. Es ist nicht verwunderlich, daß er sich mit Freunden seiner

Wahl beriet oder sich in den Unterhaltungen mit Unternehmern, Bankiers, Reedern oder Professoren Kenntnisse verschaffen wollte, die ihm sonst vorenthalten blieben. Da ihm das gelang und er darüber mit den verschiedensten Stimmungen vertraut gemacht wurde, konnte er immer wieder Minister und Beamte überraschen, deren Gesichtskreis notwendig beengter blieb als der seine.

Bismarck, selber eine unbürokratische Natur, griff zu manchen pedantischen Daumenschrauben, nicht weil er grundsätzlich dem Temperament des Kaisers mißtraute. Er sah als Kenner der menschlichen Herzen wohl manche Schwierigkeiten, doch schwierig war er schließlich selber. Er erkannte die Vorteile, die Wilhelms Anlagen boten, durchaus an, sofern sie politisch richtig eingesetzt wurden, also im Sinne Bismarcks. Mißverständnisse traten bald auf, als er beobachten mußte, daß Wilhelm II. es ernst meinte mit der Erweiterung sozialer Gesetze in der Absicht, den Arbeiter für die bestehende Ordnung zu gewinnen und ihn in sie zu integrieren. Am 25. Juni 1888 erklärte er den Reichstagsabgeordneten, darauf hinwirken zu wollen, daß die Arbeiter den Schutz erlangten, der nach christlichen Verpflichtungen den Bedrängten gewährt werden müsse. »Ich hoffe, daß es gelingen werde, auf diesem Wege der Ausgleichung ungesunder gesellschaftlicher Gegensätze näher zu kommen, und hege die Zuversicht, daß ich zur Pflege unserer inneren Wohlfahrt die einhellige Unterstützung aller treuen Anhänger des Reiches und der verbündeten Regierungen finden werde, ohne Trennung nach gesonderter Parteistellung.«

Damit bekundete er mit allgemeinen Wendungen, die Sozialpolitik seines Großvaters fortsetzen zu wollen, die im Einverständnis mit Bismarck eingeleitet worden war. Die heftigen Streiks im Frühjahr 1889 überzeugten ihn, daß die unbestimmte Ankündigung mit Inhalten, also über Gesetze, präzisiert werden müsse. »Fast alle Revolutionen, von welchen die Geschichte spricht, lassen sich darauf zurückführen, daß rechtzeitige Reformen versäumt worden sind ... die Arbeiter haben aber Bedürfnisse, die befriedigt werden können und müssen.«

Das hatte Bismarck 1881 durchaus ähnlich gesehen. Die staatliche Sozialpolitik betrachtete er als Mittel, Unruhen vorzubeugen und den gesellschaftlichen Umsturz zu vermeiden. Ihre Wohltaten sollten den Arbeiter davon überzeugen, Teil der Nation zu sein. Wer gegebenenfalls für das Vaterland sein Leben einsetzen mußte, dem konnte doch der Anspruch nicht unerfüllt bleiben, es tatsächlich als fürsorgliches Vaterland zu erleben. Der Sozialstaat, das soziale Königtum, schien die beste Auskunft zu sein, die Arbeiter der Sozialdemokratie zu entwinden. Mit den drakonischen Maßnahmen des Sozialistengesetzes hoffte er, die SPD als »staatsfeindliche« Organisation lebensuntüchtig machen zu können, ihre Anziehungskraft zu schwächen. Diese Rechnung ging nicht auf. Von Wahl zu Wahl gewann sie mehr Stimmen. Wilhelm II., in den Ideen eines sozialen Königtums aufgewachsen, bekannte, als ein König der Armen regieren zu wollen, was allerdings nicht bedeutete, auch als ein König der Sozialdemokraten. Darin stimmte er mit Bismarck überein, aber nicht mehr in der Absicht, mit weiteren Arbeiterschutzgesetzen der »roten Gefahr« zu begegnen. Bismarck warnte vor den Folgen: Die niemals zu befriedigende Begehrlichkeit der sozialistischen Klassen werde das Königtum und die Regierungsgewalt auf die abschüssige Bahn treiben. Es sei eine vergebliche Hoffnung, durch Nachgiebigkeit die öffentliche Meinung gewinnen und die Gegner der Monarchie in Anhänger derselben verwandeln zu können. Bismarcks fixe Idee war die sozialistische Gefahr. Die Zusammensetzung seiner früheren Medizin hielt er nicht mehr für heilsam. Unter dem Eindruck der Streiks entschied er sich für eine Radikalkur: mit allen nur denkbaren Mitteln, und koste es Blut, den Unruheherd auszulöschen. Gerade das wollte Wilhelm vermeiden, um nicht gleich zu Beginn seiner Regierung Gegensätze zu verschärfen. Er bemühte sich, zwischen Unternehmern und Arbeitern zu vermitteln. Es gelang ihm, weil die Bürokraten ihn dabei unterstützten. Sein Erfolg bestätigte ihn in seiner Vermutung, daß Bismarck allzu schwarz sehe. Bismarck konnte trotz aller sehr kleinlichen Versuche, einen kaiserlichen Schiedsspruch zu verhindern, diesen nicht vereiteln. Das war eine Niederlage für ihn. Niederlagen schmerzen, aber sie wecken auch weitere Energien.

Er benötigte eine Krise. Wie immer bei ihm war gerade das Ziel, das er in den Vordergrund schob, nicht unbedingt das wichtigste. Die »sozialistische Gefahr« brauchte er, um den Reichstag auszuschalten. Streiks kamen ihm gelegen; je länger sie dauerten, desto besser. »Unordnung« verstärkte die Furcht des ohnehin furchtsamen Bürgers vor dem »Chaos«. Sie machte den Reichstag reif dafür, in der Abschaffung des allgemeinen Wahlrechts eine Rettung aus drohender Not zu erkennen. Den Reichstag hatte er sich als eine »nationale« Einrichtung gedacht, die der Reichsregierung bei der Lösung gemeinsamer Aufgaben hilft. Doch es wurde immer schwieriger für ihn, eine Mehrheit zu finden. Im Reichstag herrschte bei den harmlosesten Sachfragen der Kampf aller gegen alle. Der Gedanke, daß ein Parlament auch eine Einrichtung ist, um eine handlungsfähige Regierung zu ermöglichen, war damals deutschen Abgeordneten noch ziemlich fremd. Sie waren daran gewöhnt zu räsonieren und hielten das für ihre bürgerliche Freiheit und Verpflichtung. Ein Praktiker wie Bismarck verzweifelte an dieser unpraktischen Institution.

Der Reichstag stand ihm im Wege, also mußte er beseitigt oder zumindest so entmachtet werden, daß er einer starken Regierung nicht weiter lästig fallen konnte. Anträge, das Sozialistengesetz zu verlängern und die Armee zahlenmäßig zu vergrößern, boten ihm dazu Gelegenheit, denn für sie gab es keine Mehrheit. Das wußte er. Eben deshalb schlug er beides vor, um nach mehrmaligen Auflösungen des Reichstags und Neuwahlen entweder eine Mehrheit zu gewinnen oder die Möglichkeit in die Hand zu bekommen, wegen der halsstarrigen Opposition des Reichstags die verfassungsrechtliche Ordnung des Reiches mit den Fürsten neu zu verhandeln. Er dachte unter Umständen, sofern sie seinen Plänen günstig, an einen vollständigen Umbau des Reiches. Deshalb sträubte er sich, auf die sozialpolitischen Vorstellungen des Kaisers einzugehen.

Der Kaiser trat als »Hüter der Verfassung« auf, wie es sein Amt verlangte, während sein Kanzler und preußischer Ministerpräsident paradoxerweise im Verfassungsrecht kramte, um sich den widerspenstigen Herrn gefügig zu machen, ihn zum möglichen Verfassungsbruch zu verleiten. Wilhelm hatte unendliche Geduld mit dem alten Herrn, was damals auch jene erstaunt würdigten, die ihm später unberechenbare Spontaneität vorwarfen. Er hielt zäh an seinen Absichten fest, die Zusammenarbeit mit dem Reichstag zu suchen, was hieß, ihm nicht Vorlagen zuzumuten, die er ablehnen würde.

Den Reichstag mochte er nicht entbehren, selbst wenn er ihn gelegentlich als Schwatzbude oder Reichsirrenhaus charakterisierte. Solche Einschätzungen waren im bürgerlichen Deutschland geläufig, das Bismarcks Verdruß über den Reichstag teilte. Das Reich, das Wilhelm repräsentierte, war nicht nur ein Fürstenbund. Es war ein Bund, den die Nation, die Vertreter eines Volkes, das sich als deutsches verstand oder verstehen sollte, zusammen mit den Fürsten schloß. Ohne den Zusammenhang mit dem Deutschen

Reichstag war ein deutscher Kaiser ein freischwebendes Sinnbild. Seine nationale Bedeutung verlieh dem Kaisertum nicht nur die Zustimmung der partikulären Königreiche und Herzogtümer; sie gewann sie erst durch den Reichstag, in dem die Nation sich zusammenfand, in dem alle Deutschen nur als Deutsche sich über deutsche Belange auseinandersetzten. Das Kaisertum war als nationale Einrichtung mit einigem demokratischen Öl gesalbt. Der Reichstag mochte auf viele noch so enttäuschend wirken, aber er blieb unentbehrlich als Symbol der Einheit der Nation. Daß er deren Zwietracht veranschaulichte, bekümmerte den Kaiser, verärgerte ihn, doch es brachte ihn nie auf den Gedanken, dessen Macht einzuschränken.

Das trennte ihn vom alten Bismarck, dem das Reich, das er geschaffen, unbequem wurde. Wilhelm entzog sich dem Werben, dem Druck seines Kanzlers, mit ihm einen Verfassungskonflikt zu provozieren. Er fand dabei den Beifall all jener, die auf Spannungen zwischen ihm und Bismarck warteten: Minister im preußischen Kabinett, Bundesfürsten, Beamte wie Holstein, der im Hintergrund die Intrigen gegen Bismarck koordinierte. Ein Konflikt mit dem Reichstag bis hin zum offenen Verfassungsbruch galt allgemein als anachronistisches Abenteuer eines Greises, der, in seinen Gedankengängen sich verirrend, zunehmend die tatsächlichen Verhältnisse im Reich nicht mehr überblickte. Bismarck war isoliert.

Er hatte sich verkalkuliert, was bei ihm selten vorkam. Seine kleinlichen Schikanen, mit denen er seit Februar die Geduld des Kaisers über Gebühr herausforderte, bewiesen nur seine Hilfsigkeit bei der Wahl der Mittel, den Kaiser zu isolieren. Die sozialpolitischen Erlasse wurden am 4. Februar 1890 veröffentlicht. Bismarck hatte sie nicht gegengezeichnet, womit der Dissens allgemein offenkundig war. Korrekterweise hätte Wilhelm sie nicht veröffentlichen dürfen und den Kanzler zum Rücktritt auffordern müssen, wenn dieser unverhohlen mit der fehlenden Unterschrift offenbarte, die kaiserliche Politik nicht mehr verantworten zu können. Bismarck blieb im Amt, aber die Veröffentlichung der Erlasse wurde nicht, wie von Bismarck erhofft, als willkürlicher Akt kaiserlicher Anmaßung gedeutet. Im Gegenteil: Die Gegner des Kanzlers nahmen sie als frohe Botschaft hin, die verkündete, daß der Bruch zwischen Kaiser und Kanzler erreicht sei. Wilhelm dachte aber damals keineswegs an eine vollständige Trennung von Bismarck, wie sie gerade die Kreise um Holstein wünschten. Für die Außenpolitik wollte er dessen Rat nicht entbehren. Denn da gab es keine Meinungsverschiedenheiten zwischen ihm und dem Kanzler. Es gab mannigfache Kombinationen, dessen Einfluß auf die Innenpolitik zu beschränken oder zu unterbinden, ihn aber als Außenminister zu behalten. Bismarck jedoch, der über viel Phantasie verfügte, ließ in den letzten Wochen seiner Kanzlerschaft seine Einbildungskraft im Stich, eine Lösung zu finden, obschon er gelegentlich selber andeutete, die Absicht zu haben, sich aus der Innenpolitik zurückzuziehen.

Wahrscheinlich gab es auch keine Lösung. Jedenfalls erleichterte sein Verhalten es nicht, einen Kompromiß zu finden. Immer sehr empfindlich, wenn er auf Widerstand stieß, wollte er den Kaiser demütigen, ihn zwingen, sich seinem Willen zu beugen. Jedes Mittel war ihm recht. Er, der jederzeit dazu bereit war, die Verfassung zu verletzen, berief sich zuletzt auf eine Ordre aus dem Jahre 1852, daß der Monarch nicht ohne Wissen seines Ministerpräsidenten mit seinen Ministern verkehren dürfe, um dessen Kompetenz, die Richtlinien der Politik im Kabinett zu bestimmen, nicht aufzuweichen. Im Kabinett verfügte er über keine Mehrheit. Das wußte er indessen. Die fehlende Gegenzeichnung zu den sozialpolitischen Forderungen des Kaisers zeigte unmißverständlich, daß er sich von seinem Kabinett getrennt hatte, das allerdings mit dem Monarchen einer Meinung war.

Dem Zugang zum Machthaber hatte er zuvor keine genaue Aufmerksamkeit geschenkt. Wilhelm wünschte, diesen Vorzug biegsam zu handhaben, Bismarck achtete plötzlich auf strenge Einhaltung der Spielregeln. Die Frage, die sich in diesem gar nicht unberechtigten Formalienstreit versteckte, war allerdings die entscheidende: Bestimmt der Ministerpräsident, selbst einer, der das Vertrauen des Monarchen und des Kabinetts verloren hat, die Richtlinien der Politik, oder tut dies der König zusammen mit seinen Ministern und deren Präsidenten? Bismarck, der Verfechter des monarchischen Prinzips, das ihm allein die Möglichkeit gewährte, einen Umsturz der Verfassung zu wagen, berief sich nun auf das »Kanzlerprinzip«, das der Monarch zu beachten habe. Es war ein Manöver, ihn auf seine Linie zu nötigen, dem Konflikt nicht auszuweichen, den er als Kanzler und Ministerpräsident herbeiwünschte.

Der König und Kaiser verweigerte ihm den Gehorsam. Am 18. März mußte Bismarck zu seiner eigenen Überraschung den Rücktritt einreichen. Im letzten Moment versuchte er noch, die preußischen Minister zu einem gemeinsamen Protest zu bewegen, dazu, geschlossen ihre Ämter niederzulegen, wenn er auf das seine verzichte. Doch zu einer Rebellion sahen die meisten Mitglieder des Kabinetts gar keinen Grund, weil sie Bismarcks Entlassung ersehnten und deshalb keinen Anlaß sahen, sie zu verzögern oder zu verhindern. Es war ihnen nicht entgangen, daß Wilhelm II. sich bemühte, den Sturz des Kanzlers aufzuhalten, Bismarck vor sich selbst zu schützen, ein Arrangement zu finden, das eine gedeihliche Zusammenarbeit weiterhin ermöglichte. Sie waren befriedigt, daß der junge Herr endlich bereit war, sich von dem lästigen Greis zu trennen. Damals konnte selbstverständlich von Wilhelms Leichtsinn, seiner Ahnungslosigkeit nicht die Rede sein. Seine Energie, sein kräftiger Verstand wurden gepriesen im Vergleich zur beginnenden geistigen Schwäche Bismarcks. In den führenden politischen Kreisen dankte man dem Kaiser für seine mannhafte Entschlossenheit. Bismarck war erledigt und mit ihm sein Sohn Herbert, der seinen Posten sofort zur Verfügung stellte. Das schaffte eine augenblickliche Erleichterung. Da die Gegner Bismarcks sich aber nie darüber verständigt hatten, wer dessen Nachfolger sein könne, brachen sofort neue Schwierigkeiten aus, nachdem Wilhelm II. den General Leo von Caprivi zum Kanzler und preußischen Ministerpräsidenten ernannt hatte.

Caprivi war keine schlechte Wahl. Er stand als Offizier allen Vorurteilen des Parteilebens fern. Immerhin hatte Bismarck ihn geschätzt, was für Wilhelm II. offenbar ausschlaggebend war. Die Distanz zu allen politischen Gruppen und Zirkeln machte Caprivi aber verdächtig und alsbald den Kaiser. Denn sie bedeutete auch Distanz zu denen, die beide Bismarcks mehr aus dem Hinterhalt statt offen bekämpft hatten. Das Verbindende unter den Gegnern Bismarcks bestand allein im Gegenstand ihrer Abneigung, in der Person des Fürsten. Caprivi als Kandidat des Kaisers und Königs, nicht allen genehm, geriet rasch zwischen alle Fronten und sein junger Herr mit ihm. Angriffe gegen Caprivi zielten auf den Kaiser, von dem gerade die, die unlängst an seine königlich-kaiserliche Autorität appelliert hatten, um Bismarck aus dem Amt zu entfernen, nun behaupteten, er strebe nach einem persönlichen Regiment. Überraschende Hilfe empfingen sie von dem tödlich beleidigten Bismarck, der sich wie ein römischer Volkstribun zum Führer der nationalen und preußischen Opposition aufschwang. Den Gegnern Caprivis kam diese Hilfe gelegen, aber zugleich fürchteten sie, daß es Bismarck gelingen könne, mit seinem impertinenten

Betragen den Kaiser dahin zu bringen, ihn wieder zum Kanzler zu bestellen. Caprivi mochten viele nicht, Bismarcks Rückkehr erschien den meisten grauenerregend, obwohl sie zugleich dessen Polemiken gegen die Regierung genossen. Da die Minister und Bürokraten nicht wußten, was sie wollten, schoben sie die Schuld ihres eigenen Unvermögens, das sie sich nicht eingestehen wollten, auf die »Sprunghaftigkeit«, Inkonsequenz und Unberechenbarkeit des Kaisers. Im Grunde verlangten sie nach einem persönlichen Regiment, das sie zugleich verabscheuten.

Wilhelm wollte durchaus regieren, verfassungsmäßig mit einem Kanzler und Ministerpräsidenten seines Vertrauens, der die Geschäfte führte. Das wurde ihm erschwert, wenn die Minister uneinig, die Bürokraten eigensinnig und die Parteien zerstritten waren, keiner aber bereit war, aufrichtig mit dem Regierungschef zusammenzuarbeiten. Inwieweit der Kaiser berechtigt war, mit einem bindenden Schiedsspruch von sich aus auseinanderstrebende Tendenzen zu versöhnen, blieb umstritten.

Wilhelm II. sah seine Aufgabe auf jeden Fall darin, zu vermitteln. Wer vermittelt, muß bereit sein, nicht nur über seinen eigenen, sondern über die Schatten vieler zu springen. »Sprunghaftigkeit« ist die selbstverständliche Voraussetzung jeder elastischen Politik. Bismarck wurde seine Freude, sich die verschiedensten Kombinationen, die sich grundsätzlich widersprechen konnten, offenzuhalten, nie als Inkonsequenz vorgehalten. Ein Ziel, sofern es feststeht, läßt sich auf verschiedensten Wegen erreichen. Die Beweglichkeit in den Methoden spricht nicht gegen die festen Absichten, die dadurch verwirklicht werden sollen. Beweglichkeit war in hohem Maße erforderlich. Denn Preußen und das Reich entwickelten sich aufgrund der jeweiligen Parteienzusammensetzung im Reichstag und im Abgeordnetenhaus auseinander. Im Preußischen Landtag verfügten wegen des Drei-Klassen-Wahlrechts die Konservativen und Nationalliberalen über eine kaum zu brechende Mehrheit. Miquel strebte nach einem dauernden, festen Bündnis beider Parteien, das von Preußen aus auf das Reich ausstrahlen sollte. Auch Wilhelm II. wünschte sich ein Kartell beider Richtungen, um Bildung und Besitz aufeinander einzuschwören, darin das sichere Fundament vermutend, auf dem der Bau der öffentlichen Ordnung ruht.

Im Reichstag bildete hingegen das Zentrum die stärkste Fraktion. Die SPD verfügte aufgrund der Wahlkreiseinteilung zwar vorerst noch über wenig Sitze, war nach der Zahl der Stimmen aber schon 1890 die stärkste Partei. Der Kaiser und Caprivi wollten bei ihrem neuen Kurs, der herausführen sollte aus dem zeitweiligen Nebel, nicht gegen den Reichstag regieren. Der neue Kurs meinte, unbedingt die Konfrontation zum Reichstag zu vermeiden, die Bismarck zuletzt gesucht hatte. »Wir werden das Gute nehmen, von wo und durch wen es auch kommt, und wir werden ihm Folge geben, wenn unserer Überzeugung nach eine solche Folge mit dem Staatswohl zu vereinbaren ist.« So umriß Caprivi sein Programm, das im Reich allerdings jede Partei, zumindest das Zentrum, mit einschloß, wechselnde Mehrheiten vorsah, weil dort sich das Kartell aus Nationalliberalen und Konservativen in der Minderheit befand. Beide Richtungen, die den Kulturkampf getragen hatten, sahen neben der sozialistischen Internationale in der Katholischen Internationale eine dem Nationalen gegenläufige Strömung, die vaterlandslos die Nation undeutschen Einflüssen öffnen und unterwerfen wolle. Doch ohne das Zentrum, die erste breit verankerte Volkspartei, ließ sich keine Mehrheit finden. Als eine Volkspartei konnte sie soziologisch nie präzise erfaßt werden: Sie vertrat Bauern, Arbeiter der Industrieregionen an der Ruhr und in Schlesien, soweit katholisch, Handwerker, katholisch-adeligen Großgrundbesitz und Angestellte oder Industriebeamte, die sich als ein neues soziales Element herausbildeten. Das Zentrum wußte ohne starre Dogmatik verschiedenste Interessen zusammenzufassen, die freilich durch die religiöse Dogmatik eine gemeinsame Grundlage besaßen. Die katholische Soziallehre wurde zwar im ideellen Kontrast zur sozialistischen entworfen, aber sie berührte in praktischen Fragen Forderungen der Sozialdemokratie, was sie den Liberalen verdächtig machte.

Bei solch unterschiedlichen Parteienkonstellationen in Preußen und im Reich konnten Spannungen nicht ausbleiben. Wilhelm als König von Preußen und deutscher Kaiser, Caprivi als Ministerpräsident und Kanzler standen vor der Herausforderung, eine Politik zu betreiben, die mit ihren beiden Funktionen zu vereinbaren war. Ein Oszillieren der Regierungstätigkeit ließ sich kaum vermeiden. In »tadelloser Ordnung« sollten auf kaiserlichen Wunsch die beiden Regierungen ihren Kurs halten. Statt dessen stießen sie bald aufeinander, und Kaiser wie Kanzler klammerten sich eher wie Schiffbrüchige an rettende Planken, um nicht zu ertrinken. Die Konservativen verweigerten jede Zusammenarbeit in Preußen oder gewährten sie nur zu höchsten Preisen, das heißt zum unbedingten Schutz ihrer Interessen. Noch war zwar Deutschland kein reiner

Industriestaat, und die Landwirtschaft durchlief in den neunziger Jahren manche Krisen – aber weder Caprivi noch Wilhelm konnten sich bei der Dynamik der industriellen Entwicklungen auf einen einseitigen Standpunkt stellen. Die Konservativen beschlossen, demagogisch zu werden, die ländlichen Massen zu mobilisieren, als Bauernpartei der Regierung ihre Macht zu zeigen. Sie nannten das ungeschminkt »unter die Sozialdemokraten gehen und ernstlich Front gegen die Regierung machen«. Der Bund der Landwirte sollte als Organ zur unüberhörbaren Verstärkung des Schreis dienen, der in die Ministerien und an die Stufen des Throns dringen müsse. Wilhelm II. hielt eine konservative Opposition gegen den König und seine Regierung für ein Unding, schlichtweg für Insubordination. Miquel, in Preußen der Stellvertreter Caprivis, suchte die preußisch-patriotische Sammlung der Interessen und war gern bereit, den Konservativen entgegenzukommen.

Wilhelm II. blieb nichts anderes übrig, als zu lavieren, zu vermitteln, was einem beliebigen Wechsel seiner Meinung glich, während es nur Ausdruck der Bemühung war, zwischen Caprivi und Miquel ausgleichend zu wirken. Er geriet dabei mit jedem von beiden in Widerspruch und zuweilen mit sich selbst, je nachdem, ob er mehr mit Caprivi Reichspolitik oder mit Miquel preußische betrieb. Der Widerspruch lag nicht in seinem unentschlossenen Temperament. Er ergab sich aus dem System selber. Ein persönliches Regiment wäre aller Wahrscheinlichkeit nach in einer solchen Situation willkommen gewesen. Aber es war rechtlich nicht klar, ob der Kaiser und König dazu befugt sei, es wahrzunehmen. Es ist nicht verwunderlich, daß ein Monarch, der zwei unvereinbaren Loyalitäten verpflichtet war, gelegentlich die Geduld verlor. Was immer er tat oder unterließ, mußte unweigerlich zu Mißverständnissen führen und ihn ins Zwielicht setzen. Caprivi resignierte im Herbst 1894, als Wilhelm II. plante, wieder verschärfte Sozialistengesetze im Reichstag zu beantragen, eine »Umsturzvorlage« ausarbeiten zu lassen, die im Reichstag keine Zustimmung finden würde.

Die ununterbrochenen Reibereien zwischen Preußen und dem Reich wollte er umgehen, indem er den Reichstag der preußischen Mehrheit anglich, und sei es mit Zwang. Die Umsturzvorlage sollte dafür das Mittel sein, gerade weil dafür mit keiner Mehrheit gerechnet werden durfte. Das ermöglichte eine Politik, wie sie ihm früher Bismarck vorgeschlagen hatte: den Reichstag aufzulösen und, wenn sich keine gefügigen Mehrheiten durch Neuwahlen ergaben, ihn wegen Obstruktion zu suspendieren, das Wahlrecht zu ändern oder ihn zu einer Versammlung von Delegierten aus den Landtagen umzubilden. Wilhelm flüchtete, um dem Dilemma seines Regierungsmechanismus zu entrinnen, in eine Politik, die er selber verworfen hatte. Es war eine Verlegenheitslösung, zu der ihm preußische Konservative und Nationalliberale rieten, ein Notbehelf, denn die Sozialpolitik sollte deshalb nicht abgebrochen werden. Seine Grundsätze wollte er nicht verletzen, ihnen nur mit anderen Methoden zum Erfolg verhelfen. Die Ermordung des französischen Staatspräsidenten Sidi Carnot hatten Franzosen und Italiener zum Anlaß genommen, Sondergesetze zur Défense sociale zu erlassen, um die Ordnung vor dem Umsturz zu bewahren. Die Gelegenheit schien günstig, ihrem Beispiel zu folgen.

Fürst Chlodwig Hohenlohe, der Nachfolger Caprivis, machte dem Kaiser freilich sofort klar, daß Gesetze gegen die Sozialdemokraten deren Macht und Einfluß eher verstärken als dämpfen mußten. »Ich bin berufen worden, um Beruhigung zu schaffen, nicht aber um Konfliktpolitik zu betreiben.« Wilhelm war, um dem einen Dilemma zu entgehen, in ein anderes geraten: eine Politik mit einem Kanzler zu betreiben, der sie ablehnt. Dieser Widerspruch verdeutlicht, daß der Kaiser, eingeklemmt zwischen Skylla und Charybdis, tatsächlich keinen Ausweg wußte und Maßnahmen anregte, denen er im Innersten nicht vertraute. Wäre es ihm unbedingt ernst gewesen mit einer Konfliktpolitik, hätte er deren Ausführung nicht einem Kanzler übertragen, der sich ihr verweigerte. Das meiste blieb akademisches Gedankenspiel. Die Hitzköpfe unter Nationalliberalen und Konservativen, die ihn zur Umsturzvorlage antrieben, konnte er nicht beruhigen, und die Besonnenen mußte er verwirren. Der König und Kaiser wurde vorgeschoben. Nicht er trieb zum Handeln, sondern er war der Getriebene.

Die Konservativen und Nationalliberalen der strengsten Richtung meinten, mit gesetzlichen Mitteln und, wenn es sein mußte, mit militärischen Mitteln jetzt noch Herr der Lage bleiben, jeden Aufstand unterdrücken zu können. Aber es blieb ihnen nicht verborgen, daß Wilhelm vor jeder Gewalt zurückschreckte. Für manche, die kurz zuvor Bismarcks Sturz herbeigesehnt hatten, schien eine Konfliktpolitik gerade das geeignete Mittel, nun dessen Rückkehr vorzubereiten. Andere, die unter Umständen gar nichts gegen Sondergesetze hatten, verwarfen deren Einführung aus Furcht vor der Rückkehr des »eisernen Kanzlers«.

Nach dem Sturz Bismarcks 1890, der anfänglich von vielen Deutschen als Aufbruch in eine neue, dynamische Zeit verstanden wurde, begann alsbald der Kult mit dem »Reichsgründer«. Die Enttäuschung über die unentschlossene Politik seiner Nachfolger führte zu einer Verklärung seiner mächtigen Persönlichkeit. Um den erbitterten Volkstribun, der offen in Opposition zur Regierung trat, sammelte sich ein Heer von Unzufriedenen, das ihn, den Nervösen, zum »eisernen« Kanzler stilisierte (Bismarck-Gedenkmedaillen, um 1900).

Wilhelm II. stand, ob er wollte oder nicht, im Schatten Bismarcks. Den Vorwurf der Schwäche scheute er, stark durfte er nicht sein. Nachdem der für die Umsturzvorlage zuständige Minister Köller ihn unterrichtet hatte, daß bei Beratungen des preußischen Ministerrats er allein in der Frage der Öffentlichkeit militärgerichtlicher Verhandlungen den königlichen Standpunkt vertreten habe, protestierte das gesamte Kabinett gegen diese Indiskretion und forderte dessen Rücktritt. Die Minister setzten sich durch. Wilhelm war der Blamierte, der sich wohl oder übel eine Politik zu eigen machte, die aus dem Kabinett kam. Die Affaire Köller war von Holstein und dem Staatssekretär im Auswärtigen Amt, Marschall von Bieberstein, zusammen mit dem Sohn des Kanzlers, Alexander von Hohenlohe, regelrecht inszeniert worden. Sie erachteten es als unangebracht, daß ein Minister sich zuerst als Organ seines Königs und nicht als das des Gesamtministeriums betrachtete. Aber auch diese grundsätzlich nicht geklärte Behauptung, hatten doch Marschall und Holstein 1890 ganz anders argumentiert, diente ihnen nur als Waffe in einem ganz anderen imaginären Kampf: die Berufung Bismarcks oder seines Sohnes zu verhindern, der Wilhelm, wie sie wähnten, nicht abgeneigt sei. Eine Demontierung des Kaisers und Königs diente dem Zweck, sich ihn, der den außenpolitischen Ratschlägen der beiden nur unwillig nachgab, gefügig zu machen. Holstein sprach von einem »Operettenregime«, das Wilhelm einem aufgeklärten Volk zumute. Aber von einem Operettenregime ließ sich höchstens insoweit reden, als dem Parlament unverantwortliche Beamte und Minister, die theoretisch dem König oder Kaiser verantwortlich waren, sich auch dieser Verantwortung entziehen wollten, um in totaler Verantwortungslosigkeit zu herrschen.

Den König und Kaiser brauchten sie, um jeweils ihre Vorstellungen durchzusetzen. Deshalb hielten sie am monarchischen Prinzip fest, ohne dessen Grenzen genau zu definieren. Die untereinander rivalisierenden Cliquen wünschten, wenn es ihnen zum Vorteil gereichte, ein persönliches Regime und beklagten sich sofort über »Willküraktes«, wenn der Monarch zu ihrem Nachteil entschied. Zugleich jammerten sie aber auch, daß der Monarch, weil ständig auf Reisen, das Regieren vernachlässige. Sie litten unter seiner ständigen Einmischung, die doch auf rührige Anteilnahme schließen läßt, und hielten es für eine Störung des gelassenen Geschäftsbetriebs, wenn er etwa, wie 1894, 192 Tage überhaupt nicht in Berlin oder Potsdam war. Ging etwas schief, dann trug auf alle

Fälle der Monarch die Verantwortung. Es erübrigte sich, ihn zu verteidigen, sobald er sich, im Vertrauen auf seine Ratgeber, allzu feurig für deren Vorschläge einsetzte. Dann hatte er den Überblick verloren, nicht der, dessen Politik er übernahm. Die im Mai 1896 erwartungsgemäß und endgültig gescheiterte Umsturzvorlage galt sofort als ein Ergebnis des kaiserlichen Dilettantismus, nicht aber des ministeriell-bürokratischen, der die halbherzige Loyalität des Kaisers mißbrauchte.

Im übrigen bestätigte sie mit ihren umständlichen und gänzlich weltfremden Paragraphen, daß die preußische Bürokratie, selbst bei der Bemühung, einen angeblich drohenden sozialen Umsturz aufzuhalten, von einem Legalismus gelenkt wurde, der vor allem ihren gänzlichen Mangel an gegenrevolutionärem Elan bis zur Ernüchterung oder eben Lächerlichkeit bloßstellte. Die Umsturz-vorlage ist ein nahezu rührendes Dokument, eine Gegenrevolution auf rechtsstaatlicher Basis einzuleiten. Lächerlich machte sich damit aber der Kaiser, nicht die Bürokratie. Die nahm das erleichtert hin, ohne zu bedenken, daß irgendwann ihre Fundamente brechen, wenn die legitimierende Macht als zur Legitimation nicht mehr befähigt ausgegeben wird.

Berlin war ein fürchterliches Nest von Kabalen, Intrigen, Bünd-nissen und aufgekündigten Allianzen der führenden Kreise, die ihren jeweiligen Ehrgeiz zu stillen suchten, mal mit Holstein be-reit, dem Kaiser und König ein politisches Jena zu bereiten, um ihn sich vollständig zu unterwerfen oder in immer größere Schwierig-keiten zu bringen, dann wieder entschlossen, zusammen mit dem Kaiser andere Konkurrenten auszuschalten. Es fehlte an jeder Auf-richtigkeit im Umgang untereinander und vor allem mit dem Kai-ser. Die Urteile über Wilhelm II. schwanken daher, je nach dem Augenblick, zu dem ihn Einzelne für ihre Interessen gebrauchen wollten oder damit gescheitert waren. Je nach ihren wechselnden Launen und Absichten schilderten sie Wilhelm als geistreich und töricht, energisch und arbeitsscheu, ernst und leichtfertig. Die glei-chen, die den Byzantinismus, die kniefällige Höflingsgesinnung in Berlin kritisierten, umschmeichelten den König und Kaiser, wenn sie seiner Huld bedurften bei der Jagd nach Posten für sich und Ver-wandte.

Alle hatten beste Beziehungen zu Journalisten jeder Richtung. Sie machten mit den Freunden aus der Presse Berlin zu einer Stadt »politischer Operetten«, in der Gerüchte an die Stelle von Tat-sachen traten und jenes schwüle Treibhaus-Klima erzeugten, das verglichen dazu den Hof Ludwigs XIV. wie einen von frischer Zugluft belebten Daseinsraum zuverlässigster Charaktere wirken ließ. In der Berliner *bonne compagnie* mit politischen Aspirationen wurde nichts so beklagt wie die Charakterlosigkeit des jeweils anderen. Nicht die Nähe zum Machthaber korrumpiert, sondern die Ferne. Bismarck demonstrierte es. Er fühlte sich von allen Rücksichten frei. Indem er sich selbst zum ränkesüchtigen kleinen Mann erniedrigte, steigerten ihn die kleinsten Geister zum Großen Deutschen. Wilhelm als Aristokrat, der er trotz aller bürgerlich-individuellen Züge dennoch war, ließ ihn gewähren in der Sicherheit, die sehr vornehme Geburt erlaubt: Nur Bismarck kann sich selber vernichten.

Diese Einschätzung ehrt ihn. Und es ehrt ihn, mit Bismarck gleichwohl ein versöhnlich-liebenswürdiges Auskommen gesucht und ihn nicht nach Spandau gebracht zu haben, wohin der ehemalige Kanzler, der ganze Nächte im Haß verbrachte, eigentlich gehörte. Nichts wäre ihm lieber gewesen als ein Prozeß. Den Triumph, den »jungen Herrn« zu solch unüberlegten Temperaments-ausbrüchen zu verleiten, gönnte ihm Wilhelm nicht. Er stellte Bismarck Wilhelm den Großen entgegen, den König und Kaiser, dessen treuer Diener jener vorgab, gewesen zu sein. Daß Wilhelm I. kein Großer war wie der Große Kurfürst oder der Große König, begriff der Kaiser und König wohl. Aber er versuchte damit, im Sinne des monarchischen Prinzips an die ihm zugrunde liegende Vorstellung zu erinnern, daß jeder Dienst für die Krone ihr Glanz verleiht, daß der Krone, dem gekrönten Staat auch die persönlichsten Verdienste gehören, die um ihrer Ehre willen im Auftrag dessen, der die Krone trägt, erworben werden.

Die Bismarckdeutschen wollten keinen Dalai-Lama in Uniform. Sie wollten auch keinen parlamentarischen Kegelkönig. Sie wollten einen nationalen Führer, wie der ausdrucksfreudigste und energischste Hofjournalist des gestürzten Kanzlers, Maximilian Harden, forderte. Ein Kaiser und König konnte nicht als nationaler, plebiszitärer Führer auftreten. Das monarchische Prinzip steht solchen revolutionären Stimmungen entgegen. Der konstitutionelle Monarch vermag allein über einen Kanzler im Parlament die mannigfachen Strömungen, die insgesamt den unbestimmten Volkswillen ausdrücken, zusammenzufassen und auf gemeinsame Zwecke zu verpflichten. Wilhelm II. suchte in diesem Sinne nach einem Kanzler. Er glaubte ihn in Bernhard von Bülow gefunden zu haben, der gewissermaßen als politischer Chef des kaiserlichen Stabes die Koordination der einzelnen Institutionen übernahm, um eine einheitliche und in sich geschlossene Reichsleitung zu ermöglichen. So verstanden Wilhelm II. und Bülow das »persönliche Regiment«. Bezeichnenderweise erklärte der Kaiser, nachdem er im Herbst 1900 Bülow zum Kanzler und preußischen Ministerpräsidenten ernannt hatte: »Bernhard lasse ich ruhig schalten. Seit ich ihn habe, kann ich ruhig schlafen. Ich lasse ihn gewähren und weiß, daß alles gut geht.« Er sollte sich darin ganz entschieden täuschen.

Bülow war unter den jüngeren Beamten des Auswärtigen Amtes die eleganteste, geistreichste Erscheinung. Seit 1897 Staatssekretär im Reichsamt für äußere Angelegenheiten, erwarb er sich bald den Ruf, »Minister des schönen Äußeren« zu sein. Er verfügte über viele hübsche Talente, und es gelang ihm schnell, das Reichskanzlerpalais zu einem geschmackvollen Mittelpunkt der recht gemischten Berliner ersten Gesellschaft zu machen. Dort trafen alte Adelige nicht nur Parlamentarier und Professoren – daran, daß auch die zur Gesellschaft gehören, hatten sie sich gewöhnt –, sondern auch »Kunstfexe«, Künstler »oft zweifelhaften Genres, ja ganz unglaubliche Menschen: neben Halb- und Vollblutnegern aus dem diplomatischen Korps ›ärarische Weiber‹ in ›Reform‹- oder ›Jugendkleidung‹«, seufzte die alte Baronin Spitzemberg. Bülow war ein großer Causeur, unterhielt sich prächtig, indem er andere prächtig unterhielt. Unter Rücksicht auf den Stil der Zeit darf er immer noch als großer Redner gelten. Als Liebhaber jedes Bonmots griff er alle glücklichen Wendungen auf, was manche auf den Gedanken brachte, einen Zitierschutzverein zu gründen. Eine blendende Erscheinung, eine vielseitige Begabung, verheiratet mit einer geschiedenen Italienerin, der wegen ihres unintellektuellen Charmes ihr leicht skandalöses »Vorleben« nachgesehen wurde, war Bülow der typische Repräsentant der neuen Gesellschaft, die sich Wilhelm II. wünschte: großstädtisch-bürgerliche Elastizität mit adeligem Hintergrund, »aufgeschlossen und modern«, doch Traditionen verhaftet.

Als Produkt seiner Gesellschaft, der Belle Époque, hing Bülow am schönen Schein. Maximilian Harden charakterisierte ihn als lächelnden Philosophen der Fassadenkultur. Dieser »Reichscharmeur« war ein Mann der kleinen Klugheiten, der wußte, daß es besser ist, eine erprobte Dummheit zu wiederholen, als etwas Kluges zu versuchen, das noch nie erprobt worden ist. Er war ein Meister der heimlichen Intrige, der Vertrauen erheischenden Lüge.

Keiner hat Wilhelm so betrogen wie sein Freund Bernhard. Noch als Staatssekretär floß es ihm kalt und heiß aus dem Mund, sobald er vom Kaiser sprach. »Als Mensch ist seine Majestät charmant, rührend, bezaubernd bis zum Punkt der Verehrung. Als Herrscher ist er bedroht durch Temperament, Mangel an Differenzierung.« Deshalb brauche er weise und loyale Diener, die ihm zu ruhiger Klarheit verhelfen. Doch dann wieder in glücklicherem Augenblick: »Er ist so bedeutend! Er ist mit dem großen König und dem großen Kurfürsten weitaus der bedeutendste Hohenzoller, der je gelebt hat. Er verbindet in einer Weise, wie ich es nie gesehen habe, ... echte und ursprüngliche Genialität mit dem klarsten bon sens. Er besitzt eine Phantasie, die mich mit Adlerschwingen über alle Kleinigkeiten emporhebt, und dabei den nüchternen Blick für das mögliche und erreichbare. Und dabei welche Tatkraft! Welches Gedächtnis! Welche Schnelligkeit und Sicherheit der Auffassung!«

So wird es immer weitergehen. Die Sprunghaftigkeit der Urteile über den Kaiser suggerieren dessen Sprunghaftigkeit. Freundlicher betrachtet, bestätigen sie die mangelnde Bereitschaft, ein inkommensurables Individuum zu verstehen, das Ideal der Epoche in Goethescher Tradition, oder eben die Kapitulation vor ihm. Weil Bülow, wie manch anderer, von der Individualität des Kaisers je nach dem Moment überrascht wurde, vergaßen er und die anderen den Kaiser und König, die Institution, während sie ihn ganz individuell behandelten, mal ergriffen, mal abgestoßen, immer persönlich-menschlich reagierend. Bülow, der es für das beste hielt, die Majestät mit aufrichtigen Dienern zu umgeben, war ihr unaufrichtigster Diener. Er perfektionierte die längst eingerissene Gewohnheit, den König und Kaiser nur noch unzulänglich über den Gang der Geschäfte zu informieren oder überhaupt nicht, um die Weisheit der Behörden und die eigene nicht in ihrer Entfaltung zu behindern. Sagen durfte der Kaiser nur noch, was Bülow ihm gestattete. Fanden Wilhelms Äußerungen nicht den erwünschten Beifall, dann war eben sein Temperament wieder mit ihm durchgegangen. Er war ein treuer Diener seines Dieners.

Er blieb es selbst im »Novembersturm«, als in der Affaire um den am 28. Oktober 1908 erschienenen Bericht im *Daily Telegraph* mit dem »persönlichen Regiment« des Kaisers öffentlich abgerechnet wurde. Kaiser Wilhelm hatte einem befreundeten Engländer geschildert, auf welche Art er sich in den letzten fünfzehn Jahren geduldig für eine Verständigung mit England eingesetzt hatte. Was er dabei ausplauderte, waren Geheimnisse der deutschen Politik, die jeder »Verantwortliche« kannte, die aber den Deutschen bislang unbekannt waren. Ihnen wurde zum ersten Mal offenbar, daß ihre Regierung im Gegensatz zur Stimmung im Lande ununterbrochen eine Einigung mit England erstrebt hatte, welche die Regierung augenscheinlich auch weiterhin wünschte. Es war ziemlich ungeschickt von Wilhelm, über die verschlungenen Pfade deutsch-englischer Begegnungen zu reden, ungeschickt, weil seine Deutschen davon nichts oder wenig wußten. Die Deutschen mußten den Eindruck gewinnen, kontinuierlich getäuscht worden zu sein.

Die Veröffentlichung platzte in die internationale Krise, die sich an die Annexion Bosniens und der Herzegowina durch Österreich-Ungarn anschloß. Die deutsche öffentliche Meinung erwartete eine entschlossene, risikofrohe Politik der deutschen Regierung, um die »Einkreisung« – Wilhelm II. hat erstmals im Juni 1908 davon gesprochen – aufzusprengen. Wilhelms Interview bestätigte eine Friedfertigkeit und Nachgiebigkeit, die dem Reich keine Vorteile verschaffte. Seit Mai 1907 erfuhren die Deutschen durch Enthüllungen und die darauf folgenden Prozesse, daß Wilhelm seit über einem Jahrzehnt angeblich unter dem politischen Einfluß einer unverantwortlichen Gruppe Homosexueller um seinen Freund Philipp Eulenburg stehe. Der gesellschaftlich-sittliche Skandal, der veranschaulichte, wie ein ahnungsloser Monarch in die Machenschaften höchst fragwürdiger Freunde verwickelt wurde, sollte Zweifel an der Führungsfähigkeit Wilhelms wecken. Das war Maximilian Harden, dem Herausgeber der *Zukunft*, erfolgreich gelungen. Die erotischen Pikanterien benutzte er freilich nur als Vorwand, um in der erotisch pikanten Umgebung des Kaisers die Schuldigen für das Scheitern der deutschen Marokkopolitik 1905/06 anzugreifen. Seine »Freunde« hätten Wilhelm, verweichlicht aufgrund ihres empörenden privaten Betragens, davon abgehalten, hart zu bleiben, es auf einen Krieg ankommen zu lassen, für den Harden und Holstein damals plädiert hatten.

»Wilhelm der Friedfertige« verhindere offensichtlich eine Politik der Stärke durch unberechenbare Eingriffe, die es der Regierung erschwerten, konsequent nationale Ziele zu verfolgen. Das bildete den Kern der Vorwürfe gegen das »persönliche Regime«, die Maximilian Harden am heftigsten vortrug. Bülow war vollkommen vertraut mit den Gedanken und Argumenten, die der Kaiser in dem Gespräch entwickelte. Im Winter 1907, bei seinem letzten Aufenthalt in England, hatte ihn der Kaiser ständig telegraphisch über all seine informellen Verhandlungen auf dem laufenden gehalten. Den Verlauf des Gesprächs mit Oberst Stewart Mortley, die Grundlage für dessen Artikel im *Daily Telegraph*, hatte er Bülow nach seiner Rückkehr mitgeteilt, der »ihm mit feuchten Augen für diese Förderung seiner Politik gedankt habe«, wie Kabinettschef Valentini festhielt. Das Manuskript des Artikels sandte Wilhelm II. korrekterweise Bülow zu, mit der Bitte, es zu überprüfen und bedenkliche Stellen zu streichen. Der Kanzler las es nicht, vielleicht weil er vermutete, mit dessen Inhalt ohnehin vertraut zu sein, und schickte es an das Auswärtige Amt weiter, wo sich zwei Beamte damit beschäftigten, ohne Einwände vorzutragen. Bülow gab den kaum veränderten Entwurf zum Abdruck frei.

Als der Artikel am 29. Oktober in der *Norddeutschen Allgemeinen* auch auf deutsch erschien, war man im Auswärtigen Amt zuerst guter Laune. Die Beamten wurden von dem Ausbruch nationaler Wut vollkommen überrascht. Bülow behauptete am 31. Oktober 1908 vor der Öffentlichkeit, den Artikel nicht zu kennen, sonst hätte er seine Veröffentlichung verhindert, gestand allerdings ein, daß Beamte des Auswärtigen Amtes ihn offenbar nicht gründlich genug gelesen hätten. Deswegen habe er dem Kaiser seinen Rücktritt angeboten. Indem er den loyalen Prügelknaben spielte, desavouierte er seine Untergebenen, die angeblich nicht fähig waren, Torheiten des Kaisers zu erkennen, und seinen »Vorgesetzten«, der dem gnädigen Gott im Himmel die Folgen seines unbedachten Redens anheimstelle. Er hoffte, sich auf diese Weise aus der Affaire zu ziehen. Doch nun richtete sich der Zorn auf ihn. Eine Kanzlerkrise verband sich mit der Diskussion um das persönliche Regiment. Nach und nach kam über Berliner Gerüchte die volle Wahrheit zutage, und Gegner Bülows verbreiteten, daß er im Dezember 1907, als Wilhelm ihm eine Zusammenfassung des ominösen Gesprächs übergab, begeistert ausgerufen habe: »Durch Veröffentlichung dieser Unterredung werde E.M. die moralische Eroberung Englands machen!« Holstein behauptete, solche Erzählungen seien Mittel des Kaisers, um nach bewährter Methode einen Prügelknaben für seine Schwachheiten zu finden. »Das wäre gerade die richtige Art, um die Fortdauer der Unarten des kaiserlichen Knaben zu ermöglichen.« Er drängte Bülow, ein für allemal klarzustellen, daß der Kanzler nicht die Verantwortung übernehmen könne für unbedachte Eigenwilligkeiten des Monarchen, das »wäre weniger eine Konsequenz als eine Karikierung des monarchischen

Prinzips«. In diesem Sinne schrieb sein Verbündeter, Maximilian Harden, jetzt auch der wichtigste Verteidiger des Kanzlers.

Bülow gelang es, im November die Mehrheit im Reichstag hinter sich zu bringen. Denn einen Kanzlersturz wollten alle vermeiden. Selbst die Bundesfürsten waren bereit, lieber den Kaiser als Bülow zu opfern. Die Unarten der Beamten, Minister und Kanzler wurden im Reichstag nicht erörtert. Das preußische Staatsministerium solidarisierte sich mit Bülow. Was Holstein nicht vermutete, daß nämlich der Kaiser schweigend die Rolle des Prügelknaben übernehmen würde, trat ein. Bülow bat am 10. November im Reichstag, den guten Willen des Kaisers nicht zu unterschätzen, distanzierte sich im übrigen ganz und gar vom Inhalt des Artikels und versicherte, daß Wilhelm künftig »auch in Privatgesprächen jene Zurückhaltung beobachten werde, die im Interesse einer einheitlichen Politik und für die Autorität der Krone gleich unentbehrlich sei«. Der Kaiser stimmte am 17. November einer Erklärung zu, fortan »unter Wahrung der verfassungsmäßigen Verantwortlichkeit« zu regieren. Diese hatte er freilich vollkommen berücksichtigt, während der in dem Fall Verantwortliche jeder Verantwortung ledig gesprochen wurde.

Die Bürokratie hatte einen vollständigen Sieg über den Kaiser errungen. Der Reichstag nahm ihn nicht zum Anlaß, daraus die Konsequenz zu ziehen, zum Parlamentarismus überzugehen, die Regierung aus dem Parlament zu bestellen und sie von der Zustimmung der Mehrheit abhängig zu machen. Allein die Sozialdemokraten forderten eine Änderung der Verfassung. Doch zusammen mit ihnen wollten die übrigen Parteien solch schwerwiegende Eingriffe nicht vornehmen. Im Grunde waren sie es zufrieden, gegen ein imaginäres persönliches Regiment des Kaisers das persönliche Regiment des Kanzlers erfolgreich verfochten zu haben.

»Wir wollen vom verantwortlichen Reichskanzler im Namen des Kaisers völkerrechtlich vertreten werden, aber nicht vom Kaiser«, rief Friedrich Naumann. Doch der verantwortliche Kanzler konnte nur vom Kaiser berufen oder abberufen werden. Nach der Verfassung war er dem Kaiser verantwortlich, wem aber war der Kaiser verantwortlich, wenn sich die Mehrheit der Deutschen nicht mehr von dem jeweiligen Kanzler vertreten sehen mochte? Eine Entscheidung konnte nur der Monarch treffen, der als Organ öffentlicher Stimmungen Kanzler ernannte und sich ihm dann anschließend vollständig anpassen sollte, obschon ihm das Recht verblieb, die Stunde zu bestimmen, wann eine vertrauensvolle Zusammenarbeit beendet werden müsse, weil die Grundlagen dafür nicht mehr gegeben sind.

Trotz des großen Wirbels war überhaupt nichts gelöst. Sowohl das Kanzlerprinzip auf monarchischer Basis wie das monarchische als dessen Überkrönung schwebten in der Luft. Schon konnte Matthias Erzberger fragen, ob es Reichskanzlerbeleidigung sei, sobald man Bülow kritisiere. Wenn Kaiserkritik als nationales Verdienst und Kanzlerkritik als antinationale Tat betrachtet würden, dann steuere man in unhaltbare Zustände hinein. Das Dilemma umriß er eindeutig: daß weder ein Schattenkaiser noch ein Schattenkanzler erwünscht sei.

Im Grunde drehte sich die Diskussion im Kreise. Max Weber machte dafür nicht zuletzt die Unzulänglichkeit der Abgeordneten verantwortlich, die, befangen darin, das persönliche Moment zu überschätzen, statt die Funktionstüchtigkeit von Institutionen zu bedenken, und wegen ihrer Temperamentlosigkeit, organisatorische Änderungen durchzusetzen, einen Zustand der Unklarheit verlängerten. Doch dieser Zustand gewährte ihnen die besten Möglichkeiten, ihre je eigenen Parteiinteressen hartnäckig zu verfolgen. Noch im November 1908, als dem Reichstag die Vorlage zu einer Steuerreform unterbreitet wurde, zeigte es sich, daß Bülow mit einer rückhaltlosen Unterstützung seines konservativ-nationalliberalen Blocks keineswegs rechnen konnte. Bald tauchten erste Gerüchte auf, der Kaiser wolle, um Bülow stürzen zu können, überhaupt nicht, daß die Vorlage angenommen werde, und verzichte deshalb darauf, sich für sie einzusetzen. Wer soeben noch bat, der Kaiser möge sich Mäßigung auferlegen, wie etwa Holstein, sah nun in der Zurückhaltung Wilhelms auch wieder eine politische Willensbekundung, ein persönliches Regiment der Beeinflussung durch unerwünschte Untätigkeit.

Alle wollten den Kaiser in ihrer Hand haben und ihn gleichwohl als selbständige Kraft einsetzen, drohte er einem mißlichen Einfluß anderer Gewalten zu erliegen. Im Hintergrund lauerte natürlich stets die Furcht vor dem sozialen Umsturz, der Demokratie, die es geraten sein ließ, die Machtvollkommenheit des Kaisers und Königs möglichst unbestimmt zu lassen, da ein Rückgriff auf dessen Autorität einmal unausweichlich bleiben könne. Die Sozialdemokraten sahen dies naturgemäß anders.

Insofern glich der Novembersturm einer politischen Posse. Der Kaiser war erschüttert. Er schwieg und litt. Das Gefühl der Einsamkeit und Vergeblichkeit seines Tuns oder Nichttuns verließ ihn seither nicht mehr. Gleichwohl schlug die Stimmung rasch wieder zu seinen Gunsten um. Berlins politische, in sich uneinige Kreise repräsentierten nicht die Stimmung des Volkes. Sehr schnell galt Bülow als Betrüger und Feigling. Spätestens bei seinem Geburtstag im Januar 1909 konnte Wilhelm wieder breite Sympathien auf sich vereinigen. Seiner Popularität vermochten sämtliche Machenschaften nichts anzuhaben. Im Gegenteil, je offensichtlicher der Kaiser zum Opfer des Systems wurde, das er verteidigen sollte, desto mehr Sympathien konnte er auf sich ziehen, gerade unter denen, die »das System« mißbilligten.

Alle, die sich benachteiligt fühlten im Reich, setzten ihre Hoffnungen auf ihn. Selbst Sozialdemokraten, die er mittlerweile zum Entsetzen mancher Militärs und strenger Aristokraten weniger fürchtete als den Bund der Landwirte und die dahinterstehenden Konservativen, fanden zu einem geduldigen Verhältnis zu ihm. Es sprach sich herum, daß der Kaiser der Gefangene des politischen Milieus sei und nicht handeln könne, wie er wolle. Arbeiter, die Zeitung lasen, und das setzte ein emsiger Zeitungsleser wie Wilhelm voraus, konnten sich unterrichten, daß nicht er, sondern die Parteien eine allmähliche Änderung des preußischen Wahlrechts aufhielten, sich der Demokratisierung verweigerten. Die soziale Gesetzgebung hatte tatsächlich integrierend gewirkt.

Biedere Berliner Sozialdemokraten konnten zum Erstaunen konservativer Bismarckdeutscher wie der Baronin Spitzemberg nicht genug haben von monarchisch-militärischem Gepränge und kamen begeistert vom Fußballspiel zurück, nicht weil ihre Mannschaft gewonnen, sondern weil sie den Kronprinzen gesehen hatten, der auch ins Stadion gekommen war. Derartige Vulgaritäten, Amerikanismen irritierten jene Kreise, die den Kronprinzen für noch törichter als den Kaiser hielten. Es waren die Kreise der politischen Intrige und der üblen Nachrede, die Kreise der monarchisch Gesonnenen, die längst die Monarchie innerlich aufgegeben hatten, aber wußten, daß sie ohne die Monarchie ihre Zukunft einbüßten.

Bildungsbürger, Angestellte, Bauern und Unternehmer schufen sich außerhalb der enttäuschenden parlamentarischen Rituale mächtige Organisationen, um ihre Stimme als »Stimme des Volkes« zur Geltung zu bringen. Sie führten sich genauso parteiisch auf wie die Parteien, die ihren Verdruß erregten. Aber die Alldeutschen, der Flottenverein, der Verein für das Deutschtum im Ausland oder

der Allgemeine Deutsche Schulverein warben im Namen nationaler Interessen für ihre besonderen »Anliegen«. Sie gaben sich als nationale Opposition aus und vermuteten im Kaiser das einigende nationale Symbol. Sofern nur befreit aus den Fängen der Bürokraten und Parteipolitiker, die ihn beherrschen wollten, sei er derjenige, der wahre deutsche Politik betreiben könne. Die widersprüchlichsten Erwartungen verknüpften sich mit Wilhelm II. als wahrhaft deutschem Kaiser, um ihn aus dem Kyffhäuser zu erlösen, um den die Raben der deutschen Zwietracht, die eigennützigen Politiker, kreisten.

Wilhelm II. ließ sie agitieren. Er war besonnen genug, als konstitutioneller Monarch nicht danach zu trachten, im Bunde mit ihnen sich zum Caesaren, zum Volkstribun aufzuwerfen, der verfassungsmäßige Einrichtungen unter Druck setzt. Ein Volkskaisertum, wie es gerade die Gebildeten unter den Nationalisten erhofften, vor allem die Professoren, mochte seinen eigenen Absichten entsprechen, aber doch nur innerhalb des vorgegebenen konstitutionellen Rahmens, der ausgedehnt werden konnte, elastisch bleiben, doch nicht beseitigt werden sollte. Das erschien ihm als Voraussetzung nationaler Politik, die sich nach der deutschen Einigung von 1870/71 nicht mit der Erledigung alltäglicher Geschäfte begnügen dürfe, wie die nationalen Gruppen dem Reichstag und der Regierung unterstellten, sondern Deutschlands Bedeutung als Groß- und Weltmacht gegen jeden Einspruch geltend machen müsse. Ausgerechnet mit dem Kaiser verbanden sich Weltmachtbestrebungen, der bei allem nationalen Stolz und der Freude daran, Deutschland geachtet zu sehen, bei der Entlassung Bismarcks angekündigt hatte: Der Kurs bleibt der alte – Volldampf voraus. Weltpolitik sah Bismarck nicht vor. Die deutsche Hegemonie in Europa erachtete er allerdings als Unterpfand des allgemeinen Friedens.

Zwischen Holstein, England und Rußland

Am alten Kurs mochte aber vor allem Friedrich von Holstein nicht festhalten. Bismarck hatte diesen Handlanger, diesen Amanuensis, wie ein unselbständiges Hilfswerk behandelt. In der großen Politik beachtete er dessen Ratschläge, zu denen Holstein kaum befugt, nicht sonderlich. Aber in der kleinen Politik war er ihm unentbehrlich. Keiner verstand so unterhaltsam von den Machenschaften, Karriereerwartungen, Ränken und Lebensumständen des gesamten diplomatischen Personals zu berichten wie Holstein, der alle überwachte, indem er jeden gegen jeden ausspielte und es damit erreichte, daß alle, schon um sich seiner Gunst zu versichern, ihm zutrugen, was sie über andere wußten. Er hingegen pflegte sein Wissen anderen in wohlüberlegten Dosen mitzuteilen, die dann erst recht ausplauderten, wovon sie gehört oder was ihnen aufgefallen. Als Liebhaber gepfefferter, bösartiger Anekdoten amüsierte sich Bismarck, selber höchst mißtrauisch, über die Unzulänglichkeiten seiner Untergebenen, kam jedoch nie auf den Gedanken, der hinterhältig-spöttische Causeur könne unter Umständen auch ihn für inkompetent und seine Politik für schädlich halten. Noch unter dem alten Kanzler gebrauchte Holstein gelegentlich seine Mittelchen, seine Gifte, um dessen Absichten entgegenzuwirken. Bismarck, der souveräne Zyniker und Dompteur des Tieres im Menschen, tadelte ihn deswegen nie.

Mit Duldung Bismarcks machte Holstein das Auswärtige Amt zu einem düsteren Nibelheim, in dem er wie Alberich herrschte: »Ihm müßt ihr schaffen, / wo nicht ihr ihn schaut; / wo ihr ihn nicht gewahrt, / seid seiner gewärtig: / unterthan seid ihr ihm immer.« Den Kanzler konnte er seinem Willen nicht unterwerfen, aber er konnte ihn stürzen, als sich die Gelegenheit dazu bot. Dafür brauchte er Wilhelm II., dessen persönliches Regiment. Danach benötigte er den Kaiser als Instrument für sein persönliches Regiment. Dazu wollte sich Wilhelm II. nicht hergeben.

Er gewann sehr schnell in Holstein den fürchterlichsten Feind, der nun ununterbrochen von den willkürlichen Eingriffen des »kaiserlichen Kindes« in die Politik sprach, weil Wilhelm II. die ununterbrochenen Eingriffe Holsteins in alle Geschäfte alsbald reizten. Da der Kaiser sich von ihm nicht zwingen ließ, versuchte Holstein dauernden Unfrieden zwischen Kanzler und Kaiser zu stiften, die Minister und Staatssekretäre gegeneinander aufzubringen oder sie zu veranlassen, zusammen mit dem Kanzler und Ministerpräsidenten Übergriffe abzuwehren, die Holstein als solche empfand und entsprechend gerügt wissen wollte. Angesichts seiner umfassenden Kenntnis gerade über die Schwächen der führenden Beamten befand sich jeder in seiner Hand. Holstein wußte zuviel. Nur mit seiner Zustimmung konnte jemand Minister bleiben oder werden. In der Regel genügte es ihm, den Kanzler zu beherrschen, um über ihn seinen Einfluß in sämtlichen Angelegenheiten wahrnehmen zu können. Als zur Jahreswende 1893 und dann bis ins Frühjahr 1894 im *Kladderadatsch* und in Hardens *Zukunft* sehr deutliche Hinweise auf seine und seiner Kreaturen bösartige Intrigen erschienen, vermied er jede Erwiderung und die Regierung einen Prozeß, um sie zu entkräften. Sie konnte es nicht, weil jedes Gerichtsverfahren die Unterstellungen nur bestätigt hätte. Es wäre ein Skandalprozeß, ein Gesellschaftsprozeß geworden. Daran war keinem gelegen.

Die erste und folgenreiche Niederlage brachte er Wilhelm II. unmittelbar nach dem Sturz Bismarcks bei. Holstein gehörte seit eh und je zu den erbitterten Gegnern einer Allianz mit Rußland. Der »junge Herr«, vertraut mit den Neigungen seines Großvaters, erachtete es als selbstverständlich, das gleichsam »natürliche« Bündnis beider Mächte, Höfe und Familien nicht zu gefährden. Wie Bismarck, mit dem er keine außenpolitischen Zwiste austrug, war er davon überzeugt, daß bei aller Rücksicht auf Österreich-Ungarn die freundliche Verbindung nach St. Petersburg nie abreißen dürfe. In der Übereinstimmung der drei Kaiser sah Wilhelm die Grundlage der friedlichen Ordnung Europas und der Sicherheit Deutschlands. War sie gestört, dann sollte zumindest das deutsch-russische Einverständnis den österreichischen Kaiser von Eskapaden abhalten, die endlich auch die beiden anderen Kaiser miteinander entzweite.

Keiner in Berlin war bereit, das Bündnis mit Österreich-Ungarn aufzugeben. Die Furcht vor Katholiken und Süddeutschen, zu denen auch die Sachsen gerechnet wurden, die Angst, sie könnten bei deutsch-österreichischen Mißverständnissen die Treue zum Reich vernachlässigen oder aufkündigen, war unter norddeutsch-liberalen Kulturprotestanten, die Deutschland nur als ihre nationale Idee, aber nicht als Wirklichkeit kannten, viel zu groß, als daß sie solche Gefahren, die nur in ihrer Einbildung bestanden, heraufbeschwören mochten. Österreich auf gar keinen Fall zu verletzen mochte nach den jüngsten Erfahrungen die vernünftige Voraussetzung jeder deutschen Politik sein. Einer Rückversicherung in Rußland, die gerade Irrungen hervorrufen könne, die man erst gar nicht aufkommen lassen wollte, glaubten sie nicht mehr bedürftig zu sein. Ein starkes Mitteleuropa werde allein durch seine Schwerkraft schon anziehend genug wirken, um England davon abzuhalten, in einem kontinentalen Krieg für Rußland und Frankreich zum Nachteil Deutschlands Partei zu ergreifen. Während England unter dem Eindruck des Aufstiegs der USA und Japans zu Groß-

mächten allmählich spürte, daß seine dauernden Auseinandersetzungen mit Frankreich und Rußland – die in Amerika und Japan
Verbündete finden konnten – dazu aufforderten, auf dem europäischen Kontinent Freunde zu suchen, dachte Holstein daran, das
Reich in eine mitteleuropäische »Splendid isolation« zu versetzen.

Deutschland brauche keinen weiteren Alliierten, weil je nach
den Gegebenheiten die anderen auf die Hilfe des mitteleuropäi-
schen Blocks angewiesen wären. Wie auch immer, das Reich bliebe
Schiedsrichter in Europa und der übrigen Welt. Es dürfe sich die
Hand freihalten, um sie dann in eine andere zu schlagen, wenn es
für den anderen unumgänglich und für Deutschland am günstig-
sten sei. Holstein hielt es für gänzlich ausgeschlossen, daß England
sich je mit Rußland und Frankreich verständigen werde. Er
glaubte, daß es irgendwann genötigt sei, zu deutschen Bedingungen seinen Vorteil darin zu finden, die Hegemonie Deutschlands
im Verein mit Österreich und Italien über Europa nicht nur zu akzeptieren, sondern zu fördern. Insofern erschien ihm Bismarcks
Überlegung, unter den fünf führenden Mächten Europas wenigstens mit dreien feste Verbindung zu halten, gänzlich überholt.
Und Kaiser Wilhelm sollte sich seiner, Holsteins, Politik zur Verfügung stellen.

Eine der ersten selbständigen Amtshandlungen des Kaisers nach der
Entlassung Bismarcks war es, dem russischen Botschafter Graf
Schuwalow am 20. März 1890 zu versichern, »daß meine Außenpolitik die gleiche bleiben wird, wie sie es in den Zeiten meines
Großvaters war«. Er stellte ihm die Erneuerung des auslaufenden
Rückversicherungsvertrages in Aussicht. Alexander III. war von
dieser Nachricht sehr befriedigt. In Berlin wußten von der Existenz des Vertrages nur wenige. Obschon Leo von Caprivi bei dessen Abschluß die deutsche Marine leitete, hatte ihn Bismarck nicht
eingeweiht. Der neue Staatssekretär im Auswärtigen Amt, Marschall von Bieberstein, der frühere Botschafter Badens in Berlin,
vornehmlich ernannt, weil er sich beim Sturz Bismarcks bewährt
hatte, wußte ebensowenig Bescheid. Holstein unterrichtete den
Kanzler am 21. März von dem Geheimvertrag und riet dringend
davon ab, ihn zu verlängern. Ein Abkommen mit Rußland könnte
unter Umständen Deutschland verpflichten, bei den dauernden britisch-russischen Auseinandersetzungen in Asien oder im
Vorderen Orient Rußland in einem Krieg gegen England beizustehen.

Davon konnte nicht die Rede sein, da ausdrücklich nur wohl-wollende Neutralität im Kriegsfalle wechselseitig in Aussicht ge-stellt wurde, vorausgesetzt, es handelte sich nicht um einen An-griffskrieg Rußlands gegen Österreich oder Deutschlands gegen Frankreich. Auf dem Balkan sollte der Status quo während der Ve-tragsdauer nicht oder nur in gemeinsamer Absprache verändert werden. Die Aussicht, deswegen in russisch-englische Kriege ver-wickelt zu werden, gehörte zu den Illusionen Holsteins, der auch Gefahren dort einplante, wo sie kaum zu erwarten waren. Caprivi, unerfahren in außenpolitischen Angelegenheiten, und Marschall von Bieberstein ließen sich überzeugen. Zum ersten Mal in seinem Leben durfte Holstein einen Kanzler in einer wichtigen Frage be-raten, ja vermochte die Entscheidung zu bestimmen. Nach diesem Erfolg begann er damit, sich zäh und beharrlich als Außenminister einzurichten, dessen Aufträge die offiziell in dieses Amt Berufenen ausführten.

Der Kanzler unterrichtete sofort Wilhelm II., der ohne weitere Erklärungen sich dem Beschluß des Kanzlers beziehungsweise Holsteins fügte. Der russische Botschafter fiel am 22. März aus allen Wolken. Caprivi war sichtlich verärgert, vom Kaiser nichts über dessen entgegengesetzte Versicherung Graf Schuwalow gegenüber erfahren zu haben. Wilhelm II. stand als Unglücksrabe da. Der Ruf seiner Sprunghaftigkeit hat hier seinen Ursprung. Wenn Wilhelm schwieg, pflegte er auf unangenehmste Weise überrascht zu sein. Er fühlte sich überrumpelt. Da er mit Bismarcks Außenpolitik über-einstimmte, durfte er selbstverständlich vermuten, daß wegen des Fürsten Entlassung kein plötzlicher Umsturz der außenpolitischen Grundsätze zu erwarten sei, und in diesem Sinne zu Schuwalow sprechen. Das Nächstliegende wäre gewesen, sich einen Kanzler zu suchen, der bereit war, die kaiserliche Politik, die dem bisherigen Kurs entsprach, umzusetzen. Ein Kanzlerwechsel wenige Tage nach dessen Ernennung hätte jedoch die völlige Unfähigkeit des jungen Herrn auf eklatanteste Weise dokumentiert. Bismarck lag viel an der Verlängerung des Vertrages und der Kontinuität seiner Politik. Er wußte, daß Holstein, dessen Rat er in russischen Fragen nie einholte, den Vertrag entschieden mißbilligte. Dennoch unter-ließ er es, seinen Nachfolger bei der Geschäftsübergabe über den Vertrag aufzuklären und ihm dessen Bedeutung zu erläutern.

Vielleicht wollte er, beschäftigt nur mit seinem Zorn, Wilhelm II. eine letzte Grube graben, um ihn dazu zu zwingen, ihn, einmal hereingefallen, zurückzurufen oder Vereinbarungen zu treffen, die es Herbert Bismarck erlaubten, die auswärtige Politik wieder zu leiten. Auf ein solches Spiel konnte Wilhelm nur eingehen, indem er vor Bismarck kapitulierte und die königlich-kaiserliche Autorität von vornherein um jedes Ansehen brachte. Dann wären tatsächlich Bismarck oder sein Sohn zum Hausmeier der Hohenzollern aufgestiegen, die als Marionetten von fremden Händen bewegt würden. Holstein wußte genau, in welche Zwangslage er den Kaiser versetzte. Sein Gesicht und das Ansehen der Krone konnte er nur wahren, wenn er Holstein folgte und den Makel auf sich nahm, aus jugendlichem Leichtsinn vorschnell Unhaltbares versprochen zu haben. Wiederholung solcher Unüberlegtheit brauchte nicht befürchtet zu werden, vertraute Wilhelm nur dem erfahrenen Rat weiser Diener. Der Kaiser wurde erpreßt, und statt in den Händen der Bismarcks befand er sich nun im Würgegriff Holsteins, sofern er nicht tat, was dieser und die von ihm beeinflußten Kanzler und Staatssekretäre erwarteten.

In der Regel befand er sich ohnehin im Einverständnis mit seinen Beamten, da er keineswegs eigensinnige Konzepte über die Grundzüge der äußeren Politik entwickelte. Selbst spontane Vorschläge gingen meist auf Anregungen zurück, die ihn auf dienstlichen Wegen oder den unübersichtlichen Pfaden der untereinander konkurrierenden und gegeneinander konspirierenden politischen Kreise in Berlin erreichten. Es war beim besten Willen nicht immer leicht, den Überblick zu behalten und herauszufinden, welches gerade die Hauptlinie der deutschen Politik sei. Holstein mit seinen tausend Bedenklichkeiten, um hinter allem irgendeine trügerische Absicht zu entschleiern, erleichterte nicht unbedingt ein widerspruchsfreies Verhalten. Der Zick-Zack-Kurs, der dem Kaiser unterstellt wurde, ergab sich konsequent aus dem Zick-Zack-Kurs der deutschen Politik, die der Kaiser zu vertreten hatte. Viele seiner »willkürlichen« Äußerungen wurden ihm durchaus nahegelegt, um deren Wirkung zu erproben. Richteten sie Schaden an, handelte es sich sofort um Ausbrüche eines unkontrollierbaren Gemüts. Zuweilen drückte er nur klar und deutlich aus, was umständlicher im Auswärtigen Amt befürchtet oder erwogen wurde. Der Skandal bestand dann darin, Vorstellungen in die Öffentlichkeit getragen zu haben, die momentan das Auswärtige Amt beschäftigten. Der unter Umständen schockierende oder verblüffende Inhalt gab nicht seine, sondern amtliche Überlegungen wieder.

Sein lebhafter Umgang mit sämtlichen Monarchen Europas wurde genau kontrolliert. Er hielt sich an die Anweisungen. Seine private Korrespondenz mit ausländischen Souveränen und Verwandten lief über das Auswärtige Amt, das diesen Weg gern benutzte, um über Temperamentsbekundungen des forschen Kaisers seine eigenen Ansichten einem Monarchen mitzuteilen, zu dessen Intimität sie keinen Zugang besaßen. Der Kaiser stellte sich loyal einem derartigen Mißbrauch seiner Person und Privatheit zur Verfügung, kostete es ihn auch, zum Nachteil Deutschlands, endgültig die Sympathie Lord Salisburys oder verursachte er damit heftigen Tadel seiner englischen Großmutter.

Das berühmteste Beispiel, den Kaiser zu benutzen und seinen »jugendlichen Überschwang« anschließend zu beklagen, ist die »Krüger-Depesche«. Nachdem britische Abenteurer unter Leander Jameson ohne Auftrag der englischen Regierung am 30. Dezember 1895 in Transvaal eingefallen, doch am 2. Januar 1896 von den Buren gefangengenommen und anschließend den Engländern übergeben worden waren, schien es der deutschen Regierung angebracht, nachdrücklich daran zu erinnern, in südafrikanischen Fragen nicht übergangen zu werden. Daß sich die Affaire bereits von selbst erledigt hatte, gleichwohl aber in England für unangenehme Aufregung sorgte, die Lord Salisbury und sein Kabinett in einige Verlegenheiten stürzte, tat nichts zur Sache. Marschall von Bieberstein erachtete eine Veränderung der staatlichen Verhältnisse in Südafrika als unvereinbar mit den deutschen Interessen, ja erhob die Unabhängigkeit der Burenrepubliken zu einer Lebensfrage für das Deutsche Reich. Die Regierung erwog bei der allgemeinen Begeisterung in Deutschland und Europa für die Buren, Krüger und Transvaal militärisch zu unterstützen, wie es der Konsul in Pretoria vorschlug. Wilhelm II. nahm den Einfall in Transvaal zuerst ziemlich gelassen auf, geriet dann aber unter dem Einfluß Marschalls in einige Erregung, der die diplomatischen Beziehungen zu England abbrechen wollte, sollte der Einfall mit Wissen der englischen Regierung geschehen sein. Immerhin erleichterte es den Kaiser, einem derartigen Wagnis ausweichen zu können, als die britische Regierung beteuerte, daß sie von dem eigenwilligen Vorgehen Dr. Jamesons selber unangenehm überrascht worden sei.

Gleichwohl beharrte Marschall darauf, daß mit irgendeiner Bekundung Deutschland auf sich aufmerksam machen solle, um der Welt zu zeigen, wie sehr es den frevelhaften Einfall englischer Freibeuter verdamme. Wilhelm warnte vor diplomatischen Ohrfeigen.

Hohenlohe erinnerte ihn an seine konstitutionelle Pflicht, nicht in den Gegensatz zu seinen Ratgebern und der Stimmung im deutschen Volk zu treten. Für die Konsequenzen übernähmen die verfassungsmäßigen Ratgeber die volle Verantwortung. Diesen Ermahnungen und Zusicherungen glaubte Wilhelm II. sich nicht versagen zu dürfen. Mit Holsteins Einwilligung und auf Druck des Kanzlers Hohenlohe wie des Staatssekretärs Marschall wurde nach längeren Debatten am 3. Januar ein Glückwunschtelegramm des Kaisers an Krüger, den Präsidenten Transvaals, entworfen. Wilhelm übersetzte den Text der Depesche ins Englische und unterschrieb ihn. Mit ihr gratulierte der Kaiser dem Präsidenten, daß es ihm gelungen sei, ohne an die Hilfe befreundeter Mächte zu appellieren, die Unabhängigkeit seines Landes gegen Angriffe von außen zu wahren. Mit der Hilfe befreundeter Mächte war unmißverständlich die Deutschlands gemeint, auf die Krüger im Einverständnis mit dem deutschen Konsul im Oktober bei eintretenden Schwierigkeiten gehofft hatte, was der englischen Regierung bekannt war.

Die Deutschen waren hingerissen und feierten den Kaiser. Die Engländer waren empört, vor allem über den Kaiser. Alle Diskussionen darüber, ob der Kolonialminister Joseph Chamberlain mehr wußte, als er zugab, verstummten sofort. Das Telegramm hatte die englische Regierung aus einer peinlichen Situation befreit. Sie war nicht bereit, die Dinge auf sich beruhen zu lassen, und gab zu verstehen, daß sie durchaus einen Krieg nicht scheue. Marschall räumte am 4. Januar im Gespräch mit dem Korrespondenten der *Times* noch ein, das Telegramm sei von der Regierung zu verantworten. Hohenlohe erklärte am gleichen Tag der Kaiserin Friedrich gewunden, dessen Inhalt stehe sicherlich im Einklang mit der öffentlichen Meinung in Deutschland. Sie schloß daraus, daß es offiziell gebilligt wurde, wie sie ihrer Mutter schrieb. Aber unter dem Eindruck der britischen Proteste und dem klugen Verhalten Salisburys, das Telegramm als nicht amtlich zu behandeln, unterließen es Holstein, Marschall und Hohenlohe, Salisburys Auffassung zu korrigieren. Ganz im Gegenteil, am 8. Januar 1896 mußte Wilhelm der Königin Victoria mit einem vom Auswärtigen Amt entworfenen Brief erläutern, daß er, »so entflammt über die Vorstellung«, ihre Befehle mißachtet und den Frieden bedroht zu sehen, sich genötigt fühlte, dies öffentlich zu zeigen. Es war insgesamt vorteilhafter, die Gerüchte, die sich in England zur Gewißheit verdichteten, der Kaiser sei der alleinige Urheber, nicht zu widerlegen, um keine weiteren Mißverständnisse mit der britischen Regierung hervorzurufen. Außerdem konnte bei der stürmischen Zustimmung, die der Kaiser unter den Deutschen erfuhr, gar kein Versuch gemacht werden, sie vom Kaiser auf die Regierung abzulenken. Denn ihr kam die vibrierende nationale Aufwallung sehr gelegen, die wie selten nahezu alle Deutschen ergriff und sie zu einer leidenschaftlichen Gemeinschaft verschmolz, einig in ihrem Trotz gegen England.

Die tatenarme kaiserliche Zeit seit 1871 verdroß sie, obgleich Deutschland seitdem, trotz einiger Unterbrechungen, eine ökonomische Dynamik entwickelte, mit der nur die USA, ohne je in Atemnot zu kommen, Schritt halten konnten. Gerade Schöngeister vermißten heroische Unternehmungslust. Sie sehnten sich nach Helden, nach großen Herausforderungen, kultivierten ihr Ich, um es über sich hinauszusteigern zum Übermenschen, zum Totalmenschen, und darbten in dürftiger Zeit, wie sie als »Geistmenschen« meinten. Dabei hatte sich die Originalität und Phantasie nur auf andere Gebiete verlagert. Es war das Heroenzeitalter der großen Fabrikanten, des Großhandels und der Wissenschaftler im akademischen Großbetrieb. Doch die unablässig sich überschlagenden Triumphe der Erfindungen und Umsetzungen in neue Produkte zur Erweiterung des Exports betrachteten Bildungsaristokraten als Niederlagen zwecklos schöner Freiheit, die von den Zwängen der Notwendigkeit erdrückt werde. Solche Klagen stimmte der »europäische Geist« in allen nur denkbaren Variationen an und bestätigte sich wechselseitig in seiner Ablehnung öder Kommerzialität. Die nun durch nichts mehr gehemmte Industrialisierung wirkte als »Kulturschock«, erstaunlicherweise auch auf die Deutschen, die als Bestätigung des deutschen Geistes nicht allein nach dem mächtigen deutschen Staat verlangten, sondern als dessen Ergänzung deutsche Wirtschaftsmacht wünschten.

Deutschland verfügte gegen Ende des Jahrhunderts über die zweitgrößte Handelsflotte der Welt; in der Chemie und Elektrotechnik gerieten selbst Amerikaner in Schwierigkeiten, den Wettbewerb mit den Deutschen auszuhalten. Wohin ein Deutscher auch kam, und zwar zum ersten Mal weltweit als wirtschaftlicher Eroberer neuer Märkte und Absatzgebiete, konnte er Richard Wagner hören, die deutsche Zukunftsmusik, die mittlerweile die Sphärenharmonie übertönte, mußte über Nietzsche diskutieren, den er meist nicht kannte, oder gar über Karl Marx, der ihm nur als ein Gespenst geläufig, das offenbar nicht nur in Europa herumging. Das alles genügte nicht, um mit Goethe und Bismarck zu sagen: »O Augenblick, verweile doch, / Du bist so schön.«

Nirgendwann war der Deutsche so selbstverständlich in der Welt zu Hause wie damals, in einer Welt, die er mit geprägt hatte und die er weiter umgestaltete mit anderen. Sie fanden keine Freude daran. Beide Humboldts, Goethe, deutsche Philosophen, Universitäten, Aspirin oder die Osrambirne, selbst der deutsche Wein gewannen damals Weltgeltung, waren je auf ihre Art Weltmächte, aber das reichte nicht. Nicht Deutsche als partielle Weltmächte, Deutschland als Ganzes sollte Weltmacht sein.

Deutschland hatte erreicht, was zu erreichen war, wenn Frankreich endlich ermattet aufgab, Elsaß-Lothringen zurückzufordern. Was blieb darüber hinaus zu wünschen? Bismarck hatte kurzfristig 1884/85 für Deutschland einige Kolonien erworben, aber nicht aufgrund weltumgreifender Raumphantasien, vielmehr um ein bißchen Ärger zwischen England und Deutschland zu stiften, damit der damals noch gesunde Kronprinz Friedrich, sollte er, was beim Alter Wilhelms I. zu erwarten, in sehr absehbarer Zeit Kaiser werden, in London erst einmal Verstimmungen abzuarbeiten habe und gar nicht erst verführt werde, einen pro-englischen Kurs bis zur Übertreibung einzuschlagen. Die rasch vorübergehende »Weltpolitik« Bismarcks wurde verstanden als das, was sie war, eine sehr gelungene Intrige im preußischen Hausdrama, die sich erübrigte, nachdem der Krebs als Macht des Schicksals eingegriffen hatte.

Bismarck war ebenso pragmatisch wie unsentimental. Mitleid hatte er nur mit sich selber. Dieser Eingriff höherer oder einfach natürlicher Gewalten bewahrte ihn davor, den kolonialen Unfug weiter zu treiben, als ihm lieb gewesen wäre. Daß er damit Deutschen nebenbei Appetit auf exotische Erwerbungen gemacht hatte, störte ihn nicht weiter. Den Appetit darauf konnte jeder verderben, am besten England, was eine allzu enge Vertraulichkeit mit ihm dann von selbst erst gar nicht aufkommen ließe.

Die Beamten im Auswärtigen Amt, die Minister und Offiziere waren herangewachsen unter den Spannungen und der Lösung der deutschen Frage. Ihre Bemühung galt anschließend allein dem Zweck, Europa an das neue Reich zu gewöhnen und dessen Bestand zu sichern. Der Ruf freier Vereine seit dem Erwerb erster Kolonien, auf den Jugendstreich der nationalen Einigung nun weitere Streiche folgen zu lassen, damit in der Welt nichts mehr ohne deutsche Beteiligung geschehen könne, wolle es nicht sofort zum europäischen Kleinstaat herabsinken, wurde vernommen. Aber er irritierte die Bürokratien mehr, als daß sie ihn willkommen hießen. In der Tradition Bismarcks besaßen sie überhaupt keine Vorstellungen von einer deutschen Weltpolitik.

Kaiser Wilhelm, empfindsam für alle Begehrlichkeiten in der deutschen Öffentlichkeit, fiel bei all seiner Phantasie überhaupt nichts Mitreißendes oder Begeisterndes zur Weltpolitik ein, was das Auswärtige Amt nicht im geringsten beunruhigte. 1896 bemerkte er ebenso zutreffend wie schwunglos vor der Deutschen Kolonialgesellschaft: »Kolonialpolitik ist nur ein Teil der Weltpolitik, die das Deutsche Reich befolgen muß, um seine kontinentale Stellung zu schützen.« Deutsch-Südwest-Afrika oder Togo an das Vaterland zu binden war eine liebenswürdige Aufforderung, eine unverbindliche Redensart. Der Besitz solch kartographisch sehr reizvoller Ornamente fügte der Weltgeltung des Reiches nichts hinzu. Ehrgeizige Deutsche verlangten nach einem imperialen Konzept. Aber wenn es kein Imperium gab, mußte es schwerfallen, imperialistisch zu denken und gemäß der Idee eines deutschen Weltreichs zu handeln.

Die Deutschen wußten gar nicht, was sie in der Welt tun sollten außer dem, was sie ohnehin recht erfolgreich trieben, nämlich Handel. In Zeiten, die beschleunigter Demokratisierung entgegeneilen, kann keine Regierung die Leidenschaften des Volkes mißachten. Sie muß zumindest vortäuschen, das aufzugreifen, was eine diffuse Öffentlichkeit nicht nur anregt, sondern fordert. Die deutsche »Weltpolitik« war ein solches Täuschungsmanöver.

Das Auswärtige Amt mischte sich planlos in verschiedenste Konflikte ein, sprach von deutschen Interessen, die es nicht zu präzisieren verstand, wenn von anderen darum gebeten, um zu einem vernünftigen Geschäft zu kommen. Stieß die deutsche Regierung auf energischen Widerstand, trat sie sofort den Rückzug an. Der Ertrag ihrer unsystematischen Bemühungen war spärlich: einige wertlose Inseln im südlichen Pazifik, deren Erwerb freilich als Meilensteine auf dem Weg zum Weltreich gefeiert wurden, damit patriotische Nervositäten sich beruhigen. Im Grunde hatte Deutschland nur erreicht, mitreden zu dürfen, dabeizusein, wenn in Konferenzen Auseinandersetzungen beigelegt wurden, die für seine politische Existenz ganz unerheblich waren. Es ging vornehmlich um Prestige. Ein recht fragwürdiges Prestige, weil die meisten Staaten Deutschland nur als aufdringlich empfanden, das Verhandlungen verzögerte, verlängerte und überhaupt verwirrte, weil nie deutlich wurde, was es eigentlich wollte. Begreiflicherweise verleiteten die deutschen Unklarheiten zu der Vermutung, daß dahinter ein tiefes Geheimnis, ein großer Plan stecke. Denn keiner mochte gerade von den systematischen Deutschen arglos annehmen, sie suchten nur ein paar Berggipfel, um dort ihre Flagge im Wind flattern zu lassen und ihren Landsleuten das herzerwärmende Gefühl zu vermitteln, daß zumindest ihre Fahne einen Platz an der Sonne gefunden habe. Deshalb gelang es den undurchsichtigen Deutschen mühelos, überall Argwohn zu erwecken. Der argwöhnische Holstein betrachtete das als Erfolg.

Die sogenannte »Weltpolitik« war sein Versuch, England in ein Bündnis mit dem Reich zu zwingen. Bismarck legte immer auf gute Beziehungen zu England Wert, aber er hat niemals »an die dauernde Sicherstellung derselben« etwa in Form eines Bündnisses geglaubt und niemals beabsichtigt, erhebliche Opfer für ein Wohlwollen zu erbringen, welches die Dauer eines englischen Kabinetts zu überleben keine Aussicht hatte. Die Erfahrung lehrte ihn, daß die Beziehungen zu Deutschland für ein englisches Kabinett nicht ausschlaggebend waren, die zu Rußland und Frankreich, selbst zu Italien und zur Türkei viel schwerer ins Gewicht fielen. Es gab zu wenig gemeinsame Interessen und deshalb auch keinen Grund für sehr ernst zu nehmende Schwierigkeiten, die sich nur wegen einer Verwandtschaft der Interessen ergeben. Holstein wähnte, daß England auf Deutschland angewiesen sei, um sich als Weltmacht behaupten zu können. Er glaubte, Zeit zu haben, bis ihm das Bündnis wie eine reife Frucht in den Schoß falle, glaubte England bis zu dem Punkt bringen zu können, daß ihm gar keine andere Wahl mehr bliebe. Deshalb entschied er sich für eine Politik des ubiquitären Dazwischenredens, der Nadelstiche und Gereiztheiten, damit England einlenke und begreife, wieviel einfacher es doch sei, mit Deutschland vertrauensvoll zusammenzuarbeiten.

Um die Mitte der neunziger Jahre empfanden die britischen Politiker ihre Isolierung unter den übrigen Mächten zunehmend als Belastung. Das Reich war zu groß geworden, und die einzelnen Reichsteile, Südafrika, Kanada oder Australien, ließen sich nicht mehr mühelos einer einheitlichen Reichspolitik dienstbar machen. Deren jeweils eigene Interessen verselbständigten sich und mußten berücksichtigt werden. Mit den USA und Japan traten zu den klassischen Großmächten zwei weitere hinzu, die als Seemächte mit England konkurrierten. Der Grundsatz, daß die englische Flotte stärker sein müsse als die beiden ihr in der Rangfolge am nächsten Gerückten zusammen, wurde für den Pazifik stillschweigend aufgegeben. Der Gegensatz zu den kontinentalen Seemächten Frankreich und Rußland legte Kompromisse mit Japan und den USA nahe. Die alleinige, überlegene Herrschaft auf allen Meeren hatte England schon eingebüßt, und es war nur noch eine Frage der Zeit, wie lange noch im Atlantik eine englische Vorherrschaft gegenüber den USA behauptet werden konnte. England brauchte Bundesgenossen, um seine Stellung zu sichern. Es strebte nicht nach Expansion, es wollte bewahren und sichern, was es besaß. Das war ein konservatives Ziel. Insofern erschien es nicht abwegig, sich dem konservativen Deutschland anzunähern, das sich von Rußland zwar nicht getrennt hatte, aber nicht mehr offiziell mit ihm verbündet war. Eine Änderung der bestehenden Verhältnisse auf dem Kontinent beabsichtigten die Deutschen nicht. Ihre kolonialen Wünsche irritierten zuweilen, weil nicht recht zu erkennen war, was sie damit bezweckten, aber sie konnten damit höchstens lästig fallen, nicht gefährlich werden wie die Franzosen und Russen, die eindeutig Englands Stellung in der Welt zu erschüttern trachteten und unruhig grundsätzliche Änderungen herbeizuführen hofften.

Engländer vermuteten deshalb, sich am leichtesten mit den Deutschen verständigen zu können, weil sie mit ihnen die geringsten Schwierigkeiten hatten. Vor allem der Kolonialminister Joseph Chamberlain, der die Burenrepubliken einem britischen Südafrika unterordnen wollte, hing der Überzeugung an, daß die Flotte allein nicht ausreiche, die russischen Absichten in China und im Pazifik aufzuhalten. Die Krüger-Depesche wurde klugerweise als Irrtum behandelt. Die schroffen britischen Reaktionen darauf verhalfen der deutschen Regierung ohnehin zu der Einsicht, sich damit zu begnügen, die weitere Entwicklung der südafrikanischen Angelegenheiten unaufgeregt zu beobachten, ungeachtet der ausschweifenden Sympathien vieler Deutscher für die »niederdeutschen« Vettern und ihren Drang nach Unabhängigkeit. Chamberlain suchte seit 1898 ein »herzliches Einvernehmen« zu den Deutschen, um in Absprachen von Fall zu Fall eine wechselseitige Übereinstimmung herstellen zu können. Eine unverbindliche »Entente cordiale« erschien der deutschen Regierung als unzulänglich. Denn die englische Flotte könne kein einziges Dorf an der langgezogenen deutsch-russischen Grenze schützen, wie Wilhelm II. deutsche Sorgen knapp resümierte. Die Regierung erwartete ein festes, vom englischen Parlament gebilligtes Bündnis, um einen Ersatz für die verlorene russische Rückversicherung zu gewinnen.

Sie brauchte England, um Rußland davon abzuschrecken, gemeinsam mit Frankreich das Reich in einen Krieg zu verwickeln. Die Engländer hofften, daß eine wachsende Distanz der Deutschen zu Rußland ihnen Erleichterung in Asien verschaffen könne. Chamberlain blieb nicht unberührt von rassisch-kulturellen Überlegungen, daß die beiden führenden germanisch-protestantischen Mächte eine Interessengemeinschaft bildeten, die, um ihren Ableger, die USA, erweitert, weltweit jeden Einspruch gegen ihre Überlegenheit abzuwehren vermöge. Doch solche ideologisch motivierten Angebote verlockten die deutsche Regierung nicht. England, im Besitz eines Weltreichs, überblickte die Kontinente und Ozeane und beurteilte entsprechend seiner national-imperialen Bedürfnisse den Vorteil und Nachteil politischer Absprachen. Chamberlain wollte Deutschland in die Weltpolitik hineinziehen, ein kontinentales Binnenland davon überzeugen, daß unter Umständen der Verbleib Elsaß-Lothringens beim Reich im Pazifik durchgesetzt werde. Er nahm die Deutschen bei ihrem Wort, eine Weltmacht werden zu wollen. Damit überforderte er sie. Sie begriffen die Möglichkeiten nicht, die Weltpolitik ihnen zu ihrer Sicherheit eröffnete. Sie schauten auf Europa und dachten daran, England zu verpflichten, die deutschen Grenzen als unverletzlich zu garantieren. Die deutsch-englischen Gespräche zwischen 1898 und 1902 glichen schnell der Mahlzeit zwischen Storch und Fuchs.

Beide wünschten ein gutes Einvernehmen, doch hatten sie einander nichts zu bieten. Die Schwierigkeit bestand darin, keine grundsätzlichen Schwierigkeiten miteinander zu haben, die es ermöglicht hätten, über deren Bereinigung ins Geschäft kommen zu können.

Der russischen Rückversicherung hatte sich Holstein entledigt und damit immerhin einen Spatzen, den er in der Hand hielt, aufgegeben für eine Taube auf dem Dach, ein Bündnis mit England, vor dem er dennoch zurückschreckte, weil es das Verhältnis zu Rußland belasten konnte. Zugleich mochte er sich nicht mit den englischen Vorschlägen begnügen, statt eines Bündnisses die wechselseitige Politik je nach Gelegenheit vertrauensvoll abzustimmen. Mit der Alternative zur englischen Allianz, einem Kontinentalblock mit Rußland und Frankreich, spielte er in Gedanken, um England einzuschüchtern, aber unternahm nichts zu dessen Verwirklichung. Andeutungen Chamberlains, England könne sich mit

Frankreich und Rußland verständigen, sollte sich Deutschland verweigern, hielt Holstein für »bluff«. Chamberlains öffentliche Aufforderung im November 1899 in Leicester, »das große Deutsche Reich« als natürlichen Bündnispartner zu betrachten, beurteilte er als unbegreiflichen Fehler. Denn Chamberlain sprach unverblümt aus, woran er dachte: an eine Dreierallianz »zwischen der germanischen Rasse und den beiden großen transatlantischen Zweigen der angelsächsischen Rasse, die einen machtvollen Einfluß auf die Zukunft der Welt nehmen könnte«. Eine solche Allianz mit weltpolitischen Möglichkeiten erschreckte Holstein wie Bülow. Sie gingen auf das Angebot, das der Kaiser freudig begrüßte, überhaupt nicht ein. Sie wünschten sich England als »Juniorpartner« ihres kontinentalen Dreibundes, womit sie im Frühjahr 1901 endlich herausrückten, immer bereit, die Interessen der Deutschen, Österreicher und Italiener gegen Frankreich und Rußland gemeinsam mit ihnen zu vertreten. England sollte sich gleichsam seiner Unabhängigkeit begeben, um Deutschland freie Hand auf dem Kontinent zu lassen, und zwar bei der Voraussetzung, kaum noch Aussicht zu haben, mit Frankreich oder Rußland sich über Mißverständnisse zu einigen.

Ein derartiger Vorschlag entmutigte mit seiner Kurzsichtigkeit schließlich auch Chamberlain, der mit den Leuten in Berlin nichts mehr zu tun haben wollte, die nicht begriffen, daß ein ganz neues Weltsystem geschaffen werden könne. Aber ein ganz neues Weltsystem ängstigte ja gerade die Leute in Berlin, die das, was sie hatten, bewahren wollten, obschon sie durch ihre Unüberlegtheit das alte europäische System zu ihrem Nachteil aus der für sie günstigen Balance gebracht hatten.

Wilhelm II. hat mit dem Scheitern der deutsch-britischen Bündnisgespräche wenig zu tun. Er betrachtete eine wie auch immer definierte Verbindung als das beste Mittel, den Frieden für die nächsten Jahrzehnte zu sichern; er verstand das Finassieren und Zögern Bülows und Holsteins überhaupt nicht. Beide unterrichteten ihn gar nicht oder nur unzulänglich über den jeweiligen Stand der Verhandlungen, aus berechtigter Furcht, er würde, allzu begeistert vom diskreten Werben Englands um Deutschland, ihre Kreise stören. Wilhelm besuchte im November 1899 offiziell und im Januar 1901 wegen des Todes seiner Großmutter privat England. Beide Reisen waren ein ungemeiner Erfolg. Niemals wieder war Wilhelm II. so populär in England. Er war der einzige europäische

Staatsmann, der, ohne Rücksicht auf die Stimmung seines Volkes, mitten im Burenkrieg unumwunden seine Sympathie für England bekundete. Ohne jede Scheu betrug er sich als Mitglied des englischen Königshauses, und selbst sein maliziöser Onkel Edward mußte eingestehen, William nie so nett, taktvoll, liebenswürdig, einfach großartig, weil nur einfach, erlebt zu haben. Statt daß die deutsche Regierung, Bülow und Holstein, den Umstand nutzten, den Kaiser als Botschafter des guten Willens einzusetzen, legten sie dem kaum Informierten auf, über deutsch-englische Annäherung zu schweigen, höchstens ganz unverbindlich darüber zu sprechen.

Wilhelm fügte sich, weitgehend ahnungslos, worüber diskutiert wurde. Was er erfuhr, stimmte ihn hoffnungsvoll. Denn ein freundliches Einvernehmen, eine Allianz mit England war doch seiner Ansicht nach das, »worauf wir gewartet haben«. Bei seinem Abschied von London 1901 sprach er sich in unbestimmten Wendungen offen für ein deutsch-englisches Bündnis aus, das England die Herrschaft zur See und Deutschland die Verantwortung für das Land übertrüge. In seiner Loyalität zu Bülow und Holstein ging er so weit, wie es ihm möglich war. Deutschland wies er nur eine Rolle auf dem Kontinent zu, von den USA schwieg er.

Wilhelm fürchtete sich nicht vor den USA, er besaß genug Einbildungskraft, um Chamberlains Pläne nicht von vornherein zu verwerfen. Seine bewegliche politische Phantasie ängstigte aber Bülow und Holstein, vermutend, er könne mehr Aufgeschlossenheit zu erkennen geben als ihnen lieb. Beide hielten die Zeit noch nicht für reif, England zu ihren Bedingungen auf die deutsche Seite zu ziehen. Sie wollten besonders schlau sein, indem sie dem Kaiser Nachrichten über den Stand der Verhandlungen vorenthielten, bedachten aber nicht, daß es einen überraschenden Eindruck hinterlassen muß, wenn ein Staatsoberhaupt, das über Wochen Gast einer Regierung ist, mit der wichtige Verhandlungen geführt werden, mit den dafür zuständigen Ministern Gespräche über alles mögliche führen soll, nur nicht über die Punkte, die im Augenblick von wichtigstem Belang. Immerhin hatte Wilhelm II. Zeit und Gelegenheit, zumindest für ein Verständnis deutscher Zurückhaltung zu werben. Die Disziplin des Kaisers bestätigte, daß seinem Temperament durchaus zu trauen war, vorausgesetzt, Holstein und Bülow faßten den Mut, ihm überhaupt zu vertrauen. Doch am Vertrauen untereinander fehlte es und deshalb an der Bereitschaft, Wilhelm zu eröffnen, daß vorerst Abmachungen ihrer Ansicht nach unerwünscht seien.

Wegen der antibritischen Leidenschaften, die während des Burenkriegs deutsche Gemüter um ihre Ruhe brachten, waren politische Gespräche mit England äußerst unpopulär. Die Regierung mochte sich nicht dem Verdacht aussetzen, ohne Rücksicht auf das nationale Empfinden zu handeln. Unter Hinweis auf die öffentlichen Stimmungen wollte sie die Verhandlungen aber auch nicht abbrechen. So durfte Wilhelm nach England fahren, um die Tür für weitere Verhandlungen offenzuhalten. Das Unbehagen der Deutschen angesichts der Besuche, der »Engländerei« Wilhelms, war von der Regierung auf den Kaiser abgelenkt, der bekanntlich in seinen Launen nicht zu bremsen sei, zumal wenn er zeitweilig nur noch William und nicht mehr Wilhelm sein wollte.

Die Taktlosigkeit Holsteins und Bülows, nicht eine Unachtsamkeit des Kaisers beendete die ohnehin ergebnislosen Gespräche. Chamberlain hatte in einer Rede im Oktober 1901 die Methoden der britischen Armee im Burenkrieg unter anderem mit der Bemerkung verteidigt, daß Deutsche 1870/71 nicht minder hart sich der französischen Partisanen erwehrt hätten. In Deutschland schlugen Wellen der Empörung hoch, daß Chamberlain, »der Bluthund von Transvaal«, es wage, britische »Schlächter« mit disziplinierten deutschen Soldaten zu vergleichen. Der deutsche Botschafter in London mußte auf Bülows Verlangen sofort protestieren und eine offizielle Entschuldigung Chamberlains fordern. Dazu sah der englische Außenminister überhaupt keinen Anlaß. Dennoch beharrte Bülow auf seinem Ansinnen, zur wachsenden Verbitterung Chamberlains. Am 8. Januar 1902 wies der Kanzler im Reichstag alle ungerechtfertigten Angriffe auf den blanken Waffenschild der deutschen Armee zurück und berief sich auf Friedrich den Großen: »Laßt den Mann gewähren, und regt euch nicht auf. Er beißt auf Granit.« Dröhnender Applaus war ihm gewiß. Am Ende des Monats konnte der Botschafter Wolff-Metternich berichten, daß seit zehn Tagen Chamberlain mit dem französischen Botschafter darüber berate, wie die kolonialen Streitfragen zwischen beiden Mächten beigelegt werden könnten. Die Entente cordiale, der sich Deutschland entzog, fand England relativ mühelos mit Frankreich. Sie wurde im März 1904 offiziell besiegelt.

Ein Donnerwort des Kanzlers, nicht des Kaisers resümierte deutschen Trotz, der wie jede trotzige Haltung Ratlosigkeit verbergen soll. Die deutsche Regierung hatte auf Holsteins Rat Bismarcks erfahrungsgesättigte Warnung, die Bedeutung Deutschlands für die britische Politik nicht zu überschätzen, leichtfertig mißachtet. Wie notwendig gute Beziehungen zu Rußland waren, erwies sich eindringlich nach der Kündigung des Rückversicherungsvertrags. Das russisch-französische Abkommen von 1892 änderte vorerst am guten Verhältnis zwischen Deutschen und Russen wenig. Alexander III. blieb nichts anderes übrig, als Anschluß an eine andere Großmacht zu suchen, um sich nicht völlig zu isolieren. Dieses Bündnis war nicht unbedingt gegen Deutschland gerichtet. Es sollte das Reich nur davon abhalten, allzu offensiv gegen Frankreich vorzugehen, weil es im Falle eines Angriffs mit russischem Eingreifen rechnen mußte. Den Franzosen sollte diese Allianz wiederum ähnliche Zurückhaltung auferlegen, weil Rußland sich nicht verpflichtete, einen französischen Angriff zu unterstützen. Denn der russische Kaiser hoffte doch, mit Deutschland nie in einen Krieg verwickelt zu werden. Darin war er sich mit Wilhelm II. einig, der bei aller Sympathie zu England sich den Weg nach Petersburg stets freihalten wollte.

Im Gegensatz zu Holstein genügte ihm deshalb ein lockeres »Agreement« mit der englischen Regierung, um nicht in Spannungen zu Rußland zu geraten. Ihm war es durchaus ernst mit der Versicherung, von der Politik seines Großvaters nicht abweichen zu wollen. In diesem Sinne legte er Wert darauf, wenigstens die verwandtschaftlichen Bindungen aufmerksam zu pflegen und darüber einen gewissen politischen Einfluß am russischen Kaiserhof zu behalten. Zumindest blieb die freundliche Atmosphäre verwandtschaftlicher Vertrautheit dadurch vor gewittrigen Eintrübungen bewahrt. Mißverständnisse traten gelegentlich auf, wenn das Auswärtige Amt sich allzu energisch in den familiären Umgang einmischte. Immerhin achtete Wilhelm II. darauf, daß im politischen Verkehr mit St. Petersburg Holsteinsche Eigenarten der Einschüchterung und Grobheit vermieden und eine verbindliche, versöhnliche Haltung gewahrt wurde, modifiziert durch eine sanfte Besorgnis, die russische Freundschaft nicht einzubüßen.

Einem Bündnis mit England maß er nicht höchsten Wert bei. Vor übertriebener »Engländerei« war er gefeit. Er schätzte englische Lebensart; politisch jedoch wollte er nie in die Verlegenheit geraten, die Rolle des Landsknechts für englische Interessen übernehmen zu müssen. Ein gutes Einvernehmen mit England trat nur ergänzend zu den kontinentalen Abmachungen hinzu. Sie bildeten für ihn in Bismarckscher Tradition die Grundlagen deutscher Sicherheit. Er verlor nie eine gesunde Skepsis gegenüber den Erwartungen Holsteins, England könne sich auf die Dauer einem Bündnis mit Deutschland gar nicht entziehen, wenn es seine Stellung in der Welt behaupten wolle.

Wilhelm II. zweifelte seit den ersten Andeutungen Chamberlains überhaupt nicht daran, daß die Briten bereit seien, sich auch zu einem hohen Preis mit den Franzosen und womöglich mit den Russen zu einigen. Holsteins Illusion hatte fatale Folgen: Er verfügte über keine Alternative, wenn England sich nicht auf die deutschen Bedingungen einließ. Überzeugt davon, daß es über kurz oder lang »kommen« müsse, manövrierte er Deutschland allmählich in die höchst unerquickliche Situation, in zunehmende Abhängigkeit von den Entschlüssen der englischen Regierung zu geraten, ohne sie grundsätzlich beeinflussen zu können. Deutschland war endlich auf Gedeih und Verderb auf das britische Wohlwollen angewiesen. Die Bildung eines Kontinentalblocks mit einer unvermeidlichen Tendenz gegen England faßte Holstein nie als eine ernsthafte Möglichkeit auf. Darin unterschied er sich vom Kaiser, der doch vernünftigerweise zumindest mit zwei Bällen spielen wollte. Ein mögliches deutsch-englisches Bündnis, das um 1900 sowohl Russen wie Franzosen fürchteten, konnte durchaus beide dazu veranlassen, sich mit den Deutschen zu verständigen, um es zu verhindern. Kaiser Nikolaus wurde immer auf dem laufenden gehalten, schon um zu erfahren, inwieweit die Russen sich entschließen könnten, Angebote zu unterbreiten, die ein solches Bündnis vermeidbar machten. Über Petersburg führte neuerdings der Weg nach Paris.

Kaiser Wilhelm bemühte sich um das französische Wohlwollen, auch in Hinblick auf Rußland. Er übernahm willig die Aufgabe, Frankreich deutscher Sympathien zu versichern, Zusammenarbeit mit ihm zu suchen, um es von Elsaß-Lothringen abzulenken und auf Kompensationen in der weiten Welt zu verweisen, bei deren Erwerb es sich auf deutsche Unterstützung verlassen könne. Ihm erschien es nicht als aussichtslos, bei einiger Geduld nicht nur leidliche, sondern freundschaftliche Beziehungen zu Frankreich herstellen zu können. Um 1900 waren Deutschland und Frankreich wirtschaftlich so eng verflochten wie nie zuvor, und in diesem Jahrhundert ist erst jetzt, nach langer Unterbrechung, ein ähnlicher Grad an Verflechtung erreicht. Der geistig-kulturelle Austausch gedieh mit einer Vorurteilslosigkeit, als hätte es nie Krieg zwischen den beiden Völkern gegeben. Es gab eine informelle Gemeinschaft, die zumindest die Erwartung wecken durfte, sie könne sich auch zu einer politischen Entente cordiale erweitern lassen. Wilhelm II. zeichnete unter allen Ausländern gerade Franzosen aus, sie einladend, sie charmierend, mit ihnen zwanglos verkehrend. Deutsche Politiker verwirrte er damit. Sie ahnten nicht, daß mit solchen Höflichkeiten der Grund zu besserem Vertrauen gelegt wird. Übrigens waren es gerade Franzosen, die anschließend seinen Charme und sein elegantes Einfühlungsvermögen rühmten. Daß Wilhelm II. auch ein temperamentvoll-liebenswürdiger Herr, ein Weltmann zu sein verstand, erfuhren Deutsche erstaunlicherweise meist von Ausländern.

Das Auswärtige Amt ließ ihn in Maßen gewähren. Dort herrschte das Mißtrauen Holsteins, das er Kanzlern und Ministern einimpfte, aber kein Zutrauen in »vertrauensbildende Maßnahmen«. Holstein rechnete ganz einfach mit der Feindschaft der Russen und Franzosen. Er erwog nie, zu welchem Preis ihre feste Freundschaft erworben werden könnte. Er blieb immer vorsichtig Rußland gegenüber, um es nicht zu reizen, solange er kein englisch-deutsches Bündnis abgeschlossen hatte, aber erachtete es als vergebene Liebesmühe vorzubauen, falls er es nicht erreichen würde. Seine illusionäre Politik, allein auf England fixiert, isolierte Deutschland, statt daß sie ihm die Freiheit einräumte, gemäß seinen Interessen handeln und entscheiden zu dürfen. Zuweilen drohte er mit dem Kontinentalblock, aber nur als »bluff«, um die Engländer zu nötigen. Das Verhängnisvolle solcher substanzlosen Gesten war allerdings, daß die Engländer allmählich davon überzeugt waren, die deutsche Regierung strebe tatsächlich danach, ihn zu bilden, was sie dazu veranlaßte, alle strittigen Fragen mit Frankreich und später mit Rußland zu bereinigen, um diese für sie recht bedenkliche Konstellation zu verhindern. Das Verhängnisvolle für Deutschland lag darin, aufgrund der Holsteinschen Idiosynkrasien nichts unternommen zu haben, um England zuvorzukommen und ein Bündnis aller europäischen Mächte vorzubereiten.

Kaiser Wilhelm begriff die Beschränktheit seines Auswärtigen Amtes. Das machte ihn nervös, ungeduldig und ungehalten, schließlich war er als konstitutioneller Monarch gleichsam ein Gefangener dieser Einrichtung, die er in Übereinstimmung mit der Mehrheit aller Deutschen sehr gereizt beurteilte. Seine gelegentlich heftigen Randbemerkungen zu Berichten müssen auch als ein Akt der Verzweiflung verstanden werden, einer eigensinnigen Behörde nicht zur Vernunft verhelfen zu können. Das Auswärtige Amt brauchte ihn. Bülow betonte immer wieder, daß die Persönlichkeit des Kaisers gerade im Ausland eine Wirkung ausübe, die nicht geringzuschätzen sei. Erfüllte er seine Aufgaben zufriedenstellend, gar brillant, dann schrieb sich das Amt das Verdienst zu. Mißbrauchte es den Kaiser und führte der Mißbrauch zu unerwarteten Komplikationen, dann war es eben sein »persönliches Regiment«, was wieder einmal für entsetzliche Peinlichkeiten sorgte. Das Erstaunlichste bleibt, mit welcher Selbstverleugnung Wilhelm, eine ausgeprägte Individualität, sich den Forderungen seiner Beamten beugte.

Es war nicht Wilhelm II., der die Marokkokrise mit seinem überraschenden Besuch Tangers am 31. März 1905 auslöste. Gegen seinen Willen verpflichteten ihn Bülow und Holstein, die er von Flottendemonstrationen abhalten konnte, zu dem Besuch des Sultans. Schon unterwegs nach Tanger, versuchte er noch einmal – vergeblich –, seine Regierung umzustimmen. Sie hatte indessen die Presse informiert, weshalb ein Verzicht nur zu unangenehmen Spekulationen geführt hätte. Kurz vor der Ankunft in Tanger, die See war stürmisch, weigerte sich Wilhelm, an Land zu gehen. Bei dem hohen Seegang war es nicht ungefährlich, sich auf einer Strickleiter hinab in ein Boot zu begeben, das den Gast an die Küste geleitete. Das Wetter beruhigte sich, und Kaiser Wilhelm entschloß sich zu tun, was ihm auferlegt worden war: dem Sultan zu versichern, damit rechnen zu dürfen, daß das Reich sich für die Unabhängigkeit seines Staates einsetzen werde. Anschließend sah er zu, so schnell wie möglich den Ort seines Mißvergnügens verlassen zu können. Keineswegs feige, beklagte er sich dennoch, was selten vorkam, mit recht sarkastischen Wendungen später bei Bülow: »Ich bin Ihnen zuliebe, weil es das Vaterland erheischte, gelandet, auf ein fremdes Pferd, trotz meiner durch den verkrüppelten linken Arm behinderten Reitfähigkeit, gestiegen, und das Pferd hätte mich um ein Haar ums Leben gebracht, was Ihr Einsatz war! Ich ritt mitten zwischen spanischen Anarchisten durch, weil Sie es wollten und Ihre Politik davon profitieren sollte!«

Er hatte der mißlichen Umstände halber Anlaß genug, verärgert zu sein. Aber abgesehen davon hielt er den Besuch für eine erhebliche Dummheit und fürchtete deren Konsequenzen; er war nicht einverstanden mit der Politik seiner Regierung, der Politik Bülows. Vor seiner Abfahrt in Bremen am 22. März hatte er öffentlich bekannt: »Das Weltreich, das ich mir geträumt habe, soll darin bestehen, daß vor allem das neuerschaffene Deutsche Reich von allen Seiten das absolute Vertrauen als eines ruhigen, ehrlichen, friedlichen Nachbarn genießen soll ... Außenhin begrenzt, im Inneren unbegrenzt.« Der Besuch in Tanger raubte freilich jedes Vertrauen in die Politik des Kaisers. Sein Onkel Edward VII. erachtete ihn als »das schädlichste und unpassendste Ereignis, in das der deutsche Kaiser jemals verwickelt war … Kann es etwas Perfideres und Dümmeres geben als die augenblickliche Politik des Kaisers?« Die Frage war nur zu berechtigt, was keiner besser wußte als Wilhelm II.

Die Rede in Bremen war von Bülow redigiert. Sie sollte besänftigend auf den Paukenschlag in Tanger vorbereiten, vor dem der Kaiser warnte. Ihn hatte Marokko nie interessiert. Die Entente cordiale zwischen England und Frankreich beunruhigte ihn wohl, aber er fand es überhaupt nicht bedrohlich, wenn in deren Zusammenhang Marokko den Franzosen als Interessensphäre zugestanden wurde. Während der deutsch-englischen Gespräche einige Jahre früher hatten die Deutschen abgewinkt, als ihnen Marokko als mögliches Objekt zur Stillung kolonialen Hungers von der britischen Regierung angeboten wurde. Die Beziehungen zu Frankreich waren ausgezeichnet, Wilhelm hätte es sehr begrüßt, endlich einen Staatsbesuch beim französischen Präsidenten machen zu können. Konflikte mit Frankreich erschienen ihm gänzlich unerwünscht. Rußland befand sich im Krieg mit Japan. Die Niederlagen verursachten 1905 die erste Revolution. Nikolaus II. war vollständig auf die deutsche Freundschaft angewiesen, die sich wie eh und je bewährte, zum Verdruß der Engländer.

Deutschland blieb neutral, aber mit einem solchen Wohlwollen, daß es zumindest auf die Engländer fast wie ein Alliierter wirken mußte. Frankreich geriet in manche Verlegenheiten, da es mit Rücksicht auf England, den Alliierten Japans, seinen russischen Verbündeten nur halbherzig unterstützen konnte. Die russischen Niederlagen kamen der französischen Regierung gelegen, aber zugleich waren sie sehr unbequem, weil sie zeigten, daß Rußland kein starker oder gar zuverlässiger Verbündeter war. Bei der offenkundigen Schwäche Rußlands und dem vorerst sehr unverbindlichen guten Einvernehmen mit England war es ein Gebot der Vernunft, Deutschland jetzt nicht zu reizen. Rußland warb unverhohlen seit dem Herbst 1904 um eine Zusammenfassung der kontinentalen Mächte, vielleicht erweitert um die USA. Ein solches Bündnis richtete sich gegen England und das mit ihm seit 1902 verbündete Japan. Kaiser Wilhelm sah die Gelegenheit, die alte Allianz der drei Kaiser zu erneuern und ihr unter Einschluß Frankreichs einen neuen, europäischen Sinn zu geben als Allianz zur Verteidigung von Besitz und Bildung. Denn den sozialen Umsturz, die Revolution fürchtete auch die französische Bourgeoisie. Die Hegemonie Deutschlands auf dem Kontinent ließ sich im Sinne Bismarcks in einer solchen europäischen Gemeinschaft wohltuend verbergen, sofern es gelang, Frankreich und Rußland davon zu überzeugen, in diesem mächtigen Deutschland einen vertrauensvollen Hüter ihrer Interessen zu erkennen, sei es in Asien oder Afrika. Kriege wären damit nicht unbedingt vermieden, aber vom europäischen Kontinent an die Peripherie verbannt. Auch England konnte darin seinen Vorteil finden, aber nichts fürchtete England so sehr wie eine kontinentale Union.

Trotz der englisch-französischen Entente verfügte Deutschland über erhebliche Bewegungsfreiheit. Es bestand kein Grund dazu, nervös zu werden. Bülow sah die Vorteile einer Annäherung an Frankreich zusammen mit Rußland. Aber Holstein, allein darauf fixiert, England zu einem Bündnis zu nötigen, glaubte unter den für Deutschland so günstigen Umständen im Stile Lord Palmerstons stark genug zu sein, etwas zu riskieren. Eine Allianz mit Rußland lehnte er ab, weil sie Schwierigkeiten mit England verursache. Ihm schien es geraten, Frankreich unter Druck zu setzen, das ohne den gesicherten Beistand des revolutionär aufgeregten Rußlands einem Krieg mit Deutschland nicht gewachsen war und so gedemütigt werden konnte, daß es endgültig den Rang einer Großmacht einbüßte und damit als Bündnispartner für England jeden Wert verlor. Er meinte, die Entente schon im Ansatz zerstören und England auf die deutsche Seite ziehen zu können, da dann auf dem Kontinent nur noch Deutschland als unverhohlene Hegemonialmacht für eine gedeihliche Zusammenarbeit übrigbliebe. Holstein setzte auf Konfrontation, wenn es sein mußte bis zum Krieg. Es gelang ihm, Bülow nicht ganz zu überzeugen, aber ihn zu überreden, zumindest bis zur Drohung mit dem Krieg eine Krise zu provozieren und zu verschärfen. Ein Bündnis mit Rußland war umstritten. Da geschwächt, ging von dort keine unmittelbare Gefahr aus. Daß England sich nicht dazu verstehen werde, ein bedrohtes Frankreich zu unterstützen, setzte er als selbstverständlich voraus.

Sein Irrtum, England würde sich nie mit Frankreich verständigen, hatte ihn nicht klüger oder vorsichtiger gemacht. Er kalkulierte nicht ein, daß die Gespräche mit Rußland, die er nicht abbrach, sondern bis in den Sommer 1905 weiterlaufen ließ, in England mißtrauisch beobachtet wurden. Die britische Regierung nahm sie ernst und konnte sie nicht als bloße Spiegelfechtereien auffassen, zumal sie immerhin zur Vereinbarung eines deutsch-russischen Bündnisses im Juli 1905 in Björkö führten. In der Regel pflegten Kaiser, die zumindest theoretisch die Politik ihrer Staaten leiteten, Verträge nicht zum Schein abzuschließen. Der Besuch in Tanger wies darauf hin, daß Deutschland eine Krise erzwingen wollte, um sich den Kontinent nötigenfalls mit Gewalt unterzuordnen. England beurteilte das aggressive Vorgehen der deutschen Regierung von vornherein als das, was es war: als Einschüchterung. Holstein hatte genau das erreicht, was er meinte, ausschließen zu dürfen: die Entschlossenheit Englands, Frankreich unbedingt zu unterstützen, da eine Demütigung Frankreichs zugleich eine eigene Niederlage bedeutete.

Eine Politik der Stärke bedingt außerdem, daß diejenigen, die sich dafür entscheiden, wenigstens untereinander einig sind. Der Kaiser lehnte einen Krieg wegen Marokko ab. Holstein war sich sicher, ihn an die Kandare nehmen zu können. Bülow dachte nicht daran, es wegen Marokko auf einen Krieg ankommen zu lassen. Völlig zu Recht vermutete er, daß ein solcher Krieg von den meisten Deutschen nicht gewünscht werde. Als vorsichtiger Politiker ließ er nie außer acht, daß kommende Kriege als Volkskriege der leidenschaftlichen Zustimmung des Volkes bedurften. Das russische Beispiel verdeutlichte hinlänglich die revolutionären Folgen unpopulärer Kriege. Er war bereit zu bluffen, aber mit Krieg sollte nur der drohen, der unter Umständen seine Drohung auch wahr macht. Wer blufft, ist in der Regel nicht der Starke, der er vorgibt zu sein. Holstein als einziger war entschlossen, einen Krieg zu wagen, obschon er glaubte, die Drohung werde ausreichen, um Frankreichs Ansehen gründlich zu mindern. Mit den Militärs hatte er sich im übrigen gar nicht abgesprochen.

Formell mußte Deutschland als Unterzeichner des Madrider Vertrages von 1880, der die Unabhängigkeit Marokkos international garantierte, gefragt werden, sobald der Status des Sultanats geändert wurde. Frankreich hatte das unterlassen, weil es sich vollständig sicher war, in Berlin auf keine Schwierigkeiten zu stoßen. Eine formale Nachlässigkeit behandelte Holstein auf einmal als eine Mißachtung Deutschlands als Großmacht. Die französische Regierung war überrascht. Der kaiserliche Besuch in Tanger verwirrte sie, und nicht nur sie allein. Die deutschen Botschafter wurden angewiesen, auf Fragen, was der Besuch bedeute, sich in geheimnisvolles Schweigen zu hüllen. Wer sich wie eine Sphinx verhält, braucht sich nicht zu wundern, daß die verwegensten Spekulationen die Phantasie beschäftigten, ob Deutschland einen Teil Marokkos beanspruche, einen Kriegshafen dort fordere oder Kompensationen in anderen Gebieten Afrikas. Die Verteidigung marokkanischer Souveränität konnte nicht der Zweck sein. Die Deutschen verlegten sich auf eine dramatische Politik, ohne erkennen zu lassen, worauf das Drama hinauslaufen sollte, die erste Bedingung, um mitspielen zu können.

Die französische Regierung bot an, sich zu einigen, in vertrauensvoller Zusammenarbeit eine Lösung zu finden. Holstein und Bülow lehnten zweiseitige Gespräche ab. Sie drangen auf eine internationale Konferenz, auf der sie gerade koloniale Kompensationen nicht fordern konnten, weil sie vorgaben, nur die Madrider Verträge verteidigen zu wollen. Die französische Regierung weigerte sich beharrlich, an einer solchen Konferenz teilzunehmen, die tatsächlich nicht notwendig war, weil kein Staat außer plötzlich Deutschland Einwände gegen eine französische Vorherrschaft in Marokko erhob. Die französische Regierung hatte alles gut vorbereitet. Bülow bekam zuweilen Angst, daß Deutschland sich auf einer internationalen Konferenz nur lächerlich machen könne und isoliert sein werde, aber er folgte den Vorgaben Holsteins, die allmählich den übrigen Mächten kein Geheimnis mehr blieben: Frankreich unter immer stärkerer Dosierung militärischer Drohgebärden zum Eingeständnis seiner Schwäche zu zwingen. Auf einen Krieg war Frankreich nicht vorbereitet. Als Bülow schroff bemerkte: »Der Kanzler des Deutschen Reiches wünscht keinen weiteren Umgang mit Monsieur Delcassé«, trat am 6. Juni 1905 der französische Außenminister zurück. Deutschland hatte seinen diplomatischen Triumph, zum Entsetzen der Engländer.

Der französische Ministerpräsident hoffte, nun endlich mit den Deutschen ins Gespräch zu kommen, alle umstrittenen Fragen, wie früher mit England, einvernehmlich lösen zu können. Dem Kaiser wurden diese Angebote verschwiegen, der meinte, daß mit dem Sturz des französischen Außenministers, der die Entente mit England gesucht und gefunden hatte, ohnehin alles erreicht sei, was Holstein und Bülow erwarten durften. Er wünschte die »idiotische Konferenz« zu vermeiden, auf der Holstein Frankreich weitere Zugeständnisse abpressen wollte, ohne überhaupt genau zu wissen, welche. Holstein ging es darum, Frankreich zu demonstrieren, wie isoliert es sei, und England davon zu überzeugen, daß es ohne Deutschlands Einverständnis in Europa handlungsunfähig bleibe.

Frankreich resignierte endlich unter dem deutschen Druck, absoluter englischer Unterstützung gewiß. Die Konferenz wurde für den 6. Januar 1906 in Algeciras anberaumt. Kaiser Wilhelm erinnerte immerhin beharrlich daran, den Konflikt nicht auf die Spitze zu treiben, weil er nicht willens war, sich auf einen Krieg einzulassen. Die Konferenz verlief für Deutschland verheerend. Außer Österreich-Ungarn, das nicht wagen durfte, offen vom deutschen Kurs abzuweichen, unterstützte keine Macht die deutsche Regierung, die es verstand, jedem mit ihren Betrügereien, Drohungen und plumpen Kniffen auf die Nerven zu fallen. Deutschland stand einsam allen anderen gegenüber, nicht zuletzt weil die Franzosen erkannten, daß die Deutschen nur bluffften. Die letzte Rettung blieb nur, Holstein, der dem Krieg nicht abgeneigt, jede weitere Einflußnahme auf die Konferenz schlichtweg zu verbieten, um zu einem Kompromiß zu gelangen, der die deutsche Blamage halbwegs verhüllte. Seine Politik auf Biegen und Brechen, mit der er Frankreich und England voneinander trennen wollte, führte beide enger zusammen; die unverbindliche Entente war nicht gesprengt, sondern zusammengeschweißt worden. Sofort versuchten die Engländer, die Russen in ein versöhnliches Einverständnis zu ziehen, das informelle Bündnis also zu erweitern.

Der Ehrgeiz Holsteins, Frankreich in deutsche Abhängigkeit zu zwingen, scheiterte an England. An eine versteckte Hegemonie des Reiches, eingebettet in Koalitionen und Absprachen, war es gewöhnt. Das machte sie erträglich. Eine gewaltsame Unterwerfung Europas unter alleinige deutsche Vorherrschaft aber, die bei der Schwäche Rußlands nach einer französischen Demütigung unvermeidlich schien, konnte England nicht hinnehmen. Holstein wollte aber eine eindeutige Hegemonie erreichen, indem er Frankreich zu einem Satellitenstaat erniedrigte und für Rußland einen ähnlichen Zustand als Konsequenz vorsah. Die Folge seiner verhängnisvollen Politik war, daß England, mißtrauisch geworden, sich darum bemühte, Deutschland jede Möglichkeit zu versperren, je eine kontinentale Allianz zu erlangen. Deshalb warb es, schließlich erfolgreich, auch um Rußland. Seine Bündnisse galten nicht unbedingt der Absicht, Deutschland einzukreisen, vielmehr dem Zweck, Deutschland daran zu hindern, mit seinen Nachbarn Koalitionen einzugehen. Die Bewegungsfreiheit, die Deutschland 1905 besaß, war ihm seit Algeciras genommen. Statt Frankreich und den Kontinent in seine Abhängigkeit zu bringen, geriet Deutschland in vollständige Abhängigkeit vom Wohlwollen der englischen Regierung. Sein Spielraum war erheblich eingeengt. England war zu manchem Engegenkommen bereit, widersetzte sich aber jedem weiteren deutschen Versuch, Frankreich oder Rußland aus ihrem Bündnis mit England herauszubrechen. Die britische Regierung war der Meister des Kontinents.

Jetzt erst, von der Gewalttätigkeit deutscher Politik überrascht, betrachtete die englische Regierung den Aufbau einer deutschen Flotte mit Besorgnis. Die deutsche Seerüstung und die mit ihr verknüpfte antibritische Propaganda hatten bislang in den politischen Auseinandersetzungen keine Rolle gespielt. Einzelne Marineoffiziere fanden eine deutsche Flotte von vornherein bedenklich. Doch bis 1902 war die französische die größte auf dem Kontinent und im Bündnis mit der russischen zumindest eine nicht zu unterschätzende Macht. Frankreich verzichtete seit 1904 auf die energische Entwicklung seiner Flotte, und die russische war im Krieg gegen Japan zerrieben worden. Allerdings hatte der erste Lord der Admiralität, seit 1904 Sir Joseph Fisher, die englische Überlegenheit zur See geschwächt, indem er mit einem entschiedenen Modernisierungsprogramm 150 Schiffe außer Dienst stellte. Fisher bewunderte Kaiser Wilhelm, in ihm einen kenntnisreichen »Kollegen« schätzend, der gleichsam aus dem Nichts eine Flotte schuf, die höchsten Respekt verdiente. Fisher gehörte nichtsdestoweniger zu den wenigen, die im Kaiser und in der deutschen Seemacht, die um 1900 den sechsten Rang auf der Welt einnahm, den künftigen Feind witterten.

Seine Hochachtung vor deutscher Technik veranlaßte ihn dazu, die Entwicklung der »Dreadnoughts«, großer, schneller und schwerbewaffneter Schiffe, zu beschleunigen. Sie bewiesen die ungemeinen technischen Fertigkeiten der Engländer, entwerteten jedoch, seit 1907 das erste einsatzfähig war, die früheren Modelle als überholt oder unzulänglich. Fisher bemerkte nicht, daß er gleichwohl die deutschen Flottenpläne durcheinanderbrachte. Auch Tirpitz mußte nun dem englischen Beispiel folgen, doch für solche Schiffe erwies sich der Kaiser-Wilhelm-Kanal, der Nord- und Ostsee verband, nicht als tauglich. Sein Umbau dauerte Jahre, die England unbesorgt abwarten konnte. Aber da Österreicher und Deutsche ebenfalls sehr erfolgreich »Dreadnoughts« vom Stapel ließen, brach 1909 vorübergehend in England eine Panik aus – weniger aufgrund der imponierenden deutschen Aufrüstung zur See als wegen des nicht mehr zu tilgenden Verdachts, die ruppige deutsche Außenpolitik strebe weiterhin nach einem Kontinentalblock, um

Englands Koalitionen zu sprengen und die europäischen Flotten zu vereinigen, unter denen die russische, mit rasantem Tempo wiederaufgebaut, sich der deutschen an Qualität und Stärke annäherte. Die deutsche Flotte für sich genommen bildete nie ein Ärgernis, nur im Zusammenhang mit einer vom Reich erzwungenen kontinentalen Allianz wirkte sie auf Engländer bedrohlich.

Wollte Deutschland eine selbständige Großmacht bleiben, konnte es allerdings nicht darauf verzichten, sich Möglichkeiten für kontinentale Absprachen zu eröffnen. Mit dem Widerstand Englands mußte es dabei immer rechnen. Dessen Wohlwollen hatte es sich in der ersten Marokkokrise endgültig verscherzt. Holstein wurde zwar im Juni 1906 entlassen, doch seine grobe Methodik, nicht die biegsame Bismarcks war von nun an maßgeblich, was Deutschland zumindest unter den Großmächten isolierte. Kaiser Wilhelm war entsetzt, verzweifelt.

Wilhelm bemerkte nach Algeciras bitter, daß zumindest während seiner Generation keine ersprießlichen Beziehungen zu Frankreich mehr zu erwarten seien, was hieß, daß auch mit England nur schwer ein freundliches Einvernehmen würde erreicht werden können. Holstein hatte die deutsche Politik in eine Sackgasse gelenkt. »Es wäre doch schön, wenn auf dem Verhandlungswege die 3 Kaisermächte als ›Interessengemeinschaft‹ sich wieder zusammenfinden könnten?« frug der Kaiser 1908 den österreichischen Thronfolger Franz Ferdinand, in der Frage seine Hoffnung verbergend. Denn Rußland wollte keinen Krieg, davon war er überzeugt. Er wünschte keinen Krieg mit Frankreich, und Franz Ferdinand, freilich vorerst ohne jeden Einfluß, erblickte in einer Annäherung an Rußland die beste Stütze für Österreichs Fortbestehen.

Sir Arthur Nicolson, der 1906 von Tanger als britischer Botschafter nach Petersburg wechselte mit dem Auftrag, eine Entente zu Rußland herzustellen, erkannte sofort, daß der russische Kaiser und seine Regierung, »wenn sie durch keine anderen politischen Bindungen gehemmt wären, gerne ein enges Bündnis mit Deutschland schließen (würden)«. Genau das galt es, aus englischer Sicht, zu verhindern. Paradoxerweise entdeckten alle Mächte, die von Weltpolitik sprachen, vielleicht unter deutschem Einfluß, in Europa den Mittelpunkt ihrer Schwerkraft. Das erstaunlichste Ergebnis von Algeciras bleibt, daß England sich in einem Ausmaß auf Europas innere Verhältnisse konzentrierte wie nie zuvor in seiner gesamten Geschichte. Holstein hatte diese Wendung erzwungen, nicht zum Vorteil Deutschlands und der drei Kaiser.

Der Dandy als nationaler Führer

Nikolaus II. auf der Suche nach dem Volk

»Rußland ist wie ein festverschlossener Kessel mit kochendem Wasser über einem Feuer, das immer heftiger brennt; ich fürchte eine Explosion, und es kann nicht zu meiner Beruhigung dienen, daß der Kaiser während seiner mühseligen Regierung mehrmals dieselbe Besorgnis gehegt hat«, bemerkte Astolphe de Custine 1839. Als Royalist war er damals nach Rußland gefahren, um Gründe gegen die repräsentative Regierung zu suchen. Er kehrte als Anhänger des konstitutionellen Prinzips nach Frankreich zurück. Wie viele Liberale oder zum Liberalismus Bekehrte überschätzte er die Heilkraft politischer Verfassungsorganisationen. Konservative hatten schon längst erkannt, daß die rein politischen und rechtlichen Kompromisse des Konstitutionalismus zu den fast schon überwundenen Standpunkten zählen. Es ging gar nicht mehr um die mögliche politische Form der Gesellschaft, sondern um deren Grundlagen, um die »soziale Verfassung«, ob also die gesellschaftlichen Prinzipien, die Vorherrschaft von Besitz und Bildung, überhaupt noch tragbar seien. Die soziale Frage drängte sich mächtig in den Vordergrund. Darauf wußte der Liberalismus keine Antwort. Ihn ängstigte mehr noch als die Monarchen der Umschlag in die soziale Demokratie. In den russischen Verhältnissen drückten sich nur extrem die Spannungen aus, denen ganz Europa ausgesetzt war. Die Gesellschaft war der Boden, von dem aus Sozialisten und Demokraten den Angriff wagten, um ihr eine neue Verfassung zu geben, um einen neuen Menschen zu ermöglichen. Darin lag ihre ungeheure Kraft und Überredungskunst. Die Konservativen befanden sich in der Verteidigung. Sie analysierten mit ungemeiner Präzision die morschen Fundamente des gesellschaftlichen Gebäudes, das sie trotz seiner Baufälligkeit als behagliches Eigenheim erhalten wollten. Sie rechneten damit, daß viele es vorziehen, solange ein Hausmeister für die dringlichsten Reparaturen sorgt, lieber in einem einsturzgefährdeten Haus zu wohnen als unbehaust darauf zu vertrauen, daß neues Leben einst aus Ruinen sprießen werde.

Das russische Kaisertum, wie Peter der Große es geschaffen hatte, versuchte, die preußische Selbstherrschaft des Monarchen, gestützt auf Armee und Bürokratie, auf Rußland zu übertragen. Peter war der erste russische Deutsche, wie Alexander Herzen ihn charakterisierte. Seine Nachfolger, ohnehin deutschen Ursprungs und mit deutschen Prinzessinnen verheiratet, sahen in der Regel in Preußen ihr Vorbild. Deutsche in Armee und Verwaltung halfen ihnen dabei, Rußland dem erwünschten Typus anzunähern. Aus Berechnung und Notwendigkeit stilisierten sich die Kaiser seit Nikolaus I. zu Russen, seitdem in der Auseinandersetzung mit Napoleon und den Ideen der Revolution der nationale Gedanke auch russische Intellektuelle, vorerst aristokratischer Herkunft, ergriffen hatte. Der Nationalismus rechtfertigte sich historisch, unter Berufung auf den Volksgeist, der sich die Institutionen schafft, die seinen Anlagen entsprechen. Die russischen Institutionen der Petersburger Autokratie schienen als Nachahmung fremder Einrichtungen das nationale Herkommen zu verfälschen, die ureigensten Traditionen zu unterdrücken. Erste Kritiken galten gar nicht so sehr der Autokratie, sondern ihrer preußisch-deutschen Gestalt. Iwan der Schreckliche – was meint, der majestätisch Ehrfurchtgebietende, der rex tremendae Maiestatis, wie der Christus-König beim Jüngsten Gericht –, der vorpetrinische Moskauer Zar, wurde zum Inbegriff des nationalen Herrschers erhoben. Ihm war, wie es hieß, alle politische Macht übertragen, um das gesellschaftliche Leben in seiner Eigenwilligkeit zu schützen und deren Selbstentwicklung nicht zu behindern. Kaiser und Volk konnten unmittelbar miteinander verbunden sein, ohne lästiger Zwischeninstanzen als Vermittler zu bedürfen.

Es fiel manchen Beobachtern des kaiserlichen Rußland auf, daß Autokratie und vollendete Demokratie sich gar nicht widersprachen, da der Kaiser über eine Menge unter sich Gleicher herrschte, die trotz aller Abstufungen je nach Reichtum oder Armut von ihm abhängig waren. Demokratie und Autokratie müssen demnach keine Gegensätze sein, vielmehr kann sich die Demokratie gerade in der unbeschränkten Selbstherrschaft vollenden, die Ausdruck des nationalen Willens ist, der sich in ihr zusammenfaßt und allen Energien die Richtung weist. Petersburg zu hassen konnte dann zur patriotischen Pflicht werden, die Rückkehr nach Moskau, die Rückbesinnung auf die Moskowiter Ursprünge Rettung aus aller Not verheißen. Ein Volk, ein Reich, ein Gott und ein Kaiser symbolisierten die große Welteinheit, in der alle Besonderheiten als

Schwingungen einer großen Bewegung sich darin erfüllen, mitschwingend das innere Leben vor Erstarrung zu bewahren. Die Spontaneität der Gerechten ermöglicht dann eine Ordnung der Gerechtigkeit, des harmonischen Zusammenklangs der Einzelstimmen. Die Aufgabe des Chorleiters besteht darin, die Harmonie herzustellen und zu sichern. Solche Überlegungen, die auf eine Symbiose von Autorität und Selbstbestimmung zielen, sind keineswegs genuin russisch. Ein wortmächtiger Verkünder der neuen Ordnung ungleich gestimmter, aber sich freundlich ergänzender Temperamente war der Franzose und soziale Anarchist Joseph Proudhon, der die Freiheit liebte und zugleich die Ordnung, die gleiche Gerechtigkeit für alle, nicht missen wollte. Das Recht, die Norm, das Gesetz erachtete er allerdings, sofern nicht Nachhall der Gerechtigkeit, als Zwang und Unterdrückung eines Eigensinns, dem der unmittelbare Übergang in den Gemeinsinn verwehrt wird, der, sich selbst entfremdet, als Bruchstück fern vom großen Ganzen fröstelnd darbt.

Russen vernahmen solche leidenschaftlichen Hinweise sehr wohl. Ihre Konstruktion der vaterländischen Geschichte schien die allerneuesten sozialen Botschaften aus Paris nur zu bestätigen, zumal diese den idealistischen Verheißungen aus Jena, Weimar oder Berlin über ein Gleichgewicht von Autorität und schöner, freier Menschlichkeit gar nicht widersprachen. Die Wegweiser zurück nach Moskau kamen aus der Welt, für die Petersburg das verächtliche Symbol war. Die demokratischen Möglichkeiten der Autokratie, wie sie Napoleon III. mit seinem Cäsarismus nutzte, waren den russischen Kaisern freilich versperrt. Sie konnten keine Massen hinter sich scharen, weil diese die Leibeigenen des Adels waren. »Das Volk« war eine romantische Idee, eine Abstraktion Intellektueller. Es war in Unmündigkeit gehalten und befand sich in gärender Unruhe. Die Kaiser waren zwar die einzige unabhängige soziale Gewalt, aber sie vermochten doch nicht kraft Autorität die Befreiung der Leibeigenen zu erzwingen, ohne den sozialen Umsturz zu riskieren. Denn auf den Adel blieben sie vorerst angewiesen, auf dessen loyalen Dienst in Verwaltung und Armee. Die Aristokraten bekundeten ihrerseits eine wachsende Unzufriedenheit mit dem erstarrten System, dessen bürokratischer Druck ihnen zusehends lästig fiel. Im Vergleich zur Bewegungsfreiheit ihrer Standesgenossen im übrigen Europa schämten sie sich der Abhängigkeit, in der sie gehalten. Der Putsch der Dekabristen 1825 beleuchtete blitzartig, daß die besten Familien des Reiches nicht unbedingt die sichersten Stützen des Throns waren. Eine Bodenreform und Befreiung der Leibeigenen ließen sich nur zusammen mit dem Adel erreichen, der auch die ersten bedeutenden Unternehmer stellte, die mit den ihnen dienstverpflichteten »Seelen« arbeiteten.

Ein Bürgertum, das die Kaiser gegen den Adel hätten ausspielen können, gab es kaum. Soweit vorhanden, war es, zumindest in den wenigen größeren Städten, deutscher Herkunft. Der Bürger störte als soziale Erscheinung nicht unbedingt, sein deutscher Charakter mißfiel allerdings den sich nationalisierenden Russen, obschon die Deutschen korrekte, zuweilen leidenschaftliche Diener der Krone, eben Staatsbürger und Reichspatrioten waren. Sie dienten nicht dem Zaren von Moskau, sondern dem Kaiser ganz Rußlands. Die Autokratie verfügte über eine Machtfülle, die ihr gleichwohl die Hände band. Ihr fehlten selbständige soziale Gruppen, deren Interessen sie unmittelbar hätte fördern können, wenn sie energisch in die soziale Ordnung oder eben Unordnung eingriff. Handelte sie selbstbewußt, geriet sie alsbald mit dem Adel, der Armee und der Bürokratie in Widerspruch. Mut und Entschlossenheit forderten die oppositionellen Intellektuellen, erwarteten ungeduldig die an einen Boden Gefesselten, der ihnen nicht einmal selber gehörte.

Aus Furcht vor der Revolution, vor der Demokratie beschränkten sich die Kaiser darauf, den bestehenden Zustand zu erhalten, obschon von seiner Unzulänglichkeit überzeugt. Sie suchten Schutz in der Heiligen Allianz mit den beiden anderen Mächten des monarchischen Prinzips und fühlten sich darin geborgen, solange Preußen und Österreicher bei insgesamt doch anderen Verhältnissen sich damit begnügten, vorsichtig die gärenden Elemente zu kontrollieren. Die beiden anderen Monarchien bildeten einen Schutzwall und boten Sicherheit vor der Revolution, so wie die russische Autokratie aufgrund ihrer Reglosigkeit deren labiles Gleichgewicht nicht durch plötzliche Neuerungen erschütterte. Als nach 1848 Preußen und Österreich das monarchische Prinzip modifizierten und sich liberalisierten, Verfassungskompromisse eingingen, waren Nikolaus und sein Nachfolger Alexander II. verlassen. Einsam hielten sie ein Prinzip aufrecht, das ihre Vettern nur noch mit weltkluger Einschränkung anerkennen wollten. Sie gerieten in eine Isolation, die Nikolaus und dann sein Sohn, Alexander II., als peinlich empfanden. Als europäische Großmacht verloren sie den Zusammenhang mit dem übrigen Europa, der gewahrt war, solange sie mit dem preußischen König und dem österreichischen Kaiser eine grundsätzliche Interessengemeinschaft bildeten. Als die neue Zeit bis unmittelbar an die eigenen Grenzen vorrückte, fiel es immer schwerer, sich ihr zu verweigern.

Das machte Alexander II., der 1856 die Krone erbte, nervös. Er bemühte sich, dem preußischen Beispiel zu folgen und seine Selbstherrlichkeit mit liberalen Tendenzen zu versöhnen. Ein Autokrat, der nervös geworden, büßt freilich seine Überzeugungskraft ein. Zittert die Hand, die befiehlt, verlieren sich rasch der Respekt und der Gehorsam, Zugeständnisse wirken dann als Schwäche und fordern dazu heraus, weitere zu verlangen. Mut und eine feste Hand waren die Voraussetzungen, um die soziale Verfassung Rußlands zu verändern und darüber den Weg zu einer wie auch immer gearteten politischen Verfassung zu ebnen, die dem sozialen Leben einen elastischen Rahmen verleiht und sich dessen Regsamkeit anschmiegt.

Alexander II. war vom Herzen her liberal, fürchtete aber mit seinem nicht geringen Verstand den Liberalismus, dem er sich mehr aus Verlegenheit öffnete, um die Ordnung zu bewahren, die er mit seinen Reformen erschütterte. Er war ein preußischer Sentimentaler. Als Sohn einer preußischen Mutter wurde er von dem romantischen Dichter Wassili Andreijewitsch Shukowskij zum empfindsamen Menschen erzogen. Indem er in der Menschenwürde jedes Einzelnen dessen göttliches Vorrecht erkannte, sollte er zur eigenen Würde gelangen, ganz Mensch zu sein, der in den anderen den Mitmenschen erkennt und achtet. Gott hat ihn zum Höchsten berufen, dazu, die menschlichen Willen zu lenken und zu vereinen, was ihm nur gelingt, wenn er sich leiten läßt von Gott, dem Menschenfreund, dem gnädigen, gerechten Herrn, der keinem seine Gunst versagt. Alexander lernte gut, obschon verträumt. Er eignete sich wie jeder wohlerzogene Russe den deutsch-idealistischen Humanismus an, bildete sich zum Menschen. Seine Sanftmut fiel früh auf. Alles Militärische behagte ihm gar nicht. Sein liebenswürdiges Gemüt bezauberte. Die vollendete Anmut imponierte und gefiel. Er war bescheiden, ohne ängstlich zu sein, sehr würdig-gemessen, aber nicht ohne Gespür für die zarten Nuancen, die der überraschende Augenblick verlangt. Sein gutmütiges, norddeutsches Aussehen straffte er zu abweisender Strenge, sobald er meinte, die Majestät in der Öffentlichkeit eindrucksvoll verkörpern zu müssen.

Schon an dem jungen Fürsten fiel auf, wie sehr er sich zu verstellen wußte. Zu keinem faßte er Vertrauen. Dankbarkeit erwartete Alexander nicht. Immer ruhig, verbarg der Menschenfreund hinter der freundlichen Maske seines liebenswürdigen Angesichts eine traurige Teilnahmslosigkeit, die sein leerer Blick dennoch verriet, der gründlicheren Kennern des Herzens offenbarte, daß der Kaiser gar nicht zuhörte, wenn man mit ihm sprach. Ihn langweilte Geselligkeit, so höflich er war. Menschen enttäuschten ihn, sosehr er sie auch zu gewinnen verstand. Sein Charme war gesucht. Er war anstrengend, gerade wenn er ganz zuvorkommend erscheinen wollte. Seine Gleichgültigkeit brachte seine Herablassung in den Ruf der Arroganz. Den richtigen Ton fand er zu keinem, weder im häufigen noch im gelegentlichen Umgang. Es war ihm nicht gegeben, unbefangener Mittelpunkt seines Hofes zu sein. Die monarchische Repräsentation nahm er als notwendiges Übel hin. Freude hatte er keine daran. Wenn es sein mußte, entfaltete er märchenhaften Prunk, eine Mischung aus Versailles und Tausendundeiner Nacht. Er tanzte ungern, aß wenig und trank so gut wie gar nichts. Der Luxus war für andere da. Für sich selber hatte er keine extravaganten Bedürfnisse, höchstens zuweilen den sehr modischen Wunsch, Tische rückend Geister zu beschwören und mit ihnen in beredten Verkehr zu treten.

Aus Liebe heiratete er 1841 Marie von Hessen. Die unauffällige Prinzessin bereicherte sein empfindsames Gemüt. Er machte gleichsam ein Aschenbrödel zur Kaiserin. Denn Marie war nicht die Tochter des Großherzogs Ludwig, sondern ein Kind der Liebe oder der Lust ihrer Mutter, das Ludwig, um die Ehre seiner Frau zu schützen, als sein eigenes ausgab. Mit der Kraft, die Leidenschaft verleiht, überwand er den Widerstand seiner Eltern, denen diese Mesalliance sehr zuwider war. Die Petersburger Gesellschaft teilte die trotzige Resignation Kaiser Nikolaus' überhaupt nicht, einer Schwiegertochter sich nicht schämen zu müssen, die ein Großherzog ohne Scheu als Tochter anerkannte. Soweit das bei einer Großfürstin und Kaiserin möglich war, wurde sie von der höfischen Gesellschaft »geschnitten«. Nahezu im verborgenen aufgewachsen, in Darmstadt als etwas fragwürdige Existenz stets im Hintergrund gehalten, mauerte sich die Schüchterne alsbald endgültig verschreckt in der kargen Provinz ihrer trüben Innerlichkeit ein. Als spröde Exaltierte diente sie dem Gegenglück, dem Geist.

Sie be-geisterte sich an der russischen Religiosität und dem Schönen, soweit es ihr als Kunstschönes entgegenkam. Kein Hauch profaner Weltlichkeit entweihte die üppig möblierten Boudoirs, in denen sie, dankbar für jeden erregenden Reiz, die Sublimität ihrer schönen Seele auskostete. Die Durchgeistigte lebte wie geistesabwesend am Hofe. Sie wurde zur glühenden Apostolin slawisch erlösend-befreiender Geistesaussendung. Sie quälte sich, russischer als die Russen zu sein, sie peinigte ihre Nerven, um die schwache Natur zur Seelenstärke zu festigen, sie verlor sich in Stimmungen, sie mit Aufschwüngen zur alles Triviale überwindenden Erhabenheit verwechselnd. Krank zu sein wurde ihr zur Gewohnheit. Soweit sie Temperament besaß, verschwendete sie dessen Energien an das abenteuerlichste Unternehmen, der ununterbrochenen Bereicherung ihres armen und verarmenden Ichs. Nach innen führet der geheimnisvolle Weg. Den schlug sie ein, ihre Aufgaben als Ehefrau, Mutter und Kaiserin als beirrende Abweichung von diesem selbstgesetzten Ziel luxuriöser Selbsterfahrung betrachtend. Nur mit äußerstem Widerwillen strengte sie sich an, in der Welt des äußeren Scheins Pflichten wahrzunehmen, hielt aber Alexander inständig dazu an, keines seiner Rechte als Autokrator verkümmern zu lassen.

Alexander ermüdete bei aller Wohlerzogenheit die schwüle, von erlesenem Parfüm und betäubendem Weihrauch gesättigte Beseeltheit ihrer veredelnden Anstrengungen. Nach einigen flüchtigen Neigungen ergriff ihn 1866 zu der siebzehnjährigen Katharina Dolgorukij eine Leidenschaft, die nie den Übergang in behagliche Gewohnheit fand. »Vergiß nicht, daß mein ganzes Leben Dir gehört, Engel meiner Seele«, und dabei blieb es bis zu seinem Tode. Sie sahen sich täglich, sie schrieben sich täglich, sie konnten kaum für Stunden voneinander getrennt sein, ohne daß Sehnsucht sie verzehrte. Diese für beide so glückhafte Passion, in der himmlische und irdische Liebe, wie das Jahrhundert es sich wünschte, ununterscheidbar verschmolzen, war ein Skandal. Alexander behandelte mit zuvorkommendem Respekt die Kaiserin, verletzte sie aber als Frau, alle Gebote verhüllender Diskretion mißachtend. Höflinge empörten sich über die Taktlosigkeiten und Roheiten dieses vollkommenen Kavaliers, die darin bestanden, die Öffentlichkeit zum Zeugen seines Glücks zu machen. Sein übervolles Herz versagte vor der Höflichkeit. Er wollte nicht unaufrichtig sein, geheimnisvoll, geschickt, nur ehrlich, wie sein Gefühl. Jede Verstellung aus Höflichkeit erschien ihm wie eine Lüge der einzigen gegenüber, die ihn nie betrogen, ihn nie benutzte für eigene Zwecke, deren einzige Sorge war, in ihrer Nähe seine Sorgen vergessen zu machen oder wenigstens zu beruhigen. Sie war die einzige Vertraute, mit

der er offen reden konnte, allmählich auch über sämtliche Staatsangelegenheiten, immer gewiß, daß sie den Zugang zu seinem
Herzen nicht als Zugang zum Machthaber für andere mißbrauchen
werde.

Die meisten Verwandten kapitulierten vor dem unverhohlenen
Glück. Auch die Brüder der Kaiserin, der skrupulöse Onkel Wilhelm in Berlin gönnten ihm die zärtlichen Wonnen, die zwei über-
einstimmende Herzen sich verschaffen. Schließlich gehörte die
Ehrfurcht vor den Dunkelheiten und Unberechenbarkeiten der
Herzen, selbst der sichersten und festesten, zum adeligen Anstand,
wenn wahre Gefühle sie belebten. Seit 1878 lebte Katja im Winterpalais. Mit ihr und den drei Kindern genoß er die einfachen Verheißungen familiärer Behaglichkeit. In dem Sohn Georg, der 1872
geboren wurde, sah er stolz einen echten Russen, damit die Verlegenheit bekundend, in die ihn sein deutsches Blut versetzte. Dieser Umstand beunruhigte allerdings die legitimen Erben, fürchtend, daß der Kaiser sich nicht nach den Gesetzen der Erbfolge
richten und Georg zum Nachfolger ernennen könne, um den Russen einen wahrhaft russischen Kaiser zu schenken. Nicht nur aus
geschmacklichen, sondern auch aus politischen Erwägungen erregte es den Zorn der ehelichen Kinder, als er zwei Monate nach
dem Tod der Kaiserin im Juli 1880 Katja heiratete und damit seine
»Bastarde« legitimierte und beabsichtigte, Katja zur Kaiserin zu
krönen. Doch solche Befürchtungen waren grundlos. Denn er trug
sich mit dem Gedanken, nach deren Krönung, nach der auch
äußerlichen Gleichstellung seiner Kaiserin des Herzens mit ihm,
auf den Thron zu verzichten und zusammen mit seiner Familie an
der Côte d'Azur ein paar letzte besonnte Tage stiller Privatheit zu
verbringen. Denn er litt indessen an Asthma, war früh gealtert und
fühlte sich erschöpft.

Der Hochherzige, der Befreier der Leibeigenen und der griechischen Religionsverwandten auf dem Balkan war müde geworden,
verfolgt wie ein wildes Tier von jungen Revolutionären, die sich
zum Richter über ihn aufwarfen und ihn zum Tode verurteilten.
Während der letzten Jahre seines Lebens wurde er systematisch ge-
hetzt, überraschend den Attentaten entgehend. Für den Gefange-
nen im eigenen Palast und seiner Sicherheitsbeamten blieb die Familie seine Zuflucht, sein Trost, um sich mit ihr zu erholen und in
ihrem Kreis den Frieden zu finden, den er seinem Reich nicht zu
geben vermochte. Dabei war er nicht nur besten Willens, sondern

brachte die Europäisierung Rußlands zum Abschluß. Doch wovor Peter der Große und Katharina die Große zurückgeschreckt waren, als Selbstherrscher in die soziale Verfassung energisch einzugreifen, um sie umzugestalten, das erblickte er als seine Aufgabe. Rußland war nicht nur eine anerkannte europäische Großmacht, es war die einzige kontinentale Macht, die sich zu einem Weltreich erweiterte, zu einem kontinentalen Imperium, wie es in dieser Größe und Ausdehnung die Geschichte bislang nicht kannte. Unter Alexander II. fand es zu seiner endgültigen, schon durch die schiere Masse beeindruckenden Gestalt.

Ohne direkte Weisung aus Petersburg, aber in Übereinstimmung mit der Regierung unterwarfen und befriedeten phantasievolle Offiziere und große Organisatoren – Naturen wie die großen Spanier, die Amerika einer spanischen Ordnung einfügten – vom Kaukasus über Mittelasien bis zum Amur, Ussuri und nach Salachin die weiten Räume Asiens. Die Abrundung des russischen Reiches zu einem kompakten Block zusammenhängender und sich ergänzender Räume, die von nun an einen Großraum eigenen Rechtes bildeten, gehört zu den erstaunlichsten Leistungen in der Weltgeschichte. Großartig, weil sich darin nicht nur ein praktischer Erwerbssinn äußerte, sondern kolonisierende Erschließung, die jener Zivilisation weitere Provinzen hinzugewann, der sich Rußland seit Peter dem Großen geöffnet hatte. In Asien traten die Russen selbstbewußt als Europäer auf, so wie sich damals eben der Europäer verstand, durchaus im Gefühl der Überlegenheit.

In Europa, dem das ferne Asien ziemlich gleichgültig war, mußten die Russen freilich um Gleichberechtigung und Anerkennung kämpfen. Dort ging es ihnen wie den Römern, sobald diese in die »alte Welt« der griechischen Kultur eindrangen und als halbe Barbaren mißverstanden wurden. Gerade weil die Russen sich zu einem »Reichsvolk« entwickelten, zu einer zivilisierenden imperialen Macht, schien es Alexander II. geboten, den Russen von dem Verdacht zu befreien, daß der Tatar zum Vorschein käme, sobald man nur ein wenig an der abendländischen Schminke kratze, unter der er seinen unverwechselbaren Charakter verberge. Das hieß, Rußland immer weiter zu europäisieren, damit es in Asien seinen selbstgesetzten oder zugefallenen Aufgaben gerecht werden konnte, zwischen Asien und Europa zu vermitteln. Einen Weg zurück hinter die petrinische Revolution, zurück zu einem moskowitischen Sonderbewußtsein erachtete er als Irrweg. Es gab nur die eine Möglichkeit, die einmal eingeschlagene Richtung konsequent einzuhalten, zumindest mit Preußen und Österreich Schritt zu halten. Die Untreue des Kaisers Franz Joseph während des Krimkrieges hatte Alexander sehr verbittert. Er war nicht so weltgewandt wie der geschätzte Onkel Wilhelm, der Franz Joseph gar nichts übelnahm. Aber »Wimpus« konnte mühelos stets großzügig sein. Er hatte immer Glück gehabt, und nichts ist so unvornehm, wie einem Unglücklichen liebenswürdiges Verständnis zu verweigern. Doch Alexander wußte, daß die drei schwarzen Adler sich trotz Mißverständnissen nicht trennen durften, also Reformen in Rußland unumgänglich seien, die selbst Franz Joseph duldete oder förderte.

Im »nordischen System«, das den Frieden Europas sichern sollte, konnten die einzelnen Mächte nicht allzu verschieden verfaßt sein, wollten sie ihrer europäischen Verpflichtung genügen. Eine gewisse Homogenität im Inneren war die Voraussetzung, damit es überzeugend auf die übrigen einzuwirken vermochte, auf Frankreich und England, die sich gelegentlich als »Westen« verstanden gegen den »Osten«, aus dem sie Österreich oder Preußen, unter Umständen beide zuweilen herausbrechen wollten. Die deutschen Großmächte wollten weder dem Osten noch dem Westen Spielraum gewähren. Sie entzogen sich als nördliche Monarchien der politisierten und ideologisierten Geographie. Als Reiche des Nordens traten sie für ein Prinzip ein, das monarchische, ganz unabhängig davon, wie sich die Erde um die Sonne als moralisierte physische Kraft drehte.

Mit einer Reihe von Reformen wollte Alexander II. Rußland den beiden anderen monarchischen Mächten angleichen und damit den Gebildeten seines Reiches den Anlaß zur Scham nehmen, als europäische Macht erheblich unter dem Niveau zu stehen, das sie als Voraussetzung der Zivilisation erachteten, gerade für ein Reich, das sich bemühte, Asien mit der europäischen Zivilisation zu verknüpfen. Die Leibeigenschaft der Bauern erschien ihnen als die äußerste nationale Peinlichkeit. Es war ihnen kein Trost, daß in den humanitär beschwingten Vereinigten Staaten vorerst noch die Sklavenwirtschaft herrschte, deren geplante Abschaffung alsbald zu dem schrecklichen Bürgerkrieg führte, dem ersten Beispiel eines Krieges im technischen Zeitalter. Die Aufhebung der Leibeigenschaft 1861 verfolgte gerade den Zweck, einer Revolution von unten vorzubeugen. Sie wurde erleichtert aufgenommen und enttäuschte doch sofort die Bauern. Sie erhielten wohl Land, doch zu wenig, und mußten dafür zu hohe Ablösesummen an den Staat zahlen, der diese erst einmal vorgeschossen hatte. Sie waren zwar aus der Abhängigkeit ihrer Herren befreit, aber dafür in die bäuerliche Gemeinde eingebunden, eine Kollektivwirtschaft, die der Entfaltung selbständiger Energien hemmend im Wege stand. Die Unzufriedenheit wurde eher größer, als daß sie sich verminderte. Denn zuvor gab es noch Hoffnung, daß der Zar ihnen zu Besitz und Eigenständigkeit verhelfen werde. Jetzt sahen sie, daß ihre Hoffnung betrogen ward. Als Ausflucht bot sich höchstens die Arbeit in den Fabriken an, das ländliche Elend mit dem Proletarierdasein vertauschend. Für Teile des Adels brachte der Verkauf oft schlechter Böden manchen Vorteil, die Entschädigung für industrielle Investitionen nutzend; andere, vor allem wenn im Besitz ertragreicher Güter, spürten empfindlich den Mangel an Arbeitskräften. Der Rückzug des Adels aus der Landwirtschaft begann, ohne daß die meisten Bauern in der Lage waren, ihren spärlichen Besitz zu erweitern. Die ländlichen Probleme verschärften sich angesichts der nun ausbrechenden weltweiten Landwirtschaftskrisen, vorangetrieben durch die steigenden Geburtenziffern, die erst recht ein Überleben der wachsenden Familien auf dem beschränkten Grund unmöglich machten.

Rechtlich galten die Bauern als frei. Freiheit beruht, wie sie dachten, auf Eigentum. Daran fehlte es im ausreichenden Maße, um Freiheit im wirklichen Sinne zu erreichen. Deshalb forderten sie vor allem Land und nicht verfassungsmäßig gesicherte politische Rechte. Das sich bildende »dritte Element« der akademisch geschulten Berufe verlangte hingegen Mitwirkung an den öffentlichen Aufgaben, Beteiligung am Staat. Die Regierung kam diesem Wunsch insoweit entgegen, als sie regionale Selbstverwaltungsorgane und beschränkte städtische Autonomie zuließ, freilich unter Aufsicht und in enger Zusammenarbeit mit der Reichsregierung. Die Möglichkeiten wurden genutzt, und diese Einrichtungen erwiesen sich als nützlich, aber sie weckten doch den Ehrgeiz nach erweiterter Mitbestimmung, ähnlich den Verhältnissen in Preußen oder Österreich-Ungarn. Die Schulreformen, die Förderung der Universitäten, überhaupt die Unterstützung sich emsig regender Bildungsbemühungen und der erleichterte Zugang zu den Bildungsstätten – auch für Frauen, womit Rußland dem übrigen Europa weit voraus – vermehrten sprunghaft ein »Bildungsbürgertum«, das nach Tätigkeit in eigener Verantwortung strebte und sich nicht allein mit den Mechanismen der bürokratischen Laufbahn begnügen mochte. Die staatsbürgerlichen Freiheiten waren zumindest theoretisch verbrieft, das Rechtswesen in seiner Unabhängigkeit gesichert, die Gleichheit aller vor dem Gesetz gewährt, doch zugleich bot die Öffentlichkeit der Gerichtsverfahren nun die Möglichkeit, soziale Mißstände und politischen Unmut vor einem breiten Publikum zu erörtern. Prozesse ersetzten in gewisser Weise in Ermangelung anderer Foren die parlamentarische Debatte. Das liberale Gerichtsverfahren trug dazu bei, gesellschaftliche Unruhe zu beschleunigen. Der Eisenbahnbau, die Erweiterung des Straßennetzes brachten die Teile des Reiches in engeren Zusammenhang, Zeitungen und Zeitschriften verbanden zu einer Öffentlichkeit Stimmen, die bislang vereinzelt geblieben waren oder nur in kleinsten Zirkeln Gehör gefunden hatten. Der reformierte Wehrdienst machte auch Bauern mit dem Lesen und Schreiben vertraut, die Armee wurde zur Schule der Nation. Bildung und Wehrpflicht traten in Beziehung zueinander. Vom jeweiligen Schulabschluß hing die Dauer des allgemeinen Wehrdienstes ab. Gebildete konnten sich dem Wehrdienst nicht mehr entziehen. Die moderne Bildung mit all ihren Widersprüchen drang nun auch in die Offizierskreise ein, die bei der Technisierung der Waffen ohnehin auf entsprechende Fachleute angewiesen waren.

Kurzum: Alexander II. sorgte für erfrischende Luft, die jene, die bereitwillig der Aufforderung folgten, Erfahrungen im Ausland zu sammeln, nur als eine laue Belebung der gesellschaftlichen Treibhausatmosphäre einschätzten. Der Kaiser hingegen bekam es rasch wie der Zauberlehrling mit der Angst vor seinem eigenen Treiben zu tun. Mit den Reformen, die Rußland dem übrigen Europa wenigstens annäherten, hatte er eingestanden, daß die Autokratie, so wie sie bislang bestand, nicht in der Lage war, die Schwierigkeiten im Reich zu meistern, sie im Gegenteil sogar verursacht hatte. Er hatte Erwartungen geweckt, daß die Reformen den Weg zu immer weiteren ebneten in einer sich aufgrund der Industrialisierung rasch verändernden Welt. Aber er büßte das Vertrauen in seinen früheren Eifer ein und begann, unter dem Eindruck sozialer Unruhe seine Zugeständnisse zu modifizieren, wenn sie dem »Allgemeinwohl«, wie er und seine Beamten es sich vorstellten, nicht bekömmlich waren. Das rief Enttäuschung hervor, weckte Mißtrauen, vor allem entstand der Eindruck, daß die Autokratie sich ihrer nicht gewiß sei, einem heftigen Luftzug kaum zu widerstehen vermochte. Eine Art Verfassung, ein Reichsrat, erweitert um Vertreter der regionalen Selbstverwaltungseinrichtungen, sollte das Reformwerk krönen, vor dessen Konsequenzen er längst zurückschrak. Das Attentat auf ihn, im März 1881, vereitelte dieses Vorhaben.

Franz Josef I, *Kaiser v. Österreich, wurde am 18. Febr. 1853 durch Meuchlers Hand
am Hinterhaupte verwundet. Durch die göttliche Vorsehung wurde es aber, dem
Obersten Grafen O'Donell, Flügeladjutant S. M. u. Jos. Ettenreich, Bürger v. Wien
ermöglicht, das geheiligte Haupt des Kaisers vom gewissen Tode zu erretten.
Gott dankend widmet dieses Bild, Ferdinand Braunsteiner.*

Mit Anschlägen auf ihre Person mußten Monarchen im 19. Jahrhundert zunehmend rechnen. Das
gehörte zu ihren »Berufsrisiken«. Übertriebene Schutzmaßnahmen wollten sie allerdings vermieden
wissen. »Schlagen Sie ihn doch nicht!« bat Kaiser Franz Joseph die Sicherheitsbeamten, die sich des
ungarischen Schneidergesellen Libényie bemächtigten, der ihn bei einem Spaziergang am 18. Februar
1853 mit einem Messer im Nacken verwundete. Seine Höflichkeit kostete Alexander II. 1881 das
Leben. Unversehrt nach dem Abwurf einer Bombe, kümmerte er sich um die Verletzten und wollte
dem indessen festgenommenen Attentäter ins Auge sehen. »Gott sei Dank, ich bin unverletzt«, ant-
wortete er einem besorgten Beamten. Der Attentäter entgegnete lächelnd: »Ist es nicht zu früh, um
Gott zu danken?« Da detonierte eine zweite Bombe, die den Kaiser traf und ihm beide Beine
wegriß. Er starb einige Stunden darauf. Wilhelm II. wurde bei dem Attentatsversuch der Selma
Schnapka in Breslau am 16. November 1900 nicht verletzt (Attentat auf Kaiser Franz Joseph,
Gemälde von J. Reiner, 1853; zeitgenössische Holzstiche von den Attentaten auf Nikolaus II. und
Wilhelm II.).

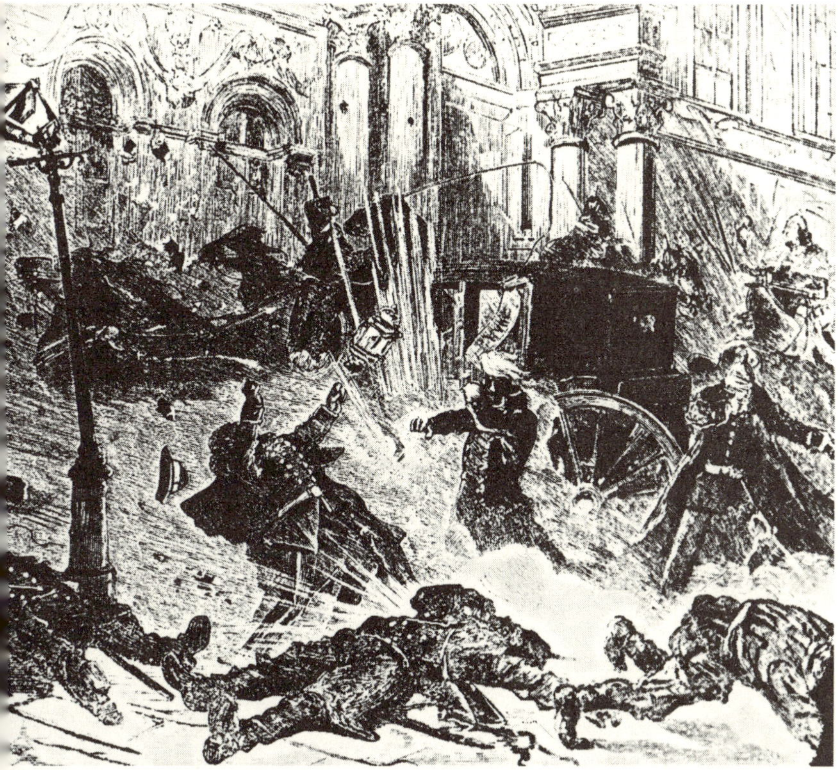

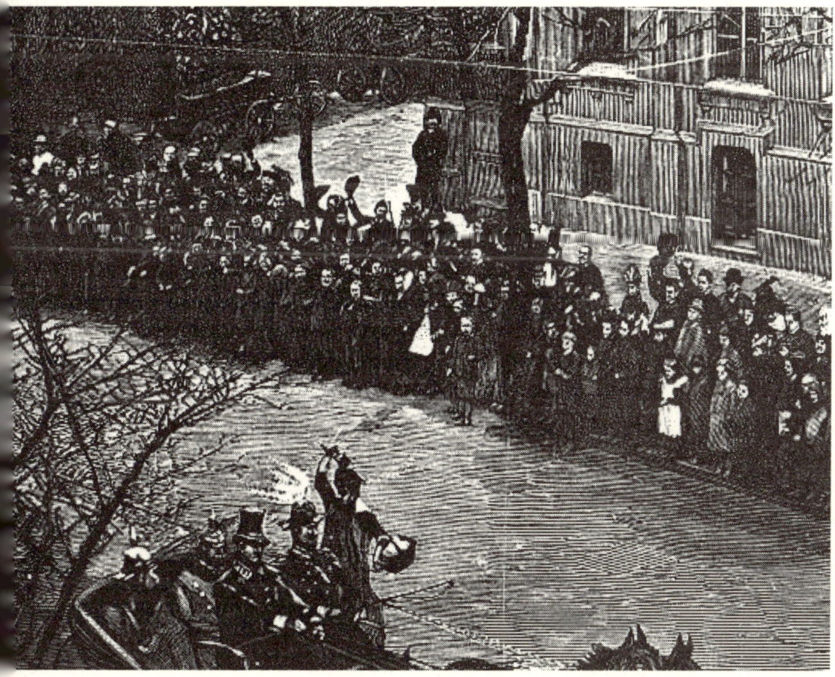

Seit Jahren versuchte eine kleine Gruppe entschlossener Terroristen, die kraft eigener Vollmacht den Kaiser zur Hinrichtung verurteilt hatte, ihren Spruch an ihm zu vollstrecken. Die Höflichkeit Alexanders ermöglichte ihnen den erhofften sinistren Erfolg. Eine Bombe, die ihn treffen sollte, verletzte andere, um die er sich besorgt kümmerte. Polizisten hatten den Attentäter überwältigt. Der Kaiser wollte den kennenlernen, der ihn zu töten beabsichtigte: ein unauffälliger junger Mann, dem er sich als »Volkskaiser« zuwandte, um seine höchste Verwunderung über das Verbrechen zu bekunden. Umstehenden versicherte er, Gott sei Dank unversehrt zu sein. Der Terrorist frug frech: »Ist es nicht zu früh, um Gott zu danken?«, da fiel eine zweite Bombe, die Alexander tödlich verletzte. In die umhütete Jugend des Großfürsten Nikolaus, des späteren Kaisers, brach zum ersten Mal die brutale Wirklichkeit, als er zum sterbenden, gräßlich entstellten Großvater gerufen wurde.

Die entschiedensten Feinde der Autokratie, auch des reformbereiten Systems kamen aus der Intelligenzija, aus akademisch gebildeten Kreisen, die am empfindlichsten den Druck verspürten, ihren freien Geist dem behördlich gewünschten anzupassen. Schikanen, polizeiliche Kontrollen, Zensur, Verbote, ins Ausland zu reisen, erbitterten auch anfänglich nicht aufsässige Gemüter, die offene Diskussion über alle sozialen und politischen Fragen wünschten, die sie beschäftigten und mit denen sie die Öffentlichkeit beschäftigen wollten. Es gab Intellektuelle, die leidenschaftlich die Dreieinigkeit von Autokratie, Orthodoxie und Vaterland verteidigten. Doch die meisten aufgeregten Köpfe, dem Vaterland ergeben, sahen im Kaiser und der von ihm mißbrauchten Kirche die Ursachen für die Gebrechen, die sie als nationale Schmach erlitten. Sie sahen nur Despotie, Willkür, Korruption, Gesinnungsterror, die alle Bemühungen, Gerechtigkeit und Wahrhaftigkeit im gesellschaftlichen Leben zum Durchbruch zu verhelfen, lähmten und niederhielten. Der Polizeistaat entwürdigte jeden Einzelnen und entmündigte Rußland. Das empörte sie. Ihr Aufbegehren war in erster Linie ein moralischer Protest. Der Mensch mußte in seine unveräußerlichen Rechte eingesetzt werden und zu seiner sittlichen Freiheit gelangen, damit über neue, wahre Menschen und in deren Zusammenleben ihr gemeinsames Streben nach Gerechtigkeit sich ausdrücke, in der die autonome Moral des Einzelnen im Dienst am allgemeinen Wohl sich in einer sozialen erfülle, die zugleich befreit wie bändigt, den Einzelnen und die Gemeinschaft versöhnt. Nicht der Subjektivismus, ein Individuum, das mit seinem selbständigen Gewissen Sonne seines Sittentages ist, war ihr Ziel, sondern eine Gemeinschaft, eine Gemeinde, mit der in Übereinstimmung jeder als Ausdruck des großen Ganzen sich selbst findet, indem er davon absieht, sich selbst zu verwirklichen. Er findet zu sich, wenn er sich eingemeindet, vergesellschaftet, in seiner Unabhängigkeit die Freiheit der freien Gemeinde verkörpert.

Das waren unverhohlen religiöse Anschauungen und Ziele. Die christliche Wahrheit will gelebt, bezeugt sein, sie erlöst nicht den Einzelnen, sie erlöst die Gemeinde, die als Vereinigung der Gerechten die Gerechtigkeit auf Erden endlich ermöglicht. Zum Zeugen ist jeder hier und heute aufgerufen, und koste es sein Leben, das er hingibt zur Erlösung aller aus den Banden, die ihn fesseln. Die orthodoxe Kirche, gegen die sie sich als eine vom Staat korrumpierte Einrichtung wehrten, das Christentum, das sie ablehnten, weil es im Bunde mit der Autokratie die Seelen versklave, prägte dennoch ihr sittlich-weltliches Verlangen nach einer freien Gemeinde gewissenhaft Gerechter. Deutscher Individualidealismus und französischer Sozialutopismus verschmolzen zu einer Gemeinschaftsethik, die beiden fremd ist und einen besonderen russischen Sozialismus ermöglichte, der die Autorität des Selbstherrschers durch die Autorität der alle beherrschenden Gemeinschaft der zueinander Gehörenden ersetzen sollte. Die bäuerliche Gemeinde schien die Entfremdung des Einzelnen von der Gemeinschaft zu beseitigen. Der Staat, ein Mechanismus unterschiedlichster Interessenverfechter, muß eben Gemeinde werden, um seine Unzulänglichkeiten zu überwinden. Er muß sich selber überflüssig machen.

Staat, Recht, gesetzliche Ordnung – das alles schienen nur Instrumente der Entfremdung von ursprünglich spontaner Lebensfreude und ihr gemäßer Eingliederung in die Lebensfreude aller zu sein. Vom Staat und seiner wie auch immer festgelegten Verfassung war deshalb nicht viel die Rede, aber vom Menschen, vom Menschen als Gemeinschaftswesen, vom Volk, vom slawischen Wesen, das erst die Slawen untereinander versöhnt und dann der übrigen Menschheit den erlösenden Weg weist, damit jeder in sich das Geschlecht ausbildet, ganz dem *genus*, der Art, der Menschheit angehört und sich darüber aus seiner menschlich-individuellen Bedürftigkeit löst. Überflutet von den verwirrendsten Gedanken oder nur Hoffnungen aus Europa, übernahmen die unruhigen Geister, was ihnen zusagte, oder fügten es ihren Erwartungen ein, ob es dafür geeignet war oder nicht. Gedanken sind frei, man kann mit ihnen machen, was man will. Die Aufgeregten, mit besten Absichten, waren dennoch Erben der Tradition. Den Russen war von den Griechen das Christentum vermittelt worden zu einer Zeit, als die griechische Orthodoxie schon erstarrt war. Die klassische Philosophie als Staats- und Gesellschaftslehre, wie sie im lateinischen Mittelalter weiterentwickelt wurde, war den Byzantinern fremd geworden. Sie konnten dieses Erbe nicht weiterreichen.

Die Bibel sagt nichts über die mögliche Ausgestaltung politisch-sozialer Beziehungen. Es gibt keine politische Verkündigung außer dem unbestimmten Hinweis, dem Kaiser zu geben, was ihm gebührt, einem heidnischen Kaiser wohlgemerkt. Die heidnische Ordnung des Staates und der Gesellschaft wurde einfach anerkannt und in Übereinstimmung mit den klassischen Philosophen als eine Erscheinung eigener Art und Gesetzmäßigkeit gerechtfertigt. Ein Naturrecht innerweltlichen Charakters widersprach in keiner Weise dem göttlichen, soviel Hader es zuweilen auch geben mochte zwischen Kirche und »Staat«, was nun tatsächlich dem Kaiser, der weltlichen Gewalt zu beurteilen unterliege oder was dem geistlichen Schwert unterworfen sei. Die Freiheit des Felsen Petri konnte schroff mit der Freiheit des Kaisers, des Staates, in Widerspruch geraten, aber grundsätzlich war die Freiheit der Welt, ihre ureigensten Belange nach ihren eigenmächtigen und wohlbegründeten Vorstellungen zu ordnen, nicht in Zweifel gezogen. Neben der Kirche als geistig-politischer Macht gab es immer eine säkulare Welt, deren Rechte Kleriker und später Philosophen, die meist Kleriker waren, unverdrossen verteidigten. Die Welt als politische Welt ergänzte eine geistlich begründete und geordnete. Sie büßte nie ihre Selbständigkeit vor den Zugriffen und Übergriffen priesterlicher Anmaßung ein. Neben der kirchlichen Autorität und Freiheit gab es immer Autoritäten, die die spezifische Freiheit und Autorität von Staat und Gesellschaft, weil eigenen Rechts, sicherten. Rußland war mit diesen Traditionen nicht vertraut. Eine Kirche, die der Obrigkeit diente, und eine Obrigkeit, die die Kirche brauchte, um ihre Existenz zu rechtfertigen, wehrten sich gemeinsam gegen »Philosophen«, gegen Meinungen, die ihnen nicht bekamen.

Da es keine Freiräume gab, weil Staat und Kirche wechselseitig aufeinander angewiesen waren, um gemeinsam ihre Autorität zu behaupten, konnte sich eine Idee der Freiheit eines Christenmenschen, die Idee individueller Freiheit in Rußland ebenso wenig entwickeln wie die Idee der Freiheit von Institutionen, sei es der staatlichen oder der kirchlichen. Russische Intellektuelle ließen sich seit dem achtzehnten Jahrhundert von philosophischen Ideen überwältigen, die ihrem Herkommen vollständig widersprachen und die dennoch verheißungsvoll auf sie wirkten. Staat, Gesellschaft, Recht, diese lieblosen Abstraktionen verwarfen sie als Rationalismen, die der menschlichen Bestimmung, der Gerechtigkeit zum Siege zu verhelfen, was nur gemeinschaftlich möglich, zuwiderliefen. Die Radikalen, eine Minderheit, aber eine beachtete, übersetzten einen religiösen Messianismus, die Erlösung der Welt von allen Zwängen, ins Politisch-Soziale. Da ohne Anknüpfungspunkt an Einrichtungen des Rechts, um mit ihnen praktisch und theoretisch eine Opposition zu bilden, mußten sie alles auf die Geburt eines neuen Menschen setzen und die Vernichtung sämtlicher bestehenden Verhältnisse anstreben. Sie wurden zu Aktivisten der Zerstörung, um in schaffender Lust das Ende, die »Götterdämmerung« der alten Welt herbeizuführen, die den Aufbau einer neuen Welt im Geist der neuen Menschen erlaubt. Leben nach dem Willen Gottes hieß dann Leben nach den Erkenntnissen der Wissenschaft, in Übereinstimmung mit den Regeln der Natur und gleichsam naturhafter Prozesse der Weltgeschichte. Nirgendwo in Europa wurden mit einem solchen Enthusiasmus Mensch und Gesellschaft naturwissenschaftlicher Methodik unterworfen, um die um ihre Harmonie gebrachte menschliche Natur wiederherzustellen. Der religiöse Elan schlug in einen szientistischen um, in einen systematischen Vitalismus der Weltheiligung.

Die orthodoxe Kirche stand hilflos vor diesen Bewegungen. Ihre Theologie war nicht wie die römisch-lateinische vertraut mit den philosophischen Spekulationen. Ihre Priester, eine Kaste für sich, die mit der eleganten oder wissenschaftlich-ästhetischen Welt keine Beziehungen unterhielt, besaßen keinen unmittelbaren Einfluß auf die Intellektuellen oder die Freunde des guten Geschmacks. Lutherischer Pietismus, der seit Katharina der Großen Zeiten auf Russen einwirkte, ließ sich, soweit der Weltdurchdringung des gewissenhaften Individuums zugewandt, mit seiner gemeinschaftsbildenden Kraft viel unbefangener mit diesem idealistischen Utilitarismus verbinden, sich nützlich für alle zu machen und darüber sich selbst zu gewinnen.

Alle geistigen Bestrebungen wurden vornehmlich dem einen Zweck untergeordnet: das allgemeine Wohl, wie es sich die Radikalen dachten, zu befördern, was meinte, den heilenden Umsturz vorzubereiten. »So mögen von neuem Revolutionen ausbrechen und das Blut in Strömen fließen. Was wird daraus? Möge kommen, was da wolle, es ist genug, daß in diesem Brande des Wahnsinns, des Hasses, der Rache, der Wiedervergeltung und des Haders die Welt untergehen wird. Deshalb lebe das Chaos, vive la mort, wir wollen die Henker der Vergangenheit sein … Predigt die Botschaft vom Tode, zeigt den Menschen der alten Welt jede neue Wunde auf der Brust dieser Welt, zeigt ihnen jeden Erfolg der Zerstörung, setzt ihnen auseinander, daß diese alte Welt nicht mehr genesen kann, daß sie weder Stützen noch Glauben hat, daß sie von niemand mehr geliebt wird, daß sie sich an Mißverständnissen fest-klammert, predigt den Tod als die frohe Botschaft der herannahen-den Erlösung«, wie Alexander Herzen 1850 forderte. Der Enthusias-mus der Vernichtung fand Jünger, die als Gerechte, einig mit sich selbst, asketisch-entsagungsvoll der Welt trotzten und im Terror das rettende Mittel erkannten, deren Untergang und Wiedergeburt zu beschleunigen. Ihr tadelloses, sittlich strenges, selbstlosem Idealismus geweihtes Leben, das aus Lebensbereitschaft das Leben anderer miß-achtete und das eigene todeswillig opferte, beeindruckte selbst die-jenigen, die mit deren Zielen überhaupt nicht einverstanden waren.

Die Ermordung Kotzebues 1819 durch Karl Sand fand seinerzeit in Deutschland selbst den Respekt unter Theologen. Der fromme Lutheraner de Wette sah darin wohl einen Irrtum, der aber aufge-wogen wurde »durch die Lauterkeit der Ueberzeugung, die Lei-denschaft wird geheiligt durch die gute Quelle, aus der sie fließt. Er hielt es für recht, und so hat er recht gethan; ein jeder handele nur nach seiner besten Ueberzeugung, und so wird er das beste thun. So wie die That geschehen ist durch diesen reinen frommen Jüng-ling, mit diesem Glauben, mit dieser Zuversicht, ist sie ein schönes Zeichen der Zeit. Ein Jüngling setzt sein Leben daran, einen Men-schen auszurotten, den so Viele als einen Götzen verehren; sollte dieses ohne alle Wirkung sein?« In diesem Sinne ließen sich in Rußland viele vernehmen, die Handlung, ein Attentat auf den Kaiser, mißbilligend, aber die sittlichen Motive achtend. Die Un-sicherheit des sittlichen Urteils war keine spezifisch russische Hal-tung. Die Revolutionäre schlossen sich zu kleinen Gruppen zusam-men, sie fanden Beifall und Anerkennung als eine neue Aristokra-tie, die sich als Erweckungsbewegung verstand, bereit, die Diktatur ihrer Gesinnung einzurichten, um alle, wenn es sein mußte gewalt-sam, auf den richtigen Weg zu zwingen, den sie kannten. Das Auf-begehren gegen die Autokratie glich sich dem Feinde an, eine Er-ziehungsdiktatur als notwendigen Übergang voraussetzend bei dem Eintritt in die schöne, gerechte neue Welt.

Alexander II., ein zaghaft liberaler Erzieher, war allerdings kein Diktator. In die Defensive getrieben, verfügte er nicht über die Selbstsicherheit und Selbstgerechtigkeit seiner Verfolger. Er glaubte nicht mehr an die Autokratie, aber noch weniger glaubte er an die Überzeugungskraft der liberal-parlamentarischen Modelle, darin einig mit den Radikalen, die sie längst als inkonsequente und unbrauchbare Vorschläge beiseite geschoben hatten. Unsicher geworden, konnte er mit Polizei und Zensur den seines Systems Überdrüssigen lästig, zuweilen sehr lästig fallen. Aber die Unsicherheit verschaffte zugleich Hemmungen, brutal in die Diskussionen einzugreifen und das Gespräch zu beenden. Sein Polizeistaat äußerte sich hauptsächlich darin, die Allgegenwart der Ordnungshüter jedem bewußtzumachen, um Verwegene davor zu bewahren, allzu resolut zu handeln. Unter dem Schutz der Polizei konnte sich eine Freiheit der Diskussion entwickeln, die selbst Pariser erstaunte. Rede- oder Gedankenfreiheit wurde dadurch nicht unterbunden. Handlungsfreiheit aufgrund von Selbstermächtigung galt freilich als Unbotmäßigkeit, zumal wenn sie sich in terroristischen Anschlägen oder deren Vorbereitung ausdrückte. Die französisch-republikanische Polizei war allerdings in solchen Fällen nicht unbedingt dazu angehalten, dergleichen mit freundlicher Nachsicht, kavaliersmäßig zu behandeln, genauso wenig wie die russische.

Kaiser Alexander III., in seinen jungen Jahren ein Anhänger der Reformen seines Vaters, hob diese nicht auf, versuchte aber mit allem Nachdruck, seine absolute Macht vor jedem Einspruch zu behaupten. Groß, kräftig und ziemlich ungeschickt, seine physische Masse stand ihm geradezu im Wege, hielt er mit unbeirrbarer Konsequenz an den einfachen Anschauungen fest: Autokratie, Orthodoxie, Vaterland. Zum Grübeln nicht veranlagt, zu nuancierter Abwägung der Gedanken nie erzogen, fiel ihm Konsequenz nicht schwer. Der schlichten Geradlinigkeit seines Denkens entsprach ein ernstes, unbedingt aufrichtiges Gemüt. Seine Religiosität war bieder und korrekt. Da er Gehorsam verlangte, erschien es ihm ganz selbstverständlich, den göttliche Geboten und Vorschriften zu gehorchen. Jede Lüge stimmte ihn verdrießlich. Seine Aufrichtigkeit kannte keine Grenzen, die Höflichkeit setzt. Grob und unelegant erwartete er die Offenheit, die er sich erlaubte, auch von den anderen. Dabei war er ein aufmerksamer Freund, liebevoller Gatte, großzügiger Vater oder Neffe. Er herrschte unumschränkt in der Familie, von allen einen vorbildlichen Lebenswandel verlangend, um die Ehre des Hauses von jedem Flecken rein zu wissen. Reinlichkeit, eine sittliche Sauberkeit war ihm innerstes Bedürfnis. Die eheliche Treue wahrte er mühelos. Denn Treulosigkeit erschien ihm in jeder Beziehung als unwürdig und deshalb verwerflich. Er war frei von aller Eitelkeit, bis auf die eine, die unverstellte Wahrhaftigkeit, in der unvermeidlicherweise ein gewisser Hochmut mitschwingt.

Trotz seiner Bärenkräfte – er stemmte sich einmal bei einem Eisenbahnunglück so lange gegen die einstürzende Decke seines Salonwagens, bis Kinder und Frau sich gerettet hatten – trieb er keinen Sport. Er ritt sehr schlecht. Militärische Übungen bereiteten ihm kein Vergnügen. Er wanderte aber gern, immer eine Tasche umgehängt, um Pilze oder Beeren zu sammeln. Im Trinken war er mäßig, im Essen gänzlich anspruchslos. Feinschmecker sehnten sich nicht nach der Ehre, von ihm zum Diner eingeladen zu werden. Auch bei offiziellen Empfängen schränkte er den Luxus erheblich ein. Überhaupt war er ein umsichtiger Hausvater, der neben Lüge und Korruption die Verschwendung zu den widrigsten Sünden rechnete. Die Tischwäsche durfte nicht mehr täglich gewechselt werden. Beleuchtung in unbenutzten Räumen und Fluren untersagte er. Kerzen mußten bis zum letzten Tropfen verbraucht werden, bevor sie ersetzt werden durften. Seine Leibwäsche und die übrige Garderobe trug er, bis jede Reparatur aussichtslos. In der Intimität seiner Landschlösser begnügte er sich ohnehin mit einem Bauernkittel und Bundhosen. Mit straffen Rationalisierungmaßnahmen verstand er es, den Ertrag seiner Güter erheblich zu steigern. Doch näherte sich seine Bescheidenheit und seine Sparsamkeit nie dem Laster, dem Geiz. Seine Wohltätigkeit konnte nicht übersehen werden, obschon er sie so unauffällig wie möglich betrieb.

Seine Frau, Marie Feodorowna, die frühere Dagmar von Dänemark, wetteiferte mit ihm in der umsichtigen Pflege sozialer Einrichtungen. Aber sie liebte auch den Luxus, die höfischen Zeremonien, den weltfrohen Glanz, den gute Gesellschaft verströmt. Alexander ließ sie gewähren. Ihr verdankt er auch das bißchen ästhetische Bildung, das sie ihm geduldig beibrachte. Im Laufe der Jahre fand er Gefallen an historischen Darstellungen und Romanen, besuchte harmlose Komödien und vor allem das Ballett. Politischen Einfluß nahm sie nicht. Aber sie bestätigte ihn in seinem Mißtrauen gegenüber den Deutschen. Als dänische Prinzessin konnte sie genauso wenig wie ihre Schwester, die Frau des späteren Edward VII. von England, die Niederlage von 1864 verwinden.

Allerdings hegte Alexander III. ohnehin keine Sympathien für die übrigen europäischen Mächte. Er liebte die Ordnung, sowohl im Inneren als auch unter den Staaten, als eine Friedensordnung. Die vermißte er und fürchtete die allgemeine Verwirrung, den Krieg. Zugleich teilte er, der sich ganz bewußt zum schlichten Russen stilisierte, die patriotischen Vorurteile durchschnittlicher Russen gegenüber den zersetzenden Einwirkungen des Auslands. Alexander III. war der erste russische Kaiser, wahrscheinlich um seine deutsch-internationale Abkunft zu kompensieren, der sich ein rassisch-religiöses Sendungsbewußtsein zu eigen machte, in dem Slawe und Russe zu einer Einheit verschmolzen, in dem der Russe als auserwählter Führer in eine neue Welt galt, die europäische Dekadenz und Frivolität überwindet. Die Russifizierung der »Rußländer« erachtete er als vordringlichste Aufgabe, um mit einer Übereinstimmung der Herzen und Gemüter jede Bestrebung nach Umsturz und Aufruhr grundlos zu machen.

Wie viele russische Chauvinisten glaubte er, daß die Unzufriedenen im Reich nicht etwa illoyale Untertanen. sondern gar keine echten Russen seien, eben Fremde, Juden, Finnen, Polen, Deutsche, Tataren. Aus dem Kaiser aller russischer Länder und Untertanen wurde in gewisser Weise der Zar von Moskau, der das gesamte Reich seiner nationalen Kultur unterwerfen wollte. Den russischen Nationalismus richtete er gegen die vielen Nationen oder Völker, die im Reich lebten. Die Vereinheitlichung in Sprache, Religion, Sitte, die er erreichen wollte, brachte überraschende Ergebnisse, die als Imperialisierung des Reiches gewissen Respekt abnötigen. Die Russifizierung Asiens war eine zivilisatorische Leistung. Dennoch: Die herkömmliche Großzügigkeit eines viele Völker umfassenden Reiches ging verloren, und die rücksichtslose politisch-religiöse Missionierung schuf Unzufriedenheit oder erst recht nationale Begehrlichkeiten, die früher schlummerten. Unter dem beginnenden Druck erkannten die vielen Minderheiten, daß sie jeweils auch eine Nation sein könnten, was allein Rußland unterband. So war Alexander III. paradoxerweise zum Erwecker verschiedenster Nationalismen geworden, indem er sich dem russischen verschrieb. Am härtesten traf es die Juden. Der Kaiser war vollständig davon überzeugt, daß die Juden den sozialen Umsturz vorbereiteten und sich als Weltjudentum verschworen hätten, Rußland seine Seele abzuzwingen. Alexander III. war der erste Autokrator, überhaupt der erste Monarch in Europa, der sich vorbehaltlos mit dem Mob verbündete.

Unmittelbar nach dem Attentat auf seinen Vater kam es zu vielen, wüsten Ausschreitungen gegen Juden, geduldet oder ausgelöst von der Polizei und den Behörden. Ein administrativer Terror kalkulierte kühl ein, daß bei einer konsequenten Verfolgung ein Drittel der jüdischen Bevölkerung umkäme, ein Drittel emigrierte, ein letztes Drittel durch Taufe unschädlich gemacht werde. Alexander III. zweifelte allerdings, ob Konversionen, erzwungen oder freiwillig, die Juden veränderten. »Der jüdische Sauerteig ist unausrottbar.« Mit einer Reihe von Sondergesetzen wurde den Juden der Besuch höherer Schulen, das Studium, der Zugang zu akademischen Berufen, in den Staatsdienst und zum Militär, aber auch zu manchen Handwerken sehr erschwert oder verboten. Landbesitz war ihnen von nun an untersagt, Handel konnten sie treiben, wenn sie den Sabbat nicht achteten, ihrer religiösen Unterweisung und dem Gebrauch der hebräischen Sprache wurden strenge Beschränkungen auferlegt. Ehen mit Christen waren nicht mehr erlaubt, Prozesse gegen Christen nur unter schwierigsten Bedingungen noch möglich. Kurzum, es handelte sich um einen systematischen Angriff, Juden aus der Gesellschaft zu entfernen. Die Folge war eine Emigration in Massen, meist in die USA hinüber. Die Auswanderung, im Grunde eine Vertreibung, wurde nicht sonderlich erschwert. »Laßt sie ihr Gift hintragen, wohin sie wollen«, wie der Kaiser unverblümt meinte. Die in Rußland verbleibenden Juden waren, abgesehen von den Gesetzen, die ihnen nahezu die Existenzgrundlage entzogen, immer wieder Pogromen ausgesetzt. Es konnte nicht ausbleiben, daß sie jetzt, dazu förmlich genötigt, ihre Hoffnungen mit denen der revolutionären Gruppen verbanden.

Der allgegenwärtigen Polizei gelang es, weitere Attentate erfolgreich zu verhindern. Sie verfügte über gute Kenntnisse über die sozialrevolutionären Zirkel, nicht zuletzt durch Spitzel und Agenten, die sie in diese Kreise einschleuste. Die Zahl der Aktivisten blieb immer gering und damit auch die Zahl der politischen Prozesse und Verurteilungen. Aber die Berufsrevolutionäre planten in einem Umfeld, das sich wirksamer Kontrolle entzog. Die Gebildeten vor allem erwarteten einen unbestimmten allgemeinen Frühling, »der die Gestalt der Welt verjüngt«. Die Bemühungen der Polizei, gleichsam die Ruhe eines Kirchhofs über Rußland auszubreiten, scheiterten vollständig. Trotz der ärgerlichen Überwachung ließ sich die »Einfuhr« von Ideen nicht verhindern, die Diskussion nicht ersticken. Es erwies sich als unmöglich, Rußland hinter einer chinesischen Mauer von der übrigen Welt abzuschotten. Die gute Ge-

Nº 4. Seligmann

Für viele Menschen in Mitteleuropa blieb trotz der stürmischen Industrialisierung die Auswanderung vor allem nach Amerika der einzige Weg, sich eine gesicherte Existenz aufzubauen. Zumindest war das der Wunsch oder die Hoffnung. Russische Juden konnten ausschließlich auf diese Weise den Pogromen und Diskriminierungen entkommen, die sich seit 1882 bis ins Unerträgliche verschärften. Die Deutschen, die früher den größten Prozentsatz an Einwanderern in den USA stellten, hatten nach 1900 infolge der allgemeinen Besserung der Lebensumstände geringeren Anlaß auszuwandern als die Einwohner der ärmeren Provinzen Österreich-Ungarns, etwa die Slowaken, die unter einem erheblichem Geburtenüberschuß litten. Informationsbroschüren unterrichteten den Interessenten über die Möglichkeiten, ins Land der Verheißung zu gelangen. »The People's Guide to Dakota« erschien 1880.

sellschaft, von den behördlichen Schikanen am meisten betroffen, fand immer Wege, die Beziehungen zu Europa aufrechtzuerhalten. Die Zensur, unsystematisch betrieben, konnte nur verzögern, aber den Ideenfluß nicht aufhalten. Längere Aufenthalte im Ausland mochten Bedenken erregen, aber gerade der wirtschaftliche Austausch erforderte welterfahrenes Personal, das vertraut mit den wissenschaftlich-industriellen Entwicklungen war.

Alexander III. mochte starrsinnig die Selbstherrschaft verteidigen, was vor allem die Autokratie einer ausufernden Verwaltung meinte, doch der Industrialisierung Rußlands verweigerte er sich nicht und damit einem neuen Geist, der mit ihr unweigerlich verknüpft. Unter seiner Herrschaft wandelte sich Rußland mit atemraubender Dynamik zum Industriestaat, noch immer in weitem Abstand zum übrigen Europa, doch dazu entschlossen, es einzuholen und endlich zu überholen. Das war der Zweck der jeweiligen »Modernisierungen« seit Peter dem Großen. Der Staat trat unter Alexander III. als der große Anreger und Förderer auf, der die Energien weckte und ihnen Ziele wies. Er lockte ausländische Investoren in das Land und gliederte die russische Wirtschaft in das System der Weltwirtschaft ein. Die beschleunigte Industrialisierung weckte private Initiative, Phantasie, die Bestätigung eigener Kraft im freien Wettbewerb, spekulative Talente, forschend und produzierend »Fortschritte« zu machen, sie ermöglichte das Entstehen eines städtischen Bürgertums mit bürgerlichem Unternehmungsgeist. Durch die autokratische Macht des Beharrens geriet die Gesellschaft erst recht in Bewegung. Sie mußte unaufhaltsam eine freiere Richtung einschlagen, weil Besitz und Bildung die Voraussetzung freier Individualität sind. Der Staat konnte planen, die Energien von der Politik auf die Wirtschaft abzulenken, dort dem Wunsch nach Selbständigkeit angemessenen Freiraum zu gewähren, doch die Folgen berührten unmittelbar die gesamten gesellschaftlichen Zusammenhänge. Mit dem Bürgertum trat sein Zwilling auf, der Proletarier, der seinerseits nach Anteil an Besitz und Bildung verlangte. Die Autokratie war imstande, mit einem Staatskapitalismus sehr erfolgreich wirtschaftliche Kräfte zu entfesseln. Sie war aber ratlos, wie sie die stürmischen sozialen Veränderungen neu ordnen sollte.

Zu der Ausflucht, über einen siegreich beendeten Krieg die inneren Schwierigkeiten vorübergehend zu dämpfen, griff Alexander III. nicht. Kriege verabscheute er grundsätzlich. Nicht nur aufgrund sittlich-humanitärer Erwägungen; er wußte in Erinnerung an den Krimkrieg und den türkischen Krieg seines Vaters, daß sie Rußland finanziell fast an den Ruin führten. Eine aggressive Außenpolitik mit dem einkalkulierten Risiko des Krieges überstieg die Leistungsfähigkeit der Armee, die technisch nicht den Erfordernissen der Zeit genügte, und die der Staatsfinanzen. Der Groß- und Weltmacht Rußland fehlte das wirtschaftliche Fundament, um sich einschüchternd zur Geltung zu bringen. Gerade deshalb sah er im Frieden die Bedingung für ein stetiges Wachstum, um Rußland dazu zu befähigen, als Weltmacht anerkannt zu bleiben. Als Chauvinist hatte er 1877 die Stimmungen geteilt, die Alexander II. nötigten, die Slawen und Christen auf dem Balkan zu befreien. Er hatte seinen Leidenschaften nachgegeben. Der Berliner Kongreß zeigte ihm, daß Rußland nicht ohne Übereinstimmung mit den anderen Mächten zu handeln vermochte. Ihn verbitterten dessen Entschlüsse, und seither beobachtete er mißtrauisch die europäischen Staaten, die Rußland um seinen Erfolg betrogen hatten, wie er meinte. Seiner Leidenschaft gab er nach, wenn er in Franz Joseph den unzuverlässigen Freund erkannte, der Freundschaft nur heuchelte, und löste sich 1887 aus dem Drei-Kaiser-Bündnis.

Diese Entscheidung war unüberlegt, denn ein unzuverlässiger Freund läßt sich in einem Bündnis besser kontrollieren und beeinflussen. Er büßte darüber die Möglichkeit ein, Mißverständnisse unmittelbar bereinigen zu können. So mußte er Berlin als Vorzimmer benutzen, um Wiener Unberechenbarkeiten aufzuhalten. Die Freundschaft seines Vaters zu Wilhelm I. und den weiteren preußischen Verwandten teilte er nicht. Aber bei aller Zurückhaltung schätzte er die Vorteile des deutsch-russischen Bündnisses. Das Deutsche Reich hatte an den Dardanellen keine Interessen und konnte mit dem Gewicht seiner Macht andere davon abhalten, sich gegen Rußland zu verständigen. Das Einverständnis mit Berlin schien ihm ausreichend zu sein, um Österreich, das nur mit deutscher Einwilligung als Großmacht auftreten konnte, vor unbedachten Handlungen zu schützen. Solange Deutschland seinen Verbündeten am Gängelband hielt, mochte er in solcher Konstruktion einen Ersatz für die Allianz der drei Kaiser erblicken. Den Rückversicherungsvertrag wollte er auf jeden Fall 1890 verlängern. Er war zu manchen Zugeständnissen bereit. Daß Wilhelm II. und Caprivi davon Abstand nahmen, enttäuschte und ergrimmte ihn. Seine Abneigung gegen Wilhelm II., die von nun an sehr heftig wurde, beruhte auf dem Gefühl, von dem Vetter, in den er früher manche Hoffnung gesetzt, getäuscht worden zu sein. In der Beteuerung Wilhelms, am deutsch-russischen Bündnis festzuhalten, dem sogleich das Dementi, die Aufkündigung des Vertrages folgte, mußte er nur Unaufrichtigkeit und Verrat erkennen. Er sah lediglich einen Treuebruch, der den Wahrhaftigen verletzte, und konnte sich als Autokrat nicht vorstellen, daß sich ein Monarch auch wider seinen Willen den Entscheidungen seiner Ratgeber fügte. Das Bündnis mit Frankreich ging er ungern ein. Es waren nicht zuletzt die finanziellen Aussichten, die es geboten, sich darauf einzulassen. Auf wirtschaftliche Hilfe konnte Rußland nicht verzichten. Immerhin, er blieb bemüht, mit Deutschland einen freundlichen Verkehr aufrechtzuerhalten, was den Absichten Wilhelms II. entgegenkam. Unverbunden untereinander, suchten die drei Monarchen Spannungen zu vermeiden. Daran änderte sich nichts, als 1894 Nikolaus II. seinem Vater nachfolgte.

Nikolaus, am Tage des Dulders Hiob, am 6. Mai 1868, geboren, wurde, wie längst üblich an allen Höfen, spartanisch erzogen, damit er von früh auf lerne, keine Ansprüche zu stellen, streng mit sich selbst zu sein und sein verträumtes Gemüt zu kräftigen. Ein hartes Feldbett, kaltes Wasser beim Duschen, schlichte Mahlzeiten, bescheidene Kleidung, ein geregelter Stundenplan für Unterricht und Übungen gewöhnten den freundlichen Knaben rasch daran, sich keinen Flausen über seinen Rang hinzugeben. Er lernte willig, ohne durch besondere Begabungen oder Neigungen zu überraschen. Die Lehrgegenstände waren enzyklopädisch, geeignet, das Assoziationsvermögen mehr als das analytische Denken zu schulen. Für einen künftigen Monarchen kam es vor allem darauf an, die Dinge zu verknüpfen und in ihrem Zusammenhang zu sehen, er mußte sie nicht vollständig durchdringen, dafür hatte er Beamte. Geschichte und militärische Wissenschaften interessierten ihn am meisten. Er eignete sich ein breites Tatsachenwissen an, mit dem er allerdings nie zu verblüffen wußte wie sein Onkel Edward, der spätere König von England, oder sein Vetter Wilhelm. Denn ihm fehlte die Freude am lebhaften, gar temperamentvollen Gespräch. Außerdem war er schon als Kind viel zu höflich und deswegen zu schüchtern, um eigenwillige Meinungen zu äußern. Alexander III. liebte keine Unterhaltungen über kontroverse Themen, über politische ohnehin nicht. Tischgespräche beschränkten sich auf den Small talk. Auf den verstand sich Nikolaus meisterhaft. Darin war er geübt, mit freundlicher Ausdauer über Nichtigkeiten zu plaudern, manchmal gewürzt durch Sarkasmen und kleine Boshaftigkeiten. Doch mußte er mit den Besuchern vertraut sein. Unbekannte brachten ihn leicht in Verlegenheit.

Reden in der Öffentlichkeit, vor großem Publikum verursachten dem Scheuen später unüberhörbare Schwierigkeiten. Da nur an den Umgang mit den nächsten Angehörigen in schwer bewachten Schlössern gewöhnt, fand er wenig Gefallen an öffentlichen Auftritten außerhalb des höfischen Rahmens. Zum »Bad in der Menge«, das demokratische Politiker suchen, mußte er sich zwingen. Nicht aus Furcht vor Attentaten, feige war er nicht, einfach aus Unbehagen an der Menge, der Masse. Das teilte er mit den meisten Monarchen, selbst mit Wilhelm II., die eine allzu aufdringliche Nähe ihres Volkes irritierte.

Nikolaus war klein, 1,70 Meter, aber sehr kräftig. Von früh an wurde er zum Sport angehalten. Er ritt und jagte leidenschaftlich gern, schwamm täglich, spielte gut Tennis und begeisterte sich für die neueste Mode, das Radfahren. Beim Eislaufen und tollkühnen Schlittenfahrten im Winter zeichnete er sich aus. Mit seiner sportlichen Erscheinung und seinen feinen Manieren begeisterte er alsbald als hervorragender Tänzer. Nikolaus zeichnete gut, trocken das Vorgegebene festhaltend, ohne es in Stimmungen zu hüllen. Neben Russisch sprach er fließend Deutsch, Englisch und Französisch. Die klassische und zeitgenössische Literatur Europas war ihm vertraut. Erstaunlicherweise verfügte er, obschon er gerne und viel las, über einen sehr begrenzten Wortschatz, wann immer er schrieb. Die sprachliche Sparsamkeit, sein Lakonismus mag aber auch mit seiner Höflichkeit zusammenhängen, nicht einmal durch sehr persönliche Wortwahl das Ideal einfacher Unpersönlichkeit zu verletzen. Er spielte ausgezeichnet Klavier, war ein Kenner und Liebhaber der Oper und des Balletts. Nikolaus besuchte nicht nur die Premieren, sondern nahm schon an den Proben teil, Schritt für Schritt die choreographischen Entwürfe kontrollierend. Das Ballett war im übrigen eine hohe Schule für das kunstvoll-elegante Betragen, in der auch Großfürsten noch raffinierteste Nuancen studieren konnten. Nicht umsonst stand Kaiser Nikolaus im Rufe, der wohlerzogenste Herr seiner Zeit zu sein.

1897 trat er in das elegante Preobrashenski-Garderegiment in Krasnoje Selo ein und genoß als Sportler die körperlichen Herausforderungen, die an einen Kavalleristen gestellt wurden. Theoretisch gut vorgebildet, entwickelte er sich zu einem begeisterten Soldaten. Er war der einzige Monarch, der es nach Wilhelm I. noch einmal wagte, im Krieg tatsächlich als Feldherr aufzutreten. Unter

Am unproblematischsten war es, den Herrscher oder künftigen Herrscher, wie Nikolaus, als Ritter
orzustellen, der den ritterlichen Anstand wahrt, von dem sich die öffentlichen Tugenden ableiten, die
en »politischen Körper« gesund erhalten. Die Habsburger gefielen sich in ganz beiläufiger Be-
heidenheit, harmlos freundliche Väter ihres Landes, die das Vertrauen erwecken, das ein im Walde
erirrter gern dem ihm entgegentretenden Oberförster schenkt. Die barocke Stilisierung des preußi-
hen Königs Wilhelm II. ist der hilflose Versuch, mit alten Arrangements sinnfällig die Majestät des
mtes und den Rang eines mächtigen Staates zu verdeutlichen. Die vergebliche Bemühung erschöpft
ch in Kulissenzauber und Theaterdonner einer großen Oper unsicheren Geschmacks. (Nikolaus als
arewitsch in Livadia auf der Krim, Photo von Graf Nostitz, 1891; Franz Joseph beim Aufbruch
ur Jagd, Photo von Arthur Floeck, 1910; Wilhelm II., Gemälde von Max Koner, 1890).

den Kameraden fand der Zurückhaltende die Geselligkeit, die er während seiner Studienzeit vermißte. Er beteiligte sich an allen vornehmen Torheiten, die junge Offiziere treiben. Selbst von den sehr ausgedehnten festlichen Zusammenkünften, bei denen der Champagner und der Wodka in Strömen flossen, schloß er sich nicht aus. Später fast nur noch ein paar Gläser Portwein trinkend, lernte er es, auch in gehobenster Laune nicht den Anstand zu verlieren. Im Kreise der Kameraden, die alle der großen Welt entstammten, entwickelte sich der Spartaner zu einem eleganten Weltmann von bestem Geschmack, kultivierte gefällige Eitelkeiten, unterzog sich also einer »ästhetischen Erziehung« im äußerlichen Sinn. Fragen der Garderobe, ob nun Zivil oder Uniformen, beschäftigten ihn ebenso ausdauernd wie Wilhelm II.

Darin äußerte sich nicht nur eine juvenile Oberflächlichkeit. Bei den ununterbrochenen Besuchen fürstlicher Verwandter fremder Höfe war es aus Höflichkeit unvermeidlich, den Fragen des Kostüms peinlichste Aufmerksamkeit zu schenken, um sich entsprechend dem Anzug des Besuchers zu kleiden. Erschien er in Uniform, mußte die entsprechende mit den dazugehörenden Dekorationen gewählt werden, um ihn zu ehren. Trug er Zivil, wäre es unmöglich gewesen, ihn in Uniform zu begrüßen. Das passende Gewand gehörte zu den Repräsentationspflichten, und sich darüber zu verständigen war durchaus eine Staatsangelegenheit, die manche Telegramme notwendig machte, um sich nicht fatalerweise zu irren. Selbst ein angeblich so »bürgerlicher« König wie Edward VII. konnte sehr verstimmt sein, wenn er bei einem Vetter Ungenauigkeiten, etwa in der Rangfolge der neben- oder übereinandergehängten Orden, bemerken mußte. Solche Peinlichkeiten galt es zu vermeiden.

Sein Stilbewußtsein erleichterte es ihm, sich den Launen, Formen und geselligen Bedürfnissen seiner Umgebung anzupassen, obschon Großfürst, doch Kamerad unter Kameraden zu sein, auf der Jagd, beim Kegeln, Billard oder bei den von Zigeunermusik belebten kleineren Gesellschaften, zu denen Künstlerinnen mit kleiner Tugend hinzugezogen wurden. Er war kein Spielverderber. Auf seiner »Grand tour« 1890/91 durch den Nahen Osten über Indien bis Japan trieb er sich in der Nacht in Etablissements mit recht fragwürdigem Ruf herum, in denen vorzugsweise Matrosen verkehrten. In seine unbeschwerten Leutnantstage fällt auch die Romanze mit der Ballerina Mathilde Kschesinka, der er nach seiner Verlobung mit Alice von Hessen-Darmstadt 1894 versicherte, an die Tage mit ihr immer die strahlendsten Erinnerungen seiner Jugendzeit zu verbinden. Sie verliebten sich bei der ersten Begegnung ineinander, obgleich Alexander III. in seiner Direktheit sie sofort ermahnte, keine Dummheiten zu machen. Nikolaus verwöhnte sie großzügig zum Mißfallen des Vaters, der erotische Flatterhaftigkeiten als undiszipliniert erachtete und eine mögliche beziehungsweise unmögliche Mesalliance fürchtete. Trotz aller Widerrede Alexanders hielt er an der Geliebten fest. Schweigend, wie immer, wenn man sich zuviel zu sagen hat, nahmen sie ihren letzten Abschied voneinander. Bei der Ballerina handelte es sich im übrigen nicht nur um eine große Künstlerin, sondern auch um eine große Dame, zu der sie erzogen worden war. Ihre beiden weiteren Liebhaber waren nacheinander die Großfürsten Sergej und Andrej. Nach der Revolution heiratete sie Andrej, eine Ehe, die Kaiser Nikolaus sicherlich nicht gebilligt hätte, da er unstandesgemäße Ehen für unwürdig hielt.

In seine Braut Alice hatte er sich offensichtlich 1887 bei der Hochzeit ihrer Schwester Elisabeth mit seinem Onkel Sergej verliebt. Zumindest bildete er sich das ein, kultivierte eine Neigung zu ihr als inneren Roman, und als sie heiraten durften, geschah es tatsächlich aus Liebe. Die Enkelin der Königin Victoria, in London aufgewachsen, besaß sehr feste Vorstellungen vom Lebensernst als Voraussetzung herzlicher, gar inniger Bindung. Ihr Cousin erschien ihr allzu oberflächlich und frivol, beherrscht vom trügerischen Leichtsinn der Welt, ohne festen sittlichen Halt, der Halt gewährt. Auf seine Eltern wirkte Alice, die immer gleich rot wurde, wenn ihr Unerwartetes widerfuhr, als »trop gauche«, als unbeholfen, uncharmant, reizlos, verschüchtert und damit komplett ungeeignet, als Kaiserin auftreten zu können. Gerade diese Mängel faszinierten zum Kummer der Eltern den Zarewitsch. Hartnäckig, wie er zu sein vermochte, verfolgte er seinen Plan, sie zu ehelichen und nicht die Margarethe von Preußen oder Helene von Orléans, zu der die Eltern rieten. Beide lehnten im übrigen einen Religionswechsel zur Erleichterung Nikolaus' ab. Wilhelm II., der in seinem Hause den Übertritt zu einer anderen Konfession nicht wünschte und sehr verärgert war, wenn Angehörige sich dennoch dazu entschlossen, hielt ihn für nicht so erhabene und Gottes Thron deswegen offenbar ferner stehende Dynastien für durchaus zumutbar. Ihm lag daran, Nikolaus in der unmittelbaren Verwandtschaft vermählt zu wissen, und bemühte sich, der Alice ihre religiösen Skrupel auszureden, und vermittelte überhaupt, vielleicht nicht immer zu diskret, damit die beiden endlich zueinanderfanden. Sie willigte endlich ein, ihre Bereitschaft auch als moralische Pflicht deutend, die Seele des Großfürsten und sein Leben zu retten, indem sie ihn dazu erziehe, seinen Aufgaben gerecht zu werden. Prüderie und Leichtsinn schlossen ein verhängnisvolles Liebesbündnis. Der um Worte stets Verlegene schrieb nahezu überschwenglich nach der offiziellen Verlobung: »Alix, mein Liebling, Du weißt nicht, wie sehr Du mich verändert hast, indem Du mir Deine stolze Hand gereicht und mich an Deine Seite erhoben hast – als Symbol von reiner Liebe und Vertrauen.«

So, wie er bislang gelebt, glich er kaum seinem Vater. Er war klein, rücksichtsvoll, anmutig, ein vollendeter Kavalier, dessen blaue Augen und fast zärtliches Lächeln in ihrer unpersönlichen und unbestimmten Undurchdringlichkeit zauberhaft wirkten. Er bewunderte Alexander III., der seinem Sohn herzlich zugetan, aber ihn vorerst als einen liebenswürdig-vertändelten Beau einschätzte, mit dem kein vernünftiges Wort von Herrscher zu Thronfolger denkbar war. Das ließ er bei seiner unverblümten Offenheit den Sohn spüren. In der unmittelbaren Nähe des Vaters überfiel Nikolaus eine unüberwindliche Langeweile, sobald sie sich geschäftlich begegneten, etwa bei Sitzungen des Reichsrats, zu denen ihn Alexander nach Beendigung der Militärzeit hinzuzog. Den Scheuen schüchterte der Vater ein. Fern von ihm, als Vorsitzender des Komitees für den Bau der Transsibirischen Eisenbahn, zeigte er Anteilnahme und Aufmerksamkeit, unbeschwert von Anfällen der Lethargie. Diese Tätigkeit verhalf ihm übrigens dazu, Rußland kennenzulernen und mit vielen Menschen zusammenzukommen, sie zu beobachten. Die Macht der Autokratie schreckte ihn. Er fürchtete die ungeheure Verantwortung des Amtes. Wenig vorbereitet kam er 1894 auf den Thron. Aber es bedurfte keineswegs seiner Frau, um ihn zum Selbstherrscher zu befähigen. Nikolaus war ganz und gar der Sohn seines Vaters. Der Tod befreite ihn von dessen erdrückender Gegenwart. Es bedurfte gar nicht so sehr der Kaiserin Alexandra, wie Alice nach der Hochzeit und Konversion hieß, sein Selbstgefühl zu wecken. Sie brauchte nur zu modellieren, was in ihm angelegt war und jetzt, da der Vater nur noch ein Schatten, zum Vorschein kam.

Seine Beteuerungen, dem Amt nicht gewachsen zu sein, müssen nicht zu wörtlich genommen werden. Fast alle Romanows versicherten das und dokumentierten damit ihre Bescheidenheit vor Gott und der Welt, die verdeutlicht, zum Herrschen berufen zu sein. Unter der biegsamen Höflichkeit verbarg sich ein bis zum Starrsinn fester Wille. Nikolaus hatte es früh gelernt, sein innerstes Denken und Fühlen vor anderen zu verbergen, in unerschütterlicher Ruhe undurchschaubar zu bleiben. Die Würde der Majestät erforderte es, die Fassung nicht zu verlieren. Im Gespräch ließ er sich wenig entlocken, er hörte zu, nie heftig werdend, meist freundlich anerkennend, so daß mancher, im Glauben, den Kaiser für seine Ansichten gewonnen zu haben, verwirrt war, wenn der dann ganz anders entschied. So enstand der Ruf, daß bei ihm der recht behalte, der zuletzt mit ihm gesprochen hatte. Andere hielten ihn schlichtweg für falsch und verschlagen. Da ein Ehrenmann durch und durch, erschien ihm Unehrlichkeit als unvornehm, und er war verletzt, entdeckte er sie bei anderen. Wie sein Vater wünschte er Offenheit und Aufrichtigkeit. Viele ließen sich allein von seiner Geduld und Höflichkeit täuschen, ein formales Wohlwollen schon für Zustimmung erachtend. Er äußerte kaum Meinungen, vielmehr wollte er, der keinem unbefangen traute außer seiner Frau, jeden dahin bringen, seine Absichten bloßzulegen, und sei es unfreiwillig verführt durch den eigenen Redefluß. Nikolaus zweifelte immer, ob die geeigneten Männer tatsächlich die Stelle einnähmen, für die sie geschaffen. Deswegen versuchte er, die anderen möglichst zu durchschauen, es zu erreichen, daß sie sich selbst durchsichtig machten. Er verlangte unbedingte Pflichterfüllung, Ehrlichkeit und selbstlosen Dienst zum Wohle des Staates. In seiner Umgebung fand er oft genug nur Verrat, Betrug, Feigheit, wie er bei seiner Abdankung 1917, einmal kurz unbeherrscht, bemerkte. Doch diese bittere Behauptung läßt sich auf seine ganze Regierungszeit ausdehnen. »Wenn ich sie nur erkennen könnte, welche ehrlich sind«, dem galt sein Bemühen.

Wie kein anderer Kaiser vor ihm wechselte er ungeduldig seine Minister und Berater. Sobald er vermutete, daß sie nur unzulänglich ihre Aufgaben erfüllten, was für ihn hieß, seine Vorstellungen zu erfüllen, verabschiedete er sie abrupt, ohne dem Betroffenen seine Gründe näher zu erläutern. Stets verbindlich, plauderte er ein letztes Mal mit dem Ahnungslosen, der Stunden später durch einen Boten erfuhr, daß sein Rat entbehrlich geworden sei, sofern er nicht tags drauf der Zeitung völlig überrascht die Nachricht von seiner Entlassung entnehmen mußte. Dank sprach er selten aus. Wer den Zwecken nicht genügte, für die er verwendet wurde oder werden sollte, brauchte keine Anerkennung zu erwarten. Dem Erfolgreichen sollte der Erfolg Dank genug sein. Stellte er sich nicht ein, war es geboten, zum Vorteil des Staates mit anderen zu experimentieren. Persönliche Neigungen oder Abneigungen spielten dabei keine Rolle. Eine trockene Sachlichkeit gab den Ausschlag.

Seine Regierung war ein ununterbrochenes Experiment mit Menschen, um die zu finden, die funktionstüchtig ausführten, was er befahl. Nikolaus plagte keine Eifersucht auf Begabungen und hervorragende Talente, die ihn möglicherweise überragten. Er trennte sich von denen, die unvereinbar mit seinen wenig flexiblen Grundsätzen waren. Immer zugänglich für Vorschläge, griff er sie aber nur auf, wenn sie Aussicht boten, seinen Willen effizienter zur Geltung zu bringen. Bei allem Zaudern und mancher Unentschlossenheit war eine getroffene Entscheidung ein Befehl, sein Befehl. Die Verantwortung für die Folgen lag bei ihm, und die lud er keinem Beamten oder Minister auf. Er entfernte ihn höchstens aus seiner unmittelbaren Umgebung, weil es sich als unbrauchbar erwiesen hatte, dessen Empfehlungen weiter zu folgen. Nikolaus beachtete genau die Mahnung seines Vaters: »Sei stark und mutig und zeige keine Schwäche. Höre alle an, das ist keine Schande, doch gehorche nur Dir selbst und Deinem Gewissen.« Er kümmerte sich um alles, arbeitete ohne Sekretär und versiegelte sogar eigenhändig seine Briefe. Es blieb nicht aus, daß er sich bei der Fülle der Geschäfte mit Kleinigkeiten verzettelte und den Überblick eher verlor, als erweiterte, zumal er sich lieber mündlich unterrichten ließ, statt die Vorgänge aus den Akten zu studieren. Aber diese Schwäche lenkte ihn nie von der klaren Einfachheit seiner Grundsätze ab.

Von vornherein gab er zu erkennen, die Autokratie ungeschmälert fortführen und die Herrschaft mit keiner anderen Institution teilen zu wollen. Er enttäuschte sofort alle Erwartungen, den Körperschaften der regionalen Selbstverwaltung mehr Rechte zuzugestehen. Solche Hoffnungen wies er schroff als »sinnlose Träumereien von der Mitregierung in Staatsangelegenheiten« zurück. »Es mögen alle wissen, daß ich, der ich all meine Kräfte dem Wohl des Volkes widme, den Grundsatz der Autokratie ebenso hart und unbeugsam bewahren werde wie mein unvergeßlicher verstorbener Vater.« Ob das stark und mutig war, steht dahin, auf jeden Fall machte er sein Wort wahr, hart zu bleiben. Darin ließ er sich von niemandem beirren. Das ist zumindest kein Hinweis auf Gutmütigkeit. Die unumschränkte Selbstherrschaft erachtete er als die spezifisch russische Lösung der Organisation staatlicher Herrschaft. Stürzt die Autokratie, dann zerfällt Rußland. Davon war er überzeugt, und deshalb wollte er sie aufrechterhalten, sollte er selbst dabei zugrunde gehen. Im absoluten Kaisertum sah er die einzige neutrale Macht, die den allgemeinen Nutzen von Volk und Vaterland allein im Auge hat. Wer immer nach Mitsprache in öffentlichen Angelegenheiten trachtet, möchte nur partikulären Bedürfnissen zur Anerkennung verhelfen, Interessen seiner Klasse oder Nationalität dienen. Das Kaisertum faßt alles ordnend zusammen, während die freie Konkurrenz der Egoismen spaltet und trennt. Es ist anschaulicher Ausdruck der vaterländischen Gemeinschaft.

Wie sein Vater bemühte er sich darum, dessen russischen Charakter hervorzuheben. Peter den Großen schätzte er nicht, weil er Rußland aufforderte, sich nach fremden Beispielen auszurichten. Ausgerechnet dieser Kosmopolit von Erziehung und Herkunft, der Inbegriff alteuropäisch-aristokratischen Wohlverhaltens, der Liebhaber aller ihm zugänglichen Literatur warf dem ersten Kaiser vor, Rußland der europäischen Kultur ausgeliefert und seiner Moskowiter Ursprünge entfremdet zu haben. In Petersburg fand er nur Heuchelei, Lüge, unaufrichtige Imitation wesensfremder Stile und Geisteshaltungen. Wohlüberlegt suchte er das Bündnis mit dem Nationalismus, um darüber der Autokratie eine populäre Rechtfertigung zu geben, wiederum an seinen Vater anknüpfend. Der Nationalismus war neben dem Sozialismus das mächtigste Gefühl. An der Devise seines Vaters, »Rußland den Russen«, hielt er unbeirrt fest und verschärfte noch die Politik der Russifizierung aller übrigen Reichsteile. Chauvinistische Radaubrüder wie die »Schwarzen Hundertschaften«, die sich für die »nationale Befreiung« von »jüdischer Zinsknechtschaft« und »Überfremdung« schlugen, durften mit seinem Wohlwollen, ja mit seiner unverhohlenen Unterstützung rechnen. Der »Union des russischen Volks«, einer national-radikalen Massenorganisation, der größten in Rußland, die sich 1906 bildete, trat er zwar nicht bei, doch bekundete er ihr seine eindeutige Sympathie: »Möge die Union des russischen Volkes meine Stütze und für alle und jeden ein Vorbild dessen sein, was Ordnung und Gesetzlichkeit versinnbildlichen.« Das schrieb er, eindeutig Partei ergreifend, nach der Revolution des Jahres 1905, als die Autokratie in die Existenzkrise geraten war. Aber als nationaler Parteimann führte er Volk und Vaterland von vornherein.

Gerade weil seine Anschauungen diametral den Wünschen der Gebildeten nach einer »nationalen Befreiung« im Sinne einer Liberalisierung widersprachen, strebte er nach einem Bündnis mit den Massen, nach deren Mobilisierung. Selber ein glühender Antisemit, im Juden den großen Verschwörer gegen Rußland vermutend, gebrauchte er den populären Antisemitismus als Mittel, um Regierung und Volk in Übereinstimmung zu bringen. Er duldete nicht nur Pogrome und Ausschreitungen, sondern unterstützte jeden, der die Leidenschaften des Pöbels weiter aufregte und spontane Ausbrüche gerechten Volkszorns inszenierte. Sie fanden unbedenklich seinen Beifall, denn neun Zehntel aller Revolutionäre wären Juden, wie er seiner Mutter schrieb, und damit das Judentum der Kern sämtlicher Probleme. Die berüchtigten *Protokolle der Weisen aus Zion*, die von den finsteren Plänen einer Weltverschwörung des international tätigen Judentums berichten, sind eine propagandistische Fälschung der Ochrana, der Geheimpolizei. Die niedrigsten Instinkte wurden zum Schutz des Vaterlands bewußt geweckt, der Pöbel zur Empörung aufgerufen. Die rechten und rechtsradikalen Parteien und Verbände, die er förderte und deren Ideen er anhing, billigten solche Ausbrüche »gepeinigter Patrioten«.

Mit dem Nationalismus auch in seinen häßlichsten Formen identifizierte er sich unter Berufung auf die Dreiheit, die eine unauflösliche Einheit bilde: Autokratie, Orthodoxie, Vaterland. Die Massen waren aber erst wirklich gewonnen, wenn sie von den verschiedenen Sozialismen getrennt wurden. Die Ochrana begann seit 1901 damit, sozialistische Gruppen zu unterwandern, nicht nur um sie zu bespitzeln, sondern auch um auf die Arbeiter im Sinne eines nationalen Sozialismus einzuwirken. Es war der umstrittene Innenminister Plewe, der mit der »Gesellschaft für gegenseitige Hilfe« zusammen mit der Polizei gleichsam die erste Gewerkschaft gründen ließ, die kräftigen Zuspruch fand und den Patriotismus in die Fabrik und von dort aus, demonstrierend, auf die Straße trug. Die Absicht war, berechtigte Forderungen der Arbeiter aufzugreifen, Bürger und Unternehmer einzuschüchtern und die Arbeiter aus der Umgarnung sozialistischer Ideologen zu lösen. Unumwunden empfahl Sergej Subatow, ein hoher Beamter, die Massen zu verführen, indem man Beweise kaiserlicher Fürsorge gibt, die Lebensbedingungen der Arbeiter verbessert und darüber die Sozialisten und kritischen Bürger ihres Fußvolks beraubt. Als Ziel galt es, eine Verständigung der einzelnen Gesellschaftsgruppen zu unterbinden, Zwietracht zu schüren, um im Namen der nationalen Einheit die Autorität der Regierung zu festigen.

Der nationale Sozialismus unter der versteckten Leitung der Polizei, den großzügige Sozialgesetze fördern sollten, erwies sich bald als doch zu riskant, weil er sich notgedrungen immer unübersicht-

Seit der Ermordung Alexanders II. im Jahre 1881 wurden Juden als Verschwörer gegen die öffentliche Ruhe mit staatlich inszenierten Pogromen, »spontanen« Aufwallungen des Volkszornes, in ihrer Existenz bedroht. Sondergesetze raubten ihnen nahezu jede Möglichkeit, am bürgerlichen Leben teilzunehmen. Da die Emigration nicht behindert wurde, wanderten bis zum Ersten Weltkrieg Millionen russischer Juden aus (Zeichnung einer jüdischen Wohnung am Newski-Prospekt nach den Ausschreitungen gegen Juden in St. Petersburg während der Revolution von 1905).

licher dem authentischen Sozialismus annäherte. Aber in dem Versuch veranschaulichen sich Entwicklungen, die von der Autokratie wegführen hinüber zu autoritärer Herrschaft, gegründet auf die Zustimmung organisierter Massen. Die klassische Autokratie besaß ihre Legitimität in sich selber, als Einrichtung kraft göttlicher Einsetzung, der jeder untertan, wie er dem Gebot Gottes unterworfen ist. Ein Volk in Bewegung war nicht nur nicht vorgesehen, vielmehr gefürchtet. Der Appell an die Massen, an völkisch-nationale Sendung des »reinen«, echten und unverfälschten Russentums veränderte ihren Charakter. Der Kaiser wird zum nationalen Führer, den Partei und Bewegung legitimieren. Die Autokratie verschmilzt mit der Demokratie. Der nationale Führer vollzieht den Volkswillen, der sich in seiner Autorität manifestiert, die die Einheit von Volk und Führer veranschaulicht. Das ist nicht mehr reaktionär oder konservativ, das ist revolutionär.

Nikolaus II. verteidigte mit aller Hartnäckigkeit die Autokratie, weil er zweifelte, das bestehende System wirklich ändern zu können, ohne seinen Zusammenbruch zu verursachen. Doch bei dem Versuch, die revolutionären Fluten einzudämmen, um nicht von der Strömung mitgerissen zu werden, geriet er erst recht in die Flut, die ihn vom tragenden Boden immer weiter entfernte. Der Gegner der Revolution erfüllte sich selber mit revolutionärem Geist, um ihre Gefahren abzuwehren. Zugleich fehlte ihm der Mut, konsequent in diesem Sinne zu handeln. Am Blutsonntag, am 9. Januar 1905, zerschlug sich das Spiel mit sozialistischen Ideen. Geleitet vom Popen Gapon, einem Mitarbeiter der Ochrana, zogen fast 150 000 Arbeiter vor das Winterpalais in St. Petersburg, Ikonen und Bilder des Zaren mit sich führend, um eine Bittschrift dem Kaiser zu überbringen, der sich vorzeitig nach Zarskoje Selo begeben hatte. Er wußte von der friedlichen Demonstration und kannte wahrscheinlich den Inhalt der Petition, die neben sozialen Forderungen und dem Wunsch, den unseligen Krieg mit Japan zu beenden, vor allem die absolute Beamtenherrschaft beklagte, die nur durch die Mitregierung des Volkes, durch ein Parlament auf der Grundlage des allgemeinen Wahlrechts gebrochen werden könne. Die durch und durch in loyaler Gesinnung vorgetragenen Bitten nach rechtsstaatlichen, von einer Verfassung garantierten Freiheiten gingen entschieden zu weit. Darin äußerten sich für Nikolaus nur aufrührerische Ideen, die er mit seinem Gewissen, das ihn verpflichtete, die Autokratie ungeschmälert zu bewahren, nicht zu vereinbaren wußte.

Am 9. Januar 1905, mitten im russisch-japanischen Krieg, zogen rund 150 000 Arbeiter unter der
Führung des Popen Gapon friedlich vor das Winterpalais in St. Petersburg, um dem Kaiser eine
Bittschrift zu überreichen, die soziale und politische Reformen vorschlug. Es handelte sich um eine
loyale Kundgebung. Nikolaus II. war nicht im Winterpalais, wußte aber, daß eine Demonstration
stattfinden werde. Die Truppen, die das Winterpalais bewachten, verloren die Nerven unter dem
Eindruck der Massen, die Bilder des Zaren und Ikonen mit sich führten. Es kam zu Schießereien,
bei denen es 170 Tote und einige tausend Verwundete gab. Der »Blutige Sonntag« führte zum Ausbruch der ersten russischen Revolution und erschütterte das Ansehen des Kaisertums als versöhnende,
ordnende Einrichtung.

Hier bot sich ihm eine Gelegenheit, über den Parteien in einer höchst brisanten Situation die Initiative zu ergreifen, sich an die Spitze einer Bewegung zu stellen und die gesamte Nation mitzureißen in der Absicht, Recht und Ordnung auf veränderten Grundlagen zu sichern und revolutionären Tendenzen ihre Anziehungskraft zu rauben. Das verlangte von ihm das Äußerste: von seinen Grundsätzen abzuweichen, die Herrschaft zu teilen. Das lehnte er ab. Das Blutbad, das die um das Palais zu dessen Schutz zusammengezogenen Truppen anrichteten, die die Nerven verloren – es gab 170 Tote und zahllose Verletzte –, war von ihm nicht angeordnet, es war auch nicht in seinem Sinne, aber er nahm es hin, als unvermeidliche Folge einer Demonstration, die er als Revolte und Provokation seiner Regierung beurteilte. »Was das Herbeiströmen einer aufrührerischen Menschenmenge betrifft, die mir Eure Bittschriften erläutern will, so ist das ein krimineller Akt«, erläuterte er schroff einer Delegation von Arbeitern, die er einige Tage später empfing. In solchen Augenblicken gebe es leicht unschuldige Opfer, das sei unvermeidlich. Doch im Vertrauen auf ihre Treue war er bereit, »ihnen ihre Schuld« zu verzeihen. So spricht kein ratloser Schwächling oder Feigling, sondern nur einer, der sich seiner Sache ganz sicher ist und bereit, jeden Kompromiß zu vereiteln. Die Gunst der Stunde des vergangenen Sonntags entzog sich seiner Einbildungskraft.

Die Autokratie wurde 1905/06 Herr der Revolution, obgleich Nikolaus ein Parlament zugestehen und sich in den Konstitutionalismus fügen mußte. Abgezwungene Zugeständnisse hielt er nicht für beachtenswert. Ein Ehrenmann ist nicht verpflichtet, abgenötigte Versprechen zu halten. Die darf er widerrufen, das lehren ohne Umschweife die Religion und der aristokratische Ehrenkodex. Die Wahlen veranschaulichten eindrucksvoll die Einsamkeit des Herrschers, der im Volk für seine Vorstellungen über keine Mehrheit verfügte. Änderungen des Wahlrechts, die einem Staatsstreich nahekamen, brachten endlich eine Mehrheit, die der Regierung weder genehm noch vollständig lästig war. Aber sie besaß genug Mittel, verfassungsmäßig am Parlament, der Duma, vorbei zu regieren, sie nicht sonderlich zu beachten. Außerdem hatte die Revolution Liberale und gemäßigte Demokraten erheblich verschreckt. Sie bangten um ihren Besitz und ihre Unternehmungsfreiheit, fürchteten den Sozialismus, die wilde Wut der Enteigneten und suchten den Schutz der Regierung. Die Freunde der Autokratie konnten sich in ihrem Verdacht bestätigt fühlen, daß Parlamentarisierung doch nur meint, ein Instrument in die Hand zu bekommen, um egoistische Interessen durchzusetzen. Ein erheblicher Teil der Bourgeoisie löste sich von der Interessengemeinschaft mit den Sozialisten und flüchtete unter den Schutz der Autokratie, die sich unverhohlen als autoritäres Regime neu etablierte, mit einem Parlament als Dekoration.

Der fähigste Ministerpräsident des Kaisers, Petr Stolypin, von 1906 bis 1911, als er einem Attentat zum Opfer fiel, im Amt, beherrschte virtuos alle Kunstgriffe, um den Polizeistaat und den Sozialstaat zu versöhnen, ohne der freien Wirtschaft zu nahe zu treten. Die Bauern, die 1905 sengend und plündernd die Güter überfielen, wurden endlich aus dem Mir, der dörflichen Gemeinschaft, und von den noch nicht geleisteten Ablösesummen für ihren Besitz befreit. Es entwickelte sich ein unabhängiges Bauerntum, staatlich gefördert durch Landzuweisungen in Sibirien, die der inneren Kolonisierung mächtigen Auftrieb gaben. Sozialgesetze kamen den Wünschen der Arbeiter entgegen, ohne die Industrie allzu sehr zu belasten, die bei ununterbrochener Hochkonjunktur unglaubliche Gewinne machte. So sollte jeder seinen Vorteil finden, zumindest übersahen die Nutznießer des Systems die unnachsichtige Unterdrückung der »Störenfriede« in Gestalt von religiösen Sektierern, radikalen Sozialisten oder aufgeregten Minderheiten. Die Regierung hatte alles im Griff, der Armee war sie sich sicher. Sie bewährte sich während der Revolution im »treuen Sinne« und sorgte schießend für Ruhe und Ordnung. In den wenigen Jahren zwischen der ersten Revolution und dem Ausbruch des Krieges brach eine kulturelle Blüte aus, die eine herrliche Ernte versprach. Nie wieder im zwanzigsten Jahrhundert hat Rußland das übrige Europa so erstaunt und fasziniert wie in dieser kurzen, sehr ambivalenten Epoche.

Kaiser Nikolaus konnte zufrieden sein. Rußland stand glänzender da denn je. Aber nicht das Kaisertum. Er regierte nun unverhohlen als Parteimann, Rechte und Rechtsradikale begünstigend. Aber nur Parteigänger scharten sich in seinem Namen zusammen, nicht »das Volk«, das er mit ihnen verwechselte. Seine »Parteifreunde« befanden sich immer in der Minderheit, doch sie besaßen Einfluß über die Regierung. Als Nationalisten verteidigten sie die Krone allerdings nur insoweit, als sie Sinnbild des übergeordneten Vaterlandes war. Rußland galt ihre Leidenschaft, Verehrung, Sorge und bedingungslose Loyalität. Das Vaterland stand über dem Zaren, der entbehrlich, sollte es Rußland nutzen. Er rettete nicht die Autokratie, er ebnete einem autoritären Regime den Weg, das sich unter Umständen auch ohne einen Kaiser weiterzuhelfen weiß. Ohne zu zögern, schlug er diesen Weg ein. Eine autoritäre Regierung entsprach Tendenzen der Zeit, insofern befand er sich im Einklang mit deren Wünschen. Wollte er tatsächlich seinen Willen behaupten, und dazu war er entschlossen, dann mußte er das bürokratische System durchbrechen, das den Selbstherrscher längst beherrschte und in die Abhängigkeit der Apparate brachte, die angeblich nur auf seinen Antrieb hin funktionierten.

Das hatte Nikolaus im Sinn. Eine Liberalisierung hin zur konstitutionellen Monarchie hielt er für einen Sprung ins Dunkle über einen gähnenden Abgrund hinweg. Selbst Liberale wie Alexander Gutschkow, die 1906 eine konstitutionelle Monarchie erreichten, betrachteten den Parlamentarismus vorzugsweise als Mittel »zur Bildung einer starken und autoritären Regierung, die ihre Stütze im Vertrauen des Volkes finden wird«. Autorität schreckte die meisten Russen nicht, sie erhofften sie sich, um aus dem Durcheinander ihrer überverwalteten Welt herauszufinden. Maxim Gorki schlug dem Kaiser vor, hoch zu Roß und umgeben von stattlichem Gefolge sein Volk von Moskau vor dem Kreml um sich zu scharen und über alle Diebe und Bösewichte zu Gericht zu sitzen, schlechte Beamte, untreue Minister und ausbeutende reiche Leute. Dann sollte er ohne weitere prozessuale Verfahren einfach ein paar Köpfe rollen lassen, und das Volk würde ihn besser schützen als jede Polizei.

Die Wendung hin zum Volk, ins Volk hineinzuhorchen empfahlen alle Sozialrevolutionäre seit Jahrzehnten, und nirgendwo in Europa wurde mit solcher Inbrunst im Herzen der Mushik oder Proletarier als »edler Wilder« gefeiert wie in Rußland, von dem der in sich zersetzte Intellektuelle lernen müsse, damit er zur Einheit mit sich mitten im Volke gelange. Auch wer, wie Lenin, durchaus erst einmal die Diktatur des Proletariats, ausgeübt in dessen Namen von einer Parteielite, als Voraussetzung dafür hielt, die klassenlose Gesellschaft zu erreichen, sprach doch mit hohem, feierlichem Schwung vom Arbeiter, der in sich das Volk verkörpere. Insofern lag es wohl nahe, die Massen zu umwerben und den Übergang zu einer plebiszitären Selbstherrschaft zu suchen, die Autokratie einem autoritären Regime anzugleichen, sie zu demokratisieren, also von der Zustimmung abhängig zu machen, die sie findet. Damit geriet sie aber in völligen Zwiespalt mit sich selber. Denn

Nikolaus II. mochte an ihrer äußeren Erscheinung und ihrer herkömmlichen Legitimierung nichts ändern, die hinfällig wurde, wenn das Volk darüber befand, ob sie noch überzeugend, und das letzte Wort besaß. Außerdem konnte ein Monarch, der das Bündnis mit den Massen suchte, der Begegnung mit ihnen nicht ununterbrochen ausweichen. Abgeschlossen in einer Welt für sich, herrschte Nikolaus wie ein verborgener Gott, den man nur an seinen Wirkungen erkennt, unsichtbar selbst, doch allgegenwärtig durch Beamte, gegen die sich der allgemeine Unmut richtete.

In St. Petersburg hielt er sich, schon aus Sicherheitsgründen, im Laufe der Jahre kaum noch auf. Auf Zeremonien und die Rituale der festlichen Monarchie achtete er sehr, nicht um seiner Person willen, sondern des Amtes wegen, dem Ehre gebührt und das sich Respekt erheischend feierlich darstellen mußte. Verstöße gegen die kunstreichen Regeln schöner Disziplin betrachtete er als Gleichgültigkeit gegenüber dem Kaisertum. Wenn notwendig, also in der Wintersaison bis zum Ende des Karnevals, entfaltete er den raffinierten Prunk, für den Petersburg berühmt war. Mit den alten Formen zelebrierte die höfische Gesellschaft sich selbst zur Feier der Monarchie. Moderne Tänze, und dazu gehörte immer noch der Walzer, waren bei den großen Bällen in Gegenwart der Majestäten verboten. Bei der Quadrille mit ihren zierlich-abgemessenen Schrittfolgen und Figurationen mußte in schöner Regelmäßigkeit die Jugend, die längst Tango oder Onestep bevorzugte, ihre elegante Zucht beweisen. Bei Empfängen gab sich Nikolaus als liebenswürdiger Hausherr, der nicht Cercle hielt, sondern von Tisch zu Tisch ging, jeden auffordernd, doch sitzen zu bleiben, zu dem er sehr leise sprach mit einem fast zärtlichen Lächeln, während seine blauen Augen ihm eindringlich versicherten, schon immer darauf gewartet zu haben, gerade mit dieser Dame oder jenem Herrn sich zu unterhalten.

Übrigens mußte keiner fürchten, sich bei Hofe den Magen zu verderben. Die kaiserliche Küche genügte auch den verwöhntesten Ansprüchen. Russische Gerichte wurden bevorzugt, und es empfahl sich, in der Nähe des Kaisers russisch und nicht französisch zu reden. Bei den intimen Diners in den Zimmern, übrigens nicht minder festlich-förmlich, wurden die Sprachen gebraucht, die der Gast bevorzugte oder die aus irgendwelchen familiären Übereinkünften untereinander verwandt wurden. Mit den Hohenzollern verkehrte Nikolaus auf englisch, nicht weil er ungern deutsch redete, sondern weil diese im privaten Kreis gern ins Englische wechselten. Kaiserin Alexandra lernte durch Übung, daß vornehme Weltläufigkeit nicht unbedingt mit sittenloser Frivolität gleichzusetzen ist. Ihre Schüchternheit versagte ihr Liebenswürdigkeit, erlaubte ihr aber eine ungemeine Hoheit, die bei den großen Festen beeindruckte. Die majestätische Ruhe, in die sie sich aus Unsicherheit rettete, aus Scham, nicht gefällig auftreten zu können, verlieh ihr sogar den herben Schimmer erhabener Schönheit. Ungesellig von Natur aus, kam sie ihren Pflichten nach, und das zumindest mit großer Allüre. Die bemerkten allerdings nur die Höflinge, nicht das Volk, dem Einblick in diese kostbare Welt anmutiger Porzellanfiguren verwehrt war.

Das alltägliche Leben auf den Landschlössern unterschied sich kaum von dem eines Gutsbesitzers. Als Monarch der alten Schule hielt Nikolaus sich an einen strengen Tagesablauf, der in der abgeschirmten Weltverlorenheit, in deren Mitte er herrschte, vor empfindlichen Unterbrechungen meist bewahrt blieb. Er stand gegen sieben Uhr auf, betete kurz und schwamm anschließend. Das erste, karge Frühstück nahm er zusammen mit Alexandra ein, dann begannen Besprechungen, denen sich kurz vor Mittag ein Spaziergang anschloß, worauf weitere Audienzen folgten. Zum Gabelfrühstück, also zum Mittagessen, wurden oft auch Gäste hinzugebeten. Danach studierte er Akten oder widmete sich weiteren Beamten. Beim Tee um halb sechs blätterte er in einigen Zeitungen und setzte anschließend politische Gespräche fort. In kleiner Runde fand um neun Uhr das Diner mit fünf Gängen statt. War es beendet, besprach er sich mit dem Ministerpräsidenten und unternahm zum Tagesabschluß eine kurze Ausfahrt mit der Kaiserin in den Park. Vor dem Schlafengehen tranken beide noch Tee, zusammen mit den Kindern, denen er eine kurze Geschichte auf russisch oder französisch vorlas. Kurz nach Mitternacht gingen alle zu Bett. Vor der Nachtruhe hielt Nikolaus mit knappen Worten die Ereignisse des Tages fest. Die unpersönlichen, trockenen Bemerkungen enthalten kaum Überraschendes, denn unter des Dienstes immer gleich gestellter Uhr ereignete sich wenig, das ausführlicher geschildert werden mußte. Herzensergüssen verweigerte er sich selbst in diesen Blättern innerster Privatheit, die nur die Kaiserin lesen durfte.

Erlaubten es die Umstände, dann zog er nur einen Russenkittel an. Sonst trug er immer nur die Uniform seines Regiments, die eines Obersten, zu dem ihn sein Vater ernannt hatte. Da er zu keinem höheren Rang erhoben worden war, verzichtete der Allerhöchste Kriegsherr darauf, sich selbst den Rang zu verleihen, der ihm zustand – ein Zeichen der Pietät, aber auch Ausdruck seiner Ritterlichkeit, sich nicht selbst zu ehren. Mit seinen Ministern unterhielt er sich zwanglos, ununterbrochen Zigaretten rauchend, aber es verstand sich von selbst, daß sie mit tiefster Verbeugung und Händen an der Hosennaht sich verabschiedeten. Schien es ihm an der Zeit, eine Audienz zu beenden, trat er zum Fenster, dem Besucher den Rücken zukehrend. Die geringe Zeit, die er am Tage über Akten zubrachte, weist nicht auf Unlust an ernster Arbeit hin. Er gehörte zu den Monarchen, die lieber im Gespräch die Geschäfte behandelten. Er besaß ein fast intuitives Auffassungsvermögen, empfänglich für zarteste Nuancen. Bei der Fülle der Geschäfte verschaffte eine knappe Darstellung den erwünschten Überblick über den Sachverhalt. Seine Regierungweise veranschaulicht allerdings die Ohnmacht der Autarkie. Er erfuhr nur, was die souveränen Behörden für notwendig hielten, ihm mitzuteilen. Eifersüchtig auf ihre jeweiligen Kompetenzen bedacht, schätzten sie es gar nicht, mit verbindlichen Weisungen behelligt zu werden, die ihre Selbständigkeit beeinträchtigten. Nikolaus war vollständig abhängig von den Apparaten, die auf seinen Wink sich funktionstüchtig erhalten sollten. Tatsächlich vermochte er nur gelegentlich seinen Willen durchzusetzen, wenn er wirklich umfassend unterrichtet war oder wenn es seine Grundsätze betraf, an denen er starr festhielt, Unbeirrbarkeit mit Energie verwechselnd.

Zeigte er sich in der Öffentlichkeit, dann meist bei der Abnahme einer Parade, als Soldat unter Soldaten. Das war ein äußerst enger Ausschnitt aus der Gesellschaft. Seine Armee liebte er, bei ihr fühlte er sich geborgen, ihr vertraute er als sicherster Stütze des Throns. In ihrer Treue vermutete er die Treue des Volkes, das er als eine Summe ergebener Soldaten auffaßte. Deswegen ist es nicht ein Zeichen seiner Freude an militärischer Verspieltheit und schönen Uniformen. Er glaubte, dem Volk näherzukommen, wenn er sich seinen Soldaten zeigte und ihnen sein Wohlwollen schenkte. Nikolaus reiste nur noch sehr selten als Kaiser. Seine Ratgeber bekamen Schweißausbrüche vor Angst, fuhr er auch nur von einem Schloß, von einem goldenen Käfig zum anderen, von Peterhof nach Livadia am Schwarzen Meer, der kaiserlichen Sommerresidenz. Paradoxerweise hatten Ausländer viel häufiger Gelegenheit, den russischen Kaiser zu sehen, als seine Untertanen. Denn er besuchte regelmäßig seinen Schwiegervater in Dänemark, bei dem sich die weitverzweigte Familie vorzugsweise traf, unterhielt aus politischen Gründen sorgsam gepflegte Beziehungen zu Vetter »Willy«, was ihn oft an irgendeinen preußischen Ort brachte, den der vorschlug. Am liebsten hielt er sich in Darmstadt und Friedberg, der Heimat seiner Frau, auf. Dort konnte er wie ein Bürger in der Sommerfrische sich in ein Café setzen, Trambahn fahren, einkaufen oder in einem bürgerlichen Wirtshaus ein Bier trinken. Selbst wenn sie ihn erkannten, achteten die biederen Kleinstädter sein Inkognito. Hier trat er in den Zusammenhang mit dem ganz normalen Leben, aber es war der bürgerliche Alltag der Deutschen und nicht der Russen.

Freundschaftlichen Umgang pflegten Nikolaus und Alexandra nur unter Verwandten. Ihre Stellung machte es unmöglich, ein herzliches Verhältnis selbst mit hohen Aristokraten zu unterhalten. Dieses Schicksal teilten sie mit sämtlichen regierenden Herrschaften, die sich deshalb so oft verabredeten, um wenigstens unter den vielen Vettern und Cousinen Einzelne zu finden, die ihnen den Freund ersetzten. Der Familiensinn von Nikolaus II. beweist nicht nur eine rührende Anhänglichkeit an Onkel und Tanten, er war ganz einfach auf deren Geselligkeit angewiesen, wollte er sich nicht ganz in die traute Einsamkeit mit Frau und Kindern zurückziehen. Das verbot ihm außerdem seine Pflicht. Denn schließlich war er Chef des Hauses und hatte darauf zu achten, daß die Mitglieder der Dynastie sich so betrugen, wie er es voraussetzte, um den Ehrenschild der Romanows rein zu halten. Seine Begriffe von aristokratischem Wohlverhalten waren so streng wie die seines Vaters. Hatte er sich als junger Offizier gelegentlich auf Wegen amüsiert, auf denen ihm nicht jeder folgen wollte, so führte er als Kaiser ein untadeliges Leben. Alexandra mit ihrer britischen Prüderie bekräftigte ihn in seinen Vorstellungen vornehmer Lebensart.

Affairen, Schulden, Leichtsinn oder Scheidungen verärgerten ihn sehr. Dafür hatte er kein Verständnis, geschweige denn Nachsicht. Einige der Großfürsten nahmen keine besondere Rücksicht auf das Haus, dem sie angehörten. Sie ließen sich nicht nur mit bürgerlichen Damen ein, sondern verlangten, sie heiraten zu dürfen. Scheidungen kamen vor oder die Einheirat Geschiedener, wie die der Schwester der Kaiserin, was überhaupt kein Wohlgefallen fand. Er zürnte in solchen Fällen heftig, scheute aber Strafen, um nicht vor der Öffentlichkeit zuzugeben, daß nicht jeder sich vorbildlich aufführe – was meist ohnehin bekannt – und die familiäre Eintracht Spannungen ausgesetzt sei. Nach außen hin sollte das Bild harmonischer Übereinstimmung aufrechterhalten bleiben. Insofern gab er immer wieder nach. Obschon die meisten seiner Verwandten das Prinzip der Selbstherrschaft unbedingt anerkannten, mochten sie deren Folgen nicht in der Familie spüren. Schließlich konnte das bedeuten, die sicheren Einkünfte einzubüßen und die öffentlichen Ehrenstellen zu verlieren. Herr in seiner Familie war er nie. Petersburger oder Moskauer Aristokraten zuckten ohnehin nur mit der Achsel bei den Eskapaden mancher Großfürsten. Sie erlaubten sich längst elegante Freiheiten, die selbst abgebrühte Pariser verwirrten. Nach und nach verkümmerte auch der Umgang mit den Angehörigen, um Auseinandersetzungen aus dem Weg zu gehen.

Sein stilles Glück suchte er ganz bürgerlich im Schoß seiner engsten Familie. Dort allein fühlte sich Alexandra freundlich aufgehoben, deren Hilflosigkeit wuchs, je weniger es ihr gelang, die Abneigung zu überwinden, die ihr, von der Mutter des Kaisers angefangen, unverhohlen entgegengebracht wurde. Ihr Einfluß auf den Kaiser beschränkte sich anfänglich nur darauf, ihn in seinen Grundsätzen zu bestätigen, die sie sich ganz zu eigen machte. Sie wurde eine leidenschaftliche Russin, obschon sie daran verzweifelte, gerade von den Russen nicht geliebt zu werden. In politischen Fragen dogmatisch, schweifte ihr religiöses Temperament gern hinaus in die unbestimmten Weiten der Gefühle. Ohne große Mühen lebte sie sich in die Orthodoxie hinein, die ihrem frommen Gemüt angemessen, wie sie alsbald feststellte. Auch in ihrer religiösen Praxis wandelte sie sich ganz zu einer Russin. Wieviel dabei der eherne Wille, der sie auszeichnete, eine Rolle spielte, läßt sich bei so inneren Phänomenen wie Frömmigkeit schwer beurteilen. Immerhin darf vermutet werden, daß sie, nachdem sie sich zum Wechsel der Konfession entschlossen hatte, eine wahrhaft Gläubige werden und sich überzeugen wollte, die christliche Wahrheit am überwältigendsten in der Gemeinschaft zu erleben, der sie beitrat. Sie las viel, nicht nur Anleitungen zur Verfeinerung der schönen Seele, und konnte stundenlang vor sich hin träumen. Sie war eine rührende Mutter.

Ihr größter Kummer blieb, durch ihr verdorbenes Blut einen kranken Sohn geboren zu haben, von dem höchst ungewiß war, ob er je den Thron besteigen würde. Der 1904 geborene Alexej war ein Bluter. Ihre ganze Sorge galt nur noch dem Erben. Seine Krankheit blieb ein Staatsgeheimnis. Von jetzt an lebte sie nur noch für den Sohn, sich aus Schuldgefühlen, für sein Leiden verantwortlich zu sein, ihm gleichsam aufopfernd. Sie zog sich von nun an fast ganz aus dem höfischen Leben zurück und isolierte den ohnehin schon in seinem Schloß lebendig begrabenen Kaiser endgültig. Eine Hofhaltung im festlich-zeremoniellen Sinn gab es fortan nicht mehr. Der Kaiser fügte sich in ihren Schmerz, den er teilte, und in ihre Pflichtvergessenheit, weil andere Pflichten sie in Anspruch nahmen. Alexej wuchs zu einem fröhlichen, selbstbewußten Knaben heran, der Minister schon einmal mahnen konnte: »Exzellenz, Sie müssen aufstehen, wenn der Thronfolger den Raum betritt.« Er wurde wie ein künftiger Kaiser erzogen. Aber litt er an inneren Blutungen, dann war er nur ein Bild des Jammers wegen entsetzlicher Schmerzen, die jede Verpflichtung, kaiserliche Haltung zu wahren, zunichte machten. Es verdient zumindest Nachsicht, daß Alexandra in mystischen Kombinationen für sich Trost suchte, die sie freilich jenseits ihres gesunden Menschenverstands, der unter mystischer Versenkung nicht zu leiden braucht, dazu verführten, ihre Hoffnung auch auf Wunderheiler zu setzen. Sie wollte ein Wunder.

Übersinnliche Phänomene, Geisterbeschwörung, Tischerücken, Stimmen aus dem Jenseits, allerhand magische Praktiken faszinierten seit der Kaiserin Eugenie, der frommen Gattin Napoleons III., immer wieder einzelne Prinzen oder deren Frauen. Spiritistische Sitzungen kamen förmlich in Mode, nicht einmal Wilhelm II. hielt sich von solchen Versuchen, dem Unzugänglichen Geheimnisse zu entlocken, ganz fern. Nikolaus besprach sich 1905 über das Medium Papus, einen Schwindler aus Lyon, mit seinem Vater, wie er sich während der ausgebrochenen Revolution zu verhalten habe. Die »Stimme« Alexanders riet ihm selbstverständlich, sie niederzuschlagen und tapfer zu sein. Es ist nicht weiter verwunderlich, daß die Kaiserin den Rat der Großfürstin Miltza nicht ausschlug, es doch einmal mit Rasputin, dem Wunderheiler, zu versuchen. Sie hielt hohe Stücke auf dessen Kräfte und Heiligkeit. Im November 1905 wurde Grigorij Jefimowitsch zum ersten Mal in Zarskoje Selo empfangen. Alexandra war sofort von dieser unappetitlichen Gestalt mit wirrem Haar, ungepflegtem Bart, nachlässig-schmutziger Kleidung überzeugt, dessen scharfer Blick aus unergründlich blauen Augen bis in die tiefsten Gründe der Seele vorzudringen schien. Es war sein Blick, dem die meisten nicht zu widerstehen vermochten, wenn guter Geschmack sie nicht von vornherein davon abhielt, diesem verwahrlosten Prediger überhaupt Aufmerksamkeit zu schenken.

Der Sohn eines Pferdehändlers aus Tobolsk, 1872 geboren, der sich kaum wusch und mit den Fingern aß, war die Sensation in Petersburgs verwöhnter Welt, in die er wie eine Urgewalt 1903 einbrach. Sein Übername Rasputin, der so viel wie Wüstling bedeutete, schreckte die wenigsten ab, sich auf diesen sonderbaren Heiligen einzulassen. Die meisten nannten ihn Starez, Gottesmann, der zu sein er in aller Bescheidenheit beanspruchte. Tatsächlich bekundete dieser freie Prediger, der zweimal ins Gelobte Land gepilgert war, eine wundersam aufwühlende Frömmigkeit von Selbstbeknirschung und Erlösungsgewißheit. Auch hohe Geistliche zweifelten nicht an seiner Berufung, die Seelen aufzurütteln und zu retten, obschon seine Lehren strenger Orthodoxie nicht entsprachen. Ihm schien die Demütigung der Seele die Bedingung zu sein, rein und frei zu werden. Stolz und Hochmut werden am nachhaltigsten durch die Sünden gebrochen, möglichst erniedrigende, durch willige Hingabe an das begehrliche Fleisch, das die Seele versklavt. Die Erlösung von Lust und Trieb, die alle höheren Kräfte fesseln, findet, wer sich hemmungslos deren Befehlen unterordnet, um sich von ihrer Last zu befreien. Eine solche Botschaft hatte manchen prickelnden Reiz für mondäne Weltleute, die in jener Epoche unermüdlich mit der »sexuellen Frage« beschäftigt waren, die Emanzipation des Fleisches erwarteten oder die Sublimierung der von ihm verursachten Abhängigkeiten. Kurzum, er traf die Mode der Stunde, und fernöstliche Heilmittel, hypnotische Fähigkeiten, Hellsichtigkeit der Zukunft überredeten viele dazu, seiner Hilfe zu vertrauen.

Als »Baby«, wie Alexeij mit Kosenamen hieß, im Oktober 1912 eine lebensgefährliche Krise überstand, glaubte die Kaiserin, die glückliche Wendung der Wirkung eines Telegramms von Rasputin zu verdanken, in dem er ihr die plötzliche Genesung des Sohnes ankündigte, die eintrat, als sie die frohe Nachricht erhielt. Die Wende hatte sich zwar schon vorher angekündigt, aber von nun an war für Alexandra kein Zweifel an der Macht dieses von Gott Berufenen erlaubt. Rasputin sah Alexeij nur dreimal während dessen kurzen Lebens. Doch alle Besserungen, die sich im Auf und Ab seiner Krankengeschichte ergaben, führte die Kaiserin auf Rasputins Gebet zurück, auf die heilenden Kräfte, die selbst aus der Ferne ihre zwingende Macht nie verloren. Ein Wort allein schien als ein lebensspendendes ihr schon zu genügen. Ihr selbst wurde es stets ganz leicht, wenn sie seine Hände küssen und ihren Kopf an seine geliebten Schultern legen durfte. Mit ihrem Willen suggerierte sie dem Heiler, was sie zu hören wünschte, um gleichsam ihre Worte als seine dem jungen Kranken zu übermitteln, seinen Glauben an die überirdische Gewalt des Gesegneten, der nur ihre Sehnsucht widerspiegelte und ein Reflex ihrer verzweifelten Liebe war, nicht aufzugeben. Das meiste war Autosuggestion. Auf Einbildung beruhte von Anfang an das später so unselige Verhältnis.

Weder sie noch Nikolaus besaßen auch nur die geringste Ahnung vom Volk. Kaiser und Volk sahen sie als eng verbunden. Hier trat ihnen der unverfälschte, reine Russe entgegen, unberührt von aller Zivilisation. Hier sprach die unverdorbene Stimme echter Natur, die zugleich Prophetenstimme war, da sie einem Mann Gottes gehörte, der in seiner schlichten Frömmigkeit das Gefäß war, in das Gott seine Liebe und Wahrheit fließen ließ. Rasputin an den Schwellen des Throns, das bedeutete unmittelbare Nähe zum Volk und zu Gott, der sich des russischen Volkes als Dolmetscher seiner Wünsche bedient. Er durfte sie Papa und Mama nennen, die Symbiose vom kaiserlichen Vater und seiner Kinder im Volke damit ausdrückend. Der Kaiser und die Kaiserin wurden Opfer ihrer Sozialromantik. Nicht einmal eindeutige Hinweise auf sein ausschweifendes Leben und andeutende Schilderungen der von ihm veranstalteten Orgien vermochten beide irrezumachen. Soweit sie in ihrer Prüderie überhaupt begriffen, worum es sich handelte, beruhigten sie sich und andere mit der Vermutung, das Volk in seiner Naivität hinge eben an ursprünglichen Sitten. Eine Jüngerin und Freundin Rasputins, Anna Wyrubova, eine Hofdame Alexandras, übernahm es, die Verbindung aufrechtzuerhalten, wenn der Starez nicht zur Kaiserin kommen konnte. Denn bei aller Begeisterung, soweit durfte höfischer Brauch doch nicht entkräftet werden, ihm mühelosen Zugang zur Kaiserin einzuräumen. Anna Wyrubova gewann eine beträchtliche Macht über das gequälte Gemüt der Kaiserin, das sich ihr willig öffnete. Die Freundin diente als Medium und Botin des Heilbringers. Ohne sie hätte vielleicht seine Wirkung nachgelassen. Deswegen benutzte Rasputin sie von vornherein als Mittlerin, und als solche wurde sie fast so etwas wie eine Freundin Alexandras.

Über die Kaiserin gewannen beide Einfluß auf den Zaren. Sie begann erst jetzt, sich in die Politik zu mischen, ihre Ansichten mit denen Rasputins vermengend, den Kaiser mahnend, die Fingerzeige Gottes nicht zu übersehen. Nikolaus mochte in ihm jederzeit den »Mann aus dem Volke« verehren und seine Frömmigkeit respektieren, nach einem Gespräch mit ihm seelische Freude gefunden haben, doch in seinen Entscheidungen richtete er sich keineswegs nach dessen Empfehlungen. In mancher Hinsicht wäre es nicht einmal falsch gewesen, sie zu bedenken. Rasputin war kein Antisemit und verwarf die Verfolgung, naheliegenderweise, da er im Grunde ein Sektierer war, und Sekten genossen nur begrenzte Duldung. Er mahnte Nikolaus stets, den Frieden zu wahren und keinen Krieg mehr zu beginnen, aus dem die Soldaten wie die Bestien zurückkämen. Es gehörte keine große Sehergabe dazu zu erkennen, daß ein großer Krieg in die Revolution münden würde, nach den Erfahrungen der Niederlagen gegen Japan und der von ihnen ausgelösten Revolution 1905. Außerdem plädierte er seit 1905 für eine freundliche Politik gegenüber Deutschland. Schließlich war das Reich im Krieg gegen Japan der einzige aufrechte Freund gewesen. Solche Meinungen konnte man sich unter dem Eindruck der politischen Ereignisse bilden, und die bildeten sich auch andere. Immerhin ist es nicht ausgeschlossen, daß er sie im Auftrag von Politikern als seine Eingebungen weiterreichte. Denn gesucht wurde er als Zuträger politischer Absichten, um für sie den Kaiser zu gewinnen. Offenes Gehör fand er allerdings immer, wenn er eine Autokratie auf plebiszitärer Grundlage forderte, das Bündnis von Kaiser und Volk.

Einen wirklichen Einfluß auf die Politik übte er erst im Krieg aus, seit 1915, als Nikolaus an die Front ging und selber den Oberbefehl übernahm. Seitdem vertrat ihn in Petrograd, wie Petersburg umbenannt wurde, die Kaiserin. Sie hielt jeden Rat des Gottesmannes für beherzigenswert und es für sträflich, ihm nicht zu folgen. In Übereinstimmung mit Rasputin schlug sie einen schroffen Kurs gegen die Duma ein und gegen jeden, der ihr liberaler Anwandlungen verdächtig erschien. Sie zerstörte noch die letzten Verbindungen zu vorsichtigen Reformern, so daß, als die Revolution im Februar 1917 ausbrach, keiner mehr dazu entschlossen war, die Monarchie ernsthaft zu verteidigen. Sie glühte für die Autokratie, für ein autoritäres Regiment, und wünschte sich im Dezember 1916 nur eines, ihren Willen Nikolaus einzuimpfen, ihn zu stärken für das Reich der Macht, das jetzt anbrechen müsse, »sei der Kaiser, sei Peter der Große, Iwan der Schreckliche, der Kaiser Paul, zerschmettere sie alle«. Solche Ideen waren bei wankenden Fronten gespenstische Phantasien.

Die Reaktionäre, mit denen sie herrschte, standen im Rufe, Defätisten zu sein, den Krieg als verloren zu betrachten und einen Sonderfrieden mit Deutschland schließen zu wollen. Rasputin drängte darauf, er hielt Kontakt zu deutschen Agenten. Die Clique um ihn und die Kaiserin galt bald nur noch als Ansammlung von Verrätern, als fünfte Kolonne Deutschlands. »Die Deutsche« wurde endgültig verhaßt, die keinen Verrat beging, nur darüber nachsann, wie sie mit monarchischer Despotie den nahenden Untergang aufhalten könne, den sie nur beschleunigte. Sie hatte das Talent zu einer rücksichtslosen Tyrannin, Rasputin hatte es geweckt, und es gingen Gerüchte, er wolle den Kaiser absetzen und Alexandra zur neuen Katharina der Großen machen. Auch das waren nur Phantasien, denn ihren Mann wollte sie stark, mächtig und groß sehen. Es war für sie undenkbar, gegen seinen Willen etwas zu tun. Alle Vermutungen und dunklen Verdächtigungen machten aber auf jeden Fall Rasputin politisch untragbar, von dem man sicher war, er könne die Kaiserin dazu verleiten, Nikolaus zu überreden, aus der Entente auszuscheren. Am 29. Dezember 1916 versuchte ihn Fürst Yussupov bei einer fröhlichen Einladung zu vergiften. Da er sich mit der Dosis vertan hatte, sah er sich gezwungen, ihn mit seinem Revolver niederzustrecken, was nicht sofort gelang. Der tödlich Verletzte setzte sich zur Wehr, und erst in einem Ringkampf erschöpfte er seine Lebenskräfte. Die Leiche wurde in ein Loch versenkt, das man in die vereiste Newa geschlagen hatte.

Die Solidarität der drei Kaiser zerbricht

Die autokratische Herrschaft, die im Kriege zusammenbrach, verteidigte Nikolaus im übrigen so hartnäckig, weil sie ihm als die beste Methode erschien, den Frieden zu sichern. Als Verbündeter Frankreichs verleugnete er nie sein tiefverwurzeltes Mißtrauen in die Zuverlässigkeit parlamentarischer Mehrheitsbeschlüsse. Jede neue Parteienkombination könne die Beschlüsse früherer Regierungen verwerfen und sich von vereinbarten Verträgen lösen. Er fürchtete die Leidenschaften des Volkes, die eine berechenbare Außenpolitik erschwerten. Der Selbstherrscher steht zu seinem Wort, das er nicht aus Laune gegeben, vielmehr aufgrund reiflicher Überlegung, unbeeinträchtigt von den Begehrlichkeiten der aufgeregten Menge. Sein Vater hatte ihn vor seinem Tod gemahnt, den Krieg zu vermeiden. Das empfand er als verpflichtendes Vermächtnis. Als Autokrator bestimmte er die Richtung der Außenpolitik. Die zwanzig Jahre allgemeiner Ruhe in Europa, die zwischen 1888 und 1908 ohne »Krieg in Sicht« herrschte, verdanken sich nicht zuletzt dem russischen Kaiser. Das Bündnis mit Frankreich hielt er korrekt ein. Ein Mann, ein Wort. Das war der Standpunkt der Ehre. Es war ihm unbequem. Aber die Republik war der »Zahlmeister« Rußlands, das auf großzügige Anleihen angewiesen blieb, um seine »innere Kolonisierung«, die Industrialisierung, mächtig voranzutreiben. Auf französische Kredite konnte er nicht verzichten.

Den britisch-französischen Gegensatz beobachtete er mit Erleichterung, dämpfte er doch die nie verstummenden Hoffnungen unter den Franzosen, Revanche für die Niederlage 1870/71 zu nehmen. Die Schwäche Frankreichs 1898, als es sich bei Faschoda vor England zurückzog, stimmte ihn nicht besorgt, sie bot ihm vielmehr die Gewähr, daß sein Verbündeter vorerst nicht in der Lage war, einen Krieg mit Deutschland zu wagen. Der Sinn der Allianz lag darin, Frankreich an die russische Kandare zu nehmen und es davon abzuhalten, ihn in Auseinandersetzungen zu verwickeln, in denen es für Rußland nichts zu gewinnen gab. Nikolaus ließ die Franzosen nie im unklaren, daß das Bündnis nicht als Aufforderung mißverstanden werden dürfe, Streit mit Deutschland zu suchen. Ihn beruhigte es, daß die deutsche Regierung mit einem gewissen Wohlwollen Frankreich behandelte, um dessen Blicke von den Vogesen abzulenken. Das Drei-Kaiser-Bündnis hatte sich aufgelöst. Doch seine ersten »Antrittsbesuche« als Kaiser machte er in Breslau und Wien, in Erinnerung an die alte Interessengemeinschaft. Breslau war von Wilhelm II. bewußt vorgeschlagen worden, brachen Russen und Preußen doch 1813 von dort auf, um Napoleon aus Mitteleuropa zu vertreiben. Nikolaus versicherte dem Vetter, von den gleichen traditionellen Gefühlen getragen zu sein wie er. Ihm lag daran, auch ohne Bündnis im besten Einvernehmen mit Preußen-Deutschland zu bleiben, dem ältesten Freund Rußlands, und mit Österreich-Ungarn die Beziehungen zu entspannen. Franz Joseph, dem die altmodische Wohlerzogenheit seines Cousins behagte, der ihn als Älteren mit graziösem Respekt behandelte, neigte ohnehin dazu, das prekäre Gleichgewicht auf dem Balkan nicht zu erschüttern. Sie verständigten sich mühelos, Veränderungen nur in wechselseitiger Absprache einvernehmlich zuzulassen. Er wußte, daß die Deutschen ihn so fest an der Leine hielten wie Nikolaus die Franzosen.

Das Bündnis mit Frankreich legte Nikolaus einige Hemmungen auf, aber das hielt ihn nicht davon ab, immer wieder zu überlegen, wie trotz dieser Verbindung zumindest Deutschland und Rußland ihre herkömmliche Freundschaft auch vertraglich erneuern könnten. Das berührte sich mit Absichten Wilhelms, der dem Vermächtnis seines Großvaters, im russischen Kaiser stets den sichersten Alliierten zu ehren, nicht untreu werden wollte. Willy und Nicky trafen sich häufig und schrieben sich regelmäßig. Das Temperament des deutschen Vetters fiel Nikolaus gelegentlich sehr auf die Nerven, obschon Wilhelm sich bemühte, all seinen Charme aufzuwenden, um Nikolaus zu gefallen. Wie der spätere russische Außenminister Alexander Iswolski einmal bemerkte, trat er bei jeder Begegnung in einer anderen Rolle auf, doch immer glänzend und gut vorbereitet. Der Zauber seiner Persönlichkeit überblendete die ruhige Würde Nikolaus', was ihn manchmal sehr verstimmte. Denn er genoß es keineswegs gutmütig, in Peterhof als Gastgeber sich gleichsam dem Schweif dieses leuchtenden Kometen einzugliedern. Willy wollte sich nicht in den Mittelpunkt rücken, doch so, wie er nun einmal war, zog er unweigerlich die Aufmerksamkeit auf sich. Zuweilen stöhnte Nikolaus über den »langweiligen Herrn Wilhelm«, der ihn immer in Diskussionen verwickelte, die ihm widerwärtig waren.

Doch er wollte keine Schwierigkeiten mit ihm haben. Leiser, aber nicht weniger inständig warb er um Willy wie der Vetter um ihn. Sie brauchten einander. Waren sie allein miteinander, konnten sie sehr freundschaftlich miteinander umgehen. Dann hieß es im Tagebuch: »Wilhelm kam in ausgezeichneter Stimmung«, »Ich kehrte mit den besten Eindrücken nach den mit Wilhelm verbrachten Stunden nach Hause zurück« oder »Ich nahm von Wilhelm mit großer Herzlichkeit Abschied«. Manche Irritationen verursachte übrigens Kaiserin Auguste Viktoria. Die »Kirchengustl« verzieh der Darmstädter Base nie, nur weltlicher Eitelkeit wegen, um Kaiserin zu werden, zur orthodoxen Kirche übergetreten zu sein. Beim Bekenntnis handele es sich schließlich nicht um Handschuhe, die man beliebig wechsele. Sie tat ihr damit bitter unrecht. Mit einer Kühle, die selbst Eisbären am Nordpol hätte frösteln lassen, trat sie der armen Alexandra entgegen, die in ihrer Nähe aller Mut verließ. Dabei hätte sie sich umstandslos rächen können, indem sie Augusta Viktoria streng die für eine Kaiserin nicht unbedingt ebenbürtige Herkunft spüren ließ. Dafür fehlte es ihr an Geistesgegenwart. Unhöflichkeiten gegenüber seiner Frau verletzten Nikolaus. Wilhelm hingegen gehörte zu den ganz seltenen Menschen, die Alexandra einfach mochten. Als Schwieriger hatte er überhaupt keine Schwierigkeiten mit anderen Schwierigen. Ihm gelang es ja auch, selbst Erzherzog Franz Ferdinand und dessen Frau, die ein Schrecken für nahezu jeden waren, reizend und entzückend zu finden, wirklich nicht nur aus politischer Berechnung.

Für die meisten Verstimmungen sorgten Wilhelms Begleiter. Sie ließen ihn ungern allein mit dem russischen Kaiser. In ihrer Gegenwart mußte er loyal Nicky die Vorträge halten, die sie ihn als ihr Sprachrohr einstudieren ließen. Sie entsprachen oftmals keineswegs Wilhelms Vorstellungen, der sich meist mit dem russischen Kaiser im Einverständnis befand, was Holstein oder Bülow beunruhigte. Ihm waren die Rollen zuweilen recht unangenehm, in die er schlüpfen mußte. So taktlos, wie er sein konnte, besaß er doch genug Gespür für schiefe Situationen. Er wußte sehr genau, daß Nikolaus keine Belehrungen wünschte. Aber dazu wurde er gebraucht oder mißbraucht, um dem russischen Kaiser Unterricht über die Weltlage zu erteilen, bei dem man am meisten im lockeren Plauderton erreichte. Gereizt schrieb er einmal Bülow, daß ein permanentes Umredigieren seiner Briefe an Nikolaus Grenzen haben müsse. »Meine Briefe bekommen immer mehr den Charakter von Noten oder Denkschriften.« Was solle sich der Kaiser denken, wenn er begriffe, »daß meine ›Privatbriefe‹ in der Reichskanzlei abgefaßt werden!«

Vor allem Holstein fürchtete, der Kaiser könne sich Rußland gegenüber zu weit verpflichten und der russischen Idee eines großen Bündnisses der kontinentalen Mächte erliegen. Der Bildung eines Kontinentalblocks mochte sich Wilhelm aber nicht verschließen. Darin erkannte er die vielleicht beste Auskunft, den Frieden in Europa dauernd zu sichern. Das war die Absicht Kaiser Nikolaus'. Bei Wilhelms Besuch in Petersburg im August 1897 schlug Nikolaus zum ersten Mal vor, ein deutsch-russisches Bündnis abzuschließen, für das über seine Bemühungen Frankreich gewonnen werden könne, während Wilhelm für den Beitritt Österreichs Sorge tragen solle. Wilhelm war sofort einverstanden und hielt es der Mühe wert, einen solchen Zusammenschluß anzustreben. Bei den englisch-französischen Gegensätzen konnte es vielleicht möglich sein, sich auch wegen Elsaß-Lothringen mit Frankreich zu einigen, das von einer Rückgabe unter Umständen absähe, wenn es dafür die Unterstützung einer derartigen Allianz empfinge, die ihm freie Hand in seinen übrigen, vor allem kolonialen Absichten ließe. Eine Übereinkunft mit Österreich-Ungarn schien durchaus denkbar, da es die Bereitschaft signalisierte, nur einvernehmlich mit Rußland auf dem Balkan einzugreifen. Ein auf diese Art »vereinigtes Europa« besaß aber selbstverständlich eine Tendenz gegen England, weniger hier, auf dem alten Kontinent, als in Asien oder Afrika. Es richtete sich nicht im besonderen gegen England als europäische Macht, sondern hielt den Kontinent aus der weltpolitischen Konkurrenz heraus, die in anderen Räumen ausgetragen würde. Rußland und Frankreich wüßten dabei Europa beruhigt im Hintergrund, während sie in die Welt ausgriffen, ohne daß deswegen Deutschland sein Platz an der Sonne verwehrt wäre, den es zusammen mit den beiden anderen finden könne.

Sergeij Witte, der geniale Finanzminister Nikolaus', wollte einen aggressiven Charakter möglichst vermeiden, schon mit Rücksicht auf die USA, einen bewährten Freund Rußlands, und glaubte, daß die beiden Seemächte durchaus ihren Vorteil erkennen könnten, der sich aus der dauernden Ruhe Europas ergebe. Er vermutete, daß Europa nur geeinigt und zusammen sich als selbständige Kraft behaupten könne, daß jeder für sich bei der unaufhaltsamen Entwicklung zu einigen wenigen Weltmächten, die von den USA beschleunigt wurde, die Konkurrenz nicht aushalten werde und Europa insgesamt seine Selbständigkeit einbüße. Das war unbedingt ein verlockender Gedanke, selbst wenn bei allen friedlichen Beteuerungen England eine solche Einigung als unfreundlichen Akt verstehen konnte. Eine Beteiligung blieb nicht ausgeschlossen, sie bedeutete dann aber, daß England wohl eine Weltmacht, aber keine europäische Macht mehr wäre, sondern sich den Übereinkünften der anderen Staaten anpassen müßte, ohne sie erheblich beeinflussen zu können, wenn sie unter sich einig waren. Um die Jahrhundertwende trachtete jedoch England danach, wieder als europäische Macht in Europa gesucht und in die innereuropäischen Angelegenheiten als mitgestaltender Staat einbezogen zu werden. Die Heilige Allianz als ein kollektives Sicherheitssystem, das durch ausgehandelte Kompromisse friedlich internationale Spannungen beilegt, hatte es im Krimkrieg gesprengt, das Drei-Kaiser-Bündnis, das auf seine Weise daran anknüpfen sollte, auf dem Berliner Kongreß verwirrt.

England fürchtete stets, einem geschlossenen Europa gegenüberzustehen, das seinen Handel bedrohen und mit vereinigten Flotten eine Sperre um die Insel legen könne. Seine Politik beruhte seit den Tagen der spanischen Weltmacht darauf, die Eifersucht unter den Europäern zu nähren und jeden Versuch zur Einigkeit untereinander zu unterbinden. Der russische Gedanke, von Alexander I. zuerst vorgetragen, gemeinschaftlich mit friedlichen Mitteln für Sicherheit zu sorgen, schreckte Engländer ab, weil sie darin eine Gefahr für ihre Unabhängigkeit erblickten und fürchteten, »überstimmt zu werden«. Ein Kontinentalblock war für sie, selbst bei Beteuerungen, allein der Sicherung des Friedens zu dienen, eine feindliche Herausforderung. So faßte es Holstein auf, der erklärte Gegner Rußlands, dem die russischen Angebote ungelegen kamen bei seinen Bemühungen, die Engländer für ein verbindliches Bündnis zu deutschen Bedingungen zu gewinnen, und unter seinem Einfluß glaubte das auch Bülow. Sie behandelten dilatorisch, nie ganz abweisend, aber auch nie entgegenkommend russische Vorschläge, verwandten sie noch nicht einmal als mögliche Alternative, um die Engländer für ihre Bedingungen geneigter zu stimmen. Kaiser Wilhelm hingegen erkannte deren Vorzüge und wollte sich beide Optionen freihalten, um beim Scheitern der Verhandlungen mit England sich mit Rußland verständigen zu können.

Zar Nikolaus wiederholte seine Angebote. Mit der ihm eigentümlichen Zähigkeit gab er Pläne, die ihm verheißungsvoll erschienen, nicht auf. Er wollte sich unbehelligt von europäischen Verwicklungen seiner wichtigsten Aufgabe zuwenden, die er sich vorgenommen hatte: die russische Vorherrschaft in Asien auszubauen. Dabei konnten französisch-deutsche Auseinandersetzungen ihn unter Umständen nur stören. Weder Deutsche noch Franzosen irritierte sein kolonialer Ehrgeiz im innersten Asien, das sich ihren Zugriffen ohnehin entzog. Asien erachteten die Russen als ihr zu entdeckendes Amerika, das sie am liebsten vor dem Eindringen raumfremder Mächte durch eine Monroe-Doktrin eigener Art geschützt wissen wollten. Diesen Kontinent imperial zu durchdringen hielten sie für ihre besondere Sendung, dazu berufen, ganz Asien unter ihrer Führung zu einigen. Eine Expansion dort galt ihnen nicht als Ausdruck unersättlicher territorialer Gefräßigkeit, sondern vielmehr als Verpflichtung, diese meist zur Verteidigung ihrer Existenz unfähigen Reiche unter ihren Schutz zu nehmen und vor europäischer Bedrückung zu bewahren. Sie kamen als Asiaten zu ihnen, vertraut mit deren Gewohnheiten, aber zugleich als Europäer, als Herren, die jene bildeten und modernisierten, auf den Grundlagen ihrer Zivilisation der europäischen annäherten, soweit notwendig, und ihnen neue Kraft und gesteigertes Selbstbewußtsein verliehen. In asiatischer Solidarität mit Rußland sollten dessen Nachbarn sich absichern vor fremden Übergriffen, in der Abhängigkeit von Rußland sich ihrer Eigenständigkeit vergewissern.

China stand im Mittelpunkt des Interesses. In mancher Hinsicht glich es dem vor sich hin siechenden Osmanischen Reich. Schon begannen die gleichen Diskussionen wie um das Sterbelager des kranken Mannes am Bosporus, was nämlich mit ihm zu geschehen habe. Nikolaus strebte danach, China unter seinen vorwaltenden Einfluß zu bringen und vor allem England und Japan aus dieser Sphäre herauszuhalten. Die Japaner, obschon Asiaten, verachtete er als Makaken, als Affen, die aus Unfähigkeit, eigenes zu schaffen, nur nachahmen. Sein Blick schweifte weiter nach Nordkorea bis hin nach Indien und Persien, um beide unter russischem Protektorat von englischem Druck zu befreien. Eine Aggression konnte er darin nicht erkennen, weil er nur einen Eindringling vertrieb und andere, wie die USA, möglichst unter Kontrolle halten wollte. Sergeij Witte hatte keine Einwände gegen solche Pläne. Er gehörte aber zu denen, die meinten, daß ein wirtschaftliches Durchdringen Chinas dieses aus ureigenstem Interesse veranlasse, sich eng an Rußland anzulehnen, um dort Unterstützung gegen England zu finden, dem eine russische Expansion, und sei sie vorwiegend wirtschaftlich motiviert, gar nicht gleichgültig bleiben konnte. Es wußte zu gut Bescheid über die politischen Folgen »rein« wirtschaftlicher Abhängigkeit, auf die die Amerikaner ihrerseits spekulierten, die sich 1898 im Krieg gegen Spanien die Philippinen angeeignet hatten und nun als Angehörige des pazifischen Raums allen Bewegungen dort ihre genaue Aufmerksamkeit schenkten.

Seine ostasiatischen Absichten brachte Rußland in wachsende Schwierigkeiten mit Japan, mit England und den USA. Holstein und Bülow sahen das gern und ließen Nikolaus gewähren, munterten ihn über Wilhelm II., der seinem Vetter die Ideen Holsteins übermitteln mußte, förmlich dazu auf, keine Scheu zu haben, in Konflikt mit England zu geraten. War Rußland in der Ferne beschäftigt, bildete es keine Gefahr, weil auf freundliche Neutralität der Deutschen angewiesen und nicht geneigt, Frankreich eine riskante Politik gegenüber Deutschland zu erlauben. Je mehr England in Bedrängnis gerate und um Indien bangen müsse, desto rascher werde es bereit sein, sich mit Deutschland zu verbünden, dem abwartend die Allianz in den Schoß fallen werde wie eine reife Frucht. Holstein und Bülow kalkulierten allerdings nicht mit ein, daß vor allem nach dem Scheitern ihrer Verhandlungen mit den Engländern diese allmählich unter dem Eindruck des großen

Wohlwollens, das Deutschland Rußland nie versagte, begannen, die Bildung eines Kontinentalblocks für durchaus möglich zu halten und zu fürchten. Um diesem vorzubeugen, näherten sie sich Frankreich und schlossen zu Holsteins Ärger 1904 die Entente. Damit war zumindest eine Sicherung eingebaut, die das Zustandekommen einer kontinentalen Einigung erheblich erschwerte.

Der russisch-japanische Krieg 1904/05, den Nikolaus ungeduldig vom Zaun brach, führte in ein vollständiges Desaster. Witte hatte die Heißsporne gewarnt. Ihm kam jeder Krieg ungelegen, der Rußlands wirtschaftliche Entwicklung hemmte und wegen der Kosten die endlich geordneten Finanzen überforderte, ganz abgesehen von Mängeln des militärischen Materials und Transports. Witte wünschte Rußland eine lange Periode des Friedens, um sich im Inneren konsolidieren, die sozialen Fragen allmählich beruhigen zu können. Der sonst nüchterne Kaiser jedoch schwärmte, das Traumbild eines geeinten Asien unter russischer Führung stand ihm allzu verlockend vor Augen. Er ließ sich willig dazu überreden, daß ein kurzer, siegreicher Krieg ihm beste Aussichten eröffne, dem gesellschaftlichen Körper die sozialen Giftstoffe zu entziehen. Ein frisch-fröhlicher Krieg fand allerdings überhaupt keine Zustimmung im Volk, dem die asiatischen Phantasien einiger Ideologen, Militärs und des Kaisers gleichgültig waren. Witte wurde entlassen. Nikolaus suchte sich gefügigere Instrumente für seinen Kriegseifer, die wie er den japanischen »Makaken« wenig zutrauten. Mit Japan war England verbündet, und die USA, obgleich neutral, erleichterte es, wenn die Japaner den Russen katastrophale Niederlagen zufügten. Denn ihnen schien es notwendig, die Gefahr zu bannen, daß China unter russische Schirmherrschaft gerate. Frankreich, neuerdings mit England, dem Alliierten Japans, in herzlicher Verbundenheit, konnte nicht einmal um Verständnis für seinen Verbündeten bitten. Rußland war isoliert. Nur Deutschland als wohlwollender Neutraler gab zu erkennen, sehr zum Verdruß der englischen Regierung, daß eine russische Niederlage ihm unerwünscht sei, und leistete dem Nachbarn Hilfe, soweit die Neutralität es erlaubte.

Erschüttert von der Revolution, die der leichtsinnig ausgelöste Krieg verursachte, allein gelassen, konnte Nikolaus nur mit Deutschland rechnen. Niemals waren seine Beziehungen zu Wilhelm so freundschaftlich-intim wie in diesen Monaten seines Unglücks. Er dankte ihm für aufrechte Treue, die der Kaiser tatsächlich wahrte, während seine Regierung sie nur vortäuschte, immer der Chimäre eines Bündnisses mit England nachjagend. Wilhelm meinte es aufrichtig. Ihn erschreckte die Revolution. Sie bestätigte ihm in fürchterlicher Anschaulichkeit, daß Kriege das Fundament der Monarchien untergruben. Er bat Nikolaus inständig, einen raschen Frieden zu schließen, bot seine Vermittlung an und mahnte ihn, Reformen einzuleiten, um die Monarchie zu stabilisieren, einen sozialen Umsturz zu vermeiden. Ein revolutionäres Rußland als unmittelbarer Nachbar war ihm ein Alptraum, da es ansteckend auf Deutschland wirken mußte. Außerdem bedurfte er einer handlungsfähigen russischen Großmacht als Gegengewicht zu England und den USA, die im Verein mit Japan die Welt nach ihren Vorstellungen ordnen und Europa um seine ausschlaggebende Bedeutung bringen konnten. Ohne Rußland war Europa insgesamt geschwächt. Übrigens hatte Theodore Roosevelt, der amerikanische Präsident und Friedensvermittler, mit Rücksicht auf die Balance der Waage der Welt, die erstmals in amerikanischen Händen lag, kein Interesse daran, Rußland als Großmacht gründlich zu demütigen. Er verschaffte Rußland nach einer vollständigen Niederlage einen günstigen Frieden, den aufgeregte Russen dennoch für eine Schmach hielten, die ihnen der Kaiser zugefügt.

Die Niederlagen im Krieg und die Revolution 1905 zwangen Nikolaus förmlich zur engen Zusammenarbeit mit Deutschland, das bei unfreundlicher Gesinnung in der Lage war, die inneren Feinde zu unterstützen und die Rolle in Rußland zu übernehmen, die im frühen siebzehnten Jahrhundert Polen gespielt hatte. Er unterbreitete dem Vetter die gewohnten Angebote, die herkömmliche Koalition zu erneuern, allerdings um Frankreich erweitert. Holstein und Bülow wichen wie gewohnt aus, um England nicht zu reizen, das sie unverdrossen umwarben, und um die guten Beziehungen mit den Vereinigten Staaten nicht zu beeinträchtigen. Aber sie lehnten solche Vorschläge auch nicht rundweg ab. Mit ihrem Einverständnis trafen sich Willy und Nicky im Juli 1905 auf ihren Jachten bei Björkö im Finnischen Meerbusen, diesmal in ungestörter Familiarität und deshalb in herzlichem Einvernehmen. Beiläufig erinnerte sich Wilhelm während plätschernden Geplauders an die Versuche, zu einem Bündnis zu gelangen, und lenkte das Gespräch auf den Gegenstand, der ihnen teuer und der sie so lange schon beschäftigte. Wilhelm, diesmal ein nervöser Schauspieler, zog spontan einen Vertragsentwurf, den er ganz zufällig unter seinen Papieren wiedergefunden habe, aus der Rocktasche. Nikolaus ging ihn durch, und während er las, betete Wilhelm zu Gott und flehte zu den Manen Friedrich Wilhelms III., der Königin Luise und Alexanders I., die sich vor hundert Jahren unverbrüchliche Treue geschworen hatten, den Geist Nikolaus willig zu stimmen. Der russische Kaiser fand nur eine Bedenklichkeit: Er wollte die unbedingte Beistandspflicht des Verbündeten bei Verwicklungen auf Europa begrenzen. Dagegen hatte Wilhelm wiederum nichts. So unterzeichneten sie gemeinsam das Abkommen.

Nach dessen Inkrafttreten, sofort nach dem Friedensschluß mit Japan, sollte Nikolaus die französische Regierung von dieser Vereinbarung unterrichten und zum Beitritt auffordern. Willy bekam feuchte Augen und glaubte, das Ziel seiner innersten Wünsche erreicht zu haben, einem gnädigen Gott ergriffen dankend. Es war für ihn der glückhafteste Augenblick seines Lebens. Die Beziehungen zu Frankreich waren trotz der Entente mit England nahezu freundlich, auf jeden Fall unkomplizierter als die Rußlands zu seinem Alliierten, dessen Verhalten Nikolaus enttäuscht hatte. Es war nicht ausgeschlossen, da die Entente kein verbindliches Bündnis war, sich mit Frankreich zu einigen, ohne ihm darüber Schwierigkeiten mit England zu bereiten oder es von der englischen zur deutsch-russischen Freundschaft hinüberzuziehen. Gelang das nicht, dann allerdings bliebe wie eh und je die Möglichkeit, mit Rußland und Österreich zusammen das Drei-Kaiser-Bündnis zu erneuern. Österreich-Ungarn und Rußland kamen seit Jahren erfreulich gut miteinander aus.

Wilhelm II. mußte einmal mehr die Erfahrung machen, daß seine Regierung, die seine Initiative wie den Vertragsentwurf kannte, es sich anders überlegte und ihn desavouierte. Bei der Schwäche Rußlands, den unübersichtlichen Verhältnissen während der Revolution, fiel es als Verbündeter für Frankreich aus, sobald die Republik auf dessen Beistand angewiesen war, sollte sie von Deutschland aus unter Druck gesetzt werden. Außerdem rechnete Holstein mit der Verbitterung des russischen Kaisers angesichts der fehlenden Unterstützung Frankreichs in seinem Krieg gegen Japan, so daß er vermutlich Verlegenheiten seines Alliierten mit ähnlicher Teilnahmslosigkeit zusehen würde, wie die Franzosen es in seinem Krieg mit Japan getan hatten. Die deutsche Regierung beschloß, Frankreich nachdrücklich an seine Isolation zu erinnern. Rußland war handlungsunfähig, und England werde es daher unterlassen, in einer heftigen Krise Frankreichs mit Deutschland seinem neuen Freunde Hilfe zu leisten. Die Franzosen würden die offenkundige

Wertlosigkeit der Entente erkennen und sich von England wieder zurückziehen. Auf sich allein gestellt, bliebe ihnen nichts anderes übrig, als sich mit den Deutschen zu deren Bedingungen zu arrangieren. Die Gunst der Stunde erlaube es dann Deutschland, seinen gedemütigten Nachbarn im Westen und seinen hilflosen im Norden und Osten einem Kontinentalblock einzufügen und England vor vollendete Tatsachen zu stellen, es zur Freundschaft zu zwingen, weil es sich Feindschaft gar nicht leisten könne. Beide zusammen wären sie stark genug, das Gleichgewicht der Welt zu erhalten.

Holstein und Bülow lösten aufgrund solcher Überlegungen die Marokkokrise aus. Dem Kaiser wurde nach seiner Rückkehr wegen seiner »Eigenwilligkeiten« in Björkö eine Szene gemacht. Für ihn brach eine Welt, die Welt zusammen. Er machte eine heftige Nervenkrise durch. Nikolaus fühlte sich hintergangen, von Wilhelm für eine gewaltsame deutsche Intrige gegen Frankreich mißbraucht. Wilhelm warf ihm Verrat vor, als die russische Regierung unter den Bedingungen der Marokkokrise nicht bereit war, den Vertrag zu billigen. Obgleich Witte, der nun wieder bei Nikolaus an Ansehen gewann, eine deutsch-russische Bindung, die zu einem europäischen Block führe, an und für sich wie immer begrüßte, war unter den von Bülow provozierten Umständen an eine solche Vereinigung nicht zu denken. Sie setzte Rußland dem Verdacht aus, vorsätzlich einen Bundesgenossen, einen zwar lauen, aber doch nicht wortbrüchigen, gemeinsam mit Deutschland unter Druck setzen zu wollen. Nikolaus hatte stets zu verstehen gegeben, seine Verträge mit Frankreich aufrichtig einhalten zu wollen und sich zu nichts verpflichten zu können, was seine Ehre verletzte. In Björkö ging Nikolaus bis hart an die Grenze, die ihm seine Allianz mit Frankreich zog: erst nach dem Inkrafttreten des Abkommens seinen Verbündeten zu informieren und zum Beitritt einzuladen. Frankreich hatte sich unlängst nicht viel anders verhalten, als es ihn gerade so weit, wie aus Höflichkeit unter Alliierten unumgänglich, über seine Verhandlungen mit England, dem Verbündeten der Japaner, unterrichtet hatte. Einen Handlungsspielraum durfte er durchaus beanspruchen. Er unterschrieb, weil er Wilhelm vertraute. Dessen Regierung mißbrauchte das Vertrauen.

Die überschlaue Rechnung Holsteins ging nicht auf. England rettete auf der Konferenz von Algeciras Frankreich vor einer diplomatischen Niederlage. Rußland, das unter anderen Bedingungen im Sinne deutsch-französischer Verständigung, an der Nikolaus viel lag, seine Dienste als Makler angeboten hätte, ganz im Sinne des

Vertrags von Björkö, mußte sich rückhaltlos für die französischen Interessen einsetzen. Nikolaus tat das ungern. Er konnte es sich nicht leisten, das Bündnis mit Frankreich jetzt zu lockern und die Franzosen förmlich zu nötigen, sich noch enger an England, seinen erklärten Feind, anzuschließen. Außerdem bedurfte er dringend weiterer französischer Kredite, da der Krieg die russischen Finanzkräfte erschöpft hatte. Die ihm auferlegte Rücksicht Frankreich gegenüber machte es für ihn unausweichlich, ohne Vorbehalte englische Standpunkte zu übernehmen. Unversehens wurde er in die französisch-englische Entente, die in Algeciras sich tatsächlich zu einem informellen Bündnis verfestigte, hineingezogen. Die Engländer witterten ihre Chance und ließen sie nicht ungenutzt verstreichen.

Die deutschen Provokationen überzeugten sie davon, nach einer Umgruppierung der Staaten in Europa streben zu müssen, um Deutschland an der vollen Entfaltung seiner Kräfte zu hindern. Deutschlands kläglich gescheiterte Demonstration seiner Macht lehrte England nicht das Fürchten. Es lernte daraus aber, daß die beiden schwachen Großmächte – Frankreich, dem die energische Hilfe Englands eine verheerende diplomatische Niederlage ersparte, und Rußland, im Augenblick kaum widerstandsfähig –, wenn rückhaltlos unterstützt, so viel Mut bewiesen, sich keinem Druck aus Deutschland zu beugen. Einen Kontinentalblock, wie ihn Holstein und Bülow sich dachten, mit Frankreich und Rußland als gefügige Trabanten Deutschlands, durfte es im englischen Interesse nicht geben. Deutschland mußte von nun an damit rechnen, England auf der Gegenseite zu wissen, wann immer es die Schwäche seiner Nachbarn ausnutzen und offenbar machen wollte. Ein um Deutschland gescharter Kontinentalblock bedeutete die Hegemonie eines Staates, der nach englischem Eindruck keine gleichwertigen Partner anerkannte, sondern Unterordnung verlangte. Im russischen Modell einer Sammlung sämtlicher kontinentalen Kräfte schimmerte stets die alte Idee eines Systems kollektiver Sicherheit und deshalb freier Kooperation durch. Keine Macht konnte für sich allein die übrigen dominieren. Im deutsch vereinten Europa herrschte ein Hegemon nach seinem Gutdünken, wie seine Interessen es ihm auferlegten.

Die Beamten des Auswärtigen Amtes begriffen nie, daß Einschüchterung Frankreichs und Rußlands, die sie in den folgenden Jahren methodisch betrieben, gerade nicht das Mittel war, England für ein Bündnis zu gewinnen oder sich wenigstens seiner Neutralität in kontinentalen Auseinandersetzungen zu versichern. Denn die fixe Idee, ein enge Verbindung mit England zu erreichen, verleitete sie auf den Irrweg, ununterbrochen die beiden Nachbarn als nur scheinbare Großmächte bloßzustellen. Die Engländer wußten, daß Franzosen und Russen deutschem Druck nicht gewachsen waren. Diese Sorge überzeugte sie jedoch nicht davon, wie in der Tradition Holstein die Beamten der Wilhelmstraße erwarteten, daß kraftlose Freunde wertlose Freunde seien, sondern veranlaßte sie dazu, alles daranzusetzen, daß sie nicht ihren Schwächeanfällen nachgaben, was sie stets befürchteten. Ihr Ziel war es, möglichst keine verbindlichen Übereinstimmungen zwischen den drei kontinentalen Mächten aufkommen zu lassen. Ihre fixe Idee war der Alptraum einer deutsch geführten kontinentalen Einigung. Um die zu verhindern, waren sie bereit, zugunsten ihrer lebenswichtigen Ziele in Europa gewisse Interessen in Asien zu opfern. Das führte dazu, daß die deutsche Politik zunehmend robuster und grobschlächtiger wurde. Darüber verlor es endlich den ehrlichsten Freund, nämlich Rußland.

Im Sommer 1906 leitete England Verhandlungen mit Rußland ein, anknüpfend an lockere Versuche, ins Gespräch zu kommen, die der russisch-japanische Krieg unterbrochen hatte. Es überraschte den Botschafter Sir Arthur Nicolson, der kurz zuvor seinen Dienst als britischer Botschafter in St. Petersburg aufgenommen hatte, wie groß dort die Neigung war, sich mit Deutschland zu verbünden. Nur die unliebsame Allianz mit Frankreich hielt den Kaiser davon ab, seinen Neigungen nachzugeben. Den Außenminister Iswolski plagte nur eine Angst, um Gottes willen nichts zu tun, was Unmut in Berlin hervorrufen könne. Durchaus willens, Mißverständnisse mit England zu bereinigen, beharrten die Russen gleichwohl entschieden darauf, nichts zu vereinbaren, was die Deutschen als gegen sie gerichtet auffassen könnten. Jedes Abkommen müsse so abgefaßt sein, daß es in Deutschland nicht auf Bedenken stoße. Darin äußerten sich nicht nur Respekt und Freundschaft zu Deutschland, es war einfach das Gebot der Stunde, denn allein Deutschland vermochte Rußland ernsthaft zu bedrohen. Da Rußland unbedingte Ruhe brauchte, durfte es Deutschland nicht reizen oder herausfordern. In einem Krieg konnte England als Verbündeter ihm wenig nützen, da Schiffe nicht dazu taugten, die russischen Grenzen zu schützen. Mit viel Umsicht und diplomatischem Geschick gelang es, die mißtrauischen Russen zu dem vagen Abkommen vom 31. August 1907 zu überreden, das beiden den

Vorteil gewährte, sich in Asien nicht mehr beschwerlich fallen zu wollen. Den Briten genügte eine solche Vereinbarung. Man trat in ein Gespräch ein und war vor unliebsamen Überraschungen gefeit. Damit gab sich auch Nikolaus zufrieden. Mehr brauchte er nicht, und Wilhelm konnte unbesorgt bleiben. Er blieb es nicht. Als er den Vertrag las, über dessen Inhalt ihn Nikolaus loyal informierte, schrieb er an den Rand: »also im Ganzen gegen uns«. Diese Bemerkung resümierte treffend die britischen Intentionen, die mit den russischen nicht übereinstimmten.

Einen Wendepunkt bedeutete das vorerst nicht. Nikolaus achtete nicht auf die kräftige antideutsche Opposition, angeführt von seinem Onkel Nikolaij Nikolajewitsch. Berlin wahrte die Ruhe. Das Treffen König Edwards von England mit Nikolaus in Reval im Juni 1908 alarmierte Wilhelm II. Er sprach zum ersten Mal öffentlich von der Einkreisung. Nikolaus hatte nichts im Sinn, was den Beziehungen zu Deutschland abträglich sein könne. Iswolski erinnerte die Engländer unermüdlich daran, nicht zu vergessen, daß eine Besserung des wechselseitigen Verhältnisses keineswegs eine Verschlechterung der Beziehungen zu Deutschland bewirken dürfe. Die Engländer drängten nicht, aber eine spürbare Abkühlung dieser Freundschaft schien ihnen durchaus wünschenswert, damit die Umgruppierung der Mächte Wirklichkeit werde. Die nervös gewordenen Deutschen verloren den Überblick und die russische Freundschaft. Sie schlossen den Ring, der noch gar nicht fest geschmiedet, indem sie ihn sprengen wollten. Sie hatten die Angst, die sie anderen unterstellten oder einflößen wollten.

Im Juli 1908 putschten in Istanbul die sogenannten Jungtürken und zwangen den Sultan Abdul Hamid II. zur Abdankung. Sie planten, das Osmanische Reich unter türkischer Führung straffer zusammenzufassen, die einzelnen Nationalitäten enger auf »gesamtstaatliche« Interessen zu verpflichten. Die christlichen Völkerschaften auf dem Balkan wiederum wollten sich von der lockeren oder engeren Verbindung mit dem Reich endlich lösen, um zur »Nation« zu werden und sich den ihr gemäßen Staat zu schaffen. Damit rückten die Balkanwirren, die seit bald zwanzig Jahren als Randphänomene mehr oder weniger sich selbst überlassen geblieben waren, plötzlich wieder in den Mittelpunkt. Österreich-Ungarn fühlte sich im Laufe der letzten Jahre aufgrund der großserbischen Ansprüche immer ernsthafter bedroht. Der Traum, sämtliche Südslawen in einem Staat zu vereinen, rührte an die Existenz der Monarchie, des Reiches. Stetig gereizter beobachteten sie serbische Bemühungen, die »Nationalverwandten« im habsburgischen »Völkerkerker« für ihre Ideen zu gewinnen und den Aufstand gegen die Fremdherrschaft anzuregen. Insgesamt verhielten diese sich freilich ruhig, allen möglichen Spekulationen über eine jugoslawische Freiheit und Unabhängigkeit dennoch nachgebend. Die Regierungen Österreichs und Ungarns waren sich zumindest darin einig, Serbien möglichst unter ihre Aufsicht zu stellen, um seinen Bewegungsdrang einzuengen. Rußland, von den Jungtürken zuerst als Verbündeter gesucht, dachte, die unübersichtliche Situation zu nutzen, um die Aufhebung des international vereinbarten Verbots für seine Kriegsschiffe, die Dardanellen zum Mittelmeer hin zu durchfahren, endlich zu erreichen.

Das war ein altes Ziel. Wenn Österreich-Ungarn sich bereit fand, russische Schiffe im Mittelmeer zu dulden, fiel es ihm nicht schwer, das mit Entgegenkommen zu belohnen, also Serbien nicht allzu großherzig zu fördern. Beide Reiche hatten seit Jahren für ein vernünftiges Auskommen untereinander gesorgt. So lag es nahe, sich zwanglos zu einigen, was Iswolski und Aehrenthal, den jeweiligen Außenministern, bei informellen Gesprächen Mitte September 1908 mühelos gelang. Aehrenthal billigte die russischen Wünsche, und Iswolski erkannte an, daß Österreich-Ungarn Bosnien und die Herzegowina annektieren mußte, um serbischen Begehrlichkeiten zuvorzukommen. Denn die beiden Provinzen unterstanden formell immer noch dem Osmanischen Reich. Österreich war 1878 nur die militärische Besetzung zugestanden worden. Serbien hoffte, in dem Übergangszustand nach dem jungtürkischen Putsch im trüben fischen zu können und die serbischen Brüder, die in Bosnien und der Herzegowina schmachteten, heimzuholen in die nationale Gemeinschaft. Das konnte Österreich-Ungarn nicht zulassen, weil es dann Kroatien der Gefahr aussetzte, einem Großserbien angeschlossen zu werden. Das alles verstand Iswolski, der unvorsichtigerweise nicht darum bat, die Annexion erst dann zu verkünden, wenn Paris und London sich ihren Vereinbarungen anschlossen. Deren Zustimmung war aufgrund des Berliner Vertrages von 1878 notwendig. Als Sanguiniker erwartete er von dort keinen Widerstand. Von den Deutschen wußte er ohnehin, daß ihnen die Dardanellenklausel nichts bedeutete und die Annexion Bosniens und der Herzegowina nur einen Zustand bestätigte, der de facto gegeben.

Zu seiner Überraschung hielten es die Engländer für gar nicht opportun, jetzt die Dardanellenfrage zu erörtern, und damit platzte das Arrangement, das er im Vertrauen auf die neue englische Freundschaft mit Aehrenthal getroffen hatte. Er geriet unversehens in ziemliche Peinlichkeiten, weil Österreich-Ungarn die Annexion zum abgesprochenen Termin vollzog, was eine allgemeine Empörung nicht nur auf dem Balkan auslöste. Es konnte der Eindruck entstehen, daß Österreich-Ungarn sich keineswegs in selbstherrlicher Arroganz über die Berliner hinwegsetzte, sondern mit Zustimmung der beiden wichtigsten Vertragspartner für den Balkan handelte, nämlich Rußlands und Deutschlands. Kaiser Wilhelm erregte sich sehr, von den Österreichern erst unmittelbar vor dem Vollzug unterrichtet worden zu sein, und beurteilte die österreichische Geheimniskrämerei als Leutnantspolitik. Sie war ungeschickt, denn obschon die deutschen Regierungen die russischen Forderungen nach dem Durchfahrtsrecht durch die Dardanellen stets gebilligt hatten, hätte es sein können, daß es auch in Berlin für gar nicht angebracht galt, diese Frage im Moment zu erörtern. Genau so verhielt es sich. Im ersten Zorn rief Wilhelm II., daß die Österreicher ihm seine Politik auf einen Zug zerschlagen hätten, die er in zwanzig Jahren sorgsam mit dem Sultan entwickelt hatte. Da die Türken in London und Paris um ein Bündnis warben, erschwerte die Annexion Bosniens und der Herzegowina, die Verletzung türkischer Rechte, die Position Berlins, unerschütterlich die Integrität der Türkei zu verteidigen. Dennoch mußte nach außen hin unbedingte Loyalität eingehalten werden, um den einzigen Verbündeten unter den Großmächten nicht auch noch zu verlieren.

Eine Krise war da. Mit einiger Eleganz und feinem Takt deutscherseits konnte man sie leicht beheben. Die Russen wußten, daß Deutschland den Abmachungen zustimmte. Die Engländer hatten sie enttäuscht, weil sie nicht drauf eingingen, die Franzosen koordinierten ihre Ablehnung mit jenen und erwiesen sich abermals als laue Alliierte. Sie wollten nicht durch Balkanaffairen ihre Verhandlungen mit Deutschland gestört wissen, um die letzten strittigen Fragen wegen Marokkos freundlich beizulegen. Österreich-Ungarn konnte nicht ohne Rücksicht auf sein Bündnis mit Deutschland und dessen Interessen in der Türkei vorgehen. Die deutsche Regierung verfügte über die besten Möglichkeiten, als Makler zwischen den streitenden Parteien zu vermitteln und Iswolski dazu zu verhelfen, sein Gesicht zu wahren und aus dem Schlamassel herauszukommen, in das er sich hineingebracht und lügend oder jammernd immer weiter verstrickte. Nikolaus und Iswolski warteten vergeblich darauf. Bülow sah nicht die Chance, sich Rußland gründlich zu verpflichten und ihm mit guten Diensten den Wert deutscher Freundschaft zu beweisen, mit guten Diensten, die keinen großen Aufwand kosteten, weil weder England noch Frankreich allzu aufgeregt über die mißliche Affaire waren und zu vernünftigen Vergleichen allemal bereit. Zugleich lag es in seiner Hand, wenn er erfolgreich den Schiedsrichter spielte, gerade England davon zu überzeugen, daß Deutschland durchaus zum Vorteil Europas ausgleichend und friedenstiftend zu wirken vermöge. Sie brauchten nur den russischen Vorschlag aufzugreifen, auf einer internationalen Konferenz alle mit der Annexion aufgekommenen Probleme zu erörtern, darunter auch die Frage, welche Kompensationen Serbien erwarten dürfe oder ob ihm solche überhaupt zuständen.

Die deutsche Regierung, ergrimmt auf Rußland wegen des Treffens in Reval, entschied sich dafür, die tatsächlich günstigen Gegebenheiten dafür auszunutzen, um der gesamten Entente ihre Hinfälligkeit zu beweisen. Sie entschloß sich, statt des Floretts das Brecheisen zu gebrauchen. Die Spannungen eskalierten, Serbien mobilisierte, Österreich wünschte den Krieg, obgleich die Türkei die Annexion im Frühjahr 1909 anerkannte. Nikolaus und Iswolski wirkten ununterbrochen mäßigend auf die Hitzköpfe in Belgrad ein, von denen sie nicht in einen Krieg hineingezogen werden wollten, der sie vollständig überforderte und vor dem Minister und Generäle warnten. Frankreich hatte außerdem unmißverständlich Iswolski mitgeteilt, daß es Rußland nicht in Angelegenheiten unterstützen werde, bei denen es sich nicht um lebenswichtige Interessen handele. Deutschland gestattete es seinem Verbündeten, Serbien rundum zu demütigen. Es war bereit zu demobilisieren und beteuerte seine friedlichen Absichten, verlangte aber weiter, von den Mächten gehört zu werden, damit ihm Gerechtigkeit widerfahre. Österreich verweigerte Serbien das Recht, andere Staaten um diplomatische Hilfe zu bitten. Rußland konnte Serbien, immerhin ein befreundeter Staat, nicht völlig aufgeben. Ein deutsches Ultimatum am 21. März 1909 forderte die russische Regierung auf, bedingungslos dem deutschen Vorschlag zuzustimmen, durch einen Notenaustausch die Annexion zur Kenntnis zu nehmen, jede Diskussion der Berliner Verträge zu unterlassen und von einer internationalen Konferenz Abstand zu nehmen. Ansonsten »würden wir uns dann zurückziehen und den Dingen ihren Lauf lassen. Die Verantwortung für alle weiteren Ereignisse würde dann ausschließlich Herrn Iswolski zufallen.« Rußland beugte sich der Forderung.

Der Staatssekretär im Auswärtigen Amt, Kiderlen-Wächter, war stolz auf seinen Erfolg. Kaiser Wilhelm, der ihm gehorchen mußte, war betrübt. Die Schiffe nach Petersburg waren verbrannt worden. Kaiser Nikolaus war zutiefst erbittert und verletzt. In einer Audienz am 14. April 1909 versicherte er dem britischen Botschafter: »Wir müssen enger und enger zusammenhalten.« Rußland war noch nie so gedemütigt worden. Jetzt gab es nur eines, sich vollständig von Deutschland zu lösen. Das kam den britischen Wünschen entgegen. Mit Sorge beobachteten sie, daß die Entente nicht in der Lage gewesen war, sich der beiden Mittelmächte zu erwehren. Das informelle Bündnis hatte die Probe nicht bestanden. London fürchtete, daß die Mittelmächte Frankreich und Rußland zumindest zur Neutralität zwingen könnten, käme es zu einem Krieg mit England. Denn beide trauten einander nicht. Die Vermutung wurde dort zur Gewißheit, daß Deutschland das Übergewicht in Europa anstrebe und dann, wie früher Spanien oder Napoleon, mit England um die Seeherrschaft kämpfen werde. 1909 brach aus der Angst vor Deutschland dort die Flottenpanik aus. Die deutsche Rüstung zur See wurde anfänglich gleichmütig hingenommen, seit Algeciras mit Bedenken, jetzt mit argwöhnischer Sorge als Bedrohung und Gefahr. Die diesmal geglückte Bemühung Deutschlands, England die Ohnmacht seiner Freunde drastisch zu veranschaulichen, erwarb ihm kein Vertrauen. Vor allem nicht die englische Freundschaft, die es mit solchen Demonstrationen erzwingen wollte.

Mit Umsicht versuchte England, seine informellen Verbündeten von weiteren Nachgiebigkeiten abzuhalten. Mißtrauisch sah es in jeder Entspannung zwischen Deutschland und seinen Nachbarn einen Hinweis für Unzuverlässigkeit und Schwanken, was es dazu veranlaßte, die Bindungen enger und enger zu knüpfen. Die Freundschaft zu Rußland war ihm nahezu jeden Preis wert. Denn um dessen Loyalität bangte es immer wieder. Die Engländer unterschätzten Nikolaus. Hatte er einmal sein Wort gegeben, stand er dazu. Treue gehörte zu seinem aristokratischen Ehrenkodex. Die Treulosigkeit Wilhelms hatte ihn gerichtet. Sie sahen sich noch einmal 1913 bei der Hochzeit von Wilhelms Tochter, ohne sich viel zu sagen zu haben. Die brüchig gewordene Allianz der drei Kaiser war endgültig zerbrochen. Und es waren die Deutschen, die sie zum Nachteil aller drei und Europas zerbrachen.

»Ihrem Ende eilen sie zu ...«

Der Ausbruch des Ersten Weltkriegs

Die vornehme Welt Europas bereitete sich auf die Ferien vor. Der Sommer 1914 war brillant, einer der strahlendsten dieses Jahrhunderts. Die Sonne, Funken sprühend ohne Ende, gab in überschwenglicher Verschwendung Glut zu trinken und machte die Lider schwer, beladen von dem goldenen Überfluß der Welt. In diesem trägen Augenblick des Behagens fielen die Schüsse in Sarajewo, denen am 28. Juni Franz Ferdinand, der österreichische Thronfolger, und seine Frau erlagen, ermordet von serbischen Verschwörern, die sich als Kämpfer ihrer nationalen Freiheit verstanden. Der Erzherzog war kein Grüßer, haschte nicht nach Popularität. Er wurde mehr gefürchtet als geachtet oder gar geliebt. Er galt immer als ziemlich rücksichtslos, und selbst im Tode bestätigte er noch diesen Ruf. Sich ausgerechnet bei schon so lange während dem »Kaiserwetter« ermorden zu lassen, das erschien den vergnügungssüchtigen Wienern als gänzlich unpassend. Sie empfanden das als eine seiner bekannten Taktlosigkeiten, wie wenn es in seiner Macht gelegen hätte, das Attentat in häßlichere Jahreszeiten zu verlegen. Warum mußte er auch nach Bosnien fahren! Schließlich war er gewarnt worden! Sie wollten sich die sommerlichen Freuden nicht durch Trauerbekundungen verderben. Die Musiker in den Gärten und Jausenstationen verstummten für eine kurze Weile, um Ruhe zu schaffen für die unbequeme Nachricht. Dann spielten sie weiter, und die Gemütlichkeit nahm ihren Lauf unter der lieblichen, sich vertiefenden Bläue des Himmels. Denn der Abend nahte heran.

Wen der Mord empörte, der äußerte seinen Unmut über die verwegene Tatsächlichkeit des Anschlags, gedachte aber kaum der beiden dadurch ums Leben Gebrachten, abgesehen von den wenigen Getreuen. Mitgefühl schenkte man höchstens Franz Joseph. »Was für ein Schock für den lieben, alten Kaiser«, vermutete Georg V. und resümierte damit treffend, ohne selbst sonderlich schockiert zu sein, eine allgemeine Stimmung. Franz Joseph geriet nicht aus der Fassung, als er die Nachricht vernahm. Am 2. Juli berichtete ihm

Carl von Bardolff, der Leiter der Militärkanzlei des Erzherzogs, Einzelheiten über das ihn erschütternde Ereignis. Der Kaiser frug in angebracht gedämpftem Ton: »Und wie hat sich der Erzherzog gehalten?« »Wie ein Soldat, Euer Majestät.« Franz Joseph erwiderte befriedigt: »Das war von Seiner Kaiserlichen Hoheit nicht anders zu erwarten« und fuhr anschließend fort, jetzt wieder mit amtlicher Stimme: »Und wie waren die Manöver?« Bardolff sah darin weder Pose noch Gemütslosigkeit, »das war nur Soldatenart und Führerpflicht«. Doch Herzlichkeit, zu der er fähig und bereit, erwärmte nie den Umgang Franz Josephs mit seinem Erben. Er mochte ihn nicht und hielt ihn für gefährlich. Der Kaiser war höflich genug, keine Staatstrauer anzuordnen und dadurch die öffentliche Daseinslust zu betrüben. Daß er die Wiener um den Genuß einer »schönen Leich« brachte, um den schwarzgoldenen Prunk kaiserlichen Totenkults, verargten sie ihm diesmal nicht. Dennoch staunten manche, mit welcher Beiläufigkeit der Erzherzog und seine Frau bestattet wurden, als handele es sich um beliebige Opfer eines Verkehrsunfalls aus der fernsten Verwandtschaft. Wegen seiner unstandesgemäßen Heirat war er allerdings an den Rand der Familie geraten. Der tapfere Tod änderte daran nichts. Eine anständige Haltung setzte der Kaiser als selbstverständlich voraus, und es durfte ihn beruhigen, wenigstens in dieser Erwartung von dem eigensinnigen Neffen nicht enttäuscht worden zu sein.

Franz Ferdinands Pläne für eine Reform des Reiches schwankten. Die Monarchie auf Widerruf, die über kontinuierlich neue Kompromisse mit den Ungarn ihren Zusammenhalt wahren mußte, hatte sich seiner Ansicht nach auf jeden Fall überholt. Ihm schwebte eine straffe Zentralregierung vor, die im großösterreichischen Sinne Ungarn seine privilegierte Stellung wieder nahm und es der Monarchie als einen gleichberechtigten Teil neben anderen unterordnete. Das bedeutete den Verfassungsumsturz. Den fürchtete Franz Joseph. Überlegungen, zum Absolutismus zurückzukehren und mit allen Härten und Unannehmlichkeiten vorübergehend zu herrschen, bis sich die Autorität der Regierung gefestigt habe, erschienen ihm schlichtweg abenteuerlich. Insofern erleichterte es ihn, der Sorge ledig zu sein, daß ihm Franz Ferdinand, »der Verrückte«, je nachfolgen werde. Dieser Querkopf, der die inneren Verhältnisse der Monarchie radikal zu ändern gedachte, mahnte allerdings beharrlich, auf dem Balkan nichts zu überstürzen, »nicht selbst Balkanstaat zu spielen, ... ruhig in der Loge zuschauen, wie

»Mit 84 Jahren unterschreibt man kein Kriegsmanifest«, gab Graf Paar, der Generaladjutant Kaiser Franz Josephs, bei Kriegsausbruch zu bedenken. Franz Joseph tat es, nachdem er alles geprüft und erwogen, wie er seinen Völkern mitteilte: »Mit ruhigem Gewissen betrete ich den Weg, den die Pflicht Mir weist.« Nikolaus und Wilhelm hielten es ebenso. Die drei Kaiser begriffen den ungeheuren Ernst ihrer Entscheidung, einer Entscheidung, die zu ihrer Überraschung wohl überhaupt die populärste ihrer Regierungszeit war. Der Aufbruch in den Krieg wurde wie ein Volksfest nationaler Verbrüderung gefeiert. Nie zuvor gab es eine solch rauschhafte Begeisterung, in der für einen Moment die Dreiheit, ein Reich, ein Volk, ein Kaiser, zu einer mystischen Einheit verschmolz. Es war alles ein ungeheurer Irrtum einer Zeit, die den Krieg nicht mehr kannte und einige Jahre später die Kaiser verdammte, die sie auf die entsetzlichen Schlachtfelder geführt hatten. Nicht nur in Österreich-Ungarn brachen die Soldaten lachend auf, als ginge es zu einem heroischen Fest. Die Petersburger füllten die Straßen, enthusiasmiert, »mit dem Schwert in der Hand und dem Kreuz auf dem Herzen« für das Vaterland kämpfen zu dürfen, und die Berliner jubelten Wilhelm II. zu, der bleich versprach, nur noch Deutsche und keine Parteien mehr zu kennen (Wien, Reservisten auf dem Weg zur Front, 1914; der Newski-Prospekt am 1. August 1914; vor dem Stadtschloß in Berlin, 31. Juli 1914, Photo von Otto Haeckel).

sich diese Bagage, diese nichtsnutzigen Herrschaften gegenseitig die Schädel einhauen«, wie er im Juli 1913 dem Außenminister Graf Berchtold schrieb. Er wußte, daß Wilhelm »fuchsteufelswild« reagierte, wenn man ihn in die dortigen Wirren hineinziehen wolle. »Es zahlt sich wahrlich nicht aus, es sich wegen dieser Bagage am Balkan mit Deutschland resp. Kaiser Wilhelm, der doch Alles lenkt« – wie er treuherzig vermutete –, »zu verderben.«

Eben weil er »kraftvolle Ordnung im Inneren« herzustellen wünschte, sollte der Friede nach außen erhalten bleiben. »Zuerst muß man Ordnung im eigenen Haus haben und alle Völker wie einen Mann hinter sich haben, dann kann man Hurrah-Politik treiben.« Unter keinen Umständen mochte er Spannungen zu Rußland heraufbeschwören, da er in Übereinstimmung mit Wilhelm II. die Absicht verfolgte, jede sich bietende Möglichkeit zu nutzen, um zum Drei-Kaiser-Bündnis zurückzufinden. Ein Krieg gegen Serbien schien ihm den Bruch mit Rußland nicht wert. Aber auch mit solchen vernünftigen Erwägungen entfernte er sich von den Gedanken des Kaisers. Franz Joseph glaubte spätestens seit 1913, daß ein Krieg mit Rußland unvermeidlich sei. Er nahm ihn in Kauf, entschlossen, mit Serbien aufzuräumen, vorausgesetzt, der deutsche Verbündete erlaubte es ihm. Ein Warner wie der Erzherzog fehlte im Juli 1914. Sein Tod, der wenige schmerzte, bot den Vorwand, Sühne von Serbien zu verlangen und über einen kleinen Krieg den Balkan so zu ordnen, wie es den Sicherheitsbedürfnissen Österreich-Ungarns entsprach. Der Generalstabschef Conrad von Hötzendorff, der schon seit Jahren auf einen Krieg drängte, sah jetzt wie ein Himmelsgeschenk die Gelegenheit dazu gegeben. Dem etwas unsicheren Grafen Berchtold hämmerte er die dreifache Losung ein: Krieg, Krieg, Krieg.

Es war die Losung eines Verzweifelnden. Nur ein Sieg eröffnete seiner Meinung nach die Chance, mit den nationalen Fragen in Ungarn fertig zu werden, das südslawische Problem zu lösen. Eine Niederlage bedeutete das Ende der Monarchie. Das kalkulierte er ein. Aber dann war es wenigstens ein ehrenvoller Untergang, denn eine so alte Monarchie und eine so ruhmreiche Armee dürften nicht kampf- und klaglos untergehen. Davon war er überzeugt. Solche heroischen Anwandlungen waren Franz Joseph nicht fremd. In trüben Stunden hatte er sein Reich als Anomalie, als Anachronismus beurteilt, sich nur als Verzögerer begriffen, der den Zusammenbruch hinausschiebe, der, wenn er kommt, ein ehrenvoller sein solle. Graf Czernin, ein vertrauter Franz Ferdinands, später im

Krieg Außenminister, schrieb im Herbst 1913: »Vielleicht bleibt überhaupt nichts anderes übrig, als mit einem gewissen Anstand zu krepieren ... denn besser ehrlich kämpfend fallen als feige den Kampf aufzugeben.« Graf Berchtold, kein kriegslüsterner Herr, entschied sich aus ähnlichen Überlegungen für den Krieg. Zeigte Österreich Schwäche, dann würden die Nachbarn auf dem Balkan um so sicherer mit Österreichs Ohnmacht rechnen und um so konsequenter ihr Zerstörungswerk zu Ende führen. Seine Rolle als ernst zu nehmende Großmacht hätte es dann auf jeden Fall ausgespielt. Er plädierte für ein klares Aktionsprogramm, was hieß, die serbische Regierung unmittelbar für das Attentat verantwortlich zu machen und ihr ultimative Forderungen zu stellen, die ihre Existenz als souveräner Staat auslöschten.

Da Serbien aller Wahrscheinlichkeit sich darauf nicht einlassen werde, konnte der Krieg beginnen. Das leuchtete dem Kaiser ein, der, umsichtig, wie er war, gleichwohl darum bat, erst einmal Einigkeit unter seinen beiden Regierungen herzustellen und nichts zu unternehmen, bevor man der Unterstützung aus Berlin sicher sei. Graf Tisza, der ungarische Ministerpräsident, lehnte einen Krieg mit Serbien ab und deswegen alle Maßnahmen, die ihn notwendigerweise erzwingen mußten. Ihm genügte es, Serbien diplomatisch in Zusammenarbeit mit den übrigen Mächten zu veranlassen, Österreich-Ungarn Garantien für künftiges Wohlverhalten zu geben. In einem Krieg mit Serbien gab es für ihn nichts zu gewinnen, denn Annexionen schloß er gänzlich aus, weil Ungarn schon genug Serben habe, deren Zahl nicht leichtsinnig vermehrt werden sollte. Ein serbischer Krieg könne sich rasch zu einem Krieg mit Rußland ausweiten, den der Kaiser Wilhelm bislang zu vermeiden trachtete. Graf Tisza bewährte sich stets als Vertreter der deutschen Interessen in Österreich-Ungarn, die eher mit den ungarischen Bedürfnissen, den Status quo auf dem Balkan zu erhalten, übereinstimmten als mit den österreichischen, dort »aufzuräumen«. Die Entscheidung verlegte Franz Joseph vorsichtig nach Berlin. Graf Tisza konnte hoffen, daß Kaiser Wilhelm wie eh und je den ungarischen Standpunkt teilte. Franz Joseph hingegen erwartete, daß er auch einmal als Kaiser von Österreich gehört werde und nicht als König von Ungarn unter Berufung auf Einverständnisse mit der deutschen Regierung dem nachkommen müsse, was seine ungarische Regierung im riet.

In einem privaten Brief setzte er Wilhelm auseinander, daß Belgrad, der Angelpunkt panslawistischer Politik, als Machtfaktor am

Balkan ausgeschaltet werden müsse. »Auch Du wirst die Überzeugung haben, daß die erhaltende Friedenspolitik aller europäischen Monarchen« – Frankreich nannte er bezeichnenderweise nicht – »bedroht sein wird, solange dieser Herd von verbrecherischer Agitation in Belgrad ungestraft fortlebt.« Kaiser Wilhelm verstand die gar nicht so zarten Nuancen sofort. Ihn erreichte die Nachricht von der Ermordung seines Freundes Franz Ferdinand in Kiel bei Segelwettbewerben. Er faßte das Attentat gleichsam als persönliche Beleidigung auf und zugleich als eindringlichen Appell an die monarchische Familiensolidarität. Es schien ihm naheliegend, daß mit Serbien aufgeräumt werden müsse, und zwar bald; gleichzeitig aber fürchtete er ernste europäische Komplikationen, die er vermeiden wollte. Dennoch versicherte er, wieder in Potsdam, dem österreichischen Botschafter Graf Szögyeny nach einigem Zögern die erhoffte Bundestreue, vorbehaltlich der Zustimmung des Reichskanzlers, an die er gebunden. »Wenn wir aber die wirkliche Notwendigkeit einer kriegerischen Aktion gegen Serbien erkannt hätten, so würde er es bedauern, wenn wir den jetzigen, für uns so günstigen Moment unbenützt ließen.« Rußland war nach der Einschätzung Wilhelms noch nicht so weit aufgerüstet, um einen Krieg wagen zu können, und sollte es sich dennoch zur Verteidigung serbischer Interessen entschließen, was er sich nicht vorstellen konnte, da Nikolaus doch mit Königsmördern keine gemeinsame Sache mache, dann wäre es zum gegebenen Augenblick kein allzu schwieriger Gegner. Die Ansichten des Kaisers deckten sich vollständig mit denen seines Kanzlers, Theobald von Bethmann Hollweg. Am 6. Juli erhielt Franz Joseph die gewünschte Antwort und den Blankoscheck, auf deutsche Rechnung zu tun, was er für richtig halte.

In Wien überhörte man freilich ununterbrochen die Mahnungen der Deutschen, keine Zeit zu verlieren. Bethmann Hollweg und der Chef des Generalstabs, Graf Helmuth von Moltke, ließen sich auf das Risiko eines Krieges ein. Aber sie hofften doch, daß seine Ausweitung zu einem europäischen Krieg vermieden werden könne, sofern Österreich schnell handele. Vor vollendete Tatsachen gestellt, würde Europa sich gewohntermaßen in das Unvermeidliche schicken, was Österreich-Ungarn mit deutscher Unterstützung über Serbien beschließe. Die deutsche Regierung und der preußische Generalstab gingen ein hohes Wagnis ein, weil sie schon aus eigenem Interesse der Bestätigung bedurften, daß ihr Verbündeter ein handlungsfähiger, nicht zu unterschätzender Alliierter sei.

Sie beurteilten ihre künftigen Chancen recht pessimistisch. In drei bis vier Jahren werde Rußland bei der Dynamik seiner wirtschaftlichen Erholung und Aufrüstung zusammen mit Frankreich ein schwer zu überwindender Gegner sein. Daß es die Entente mit England verließ, vermutete keiner von beiden, selbst wenn der Druck der Mittelmächte es schwach werden ließ. Bethmann Hollweg, den deutschen Illusionen eines Bündnisses mit England ergeben, glaubte, daß angesichts einer Demonstration deutsch-österreichischer Stärke England, zu dem sich 1913/14 die Beziehungen erheblich entspannten, in allen nur denkbaren Auseinandersetzungen neutral bleiben werde und aufgrund der Schwäche seiner Freunde den Wert guten Einvernehmens mit Deutschland schließlich doch einmal richtig einzuschätzen lerne. Um den russischen Kaiser, immerhin den dritten unmittelbar Betroffenen als Protektor der Serben, kümmerten sich weder Österreicher noch Preußen beziehungsweise Deutsche.

Kaiser Nikolaus unterbrach nicht einmal seine sommerlichen Touren durch die Ostsee. Die Ermordung des Erzherzogs, die er selbstverständlich nicht billigte, zählte zu den Unberechenbarkeiten des Balkans, die ihm bei aller Sympathie für die Serben genauso lästig fielen wie Wilhelm II. oder Franz Joseph. Gegen einen »Dämpfer« für die Serben hatte er gar nichts einzuwenden. Doch deswegen die Ferien abzubrechen schien ihm völlig unangebracht. Er kannte Willy zu gut. Der will keinen Krieg. Der »ist viel zu vorsichtig, um sein Land in wilde Abenteuer zu stürzen«, »und was Kaiser Franz Joseph betrifft – der will nur in Frieden sterben«. Im übrigen war Wilhelm von seiner Regierung auch wieder in die Ferien geschickt worden, um jedermann zu suggerieren, daß überhaupt kein Grund bestünde, sich bei dem prächtigen Wetter Sorgen zu machen. Sie teilte die Einschätzung des russischen Kaisers, daß Wilhelm »kneifen« werde, wie so oft. Schließlich wollte er als Friedenskaiser in die Geschichte eingehen. Da empfahl es sich, ihn abzulenken, damit er erst gar nicht auf den Gedanken käme, sich in den Gang der Geschäfte einzumischen. Bethmann Hollweg und Moltke, aber auch die österreichische Regierung erachteten es als das beste, Europa die Normalität gewöhnlicher Ferienwochen vorzutäuschen. Kaiser Franz Joseph brach wie gewohnt nach Ischl auf. Er wußte, daß seine Regierungen einige Zeit brauchen würden, um sich über das weitere Vorgehen zu beraten. Denn Graf Tisza beharrte trotz der deutschen Beteuerung, Österreich zu unterstützen, auf seinen Bedenken, an Serbien übertriebene Forderungen zu stellen, die ein souveräner Staat nicht erfüllen könne, um damit einen Grund zu finden, den Krieg zu eröffnen. Er wollte die Auseinandersetzungen auf diplomatische Aktionen begrenzen, zumal keine Macht vorerst bereit sei, Serbien auch nur uneingeschränkten moralischen Beistand zu leisten.

Franz Joseph wartete in Ischl gelassen die Entwicklung der Diskussionen ab. Er wurde insgesamt gründlich informiert, denn keiner hätte es je gewagt, ihn zu täuschen, machte aber keinen Hehl daraus, daß er sich der Notwendigkeit nicht verschließen werde, mit gebotener Härte vorzugehen. Allmählich wirkten die wiederholten Erklärungen aus Berlin, Österreich-Ungarn nicht im Stich zu lassen, auf Tisza, der Mitte Juli vor den Vorstellungen Berchtolds und Conrads zurückwich. Bislang handelte es sich um rein deutsch-österreichische Verhandlungen, von denen wenig nach draußen drang. Im übrigen war der Rest Europas ebenfalls in die Ferien aufgebrochen. Wenn die drei Kaiser ihre saisonbedingten Annehmlichkeiten suchten, bestand kein Anlaß, sich übermäßig zu ängstigen. Die Ermordung Franz Ferdinands wurde rasch vergessen auf Landsitzen und in Badeorten, wo die Herren der Welt Trost in der Empfehlung fanden, was nicht zu ändern ist, eben hinzunehmen. Ein sanfter Verdacht, daß in Wien und Berlin nicht alles mit rechten Dingen zugehe, tauchte gelegentlich auf, aber er bereitete keine Sorgen. Hinter dem Schleier sommerlicher Müdigkeiten brütete aber Graf Berchtold bei vielen Bechern Eiscafé über einem Ultimatum, das ein Staat, will er als solcher noch anerkannt sein, unmöglich annehmen kann. Die Berliner drängten zur Eile, doch Berchtold schien es vorteilhafter, noch den Besuch des französischen Staatspräsidenten Poincaré in Petersburg abzuwarten, um zu verhindern, daß die russische und französische Regierung unmittelbar ihre Antwort auf die Ablehnung des Ultimatums abstimmen könnten, mit der er unbedingt rechnete und damit mit dem darauffolgenden Krieg. Ahnungslos richtete Nikolaus zu Ehren seines Gastes in Peterhof Feste aus, die noch einmal den kaiserlichen Glanz heraufbeschworen. Als die »France« sich am Abend des 23. Juli 1914 zur Heimfahrt anschickte, wurde in Belgrad das Ultimatum überreicht. Innerhalb von 48 Stunden sollte die bedingungslose Annahme sämtlicher Punkte vorliegen.

In der neueren Geschichte Europas ward ein solches Dokument nicht gesehen, in dem von einem Staat förmlich verlangt wird, auf seine Selbständigkeit zu verzichten. Was der Wiener Regierung schwerfiel zu beweisen, daß das Attentat von Belgrad mit Wissen der Regierung geplant und organisiert worden war, warf sie der serbischen Regierung vor. Zur Sühne wünschte Österreich-Ungarn die Unterdrückung sämtlicher feindseliger Publikationen, die Schulbücher mit anti-österreichischer Propaganda eingeschlossen, die Entlassung sämtlicher Beamter und Offiziere, die keine korrekte Gesinnung gegenüber Österreich-Ungarn vertraten, die Verhaftung namentlich genannter Offiziere und Beamter sowie die Beteiligung österreichischer Organe bei der gerichtlichen Aufklärung des Attentats. Gerade letzteren Punkt hielt Franz Joseph für scharf, sehr scharf, und er hatte seine Zweifel, ob die Russen ein solches Ansinnen, von den Serben ganz abgesehen, »schlucken« würden. Aber er hatte sich schon vorher einverstanden erklärt, daß erreicht werden müsse, Serbien unter »praktische Kontrolle« zu bekommen. Einen Krieg mit Rußland scheute er wohl, doch traute er dennoch den Versicherungen Berchtolds, daß die Russen dazu noch nicht in der Lage seien und wie in der Bosnien-Krise vor den letzten Konsequenzen zurückschrecken würden. Kräftige Streikbewegungen gerade in den letzten Monaten schienen darauf hinzuweisen, daß soziale Unruhen abermals ausbrächen und die Furcht vor der Revolution die Russen einschüchtern würde, das Wagnis eines Krieges auf sich zu nehmen. Insofern ließe sich der Krieg aller Wahrscheinlichkeit nach lokalisieren.

Kaiser Franz Joseph zeigte in den nächsten beiden Tagen, was bei ihm sehr ungewöhnlich, Anwandlungen von Nervosität, die er nur schwer beherrschen konnte. Am Abend des 25. Juli kam die Nachricht, daß Serbien das Ultimatum abgelehnt habe und das Personal der Botschaft Belgrad verlassen und schon die Grenze zu Ungarn überschritten habe. Die Hände des Kaisers zitterten leicht, er schaute mit leerem Blick eine Weile vor sich hin und sagte nur halblaut: »Also doch.« Er versuchte aber gleich, sich selbst noch Hoffnung zuzusprechen. Denn der Abbruch diplomatischer Beziehungen bedeute nicht sogleich den Krieg. Der Freundin, Katharina Schratt, sagte er in trauriger Ruhe: »Ich habe mein möglichstes getan, aber dies ist das Ende.« Die Bemerkung resümierte kunstlos und einfach seine Regierungszeit, seine Bemühung, das Ende des Reiches hinauszuzögern. Nun eilte es seinem Ende entgegen. Jetzt ließ sich nichts mehr aufhalten. Er blieb noch einige Tage in Ischl und unternahm nichts mehr, seine Regierung daran zu hindern, unbeirrbar durch vermittelnde Gegenvorschläge alle Vorbereitungen zur Eröffnung des Krieges zu treffen.

Kaiser Wilhelm erfuhr aus norwegischen Zeitungen den Inhalt des Ultimatums. Bethmann Hollweg hatte es für angemessener gehalten, den Kaiser nicht zu unterrichten. Er fürchtete, daß Wilhelm II. während der Absprachen mit Wien den Mut verlieren könne, eine kriegsbereite Politik konsequent zu Ende zu führen. Trotz dringender Bitten, sich nicht in seiner Ferienreise stören zu lassen, die fast einem Verbot glichen, sich in Berlin seinem Volk zu zeigen − so faßte es Wilhelm zumindest auf −, brach er seine Kreuzfahrt ab und kam am 27. Juli zurück nach Berlin. Verständlicherweise äußerst ungehalten, fuhr er Bethmann Hollweg an: »Sie haben mir die Suppe eingebrockt, nun sollen Sie sie auch ausfressen«, als der dem verärgerten Kaiser seinen Rücktritt anbot. Erst in Berlin erhielt er Kenntnis von der Antwortnote der serbischen Regierung. Serbien hatte alles bewilligt, bis auf die Forderung, bei den gerichtlichen Untersuchungen Österreicher zu beteiligen, der sich kein freier Staat mit eigener Rechtshoheit beugen konnte. Der österreichischen Regierung, die auf bedingungsloser Annahme sämtlicher Punkte bestand, genügte diese Antwort nicht. Kaiser Wilhelm begeisterte sich: »Eine brillante Leistung ... Das ist mehr, als man erwarten konnte! Ein großer moralischer Erfolg für Wien; aber damit fällt jeder Kriegsgrund fort.« Erstaunlicherweise sah Bethmann das auf einmal genauso, dem die mangelnde Kriegsbereitschaft des Kaisers höchst willkommen war. Denn in den Kanzleien der übrigen Mächte, aufgeschreckt durch Österreichs plötzliches und brüskes Vorgehen, befand man einhellig, daß Österreich hinreichend Genugtuung erhalten habe und sich damit vernünftigerweise zufriedengeben solle, statt den Krieg zu eröffnen.

Überrumpelt fühlte man sich nicht nur von Österreich-Ungarn, sondern auch von der deutschen Regierung, da keiner deren Beteuerungen glauben wollte, sie sei bei der Abfassung eines solch folgenreichen Textes nicht ins Vertrauen gezogen worden. Die deutsche Regierung geriet in den Verdacht, im Hintergrund die Fäden zu ziehen und Österreich als Marionette zu bewegen. Ein serbisch-österreichischer Konflikt, den Deutschland duldete oder in den es seinen Verbündeten hineintrieb, konnte kein lokaler bleiben, weil Rußland niemals eine vollständige Demütigung Serbiens akzeptieren würde. Kam es über den serbischen Krieg zu einem Krieg zwischen Österreich und Rußland, dann traten die Automatismen der Bündnissysteme in Kraft und hoben den allgemeinen Frieden auf. Die Mittelmächte mußten als Kriegstreiber erscheinen. Den Eindruck wollte Bethmann vermeiden, als er sah, daß das mit Wien verabredete Spiel, Harmlosigkeit vorzutäuschen, nicht aufging und der einkalkulierte Krieg sich nicht regionalisieren ließ, sondern sofort in einen europäischen umschlagen mußte. So bat er in Wien um Mäßigung, ganz im Sinne Wilhelms, und um unverzügliche Verhandlungen mit Rußland, um die Krise zu entschärfen.

Sergeij Sazonov, der Außenminister Kaiser Nikolaus', rief am 24. Juli, nachdem er das Ultimatum gelesen hatte, aus: »Das ist der europäische Krieg!« Nikolaus riet den Serben, so weit, wie es ihnen zumutbar war, den Österreichern nachzugeben, versicherte ihnen aber, keineswegs an ihnen »desinteressiert« zu sein. Sir George Buchanan, der britische Botschafter, deutete ihm an, daß in einem allgemeinen Krieg England kaum beiseite stehen könne, Nikolaus also auf Hilfe rechnen dürfe. Dieser war seit dem 25. Juli entschlossen, Serbien nicht zu opfern, und koste es einen Krieg. Serbien aufzugeben, das hieß, abermals vor den Mittelmächten zurückzuweichen und sie aufzumuntern, auf Rußland als Großmacht keine besonderen Rücksichten mehr zu nehmen. Der Krieg war ein Risiko.

Sein Innenminister Durnovo hatte ihn schon früher eindringlich vor einem Krieg mit Deutschland gewarnt, in dem Rußland, das mit den Deutschen keine Schwierigkeiten habe, die nicht über Verhandlungen behoben werden könnten, ausschließlich für die Interessen Englands kämpfen müsse. Verliere Rußland den Krieg, dann komme die Revolution. Gewinne es ihn, dann verfalle Deutschland in Anarchie und Chaos, das Rußland aller Wahrscheinlichkeit anstecken werde. Witte hielt einen Krieg wegen Serbien für Wahnsinn. »Wir müssen die Serben die Strafe erleiden lassen, die sie verdient haben.« Sie galten ihm nur als heftig und eitel, als »Türken, die unter falschem Namen getauft wurden«. Das Prestige auf dem Balkan erschien ihm als romantische, altmodische Chimäre. Ein Sieg über die Mittelmächte bedeute das Ende der Monarchien, die Republiken weichen müßten, und das bedeute unweigerlich auch das Ende des russischen Kaisertums. Nikolaus verschloß sich solchen Argumenten keineswegs, bedachte jedoch auch die Besorgnis Sazonovs, daß die Dynastie und Monarchie in Gefahr gerate, wenn sie Serbien den Beistand verweigere. Die allgemeine Empörung verlange eine energische Abwehr der österreichischen Anmaßung.

Nikolaus war erleichtert, als Wilhelm wieder in Berlin war. »Ich bin so froh, daß Du wieder zurück bist.« Er brauchte ihn, um

Österreich zurückzuhalten, zu weit zu gehen. »Dein Dich liebender Nicky« appellierte im Vertrauen »auf die herzliche Freundschaft« an Willys Weisheit und Einfluß. Telegramme folgten einander in stürmischer Hast. Die Zeit wurde knapp. Österreich mobilisierte und erklärte den Krieg, Rußland leitete seine Mobilisierung ebenfalls ein, die Herstellung der deutschen Kriegsbereitschaft ließ sich nicht mehr hinauszögern. Die Entwicklung überstürzte sich hin zum schrecklichsten Krieg, »den man je erlebt«, wie Willy seinem Vetter schrieb, ohne das nahende Unheil, das beide fürchteten, aufhalten zu können. Rußland konnte seine Mobilmachung nicht zurücknehmen, was Wilhelm forderte, um dann seinerseits von Kriegsvorbereitungen abzusehen; denn Österreich war indessen in den Kriegszustand mit Serbien getreten. Der deutsche Gesandte Friedrich von Pourtales mußte, blaß und nervös, nach dem Scheitern aller Bemühungen die deutsche Kriegserklärung am 1. August Sazonov überbringen, mit dem er gut befreundet war. Fahl wie Asche geworden, überwältigten ihn die Gefühle. »Er lehnte sich ans Fenster und begann offen zu schluchzen. ›Wer hätte je gedacht, daß ich Petersburg unter solchen Umständen verlassen sollte. Ich stützte ihn‹, wie Sazonov später berichtete, »wir umarmten einander zum Abschied, und ich geleitete ihn hinaus.«

Kaiser Nikolaus erfuhr die Nachricht kurz vor dem Diner. Er aß nichts, beruhigte die weinende Kaiserin, die verstörten Kinder. In der Nacht, als er ein Bad nehmen wollte, erhielt er noch ein letztes Telegramm von Willy, das sich aus irgendwelchen Gründen verspätet hatte, in dem er ihn beschwor, seine Truppen an der Grenze zurückzuhalten. Nikolaus war erstaunt. Er las die Botschaft Alexandra vor und war sich sicher, daß Wilhelm ihn zu einem ehrlosen Schritt verleiten wolle. »Es war mir klar, daß es nun zwischen Wilhelm und mir für immer aus war. Ich schlief sehr gut, und als ich zur üblichen Zeit aufwachte, war mir ein Stein vom Herzen gefallen. Meine Verantwortung vor Gott und meinem Volke war gewaltig, aber wenigstens wußte ich jetzt sicher, was ich zu tun habe.« In der gleichen Nacht, Wilhelm hatte kurz zuvor die Mobilmachung angeordnet, erreichte den Kaiser ein Telegramm seines Botschafters in London, England werde neutral bleiben, sofern Deutschland nicht Frankreich angreife. Der Kaiser ließ sich Champagner kommen und trank auf das Glück, nur gegen Rußland Krieg führen zu müssen. Er befahl Moltke zu sich, damit dieser umgehend den Aufmarsch gegen Frankreich aufhalte und sich voll auf einen Angriff im Osten konzentriere. Moltke war konsterniert. Es gab gar keine detaillierten Pläne für einen Angriffskrieg gegen Rußland. Ein Telegramm »Georgies«, Georgs V., sorgte für die ernüchternde Aufklärung. Es handelte sich um ein Mißverständnis. Wilhelm II., aus allen Wolken gefallen, wandte sich schroff zu Moltke: »Machen Sie jetzt, was Sie wollen.«

Keiner der Monarchen wollte einen großen Krieg, einen Weltenbrand, der für Jahrzehnte, wie Moltke prognostizierte, die Kultur fast ganz Europas vernichten werde. Auch England und Frankreich fürchteten ihn. Kaiser Franz Joseph bekannte im Manifest an seine Völker: »Ich habe alles geprüft und erwogen. Mit ruhigem Gewissen betrete ich den Weg, den die Pflicht mir weist.« Mit ähnlichen Worten rechtfertigten alle Regierungen ihre Entschlüsse oder Unterlassungen während der vergangenen Tage. Keine wich vor der letzten Konsequenz zurück. Spätestens seit der Bosnien-Krise hatten sich alle Großmächte auf einen Krieg eingerichtet, der allmählich für unvermeidlich gehalten wurde. Die Frage blieb allein, wann für wen der günstigste Augenblick gekommen schien. Deutschland und Österreich glaubten 1914, noch überlegen zu sein, argwöhnten, daß die Zeit gegen sie arbeite. Poincaré vermutete für Frankreich das gleiche: »Wir würden niemals bessere Voraussetzungen finden.« Womit beide Einschätzungen der eigenen Ausgangslage sich als trügerisch erwiesen. Rußland hätte einen späteren Termin vorgezogen, seine Aufrüstungen seit 1905 waren noch nicht abgeschlossen. Aber ein Zurückweichen vor Österreich-Ungarn und Deutschland minderte nicht nur sein Prestige, sondern seinen Wert innerhalb der Entente als Bundesgenosse. Fügte es sich den vollendeten Tatsachen, die die Mittelmächte auf dem Balkan schaffen wollten, dann mußte England bangen, daß Frankreich den Mut verliere, sich gegenüber Deutschland zu behaupten und Arrangements einginge, in denen die Deutschen endgültig die Überlegenen wären und damit Herren des Kontinents.
Die britische Regierung trieb nicht zum Krieg, sie plante auch keine Einkreisung, aber ihr lag daran, daß das Bündnis seine abschreckende Wirkung nicht einbüße, ja sie überhaupt erst gewinne, weil es bei allen früheren Krisen ihrer Ansicht nach nicht die Probe bestanden hatte. Sie mußte deshalb, um Deutschland in Schranken zu halten, in Paris und Petersburg immer zur Standhaftigkeit mahnen, was hieß, gegebenenfalls das Risiko des Krieges auf sich zu nehmen. Sowenig wie Deutschland bremste, als Österreich im Juli 1914 vorpreschte, und erst zu spät zur Besonnenheit

aufforderte, wirkte England dämpfend auf eine Kriegsbereitschaft seiner Freunde. Den Russen kam ein Krieg sehr ungelegen. Einen Kompromiß mit den Mittelmächten verstanden die Engländer als Schwäche, die ihre Position beeinträchtigte. Also mußten sie diskret Rußland von Zugeständnissen abhalten und ihre Unterstützung andeuten, um mit der Entschlossenheit der Russen wiederum die Franzosen zu veranlassen, fest zum Bündnis zu stehen, ihnen garantierend, sich ebenfalls auf englische Hilfe verlassen zu können. Poincaré, der den Krieg wollte und zugleich fürchtete, bat die Engländer, offen zu erklären, daß sie auf seiten Frankreichs und Rußlands stünden, wären alle Vermittlungen ergebnislos; denn eine solche Klarstellung würde das Problem sofort lösen, also den Ausbruch eines allgemeinen Krieges verhindern, weil Deutschland auf die britische Neutralität spekuliere und einlenken werde, sobald es die Gewißheit habe, daß seine Berechnungen nicht aufgingen. Die britische Regierung scheute eine rechtzeitige Festlegung, weil ein Krieg wegen Serbien und selbst für russische Interessen keine mehrheitliche Zustimmung im Volk gefunden hätte. Es mußten Umstände vorliegen, die den Engländern die Einmischung in kontinentale Auseinandersetzungen begreiflich und notwendig machten. Die ergaben sich erst, als deutsche Truppen in Belgien einmarschierten.

Die Völker Europas eilten wie in einem dionysischen Taumel zu den Waffen. Der Ausbruch des Krieges wurde wie ein Fest gefeiert, das die Nation sich selber gab. Keiner hatte eine rechte Vorstellung von einem modernen Krieg. Auch die Regierungen vermuteten, daß er nur ein paar Monate dauern werde. Überall wähnten die Massen, von feindlichen Unholden bedroht zu sein, die sie ihrer heiligsten Güter berauben wollten. Sie glaubten, sich verteidigen zu müssen, um die Zivilisation, die Humanität und Demokratie gegen Militarismus und Despotie zu schützen. So hieß es in Frankreich und England, die solche höchsten Werte pikanterweise mit dem autokratischen Rußland zusammen verteidigten. Die Deutschen kämpften für Kultur und Autorität, damit sie sich nicht in frivole Oberflächlichkeit kommerzieller Unterhaltung und korrupter Parteienanarchie auflösten. Russen sahen die Stunde des Slawentums angebrochen, um das Germanentum zu demütigen. Europa zerbrach in einem Rausch der Zerstörung seine Einheit, und jedes Bruchstück feierte sein jeweiliges nationales Genie, das scharf den anderen entgegengesetzt wurde. Die drei Kaiser gerieten noch einmal in den Mittelpunkt des allgemeinen Enthusiasmus. Doch es

Nr. 14   25. Jahrgang

Die Gleichheit

Zeitschrift für die Interessen der Arbeiterinnen

Mit den Beilagen: Für unsere Mütter und Hausfrauen und Für unsere Kinder

Die Gleichheit erscheint alle vierzehn Tage einmal. Preis der Nummer 10 Pfennig, durch die Post vierteljährlich ohne Bestellgeld 55 Pfennig; unter Kreuzband 85 Pfennig. Jahres-Abonnement 2,60 Mark.

Stuttgart
2. April 1915

Zuschriften an die Redaktion der Gleichheit sind zu richten an Frau Klara Zetkin (Zundel), Wilhelmshöhe, Post Degerloch bei Stuttgart. Die Expedition befindet sich in Stuttgart, Furtbachstraße 12.

Frauen voran!

Wir durchleben eine schreckliche Zeit! Millionen menschlicher Leiber sind getötet, verstümmelt, durch die Strapazen des Krieges dem Siechtum verfallen. Hunderttausende leben in Gefangenschaft unter traurigen Verhältnissen, Tausende und aber Tausende weibliche Wesen, Greise und Kinder sind in den Kriegsgebieten von ihrem häuslichen Herde — der zerstört und verwüstet ist — vertrieben und vegetieren im Elend.

Das Unheil schreit zum Himmel, aber es scheint, daß des Jammers noch nicht genug ist.

Schauervoller noch als das materielle Elend kommt dieser Wahnsinn im zwanzigsten Jahrhundert zum Vorschein. Er hat auch die hervorragendsten Geister der Nationen ergriffen. Man ist entsetzt, wenn man Proben der Kriegslyrik von bedeutenden Dichtern liest.... Die nervöse Überreiztheit läßt nur ganz selten reine Stimmungen aufkommen. Wenn nicht die Frauen wären, die Not des Krieges käme kaum zum Worte. Aber ist es nicht selbstständlich, natürlich, daß gerade sie dem Jammer eine Stimme verleihen? Die Frauen leiden unter der Kriegsnot doppelt. Keine

Den Anfang müssen die Frauen der neutralen Länder machen. Sie können es ohne jede Gefahr. Und sie haben wahrlich Ursache genug dazu. Denn auch sie leiden unter den Begleiterscheinungen des Krieges, der großen Arbeitslosigkeit und der unerhörten Teuerung. Ihre Erhebung für den Frieden wird die der Schwestern in den kriegführenden Ländern nach sich ziehen, selbst wenn Gefahren damit verbunden sind. Handelt es sich doch um den Schrei eines so ungeheuren Elends, daß jede andere Gefahr dagegen verschwindet.

Aber der Schrei nach Frieden wird nur gehört werden und Wirkung haben, wenn die Frauen organisiert sind. Eine der Ursachen der Schwäche des organisierten Proletariats, daß es den Krieg nicht verhindern konnte, liegt jedenfalls in der mangelhaften Organisation der Frauen. Soll nicht nur der Frieden erobert, sondern auch die Wiederkehr so entsetzlicher Zustände verhütet werden, so ist es nötig, daß jede denkende Proletarierfrau — und wer käme jetzt nicht zum Denken? — sich der Organisation anschließt. Und damit nicht genug. Jede denkende Proletarierin muß ihre ganze Kraft daran setzen, daß die Organisation vom Geiste des Sozialismus erfüllt und beherrscht wird. Damit wird die Bewegung für den Frieden erst ernst und schließlich unüberwindlich.

Daher: Frauen voran!

Hermann Greulich, Zürich.

Hermann Greulich, einer der bekanntesten Führer der deutsch-schweizerischen Sozialdemokratie, hat die vorstehenden Zeilen für die Frauentagsnummer der „Vorkämpferin" geschrieben. Unsere Genossinnen werden mit Freude lesen, welch bedeutende Rolle man der ältesten Vorkämpfer der Arbeiterklasse den Frauen zuweist. Greulich war ein eifrig-tätiges Mitglied der ersten Arbeiterinternationale und mit August Bebel bis zu dessen Tode eng befreundet.

Die Menschenrechte und Bürgerrechte wurden anfänglich als Männerrechte verkündet, so daß die Frage, ob die Frauen auch Menschen seien, einen ernsten und polemischen Inhalt besaß. Die Frauenemanzipation, der Kampf um bürgerliche Gleichstellung im öffentlichen und privaten Leben, war erstaunlicherweise in Rußland am unproblematischsten. Dort erhielten Frauen schon nach der Mitte des 19. Jahrhunderts Zugang zu den Universitäten und damit zu den akademischen Berufen. In den sozialrevolutionären Zirkeln der Intelligenzija spielten sie eine erhebliche Rolle. Die sozialistische Bewegung setzte sich überall, wenn auch nicht mit gleicher Intensität, für die Gleichstellung der Frauen ein. Der große Krieg war ein unfreiwilliger Beschleuniger dieser Tendenzen, da die Frauen in Abwesenheit der Männer, die an der Front standen, Aufgaben in Wirtschaft und Gesellschaft übernehmen mußten (Aufruf der von Clara Zetkin herausgegebenen Zeitschrift zum Kriegsboykott).

war nicht die monarchische Idee, die beflügelnd wirkte, sondern der Nationalismus mit seinen ausufernden Gedankenverknüpfungen. Die Nation war die stärkere Macht. Mit ihr siegte die Revolution endgültig. Im ekstatischen Jubel 1914 feierte sich die vollendete nationale Demokratie, die Übereinstimmung der Nation mit sich selber. Das Volk trat nun endgültig als Protagonist auf die Bühne. Die Politik der Mächte, die zum Kriege führte, wurde allseits als Kabinettspolitik verurteilt, als gewissenloses Taktieren ohne Kenntnis des Volkes und seiner innersten Bedürfnisse. Damit sollte nun Schluß sein.

Die Kabinettspolitik scheiterte im Juli 1914 und mit ihr die Monarchie, die als Staatsform dem Volk manche Entscheidungen entziehen muß, will sie mehr als ein dekoratives Element im öffentlichen Leben sein. Die Monarchen erachteten die Frage über Krieg und Frieden als viel zu ernst, um sie dem Volk zur Beantwortung vorzulegen. Daß Völker Kriege führen können, bestätigte der Erste Weltkrieg. Daß es ihnen schwer gelingt, anschließend einen Frieden zu stiften, offenbarte sich in den Verträgen von Versailles und St. Germain, den ersten demokratischen, die eine internationale Ordnung erhalten sollten. Die Leidenschaften, die nationalen Egoismen, das Bewußtsein, im moralischen wie im juristischen Sinn, recht zu haben, als Gerechte über Ungerechte richten zu dürfen, verdunkelte die klare Vorstellung von einer allgemeinen Ordnung, in der jeder die Chance erhält, geborgen zu hausen. Übrigens war es der letzte Versuch, eine Friedensordnung zu schaffen. Im aufgeregten zwanzigsten Jahrhundert mit seinen stetig zunehmenden Gegensätzen resignierte man endlich vor dieser Aufgabe und verzichtete auf umfassende Verträge. Die Monarchien mochten oft leichtsinnig Kriege auslösen, aber sie verstanden es seit dem Westfälischen Frieden, zu Übereinkünften zu kommen, die eine zwischenstaatliche Ordnung ermöglichten. Der Wiener Kongreß hatte Europa eine Ordnung gegeben, die mit einigen Modifizierungen bis 1914 hielt. Zu Hütern der Verträge wurden die drei Kaiser, die als Ersatz für die Heilige Allianz beispielhaft mit ihren Absprachen auf der Grundlage monarchischer Solidarität veranschaulichen sollten, wie auf dem Wege des Ausgleichs zumindest Kriege untereinander vermieden werden können.

Trotz aller Spannungen und Schwierigkeiten wurden sie dieser selbst gesetzten Verpflichtung gerecht und bewahrten Europa vor großen Kriegen. Daß diese Eintracht in der Bosnien-Krise leichtfertig zerschlagen wurde, rächte sich sofort. 1914 erwies es sich als

Mit Begeisterung waren sie in den Krieg aufgebrochen, zermürbt von den Schrecken der Material-
schlachten kehrten sie zurück. Die bürgerlichen Gewißheiten waren an der Front zerrieben worden.
»Im Graben« waren die Soldaten in neue, unbürgerliche Existenzformen hineingewachsen. Die
bürgerliche Gesellschaft verhieß keine Sicherheit mehr, bot keinen Halt. In allen Ländern waren die
enttäuschten Frontkämpfer ein unruhiges Potential, das sich mit den Versuchen, die bürgerliche Welt
aufrechtzuerhalten, nicht zufriedengeben mochte (Demonstration von Kriegskrüppeln in Berlin, 1919).

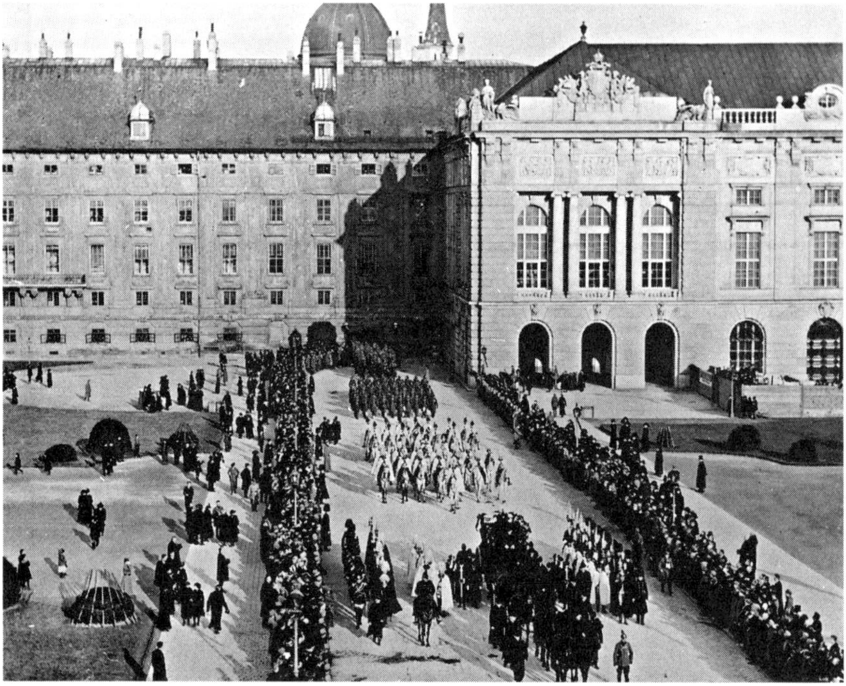

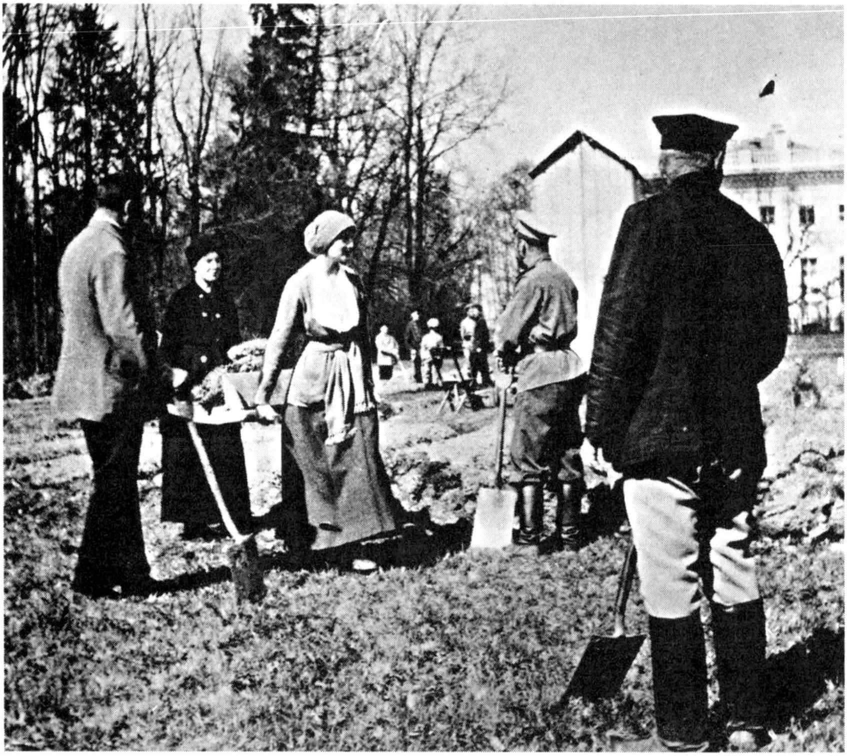

Reich mir die Hand
mein Leben!
komm aus dem Schloss
mit mir!....

Franz Joseph, der älteste der drei Kaiser, hatte den Untergang seines Hauses und seines Reiches ein-
kalkuliert. Es sollte in Ehren untergehen. Den Zusammenbruch hat er nicht mehr erlebt. Doch zumindest sein Ende, sein Tod, war ehrenvoll. Aufrichtig betrauert als das Band, das das Reich zusammenhielt, wurde seine würdige Bestattung zur letzten Feier der Monarchie, die ihrem nahen
Ende entgegeneilte. Mit allem erdenklichem Prunk beging Österreich seine eigene Beerdigung und
die des Kaisertums. Der russische Kaiser dankte im März 1917 ab. Im Kaisertum sahen nur noch die
wenigsten eine rettende, not-wendende, also notwendige Einrichtung. Die kaiserliche Familie ertrug mit erstaunlicher Geduld die Demütigungen des Hausarrestes zuerst in Zarskoje Selo, später in
Jekaterinburg. Dort wurde sie in der Nacht zum 17. Juli 1918 »hingerichtet«. Die Russische Kirche
im Exil anerkannte den Kaiser als Märtyrer und wies damit auf die seit alters vertraute symbolische
Verwandtschaft der Krone mit der Dornenkrone hin. Kaiser Wilhelm II. begab sich auf den Rat seiner
Generäle nach langem Zögern am 10. November 1918 ins neutrale Holland, wo er am 4. Juni 1941
nach langem Exil starb. Der Spott seiner 1914 begeisterten und nun ernüchterten Deutschen folgte
dem »Reisekaiser« auf den Fersen, der einige Jahre später seinen persönlichen Besitz zurückerstattet
bekam (Wien, Beisetzung Franz Josephs I., 1916; Nikolaus II. – in der Bildmitte auf die Schaufel
gestützt – in Zarskoje Selo mit seiner Tochter, Großfürstin Tatjana, und einer Hofdame, März
1917; Karikatur auf die »Flucht« Wilhelms II., 1918).

erheblicher Nachteil, daß die drei Kaiser in Zwietracht geraten waren und ihre Einigkeit als beruhigende, ordnende Kraft fehlte. Die drei Kaiser, weil in der Defensive vor dem demokratischen Nationalismus, mußten große Kriege fürchten, weil Sieg oder Niederlage ihnen Zugeständnisse abverlangten, die die Monarchie um ihre politische Bedeutung brachten. Die Furcht, allzu weitreichende Zugeständnisse im Inneren machen zu müssen, mahnte sie zur Vorsicht, nach außen hin dem heroischen Nationalismus, wie er sich seit 1789 entwickelte, allzu sorglos nachzugeben. Vor ihm kapitulierten sie 1914 endgültig. Der Krieg vernichtete die drei Kaiserreiche, die genug Substanz besaßen, bei dauerndem Frieden manche innere Krise zu bestehen. Deutschland, Österreich-Ungarn und Rußland beeindruckten 1914 mit ihrer ungebrochenen wirtschaftlichen Dynamik. Von St. Petersburg, Berlin und Wien gingen Anregungen aus, die den gesamten Kontinent beeinflußten und ihm einen geistigen Begriff seiner Einheit und Einigkeit gaben. Es war nicht allein die Wirtschaft, die Europa zusammenfaßte und sich zur Weltwirtschaft erweiterte; Universitäten, Kunstakademien, Theater, sämtliche öffentlichen Einrichtungen wetteiferten im nationalen Ehrgeiz, aber doch zugleich, um in Europa bemerkt zu werden. Unter den jeweiligen Adlern durften sich solche Bestrebungen entwickeln.

Die Monarchien gingen nicht an inneren Widersprüchen zugrunde, die im übrigen in Frankreich oder England nicht fehlten. In Österreich-Ungarn beruhigten sich selbst die nationalen Konflikte. Die Völker Kaiser Franz Josephs verteidigten in überraschender Eintracht das Reich, das mit wachsendem Wohlstand für alle doch manch schwankendes Gemüt von seiner Notwendigkeit überzeugt hatte. Pessimistische Strömungen in den Kaiserreichen korrespondierten mit ähnlichen Tendenzen in Frankreich und England. Grundsätzliche Kritik richtete sich nicht so sehr gegen die aristokratische Gesellschaft und die zu ihr gehörende Monarchie, sondern gegen das Bürgertum, den Kapitalismus und die bürgerliche Kultur. Sie galten aufgeregten Geistern als die feindlichen Mächte, deren Herrschaft gebrochen werden müsse. Die Monarchien verschwanden nach dem Ersten Weltkrieg. In ihm wurde aber auch die bürgerliche Kultur zermalmt. Der Große Krieg führte die Götterdämmerung des neunzehnten Jahrhunderts herauf. Die Monarchien zerbarsten und rissen in ihren Untergang die bürgerliche Welt mit hinein, der sie sich verbunden hatten. Die bürgerliche Welt betrachteten ästhetische und politisch-soziale

Avantgardisten als das Gefängnis, aus dem es sie hinausverlangte. Deswegen begrüßten sie den Krieg als den mächtigen Vater, der befreiend hinwegräumt, was einer neuen Welt neuer Menschen im Wege stand. Die allzu enge Vermischung mit dem Bürgertum und mit bürgerlichem Geist und Geschmack, die den Monarchen bei ihren Rückzugsgefechten vorübergehend Erleichterungen verschafft hatte, wurde ihnen zuletzt zum Verhängnis. Sie fielen, weil der Kampf dem neunzehnten Jahrhundert galt, das im Kriege überwunden werden sollte.

BILDNACHWEIS

AHH (Archiv der Hessischen Hausstiftung, Schloß Fasanerie, 36124 Eichenzell): 215
Archiv für Kunst und Geschichte, Berlin: 151 (o), 155, 210 (o), 231 (u), 275, 326, 327 (o), 342 (u), 387 (o), 399, 402 (u)
Bildarchiv Preußischer Kulturbesitz, Berlin: 31, 45, 87 (o), 117, 150, 200, 201, 207, 210 (u), 211, 231 (o), 242 (o), 243, 246 (u), 327 (u), 342 (o), 343, 353, 402 (o)
Bilderdienst Süddeutscher Verlag, München: 351, 401
Deutsches Historisches Museum, Berlin: 230, 403
Hamburger Staatsarchiv, Hamburg: 337
Karl Schlögel Privatbesitz, Berlin: 247
Munch Museum, Oslo (Aufnahme Svein Andersen / Sidsel de Jong): 255
Ullstein Bilderdienst, Berlin: 151 (u), 246 (o), 386
Universität Würzburg: 86

Almedingen, Martha E., *Die Romanows. Die Geschichte einer Dynastie*, Frankfurt/M. 1993.
Andics, Hellmut, *Das österreichische Jahrhundert. Die Donaumonarchie 1804–1900*, München 1980.
ders., *Der Untergang der Donaumonarchie. Österreich-Ungarn von der Jahrhundertwende bis zum November 1918*, München 1980.
Balfour, Michael, *Der Kaiser. Wilhelm II. und seine Zeit*, Berlin 1973.
Bérenger, Jean, *Die Geschichte des Habsburgerreiches 1273 bis 1918*, 2. Aufl., Wien 1995.
Bernstorff, Elise von, *Ein Bild aus der Zeit von 1789 bis 1835. Aus ihren Aufzeichnungen*, 2 Bde., Berlin 1896.
Bibl, Viktor, *Kaiser Franz*, Leipzig 1938.
Bismarck, Otto von, *Gesammelte Reden*, Berlin 1892.
ders., *Gedanken und Erinnerungen*, München 1952.
Bled, Jean-Paul, *Franz Joseph*, Wien 1988.
Börner, Karl-Heinz (Hg.), *Prinz Wilhelm von Preußen an Charlotte. Briefe 1817–1860*, Berlin 1993.
ders., *Wilhelm I.*, Köln 1984.
Botkin, Tatjana, *Meine Erinnerungen an die Zarenfamilie*, München 1983.
Bourgoing, Jean de (Hg.), *Briefe Kaiser Franz Josephs an Frau Katharina Schratt*, Wien 1949.
Brook-Shepherd, Gordon, *Die Opfer von Sarajevo*, Stuttgart 1988.
Brunner, Otto, *Adeliges Landleben und europäischer Geist*, Salzburg 1949.
Bußmann, Walter, *Zwischen Preußen und Deutschland. Friedrich Wilhelm IV.*, Berlin 1990.
Chamier, Jacques D., *Ein Fabeltier unserer Zeit. Wilhelm II.*, Zürich 1936.
Coburg, Louise von, *Throne, die ich stürzen sah*, Wien 1926.
Corti, Egon C., *Elisabeth. Die seltsame Frau*, Salzburg 1936.
ders., *Unter Zaren und gekrönten Frauen*, Salzburg 1936.
ders., *Vom Kind zum Kaiser. Kindheit und erste Jugend Kaiser Franz Josephs I. und seiner Geschwister*, Graz 1950.
ders., *Mensch und Herrscher. Wege und Schicksale Kaiser Franz Josephs I. zwischen Thronbesteigung und Berliner Kongreß*, Graz 1952.
ders./Sokol, Hans, *Kaiser Franz Joseph. Im Abendglanz einer Epoche*, 6. Aufl., Graz 1990.
Crankshaw, Edward, *Der Niedergang des Hauses Habsburg*, Düsseldorf 1967.
Csáky, Eva M. (Hg.), *Vom Geachteten zum Geächteten. Erinnerungen des k.u.k.*

Diplomaten und k. ungarischen Außenministers Emerich Csáky (1882–1961), Wien 1992.

Custine, Astolphe L. de, *Russische Schatten*, Nördlingen 1985.

Donnert, Erich, *Das russische Zarenreich. Aufstieg und Untergang einer Weltmacht*, München 1992.

Eckardstein, Hermann von, *Lebenserinnerungen und politische Denkwürdigkeiten*, 2 Bde., Leipzig 1920.

Eley, Geoff/Blackbourne, David, *Mythen deutscher Geschichtsschreibung*, Frankfurt/M. 1980.

Fehrenbach, Elisabeth (Hg.), *Adel und Bürgertum in Deutschland 1770–1848*, München 1994.

Ferro, Marc, *Nikolaus II.*, München 1993.

Friedrich III. (Dt. Kaiser), *Tagebücher 1848–1866*, Leipzig 1929.

Gollwitzer, Heinz, *Die Standesherren*, Stuttgart 1957.

Größing, Sigrid M., *Amor im Hause Habsburg. Eine Chronique scandaleuse*, München 1994.

Grünwald, Constantin de, *An den Wurzeln der Revolution. Alexander II. und seine Zeit*, Wien 1965.

Haller, Johannes, *Aus dem Leben des Fürsten Philipp zu Eulenburg-Hertefeld*, Berlin 1924.

Hamann, Brigitte, *Kronprinz Rudolf. »Majestät, ich warne Sie …«. Geheime und private Schriften*, München 1979.

dies., *Elisabeth. Kaiserin wider Willen*, München 1982.

dies., *Rudolf. Kronprinz und Rebell*, München 1987.

Haslip, Joan, *Maximilian. Kaiser von Mexiko*, München 1972.

dies., *Die Freundin des Kaisers*, Stuttgart 1985.

Heresch, Elisabeth, *Nikolaus II.*, München 1982.

dies., *Das Zarenreich. Glanz und Untergang*, München 1991.

Hoetzsch, Otto, *Grundzüge der Geschichte Rußlands*, Stuttgart 1949.

Hohenlohe-Schillingsfürst, Chlodwig zu, *Denkwürdigkeiten*, Bd. 1 u. 2, Stuttgart 1907.

ders., *Denkwürdigkeiten der Reichskanzlerzeit*, Bd. 3, Stuttgart 1931.

Hutten-Czapski, Bogdan von, *60 Jahre Politik und Gesellschaft*, Berlin 1935.

Jagow, Kurt, *Wilhelm und Elisa. Die Jugendliebe des alten Kaisers*, Leipzig 1939.

Kann, Robert A., *Werden und Zerfall des Habsburgerreiches*, Graz 1962.

ders., *Das Nationalitätenproblem der Habsburger Monarchie*, 2 Bde., Graz 1964.

ders., *Erzherzog Franz Ferdinand. Studien*, München 1976.

Ketterl, Eugen, *Der alte Kaiser, wie nur einer ihn sah. Der wahrheitsgetreue Bericht des Leibkammerdieners Kaiser Franz Josephs I.*, Wien 1929.

Korff, Modest M., *Am Zarenhof. Erinnerungen aus der geistigen Erweckungsbewegung in Rußland von 1874–1884*, Gießen 1953.

Kürenberg, Joachim von, *Holstein, die graue Eminenz*, Berlin 1932.

ders., *War alles falsch? Das Leben Kaiser Wilhelms II.*, Bonn 1951.

Leitner, Thea, *Habsburgs vergessene Kinder*, München 1994.

Lerchenfeld-Köfering, Hugo von und zu, *Erinnerungen und Denkwürdigkeiten. 1843–1925*, Berlin 1935.

Liepman, Heinz, *Rasputin. Heiliger und Dämon*, München 1989.

408

Lieven, Dominic, *Abschied von Macht und Würden. Der europäische Adel 1815 bis 1914*, Frankfurt/M. 1995.

Lincoln, W. Bruce, *Nikolaus der Erste von Rußland. 1796–1855*, München 1981.

Lonyay, Stéphanie von, *Ich sollte Kaiserin werden. Lebenserinnerungen der letzten Kronprinzessin von Österreich-Ungarn*, 2. Aufl., Leipzig 1935.

Löwe, Heinz-Dietrich, *Antisemitismus und reaktionäre Utopie. Russischer Konservativismus im Kampf gegen den Wandel von Staat und Gesellschaft. 1890–1917*, Hamburg 1978.

Marcks, Erich, *Kaiser Wilhelm der Erste*, München 1918.

Margutti, Albert von, *Vom Alten Kaiser. Persönliche Erinnerungen an Franz Joseph I.*, Leipzig 1921.

Massie, Robert K., *Die Schalen des Zorns. Großbritannien, Deutschland und das Heraufziehen des Ersten Weltkrieges*, Frankfurt/M. 1993.

ders., *Die Romanows. Das letzte Kapitel*, Berlin 1995.

Michalka, Wolfgang (Hg.), *Der Erste Weltkrieg. Wirkung, Wahrnehmung, Analyse*, München 1994.

Mommsen, Wolfgang J., *Bürgerstolz und Weltmachtstreben. Deutschland unter Wilhelm II.*, Berlin 1995.

Nicolson, Harold, *Die Verschwörung der Diplomaten. Aus Sir Arthur Nicolsons Leben. 1849–1928*, Frankfurt/M. 1931.

Nipperdey, Thomas, *Deutsche Geschichte 1800–1866. Bürgerwelt und starker Staat*, München 1983.

ders., *Deutsche Geschichte 1866–1918*, Bd. 1: *Arbeitswelt und Bürgergeist*, München 1990.

ders., *Deutsche Geschichte 1866–1918*, Bd. 2: *Machtstaat vor der Demokratie*, München 1992.

Nostitz, Herbert von, *Bismarcks unbotmäßiger Botschafter. Fürst Münster von Derneburg*, Göttingen 1968.

Paléologue, Maurice, *Wilhelm II. und Nikolaus II.*, Bern 1947.

Palmer, Alan, *Metternich*, Düsseldorf 1977.

ders., *Kaiser Wilhelm II. Glanz und Ende der preußischen Dynastie*, München 1978.

ders., *Glanz und Niedergang der Diplomatie. Die Geheimpolitik der europäischen Kanzleien vom Wiener Kongreß bis zum Ausbruch des Ersten Weltkrieges*, Düsseldorf 1986.

ders., *Alexander I. Der rätselhafte Zar*, Frankfurt/M. 1994.

ders., *Franz Joseph I. Kaiser von Österreich und König von Ungarn*, München 1994.

Petersdorff, Hermann von, *Kaiserin Augusta*, Leipzig 1900.

Pflanze, Otto, *Bismarck*, 2 Bde., München 1997/98.

Pipes, Richard, *Rußland vor der Revolution*, München 1977.

Podewils, Sophie Dorothee (Hg.), *Traum der Jugend, goldner Stern. Aus den Aufzeichnungen der Königin Olga von Württemberg*, Pfullingen 1955.

Ponsonby, Sir Frederick (Hg.), *Briefe der Kaiserin Friedrich*, Berlin 1928.

Rall, Hans, *Wilhelm II.*, Graz 1995.

Redlich, Josef, *Kaiser Franz Joseph von Österreich*, Berlin 1929.

Rimscha, Hans von, *Geschichte Rußlands*, Darmstadt 1970.

Rogge, Helmuth, *Holstein und Harden*, München 1959.

Röhl, John C., *Kaiser, Hof und Staat. Wilhelm II. und die deutsche Politik*, München 1987.

ders. (Hg.), *Der Ort Kaiser Wilhelms II. in der deutschen Geschichte*, München 1991.

ders., *Wilhelm II. Die Jugend des Kaisers 1859–1888*, München 1993.

Romanow, Roman, *Am Hofe des letzten Zaren*, München 1991.

Schiel, Irmgard, *Stephanie. Kronprinzessin im Schatten der Tragödie von Mayerling*, München 1992.

Schiemann, Theodor, *Geschichte Rußlands unter Nikolaus I.*, 4 Bde., Berlin 1904–1919.

Schlögel, Karl, *Jenseits des Großen Oktober. Das Laboratorium der Moderne. Petersburg 1909–1921*, Berlin 1988.

Schlözer, Kurd von, *Petersburger Briefe. 1857–1862*, Stuttgart 1923.

Schmidt-Ott, Friedrich, *Erlebtes und Erstrebtes. 1860–1950*, Wiesbaden 1952.

Schönburg-Waldenburg, Heinrich von, *Erinnerungen aus kaiserlicher Zeit*, Leipzig 1929.

Schoeps, Hans-Joachim, *Das andere Preußen*, Stuttgart 1952.

Sked, Alan, *Der Fall des Hauses Habsburg*, Berlin 1993.

Spitzemberg, Hildegard von, *Tagebuch. 1859–1914*, Göttingen 1963.

Srbik, Heinrich von, *Metternich. Der Staatsmann und der Mensch*, 2 Bde., München 1925.

ders., *Deutsche Einheit. Idee und Wirklichkeit vom Heiligen Reich bis Königgrätz*, 4 Bde., München 1935–1942.

Stadelmann, Rudolf, *Soziale und politische Geschichte der Revolution von 1848*, München 1973.

Stamm-Kuhlmann, Thomas, *König in Preußens großer Zeit. Friedrich Wilhelm III. Der Melancholiker auf dem Thron*, Berlin 1993.

Treue, Wilhelm (Hg.), *Drei deutsche Kaiser. Wilhelm I., Friedrich III., Wilhelm II. Ihr Leben und ihre Zeit. 1858–1918*, Würzburg 1987.

Troyat, Henri, *Zar Alexander II.*, Frankfurt/M. 1991.

Valentini, Rudolf von, *Kaiser und Kabinettschef*, Oldenburg 1931.

Vehse, Eduard, *Illustrierte Geschichte des preußischen Hofes, des Adels und der Diplomatie*, Bd. 2: *Von Friedrich Wilhelm II. bis zum Tode Kaiser Wilhelms I.*, Stuttgart 1901.

Viktoria Luise (Hzg. von Braunschweig), *Im Glanz der Krone*, Stuttgart 1967.

Wallersee-Larisch, Marie Louise von, *Meine Vergangenheit*, Leipzig 1935.

Weissensteiner, Friedrich, *Ein Aussteiger aus dem Kaiserhaus. Johann Orth*, Wien 1985.

ders., *Reformer, Republikaner und Rebellen. Das andere Haus Habsburg-Lothringen*, München 1995.

Wentker, Hermann, *Zerstörung der Großmacht Rußland? Die britischen Kriegsziele im Krimkrieg*, Göttingen 1993.

Wilhelm II. (Dt. Kaiser), *Ereignisse und Gestalten aus den Jahren 1878–1918*, Leipzig 1922.

ders., *Aus meinem Leben. 1859–1888*, Berlin 1926.

Zedlitz-Trützschler, Robert, *Zwölf Jahre am Deutschen Kaiserhof*, Berlin 1923.

Zobeltitz, Fedor von, *Chronik der Gesellschaft unter dem letzten Kaiserreich*, 2 Bde., Hamburg 1922.

PERSONENREGISTER

Kursive Ziffern verweisen auf Bildunterschriften.

Die Deutsche Bibliothek – CIP-Einheitsaufnahme
Straub, Eberhard:
Drei letzte Kaiser: der Untergang der großen
europäischen Dynastien / Eberhard Straub.
2. Aufl. – Berlin: Siedler, 1999
ISBN 3-88680-565-4

© 1998 by Wolf Jobst Siedler Verlag, Berlin,
in der Verlagsgruppe Bertelsmann GmbH.

Alle Rechte vorbehalten,
auch das der fotomechanischen Wiedergabe.
Lektorat: Andrea Böltken, Berlin
Bildredaktion: Bettina Hüllen, Berlin
Register: Brigitte Speith-Kochmann, Berlin
Schutzumschlag: Venus & Klein, Berlin,
unter Verwendung von Aufnahmen
aus dem Archiv für Kunst und Geschichte, Berlin
Satz: Ditta Ahmadi, Berlin
Reproduktionen: Michael Dittberner, Berlin
Druck und Buchbinder: GGP, Pößneck
Printed in Germany 1999
ISBN 3-88680-565-4
Zweite Auflage